GESCHICHTE DES ALLTAGS
DES DEUTSCHEN VOLKES

STUDIEN 2

JÜRGEN KUCZYNSKI
GESCHICHTE DES ALLTAGS
DES DEUTSCHEN VOLKES
1600 bis 1945

STUDIEN

Jürgen Kuczynski

GESCHICHTE DES ALLTAGS DES DEUTSCHEN VOLKES

MIT EINEM ABSCHNITT
„ALLTAG UND
ÜBERGANGSEPOCHE"
VON GERHARD HEITZ

Studien 2   1650–1810

PAHL-RUGENSTEIN VERLAG KÖLN
1982

Erste Auflage 1981
Zweite, unveränderte Auflage 1982
Pahl-Rugenstein Verlag Köln 1982
© by Akademie-Verlag, Berlin
Vom Akademie-Verlag genehmigte Lizenzausgabe
Alle Rechte vorbehalten
Gesamtherstellung: VEB Druckerei »Gottfried Wilhelm Leibniz«, 4450 Gräfenhainichen
Printed in GDR

CIP-Kurztitelaufnahme der Deutschen Bibliothek
Kuczynski, Jürgen:
Geschichte des Alltags des deutschen Volkes: 1600 bis 1945; Studien/Jürgen Kuczynski. —
Köln: Pahl-Rugenstein
2. 1650—1810/mit e. Abschnitt Alltag und Übergangsepoche von Gerhard Heitz.—
2., unveränderte Aufl. — 1982
ISBN 3-7609-0580-3

Inhalt

Vorbemerkung

Die Zeit, die dieser Band umfaßt, beginnt mit dem Ende des Dreißigjährigen Krieges und hört mit dem Anfang des 19. Jahrhunderts, mit dem Eindringen französischer Truppen in Deutschland und vor der nachfolgenden Veränderung der gesellschaftlichen Verhältnisse auf.

Es ist vielfach üblich, 1789 als Stichjahr zu wählen. Aber der Alltag des überwiegenden Teils der Werktätigen Deutschlands wurde zunächst nicht unmittelbar von der Großen Französischen Revolution berührt. Eine Geschichte der deutschen Kultur auf der anderen Seite könnte wohl mit den fünfziger oder sechziger Jahren, mit den großen Leistungen Lessings einen neuen Abschnitt beginnen.

Man muß sich daran gewöhnen, daß Geschichten verschiedener Klassen und Schichten, verschiedener gesellschaftlicher Ebenen und Aktivitäten nicht genau die gleichen Zeitabschnitte umfassen. Nie sollte man die großartige Formulierung von Engels in der „Dialektik der Natur" vergessen: „Aber die Geschichte hat ihren eigenen Gang, und so dialektisch dieser schließlich auch verlaufen mag, so muß die Dialektik doch oft lange genug auf die Geschichte warten."[1]

Bei dem von Engels gegebenen Beispiel – der Verwandlung von Wärme in mechanische Bewegung als Umkehrung der Verwandlung von mechanischer Bewegung in Wärme – mußte die Dialektik viele zehntausende von Jahren auf die Geschichte warten. Ja, manchmal eilt sie unerwarteterweise der Dialektik voraus, das heißt, die Dialektik steht auf dem Kopf wie bei Hegel. Ein Beispiel ist die deutsche Kulturgeschichte in unserer hier behandelten Zeit, insbesondere die Geschichte der deutschen Literatur, die, vor allem mit Hilfe der englischen Kultur, nicht zum wenigsten Shakespeares, der Entwicklung der deutschen Produktionsverhältnisse vorauseilte. Die besondere Rolle Shakespeares sollte, was bisher wenig oder gar nicht beachtet wurde, auch damit in Verbindung gebracht werden, daß er der Dichter einer Übergangszeit war und zwar, genau wie die deutschen Klassiker, des Übergangs vom Feudalismus zum Kapitalismus Vielleicht hängt auch die ganz besondere Vorliebe von Marx für Shakespeare damit zusammen, daß er lange glaubte, in einer Übergangszeit zu leben, und zwar vom Kapitalismus zum Sozialismus, ein Irrtum, den Engels später – im Vorwort von 1895 zu „Die Klassenkämpfe in Frankreich 1848–1850" – richtigstellte.

Manche Historiker neigen dazu, ein auswärtiges Ereignis, das gewissermaßen als Fanal wirkte, als Einschnittspunkt der eigenen Geschichte zu nehmen – so 1789 oder die Große Sozialistische Oktoberrevolution als Einschnitte der allgemeinen Geschichte des deutschen Volkes. Ganz abgesehen davon, daß die Februarrevolution von 1917 einen weit größeren Eindruck auf das deutsche Volk im Jahre 1917 machte als die Ok-

---

[1] *Marx/Engels*, Werke, Bd. 20, Berlin 1962, S. 392.

toberrevolution, die natürlich die Weltgeschichte veränderte, sollte man doch Unterschiede zwischen der Gliederung der Weltgeschichte und der Nationalgeschichte anerkennen. Zum Unglück der Menschheit läßt die Geschichte der großen imperialistischen Länder, mit Ausnahme des 1945 von den Sowjettruppen besetzten Teiles Deutschlands, die Dialektik, die von der Großen Sozialistischen Revolution ausgelöst wurde, seit mehr als sechs Jahrzehnten warten.

Sehr richtig bemerken, meiner Ansicht nach, Kossok und Markov: „Jede echte Revolution ist zäsursetzend, wenn nicht immer (was weniger Regel als Ausnahme darstellt) universalgeschichtlich, dann zumindest im nationalen oder kontinental-regionalen Maßstab.“[2] Das heißt aber nicht, daß eine universalgeschichtlich zäsursetzende Revolution die zäsursetzende Funktion einer nationalen Revolution außer Kraft setzt, wenn es um eine nationale Geschichte geht. Es schiene mir zum Beispiel völlig unsinnig, in der Geschichte Nordamerikas 1789 statt 1775 als Zäsur zu setzen. Selbst bei universalgeschichtlichen Zäsuren ist die Problematik für eine Weltgeschichte kompliziert. Meiner Ansicht nach hat es überhaupt nur eine universalgeschichtliche Zäsur gegeben: durch die Oktoberrevolution 1917 – und zwar aus dem einfachen Grunde, weil vor der die ganze Welt allmählich durchdringenden Herrschaft des Kapitals, der Bourgeoisie, es keine sich stärker durchdringende Geschichte der Welt, keine Universalgeschichte als „einheitlichen Prozeß“ gab. Man kann einfach nicht 1789 als Zäsur für die chinesische Geschichte nehmen. Andererseits begann die Durchdringung Indiens mit europäischem Handelskapital und später mit Kapital schlechthin vor 1789, weshalb es auch nicht richtig ist, den sehr langsamen, wenn auch unaufhaltsamen Siegeszug der Bourgeoisie durch die Welt mit der Revolution von 1789 datieren zu wollen. Engels formuliert vielmehr: „Die Revolutionen von 1648 und 1789 waren keine *englischen* und *französischen* Revolutionen, sie waren Revolutionen *europäischen* Stils ... sie waren die *Proklamation der politischen Ordnung für die neue europäische Gesellschaft.*“[3] Engels gibt wahrlich mit Recht zwei Zäsuren.

Wenn ich für die nationale Geschichte des Alltags des deutschen Volkes 1810 als Zäsur nehme, so, weil in diesem Jahr mit dem Inkrafttreten der Agrarreformen die Produktionsverhältnisse im weit überwiegenden Teil der Wirtschaft im größten Staate Deutschlands grundlegend verändert wurden. Das scheint mir insbesondere für eine Geschichte des Alltags des deutschen Volkes durchaus berechtigt.

Die Zeit, die unser Abschnitt behandelt, ist in Deutschland beherrscht durch das, was wir in Anlehnung an einen Ausdruck Lenins für das Stadium des Imperialismus den sterbenden Feudalismus nennen können.

Doch sterben Gesellschaftsordnungen auf sehr verschiedene Weise. Die Sklavenhaltergesellschaft des alten Rom starb anders als der europäische Feudalismus und dieser wieder anders als der Kapitalismus. Auch ist die Sterbensperiode des Feudalismus sehr verschieden in Länge und Art in den verschiedenen Ländern. In England dauerte sie nur halb so lange wie in Deutschland. Auch das Verhältnis wirtschaftlicher und kultureller Leistungen war verschieden – das Kunsthandwerk blühte in Frankreich und Rußland im sterbenden Feudalismus, in Deutschland verschwand sein Glanz, während in allen drei Ländern neue Massenkonsumgüterindustrien – im Gegensatz zum kapitalistischen England – kaum aufkamen. Kann der sterbende Kapitalismus noch Wunderlei-

[2] Studien zur vergleichenden Revolutionsgeschichte 1500–1917, hg. von M. Kossok, Berlin 1974, S. 9.
[3] *Marx/Engels*, Werke, Bd. 6, Berlin 1959, S. 107.

stungen der Technik vollbringen – Lenin weist ausdrücklich darauf hin, und wir erleben es heute noch –, so ist der technische Fortschritt in der Niedergangsperiode des Feudalismus gelähmt. Es scheint mir, daß der Kapitalismus die einzige Ausbeutergesellschaft ist, die in ihrer Niedergangsperiode erstaunlichsten technischen Fortschritt bringt. Wenn Marx und Engels im „Kommunistischen Manifest" sagen: „Die Bourgeoisie kann nicht existieren, ohne die Produktionsinstrumente, also die Produktionsverhältnisse, also sämtliche gesellschaftlichen Verhältnisse fortwährend zu revolutionieren"[4] – dann gilt das auch für die Bourgeoisie, die einem sterbenden Kapitalismus vorsteht. Marx und Engels nannten die vorkapitalistischen Gesellschaftsordnungen bisweilen konservativ, und dieser Konservatismus fand seinen Ausdruck in der Niedergangsperiode auch in einem langsamen Niedergang der Technik. Der revolutionäre Charakter der kapitalistischen Verhältnisse führt dagegen dazu, daß noch der sterbende Kapitalismus großartige technische Leistungen vollbringt.

Jedoch muß man eines sehen: Weder der Feudalismus noch der Kapitalismus sterben ab auf dem Gebiete der Kriegs- und Waffenkunst. Wir brauchen hier nicht auf die technischen Leistungen der kapitalistischen Rüstungsproduktion einzugehen, wohl aber müssen wir an die Leistungen der Kriegskunst im sterbenden Feudalismus erinnern. Wir haben uns zum Beispiel leider angewöhnt, Friedrich II., König von Preußen, nicht mehr „den Großen" zu nennen – im Gegensatz zu Engels, der wahrlich mehr von der Kriegskunst verstand als die meisten unserer Historiker. Friedrich II. war sicherlich der letzte große Feldherr des untergehenden west- und mitteleuropäischen Feudalismus.

Weder in der Kriegstechnik des sterbenden Kapitalismus, noch in der Kriegskunst des sterbenden Feudalismus, auch nicht in den Kunstleistungen des Handwerks, die im sterbenden Feudalismus in Frankreich größer waren als im kapitalistischen England (in dem andererseits die technischen Leistungen des Handwerks eine für dieses einzigartige Höhe erreichten), finden wir die Schöpferklasse einer neuen Gesellschaft in Aktion. Sie waren und sind echte Produkte einer sterbenden Gesellschaftsordnung.

Wir erkennen, auf wie verschiedene Weise eine Gesellschaft zugrunde gehen kann – mit ureigenen Sonderblüten noch auf einzelnen Gebieten, aber auch mit wunderbaren Erscheinungen einer neuen, noch nicht vorhandenen Gesellschaft, wie die Werke der deutschen Literatur in der zweiten Hälfte des 18. Jahrhunderts.

Und wie geht es den werktätigen Massen in einer dem Untergang geweihten Gesellschaft? Wie anders hätten wir diese Frage 1938 als heute beantwortet! Damals hätten wir gesagt, daß vor allem materielles Elend die Lage der Werktätigen wohl in allen Gesellschaftsordnungen, die sich im Niedergang befinden, kennzeichnet. Vielleicht hätten wir hinzugefügt: mit Ausnahme wohl des Proletariats im alten Rom, das von den herrschenden Klassen auf Kosten der Sklaven und unterdrückten Völker ausgehalten wurde. Heute müssen wir anders insofern antworten, als es auch in der untergehenden Gesellschaft des Kapitals Zeiten gibt, in denen die absolute materielle Lage der Unterdrückten in ihrer Mehrheit nicht als elend bezeichnet werden kann – im Gegensatz zu ihrer geistigen Lage, im Gegensatz zu ihrer Zukunft unter der ständigen Drohung eines sie vernichtenden Weltkrieges, der wahrhaftig nicht durch ihre Aktionen, sondern durch die der sozialistischen Länder bisher nicht Wirklichkeit geworden ist. Im untergehenden Feudalismus dagegen gestaltet sich im Laufe der Zeit die Lage der werktätigen Massen im allgemeinen über alle Maßen elend – materiell wie in jeder anderen Bezie-

---

[4] Ebendort, Bd. 4, Berlin 1959, S. 455.

hung mit Ausnahme der frommen, so manche bisweilen aufrichtenden Hoffnung auf
ein besseres Leben nach dem Tode ... mit Ausnahme aber auch Englands, in dem der
Kapitalismus rechtzeitig den Feudalismus zerstört; rechtzeitig, bevor dieser so völlig
verfiel, wie etwa in Frankreich und Deutschland im 17. und 18. Jahrhundert.

Die Situation in Deutschland wurde insbesondere verschärft durch die furchtbaren
Auswirkungen des Dreißigjährigen Krieges. Auch hier erkennen wir einen großen Unterschied zum niedergehenden Kapitalismus. Angesichts der Tatsache, daß die Nachfolgegesellschaft des Kapitalismus sich bereits in Rußland konstituiert hatte, erkannten
die imperialistischen Mächte schnell, daß sie keinen unter ihren Großen dahinsiechen
lassen könnten, und so wurde Deutschland bzw. Westdeutschland nach dem Verlust des
ersten und zweiten Weltkrieges bald wieder mit der Hilfe seiner imperialistischen Konkurrenten aufgebaut. Auch zur Zeit des Dreißigjährigen Krieges war eine neue Gesellschaftsordnung zur Macht gekommen, die kapitalistische in England. Aber keine der
großen Mächte des Kontinents, weder Frankreich noch die österreichischen oder spanischen Habsburger, noch die Schweden oder Russen oder Holländer hatten das Gefühl,
daß England etwas anderes als ein Konkurrent um die Macht wie eh und je war und
daß man sich mit den Gewalten, die in dem Gebiet, das wir später Deutschland nennen,
herrschten, zum Schutze gegen den Kapitalismus zusammentun müßte. Entweder war der
gesellschaftliche Unterschied nicht deutlich genug, weil es sich in England ebenfalls um
eine Minorität handelte, die an die Macht gekommen war, in jedem Fall nicht um die
Bauern – oder, was natürlich auch möglich ist, man wertete die nationalen Interessen
höher als die der Gesellschaftsordnung an sich. In jedem Fall überließ man es Deutschland, mit den furchtbaren Schäden des Dreißigjährigen Krieges allein fertig zu werden.

Und diese Tatsache mußte, da natürlich die herrschenden Klassen auf die Aneignung
eines Mehrprodukts bestanden, wohl zu einer ganz besonders starken Verelendung der
werktätigen Massen führen. Doch nur zeitweise. Zeitweise nicht deswegen, weil es ihnen
zu anderen Zeiten in dieser Niedergangsphase des Feudalismus nicht so schlecht ging.
Vielmehr sprechen wir nur von einer zeitweise ganz besonders starken Verelendung in
Deutschland, weil es zu anderen Zeiten den Werktätigen etwa in Spanien oder Frankreich ebenso schlimm erging wie denen in Deutschland. Wie sollte es den deutschen
Bauern schlechter ergangen sein als denjenigen französischen, die La Bruyère so beschreibt: „Auf dem Feld kann man gewisse menschenscheue Tiere männlicher und weiblicher Art sehen; sie sind schwarz, fahl und von der Sonne ganz verbrannt, über die
Erde gebeugt, die sie mit einer unbesiegbaren Hartnäckigkeit durchwühlen; sie haben
etwas wie eine artikulierte Stimme, und wenn sie sich aufrichten, zeigen sie ein mensch-
liches Antlitz; und sie sind auch wirklich Menschen. Nachts ziehen sie sich in Schlupfwinkel zurück, wo sie von schwarzem Brot, Wasser und Wurzeln leben; sie ersparen den
übrigen Menschen die Mühe, zu säen, den Boden zu bestellen und die Früchte zu ernten,
und würden verdienen, daß sie des Brotes nicht ermangeln müssen, das sie gesät haben.“[5]

Oder habe ich unrecht? La Bruyères Bauern dürfen sich wenigstens nachts zur Ruhe
begeben. So manchen Bauern in Deutschland ist auch das nicht erlaubt. Knapp schildert:
„Wo, wie in Pommern, noch ungemessene Dienste üblich sind, ist es dem Bauer häufig
unmöglich, neben dem Dienstgespann, das er für die Herrschaft hält, noch andere Pferde
zu halten. Was bleibt dem armen Teufel übrig, als mondhelle Nächte zu benutzen, um
mit dem müden Gespann den eigenen Acker zu bestellen. Der Kammerrat Bolte, selbst

---

[5] *La Bruyères* Charaktere, hg. von O. Flake, Bd. II, München 1918, S. 109.

aus Pommern stammend, bezeugt es, daß er dies auf seinen Reisen beobachtet hat.[6"7] Und aus Mecklenburg wird ähnliches berichtet.[8]

Aber nicht um eine vergleichende Geschichte des Elends der werktätigen Massen geht es uns im folgenden. Auch nicht um vergleichende Geschichten des Niedergangs verschiedener Gesellschaftsordnungen oder nur des Feudalismus. Trotz mancher Ansätze sind wir noch weit davon entfernt, solche vergleichenden Geschichten schreiben zu können.

Aber wir sollten verstehen, wie wichtig sie sind, um Monographien wie die folgende einordnen zu können, genau wie umgekehrt solche Monographien die Basis für eine vergleichende Geschichte zu legen helfen.

Das Grundthema dieses Bandes ist der Alltag des deutschen Volkes im sterbenden Feudalismus, aber nicht allein als Beschreibung in einer Zeit, sondern zugleich mit einer Charakterisierung der Niedergangsformen des Feudalismus in Deutschland und ihrer Auswirkungen auf den Alltag der werktätigen Massen. Der werktätigen Massen, deren Zusammensetzung und Struktur sich unter dem Druck eines niedergehenden Gesellschaftssystems ändert.

Zwar könnte man mit Recht meinen, daß die Städte, die wir im vorangehenden Band nicht allzusehr beachtet hatten, da die Landwirtschaft so ungeheuer überwog, jetzt noch bedeutungsloser geworden sind, so daß schwer einzusehen ist, woher neue Schichten oder gar Klassen der Werktätigen herkommen sollen. Aber gerade der Niedergang der Städte bringt eine neue ausgebeutete Klasse hervor – nämlich die der „ewigen Gesellen", der Gesellen, die nicht mehr Meister werden können und so auch echte Klassenkämpfe jetzt führen. Ähnliche, nicht gleiche, Wandlungen beobachten wir aber auch beim Gesinde auf dem Lande. Kurz und gut, der Niedergang des Feudalismus bringt Wandlungen und Erweiterungen im Gegenstand unserer Studien. Auch die herrschenden Klassen sind Wandlungen unterworfen, und damit auch die Ausbeutungsmethoden.

All diese Probleme müssen mindestens andeutungsweise, vielfach aber länger und deutlich angesprochen werden. So elend und stumpfsinnig sich der Alltag der ausgebeuteten oder ausgeplünderten Werktätigen mehr und mehr gestaltet wird, so aufregend ist dieser Prozeß und seine Beobachtung.

Schließlich bitte ich den Leser, Band 1 und Band 2 dieser Studien als eine Einheit zu sehen. Eine Reihe von Problemen, die in diesem Band behandelt werden, betreffen auch die im vorangehenden Band behandelte Zeit, so wie ich im ersten Band gelegentlich auf die in diesem Band betrachtete Zeit vorgegriffen habe. Jede Gesellschaftsordnung hat grundlegende, allen ihren Perioden gemeinsame Züge und sodann auch besondere Eigenschaften in jeder ihrer Perioden. Manche der grundlegenden und allgemeinen Züge gewinnen aber spezielle Bedeutung im Zusammenhang mit besonderen Perioden, und da ich keine Gesamtgeschichte der feudalen Gesellschaft in Deutschland, die im ersten Teil eine ausführlichere Analyse der grundlegenden und allgemeinen die Züge dieser Gesellschaftsordnung erfordert hätte, schreibe, so habe ich die Behandlung einiger für die je-

---

[6] Boltes Gutachten über die Abstellung des Scharwerks, vom 1. 9. 1801; Schlesische Registratur, pars XI, section V, Nr. 36, betr. Reluition der Naturaldienste, Bl. 53–85. Dasselbe in Holstein vgl. *G. Hanssen*, Die Aufhebung der Leibeigenschaft und die Umgestaltung der gutsherrlich-bäuerlichen Verhältnisse überhaupt in den Herzogtümern Schleswig und Holstein. St. Petersburg 1861, S. 25.

[7] *G. Fr. Knapp*, Die Bauernbefreiung und der Ursprung der Landarbeiter in den älteren Teilen Preußens. Bd. 1, München und Leipzig 1927, S. 69 f.

[8] *G. Vogdt*, Die Bauernbefreiung in Mecklenburg, Würzburg 1936, S. 55 f.

weilig behandelte Periode besonders wichtiger Grundzüge an der jeweilig besonders geeigneten Stelle untersucht. Die Bitte, beide Bände als Einheit zu sehen, ist umso erlaub-
ter, als ja beide den Alltag im Niedergang des Feudalismus in Deutschland untersuchen.

Auch bei diesem Band half mir die ermutigende Kritik zahlreicher Fachexperten, insbesondere wieder die von Gerhard Heitz und Wolfgang Jacobeit sowie im 2. Kapitel
die von Peter Musiolek und beim 4. Abschnitt die von Helmut Schnitter. Ihnen allen
bin ich sehr dankbar.

1120 Berlin-Weißensee   Jürgen Kuczynski
Parkstraße 94

P. S.

Ich glaube, ich habe mich in diesem Band noch weniger als in dem vorangehenden mit
fremden Federn geschmückt, das heißt noch weniger gute Formulierungen der Ergebnisse
der Forschung anderer in meinen eigenen Worten wiedergegeben, das heißt noch mehr
zitiert. Eine ganze Reihe von Forschern vermeiden es ebenfalls, sich mit fremden Federn
zu schmücken, indem sie zwar die Erkenntnisse anderer in eigenen Worten wiedergeben,
dann aber in Fußnoten auf die zahlreiche Literatur, der sie das Dargestellte entnommen
haben, hinweisen. Das hat für den Leser den großen Vorteil, daß er auf diese Weise
eine kleine Bibliographie zu dem jeweiligen Problem erhält. Meine Methode hat, glaube
ich, den Vorteil, daß, wenn man die Zitate gut auswählt, der Leser die beste Darstellung
aus der Literatur für das, was ich ihm anzeigen möchte, vor sich sieht.

Worauf es mir vor allem ankam, war, neue Probleme aufzuwerfen, alte Probleme unter
neuem Blickwinkel zu betrachten, Anregungen zu neuen Überlegungen zu geben, und vor
allem die Aufmerksamkeit auf verschiedene Seiten des Alltags des deutschen Volkes
zu lenken.

Erster Teil

Hintergrund und „Große Welt"

Kapitel 1

Die Übergangsperiode –
Eine alte noch lange aktuelle Diskussion

Wenn ich soeben bemerkte, daß es nicht unsere Aufgabe in diesem Buch sei, eine vergleichende Geschichte des Niedergangs des Feudalismus zu schreiben, so bedeutet das nicht, daß wir diese Problematik völlig vernachlässigen können, und erst recht nicht, daß wir nicht zu einigen allgemeinen Grundproblemen des Feudalismus vorstoßen müssen. Man mag sich vielleicht wundern, daß das nicht im ersten Band geschehen. Zwar haben wir einige Grundprobleme auch dort berührt, ja, das der außerökonomischen Gewalt auch, wie ich hoffe, sehr gründlich behandelt. Aber im ganzen handelte es sich im ersten Band doch um eine andere, noch viel grundlegendere Sache: um den Begriff des Alltagslebens. Und was das Alltagsleben im Feudalismus betrifft, so ging es ja einerseits darum, auf Dinge einzugehen, die in irgendeiner Form auch vorangehenden Gesellschaftsordnungen eigentümlich waren, wie Angst und Aberglauben, und andererseits, ein so furchtbares Ereignis wie den Dreißigjährigen Krieg in das Alltagsleben einzuordnen.

Jetzt aber, wo wir den Niedergang eines Systems begreifen müssen, um zu verstehen, wie dieser den Alltag der Menschen bedrängt, müssen wir auch einiges über das Gesamtsystem des Feudalismus sagen, um in der Lage zu sein, Erscheinungen des Systems von denen seines Untergangs genau zu unterscheiden. Dabei können wir uns auf eine überaus interessante bürgerliche und eine in mancher Beziehung geradezu aufregende marxistische Literatur stützen.

Zum Beispiel begann in Form einer Kritik von Maurice Dobb's Studies in the Development of Capitalism (London 1946) Paul Sweezy in der amerikanischen Zeitschrift Science and Society eine Diskussion der Problematik des Übergangs vom Feudalismus zum Kapitalismus, die schnell international und von Marxisten geführt wurde. Zwar beteiligten sich keine Historiker aus sozialistischen Ländern an ihr, jedoch waren Marxisten aus England (Dobb, Hill, Hilton), den USA (Sweezy), Frankreich (Lefebvre, Italien (Procacci) und Japan (Takahashi) in den Meinungsstreit getreten, und gelegentlich griff man auch mit Recht auf einen 1940 ausgebrochenen Meinungsstreit zwischen Jürgen Kuczynski und Christopher Hill zurück. Später, 1962, nahmen Hobsbawm und Dobb den Meinungsstreit noch einmal auf, schließlich auch 1975 Merrington, und 1978 schrieb Hilton eine zusammenfassende Einleitung zur Buchausgabe der Beiträge zu diesem Meinungsstreit. Zu dem diesem vorangehenden Meinungsstreit zwischen Kuczynski und Hill nahm Kuczynski zum letzten Mal, nachdem auch Robert Weimann 1958 eingegriffen hatte, 1964 im Band 22 seiner „Geschichte der Lage der Arbeiter" Stellung. Inzwischen hatte auch die sowjetische Geschichtsschreibung die Diskussion auf breiterer Basis, jedoch selten mit direkter Stellungnahme zu den beiden ursprünglichen Meinungsstreiten Anfang der vierziger und fünfziger Jahre, aufgenommen.

Die Herausgabe der Artikel aus dem Anfang der fünfziger Jahre nach einem Vierteljahrhundert zeigt das hohe Niveau der Diskussion und die fortdauernde Aktualität der

Problematik an – fortdauernde Aktualität einmal, weil diese wichtige Problematik immer noch keine befriedigende Lösung gefunden hat, sodann aber auch aus Gründen des Vergleichs, da wir doch in diesem Jahrhundert den Niedergang der dem Feudalismus folgenden Gesellschaftsordnung, des Kapitalismus, erleben, da wir doch ebenfalls in einer Übergangsperiode leben.

Die damalige Diskussion litt vor allem daran, daß sie – worauf ausgerechnet Takahashi aufmerksam machte – sich zu stark auf die Vorgänge in England konzentrierte und die Entwicklung, etwa in Frankreich und Deutschland, sowie auch in Osteuropa, um von Japan gar nicht zu reden, bestenfalls am Rande berührte. 1962 warf dann Hobsbawm auch die Frage des Feudalismus in Indien und China in die Debatte, ohne jedoch konkrete Aussagen machen zu können.

Im folgenden wollen wir kurz auf diese und die vorangehende Diskussion eingehen[1], soweit sie auch Bedeutung für die Niedergangszeit des Feudalismus in Deutschland hat.

Sweezy ging in seinem ersten kritischen Artikel davon aus, daß der Feudalismus durch externe Faktoren, vor allem durch das Handelskapital, zersetzt wurde. Das brachte im Verlauf der Diskussion auch die Frage auf, ob die Städte ein integrierter Teil der feudalen Gesellschaft sind oder nicht.

Daß der Feudalismus von außen, durch das Handelskapital, zersetzt worden wäre, wurde, meiner Ansicht nach mit Recht, von allen anderen Diskussionsteilnehmern abgelehnt. Der Feudalismus ging an seinen eigenen Widersprüchen zugrunde. Wie aber steht es um die Stadt im Feudalismus? War sie ein Teil des feudalen Gesellschaftssystems oder ein ihm fremdes Element? Zur Zeit, als diese Diskussion begonnen wurde, schrieb ich in meiner „Allgemeinen Wirtschaftsgeschichte":

„In jeder Gesellschaft, mit Ausnahme der kommunistischen, gibt es Elemente, die ihr fremd sind – sei es, daß sie Überbleibsel der alten, vorangegangenen oder Vorformen der neuen, kommenden Gesellschaft sind, sei es, daß sie ihr aus besonderen historischen Umständen eingegliedert sind. Sie spielen jedoch niemals eine genügend starke Rolle, um ihren Charakter zu prägen, ihren Rahmen von vornherein unvollkommen, gebrochen erscheinen zu lassen. Ein solches Element waren zum Beispiel in der antiken Gesellschaft die freien Arbeiter in Land und Stadt. Ihre Existenz beließ der antiken Gesellschaft ihren Charakter als Sklavenwirtschaft, und wenn sie auch in mannigfacher Beziehung gewisse gesellschaftliche Vorgänge modifizierten, so konnten sie doch niemals zu einem dominierenden Faktor in der antiken Wirtschaft werden. Die freien Arbeiter konnten auch in der Spätantike den Übergang zu neuen Gesellschaftsformen nicht herbeiführen; sie waren nicht die tragende Kraft der antiken Gesellschaft.

Die Frage, mit der wir uns jetzt und auch noch später im Verlauf unserer Betrachtungen beschäftigen müssen, ist, ob die Stadt in der Periode des Feudalismus ein ähnliches Element wie die Existenz von freien Arbeitern in der Antike darstellt, oder ob gar die Stadt einen ganz neuen Faktor in der Geschichte darstellt, nämlich ein in gewisser Weise gesellschaftsfremdes Element nicht nur der Niedergangsperiode, sondern auch schon der Blütezeit einer Gesellschaft, das schließlich – im Gegensatz zur Funktion der freien Arbeiter in der Antike – den Übergang zu neuen Wirtschaftsformen herbeiführen hilft.

'Stadtluft macht frei', hieß es in der Epoche des Feudalismus. Damit wird die Stadt zweifellos als ein feudalfremdes Element gekennzeichnet. Denn die Freiheit der Arbeit

---

[1] Vgl. dazu The Transition from Feudalism to Capitalism, Introduction by Rodney Hilton, London 1978 – künftig zitiert als „Transition" – und „Labour Monthly", October, December 1940.

widersprach den Prinzipien des Feudalismus. Zwar gab es insbesondere in seiner Frühzeit, aber auch noch später, freie Bauern; doch diese waren eine immer kleiner werdende Minderheit, und vor allem waren sie über das Land verstreut, bildeten keine wirtschaftlichen Einheiten und charakterisierten nicht die Wirtschaftsform ganzer Gegenden und Provinzen. 'Stadtluft macht frei' charakterisiert jedoch die Wirtschaftform zum Teil recht großer wirtschaftlicher Einheiten, und zwar nahezu aller Einheiten bestimmten Typs, nämlich der Städte. Das heißt nicht, daß feudale Abhängigkeitsverhältnisse nicht noch bis in die Stadt hineinreichten, daß nicht Leibeigene in der Stadt wohnten oder daß nicht auf dem Landbesitz von Städten auch Hörige saßen. Aber es bedeutet, daß die große Masse der städtischen Einwohner frei war und daß Unfreie, die in die Stadt kamen, etwa Bauern, die dorthin flüchteten, ihre Freiheit (von den ländlichen Fesseln) erwerben konnten.

In jedem Fall können wir feststellen, daß die Stadt als Wirtschaftseinheit ein dem Feudalismus fremdes, und zwar ein bedeutendes Element darstellte. Seit wann aber hat sie Bedeutung?

Zunächst, in der Frühzeit des Feudalismus und bis in das 11. und 12. Jahrhundert und in manchen Ländern noch länger, spielten die Städte keine sehr große Rolle. Die Stadt war ein kleiner Flecken mit gelegentlichen Märkten, bisweilen ein militärisches Zentrum mit einer Burg, im allgemeinen von einem feudalen Grundherrn abhängig, der die Einwohner zumindest als zinspflichtig betrachtete und danach handelte. Während ihre Größe lange Zeit hindurch nur langsam anstieg, vermehrten sie sich zahlenmäßig recht schnell. Oft wurden sie von großen Feudalherren, vielfach von geistlichen Herren, bisweilen auch auf direkte Anregung der Könige gegründet oder an ehemaligen Stadtstellen wiedergegründet, und gelegentlich waren, wie etwa im früheren Venedig, die Herren innerhalb der Stadt identisch mit den Großgrundbesitzern. Das heißt, in ihren Ursprüngen können die meisten Städte des Mittelalters nicht eigentlich als ein dem Feudalismus fremdes Element betrachtet werden. Sie waren faktisch in irgendeiner Form in das System der feudalen Abhängigkeitsverhältnisse eingegliedert. Einen grundlegenden Gegensatz zwischen den Feudalherren und den Städten gab es noch nicht.

Ja man muß noch weiter gehen. In ihrer Frühzeit waren die Städte nicht nur kein feudalfremdes Element, sondern gingen völlig im feudalen System auf. Die Grundherren waren zugleich Stadtherren und Marktherren und beherrschten die Stadt nicht nur als Empfänger von Zins oder einer anderen Form der Mehrproduktübereignung, sondern regulierten auch den Handel und die Produktion, das heißt die entscheidenden Funktionen der städtischen Wirtschaft, oft bis in kleinste Details und sprachen Recht. Bisweilen gab es mehrere solcher Herren, die verschiedene Stadtteile entsprechend beherrschten – die französische Stadt Arles gehörte zum Beispiel noch im 12. Jahrhundert vier verschiedenen Feudalherren und zerfiel dementsprechend in vier verschiedene Bezirke mit verschiedenem Recht. Ja bisweilen waren damals die feudalen Abhängigkeitsverhältnisse in der Stadt tatsächlich stärker als auf dem Lande.

Die Zahl der Städte war in ihrer Frühzeit gering. Kötzschke hält für 900 in Deutschland eine Zahl von 30 und für 1125 150 für wahrscheinlich.* In der Karolingerzeit (8. und 9. Jahrhundert) schätzt er die städtische Bevölkerung Deutschlands auf 1 bis 2 Prozent, gegen Ende der Salierzeit (um 1100) auf 3 bis 5 Prozent der Gesamtbevölkerung,

---

* Vgl. *Rudolf Kötzschke*, „Grundzüge der deutschen Wirtschaftsgeschichte bis zum 17. Jahrhundert", Leipzig und Berlin 1921, S. 73.

wobei man nicht übersehen darf, daß ein nicht unbeachtlicher Teil der städtischen Bevölkerung damals noch landwirtschaftlich tätig war.

Der Handel lag in der Frühzeit des Feudalismus zumeist in den Händen von Nichteuropäern, vor allem arabischen und byzantinischen Händlern. Mit dem 11. Jahrhundert, mit der wirklichen Zeit der Städte jedoch, begannen europäische Händler die Hauptrolle zu spielen. Die kennzeichnende Tatsache, daß die andere neben den Händlern und Kaufleuten wichtige Stadtschicht, die Handwerker, zumeist von dem umliegenden Großgrundbesitz her unter der 'Obhut' ihrer Grundherren in die Stadt kamen, vollendet das Bild der rein feudalen, der unfreien Stadt.

Diese Verhältnisse begannen sich jedoch zur Zeit der Hochblüte des Feudalismus zu ändern. Das ist das Entscheidende, und das ist das Moment, das uns zu besonderer Betrachtung des Problems der Stadt zwingt. Würden sich die Verhältnisse zur Zeit des Niedergangs des Feudalismus geändert haben, dann würden wir sie als Verfallserscheinungen, vielleicht auch als Übergangsformen zu einer neuen Gesellschaftsform betrachten können. Das Bemerkenswerte aber ist, daß die Veränderungen in der Situation bereits einsetzten, als der Feudalismus noch mächtig war sowie an gesellschaftlicher und besonders an wirtschaftlicher Kraft gewaltig wuchs.

In dieser Zeit der Blüte wuchsen die Städte schneller an Bevölkerung, vor allem durch Zuzug vom Lande, und an wirtschaftlicher Stärke, vor allem durch Handwerk und Handel. Für diese Zeit definiert Marx das Abhängigkeits- und gegenseitige Ausbeutungsverhältnis der Feudalherren und der Städte wie folgt: 'Wenn das Land im Mittelalter die Stadt politisch ausbeutet, überall da, wo der Feudalismus nicht durch ausnahmsweise städtische Entwicklung gebrochen ist, wie in Italien, so exploitiert die Stadt überall und ohne Ausnahme das Land ökonomisch durch ihre Monopolpreise, ihr Steuersystem, ihr Zunftwesen, ihren direkten kaufmännischen Betrug und ihren Wucher.'*

Trifft diese Ausplünderung des Landes durch die Stadt mit einer bedeutenden politischen Erstarkung der Städte zusammen, dann wird, wie Marx bemerkt, der Feudalismus 'gebrochen', ohne daß man etwa bereits von einer kapitalistischen Wirtschaft sprechen kann. Es handelt sich ganz einfach um eine städtische Wucherwirtschaft, um eine Insel innerhalb des Feudalismus, auf der eine Wirtschaftsform besonderen Typs entsteht. Es ist nicht zu verwundern, daß sich Feudalherren und Städte unter diesen Umständen scharf feindlich gegenüberstehen. Marx spricht darum auch von dem 'konspiratorischen und revolutionären Charakter der Munizipalbewegung im zwölften Jahrhundert'**, in dem dieses Ausbrechen der Städte aus dem Feudalismus seinen Anfang nimmt, und weist andererseits amüsiert darauf hin, daß 'das Wort ⟨communio⟩ [eine städtische Gemeinschaft, J. K.] ganz in derselben Weise angeschimpft wird wie der Kommunismus heutzutag. So schreibt zum Beispiel der Pfaffe Guilbert von Noyon: ⟨Communio novum ac pessimum nomen⟩ [Kommune ist ein neuer und sehr schlechter Name]'***. Engels nennt die Städte in der vorfrühkapitalistischen Zeit ausgesprochen 'antifeudal.'²

Heute, wo wir soviel mehr Material als Marx und Engels zur Verfügung haben, wissen wir, daß man, zumindest für Deutschland, überhaupt nicht Aussagen solcher Art über Städte allgemein machen kann, da auch zur Blütezeit des Feudalismus und erst recht in

---

* *Karl Marx,* „Das Kapital", Bd. III, Berlin 1949, S. 852.
** *K. Marx/Fr. Engels,* „Briefwechsel", II. Bd., S. 58. Marx an Engels, 27. Juli 1854.
*** Ebendort, S. 59 f.
² *J. Kuczynski,* Allgemeine Wirtschaftsgeschichte, Berlin 1951, S. 133–140.

seiner Niedergangsperiode Städte sich ganz außerordentlich in ihrer Position im Feudalismus unterschieden. Da gab es Frondienste leistende ländliche Kleinstädte und selbständige große Handelsstädte, auch solche mit beachtlicher gewerblicher Produktion, von
denen Engels sagte, daß sie antifeudale Interessen hätten. Aber so deutlich Engels von
antifeudalen Interessen spricht, so unklar ist doch im Grunde seine Gesamteinschätzung.
Hören wir ihn über die Rolle der Städte im 15. Jahrhundert[3]:

Einerseits (meine Unterstreichungen – J. K.):

„Im fünfzehnten Jahrhundert waren die Städtebürger bereits unentbehrlicher in der
Gesellschaft geworden als der Feudaladel. Zwar war der Ackerbau noch immer die
Beschäftigung der großen Masse der Bevölkerung und damit der Hauptproduktionszweig.
Aber die paar vereinzelten Freibauern, die sich hie und da noch gegen die Anmaßungen
des Adels erhalten, bewiesen hinreichend, daß beim Ackerbau nicht die Bärenhäuterei
und die Erpressungen des Adligen die Hauptsache sei, sondern die Arbeit des Bauern.
Und dann hatten sich die Bedürfnisse auch des Adels so vermehrt und verändert, daß
selbst ihm die Städte unentbehrlich geworden; bezog er doch sein einziges Produktions-
werkzeug, seinen Panzer und seine Waffen, aus den Städten! Einheimische Tuche, Möbel
und Schmucksachen, italienische Seidenzeuge, Brabanter Spitzen, nordische Pelze, arabische Wohlgerüche, levantische Früchte, indische Gewürze – alles, nur die Seife nicht –
kaufte er von den Städtern. Ein gewisser Welthandel hatte sich entwickelt; die Italiener
befuhren das Mittelmeer und darüber hinaus die atlantischen Küsten bis Flandern, die
Hanseaten beherrschten bei aufkommender holländischer und englischer Konkurrenz
noch immer Nord- und Ostsee. Zwischen den nördlichen und südlichen Zentren des See-
verkehrs wurde die Verbindung über Land erhalten; die Straßen, auf denen diese Verbindung stattfand, gingen durch Deutschland. Während der Adel immer überflüssiger
und der Entwicklung hinderlicher, wurden so die Städtebürger die Klasse, in der die
Fortentwicklung der Produktion und des Verkehrs, der Bildung, der sozialen und politischen Institutionen sich verkörpert fand.

Alle diese Fortschritte der Produktion und des Austausches waren in der Tat, nach
heutigen Begriffen, sehr beschränkter Natur. *Die Produktion blieb gebannt in die Form
des reinen Zukunfthandwerks, behielt also selbst noch einen feudalen Charakter;* der Handel
blieb innerhalb der euopäischen Gewässer und ging nicht über die levantischen Küsten-
städte hinaus, in denen er die Produkte des Fernen Ostens eintauschte. Aber kleinlich
und beschränkt, wie die Gewerbe und mit ihnen die gewerbtreibenden Bürger blieben,
sie reichten hin, *die feudale Gesellschaft umzuwälzen,* und sie blieben wenigstens in Bewegung, während der Adel stagnierte."

Das heißt, die Städte behielten ihren feudalen Charakter, was die Produktion betrifft,
und der Handel wälzte die feudale Gesellschaft um, aber das tuen die Produktivkräfte
mit den Produktionsverhältnissen dauernd, ohne daß diese deswegen ihren Charakter
verlieren.

Andererseits aber schreibt Engels in dem gleichen, von ihm nicht veröffentlichten, also
nicht für den Druck durchgesehenen Manuskript „Über den Verfall des Feudalismus
und das Aufkommen der Bourgeoisie", ein nicht von Engels stammender Titel (meine
Unterstreichung): „Im fünfzehnten Jahrhundert war also die Feudalität in ganz Westeuropa in vollem Verfall; überall hatten sich *Städte mit antifeudalen Interessen, mit
eignem Recht und mit bewaffneter Bürgerschaft in die feudalen Gebiete eingeteilt,*

---

[3] *Marx/Engels,* Werke, Bd. 21, S. 392–395.

hatten die Feudalherren teilweise schon gesellschaftlich, durch das Geld, und hie und da sogar auch politisch in ihre Abhängigkeit gebracht; selbst auf dem Lande, da, wo der Ackerbau durch besonders günstige Verhältnisse sich gehoben, fingen die alten Feudalbande an, unter der Einwirkung des Geldes sich zu lösen; nur in neueroberten Ländern, wie die ostelbischen Deutschlands, oder in sonst zurückgebliebenen, von den Wegen des Handels abgelegenen Strichen blühte die alte Adelsherrschaft fort. Überall aber hatten sich – in den Städten wie auf dem Land – die Elemente der Bevölkerung gemehrt, die vor allem verlangten, daß das ewige sinnlose Kriegführen aufhöre, jene Fehden der Feudalherren, die den inneren Krieg permanent machten, selbst wenn der fremde Feind im Lande war, jener Zustand ununterbrochener rein zweckloser Verwüstung, der das ganze Mittelalter hindurch gewählt hatte."

In der Diskussion, die Anfang der fünfziger Jahre begann, beklagte Giuliano Procacci die Unklarheit in der Stellung von Dobb zu der Rolle der Städte, während er die eindeutige Stellungnahme von F. Ya. Polyanski[4] für die Städte als wichtigen stimulierenden Teil der feudalen Gesellschaft rühmt.[5] John Merrington tritt scharf gegen M. Postans These auf, daß die Städte „nichtfeudale Inseln" gewesen wären, und ordnet sie ganz in das System des Feudalismus ein.[6] Er unterstreicht zustimmend auch die These von B. Porschnew über die reaktionäre Rolle der französischen städtischen Bourgeoisie bei der Einleitung des Prozesses, den ich mit dem heute international angenommenen Ausdruck Refeudalisierung charakterisiert habe.[7] Als weiteren schlagenden Beweis für den feudalen, ja geradezu fortschrittsfeindlichen Charakter der Städte weist Merrington darauf hin, daß überall in Europa das Kapital, sei es in der Form von Kaufmannskapital oder Produktionskapital, aus der Stadt mit ihren feudalen Produktionsverhältnissen auf das Land wanderte (Verlag, Manufakturen), wo die Verhältnisse für es günstiger waren.[8]

Schließlich sei noch Le Goff ausführlicher zitiert:

„Darf man die mittalterlichen Städte auch nicht als jene Absage an das Lehenswesen, jene Ausnahme, jene antifeudale Einrichtung betrachten, als die sie oft hingestellt wurden, so sind sie doch zunächst eine ungewohnte Erscheinung; für die Menschen zur Zeit des städtischen Aufschwungs bedeuten sie eine völlig neue Wirklichkeit im schockierenden Sinn, den das Mittelalter diesem Adjektiv beilegt.

Für diese Menschen, deren Weltbild von Erde, Wald und Heide geprägt ist, ist die Stadt anziehend und abstoßend zugleich; sie ist eine Versuchung – wie das Metall, das Geld oder die Frau.

Dabei ist die mittelalterliche Stadt, wie sich schon bei oberflächlicher Betrachtung erweist, keineswegs ein Monstrum von beängstigender Größe. Anfang des 14. Jahrhunderts liegt die Einwohnerziffer nur in den seltensten Fällen über 100 000, so in Venedig und Mailand. Paris, die größte Stadt der nördlichen Christenheit, dessen Einwohnerzahl man weit überschätzt hat (bis zu 200 000), zählt damals sicher nicht mehr als 80 000. Brügge, Gent, Toulouse, London, Hamburg, Lübeck und alle anderen ähnlich bedeutenden Städte haben zwischen 20 000 und 40 000 Einwohner.

Außerdem ist, wie immer wieder mit Recht betont wurde, die mittelalterliche Stadt

---

4 Woprossi Istorii, 1953, No. 1, S. 52 ff.
5 „Transition", S. 132.
6 Ebendort, S. 178.
7 Ebendort, S. 180.
8 Ebendort, S. 185 f. und 189 f.

noch ganz vom Land durchdrungen. Innerhalb der Mauern, welche Weinpflanzungen, Gärten, sogar Wiesen und Felder, Vieh und Misthaufen umschließen, führen die Städter ein halb ländliches Leben.

Trotzdem ist der Gegensatz zwischen Stadt und Land im Mittelalter schärfer als in den meisten anderen Gesellschaften und Kulturen. Die Stadtmauern bilden für die damalige Zeit die einschneidendste Grenze. Die Wälle mit ihren Türmen und Toren trennen zwei Welten. Um ihre Eigenständigkeit, ihre Eigenart zu betonen, nehmen die Städte die schützenden Mauern ostentativ in ihr Wappen auf. Ob die Stadt nun als Thron des Guten, d. h. als Jerusalem, oder als Sitz des Bösen, d. h. als Babylon aufgefaßt wird, sie ist im mittelalterlichen Abendland immer Sinnbild des Außergewöhnlichen. Zwischen Bürger und Bauer verläuft eine der großen Trennungslinien der mittelalterlichen Gesellschaft."

Vor allem von der Geistlichkeit wurde die Stadt vielfach als etwas Böses, der Welt des Feudalismus, oder einfacher ausgedrückt, der Gesellschaft Feindliches angesehen. Le Goff schreibt: „Im Jahre 1128 bricht im rheinischen Städtchen Deutz ein Brand aus. Der Abt der Benediktinerabtei St. Heribert, der berühmte Rupert, ein stark den Traditionen verhafteter Theologe, will darin sogleich den Zorn Gottes erkennen: sein Strafgericht über den Ort, der durch den Aufstieg Kölns zum Handelszentrum geworden ist, zum Schlupfwinkel der verruchten Kaufleute und Handwerker. Und nun entwirft er, auf die Bibel gestützt, eine stadtfeindliche Menschheitsgeschichte. Kain hat die Stadt erfunden, die erste erbaut; ihm haben es alle Bösen, die Tyrannen, die Feinde Gottes nachgetan. Die Patriarchen dagegen wie überhaupt alle Gerechten und Gottesfürchtigen haben unter dem Zelt in der Wüste gelebt. Sich in der Stadt niederlassen bedeutet: sich für die Welt entscheiden. Tatsächlich wird durch den Aufstieg der Städte, die Seßhaftwerdung, die Entwicklung des Eigentums und des Besitzdenkens eine neue Mentalität und vor allem die Bejahung des tätigen Lebens gefördert."

Und doch bemerkt Le Goff auch: „Welche Rolle nun spielen diese Städteinseln des Abendlandes, wie sieht ihre Zukunft aus? Ihr Wohlstand hängt letztlich vom Boden ab. Selbst die reichsten Handelsstädte, wie Gent und Brügge, Genua, Mailand, Florenz, Siena und Venedig, das noch mit den Schwierigkeiten der Lagunenlage zu kämpfen hat, gründen ihre Aktivität und ihre Macht auf das umliegende Land, auf den contado, wie man in Italien sagt (wovon die Bezeichnung für die italienischen Bauern, contadini, abgeleitet ist).“[9]

Aber wie man auch den Charakter der Städte einschätzen mag, ob als feudales und anti-feudales Element, und welches auch die Rolle der Städte im Anfang der Krise des Feudalismus, sagen wir in England und Frankreich im Laufe des 14., in Deutschland im 15. Jahrhundert gewesen sein mag, eine retardierende oder eine fördernde, – eines können wir mit Sicherheit feststellen: in dem Teil der Niedergangsperiode des Feudalismus in Deutschland, den wir in diesem Band behandeln, also von 1650 bis um 1800, waren die Städte wohl eingeordnet in das System des feudalen fürstlichen Absolutismus. Niemand kann in ihnen antifeudale Inseln in einem feudalen Meer sehen, niemand von antifeudalen Interessen sprechen.

Wenn jemand im Handelskapital an sich einen Vorläufer des Kapitals sehen will, so muß man dem auf das schärfste widersprechen. Handelskapital kann es in allen Ausbeuter-Gesellschaftsordnungen geben, und hat es gegeben. Natürlich kann das Handels-

[9] *J. Le Goff*, Kultur des Mittelalters, München, Zürich 1970, S. 487–491.

kapital die Entwicklung zum Kapitalismus fördern wie in England, aber es kann auch in großartig entsprechender Weise dem Feudalismus dienen, wie etwa den Getreide exportierenden feudalen Junkern Preußens, die schließlich sogar begeisterte Anhänger von Adam Smith's Freihandelspolitik wurden.

Wie aber ist das Verhältnis von Stadt und Land? Oft zitiert wird die Äußerung von Marx im dritten Band des „Kapital": „Wenn das Land im Mittelalter die Stadt politisch ausbeutet, überall da, wo der Feudalismus nicht durch ausnahmsweise städtische Entwicklung gebrochen ist, wie in Italien, so exploitiert die Stadt überall und ohne Ausnahme das Land ökonomisch durch ihre Monopolpreise, ihr Steuersystem, ihr Zunftwesen, ihren direkten kaufmännischen Betrug und ihren Wucher."[10] Aber gilt diese Feststellung auch für die Niedergangsperiode des Feudalismus? Das erscheint mir aus den verschiedensten Gründen unwahrscheinlich.

Einmal hatten die landwirtschaftlichen Preise die Tendenz, schneller zu steigen als die Preise nichtlandwirtschaftlicher Waren.

Sodann hatten die Städte für zahlreiche Waren keine Monopolpreise mehr.

Ferner traf die Städte das absolutistische Steuersystem der Fürsten mindestens so wie das Land.

Auch Helga Schultz, die dem Problem der Entwicklung des Landhandwerks in der von uns untersuchten Zeit besondere Aufmerksamkeit gewidmet hat, kommt zu dem Schluß: „Die Verbreitung und Vermehrung des Landhandwerks in der Übergangsepoche vom Feudalismus zum Kapitalismus bedeutet also primär keinen Rückgang im Warenaustausch und in der Arbeitsteilung zwischen Stadt und Land, sondern das Aufkommen einer neuen Komponente. Diese neue Komponente führte dann allerdings zu einer Neuverteilung der Gewichte. Die Zersetzung der feudalen Produktionsverhältnisse auf dem platten Lande hatte die Grundlage für eine starke gewerbliche Eigenentwicklung des Dorfes in zahlreichen Gebieten geschaffen, die zusammentraf mit dem Verfall der frühkapitalistischen Entwicklung in den deutschen Städten und mit verbreiteten Stagnationserscheinungen in zahlreichen alten städtischen Zentren, großen wie kleinen. Unter diesen Bedingungen schwächte sich der Gegensatz zwischen Stadt und Land tatsächlich ab, die ökonomische Herrschaft der Stadt über das Land konnte nicht in der alten Weise aufrechterhalten werden."[11]

Schultz kommt zu diesem Schluß vor allem wohl auf Grund der Tatsache, daß die Städte nunmehr wegen der starken Entwicklung des ländlichen Handwerks keine Monopolpreise mehr fordern konnten. Zugleich aber wurde damit auch die Stärke des städtischen Zunftwesens unterhöhlt, die auch durch die starke Ausdehnung der ländlichen Heimindustrie abgebaut wird.

Vielleicht möchten einige Forscher einwendend darauf hinweisen, daß zugleich aber auch das städtische Kaufmannskapital als Verleger oder Herr der dezentralisierten Manufaktur eine zunehmende Rolle auf dem Lande spielt. Bedeutet aber diese Flucht des Kaufmannskapitals aus der Stadt auf das Land eine ökonomische Abhängigkeit des Landes von der Stadt? Eine Flucht nicht zum wenigsten vor den erstarrten Zünften in den Städten. Und werden nun nicht die Zünfte vom Lande ökonomisch bedrängt?

Ich glaube, man muß doch sagen, daß zumindest für Deutschland in der hier zu stu-

---

[10] *Marx/Engels*, Werke, Bd. 25, S. 809.

[11] H. *Schultz*, Das Landhandwerk in der Epoche des Übergangs zum Kapitalismus, Diss. B., Rostock 1977, S. 20.

dierenden Periode des Niedergangs des Feudalismus die Feststellung von Marx für den blühenden Feudalismus über die ökonomische Exploitation des Landes durch die Stadt nicht mehr zutrifft.

Das heißt, ich glaube, wir können zusammenfassen:

Die Zersetzung des Feudalismus, sein Niedergang, wurde durch alles mögliche gefördert – eine Zeitlang und in einzelnen Teilen Europas durch die zunehmende Geldwirtschaft, durch das Handelskapital, durch bestimmte Interessen der Städte. Keiner dieser Faktoren verursachte jedoch den Niedergang, und jeder dieser Faktoren konnte antifeudal (damit aber noch nicht prokapitalistisch) oder profeudal (damit aber nicht den niedergehenden Feudalismus echt stärkend, wohl aber sein Sterben länger hinziehend) wirken. Und was die Beziehungen zwischen Stadt und Land betrifft, so wissen wir mit Sicherheit nur, daß sie in der Niedergangsperiode andere waren als sie Marx für den noch sehr lebenskräftigen Feudalismus schildert, wir wissen aber nicht, inwiefern vielleicht das Ausplünderungsverhältnis von Stadt und Land in seiner Bedeutung überdeckt wurde durch die „gemeinsame" Ausplünderung von Stadt und Land durch den Landesfürsten, durch den Territorialstaat.

Von besonderer Bedeutung in der internationalen marxistischen Diskussion, von der wir ausgegangen waren, war die Frage nach der Ursache des Niedergangs des Feudalismus – ein von außen oder durch innere Widersprüche verursachter Niedergang? Mit Ausnahme von Sweezy fanden alle die Ursachen in den inneren Widersprüchen des Feudalismus. Manche gehen aber gewissermaßen noch weiter. Dobb betont ausdrücklich, daß der Niedergang des Feudalismus nichts mit dem Aufkommen des Kapitalismus zu tun habe. Er erklärt mehrmals, daß „die Auflösung der feudalen Produktionsverhältnisse schon ein beachtliches Ausmaß erreicht hatte, bevor sich kapitalistische Produktionsverhältnisse entwickelten, und daß dieser Niedergang sich nicht in irgendeinem engen Zusammenhang mit dem Heranwachsen der neuen Produktionsverhältnisse im Schoße der alten vollzog."[12] Das heißt, der Niedergang des Feudalismus wurde keineswegs durch das Aufkommen kapitalistischer Verhältnisse verursacht. Er wurde vielmehr ‚durch die Revolte der kleinen Produzenten gegen die feudale Ausbeutung"[13], gegen den Raub von Mehrprodukt, das die Bauern mit ihren eigenen Werkzeugen produziert hatten, mittels außerökonomischer Gewalt, gegen die Belastung mit einer Grundrente veranlaßt. Darum formuliert er auch über die Bauernrevolten im 13. und 14. Jahrhundert in England: „Hier handelt es sich um den entscheidenden Klassenkampf des Feudalismus, im Gegensatz zu direkten Konfrontationen zwischen städtischen bürgerlichen Elementen (Kaufleuten) mit feudalen Lords . . . Bürgerliche Kaufleute, so lange sie nur Händler und Zwischengänger waren, waren im allgemeinen Parasiten am Feudalismus und neigten dazu, mit ihm einen Kompromiß einzugehen; in vielen Fällen waren sie faktisch Verbündete der feudalen Aristokratie."[14] Merrington spricht geradezu von dem „Mythos der revolutionären städtischen Bourgeoisie"[15], um die Rolle des bäuerlichen Klassenkampfes stärker herauszuarbeiten. Und wenn wir den von Engels so genannten ersten Akt der bürgerlichen Revolution, den deutschen Bauernkrieg, untersuchen, dann werden wir eben-

---

[12] Vgl. „Transition", S. 99.
[13] Ebendort, S. 100.
[14] Ebendort, S. 166.
[15] Ebendort, S. 180.

falls finden, daß er im allgemeinen ohne die städtische Bourgeoisie durchgeführt wurde. Auch solche Situationen sind ja in der Weltgeschichte nicht unbekannt, daß Revolutionen im Interesse einer Klasse gegen ihren Willen von einer anderen Klasse durchgeführt werden.

Über die Bauernkämpfe, die ein Teil der Zersetzungprozesse des Feudalismus, zugleich Ursache und Wirkung, sind, schrieb ich zur Zeit dieser internationalen Diskussion, ohne daß diese Ausführungen damals in die internationale Diskussion eingingen.

„Nun ist es aber keineswegs so, daß die zunehmende feudale Senkung des Anteils der Bauern an ihrem Produkt, die zunehmende Verschärfung der feudalen Abhängigkeitsverhältnisse, ein organischer Prozeß ist, gegen den man nichts unternehmen kann. In vielen Teilen Europas finden wir Bauernaufstände, große Bauernkriege, die sich gegen diese Verfallserscheinungen des Feudalismus mit Losungen der Freiheit von Abgaben und Leistungen, für ausreichenden Landbesitz richten: im 14. Jahrhundert in Frankreich und England, im 15. in Spanien und Böhmen, im 16. in Deutschland, im 17. und 18. in Rußland. Gleichzeitig aber finden wir auch Bauern, deren Lage sich faktisch gebessert hat und die größere Freiheit gewonnen haben – vor allem auch dann, wenn die Großgrundbesitzer zur Ablösung der Fronverpflichtungen mittels langfristig festgelegter Geldrenten übergegangen sind. Auch diese Bauern erheben sich häufig gegen die Feudalherren, um größere Freiheiten zu erobern. Und schließlich sind die Bauern zu nennen, deren Lage sich zeitweise gebessert hat und die dann neuen Belastungen ausgesetzt werden sollen. So haben wir im Grunde die Situation, daß die Bauern, wie sich auch ihre Lage entwickelt habe, zum Kampf gegen die Feudalherren drängen. Darum ist auch die Diskussion, ob sich die Lage der Bauern vor den Bauernkriegen in den verschiedenen Ländern gebessert habe oder nicht, in Verbindung mit einer anschließenden Betrachtung der ‚Berechtigung der Bauernkriege‘ historisch unsinnig.

Einmal werden wir feststellen können, daß Bauernkriege für eine größere Freiheit der Bauern geführt werden, gleichgültig, ob sich ihre Freiheit nun schon vorher vergrößert oder ihre Abhängigkeit zugenommen hat – beides sind Erscheinungen der Auflösung der feudalen Gesellschaft. Diese Freiheitskämpfe der unterdrückten Klasse werden also entweder eine Entwicklung, die die herrschenden Schichten um ihres eigenen Vorteils willen begonnen haben, um unter neuen Formen Profite in alter oder wachsender Höhe einzustecken, beschleunigen oder überhaupt erst eine solche Entwicklung herbeiführen.

Sodann werden wir finden, daß Bauernkriege überall geführt werden, um die letzten demokratischen Reste aus dem frühen Feudalismus, nämlich die freie Benutzung des Gemeinlandes für jeden Bauern, vor der Raubgier der Großgrundbesitzer zu retten.

Schließlich ist noch das Moment zu berücksichtigen, daß die Feudalherren Tendenzen zum Wechsel ihrer Politik zeigten, insbesondere daß sie nicht selten dazu übergingen, nach einer Phase der Lockerung der Abhängigkeitsverhältnisse und der Ablösung von Frondiensten durch Geldleistungen wieder Frondienste zu fordern, vornehmlich dann, wenn sich durch die Entwicklung der Industrie in der Stadt eine stärkere Landflucht zeigte; daß also Bauernkriege auch durch die Unsicherheit der Gesamtsituation hervorgerufen wurden.

Kriege der Bauern gegen die Feudalherren fanden in fast allen Ländern Europas statt. Bisweilen begannen sie als Aufstandsbewegung in einer bestimmten Gegend, um sich dann allmählich über das Land auszubreiten. Selten, wie etwa in England, begannen sie als ein fast allgemeiner Krieg des ganzen Landes. Häufig fanden sie in Etappen statt, bald in diesem, bald in jenem Teil des Landes, ohne sich zu einer großen Bewegung zusammenzuschließen. Oder sie erreichten, wie in Deutschland, zwar ebenfalls nicht das Stadium einer das ganze Land umfassenden Bauernrevolution, aber doch ein so weite Gebiete umfassendes Ausmaß, daß sie von großer allgemeiner Bedeutung für das ganze Land sein konnten.

Wenn wir die Geschichte der Bauernkriege untersuchen, dann finden wir, daß kein einziger von ihnen erfolgreich war bzw. daß sich ein Erfolg, der erreicht wurde, als kurzfristig erwies. Die Bauernkriege haben die Gesellschaft des Feudalismus nicht gewandelt; sie haben keine neue Gesellschaftsform eingeleitet. Die Bauern haben in keinem einzigen Lande die herrschende Feudalklasse im Kriege besiegt und dann aus ihren Positionen vertrieben. Die Bauern haben in keinem Lande damals eine Bodenreform durchgeführt. Die Bauern haben durch ihre Kriege in keinem Lande die Fesseln feudaler Abhängigkeitsverhältnisse allgemein gelockert oder abgestreift; soweit indes gelegentlich eine Lockerung auf Grund der Bauernkriege eintrat, war diese nur ganz kurzfristig. Ganz im Gegenteil müssen wir feststellen, daß der Feudalismus nach der Niederlage der Bauern in zahlreichen Fällen eine Reaktion herbeiführte, die ganz außerordentliches Ausmaß annahm und im Laufe der Zeit in allen Ländern, außer England, zu einer solchen Verschärfung der feudalen Abhängigkeitsverhältnisse führte, daß man von einem neuen Aufblühen des Feudalismus sprechen muß, jedoch nicht von dem frischen Blühen einer Gesellschaft, die Fortschritt bringt, sondern von der Sumpfblüte einer verfaulenden, sich in Agonie windenden Gesellschaft."[16]

Die Forschung des letzten Vierteljahrhunderts hat den Kern dieser Ausführungen bestätigt: Die Bauern kämpften keineswegs nur gegen eine ständige Verminderung ihres Anteils an ihrem Mehrprodukt, sondern zum Teil auch für eine weitere Steigerung des, vor allem mit dem Übergang zur Geldrente ermöglichten, Wachstums ihres Anteils, der oft einer langfristigen Festlegung der Geldrente in Zeiten steigender Preise zu danken war.

Die beiden Tendenzen der Entwicklung – wachsender oder sinkender Anteil am Mehrprodukt des Bauern – begründete ich damals so:

„Im 12. und 13. Jahrhundert beginnen gewisse Veränderungen in der Wirtschaftsform. Die wichtigste Tatsache ist zunächst, daß der Großgrundbesitz nicht mehr wächst, sondern ganz im Gegenteil zurückzugehen beginnt. Er hat das mögliche Ausmaß überschritten. In einer so lokal gebundenen Wirtschaft wie der des Feudalismus in dieser Zeit reicht die politische Macht der Grundherren, wenn ihr Besitz stark gewachsen und verstreut ist, nicht aus, um eine gefügige und gut funktionierende Verwaltungshierarchie zu errichten. Wir beobachten, daß sich die Meier, die obersten Verwalter auf den verschiedenen Fronhöfen der großen Feudalherren (und in anderen Fällen, besonders bei geistlichem Grundbesitz, die Vögte), wie ihre entsprechenden Kollegen außerhalb Deutschlands selbständig zu machen beginnen, was ihnen auch dadurch erleichtert wird, daß ihr Amt vielfach erblich ist. Sie verwandeln sich in Ritter oder andere Herren, die aus Verwaltern zu Vasallen werden, die die ihnen zur Verwaltung anvertrauten Fronhöfe allmählich in erblich werdende Lehnsbesitzungen umwandeln, den Grundherrn praktisch enteignen. Dem neuen Adligen gelingt es aber keineswegs, mit dem Fronhof stets auch die Hörigen oder die anderswie an den Fronhof gebundenen Bauern zu übernehmen. Zum Teil bleiben diese weiter dem ursprünglichen Herrn hörig, wodurch das Prinzip der Fernverpflichtung, wie man es nennen könnte, gestärkt wird: die Bauern sind

---

[16] *J. Kuczynski*, Allgemeine Wirtschaftsgeschichte, a. a. O., S. 160 ff.

an einen Herrn, der fern von ihnen lebt, durch Abgaben gebunden. Diese Zunahme der Fernverpflichtung wird sich im Laufe der Zeit als höchst förderlich für die Ausbildung der Territorialherrschaft, der landesherrlichen im Gegensatz zur grundherrlichen Herrschaft, erweisen, denn diese erfordert in erhöhtem Ausmaß Eintreibung von Mehrprodukt zugunsten nichtlokaler Herren. Diese Fernabhängigkeitsform wird sich ebenfalls als starker Anreiz zur Umwandlung von Fronleistungen in Sachleistungen und von Natural- in Geldverpflichtungen auswirken. Damit geht aber auch die Villicationsverfassung vielfach ihrer Auflösung entgegen. Und zwar geschieht das zum Teil, um die vollendete Tatsache der Verselbständigung des Meiers zumindest ohne Wirkung auf den übrigen Besitz des großen Herrn zu lassen, dem Meier also die Herrschaft über den dem Fronhof verpflichteten Bauern zu nehmen, teils auch, um die Meier vor einer Verselbständigung zu warnen, da ihnen in diesem Fall der Anteil an der Mehrproduktion der zum Fronhof gehörenden Bauern entgehen würde, während sie als Meier diesen Anteil haben. So werden aus den Bauernstellen, die bisher im Fronverhältnis zu Haupthöfen gestanden haben, vielfach Pachtwirtschaften. An die Stelle eines reichhaltigen Systems von Leistungen tritt jetzt vielfach der einfache Pachtvertrag. Solche Maßnahmen führen zu einer Art von Bauernbefreiung, da die Bauern jetzt vielfach zu relativ freien Pächtern werden.

Daneben, nämlich vielfach dort, wo der Grundherr selbst auf dem Fronhof sitzt, bleibt natürlich noch das System der Villication erhalten, oder, wenn es aufgelöst worden ist, bleiben die Bauern doch im Dienstverhältnis und auch im Gerichtsverhältnis zu den Grundherren. Jedoch finden sich auch viele Fälle, in denen der Grundherr, selbst wenn er selber auf dem Fronhof residiert, die persönlichen und sachlichen Dienste in Geldzahlungen umwandelt, da er mit der zunehmenden Bedeutung des Handels und der Stadt in der feudalen Gesellschaft, worüber wir später noch ausführlich sprechen werden, ein steigendes Interesse an Geldeinnahmen zu haben beginnt. In diesem Fall geht er sogar so weit, vielfach das zum Fronhof selbst gehörende Land an Bauern zu verpachten, aus dem Saalland, dem Land des Herrn, Pachtland für Bauern zu machen. Dadurch wächst auf der einen Seite das Geldeinkommen des Herrn – denn dieses Land wird zu einem sehr wesentlichen Teil gegen Geldzins verpachtet –, während auf der anderen Seite aus dem Fronhof mehr und mehr 'ein Substrat von Rentenberechtigungen, von Leistungen und Abgaben', wie es Kulischer* nennt, wird. Dazu steht keineswegs immer die Tendenz der Grundherren oder Gerichtsherren im Gegensatz, sich Teile des Gemeindelandes, der Allmende, anzueignen, sie der gemeinen Nutzung zu entziehen und in Privateigentum überzuführen. Denn wenn auch in den Fällen, in denen der Fronhof seine Ländereien nicht verpachtet, diese Aneignung von gemeinem Land den Fronhof vergrößert, so führt in anderen Fällen die Abzweigung von immer größeren Teilen des Gemeinlandes an den Fronhof einfach zur Verpachtung von Gemeinland an diejenigen, die die Ländereien des Fronhofes in Pacht nehmen.

Die hier geschilderte Gesamtentwicklung führt häufig zu einer Senkung der Fronverpflichtungen in Form von Diensten auf dem Haupthof und zu einer Ablösung zahlreicher Leistungen durch jährliche Zahlungen in Geld. Diese Wandlungen müssen zu einer nicht unbeträchtlichen Verbesserung der Lage der Bauern führen. Denn einmal bringt größere Freiheit eine stärkere Initiative; stärkere Initiative aber bringt größere Erträge; größere Erträge wiederum bringen eine Wertsteigerung des Landes gegenüber

---

* Vgl. dazu auch Dr. *Josef Kulischer*, „Allgemeine Wirtschaftsgeschichte des Mittelalters und der Neuzeit", München und Berlin 1928, Bd. I, S. 48 f.

anderen Gütern. Diese Steigerung aber kommt den Bauern zu einem sehr wesentlichen Teil zugute, wenn ihre Pachten in Geld und durch Verträge über viele Jahre feststehen. Aus diesem Grunde finden wir, daß sich die Lage der Bauern im Laufe des 13. und 14. Jahrhunderts in großen Teilen Europas verbessert.

Es fragt sich nun, wie es kommt, daß sich die Grundherren zu solchen Konzessionen bereit erklärt haben. Die Ursachen sind vielfacher Natur. Da ist zunächst die zunehmende Bedeutung des Handels, stark gefördert durch die Kreuzzüge mit ihrer Erweiterung der europäischen Wirtschaftswelt. Damit im Zusammenhang steht das Wachstum der Städte und städtischen Gewerbe, worüber wir noch sprechen werden. Beides führt zu einem wachsenden Interesse der Grundherren am Geldzins, der ihnen den Kauf städtischer Waren erleichtern soll. Auch die zunehmende Bedeutung der Landesherrschaft, das heißt der Herrschaft, die nicht unbedingt an Grundbesitz gebunden ist, sondern zunehmend auf politischer bewaffneter Macht basiert, wenn auch fast stets mit bedeutendem Großgrundbesitz verknüpft, führt zu einer Umwandlung von Naturallieferungen in Geldzahlungen und zur Interesselosigkeit an Frondiensten. Von großer Bedeutung aber ist als Ursache für die Konzessionen an die Bauern außerdem ein Faktor ganz anderer Art. Mit dem 13. Jahrhundert beobachten wir eine Erschöpfung der Möglichkeit, größere Flächen neuen Bodens zu gewinnen, es sei denn durch oft blutige Kolonisierungskampagnen, wie im Osten Deutschlands, oder neuer Bodengewinn erfordert außerordentliche Anstrengungen, wenn er zum Beispiel dem Meer, der Marsch oder den Sümpfen abgerungen wird, wie in Nordengland, Belgien, Teilen Deutschlands und vielen Gegenden Frankreichs. Für diese neuen, schwer zu schaffenden Siedlungen müssen leichtere Bedingungen festgelegt werden, da man sonst keine Arbeitskraft bekäme. Ferner geht die Bevölkerung infolge der aus dem Orient eingeschleppten Epidemien, die ganz außerordentliche Opfer forderten, so zurück, daß häufig zu den aus klimatischen Gründen verursachten Mißernten noch solche infolge akuten Mangels an gesunden Arbeitskräften kommen. Ist ein Arbeitskraftmangel schon im 13. Jahrhundert spürbar gewesen, so gewinnt er im 14. noch weit stärker an Bedeutung. Zum erstenmal wird unter dem Feudalismus der Mangel an Arbeitskräften zu einem einflußreichen wirtschaftsformwandelnden Faktor, dessen Bedeutung erst kürzlich wieder in den interessanten Studien von Dobb* herausgestrichen worden ist. Denn um Arbeitskräfte zu halten und zu gewinnen, müssen die großen Feudalherren jetzt Konzessionen an die Bauern machen, die diesen vielfach bedeutende Freiheiten bringen.

Und doch wäre es nicht richtig, wie es vielfach geschieht, diese Periode des Feudalismus, die im 12. Jahrhundert beginnt, als eine allumfassende Aufschwungsperiode für die Bauern Europas zu betrachten. Denn dieser Tendenz steht eine andere entgegen, die zum Teil ebenso wirksam ist und zu einer stärkeren Einschränkung der Freiheit der Bauern, zu ihrer größeren Belastung führt.

Mit dem Interesse an Geld, mit der größeren Möglichkeit, auf der Basis wachsenden Handels, größer werdender Städte und ihres Handwerks, gewerbliche Waren zu kaufen oder gar Geld anzulegen, wächst auch der Wunsch der Feudalherren nach mehr Geld, nach größerer Produktaneignung, nach stärkerer Ausplünderung der Bauern. Dazu kommt, daß sich Geldzahlungen nicht so offenbar mit den möglichen Leistungen der Bauern vergleichen lassen wie Naturalleistungen und Frondienste. Kein Feudalherr kann acht Tage Frondienst je Woche verlangen, und schon wenn er vier Tage fordert, ist

---

* *Maurice Dobb*, „Studies in the Development of Capitalism", London 1946, S. 54 f.

jedem klar, daß er sich mehr als die Hälfte der möglichen Arbeitstage aneignet. Geldforderungen dagegen helfen, den Grad der Ausplünderung zu verschleiern und die Leistungen der Bauern zu steigern. So erläßt Ludwig X. im Jahre 1315 ein Sendschreiben, das als erste Erklärung der Menschenrechte in die Geschichte eingegangen ist und unter anderem feststellt: ‚In Erwägung dessen, daß unser Königreich Königreich der Franken [das heißt der Freien, J. K.] genannt wird, und da wir wünschen, daß dem auch wirklich so sei, verfügen wir, daß in unserem ganzen Königreich ... die Unfreiheit durch die Freiheit ersetzt werde und all denen, die von alters her oder durch Heirat oder durch Aufenthalt gebunden sind oder werden könnten, Freiheit zu angemessenen und guten Bedingungen gegeben werde.‘ Diese Bedingungen aber sind den Geldbedürfnissen des Königs angemessen und von seinem Standpunkt aus gut – denn sie betragen die enorme Summe von 200 Pfund, an der die Bauern, die sie zahlen sollen, schwer zu tragen haben.

Und wie der König, so legen die übrigen Landes- und Grundherren den Bauern große Geldsummen auf, die oft weit über ihre Zahlungskraft gehen, die ihnen einen großen Teil ihrer Produktion, wenn nicht gar das ganze Mehrprodukt fortsteuern und zu schärfster Unterdrückung führen.

Dazu kommt, daß natürlich eine bedeutende Zahl von Bauern weiter Fron- und Naturaldienste leisten muß, die ebenfalls stark erhöht werden. Denn das Wachstum der Städte mit ihrem zunehmenden Nahrungsbedarf und der damit ausgeweitete Markt für Landprodukte ermöglicht es vielen Grundherren, die Naturalleistungen der Bauern beziehungsweise die vermittels ihrer Frondienste hervorgebrachten landwirtschaftlichen Produkte in die Städte zu schicken, dort gegen Geld zu verkaufen und dann für Geld städtische oder ausländische Waren zu kaufen.

So sehen wir eine gewissermaßen in doppelter Richtung verlaufende allmähliche Wandlung des Feudalsystems. Einmal wird eine zunehmende Anzahl von Bauern frei beziehungsweise von Frondiensten befreit und zu Geldleistungen verpflichtet, die nichts anderes als Pachtzahlungen sind. Pachtzahlungen nämlich für Land, das allgemein als Erbpachtland betrachtet wird. Diese Tendenz führt zu einer Lockerung der feudalen Abhängigkeitsverhältnisse und zu einer Steigerung der Mehrproduktion. Die andere, jedoch nicht so starke Tendenz läuft auf eine zunehmende Belastung der Bauern hinaus, oft in den Formen feudaler Abhängigkeitsverhältnisse, auf schärfere Unterdrückung und Ausplünderung und – mit der Wegsteuerung des Mehrprodukts – häufige Interessenlosigkeit der Bauern an steigenden Erträgen.

Beide Tendenzen sind über ganz Europa verbreitet, wechseln je nach den besonderen Bedingungen in einzelnen Gegenden, sind zumeist in jedem einzelnen Lande nebeneinander vertreten, manchmal in benachbarten Provinzen oder noch kleineren Regionen, häufig bestimmt durch die Absatzmöglichkeiten der Feudalherren (je günstiger der Markt, desto größer ihr Interesse an Geld und Aneignung von möglichst viel Mehrprodukt), durch das Angebot von Arbeitskräften (je weniger Arbeitskräfte, desto günstiger häufig die Bedingungen für die Bauern), sowie durch die allgemeinen Geldbedürfnisse der Landesherren, die häufig auch durch die Zahl und Ausdehnung der Kriege, die sie führen, mitbestimmt werden. Doch bei aller Vielfalt der Gestaltung der Wirtschafts- und Abhängigkeitsverhältnisse erkennen wir, daß wir an einer Wegscheide in der Entwicklung des Feudalismus angekommen sind.“[17]

[17] Ebendort, S. 127 ff.

So allgemein zur Entwicklung in West- und Mitteleuropa vor den Bauernkriegen. Als dann der letzte Bauernkrieg in diesem Gebiet scheiterte, setzte sich auf dem Kontinent die Tendenz zu immer größerer Ausplünderung der Bauern und zur Refeudalisierung und damit der Niedergangsprozeß des Feudalismus ungehindert durch insofern, als die feudalen Produktionsverhältnisse so gefestigt wurden, daß sie ein elendes Hindernis für die Entwicklung der Produktivkräfte wurden.

Wie gelegentlich in der Geschichte boten sich zwei Wege der Entwicklung: den einen ging man in England, wo sich daraufhin im 16. Jahrhundert mehr und mehr kapitalistische Elemente in der Basis herausbildeten, den anderen beschritt der europäische Kontinent, wo sich der Feudalismus innerhalb seiner Niedergangsperiode wieder relativ festigte und bei starker Entwicklung des Parasitismus und Rückgang der Produktivität schlimmstes Elend in den Alltag der Werktätigen brachte.

Und hier, an solchen Wegscheiden der Geschichte, können natürlich auch ganz andere als ökonomische Faktoren den Weg bestimmen, vor allem politische. Die ökonomischen Verhältnisse gegeben, hat die Politik das Primat.

Betrachten wir die Situation in England, das aus dem Niedergang des Feudalismus heraus im 16. Jahrhundert den Weg zum Kapitalismus gehen sollte, so können wir folgende Vorgeschichte dieses Weges erkennen[18]:

In der zweiten Hälfte des 15. Jahrhunderts (1455–1485) kam es, zwei Jahre nach dem Ende des Hundertjährigen Krieges, zu einer Auseinandersetzung innerhalb der herrschenden Klasse des Feudaladels, in der sich das feudale Geschlecht der Yorks mit Unterstützung der großen Mehrheit der „vorkapitalistischen" und vielleicht schon einiger bereits als kapitalistisch zu bezeichnender Ausbeuter sowie auch zahlreicher Werktätiger gegen das feudale Herrscherhaus der Lancaster wandte. Es kam zu den sogenannten Rosenkriegen (so genannt nach den Wappen beider Häuser), in denen die (objektiven, sich ihrer Rolle natürlich nicht bewußten und auch oft von ihrer historischen Rolle abweichenden) Vorkämpfer gegen die feudale Anarchie und für eine starke, fortschrittliche Zentralgewalt, die Partei der Yorks, siegten. Massenbeschlagnahme von Grundbesitz, der der Lancaster-Gefolgschaft gehörte, führte zu einer ersten umfassenden Erschütterung der „geheiligten feudalen Eigentumsrechte", ohne daß zunächst die politische Lage stabilisiert wurde. Erst nach Jahrzehnten des Krieges, als ein Verwandter der Lancasters, Heinrich VII. aus dem Hause Tudor, Elisabeth von York heiratete und die herrschenden Klassen über den Leichen der Mehrzahl der englischen großen Feudalherren zu einer fortschrittlichen, „vorkapitalistischen" Politik schritten, ergab sich eine politische „Ruhelage", die einen neuen gewaltigen Expropriationsprozeß der herrschenden Klasse gegen die Bauern und auch gegen das natürlich immer noch in starkem Ausmaß vorhandene feudale Eigentum erlaubte.

Engels schätzt das klassenpolitische Resultat der Rosenkriege im Vergleich zu der Situation in Deutschland zur Zeit des Ritteraufstandes (1522) so ein: „In Deutschland hatte sich der alte Adel erhalten, in England war er durch die Rosenkriege bis auf 28 Familien ausgerottet, und wurde durch einen neuen Adel bürgerlichen Ursprungs und mit bürgerlichen Tendenzen ersetzt; in Deutschland bestand die Leibeigenschaft fort und der Adel hatte *feudale* Einkommensquellen, in England war sie fast ganz beseitigt und

---

[18] Vgl. dazu *J. Kuczynski*, Geschichte der Lage der Arbeiter unter dem Kapitalismus, Bd. 22, Berlin 1964, S. 31.

der Adel war einfacher bürgerlicher Grundbesitzer mit der *bürgerlichen* Einkommen-
quelle: der Grundrente."[19]

Wenn je eine herrschende Klasse in der Geschichte Selbstmord beging, dann war es der
englische Feudaladel – wobei er häufig vor dem Tod noch mit einem „nicht standes-
gemäßen Mädel" zu Bett ging und so auch durch mehr oder weniger anerkannte Bastarde
für eine „Denigrierung" seiner Nachkommenschaft sorgte.

Wir beobachten also bei der entscheidenden herrschenden Klasse in der zweiten
Hälfte des 15. Jahrhunderts eine Aufhebung der Klassenschranken bei der Fortpflanzung, eine Dezimierung der Klasse in Konkurrenzkämpfen, bei denen gesellschaftliche
Fragen (feudal, nicht-mehr-feudal bzw. „vorkapitalistisch") bereits eine gewisse Rolle
spielen – eine Aufhebung von Klassenschranken und eine Dezimierung der Klasse, die
verbunden sind mit einem ganz unfeudal häufigen Wechsel des Eigentums.

Auf der anderen Seite findet unter der Bauernschaft ein ganz außerordentlicher Grad
der Differenzierung statt, der zugleich die Grundlagen einer neuen Klasse schafft. Ent-
eignungen führen zu einer Massenschicht von „Lohnarbeitern", aus denen mit der Herausbildung von kapitalistischen Großgrundbesitzverhältnissen echte freie Lohnarbeiter
werden. Aus den Abhängigkeitsverhältnissen feudaler Art wachsen ferner einerseits freie
Bauern, andererseits Pächter heraus. Großbauern steigen zu einer immer breiter werdenden gentry-Schicht auf, zu einer Schicht jetzt auch in größerer Zahl nichtadliger Besitzer
von Land, dessen Größe bzw. deren dieser Größe entsprechender Lebensstil nicht mehr
die Charakterisierung von Bauern erlaubt, sondern die als Grundbesitzer notwendig
macht.

Zu diesen aus der Landwirtschaft entstammenden Grundbesitzern gesellen sich
Städtebürger, Kaufleute-Produzenten, die Land kaufen oder pachten. Die besonders enge
Verbindung der Kaufleute und Produzenten in der Stadt mit dem Lande und die Tat-
sache, daß ein so großer Teil des englischen Landadels den Rohstoff für die wichtigste
Industrie der frühen kapitalistischen Entwicklung, für die Wollindustrie, lieferte, führ-
ten also zu einer Entwicklung von großer gesellschaftlicher Bedeutung, die noch durch
die Massenabschlachtung und die ebenfalls massenweisen „Mißheiraten" alter feudaler
Adliger im Gefolge der Rosenkriege erleichtert wurde. Es fand eine gesellschaftliche
Annäherung und teilweise Verschmelzung des neuen Adels und der großen Kaufleute
und Industrieproduzenten (die häufig zugleich neureiche Grundbesitzer und gewerbliche
Warenproduzenten waren) statt. Die Städter heirateten in die Familien des Landadels,
und die jüngeren Söhne des Landadels ergriffen städtische Gewerbe.

In der Stadt selbst findet ein starker Polarisierungsprozeß innerhalb des Handwerks
statt, der zu mehr als nur strukturellen, der zu gesellschaftlichen Wandlungen führt. Aus
Handwerkern werden Produzenten-Kaufleute, aus Kaufleuten Kaufleute-Produzenten,
und beide erhalten, vorsichtig formuliert, eine stark kapitalistische Tönung, während
andere Handwerke, ganze Zweige oder einzelne Betriebe, entweder zu kleinbürgerlichen,
ebenfalls kapitalistisch angehauchten oder zu kleinfeudalen Institutionen werden. Ein
erstaunlicher Prozeß.

So beobachten wir, wie die englische Gesellschaft im 15. Jahrhundert die Gestalt eines
Schmelztiegels annimmt, in dem alte Klassen zerstört und neue geformt werden. In diesem Durcheinander werden Elemente aller alten Klassen und Schichten für alle nur
möglichen neuen Klassen und Schichten verwandt. Es entsteht eine erstaunliche Mobili-

---

[19] *Fr. Engels,* Der deutsche Bauernkrieg, in: *Marx/Engels,* Werke, Bd. 7, Berlin 1960, S. 374.

tät zwischen den Klassen. Mit Recht spricht Myers schon im 14. Jahrhundert von „der Fluidität der englischen Gesellschaft und der Schwäche der Klassenschranken".[20]

Und an einer anderen Stelle[21] bemerkt er: „Das Kleid des Kaufmanns abzulegen und die Rüstung des Gentleman anzulegen, war keine große Leistung, denn es gab jetzt keine Schranke mehr zwischen dem reichen Kaufmann und dem Gentleman vom Lande. Zeitgenössische Lehrbücher des Benehmens, von solchem Nutzen als Berater in Fragen des Benehmens und der Etikette für die zahlreichen bourgeois gentilhommes, rangierten den Kaufmann mit dem Squire." Kein Wunder, daß Robson-Scott in seinen Studien deutscher Reiseberichte über England feststellt, wie oft den Reisenden die auf dem Kontinent so seltenen „gemischten Heiraten" zwischen Adligen und Bürgern auffallen.[22]

So die Entwicklung in England, so die politischen Ereignisse, die zu einer Variante der Entwicklung, die die ökonomischen Verhältnisse im 15. und zu Anfang des 16. Jahrhunderts erlaubten, führten.

Wie ganz anders in Deutschland! auch dort wäre auf Grund der ökonomischen Entwicklung im 15. Jahrhundert die Möglichkeit gewesen, diese Variante der Entwicklung zu nehmen. Doch die politischen Verhältnisse gestalteten sich grundverschieden. Auch hier wurde eine feudale Klasse oder Schicht umgebracht, die Ritterschaft, der das Geld schon einen beachtlichen Teil ihrer Kraft abgesaugt hatte: „Geld war wieder allgemeines Austauschmittel geworden, und damit hatte sich seine Masse bedeutend vermehrt; auch der Adel konnte es nicht mehr entbehren, und da er wenig oder nichts zu verkaufen hatte, da auch das Rauben jetzt nicht ganz so leicht mehr war, mußte er sich entschließen, vom bürgerlichen Wucherer zu borgen. Lange ehe die Ritterburgen von den neuen Geschützen in Bresche gelegt, waren sie schon vom Geld unterminiert; in der Tat, das Schießpulver war sozusagen bloß der Gerichtsvollzieher im Dienst des Geldes."[23]

Dem Sieg über die Ritter folgte 1525 der Sieg über die Bauern. Und wenn man doch die Hoffnung auf das Einschlagen der englischen Variante nicht aufgeben wollte, so wurde sie endgültig durch den Dreißigjährigen Krieg zerstört. Jetzt waren die Verhältnisse so verändert, daß nur der zweite, der kontinentale Weg der Refeudalisierung übrigblieb – unter insofern veränderten Klassenverhältnissen bei den Herrschenden, daß die Ritter als solche verschwanden, im Osten die Junker an ihre Stelle traten und allgemein der fürstliche Absolutismus sich herausbildete.

Bevor wir nun diesen Prozeß für Deutschland in unserer Zeit weiter verfolgen, sei noch auf ein Problem der Übergangszeit vom Feudalismus zum Kapitalismus allgemein eingegangen.

Wir hatten in England im 15. Jahrhundert von vorkapitalistischen oder nicht-mehrfeudalen Kräften gesprochen. Die Frage, wie diese Übergangszeit im 15., 16. und in den

[20] A. R. Myers, England in the late middle ages. Harmondsworth 1952, S. 53.

[21] Ebendort, S. 208. – Die gentry, zu der jetzt Großbauern wie Städter stoßen, wird im Laufe der Zeit zu einer entscheidenden Schicht der herrschenden Klasse. R. Burton, The anatomy of melancholy (Bd. II, London 1904, S. 169), schildert sie 1621: „Dein Ururururgroßvater war ein reicher Städter, und dann wahrscheinlich ein Wucherer, ein Advokat und dann ein ... Höfling und denn ein ... Landedelmann (country gentleman), und dann holte er aus den Schafen heraus, was er konnte."

[22] W. D. Robson-Scott, German Travellers in England 1400–1800. Oxford 1953, S. 48.

[23] Marx/Engels, Werke, Bd. 21, a. a. O., S. 393 f.

ersten vier Jahrzehnten des 17. Jahrhunderts zu kennzeichnen sei, wurde anläßlich des
300-Jahrgedenkens der englischen Revolution 1940 und dann auch wieder in der Diskussion zu Anfang der fünfziger Jahre aufgeworfen.

Dobb und Sweezy stimmen gleich zu Beginn der Diskussion überein, daß der Niedergang des Feudalismus lange eingesetzt hatte, bevor sich kapitalistische Produktionsverhältnisse zu entwickeln begannen.[24] Aber wie soll man die rund 200 Jahre zwischen
Edward III. und Elisabeth bezeichnen? Dobb meint, wenn man sie weder als feudal
noch als kapitalistisch bezeichnet, verfällt man in den Irrtum Pokrowskis, eine Zeit, in
der das Kaufmannskapital die herrschende Klasse stellt, anzunehmen[25]. Er wendet sich
dagegen, den Staat in England ab Anfang des 15. Jahrhunderts einen bürgerlichen Staat
zu nennen. Er bemerkt weiter, daß die herrschende feudale Klasse zur Zeit der Tudors,
also in der zweiten Hälfte des 16. Jahrhunderts, „gewisse Sektionen der Handelsbour-
geoisie (insbesondere die Export-Kaufleute) in ökonomische Partnerschaft und in eine
politische Allianz aufnahmen"[26], aber der Staat blieb ein Instrument in den Händen der
herrschenden feudalen Klasse. In diesem Zusammenhang erwähnt er die Diskussion von
1940 (P. F. gleich J. Kuczynski und D. Garman in „Labour Monthly" October und December 1940), auf die wir gleich kommen werden. Sweezy meint, daß man vielleicht von
mehreren herrschenden Klassen, basierend jeweils auf feudalen und kapitalistischen Produktionsverhältnissen, sprechen könnte[27], und verweist dazu als Anregung zum Nachdenken auf eine Äußerung von Engels in „Der Ursprung der Familie, des Privateigen-
tums und des Staats": „Ausnahmsweise indes kommen Perioden vor, wo die kämpfen-
den Klassen einander so nahe das Gleichgewicht halten, daß die Staatsgewalt als schein-
bare Vermittlerin momentan eine gewisse Selbständigkeit gegenüber beiden erhält. So
die absolute Monarchie des 17. und 18. Jahrhunderts, die Adel und Bürgertum gegeneinander balanciert; so der Bonapartismus des ersten und namentlich des zweiten französischen Kaiserreichs, der das Proletariat gegen die Bourgeoisie und die Bourgeoisie
gegen das Proletariat ausspielte. Die neueste Leistung in dieser Art, bei der Herrscher
und Beherrschte gleich komisch erscheinen, ist das neue deutsche Reich Bismarckscher
Nation: Hier werden Kapitalisten und Arbeiter gegeneinander balanciert und gleichmäßig geprellt zum Besten der verkommnen preußischen Krautjunker."[28]

Der Meinungsstreit zwischen Kuczynski und Hill (Garman sprach nur als Verleger
von Hill) ging 1940 darum, wie die gesellschaftliche Entwicklung Englands zwischen
1540 und 1640 einzuschätzen sei. Kuczynski vertrat die These, daß die Produktionsverhältnisse um 1600 zu einem erheblichen Teil bereits kapitalistische waren, nicht zum
wenigsten auch auf dem Lande, und daß im Staat ebenfalls neben feudalen kapitalistische Interessen vertreten waren. Dann aber, unter den Stuarts in den ersten vier Jahrzehnten des 17. Jahrhunderts, setzten sich seiner Meinung nach im Staat wieder stärker
feudale Interessen durch, wodurch ein scharfer Widerspruch zwischen Basis und staat-
lichem Überbau entstand, der zur Revolution von 1640 führte, zu einer Revolution, in
der der Staat „endgültig und völlig" in die Hände der Bourgeoisie und der kapitalistisch
wirtschaftenden adligen bzw. neugeadelten Großgrundbesitzer gelangte.

---

[24] Vgl. z. B. „Transition", S. 49.

[25] Ebendort, S. 62.

[26] Ebendort, S. 63.

[27] Ebendort, S. 108.

[28] *Marx/Engels*, Werke, Bd. 21, a. a. O., S. 167.

Zum letzten Male nahm ich zu dem Meinungsstreit von 1940 in der letzten Auflage meiner Geschichte der Lage der Arbeiter in England Stellung. Nachdem ich dort die Situation wie hier im vorangehenden Absatz geschildert hatte und auch auf die bürgerlichen Wandlungen in der Ideologie eingegangen war, bemerkte ich:

In einer früheren Arbeit zu diesen Fragen schrieb ich abschließend:

„So kann man sagen, daß England im 16. Jahrhundert von kapitalistisch wirtschaftenden Neuadligen und Bürgern regiert wurde trotz zahlreicher echt feudaler Überbleibsel und zahlreicher feudaler Verbrämungen. Die politische Macht ging allmählich in die Hände von Kapitalisten über. Dementsprechend bemerkte Engels auch über die Rechtsentwicklung: 'Man kann, wie in England im Einklang mit der ganzen nationalen Entwicklung geschah, die Formen des alten feudalen Rechts großenteils beibehalten und ihnen einen bürgerlichen Inhalt geben, ja, dem feudalen Namen direkt einen bürgerlichen Sinn unterschieben.'* Es ist kein Zweifel: in England entwickelte sich im 16. Jahrhundert nicht nur eine kapitalistische Wirtschaft, die den Charakter der gesamtenglischen Wirtschaft prägte. Wir können von einer bürgerlichen Gesellschaft in England sprechen. Die kapitalistische Ära des 16. Jahrhunderts ist auch das Geburtsjahrhundert der bürgerlichen Gesellschaft. Marx bestätigt diese Schlußfolgerung in einem Brief an Engels (8. Oktober 1858), in dem er schreibt: 'Wir können es nicht leugnen, daß die bürgerliche Gesellschaft zum zweiten Male ihr 16. Jahrhundert erlebt hat, ein 16. Jahrhundert, von dem ich hoffe, daß es sie ebenso zu Grabe läutet, wie das erste sie ins Leben poussierte.' Die Charakterisierung von Marx für das 16. Jahrhundert als 'Kapitalistische Ära' bezieht sich in England nicht nur auf die Tatsache kapitalistischer Produktion, sondern man kann das 16. bereits als das erste Jahrhundert der bürgerlichen Gesellschaft bezeichnen."

Nach Jahren weiterer Forschung meine ich, daß ich hier doch zu weit gegangen bin. Warum scheue ich mich heute, bereits im 16. Jahrhundert von einer bürgerlichen Gesellschaft in England zu sprechen, während ich glaube, daß von einer kapitalistischen Ära durchaus die Rede sein soll?

Den schlagendsten Gegenbeweis der Existenz einer bürgerlichen Gesellschaft in England sehe ich in der Entwicklung nach 1600, durch welche die politische Macht ohne revolutionäre Erschütterungen wieder so weit den Händen der Bourgeoisie entglitt, daß es eines revolutionären Bürgerkrieges bedurfte, um die feudalen und nicht-mehr-feudalen-noch-nicht-kapitalistischen Elemente, auf die sich die absolute Monarchie zu stützen begann, zu vertreiben.

Sicherlich trug die zweite Hälfte des 16. Jahrhunderts so viele Anzeichen einer bürgerlichen Gesellschaft, daß man gewissermaßen zeitweise tatsächlich von ihr sprechen kann. Es fehlte ihr aber die Sicherheit der Existenz, die ihr als solcher nur das Proletariat rauben kann, nicht aber die Klasse der Feudalen. Die Geschichte war gewissermaßen zu weit vorgeprellt, und dieses Vorprellen schloß notwendigerweise einen Rückzug ein, einen Rückzug zur noch-nicht-kapitalistischen Gesellschaft. Das, was eine kapitalistische Gesellschaft auszumachen schien, war zum Teil durch historische Zufälle bedingt, war noch nicht so fundiert und gesichert, daß die Gesamtsituation, eben die kapitalistische Gesellschaft, als echt bezeichnet werden kann.

Die neuen Produktivkräfte verlangten bereits kapitalistische Produktionsverhältnisse – jedoch waren noch starke Produktivkräfte alten Modells vorhanden, die im Rahmen

---

* *Fr. Engels*, Ludwig Feuerbach. Berlin 1946, S. 47.

nicht nur Englands, sondern auch eines feudalen Europa noch längere Zeit ohne Furcht vor vernichtender Konkurrenz wirken konnten.

Es ist richtig, daß wir von kapitalistischen Produktionsverhältnissen als dominierenden sprechen. Aber sie dominierten noch nicht geographisch und gaben so den nichtkapitalistischen oder noch feudalen Verhältnissen eine, wenn auch letztlich nicht an Stärke überlegene, so doch breite Basis als Ausgangspunkt einer hohen Welle der Reaktion.

Es ist über jeden Zweifel erhaben, daß das Kapital eine Ideologie zu entwickeln begann, die ihm diente – in der Religion, der Philosophie und der Ökonomie –, aber sie war oft noch nicht stark und klassenbewußt genug und konnte sich natürlich als Ideologie einer Ausbeutergesellschaft nicht schnell genug unter den Werktätigen gegenüber der altgewohnten feudalen Ideologie durchsetzen.

Aus allen diesen Gründen erscheint es mir noch verfrüht, im England des 16. Jahrhunderts schlicht, einfach und bestimmt von einer kapitalistischen Gesellschaftsordnung zu sprechen. Vergleichen wir, um die Lage noch klarer herauszuarbeiten, die Verhältnisse in England in dieser Zeit mit denen in Frankreich vor 1789.

Der sowjetische Mediävist W. F. Semjonow sagt über den „Absolutismus der Tudors und seine soziale Basis": „Das Haus Tudor, das in England von 1485 bis 1603 regierte, verstand es, die königliche Macht wesentlich zu festigen. Das Königtum nahm unter den Herrschern dieser Dynastie deutlich absolutistische Züge an. Heinrich VII. (1485 bis 1509), der Begründer der Dynastie, und sein Sohn Heinrich VIII. (1509 bis 1547) führten einen schonungslosen Kampf gegen die Reste des Feudaladels, soweit er nach den 'Rosenkriegen' noch vorhanden war. Sie dehnten den Einfluß der Zentralgewalt auf die Randgebiete aus, auf Cornwall, Wales und die nordenglischen Grafschaften. Unter ihnen spielten außerordentliche politische und Verwaltungsgerichte – die Sternkammer, das Gericht für zivile Rechtsstreitigkeiten, das Gericht des Lordkanzlers usw. –, die das bürokratische Element in der Verwaltung verstärkten, eine große Rolle . . . Die soziale Basis der Tudors war vor allem der neue Adel, der zum Teil aus den Reihen der neuen Lords, die den Platz der verschwundenen alten Feudalfamilien einnahmen, und zum Teil aus den Reihen des mittleren und kleinen Adels, der Gentry, hervorgegangen war. Dieser bestand aus Rittern, Squires und sonstigen Gentlemen. Eine weitere Stütze der Tudors war die wachsende städtische Bourgeoisie, die eng mit dem Adel verflochten war. Das Bündnis des Königtums mit diesen neuen, bürgerlichen und verbürgerlichten Klassen fand seinen Ausdruck in einer eigenartigen Einstellung der Könige des Hauses Tudor zum Parlament. Im Gegensatz zu dem kontinentalen Absolutismus, der keine repräsentativen Institutionen duldete (Einstellung der Tätigkeit der Generalstände in Frankreich, der Cortes in Spanien usw.), war in England das Parlament unter den Tudors nicht nur geblieben, sondern seine Bedeutung war in gewissem Grade sogar gestiegen. Das Unterhaus (House of Commons), das sich hauptsächlich aus Vertretern des mittleren Adels und zum Teil aus Kaufleuten und Manufakturbesitzern zusammensetzte, erstarkte unter den Tudors spürbar, während das Oberhaus (House of Lords) an Einfluß verlor. Mit Unterstützung des Parlaments führte Heinrich VIII. seine größte Reform durch, die Trennung der englischen Kirche von Rom und die Säkularisation der Kirchen- und Klostergüter . . . Ebenso wie den König Heinrich VIII. unterstützte das Parlament die Königin Elisabeth in jeder Weise bei ihrem Kampf gegen die katholisch-feudalen Gruppierungen."*

* *W. F. Semjonow*, Geschichte des Mittelalters, Berlin 1952, S. 360 f. u. 363 f.

Das heißt, während in Frankreich der absolute König zunächst Bürgertum und feudalen Adel gegeneinander ausspielte, um nach Zähmung des feudalen Adels sich auf diesen zu stützen – stützte sich der absolute englische König nicht auf einen gezähmten feudalen Adel, sondern auf einen in seinen Interessen bürgerlichen, auf einen kapitalistisch wirtschaftenden Adel und auf die städtische Bourgeoisie, das kapitalistisch wirtschaftende Bürgertum. Das schloß nicht aus, daß auch gezähmter Feudaladel noch eine gewisse Rolle spielte. Aber mit Recht erwähnt Semjonow ihn nicht, wenn er die zwei wichtigsten Stützen des Absolutismus der Tudors nennt.

Es erhebt sich überhaupt die Frage, ob man den Ausdruck 'Absolutismus für die Tudor-Herrschaft noch verwenden soll. Sehr richtig formuliert die Große Sowjet-Enzyklopädie: „In England kam der Absolutismus jedoch nicht voll zur Entfaltung; das Parlament blieb bestehen, und durch die bedeutende Rolle der Organe der örtlichen (adligen) Selbstverwaltung konnten sich die bürokratischen Institutionen nicht voll entwickeln."* Ein Absolutismus aber, der durch das Parlament und die lokale Selbstverwaltung, die sich zu einem großen Teil in den Händen eines kapitalistisch wirtschaftenden Adels befindet, beschränkt ist, teilweise recht stark sogar, ist eben kein Absolutismus mehr. Es kann sehr wohl eine beschränkte Macht des Königs geben, aber nicht einen beschränkten Absolutismus.** . . .

Es ist aber nicht richtig, wenn die beiden Herausgeber der Dokumentensammlung über die englische Revolution „The good old cause" schreiben: „Die erste Klasse, die herrschende Klasse in den ersten Jahrzehnten des 17. Jahrhunderts war eine halbfeudale Landaristokratie, die Nachfolger in gesellschaftlicher Position und politischer Macht (wenn nicht die direkten Nachkommen) der feudalen Klasse, die England seit der Eroberung durch die Normannen regiert hatte."*** Faktisch war die herrschende Klasse vielmehr in ihrer Mehrheit aus kapitalistisch wirtschaftenden Großgrundbesitzern zusammengesetzt. Dazu kamen Kaufleute und Manufakturisten, die ebenfalls kapitalistisch wirtschafteten (und auch höchste Staatsfunktionäre wurden). Dazu kamen solche Vertreter des Adels, die teils feudale, teils kapitalistische Interessen hatten oder sich in Übergangsproduktionsverhältnissen, halbfeudal-halbkapitalistisch, Mehrprodukt-Mehrwert aneigneten, und schließlich, in einer kleinen Minderheit rein Feudale.

Ganz falsch aber ist es, wie es gelegentlich geschieht, die herrschende Klasse als feudal darzustellen und zu behaupten, die neuen Männer, der Neuadel vom Lande und die bürgerlichen geadelten Kaufleute in der Regierung spielten keine gesellschaftliche Rolle; für ihre Position „fänden sich leicht Parallelen unter vielen mittelalterlichen Königen"†. Gerade das ist doch der Unterschied zwischen einem bürgerlichen kameralistischen Vorsitzenden der preußischen Verwaltung unter dem Absolutismus Friedrich Wilhelm I. und einem Cecil, Gresham oder Walsingham: Die ersteren waren feudale Bürger mit

* Große Sowjet-Enzyklopädie. Bd. 7, S. 257. Artikel „Großbritannien", Übersetzung, Berlin 1954. S. 15.
** Zum Problem des Absolutismus der Tudors vgl. auch: *G. R. Elton*, England under the Tudors. London 1955, *J. P. Cooper*, Differences between English and Continental Governments in the early seventeenth century. In: Britain and the Netherlands. Hrsg. J. S. Bromley und E. H. Kossmann, London 1960, sowie die Diskussion in „Past and Present", London 1963, Nr. 25, Juli.
*** *Ch. Hill* und *E. Dell*, The good old cause. The English revolution of 1640–1660, its causes, course and consequences. London 1949, S. 19.
† *Ch. Hill*, The English revolution and the state. In: „The Modern Quarterly", Bd. 4. London 1949, Nr. 2, S. 111.

feudalen Interessen, die als Beamte, als Mitglieder einer Bürokratie und ohne politische Vertreter der Interessen einer Klasse zu sein, dem absoluten König dienten, während die letzteren als politische Vertreter kapitalistischer Interessen den Staat vornehmlich im Interesse der kapitalistischen Klasse zu regieren suchten.[29]

Das heißt, wir beobachten in England bis an den Anfang des 16. Jahrhunderts einen Niedergang des Feudalismus, starke Auflösungserscheinungen, ohne daß die Elemente der kapitalistischen Nachfolgegesellschaft bereits eine größere Rolle spielten – gar nicht so sehr verschieden von der Entwicklung in Deutschland. Dann aber beginnt schon ein starker Unterschied: in England langsames und dann stärker werdendes Aufkommen kapitalistischer Elemente im Verlaufe des 16. Jahrhunderts, Elemente, deren Vertreter auch in die Staatsführung eintreten, in Deutschland aber bestenfalls Stillstand der Auflösung feudaler Verhältnisse in der Landwirtschaft, vielfach sogar eine gewisse Festigung. Und dann: 1640 bürgerlich-kapitalistische Revolution in England, Dreißigjähriger Krieg (1618–1648) in Deutschland.

Nach der Revolution von 1640 unaufhaltsame Entwicklung der Produktivkräfte und allgemein des Kapitalismus in England.

Nach dem Dreißigjährigen Krieg zunächst ein Wiederaufbau der Wirtschaft – aber kein Erreichen der Produktivität in der Landwirtschaft und zum größten Teil auch nicht im Gewerbe etwa auf der Höhe von 1450 oder von 1550. Dazu ein Parasitismus, der den zuvor, etwa im 15. Jahrhundert herrschenden, weit übertrifft.

Mit den Erscheinungen der Fäulnis, des sterbenden Feudalismus in Deutschland von 1650 bis 1800 wollen wir uns jetzt im allgemeinen beschäftigen, nachdem wir noch einmal einleitend den Begriff des Niedergangs einer Gesellschaftsordnung geklärt haben.

---

[29] Vgl. dazu *J. Kuczynski*, Geschichte der Lage der Arbeiter, Bd. 22, a. a. O., S. 41 ff.

Kapitel 2

Was heißt Niedergang einer Gesellschaftsordnung? –
Die Rolle der werktätigen Massen und des Klassenkampfes

Was heißt Niedergang – oder fragen wir umgekehrt erst, was heißt Fortschritt?

Herder schrieb:

„Wir wachsen immer aus einer Kindheit, so alt wir seyn mögen, sind immer im Gange unruhig, ungesättigt: das Wesentliche unsres Lebens ist nie Genuß, sondern immer Progreßion, und wir sind nie Menschen gewesen, bis wir – zu Ende gelebt haben; dahingegen die Biene, Biene war, als sie ihre erste Zelle bauete.

Zu allen Zeiten würkt freilich dies Gesetz der Vervollkommnung, der Progreßion durch Besonnenheit, nicht gleich merklich: ist aber das minder Merkliche deßwegen nicht da? Im Traume, im Gedankentraume denkt der Mensch nicht so ordentlich und deutlich, als wachend: deßwegen aber denkt er noch immer als ein Mensch – als Mensch in einem Mittelzustande; nie als ein völliges Thier.“[1]

So sehen wir es im Grunde heute auch, wenn wir den Überlegungen von Marx folgen, daß der Höhepunkt der Geschichte, der Kommunismus, die Selbstverwirklichung des Menschen bringt. Was Herder für die Entwicklung des einzelnen Menschen in seinem Leben denkt, denkt Marx für die Entwicklung des Menschen in der ganzen Geschichte. Der Sinn des Einzellebens wie des Lebens der Menschheit in der Geschichte ist Progression, Fortschritt in der Entwicklung des Menschen.

Etwas anders gehen Brendler und Küttler an die Problematik heran. Sie schreiben etwa:

„Von ausschlaggebender Bedeutung für den Fortschritt ist die Produktivität der Arbeit. Von ihr hängen letztlich alle anderen Kriterien ab. Man darf sie jedoch nicht zum alleinigen Kriterium erheben, weil sonst die gesamte Geschichte auf die Entwicklung der Produktivkräfte reduziert würde, wodurch man sich theoretisch den technizistischen Systemauffassungen der Industriegesellschaftslehre annähern würde.

Der auf den Feudalismus angewandte marxistisch-leninistische Fortschrittsbegriff verweist in erster Linie auf die Produktionsphäre und damit vor allem auf die Bauern als Fortschrittsträger. Sie waren die Hauptproduktivkraft beim Beginn der Feudalentwicklung, und sie blieben es während der gesamten Feudalzeit.* Mit ihrer Rodungs- und Siedlungstätigkeit bewirkten sie eine enorme Erweiterung der landwirtschaftlichen Nutzfläche. Dies war ihre wichtigste ökonomische Leistung im Mittelalter, auf der die gesamte Entwicklung der Feudalgesellschaft basierte; sie war Voraussetzung auch für das Bevölkerungswachstum, für das Ansteigen des gesellschaftlichen Mehrprodukts, für die gesellschaftliche Arbeitsteilung und für die Stadtentstehung mit ihren weitreichenden historischen Folgen. . . .

---

[1] *Herders* Sämmtliche Werke, hg. von B. Suphan, fünfter Band, Berlin 1891, S. 98 f.

* S. *Epperlein,* Der Bauer im Bild des Mittelalters, Leipzig/Jena/Berlin 1975, bes. S. 20 ff., 43 ff.

Fortschritt ist ein objektiver und widersprüchlicher Prozeß. Er gibt sich als Resultante der Wechselwirkung aller Strukturelemente einer Formation, die nicht völlig gleichwertig nebeneinander gestellt werden können. Ausschlaggebend ist letztlich immer die Produktivität der Arbeit. Doch auch sie ist kein völlig autonomer Faktor, sondern hängt ab vom Gesamtsystem der Produktionsverhältnisse. Die Hauptlinie des Fortschritts im Feudalismus bestand darin, die Entwicklung bis an jenen Punkt voranzutreiben, an dem die ursprüngliche Akkumulation des Kapitals einsetzte und damit der Ausgangspunkt für die Herausbildung der kapitalistischen Formation gewonnen wurde."[2]

Völlig richtig ist die Feststellung, daß die Produktivität der Arbeit von ausschlaggebender Bedeutung für den Fortschritt ist. Denn steigende Produktivität bedeutet steigende Effektivität der Arbeit, die in allen vorkapitalistischen Gesellschaften zu größerer Selbstverwirklichung des Menschen, soweit er zur herrschenden Klasse gehörte, führt und auch den Werktätigen, durch die mit der Veränderung der Technik oder mit der größeren persönlichen Freiheit gegebenen Möglichkeiten, erlaubt, gewisse ihrer Fähigkeiten zu entwickeln. Unter dem Kapitalismus führt die größere Produktivität gar zu längerer Freizeit auch für die werktätigen Massen, die das Proletariat durch die Schaffung einer eigenen Kultur gar schon zu Anfängen der Selbstverwirklichung außerhalb der Arbeitszeit gelangen läßt.

Ganz falsch jedoch ist die Befürchtung, daß, die gesamte Geschichte auf die Entwicklung der Produktivkräfte zu reduzieren, dazu führen könnte, sich irgendwelchen technischen Systemauffassungen anzunähern, da doch gerade auch der durch die Technik oder durch den Genuß von mehr Freiheit (also durch die Produktionsverhältnisse) oder durch mehr Freizeit weiter entwickelte Werktätige zu den Produktivkräften gehört.

Aber die bis zur Blüte der Feudalzeit durch mehr Freiheit (keineswegs durch eine höhere Technik) gegenüber den Werktätigen in der Sklavenhaltergesellschaft weiter gebildeten Bauern zu den Fortschrittsträgern der feudalen Gesellschaft zu machen, ist eine merkwürdige Theorie. Bekanntlich sind nach Marx und Engels die herrschenden Klassen die Bannerträger des Fortschritts – und wenn eine Gesellschaftsordnung ihren Höhepunkt überschritten hat, dann ist es vor dem Kapitalismus ebenfalls nur eine Minderheit, die künftige herrschende Klasse, am Ende des Feudalismus die Bourgeoisie, die zum Bannerträger des Fortschritts wird.

Im übrigen war die Rodungstätigkeit nicht Voraussetzung für das Bevölkerungswachstum, sondern eine Folge, und die Siedlungstätigkeit, das heißt, wenn ich recht verstehe, der Ackerbau, ist eine Errungenschaft der Urgemeinschaft. Was aber die Stadtentstehung betrifft – sei es um Burgen, sei es um Märkte –, so ist sie ebenfalls eine Leistung der Politik der herrschenden Klasse.

Wie aber ist die Beziehung von Produktivität, Selbstverwirklichung des Menschen und Fortschritt?

Ich würde sagen, daß die Entwicklung der Produktivität, die abhängt von den Produktionsinstrumenten, die der Mensch sich zur Auseinandersetzung mit, zur Meisterung der Natur schafft, das Kriterium noch nicht für den Fortschritt, sondern für die Voraussetzungen zum Fortschritt ist. Kriterium für den Fortschritt selbst ist der Grad der Entwicklung der Fähigkeiten des Menschen, also der Grad seiner Selbstverwirklichung.

Und dieser Grad der Selbstverwirklichung hängt in den Ausbeutergesellschaften ei-

---

[2] *G. Brendler/W. Küttler*, Volksmassen, Fortschritt und Klassenkampf im Feudalismus, ZfG., 26. Jg., Heft 9, Berlin 1978, S. 805 und 817.

nerseits von der Größe des Mehrprodukts (Produktivität), andererseits von dem Ausmaß
der Freiheit (zur Eigeninitiative) und schließlich von der Länge der Freizeit (zur Betä-
tigung außerhalb der Arbeit in Produktion und Zirkulation) ab.

Die herrschenden Klassen haben immer alles gehabt. Durch Ausbeutung auf Grund
einer gewissen Entwicklung der Technik eigneten sie sich mehr und mehr Mehrprodukt
an, sie waren frei, unterlagen nicht Unterdrückung und Ausbeutung und hatten reichlich
Freizeit. Darum sagt auch Engels im Anti-Dühring: „Es ist klar: so lange die menschliche Arbeit noch so wenig produktiv war, daß sie nur wenig Überschuß über die notwendigen Lebensmittel hinaus lieferte, war eine Steigerung der Produktivkräfte, Ausdehnung des Verkehrs, Entwicklung von Staat und Recht, Begründung von Kunst und
Wissenschaft nur möglich vermittelst einer gesteigerten Arbeitsteilung, die zu ihrer
Grundlage haben mußte die große Arbeitsteilung zwischen den die einfache Handarbeit
besorgenden Massen und den die Leitung der Arbeit, den Handel, die Staatsgeschäfte,
und späterhin die Beschäftigung mit Kunst und Wissenschaft betreibenden wenigen Bevorrechteten."

Diese wenigen Bevorrechteten waren eben die herrschenden Klassen, die Träger des
Fortschritts, die viele Fähigkeiten des Menschen in sich entwickeln konnten – auf Grund
der Leistungen der in der einfachen Handarbeit tätigen Massen der Werktätigen, die
das Mehrprodukt als materielle Basis für die Existenz der herrschenden Klassen und
ihrer Hegemonentätigkeit schufen.

Die große Masse der Werktätigen entwickelt ihre Fähigkeiten, soweit sie das überhaupt kann, in der Produktion. Alle Fähigkeiten zur Leitung der Gesellschaft, zur Entwicklung von Wissenschaft und Kunst, zur Erfindung neuer Mittel, die Natur zu meistern, usw. bleiben im allgemeinen bei ihnen vor dem Kapitalismus, vor dem Reifen der
Arbeiterklasse, unentwickelt. Alles das, was wir eine schöpferische Kultur im Gegensatz etwa zur angelernten technischen Fertigkeit nennen, bleibt ihnen im großen und
ganzen versagt. Sie schaffen einen steigenden materiellen Reichtum, ein wachsendes Mehrprodukt auf der Basis, mit Hilfe eines zunehmenden technischen Niveaus, d. h. steigender Produktivität, oder auf Grund von Beteiligung am Mehrprodukt, verbunden mit
zunehmender persönlicher Freiheit.

Die Feudalzeit zeichnet sich nicht durch ein hohes technisches Niveau gegenüber der
Antike, gegenüber den europäischen Sklavenhaltergesellschaften, sondern vielmehr durch
eine Beteiligung der Werktätigen am Mehrprodukt auf Grund größerer persönlicher Freiheit und Eigentum an Produktionsmitteln aus.

In meiner Allgemeinen Wirtschaftsgeschichte schrieb ich über die Entwicklung der
neuen feudalen Wirtschaftsverhältnisse:

„Das Halbjahrtausend von 400 bis 900 ist mit zahlreichen Kriegen erfüllt, die sich
bei dem häufigen Wandel der Verhältnisse keineswegs reinlich in äußere und innere
Kriege scheiden lassen. Die Freiheit des Besitzes wird mehr und mehr von Unsicherheit begleitet. Doch ist es nicht die Unsicherheit jener Zeiten, in denen man sich um den immer
kleiner werdenden Kuchen streitet, in denen die machthungrigen Greise einer wirtschaftlich
immer schwächer werdenden Gesellschaft um das immer schmaler werdende Sozialprodukt kämpfen. Nein, hier handelt es sich um die robusten Kämpfe immer mächtiger
werdender Großgrundbesitzer, vor denen die Welt offenliegt, die aber trotz der Eroberung neuer Länder keineswegs die Lust am gegenseitigen Niederraufen verlieren. Daß
unter diesen Umständen die kleinen Bauern schweren Schaden erleiden müssen, ist offenbar. Ihr Ausweg aus einer solchen Situation ist der, Schutz bei den Großen zu suchen,

bei Fürsten und Königen, bei der Kirche und auch bei dem nächstgrößeren Grundbesitzer. Für diesen Schutz müssen sie zahlen oder gar ihr Land übereignen, jedoch unter Beibehaltung des Rechts, es gegen Abgabe einer Leistung zu bebauen. So entsteht der Hörige und, seltener, der Leibeigene, der Boden- und der Persongebundene. Sie sind Unterdrückte in erster Linie durch Gewalt, angewandt zu Zwecken der Ausplünderung der Bauern, und darum begegnen uns auch in den frühmittelalterlichen Quellen dominatio und potestas, beides Ausdrücke für Gewalt als Rechtsbegründung für den Anspruch auf Grund und Boden. Aber diese neue Klasse der Unterdrückten unterscheidet sich grundsätzlich von der, die uns aus der Antike, insbesondere auch aus ihrer Endphase, bekannt ist. Die Sklaverei ist abgeschafft. An ihre Stelle ist, aus grundlegend neuen wirtschaftlichen und politischen Verhältnissen geboren, der Eigenproduzent getreten, der zwar Abgaben zu leisten hat, aber darüber hinaus über sein Produkt frei verfügen kann. Er hat Interesse an einer steigenden Produktion. Was ihm von der Produktion genommen wird, ist nur ein Teil. Es verbleibt ihm Produkt, und er hat auch gemeinsam mit dem großen Herrn die freie Nutzung des Gemeinlandes, der Weiden und des Waldes. An die Stelle der alten ist eine neue Gesellschaftsform getreten, die Fortschritt bringen kann, da die unterdrückte Klasse ein ganz materielles Interesse an der Produktion hat. Die Freiheit des Unterdrückten unter dem Feudalismus ist eine unendlich viel größere als die des Sklaven. Die Initiative zu neuem wirtschaftlichem Fortschritt, zu höheren Formen des Wirtschaftslebens kann sich unter dem Feudalismus stark entwickeln. . . .

Das Mehrprodukt geht mehr oder weniger an den Feudalherrn; aber die Tatsache, daß ein Teil des Produkts dem Hörigen zu Recht zukommt und daß dieser Teil vielfach durch größere Arbeitsleistung erhöht werden kann, macht das feudale System zu einem fortschrittlichen gegenüber dem antiken und erlaubt zunächst überhaupt seine Existenz. Denn wenn wir uns die technischen Bedingungen der Produktion betrachten, den Stand der Landwirtschaft, dann finden wir längere Zeit hindurch nur relativ geringe Fortschritte gegenüber der Antike. Es wäre nicht zu verstehen, wie sich ein Wirtschaftssystem, wie das des Feudalismus, das längere Zeit hindurch keinen größeren technischen Fortschritt gegenüber der Antike bringt, halten könnte, wenn es nicht sogleich einen ganz großen Fortschritt in der Freiheit des Menschen und darum in der Entwicklung der Initiative zu vermehrter Produktion brächte."[3]

Heute würde ich dazu neigen, das technische Niveau in Landwirtschaft und Handwerk einige Jahrhunderte hindurch sogar für niedriger im Feudalismus als in der Antike zu halten. Dadurch wird die Bedeutung der größeren Freiheit mit entsprechender Beteiligung am Mehrprodukt in ihrer Rolle für den Fortschritt nur noch stärker in den Vordergrund gerückt.

(Vielleicht ist es erlaubt, zu dieser Problematik hier auch etwas im Zusammenhang mit den Verhältnissen im realen Sozialismus zu sagen. Im Sozialismus gehört das gesamte Sozialprodukt den Werktätigen. Und doch können wir im realen Sozialismus heute keineswegs eine entsprechende (!) Initiative zur Steigerung des Mehrprodukts durch persönlichen Einsatz, Sorge für hohe Qualität des Produkts, gute Arbeitsorganisation usw. feststellen. Woran liegt das? Die Hauptursache liegt natürlich darin, daß der Bauer der Feudalzeit seinen Anteil am Mehrprodukt gewissermaßen direkt, konkret, unmittelbar nach der Produktion des Mehrprodukts in den Händen hielt: Korn, Käse usw., heute aber infolge der Arbeitsteilung und der Warenwirtschaft kein Werktätiger das von ihm

---

[3] *J. Kuczynski*, Allgemeine Wirtschaftsgeschichte, a. a. O., S. 114 f. und S. 118.

erarbeitete Mehrprodukt direkt erhält. Der zweite Grund ist, daß auf Grund der Kompliziertheit des gegenwärtigen gesellschaftlichen Apparates und des langen Weges von der „Urproduktion" bis zum Endprodukt für den Konsumenten einmal ein Teil des Mehrprodukts verschwendet wird und sodann auch der direkte Zusammenhang zwischen der „Urproduktion" und dem Endprodukt des Konsumenten immer unübersehbarer geworden ist. Der letztere Faktor wird noch durch die Propaganda verstärkt, wenn voll Stolz berichtet wird, wieviel Tonnen Eisen oder Zement oder Düngemittel produziert wurden, worauf die Werktätigen mit Recht reagierten: „Warum sollen uns diese ‚Erfolge' zu größerer Initiative begeistern? wir sind an dem Endprodukt, das wir benutzen, interessiert!" Solange der Zusammenhang zwischen Mehrproduktherstellung und persönlicher Mehrproduktnutzung so undurchsichtig in der Realität des Lebens ist wie im heutigen realen Sozialismus, fehlt die dem Sozialismus an sich eigentümliche Stimulanz zur Hebung der Produktivität und Steigerung des Mehrprodukts.)

Wenn wir also Fortschritt nennen: steigende Produktivität durch verbesserte Technik oder/und Anteil am Mehrprodukt als Voraussetzung der Entwicklung einiger (bei den werktätigen Massen) oder vieler Fähigkeiten (bei den herrschenden Klassen) des Menschen und die faktische Ausnutzung dieser Voraussetzung, das heißt ein faktisches Fortschreiten auf dem Wege zur Selbstverwirklichung des Menschen – dann wird es uns leicht sein, uns vorzustellen, was Rückschritt, Niedergang einer Gesellschaftsordnung bedeutet.

Bevor wir jedoch den Rückschritt näher untersuchen, bevor wir erforschen, wie der Rückschritt, der Niedergang einer Gesellschaftsordnung aussieht, müssen wir noch auf einen ganz entscheidenden Faktor für den Fortschritt eingehen: den Klassenkampf.

In der Realität der feudalen Gesellschaft ist es doch nicht so, daß die Bauern nun friedlich ihr Mehrprodukt produzieren, das, sagen wir, um irgendeine willkürliche Zahl zu wählen, zur Hälfte zwischen dem Bauern und dem Feudalherrn geteilt wird. Wenn das am Anfang so gewesen sein sollte, wie ist es, wenn der Bauer durch ein Wachstum seiner Familie im arbeitsfähigen Alter oder durch eine Stunde mehr Arbeit am Tage oder durch Ausbeutung eines Knechtes oder einer Magd mehr Mehrprodukt gewinnt? Überläßt ihm das der Feudalherr? natürlich nicht! Und wie ist es, wenn der Feudalherr zum Bau einer Burg mehr Arbeitskraft von „seinem" Bauern verlangt, statt einen Tag vielleicht zwei Tage? Überläßt sie ihm der Bauer so ohne weiteres? natürlich nicht!

Faktisch kämpfen die Feudalherren und die Bauern stets um ihren Anteil am Mehrprodukt. Dabei haben die Feudalherren als die Klasse, in der die Menschen ihre Fähigkeiten weiter entwickelt haben oder es verstehen, Menschen mit spezifischen Fähigkeiten, die entweder ihre Herrschaft ideologisch stützen oder die Produktivität steigern, um sich zu sammeln, sei es aus ihrer eigenen Klasse oder etwa aus der Kirche oder von anderswoher, ein Interesse an dem Wachstum des Mehrprodukts in dem gesamten ihnen gehörenden Machtbereich. Da die Feudalherren, im Gegensatz zu den Kapitalisten, jedoch, entsprechend dem Stand der Produktivkräfte, vor allem eine konsumierende Klasse sind und ihre Macht als Einzelne im gegebenen Rahmen im Grunde nur extensiv, durch Krieg und Raub, also durch Beseitigung von Konkurrenten, auszudehnen suchen, so ist ihr Drang zum Fortschritt der Produktivität ein recht beschränkter. Aber er ist in beschränktem Maße vorhanden. Und darum sind sie der Hegemon des Fortschritts. Da die Bauern andererseits wissen, daß ein schnell wachsendes Mehrprodukt ihnen schnell geschmälert werden würde, haben sie (im Gegensatz zu den Handwerkern in den allmählich heranwachsenden Städten, die in den großen Städten im Laufe der Zeit durch ihren erfolgreichen Kampf gegen die ländlichen Feudalherren einen immer größeren Teil ihres Mehrprodukts behalten) kein allzu großes Interesse an der Erhöhung des Mehrprodukts, wozu kommt, daß sie zumeist weder Ausbildung noch Zeit zur Beschäftigung mit neuen Ideen zur Hebung der Produktivität haben.

Aus dieser Haltung sowohl der Feudalherren wie der Bauern ergibt sich, etwa im Vergleich zur Antike, kein großer technischer Fortschritt, keine starke Steigerung des Mehrprodukts durch steigende Produktivität. Darum nennt Marx auch die feudale Gesellschaftsordnung konservativ. Die Feudalklasse revolutioniert nicht wie die Bourgeoisie ständig die Produktionsinstrumente.

Was aber an technischem Fortschritt geschieht, ist vor allem der Konsum- und Kriegslust der Feudalherren auf der einen Seite und auf der anderen Seite der Abwehr der Bauern von Versuchen der Feudalherren, einen größeren Anteil am Mehrprodukt zu erhalten, zu danken. Der Klassenkampf zwischen Feudalherren und Bauern ist die Haupttriebkraft in der feudalen Gesellschaft, die Fortschritt bringt.

Jedoch ist der Klassenkampf nicht nur ein Motor des Fortschritts, er kann auch unter bestimmten Umständen den Rückgang, den Niedergang einer Gesellschaft beschleunigen, ein Phänomen, das von Historikern kaum untersucht worden ist.

Untersuchen wir zunächst den Niedergang der vorangehenden Gesellschaftsordnung, der Antike, am Beispiel des Römischen Reichs (vgl. zum folgenden auch meine „Allgemeine Wirtschaftsgeschichte"):

Zunächst einmal beobachten wir, daß die antike Gesellschaft allmählich zerfiel. Sie fiel in zahlreicher Beziehung in die Barbarei zurück. Wenn aber primitive Wirtschaftsformen, Formen der Naturalwirtschaft, die hochentwickelten der vorangegangenen Jahrhunderte ablösten, dann erhielten aber auch primitivere Völker (Stammesgruppen) die Möglichkeit, sich innerhalb des Verbandes des Römischen Reiches zu erheben bzw. von außen einzudringen und erfolgreich zur Herrschaft zu streben – nicht in Klassen, sondern als Völker. Man kann sagen, daß das Römische Reich, daß die antike Gesellschaft nicht durch unterdrückte Klassen, sondern durch unterdrückte „nationale"[4] Gruppen, durch unterdrückte, beraubte Völker gesprengt wurde. Es war, auf der Basis des sozialen und staatlichen Verfalls, die „nationale" Unterdrückung, die schließlich zur Sprengung der antiken Gesellschaft führte. Es waren nicht die Sklaven oder die Bauern, nicht die freien Arbeiter oder die Handwerker, die die alte, schon gebrechliche Gesellschaftsform endgültig zerbrachen, sondern es waren die Germanen – eine „nationale" Gruppierung innerhalb und vor allem außerhalb des Römischen Reiches, die vielfach noch auf der höchsten Stufe der Urgemeinschaft lebte. Es war nicht eine mit höherer Produktivität arbeitende neue herrschende Klasse, es waren vielmehr in der Produktivität zurückgebliebene Völker, die die Macht eroberten.

„Was aber war das geheimnisvolle Zaubermittel", fragt Engels, „wodurch die Deutschen dem absterbenden Europa neue Lebenskraft einhauchten? War es eine, dem deutschen Volksstamm eingeborne Wundermacht, wie unsre chauvinistische Geschichts-

---

[4] Wir setzen hier „national" in Anführungsstriche, um zum Ausdruck zu bringen, daß es sich noch nicht um voll ausgebildete Nationen handelt, aber doch um Gemeinschaften, aus denen im Verlauf des Kampfes gegen Rom „neue Nationalitäten" (Engels) erwuchsen und die in dieser Zeit bereits „nationale Eigenschaften" (Engels) hatten.

schreibung uns vordichtet? Keineswegs. Die Deutschen waren, besonders damals, ein hochbegabter arischer Stamm und in voller lebendiger Entwicklung begriffen. Aber nicht ihre spezifischen nationalen Eigenschaften waren es, die Europa verjüngt haben, sondern einfach – ihre Barbarei, ihre Gentilverfassung.

Ihre persönliche Tüchtigkeit und Tapferkeit, ihr Freiheitssinn und demokratischer Instinkt, der in allen öffentlichen Angelegenheiten seine eignen Angelegenheiten sah, kurz, alle die Eigenschaften, die dem Römer abhanden gekommen und die allein imstande, aus dem Schlamm der Römerwelt neue Staaten zu bilden und neue Nationalitäten wachsen zu lassen – was waren sie anders als die Charakterzüge des Barbaren der Oberstufe, Früchte seiner Gentilverfassung? ...

Alles, was die Deutschen der Römerwelt Lebenskräftiges und Lebenbringendes einpflanzten, war Barbarentum. In der Tat sind nur Barbaren fähig, eine an verendender Zivilisation laborierende Welt zu verjüngen. Und die oberste Stufe der Barbarei, zu der und in der die Deutschen sich vor der Völkerwanderung emporgearbeitet, war gerade die günstigste für diesen Prozeß. Das erklärt alles."[5]

Es war also eine niedrigere Entwicklungsstufe der Menschheit, die sich hier einer entwickelteren gegenüber durchsetzte. Das war möglich, denn die entwickeltere war bereits in Agonie verfallen, ja mehr noch, sie befand sich im Prozeß der Rückentwicklung zur Barbarei, zu einer niedrigeren Gesellschaftsform, befand sich, zum Teil auch gerade auf Grund der Aufstandsbewegungen, im Prozeß der sozialen Auflösung.

Das Römische Reich wurde also durch den „nationalen" Kampf der Germanen zerstört, und dieser Kampf war, wie Engels so richtig sagt, nicht einmal ein „ernstlicher".

Aber wenn der römische Staat auch durch einen national-ähnlichen Kampf gesprengt wurde, so liegen die Ursachen für seinen Niedergang und für den relativ leichten Sieg der Germanen natürlich doch auf innerwirtschaftlichem Gebiet. Welches waren die Ursachen dieses Niedergangs? Man kann sie vielleicht wie folgt zusammenfassen: Um sich zu halten, steuerte die herrschende Klasse mit Hilfe des Staates so viel vom Mehrertrage aller, die nicht Sklaven waren, fort, daß diesen Werktätigen kaum noch etwas zu ihrem Leben blieb und insbesondere in der Landwirtschaft, aber auch im Handwerk jede Initiative zur Mehrproduktion verlorenging. Der Staat als Machtinstrument und Plünderungsmittel einer kleinen Schicht von Reichen und als „Protektor" einer durchaus nicht kleinen anderen Schicht, nämlich der Schicht der Berufssoldaten, die sich aus den verschiedensten Kreisen rekrutierte, sah sich gezwungen, die Besteuerung bis zur Abtötung der wirtschaftlichen Initiative zu steigern, weil die antike Wirtschaft nicht mehr genügende wirtschaftliche Leistungen vollbrachte, um die Kosten zur Machterhaltung der herrschenden Klasse aufzubringen.

Ein solcher Sachverhalt ist in der Wirtschaftsgeschichte nicht selten. So läßt sich gegen Ende der Feudalperiode zum Beispiel in Frankreich ganz außerordentlich deutlich beobachten, wie die feudale Basis zur Finanzierung der Kosten der herrschenden Klasse nicht mehr ausreicht und wie sich diese dann zunehmend nicht nur am Mehrprodukt, ja selbst am Konsumtionsfond der Bauern, sondern auch am bürgerlichen Eigentum vergreift, bis das Bürgertum, unterstützt von den Bauern und den plebejischen Schichten der Städte, den Weg der Revolution geht, um die Steigerung seines Reichtums zu sichern.

Im folgenden gilt es nun, den Weg des Niedergangs der antiken Wirtschaft zu schil-

[5] *Marx/Engels*, Werke, Bd. 21, a. a. O., S. 149 f.

dern und zu zeigen, wie sie unter der Last des herrschenden Systems allmählich zusammenbrach. Denn als die Germanen die Erbschaft antraten, handelte es sich bereits um eine bankrotte, auseinandergefallene Wirtschaft und Gesellschaft, die sie zerstörten.

Die Basis der Wirtschaft in diesen Jahren des Niedergangs blieb die Landwirtschaft. Und in der Landwirtschaft hatte der Großgrundbesitz das Übergewicht, nicht nur politisch, sondern auch hinsichtlich des Umfangs der genutzten Fläche. Der Großgrundbesitz selbst verfiel mehr und mehr der Aufteilung in Parzellen oder Kleingüter, die von einzelnen Familien bearbeitet wurden – es sei denn, es handelte sich um Viehweiden – eine Tendenz, der nach dem 3. Jahrhundert wieder die entgegengesetzte – Unterordnung der Parzellen – folgte.

Die Beziehungen der Bearbeiter solcher Parzellen oder Kleingüter zum Großgrundbesitzer waren ganz außerordentlich vielfältig. In der Tat, es gibt kaum ein Gebiet wirtschaftlicher Verhältnisse, das so deutlich die Zersetzung der antiken Wirtschaftsverfassung zeigt, wie das Durch- und Nebeneinander verschiedener Varianten von Abhängigkeitsformen der kleinen Landbebauer. In einer seiner frühen Schriften weist der bekannte Althistoriker Rostovtzeff[6] darauf hin, daß es in dieser Zeit nicht mehr gelang, ein wohlgefügtes System des Rechts für das Kolonat, eine der vielen Formen der Abhängigkeit, zu schaffen, während es doch im römischen Reich stets eine saubere Systematik des Bürger- und Sklavenrechts gegeben hatte. Wie unmittelbar wirkt sich hier doch die Zersetzung der Basis im Überbau, im Recht aus! Man hat das Kolonat vielfach als eine Vorform des feudalen Hörigentums betrachtet, da die Kolonen Bauern waren, häufig Kriegsveteranen, die seit Konstantin an den Boden gebunden und zu bestimmten Ablieferungen verpflichtet waren. Aber praktisch war diese Bindung infolge der unruhigen politischen und Besitzverhältnisse selten von Bedeutung, und das Kolonat war faktisch keine direkte Vorform des Hörigentums. Mit Recht weist Engels auch darauf hin (und lehnt so die Konstruktion einer Geburt des Hörigentums aus dem Kolonat ab), daß „zwischen dem römischen Kolonen und dem neuen Hörigen der freie fränkische Bauer gestanden hatte"[7]. Neben dem Kolonat entstanden andere Formen der halben Freiheit ohne Bindung an den Boden, etwa mit Dienst- oder Geldverpflichtungen, ohne deren Erfüllung die Aufgabe des Betriebes und die Abwanderung verboten waren. Wir finden auch eine allmähliche Auflösung des Sklavenverhältnisses etwa in der Form der Umwandlung der Sklaverei in Kolonat oder irgendein anderes Abhängigkeitsverhältnis. Schließlich begegnet uns eine Art von staatlicher Dienstwirtschaft, die auch, wie man es nennen könnte, Arbeitsdienstpflicht auf Lebensdauer mit einschloß. Da nämlich die Landflucht infolge der praktisch restlosen Abschöpfung des Mehrprodukts, ja des Raubes eines Teiles des Konsumtionsfonds überhandnahm, zwang der Staat die Bebauer des Landes durch Gesetze, auf ihrem Besitz zu bleiben, um die regelmäßigen wie auch die immer wiederkehrenden außerordentlichen Steuern und Lieferungsaufgebote sicherzustellen.

Den gleichen staatlichen Zwang zum Verbleiben im Beruf finden wir auch in zahlreichen anderen Wirtschaftszweigen. Er begegnet uns genau so in der „Industrie", und zwar sowohl im Groß- wie im Kleingewerbe. Auch hier ist der Zusammenhang mit den steigenden Einnahmebedürfnissen des Staates (Abschöpfung vom Mehrprodukt, Umver-

---

[6] Vgl. *M. I. Rostovtzeff*, Artikel „Kolonat" im Handwörterbuch der Staatswissenschaften, 3. Auflage Jena 1910, Bd. 5, S. 913 f.

[7] *Marx/Engels*, Werke, Bd. 21, a. a. O., S. 149.

teilung der Einkommen zugunsten der parasitären herrschenden Klassen) und der Lieferungswilligkeit der Produzenten deutlich. Es wurden etwa den Handwerkervereinen Auflagen für Natural- oder Geldlieferungen gemacht. Solange sie ihnen nachkommen konnten, ließ man sie frei wirtschaften. Blieben sie im Rückstand und führte das dann zur Flucht aus dem Beruf oder zur Übersiedlung in eine andere Gegend, so wurden die Handwerker, ob abhängig oder frei, an ihren Beruf gebunden. Half auch dieses nicht, wurden die Betriebe bzw. die Vereinigungen verstaatlicht.

Die Verstaatlichung wurde mehr und mehr als Ausweg aus den Schwierigkeiten gewählt, und entsprechend wuchs der ursprünglich nicht sehr große Sektor der Staatsbetriebe zu ungeheuerlichen Proportionen. Neben Waffenwerkstätten und Münzwerkstätten finden wir jetzt auch staatliche Bäckereien, Textilbetriebe, Ziegeleien, Papyruswerke, Bleigießereien usw. In diesen Betrieben wurden sowohl gebundene Arbeiter und Strafgefangene als auch Sklaven und Kriegsgefangene (auch eine neue Kategorie der Werktätigen, die sich jedoch kaum von der der Sklaven unterschied) beschäftigt.

Dazu kam vielfach die Verstaatlichung des Transports und in Verbindung damit die der Werften. Schließlich ging man auch zur Verstaatlichung von Teilen des Handels, insbesondere des Lebensmittelhandels, über. Das heißt, es wurden alle wichtigen Wirtschaftszweige, die dem Heer dienten, und in lokalem und provinziellem Maßstab alle diejenigen, die nicht genügend zum Steueraufkommen beitrugen, unter direkte staatliche Kontrolle genommen. Der einzige Weg, auf dem sich die herrschende Klasse noch halten zu können glaubte, war die Verstaatlichung des wirtschaftlichen Lebens.

Zu alledem versuchte man noch einen anderen Ausweg aus den Schwierigkeiten, mehr und mehr Mehrprodukte abzuschöpfen, nämlich den der Münzverschlechterung oder Inflation. Sie begann in großem Ausmaß während des 3. Jahrhunderts und wurde nach verschiedenen Reformversuchen immer wieder von neuem eingeführt.

Eine andere Verfallserscheinung, die mit dieser Entwicklung eng zusammenhängt, war die Verschiebung des Schwergewichts von der Stadt auf das Land. Wenn auch im Römischen Reich die Landwirtschaft, im Gegensatz zur griechischen Entwicklung zum Beispiel im Stadtstaat Athen, stets das Primat behalten hatte, so war das keineswegs identisch mit einem politischen Primat des Landes über die Stadt. Denn die Tatsache, daß die großen und auch viele mittlere Grundbesitzer ihren Besitz in ihrer Abwesenheit bewirtschaften ließen und selber in den Städten wohnten, machte diese nicht nur zum verwaltungspolitischen Zentrum, sondern auch zum Ort der Entscheidung für die wichtigsten wirtschaftlichen Geschäftsabschlüsse. Angesichts der zunehmenden Inflation aber, die den Sachgüterbesitz stärkte, angesichts des Ablieferungszwangs von Produkten auch in der „Industrie", der den städtischen Besitz in dieser Beziehung dem landwirtschaftlichen gleichsetzte, und angesichts der Tatsache, daß städtischer Besitz infolge leichterer Aufsicht steuerlich stärker erfaßt werden konnte als landwirtschaftlicher, entwickelte sich eine Stadtflucht. Und da die Steuerbehörden auch für die landwirtschaftlichen Bezirke in Städten wohnten, begegnet uns gleichzeitig mit der Stadtflucht ein zunehmender Antagonismus zwischen Stadt und Land, in den auch die Soldaten häufig auf seiten des Landes gegen die Stadt hineingezogen wurden. Zwar hielten sich die verschiedenen Hauptstädte, von Rom und Konstantinopel bis zu den großen Verwaltungszentren, wie Mailand oder Trier, und auch so manche Häfen blieben äußerst aktiv – Alexandria, Ephesos und andere –, aber die große Mehrzahl der mittleren Provinzstädte begann sich zu entvölkern, zu verarmen und schließlich zu verkümmern.

Überhaupt ging die Bevölkerungszahl des Römischen Reiches jetzt durchaus merklich zurück. Nicht nur die Städte, sondern ganze Provinzen begannen sich zu entvölkern. Teils lag das an ihrer fortdauernden Bedrohung von außen, der Unsicherheit des Erwerbs, teils auch an der wirtschaftlichen Aussaugung von oben, ihrer Auspowerung durch den Staat; teils war das auch mit besonderen Formen des Rückgangs der wirtschaftlichen Erträge verbunden – etwa wenn infolge Mangels an Einnahmen das Bewässerungssystem vernachlässigt wurde und ganze gewaltige, ehemals fruchtbare Gebiete allmählich verdorrten.

All diese Faktoren führten natürlich zu einem allmählichen Rückgang der allgemeinen Wirtschaftsleistung. Die Erträge der Wirtschaft, die jährliche Produktion der verschiedenen Wirtschaftszweige, die jährlichen Leistungen der Menschen gingen zurück. Es begann, so unglaublich das klingt, ein Interesse der Menschen am Verzicht auf Mehrproduktion, da diese ihnen ja doch nur weggesteuert wurde. Die Masse der kleinen Produzenten hob den Ertrag ihres Landes kaum noch über das zur Versorgung der Familie notwendige Maß hinaus. Und da es gefährlich wurde, auch nur so viel mehr zu produzieren, wie nötig ist, um durch Verkauf in der Stadt andere Waren, wie Textilien oder Werkzeuge, zu kaufen, so begann man, wie vor der Teilung der Arbeit in Landwirtschaft und Handwerk, wieder alles selbst zu produzieren. Daraufhin zogen sich die Handwerker aus der Stadt auf das Land zurück, und man beschränkte sich wieder auf ganz engen lokalen Tauschhandel wie tausend Jahre zuvor. Ja, die Entwicklung ging noch weiter zurück, und die handwerkliche Arbeit begann überhaupt als selbständige Produktionsform zu verschwinden. Mehr und mehr Handwerke wurden direkt an den mittleren und großen landwirtschaftlichen Betrieb angegliedert, während die kleinen Bauern das Handwerk wieder selbst nebenberuflich betrieben.

Wir beobachten also einen Rückgang zu primitiveren Wirtschaftsformen, den Verfall der antiken Wirtschaft in die Vergangenheit der Barbarei.

Was sind die Hauptkennzeichen dieses Niedergangs? Ganz offenbar doch Rückgang des Interesses an der Herstellung von Mehrprodukt infolge von Raub allen Mehrprodukts durch die herrschende Klasse, sei es, um ihren Luxus (Parasitismus) zu steigern, sei es infolge der immer größeren Kosten des Herrschaftsapparates (Parasitismus und Widerstand der unterdrückten Völker, aber auch Klein-Klassenkampf der Unterdrückten), sei es um die infolge all dieser Faktoren sinkende Produktivität, das heißt, die sinkende Mehrproduktrate und Mehrproduktmasse „wettzumachen". Und mit alledem verbunden eine Rückentwicklung der Fähigkeiten des Menschen, sowohl in den herrschenden Klassen wie bei den Unterdrückten – trotz aller Versuche durch Veränderung der Produktionsverhältnisse, etwa die Halbbefreiung von Sklaven und so die Ermöglichung für sie, Mehrprodukt für sich selbst zu schaffen ... das aber eben wieder weggesteuert wurde.

Die Gesellschaftsordnung, vor allem die Produktionsverhältnisse ließen keine Entwicklung der Produktivkräfte und der menschlichen Fähigkeiten mehr zu, ja drückten so auf sie, daß sie sich rückentwickelten.

Muß aber die Niedergangsperiode einer Gesellschaftsentwicklung so aussehen? Keineswegs!

Sehen wir uns die Entwicklung der Niedergangsperiode des englischen Feudalismus an[8]: In England schloß sich der Industriekapitalismus direkt und ohne ernste Rückschläge

---

[8] Vgl. zum folgenden auch meine Geschichte der Lage der Arbeiter unter dem Kapitalismus, Bd. 22, a. a. O., S. 2 ff.

in der Entwicklung an die Periode des Frühkapitalismus und diese ebenso an die vor-kapitalistische Übergangszeit an, weil der Kapitalismus sich von Anfang an mit solcher Kraft entwickeln konnte, daß die feudale Reaktion, die wir in England genau wie auch auf dem Kontinent im 17. Jahrhundert beobachten, sich nicht durchzusetzen vermochte, sondern in einer siegreichen Revolution geschlagen wurde.

Der Kapitalismus konnte sich in England eine Basis auf dem Lande, dem Zentrum des Feudalismus, schaffen, weil die Auflösung der feudalen Verhältnisse auf dem Lande bereits vor dem Entstehen kapitalistischer Verhältnisse in England viel weiter gegangen war als auf dem Kontinent und daher nicht wieder rückgängig gemacht werden konnte. Nur wenn die Auflösung der feudalen Verhältnisse auf dem Lande ein genügendes Ausmaß erreicht hatte, war es für den Kapitalismus überhaupt objektiv möglich, sich so stark zu entwickeln, daß sein ungehinderter Fortschritt bis zum Heranreifen des Industriekapitalismus gesichert war.

Ausgangspunkt jeder Untersuchung des Prozesses des Abstreifens der feudalen Fesseln, also der ersten Vorbedingungen für eine kapitalistische Entwicklung, ist natürlich eine Charakterisierung der feudalen Verhältnisse zur Zeit ihrer Vollherrschaft.

Höhepunkt der Herrschaft des Feudalismus in England auf dem Lande ist wohl die Zeit um die Wende vom 13. zum 14. Jahrhundert. Die „konstitutionelle" Basis der Herrschaft des Feudalismus in England war das „manorial system", das System des Lehngutes. Die Bauern waren an den Boden gebunden und die Grundrente die normale und vorherrschende Form, in der die Mehrarbeit der ausgebeuteten Bauern von den lords of the manor, von den Feudalherren, angeeignet wurde. Mit vollem Recht stellt der große sowjetische Mediävist und Erforscher der englischen Feudalzeit Kosminskij auch fest, daß während des 13. Jahrhunderts das „manorial system" sich festigte.[9]

Die große Mehrheit der Bauern war im 13. Jahrhundert unfrei, sowohl dem juristischen Status wie der Sache nach. Wenn Coulton und seine Schule gegen Maitland und Vinogradoff darauf hinweisen, daß man der juristischen Fixierung eines unfreien Status nicht zuviel Bedeutung beimessen dürfe[10], daß vielmehr der faktische ökonomische Status der Bauern entscheidend wäre, so haben sie unrecht, wenn sie daraus etwa ableiten wollen, daß die Lage der Unfreien oft besser als die der Freien war und daß eine Anzahl Bauern entweder juristisch oder faktisch praktisch frei war. Auf der anderen Seite hat Kosminskij recht, wenn er meint, daß im feudalen England des 13. Jahrhunderts die Zahl der juristisch freien Bauern relativ größer war als auf dem west- und mitteleuropäischen Kontinent.[11] Das hindert ihn jedoch nicht, die wohl stärkste Bestätigung für die volle Blüte und Kraft des Feudalismus im 13. Jahrhundert festzustellen: „Im 13. Jahrhundert wurden viele freie Bauern in unfreie (villeins) verwandelt."[12]

---

[9] *E. A. Kosminskij*, Studies in the agrarian history of England in the thirteenth century. Oxford 1956, S. XI.

[10] *G. G. Coulton*, Social life in Britain from the conquest to the reformation. Cambridge 1919, und The medieval village. Cambridge 1925; *H. S. Bennett*, Life on the English manor 1150–1400. Cambridge 1937; *G. C. Homans*, English villagers of the thirteenth century, Cambridge 1942. *S. F. Pollock* und *F. W. Maitland*, History of English law. 2. Aufl., London 1898; *F. W. Maitland*, Domesday Book and beyond. Cambridge 1907; *P. Vinogradoff*, Villainage in England. Oxford 1892, und The growth of the manor. New York 1905.

[11] *E. A. Kosminskij*, a. a. O., S. 199.

[12] Ebendort, S. 338.

Gleichzeitig beobachten wir die Umwandlung der feudalen Arbeitsrente in feudale Geldrente. Pach schreibt dazu: „Der Prozeß der sogenannten Kommutation (d. h. die Ersetzung der Arbeitsrente durch die Geldrente) läßt sich in England schon mit dem 12. Jahrhundert beginnend verfolgen. Die Zahl der Frontage wurde festgesetzt, und man begann alsbald, die Strafgelder, die für einzelne versäumte Frontage bemessen waren, als fronersetzende Geldleistungen zu betrachten. Die vielen Pflichtlisten aus dem 13. Jahrhundert führen sowohl die Fronlasten als auch ihren Geldwert an. Wieviel der Lord an Leistungen in der einen und wieviel er in der anderen Form verlangte, war ihm anheimgestellt. Aber die Hauptrichtung dieser Entwicklung führte – trotz der im 13. Jahrhundert nachhaltig wirkenden, entgegengesetzten Tendenz[13] – zur teilweisen, und später – besonders nach dem Bauernaufstand im Jahre 1381 – zur massenweisen Umwandlung der Fronleistungen in die Geldrente. Hand in Hand mit dieser Entwicklung ging die in Geld ausgedrückte Bewertung und Kommutation der anderen Form der Naturalrente, der Produktenrente. Vom Ende des 14. und Anfang des 15. Jahrhunderts an, kann in England schon von der völligen Vorherrschaft der Geldrente gesprochen werden.[14][15]

Man spricht im allgemeinen von einer Agrarrevolution in England während des 16. Jahrhunderts. Das ist zweifellos richtig. Aber dabei darf man nicht übersehen – und das ist das Bedeutsame in der englischen Geschichte –, daß man auch von einer Agrarrevolution im 14. und 15. Jahrhundert sprechen muß.

Marx bemerkt: „In England war die Leibeigenschaft im letzten Teil des 14. Jahrhunderts faktisch verschwunden. Die ungeheure Mehrzahl der Bevölkerung bestand damals und noch mehr im 15. Jahrhundert aus freien, selbstwirtschaftenden Bauern, durch welch feudales Aushängeschild ihr Eigentum immer versteckt sein mochte."[16] Das heißt, im 15. Jahrhundert war die Lösung der feudalen Fesseln in England so weit fortgeschritten, daß, obgleich natürlich in zahlreichen Teilen des Landes, besonders im Westen und Norden, noch vielfach echt feudale Verhältnisse herrschten, obgleich auch in den übrigen Teilen des Landes noch zahlreiche „feudale Aushängeschilder" angebracht waren, der Gesamtcharakter der Abhängigkeitsverhältnisse nicht mehr als feudal bezeichnet werden kann.

Kosminskij schreibt in der von ihm herausgegebenen Geschichte des Mittelalters: „Fast alle Naturalleistungen wurden auf Geldleistungen umgestellt. Auch das Hörigkeitsverhältnis der Bauern zu den Lehnsherren wurde allmählich aufgehoben; hundert Jahre nach dem Aufstand (von 1381 – J. K.) zählt man in England nur noch wenige hörige Bauern. Und doch war die Befreiung aus der feudalen Abhängigkeit unvoll-

---

[13] *E. A. Kosminskij*, Osnownyje problemy sapadnoevropeiskowo feodalisma w sowjetskom istoritscheskom nauke. Moskau 1955, S. 21–25. – Der Verfasser beruft sich hier auf seine Werke: Angliiskaja derewnja w XIII weke. Moskau-Leningrad 1935, und Issledowanija po agrarnoi istorii Anglii XIII weke. Moskau-Leningrad 1947, in denen er die detaillierte marxistische Analyse dieser Frage dargelegt hat.

[14] *W. J. Ashley*, Englische Wirtschaftsgeschichte. Leipzig 1896, Bd. I, S. 27–30; *E. Lipson*, The Economic History of England. Bd. I, 9. Aufl., London 1947, S. 89 ff.; *E. A. Kosminskij*, Ewolujzija form feodalnoi renty w Angli w XI–XV wekach. In: „Woprossy Istorii", Moskau 1955, Nr. 2, S. 60.

[15] Vgl. *Z. P. Pach*, Die Entstehung der kapitalistischen Grundrente in der westeuropäischen Agrarentwicklung. In: Jahrbuch für Wirtschaftsgeschichte, 1960, Teil II, Berlin 1961, S. 83 f.

[16] *Marx/Engels*, Werke, Bd. 23, Berlin 1962, S. 744 f.

ständig. Persönlich war der Bauer zwar frei und konnte sich, wenn er wollte, von seinem Grundherrn trennen. Wollte er aber auf seinem Stück Land bleiben, so mußte er doch zum Nutzen des Grundherrn geldliche Verpflichtungen auf sich nehmen."[17]

Der außerökonomische Zwang war entfallen und damit die charakteristische Fessel, die der Feudalismus verwandte, um den Menschen ausbeuten zu können. Der Bauer konnte abwandern, er konnte seine Arbeitskraft verkaufen, in der Stadt wie auf dem Lande (die Zahl der Tagelöhner nahm gewaltig zu), er war ein freier Verkäufer seiner Arbeitskraft geworden. Wollte er aber im Kampf gegen die jetzt einsetzende ursprüngliche Akkumulation seine Produktionsmittel behalten und „auf seinem Stück Land bleiben", dann mußte er sich der Auferlegung zahlreicher Lasten aus der Feudalzeit unterwerfen. Aber diese Lasten sind eben nur scheinbar feudal, denn sie können nicht mittels außerökonomischen Zwanges durch den Grundherrn auferlegt werden, da der Bauer frei ist, sich ihnen, natürlich unter ökonomischen Opfern, zu entziehen, indem er entweder in der Landwirtschaft als freier Tagelöhner arbeitet oder eine nichtlandwirtschaftliche Arbeit sucht. Nur wenn man das klar sieht, wird man verstehen, warum man die Verhältnisse im 15. Jahrhundert in der Landwirtschaft nicht mehr als feudale bezeichnen kann. Aber noch kann man sie nicht als kapitalistische charakterisieren.

Darüber sagt Marx: „Obgleich die ersten Anfänge kapitalistischer Produktion uns schon im 14. und 15. Jahrhundert in einigen Städten am Mittelmeer sporadisch entgegentreten, datiert die kapitalistische Ära" – und das gilt auch für England – „erst vom 16. Jahrhundert. Dort, wo sie auftritt, ist die Aufhebung der Leibeigenschaft längst vollbracht."[18]

Worin also bestand die Revolution, die im 14. Jahrhundert begann und im 15. Jahrhundert fortdauerte? Doch in der Revolution der Beziehungen zwischen Lehnsherren und Bauern, die nicht mehr an den Boden gebunden sind, zum Eigentum des Bodens gehören – eine echte Revolution der Eigentumsverhältnisse.

Pach schildert den Vorgang so: „Diese schwerdrückende persönliche Unfreiheit wurde mit der Entwicklung der Waren- und Geldverhältnisse sowie im Laufe der Formwandlungen der Grundrente – und auch als Ergebnis der Klassenkämpfe des Bauerntums – durch abgeschwächtere Formen der Abhängigkeit, durch 'bloße Tributpflichtigkeit'[19], durch pachtähnliche Verhältnisse ersetzt. Bis zum 15. Jahrhundert ergab sich in England praktisch das end of villainage; ein beträchtlicher Teil der Leibeigenen entledigte sich im wesentlichen der Fesseln der persönlichen Unfreiheit und wurde zum Erbzinsmann, copy-holder, der dem Lord eine Geldrente von bestimmter Summe schuldete. Der Besitz der copy-holder beruhte nicht mehr auf dem Gewohnheitsrecht (custom), sondern auf einem schriftlichen Dokument, auf der Eintragung in die Bücher des Patrimonialgerichts (copy of the court roll), gleichsam auf einem Kontrakt, der jedoch durch das königliche Gericht (common law) nicht gewährleistet war und bei dessen Vererbung der Lord Anspruch auf bestimmte Dienstleistungen erheben konnte.[20] Neben dem copy-

---

[17] *E. A. Kosminskij*, Geschichte des Mittelalters. Berlin und Leipzig 1948, S. 144.

[18] *Marx/Engels*, Werke, Bd. 23, Berlin 1962, S. 743. – Vgl. dazu auch den Brief von Marx an Engels vom 8. 10. 1858.

[19] *G. Brodnitz*, Englische Wirtschaftsgeschichte. Bd. I, Jena 1918, S. 96; *L. Brentano*, Eine Geschichte der wirtschaftlichen Entwicklung Englands. Bd. I, Jena 1927, S. 328 f; *E. Lipson*, a. a. O., S. 154 f.

[20] *Marx/Engels*, Werke, Bd. 25, Berlin 1964, S. 806.

holder gab es zahlreiche echte Pächter, lease-holder, farmer (im ursprünglichen Sinne des Wortes[21]), mit Pachtverträgen für mehrere Generationen oder auf Lebensdauer, gegebenenfalls auch mit wann immer kündbaren Pachtkontrakten[22]; des weiteren gab es bereits Freibauern, free-holder, hauptsächlich Bauern, die sich von ihrer Rentenpflicht ein für allemal freigekauft und damit zu gemeinrechtlich anerkannten, dem Lord bloß nominell zinspflichtigen Eigentümern des in ihrem Besitz befindlichen Landes geworden waren.[23] Bis zur Zeit der Tudor wurde dann das Villain-Verhältnis zu einem Rechtskuriosum; die Zahl der Villain dürfte sich damals bereits kaum auf mehr als 1 v. H. der Gesamtbevölkerung belaufen haben.[24]"[25]

Eine entscheidende Rolle in diesem Prozeß spielte der Klassenkampf der Bauern — dessen äußerer Höhepunkt der Bauernaufstand von 1381 war, dessen größte Wirksamkeit aber in die Jahrzehnte nach der Niederlage der Bauern fällt.

Doch bevor wir näher auf den Bauernstand eingehen können, müssen wir seinen weiteren und nicht nur politischen Hintergrund sehen; die genannten Tendenzen in der Landwirtschaft allein können ihn nicht erklären.

Da ist zunächst der Schwarze Tod zu nennen. Wir können im allgemeinen feststellen, daß eine Verknappung der Bevölkerung im Feudalismus, also in einer, wie Marx und Engels sie im Gegensatz zum Kapitalismus nennen, konservativen, das heißt die Produktivkräfte nicht ständig und schnell steigernden Gesellschaftsordnung, zu einer Besserung der Lage der Bauern, ihr Steigen aber zu einer Verschlechterung beizutragen pflegt (nicht: zu führen pflegt!, da eine solche Formulierung die Bedeutung der natürlichen Bevölkerungsbewegung übersteigen würde). Ganz im Gegensatz zur Entwicklung der Lage der Werktätigen unter dem Kapitalismus (für die Marx nachgewiesen hat, daß die vor allem vom Produktionszyklus bestimmte Beschäftigungsbewegung entscheidend ist und nicht die natürliche Bevölkerungsbewegung) spielen in der Übergangszeit vom Feudalismus zum Kapitalismus die in dieser Zeit vor allem infolge von Kriegen und Epidemien bestimmten Schwankungen in der natürlichen Bewegung der Bevölkerung eine nicht unwichtige Rolle. Als mit dem Beginn des 14. Jahrhunderts die Bevölkerungszunahme aufhörte und als mit dem Schwarzen Tod 1348/49 ein Drittel bis zur Hälfte der Bevölkerung zugrunde ging und nachfolgende Epidemien (1361, 1362, 1368, 1369, 1370, 1381, 1382, 1396) weitere Lücken rissen, da fiel der Wert des Landes, das ohne Bearbeiter war, rapide, und der Preis der Arbeitskraft stieg stark. Die feudalen Landbesitzer waren gezwungen, um sich Arbeitskräfte zu sichern, zahlreiche Konzessionen zu machen, und zu ihnen gehörte, zunächst einfach als anreizende Verbesserung der Arbeitsbedingungen, die Aufhebung zahlreicher feudaler Fesseln. Diejenigen Feudalherren, die versuchten, die feudalen Fesseln aufrecht zu erhalten, wurden von ihren eigenen Kollegen desavouiert. Wenn Bauern wegliefen, dann nahm sie ein anderer Feudalherr mit Begei-

21 Farmer (fermor, firmarius) hießen ursprünglich Leute, die einen Teil des Herrenlandes oder das ganze Herrenland gegen kontraktlich festgesetzte Rente (firma) pachteten. (Vgl. *W. J. Ashley*, a. a. O., Bd. II. S. 284 u. 307 f.; vgl. *L. Brentano*, a. a. O., S. 346.)

22 *G. Brodnitz*, a. a. O., S. 81 f.; *E. Lipson*, a. a. O., S. 150.

23 *E. Lipson*, a. a. O., S. 153 f.; *E. A. Kosminskij* und *S. D. Skaskin*, Istorija srednych wekow. Bd. I, Moskau 1952, S. 391. – Über die Hauptprobleme der Agrarverhältnisse im England des 15. Jahrhunderts siehe deren marxistische Erörterung bei *E. A. Kosminskij*, Woprossy *agrarnoi* istorii Anglii w XV weke. In: „Woprossy Istorii" a. a. O., 1948, Nr. 1, S. 59–76.

24 *G. Brodnitz*, a. a. O., S. 97 f. u. 439; *L. Brentano*, a. a. O., S. 345 f.; *E. Lipson*, a. a. O., S. 130 ff.

25 *Z. P. Pach*, a. a. O., S. 85 f.

sterung zu nichtfeudalen Bedingungen auf, um sich ihre Arbeitskraft zu sichern. Die beste Form aber, um sich die Bauern zu sichern, war die Lockerung oder gar praktische Aufhebung des feudalen Abhängigkeitsverhältnisses. Nicht gering war auch die Zahl der Bauern, die sich durch Wollabsatz ihre volle Freiheit erkaufen konnten.

Der feudale Staat reagierte zwar schnell und energisch auf die Klassenkampfvorteile, die die Verknappung an Arbeitskräften für die Werktätigen brachte. Noch im Pestjahr 1349 wurde eine Verordnung (königliches Dekret, Ordinance of Labourers) und 1351, 1357 wie 1361 wurden Parlamentsgesetze (Statutes of Labourers) erlassen, die festlegten, daß jeder zu den vor der Pest üblichen Löhnen arbeiten solle und daß, wer nicht arbeiten wolle, dazu gezwungen werden könne – unter Umständen durch Marterung! Der Zwang zur Arbeit sollte gleichermaßen für feudal Abhängige wie auch für Freie gelten. Allgemein sollte durch diese Maßnahmen auch die Bewegungsfreiheit eingeschränkt werden.

Diese Maßnahmen zeigen jedoch nicht nur die schnelle Hilfe, die der Überbau der Basis leistete, sondern ihre Wiederholung, ja, schon ihr erstes Erscheinen sind bereits ein historisches Eingeständnis der jetzt eingetretenen Schwäche des feudalen Systems Feudale „private" Abhängigkeitsverhältnisse wurden nämlich ersetzt durch Versuche, staatlichen außerökonomischen Zwang als Ersatz (und nicht wie zuvor als notwendige Ergänzung!) des persönlich vom Grundherrn ausgeübten außerökonomischen Zwanges geltend zu machen.

Gegen diesen rigorosen Ersatz alter feudaler Fesseln durch staatlichen außerökonomischen Zwang widersetzten sich keineswegs nur die Bauern und anderen Werktätigen auf dem Lande, sondern auch, wie schon festgestellt, nicht wenige Mitglieder der herrschenden Klasse selbst. Denn wenn die Bauern sich durch schlechte Arbeit oder durch Flucht der Wirkung der Gesetze entzogen, was blieb den Feudalherren dann übrig, als „Feudalherren" zu werden, das heißt, die Gesetze ihrem feudalen Inhalt nach zu brechen, um sich die notwendige Arbeitskraft zu sichern. Und 1376 gestand das Parlament selbst offen das Versagen der Gesetze ein – was aber keineswegs verhinderte, daß ein Jahr später Kommissionen von Friedensrichtern eingesetzt wurden, die die Befolgung der Gesetze überwachen sollten, und die, wo sie es konnten, brutal gegen die Bauern vorgingen.

Unter solchen Umständen neigten aber auch nicht wenige Feudalherren dazu, sich der Umwandlung der Arbeitsrente in Geldrente zu entziehen, bzw. dort, wo sie schon stattgefunden hatte, eine solche Umwandlung gar rückgängig zu machen, da bei steigenden Löhnen und Preisen der Wert der Geldrente sank, der Wert der Arbeits- bzw. Produktenrente aber stabil blieb. In solchen Fällen handelt es sich um eine besonders deutliche profeudale Reaktion, wie wir sie auch in der zweiten Hälfte des 15. Jahrhunderts in Deutschland beobachten.

Eine andere Hintergrundsschicht des Bauernaufstandes wird von dem Hunderjährigen Krieg (1339–1453) gegen Frankreich gebildet. „Der Krieg in Frankreich wurde damals gerade unglücklich geführt und war eine Zeitlang wenig volkstümlich. Eine Kopfsteuer, die besonders die Armen zur Deckung der Kriegskosten heranzog, beschleunigte daher den Ausbruch des Bauernaufstandes", bemerkt Trevelyan.[26]

Der Aufstand der Bauern, der im Mai 1381 begann, war ideologisch wohl vorbereitet. Der stärkste Propagandist unter den Bauern war der Volksprediger John Ball, der in

---

[26] *G. M. Trevelyan*, Geschichte Englands. Bd. I, München und Berlin 1935, S. 269.

einer seiner Predigten ausführte: „Ihr guten Leute, es wird in England nie gut werden, solange es keine Gütergemeinschaft und solange es leibeigene Bauern und Herren gibt. Mit welchem Recht sind diejenigen, die wir Lords nennen, vornehmer als wir? Wodurch haben sie es verdient? Warum halten sie uns in Knechtschaft? Wenn wir alle von demselben Vater und derselben Mutter, Adam und Eva, abstammen, wie können sie sagen oder beweisen, daß sie besser sind als wir, wenn nicht dadurch, daß sie uns mit unserer Arbeit verdienen lassen, was sie in ihrem Stolze ausgeben? Sie sind in Samt gekleidet und in warme Pelze und Hermeline gehüllt, während wir mit Lumpen bedeckt sind. Sie haben freie Zeit und schöne Häuser; wir haben Mühe und Arbeit, sind den Unbilden der Witterung auf dem Felde ausgesetzt. Und doch verdanken diese Menschen uns und unserer Arbeit ihren Aufwand."

War Ball der größte Propagandist unter den Bauern, so war Wat Tyler der Organisator und Führer.

Wie die Bauern Deutschlands 1525 auf den Kaiser, so setzten die Bauern Englands 1381 auf den König. Dadurch verloren sie, die weit größere Erfolge als die deutschen Bauern gehabt hatten – größere Erfolge nicht zum wenigsten auch deswegen, weil sie bessere Unterstützung zumindest von der größten Stadt des Landes, London, das ihnen die Stadttore öffnete, hatten – den Kampf.

Der Aufstand der Bauern wurde niedergeschlagen. Aber das bedeutete nicht, daß er ohne fortschrittliche Folgen bleiben mußte. Im Gegenteil!

Auch bürgerliche Schriftsteller wie Ch. W. Stubbs in seinem Werk „The constitutional history of England" und J. E. Th. Rogers in seinen „Six centuries of work and wages" äußern die Meinung, daß der Bauernaufstand ganz wesentlich zur weiteren Zersetzung des feudalen Systems beigetragen hat.

Warum aber war er darin erfolgreicher als die Bauernaufstände in Frankreich und Deutschland? Warum konnte er verhindern, daß die feudalen Fesseln wieder schärfer angezogen wurden? – wie es zum Beispiel in Deutschland nach 1525 der Fall war. Warum förderte er die Zersetzung des feudalen Systems?

Dafür gibt es wohl drei Hauptursachen, deren dritte wir anschließend ausführlicher behandeln müssen.

Einmal war in England die Zersetzung des feudalen Systems schon vor dem Aufstand weiter gediehen als in Frankreich und Deutschland.

Zweitens war die Position der herrschenden Klasse der Feudalherren in England durch den Bauernaufstand weit stärker erschüttert als durch den auf einen relativ geringeren und weniger wichtigen Teil des Landes beschränkten Bauernaufstand in Deutschland. Während in Deutschland noch Jahre nach dem Aufstand jeder neu entdeckte wirkliche oder angebliche Teilnehmer grausam zu Tode gemartert wurde, mußte das englische Parlament wenige Monate nach der Niederschlagung des Aufstandes eine Amnestie für die Teilnehmer verkünden.

Drittens gab es, worauf wir gleich ausführlicher zu sprechen kommen werden, in England einen Zweig der Landwirtschaft, der es den Feudalherren erlaubte, ohne die feudalen Fesseln anzuziehen, ihr Mehrprodukt beachtlich zu steigern: die Schafzucht verbunden mit Wollausfuhr, die von nichtfeudal gefesselten Arbeitskräften, den Hirten und ihren Gehilfen, ausgeführt werden konnte. „Die Füße der Schafe verwandeln Sand in Gold" heißt es in Fitzherberts „Lehrbuch der Landwirtschaft" (The Book of Husbandry, London 1523). –

Besteht die Agrarrevolution im 14. und im ersten Drittel des 15. Jahrhunderts vor allem in der Wandlung der Eigentumsverhältnisse in dem oben präzisierten Sinne, so mischt sich im zweiten Drittel des 15. Jahrhunderts bereits ein neues Element in den revolutionären Prozeß – die Verwandlung der feudalen in die kapitalistische Grundrente, oder zunächst noch vorsichtiger: die Infiltration kapitalistischer Rentenelemente in die feudale Grundrente. Auf Grund der Darstellung von Marx schildert Pach den Prozeß so:

„Das Vordringen der Geldrente auf Grund der Entwicklung der Waren- und Geldverhältnisse ändert somit nichts am grundlegenden Charakter der Produktions- und Rentenverhältnisse, insofern es sich auch weiterhin um feudale Verhältnisse, um eine feudale Art der Rente, handelt.

Nichtsdestoweniger ist die Geldrente – wie dies Marx in Fortsetzung seiner oben angeführten prinzipiellen Analyse nachdrücklich hervorhebt – 'die letzte Form und zugleich die Form der Auflösung'[27] der vorkapitalistischen Rente. Warum stellt sie sich als letzte Form und zugleich als die Auflösungsform dieser Art der Rente dar? Sie erweist sich als solche Form, weil sie – im Zusammenhang mit den größeren Entstehungsmöglichkeiten des Profits 'hinter dem Rücken' der Grundrente – die Grundlage von Veränderungen bildet, die bereits über den Feudalismus, über die feudale Grundrente, hinausweisen. 'In ihrer weiteren Entwicklung', stellt Marx fest, 'muß die Geldrente führen ... entweder zur Verwandlung des Bodens in freies Bauerneigentum oder zur Form der kapitalistischen Produktionsweise, zur Rente, die der kapitalistische Pächter zahlt.'[28] Und etwas später wiederholt er diese wichtige These in folgender Fassung: 'Diese Verwandlung (nämlich die Entfaltung der Geldrente, die Umwandlung des Verhältnisses von Gutsherr und Fronbauer in ein kontraktliches Pachtverhältnis) wird einerseits unter sonst geeigneten allgemeinen Produktionsverhältnissen, dazu benutzt, die alten bäuerlichen Besitzer nach und nach zu expropriieren und an ihre Stelle einen kapitalistischen Pächter zu setzen; andererseits führt sie zum Loskauf des bisherigen Besitzers von seiner Rentpflichtigkeit und zu seiner Verwandlung in einen unabhängigen Bauern, mit vollem Eigentum an dem von ihm bestellten Boden.'[29] Marx leitet somit aus der feudalen Geldrente, aus ihrer weiteren Entwicklung und Auflösung – bei entsprechenden historischen Voraussetzungen – den weiteren Verlauf der landwirtschaftlichen Entwicklung in Westeuropa, und zwar zweierlei Varianten dieser weiteren Entwicklung, ab.

Welches sind diese beiden Varianten? Die eine besteht im Aufkommen des kapitalistischen Pachtsystems, des vor allem für England charakteristischen Typs der Agrarentwicklung. Hier, in England, waren im 15. Jahrhundert die Verhältnisse der Pächter und die Ausmaße ihrer Produktion im allgemeinen zwar erst mittelmäßig.[30] Später aber, von den letzten Jahrzehnten des 15. Jahrhunderts an, nachdem sich die allgemeinen Produktionsverhältnisse auch ansonsten als geeignet erwiesen hatten, d. h. die Expropriierung der kleinbäuerlichen Besitzer und Pächter eingesetzt hatte und in immer neueren Wellen fortgeschritten war, die kapitalistische Umgestaltung der gesamten Volkswirtschaft begonnen hatte und in raschem Tempo vor sich ging, erlangten die kapitalistisch wirtschaftenden Großpächter eine stetig größere Bedeutung, wurde im Laufe von zwei bis drei Jahrhunderten das kapitalistische Pachtsystem zur vorherrschenden Betriebsform in der Landwirtschaft.

[27] *Marx/Engels*, Werke, Bd. 25, a. a. O., S. 806.
[28] Ebendort.
[29] Ebendort, S. 806 ff.
[30] Ebendort, Bd. 23, a. a. O., S. 665 f.

Inwiefern bestand zwischen dem Aufkommen und der Verbreitung der kapitalistischen Pacht in England und der feudalen Geldrente sowie ihrer weiteren Entwicklung bzw. Auflösung ein Zusammenhang? Einerseits ergab sich dieser Zusammenhang durch die materielle Schichtung des Bauerntums, die – wie Marx darauf hinweist – schon auf der Stufe der Produktenrente einsetzt[31] und auf der Stufe der Geldrente entscheidende Ausmaße annimmt. 'Die Verwandlung der Naturalrente in Geldrente wird ferner nicht nur notwendig begleitet, sondern selbst antizipert durch Bildung einer Klasse besitzloser und für Geld sich verdingender Tagelöhner ... daher' hat sich 'bei den besser gestellten rentepflichtigen Bauern die Gewohnheit entwickelt, auf eigene Rechnung ländliche Lohnarbeiter zu exploitieren ... So entwickelt sich nach und nach bei ihnen die Möglichkeit, ein gewisses Vermögen anzusammeln und sich selbst in zukünftige Kapitalisten zu verwandeln. Unter den alten, selbstarbeitenden Besitzern des Bodens selbst entsteht so eine Pflanzschule von kapitalistischen Pächtern ...'[32] ...

Andererseits muß darauf hingewiesen werden, daß im Zusammenhang mit der Entwicklung der Waren- und Geldverhältnisse sowie der Entfaltung der Geldrente nicht nur sich bereichernde Bauern und die aus ihren Reihen stammenden Pächter im englischen Dorf kapitalistische Verhältnisse einzuführen beginnen, sondern auch Grundherren, vor allem die Grundherren mit kleinerem und mittlerem Grundbesitz, deren Güter mit dem Markt in Verbindung getreten waren und die im Übergang zur Geldrente voranschritten. Gerade aus der von den Bauern erhaltenen Geldrente resultierte das Kapital, das diese Grundherren in der Produktion anzulegen und zur Entlohnung der Lohnarbeiter aus der Reihe der landarmen Bauern anzuwenden begannen. Wir wissen, daß schon im 13.–14. Jahrhundert die Ausbeutung der cotter halb auf Grund von Lohnarbeit, halb durch ihr fronbäuerliches Verhältnis, besonders auf diesen kleineren herrschaftlichen Gütern, keine unbedeutende Rolle gespielt hat. Im 15. Jahrhundert entsteht dann, hauptsächlich auf den kleinen und mittleren Grundbesitzern basierend, der sogenannte neue Adel (gentry), der – ständig ergänzt durch die Nachkommen der begüterten bäuerlichen free-holder und der zu Grundbesitz gelangten städtischen Bürger – bereits mehr von der Ausbeutung der Lohnarbeiter als von der der Fronbauern lebt: Er ist am meisten an den Korn- und Wollpreisen, am Niveau des Arbeitslohnes und an der Steigerung der Einträglichkeit seines Grundbesitzes interessiert.[33] '... der neue (Adel)', charakterisiert Marx diese Gesellschaftsschicht, 'war ein Kind seiner Zeit, für welche Geld die Macht aller Mächte'[34].'[35]

Diesen Prozeß der allmählichen Verwandlung der feudalen in kapitalistische Rente können wir in seiner durchgreifenden Bedeutung – sie findet sonst nirgends in dieser Zeit in mehr als Andeutungen statt – nur verstehen, wenn wir zwei bisher noch nicht betrachtete Entwicklungen verfolgen.

Ich glaube, man kann sagen: Ein überaus wichtiger Faktor der steten Festigung und relativ schnellen Ausbreitung kapitalistischer Elemente ist in der Eigenart der englischen Landwirtschaft zu finden, daß sie ein spezifisches Handelsprodukt herstellte, ein Aus-

---

[31] Ebendort, Bd. 25, a. a. O., S. 803.

[32] Ebendort, S. 807.

[33] *R. H. Tawney*, The rise of the gentry. In: „The Economic History Review", Bd. XI, London 1941; *E. A. Kosminskij*, Osnownyje problemy, a. a. O., S. 25; *E. A. Kosminskij* und *S. D. Skaskin*, a. a. O., S. 284, 371 u. 381–392.

[34] *Marx/Engels*, Werke, Bd. 23, a. a. O., S. 746.

[35] *Z. P. Pach*, a. a. O., S. 87 ff.

fuhrprodukt von größter Bedeutung: Wolle. In Deutschland wurde die stärkere Geldwirtschaft vor allen Dingen dadurch in die Landwirtschaft eingeführt, daß die Feudalherren mit dem Wachstum der Städte das Bedürfnis hatten, mehr und mehr handwerkliche Produktion bzw. Einfuhrware, die beide in den Städten nur für Geld zu haben waren, zu kaufen, und darum dazu übergingen, von den Bauern statt ihrer Frondienste Geld zu nehmen. In England kommt noch als ganz wesentlich hinzu, daß die Landwirtschaft in der Wolle eine Ware in großer Menge produzierte, für die die Feudalherren besonders leicht Geld erhalten konnten und die vor allem auch die Bauern durch direkten Verkauf in der Stadt bei steigender städtischer Nachfrage leicht in Geld verwandeln konnten, zumal ein Großteil der Wolle wieder ausgeführt, also von den Städtern weiter gegen Geld verkauft wurde. Die englische Wolle war die beste damals bekannte. Sie stellte die Rohstoffbasis für die flämische Textilindustrie dar und wurde auch in großen Mengen nach Italien verkauft.

Darum beginnt auch Semjonow mit vollem Recht seine Ausführungen über den Aufstand der Bauern 1381 mit folgender Hervorhebung der Besonderheit der Entwicklung in England gegenüber Frankreich (und Deutschland): „Im 13. und 14. Jahrhundert machte England bedeutende wirtschaftliche Umwälzungen durch. Diese Veränderungen waren noch einschneidender als die, welche sich in Frankreich zur gleichen Zeit vollzogen. Die lebhaften Handelsbeziehungen zu Flandern und den anderen Ländern des Kontinents bezogen auch das englische Dorf in die großen Marktverbindungen ein. Der Export Englands bestand zum Teil aus Getreide, hauptsächlich aber aus Wolle."[36]

Die Umwandlung von Frondiensten und Naturalrenten in Geldrenten führte aber nicht nur zu einem Wechsel der feudalen Ausbeutungsmethoden, sondern eben auch zu einem Abstreifen von feudalen Fesseln, zumal die Bauern durch den Wollverkauf eher die Möglichkeit hatten, sich loszukaufen. Einmal bemerkt Semjonow genau wie Kosminskij: „Im allgemeinen breitete sich die Geldrente im ganzen Lande immer mehr aus. Im Zusammenhang damit wurde auch der englische hörige Bauer persönlich frei. Sein Verhältnis zum Lord kam in der Zahlung eines bestimmten Geldzinses zum Ausdruck. Das ihm zugeteilte Land verblieb wie früher in seiner Nutzung. Er konnte in der Stadt Arbeit annehmen und überhaupt seinen Wohnsitz wechseln."[37] Auf der anderen Seite entwickelt sich aus landarmen und landlos gewordenen Bauern eine breite Schicht von Tagelöhnern, die auf dem herrschaftlichen Land gegen Geld Dienst tun. Diese letztere Entwicklung, das Entstehen einer breiten Schicht von landlosen Landarbeitern, fand vor allem dort statt, wo die Schafzucht die Enteignung der Bauern deswegen erleichterte, weil Flucht dem Boden, der jetzt als Weide diente, keinen Schaden antat, wie es bei der Getreidebestellung der Fall war, weil die Flucht keinen entsprechenden Menschenmangel hervorrief – die Schafzucht bedurfte nämlich weit weniger Arbeitskräfte als der Ackerbau. Diese ökonomische Möglichkeit zu brutalstem Vorgehen gegen die Bauern wurde von den Großgrundbesitzern auf das stärkste ausgenutzt, indem sie weit mehr, als auf dem Kontinent möglich war, ohne dadurch ihre Gewinnchancen durch Vertreibung von zur Ausbeutung notwendigen Bauern zu zerstören, zur „Privatisierung" der Forsten und Weiden übergingen.

Es ist nun offenbar, daß eine Landwirtschaft, die das bedeutendste Außenhandelsprodukt Englands herstellt, dessen Produktion überdies die Einstellung von „Arbeitern"

[36] *W. F. Semjonow*, Geschichte des Mittelalters. Berlin 1952, S. 189.
[37] Ebendort, S. 190.

statt das Fronen von Bauern, die nicht gleichzeitig Schäfer sein können, erfordert, die Entwicklung kapitalistischer Elemente innerhalb der Geldbeziehungen begünstigen muß. Im Laufe des 15. Jahrhunderts nahm die Schafzucht immer größeren Umfang an, um im letzten Drittel des Jahrhunderts und in der ersten Hälfte des 16. Jahrhunderts wahrhaft revolutionierende Bedeutung zu gewinnen und damit der Herrschaft „nicht-mehrfeudaler noch nicht-kapitalistischer Produktionsverhältnisse" endgültig ein Ende bereiten zu helfen und damit den ersten Abschnitt der vorkapitalistischen Zeit, in der die Produktionsverhältnisse aufhören feudale zu sein, ohne schon kapitalistische zu sein, mit zum Abschluß zu bringen. Danach werden die Produktionsverhältnisse in immer höherem Maße und aus noch anderen Gründen – man denke etwa an die erste industrielle Revolution, die um 1540 begann – von kapitalistischer Art, ohne daß bereits der Staat die kapitalistischen Produktionsverhältnisse vor immer neuen, wenn auch letztlich ohnmächtigen Angriffen der feudalen Reaktion sichern kann, da er noch stark feudal durchsetzt ist.

Ein zweiter Faktor, der noch im 15. Jahrhundert die Umwandlung der feudalen in kapitalistische Geldrente begünstigte, war das Eindringen des städtischen Bürgertums auf das Land – und zwar nicht wie in Frankreich des Handelskapitals, das seine Gewinne in Land anlegte, um dann adlig zu werden oder zumindest sich feudal zu sichern, sondern um Profit zu machen. Pach bemerkt: „Neben den sich bereichernden Bauern und neben dem neuen Adel müssen wir schließlich auf Grund des massenweisen Überganges zur Geldrente eine dritte Tendenz der Entwicklung der kapitalistischen Verhältnisse in der englischen Landwirtschaft erwähnen: es ist dies das Eindringen des Kapitals von außen, von der Stadt her, und zwar im Wege der Grundpacht oder des Landkaufes. Denn neben der 'Pflanzschule von kapitalistischen Pächtern' in dem Dorfe, 'sobald die Rente die Form der Geldrente und damit das Verhältnis zwischen Rente zahlendem Bauer und Grundeigentümer die eines kontraktlichen Verhältnisses annimmt . . .', erläutert Marx die hier zur Frage stehende Entwicklungstendenz, 'tritt notwendig auch Verpachtung des Bodens an Kapitalisten ein, welche bisher außerhalb der ländlichen Schranken standen und welche nun städtisch erworbenes Kapital und die in den Städten bereits entwickelte kapitalistische Betriebsweise, die Herstellung des Produkts als bloßer Ware, als bloßen Mittels zur Aneignung von Mehrwert, auf das Land und die Landwirtschaft übertragen.'[38]

Andererseits dringt das städtische Kapital auf der Stufe der Geldrente neben der Grundpacht auch im Wege des Ankaufs von Grundstücken auf dem Lande ein. Wie Marx dargelegt, '. . . ist noch bei der Verwandlung der Produktenrente in Geldrente zu bemerken, daß mit ihr die kapitalisierte Rente, der Preis des Bodens, und damit seine Veräußerlichkeit und Veräußerung ein wesentliches Moment wird, und daß damit . . . auch städtische und andere Geldbesitzer Grundstücke kaufen . . .'[39] Obwohl die feudale Gebundenheit des Grundeigentums noch in beträchtlichem Maße bestand, war es in England schon im 15. Jahrhundert eine ziemlich häufige Erscheinung, daß städtische Kaufleute und Geldbesitzer Grundstücke kauften, um einerseits das politische Gewicht zu erwerben, das der Grundbesitz verlieh, andererseits, um ihr Geld gewinnbringend anzulegen. Die wirtschaftsgeschichtliche Forschung in England hat, angefangen mit Fitz-Aylwin, dem ersten Lordmayor von London über die berühmte Familie de la Pole

---

[38] *Marx/Engels*, Werke, Bd. 25, a. a. O., S. 807.
[39] Ebendort, S. 810.

eine lange Reihe städtischer Kaufleute nachgewiesen, die durch Kauf Eigentümer von beträchtlichen Ländereien geworden waren. 'Land zu kaufen – dies ist all ihre Sorge und all ihr Wissen, worauf sie sich verstehen' – schreibt über diese Art der Grundbesitzer ein zeitgenössischer Verfasser."[40]

Alles ist vorbereitet für die kapitalistische Ära des 16. Jahrhunderts.

Was für ein fruchtbarer Niedergang eines Gesellschaftssystems! oder sollte man statt Niedergang nicht besser Zerfall sagen? oder Auflösung? Auflösung mit wunderbaren Fortschritten, insbesondere in der Steigerung der Produktivität, trotz aller Opfer, die viele Werktätige bringen müssen und deren ersten Höhepunkt Marx insbesondere in dem berühmten 24. Kapitel des „Kapital" schildert, so beginnend:

„Die durch Auflösung der feudalen Gefolgschaften und durch stoßweise, gewaltsame Expropriation von Grund und Boden Verjagten, dies vogelfreie Proletariat konnte unmöglich ebenso rasch von der aufkommenden Manufaktur absorbiert werden, als es auf die Welt gesetzt ward. Andrerseits konnten die plötzlich aus ihrer gewohnten Lebensbahn Herausgeschleuderten sich nicht ebenso plötzlich in die Disziplin des neuen Zustandes finden. Sie verwandelten sich massenhaft in Bettler, Räuber, Vagabunden, zum Teil aus Neigung, in den meisten Fällen durch den Zwang der Umstände. Ende des 15. und während des ganzen 16. Jahrhunderts daher in ganz Westeuropa eine Blutgesetzgebung wider Vagabundage. Die Väter der jetztgen Arbeiterklasse wurden zunächst gezüchtigt für die ihnen angetane Verwandlung in Vagabunden und Paupers. Die Gesetzgebung behandelte sie als 'freiwillige' Verbrecher und unterstellte, daß es von ihrem guten Willen abhänge, in den nicht mehr existierenden alten Verhältnissen fortzuarbeiten.

In England begann jene Gesetzgebung unter Heinrich VII.

Heinrich VIII., 1530: Alte und arbeitsunfähige Bettler erhalten eine Bettellizenz. Dagegen Auspeitschung und Einsperrung für handfeste Vagabunden. Sie sollen an einen Karren hinten angebunden und gegeißelt werden, bis das Blut von ihrem Körper strömt, dann einen Eid schwören, zu ihrem Geburtsplatz oder dorthin, wo sie die letzten drei Jahre gewohnt, zurückzukehren und 'sich an die Arbeit zu setzen' (to put himself to labour). Welche grausame Ironie! 27 Heinrich VIII.* wird das vorige Statut wiederholt, aber durch neue Zusätze verschärft. Bei zweiter Ertappung auf Vagabundage soll die Auspeitschung wiederholt und das halbe Ohr abgeschnitten, bei drittem Rückfall aber der Betroffene als schwerer Verbrecher und Feind des Gemeinwesens hingerichtet werden."[41]

Wir haben zwei Verfallskizzen von Gesellschaftsordnungen gegeben, eine negative, den Verfall des römischen Reiches, und eine positive, den Verfall des Feudalismus in England.

Wie verfiel der Feudalismus in Deutschland?

Zunächst nicht so sehr verschieden von dem in England – bis zur Niederlage im Bauernkrieg. Auch noch bis zum Dreißigjährigen Krieg war nicht alles entschieden. Erst die Entwicklung nach dem Dreißigjährigen Krieg brachte die endgültige Wendung – denn zumindest konnte man vor 1618 noch nicht mit Sicherheit von einer Entscheidung sprechen.

[40] *Z. P. Pach*, a. a. O., S. 90 f.
[41] *Marx/Engels*, Werke, Bd. 23, a. a. O., S. 761 f.
* D. h. Gesetz aus dem 27. Regierungsjahr Heinrich VIII.

Natürlich wird es die Aufgabe dieses Bandes sein, den Alltag des deutschen Volkes während dieser Zeit zu schildern. Das kann uns aber nicht der Aufgabe entheben, im Zusammenhang mit den in diesem Kapitel gemachten Untersuchungen, einen Umriß, eine Art Rahmen des Niederganges des deutschen Feudalismus, seiner wichtigsten Tendenzen und Erscheinungen zu geben. Wir werden all das am klarsten sehen, wenn wir uns mit dem „Endresultat" beschäftigen, das heißt dem Zustand Deutschlands gegen Ende des 18. Jahrhunderts.

Genau über diese Zeit schrieb Friedrich Engels: „So war der Zustand Deutschlands gegen Ende des vorigen Jahrhunderts. Das ganze Land war eine lebende Masse von Fäulnis und abstoßendem Verfall. Niemand fühlte sich wohl. Das Gewerbe, der Handel, die Industrie und die Landwirtschaft des Landes waren fast auf ein Nichts herabgesunken; die Bauernschaft, die Gewerbetreibenden und Fabrikanten litten unter dem doppelten Druck einer blutsaugenden Regierung und schlechter Geschäfte; der Adel und die Fürsten fanden, daß ihre Einkünfte, trotz der Auspressung ihrer Untertanen nicht so gesteigert werden konnten, daß sie mit ihren wachsenden Ausgaben Schritt hielten; alles war verkehrt, und ein allgemeines Unbehagen herrschte im ganzen Lande. Keine Bildung, keine Mittel, um auf das Bewußtsein der Massen zu wirken, keine freie Presse, kein Gemeingeist, nicht einmal ein ausgedehnter Handel mit anderen Ländern – nichts als Gemeinheit und Selbstsucht – ein gemeiner, kriechender, elender Krämergeist durchdrang das ganze Volk. Alles war überlebt, bröckelte ab, ging rasch dem Ruin entgegen, und es gab nicht einmal die leiseste Hoffnung auf eine vorteilhafte Änderung; die Nation hatte nicht einmal genügend Kraft, um die modernden Leichname toter Institutionen hinwegzuräumen."[42]

Erstaunlich, in wie mannigfacher Beziehung diese Ausführungen an die Niedergangsformen des Römischen Reichs erinnern!

Sechs Jahrzehnte später schrieb Franz Mehring über die Situation in der Zeit, die wir in diesem Band betrachten, ganz allgemein:

„Beherrscht wurde Deutschland in diesem Zeitraum von den souveränen Landesobrigkeiten, in erster Reihe den Fürsten, die so wenig fähig wie gewillt waren, die nationalen Interessen zu fördern oder auch nur zu schützen.

In der ganzen Weltgeschichte gibt es vielleicht keine Klasse, die so lange Zeit so arm an Geist und Kraft und so überschwenglich reich an menschlicher Verworfenheit gewesen ist wie die deutschen Fürsten des 17. und 18. Jahrhunderts. Schamlos entartet, wälzten sie sich in allen Lastern und Sünden. Ihr souveränes Recht, Bündnisse mit dem Auslande zu schließen, mißbrauchten sie dazu, Fleisch und Blut ihrer Untertanen an ausländische Despoten als Futter für Pulver zu verkaufen, um die Mittel für einen prahlerischen Luxus, für einen sinnlosen Aufwand zu gewinnen, durch die sie mit dem französischen Könige zu wetteifern versuchten.

Es gab aber keine Klasse in Deutschland, die dieser fürstlichen Winkeltyrannei einen wirksamen Widerstand hätte entgegensetzen können oder wollen. Die Junker verlotterten mit den Fürsten als deren Kammerherren oder auch Kammerdiener oder auch Kuppler; die Bauern vegetierten unter einem furchtbaren Drucke mehr als daß sie lebten, und auch die Städte verfielen in dem Maße, wie das deutsche Handwerk, der deutsche Handel und die deutsche Industrie verfielen.

Einzelne Städte gab es wohl, in denen sich Reste des früheren Wohlstands erhalten

---

[42] *Marx/Engels*, Werke, Bd. 2, Berlin 1957, S. 566 f.

hatten, wie Hamburg und Leipzig; in den zahlreichen Residenzstädten des fürstenreichen Deutschlands ging es kaum weniger liederlich her als an den Fürstenhöfen selbst. Sie waren nur da, um der fürstlichen Allmacht einen prunkenden Hintergrund zu geben; jeder kommunalen Selbständigkeit entkleidet, wurden sie von kriechenden Höflingen, servilen Beamten, brutalen Soldaten und ausländischen Abenteurern überschwemmt. Demnach konnte sich keine bürgerliche Bildung urwüchsig entfalten; was davon in Deutschland vorhanden war, kam aus dem Auslande und war von der Gnade der Fürsten abhängig, denen auch die freiesten Köpfe der Zeit, wie Leibniz und Thomasius, in unwürdiger Weise schmeicheln mußten, um überhaupt geduldet zu werden."[43]

Die deutschen Fürsten, „schamlos entartet, wälzten sich in allen Lastern und Sünden", „die deutschen Bauern vegetierten unter einem furchtbaren Drucke mehr als daß sie lebten" – man braucht nur an das verkommene Prasserleben der Großen und die Not der Armen im niedergehenden römischen Reich zu denken – und wieder sehen wir die Ähnlichkeit.

Sehr interessant ist auch folgendes: Mehring fährt an der zitierten Stelle fort: „Nach der Behauptung der bürgerlichen Geschichtsschreibung soll nun aber doch *ein* deutscher Staat und *ein* deutsches Fürstenhaus den rettenden Weg aus dieser nationalen Misere gezeigt haben, nämlich der preußische Staat und das hohenzollernsche Fürstenhaus. Es gibt darüber zwei Legenden, von denen die ältere die nationale, die jüngere die soziale Mission der Hohenzollern in blendendes Licht stellt. . . . Tatsächlich ist das eine so erfunden wie das andere. Der preußische Staat ist groß geworden durch permanenten Verrat an Kaiser und Reich, und nicht minder groß ist er geworden durch das Schaben und Schinden seiner arbeitenden Klassen. Es gibt keinen anderen deutschen Staat, der ihm in der einen oder der anderen Beziehung überlegen gewesen wäre."[44]

Genau vom Standpunkt dieser Preußenlegende schrieb Gustav Freytag in seinem Buch „Bilder aus der deutschen Vergangenheit":

„Hundert und fünfzig Jahre von Oxenstierna bis Napoleon währte das Ende des langen Auflösungsprozesses, welchen das heilige römische Reich des Mittelalters durchmachte. Aber dieser Zeitraum war auch der Beginn neuer organischer Bildungen. Genau fällt mit dem Ende des dreißigjährigen Krieges der Aufgang des preußischen Staates zusammen.

Ob bei Betrachtung solcher Zeit die Trauer, ob die Freude überwiegen dürfe, das hängt nicht nur von dem politischen Standpunkt, auch von Bildung und Charakter des Urtheilenden ab. Wer sich mit dichterischer Wärme die Herrlichkeit eines deutschen Kaiserreiches, wie es damals vielleicht hätte sein können, auszumalen liebt, dem wird Erscheinung und Wesen eines Zeitalters, das arm an Menschengröße und sehr arm an nationalem Stolze war, nur widerwärtig sein; wer gar in der Lage ist, den Hausvortheil der Habsburger oder des Ordens Jesu für wesentlich deutsch zu halten, der wird sich ein Bild dieser Vergangenheit erträumen, welches von der Wirklichkeit der Thatsachen gerade so weit entfernt ist, wie die Reliquienverehrung der alten Kirche von dem Gottesdienst eines freien Mannes. Aber auch wer nüchtern und verständig dem Zusammenhang der Ereignisse nachgeht, hat in diesem Zeitabschnitt große Ursache seine Geschichtschreibung zu wahren, daß sie nicht über dem Häßlichen der Erscheinung die Berechtigung des Wesens vergesse; freilich wird er ebenso wenig das Abscheuliche verhüllen

---

[43] *Fr. Mehring,* Gesammelte Schriften, Bd. 5, Berlin 1964, S. 55 f.
[44] Ebendort, S. 56 f.

dürfen, weil es mit Tüchtigem, das er ehrt, verbunden ist. Es ist kein Zufall, daß nur einem, der zugleich Protestant und Preuße ist, leicht wird, mit Selbstgefühl und fröhlichem Herzen die geschichtliche Entwicklung der letzten zwei Jahrhunderte zu betrachten."[45]

So verkümmert, ja man möchte fast sagen verkommen schrieb ein Mann, der sich liberal nannte und der so manche historische Skizzen so formulierte, daß man wirklich den (berechtigten!) Eindruck haben kann, daß er mit dem Volk und seinem Alltag zumindest in der Vergangenheit zeitweise mitfühlen konnte.[46]

Doch nun zurück zur Realität dieser furchtbaren Niedergangszeit, von der man sagen muß[47]:

Auf allen Ebenen des gesellschaftlichen Lebens Verfall, Fäulnis, Verwesung: die Produktivkräfte verkamen, die Produktionsverhältnisse waren verknöchert und bröckelig, der Überbau ächzte in allen seinen Einrichtungen, und die große Masse der verbreiteten Ideen war zu flach, um hohl zu sein, zu hohl, um Inhalt zu haben, oder schwer vom Gestank ihrer Verkommenheit.

Die Produktivkraft Mensch, ohne die ein gesellschaftliches Leben nicht möglich, konnte weder leben noch sterben. Bitter satirisch bemerkt Jean Paul dazu in einem Jugendwerk: „Erstlich muß jeder Bauer bekennen, daß ein Fürst allemal zwischen ihm und dem großen (sonst so geschätzten) Wildprete einen großen Unterschied zu machen wisse, indem er ihn weder schießet wie dieses, noch in harten Wintern mit Hütten und Fraß versorget wie dieses."[48]

Aber wenn der Fürst auch nicht auf seine Bauern schießt, so ist der Junker doch bereit, sie im Kartenspiel zu verlieren oder sie, wie Johannes Beckmann[49] aus Mecklenburg berichtet, zu verkaufen. Die Produktivkraft Menschenkraft wird, genau wie die Sklaven im Römischen Reich, wie ein käufliches und verkäufliches Arbeitsinstrument behandelt.

Von seiner Arbeitskraft bleibt dem Bauern kaum etwas für die eigene Wirtschaft. Nur einige Worte über die Frondienste in Mecklenburg: Mager berichtet über die große Masse der Bauern Mecklenburgs, die in ritterschaftlichen, nichtdomanialen Diensten

---

[45] *G. Freytag*, Gesammelte Werke, 20. Bd., Leipzig 1888, S. 243 f.

[46] Die ganze Zwiespältigkeit, letztlich aber doch im ganzen positive Seiten Gustav Freytags werden aus einem Bericht Hugo Hupperts über Becher in der sowjetischen Emigration deutlich: „Wenn Freund Weinert lange Abende über den Rätseln der russischen Grammatik brütete und ich drei Jahre daran gesetzt habe, um das russische IRP zu absolvieren, so ziehe er (Becher – J. K.) es für seine Person vor, mit kritischem Genuß zum drittenmal Gustav Freytags 'Bilder aus der deutschen Vergangenheit' durchzuackern. Aus diesen füllig und bündig geschriebenen fünf Bänden wären noch Schätze der Anschaubarkeit zu heben, das nationalliberale Beiwerk, welches die späteren Bismarck-Literaten so hochwerteten, dürfe uns nicht beirren; wir könnten in Freytags Schilderungen geradezu historisch-materialistisches Geistesgut in Einzelabschnitten entdecken; welch eine Greifbarkeit und Farbenfrische!" (*H. Huppert*, Wanduhr mit Vordergrund, Halle 1977, S. 456 f.)
    Auch ich habe im ersten Band dieses Werkes Freytag öfter positiv zitiert. Hier dagegen bin ich auf seine negative Seite eingegangen.

[47] Vgl. zum folgenden auch Bd. 1 meiner Geschichte der Lage der Arbeiter unter dem Kapitalismus, Berlin 1961, Kapitel I.

[48] *Jean Pauls* Sämtliche Werke. Historisch-kritische Ausgabe, 1. Abtlg., Bd. 1, Weimar 1927, S. 523, „Wie ein Fürst seine Untertanen nach der Parforcejagd bewirten lassen" aus der „Auswahl aus des Teufels Papieren".

[49] Beyträge zur Oekonomie, Technologie, Polizey und Cameralwissenschaft, 7. Teil, Göttingen 1783.

standen: „Auf den Rittergütern bestand die 'Ungemessenheit' der Dienste im wahrsten Sinne des Wortes. Wenn Beckmann[50] auf seiner mecklenburgischen Studienreise schon die Knechtschaft der Domanialbauern als schlimm beurteilte, so blieben, wie er sich äußerte, den fürstlichen Leibeigenen dennoch Vorzüge vor den adligen. 'Hier ist alles noch willkürlicher.' Die adligen Vollbauern haben viel weniger Ackerland zu ihrer Verfügung (meist nur 36 Scheffel Aussaat in jedem der drei Schläge, die Domanialbauern dagegen 60 Scheffel), trotzdem aber sind ihre 'Dienste . . . fast unerhört, da die meisten täglich mit 6 Häuptern Vieh und 3 Personen zu Hofe dienen müssen; ja in vielen Orten geht es so weit, daß der Bauer gar keine bestimmten Dienste zu leisten hat, sondern wöchentlich so dienen muß, wie ihm vom Gutsherrn angesagt wird. Dabei kann denn unmöglich der Bauer bestehen . . .' Er mußte dabei verelenden, zumal die übertriebenen Frondienste einer brutalen Behandlung und Antreiberei entsprachen. Friedrich v. Buchwald, ein dänischer Gutsbesitzer, der in den 80er Jahren des 18. Jahrhunderts eine landwirtschaftliche Studienreise durch Norddeutschland unternahm, erwähnt u. a. in seinem Bericht[51] über seinen Besuch auf dem mecklenburgischen Gute Dalwitz des Grafen v. Bassewitz, jeder Bauer dieses Gutes habe folgende Frondienste zu leisten: Er schickt jeden Tag einen Wagen mit 4 Pferden, einen Kerl (großen Knecht), einen Jungen ein Mädchen und 2 Ochsen zu Hofe', und zwar von Mariae Verkündigung (25. März) an, 'bis der Winter aller Feldarbeit ein Ende macht . . .' In der Heu- und Kornernte hat er täglich (außer dem Spannvieh) 4 Leute auf den Hof zu schicken. Nach Abschluß der Feldarbeiten stellt er täglich zwei Leute und einen Wagen mit 4 Pferden zur Verfügung, so oft es der Gutsherr fordert. 'Diese werden vorzüglich dazu gebraucht, Korn nach der Stadt zu fahren, wohin er, wenn der Weg nicht ungewöhnlich schlecht ist (denn schlecht ist er immer), 9 Tonnen Weizen oder Roggen fährt.' Wenn Vogdt angibt, daß den ritterschaftlichen Bauern oft nichts anderes übrig blieb, 'als an Sonntagen oder in mondhellen Nächten mit tagsüber im Hofdienst müde gearbeiteten Knechten und Tieren ihr eigenes Feld zu bestellen'[52], so mag etwas Wahres daran sein, weil ihre Stellen an Flächengröße und Bodengüte häufig genug zu gering waren, um auf ihnen über den herrschaftlichen Bedarf hinaus noch genug Spannvieh und Gesinde unterhalten zu können, als es die gleichzeitige Bestellung und Bewirtschaftung des Bauernhofes erfordert hätte. Die herrschaftlichen Ansprüche an Spann- und Handdienstleistungen verschlangen eben den größten Teil der Natural- und Barerträge der kleinen ritterschaftlichen Bauernstellen."[53]

Gustav Freytag holt etwas weiter aus und kommt dann zu dem gleichen Bild des schlimmstens unterdrückten und ausgeplünderten Bauern:

„Nach dem großen Kriege begann ein Kampf der Gutsherren und der neubefestigten Staatsgewalt gegen die wilden Gewohnheiten des Landvolks. Der Landmann hatte sich gewöhnt, lieber das rostige Feuerrohr als den Pflug zu führen. Er war entwöhnt seine Hofdienste zu leisten, und sein Sinn wurde nicht gefügiger, seit entlassene Soldaten sich auf den Trümmern der alten Dorfhütten niedergelassen hatten. Die Bauernburschen und Knechte trugen sich wie die Reiter, Kanonen an den Füßen, Mützen mit Marderaufschlä-

[50] *J. Beckmann*, a. a. O., S. 7 f.

[51] *Fr. v. Buchwald*, Ökonomische und statistische Reise durch Mecklenburg, Pommern, Brandenburg und Holstein. Kopenhagen 1786, S. 29.

[52] *G. Vogdt*, Die Bauernbefreiung in Mecklenburg. Würzburg 1936, S. 55 f.

[53] *Fr. Mager*, Geschichte des Bauerntums und der Bodenkultur im Lande Mecklenburg. Berlin 1955, S. 192 f.

gen, doppelte Hutschnüre, feines Tuch an ihrem Rocke, sie führten Büchsen und lang-
stielige Aexte, wenn sie zur Stadt kamen, oder am Sonntage sich zusammengesellten;
das half ihnen vielleicht einmal gegen Räuber und wildes Gethier, aber weit gefährlicher war es dem Herrn und seinem Verwalter, unerträglich bei unterthänigen Leuten; es
wurde mit Strenge immer wieder verboten. Die Niederlassung verabschiedeter Soldaten,
welche doch etwas Beutegeld in das Dorf brachten, war willkommen, aber wer eine
Kriegsfeder am Hut getragen hatte, der sträubte sich gegen die harten Lasten eines Hörigen. So wurde festgesetzt: wer unter der Fahne gestanden hatte, ward für seine Person
der Unterthanenpflicht ledig, nur wer beim Troß gewesen war, blieb verpflichtet. Alles
Volk war im Kriege durcheinandergelaufen, eigenmächtig hatten die Unterthanen ihre
Wohnsitze gewechselt, sich auf fremdem Grunde niedergelassen mit und ohne Erlaubnis
der neuen Gutsherrschaft. Das war unleidlich; dem Gutsherrn wurde das Recht gegeben
sie zurückzuholen, und wenn der neue Gutsherr zu seinem Nutzen sie schützte und nicht
nachgeben wollte, sogar mit Gewalt. So ritten jetzt die Edelleute mit ihren Knechten
aus, ihre Unterthanen, die ohne 'Paßzettel' entwichen waren, in der Landschaft einzufangen. Heftig muß der Widerstand der Leute gewesen sein, denn die Verordnungen sehen sich auch in Landschaften, wo die Hörigkeit streng war, z. B. in Schlesien, genöthigt anzuerkennen, daß die Unterthanen allerdings freie Leute seien und nicht Sklaven.
Aber dieser Ausspruch blieb nur ein Satz auf dem Papier, er wurde in den nächsten
hundert Jahren selten gehört. . .

So legte sich langsam wieder der eiserne Ring um den Hals des zuchtlosen Landvolkes,
enger und härter, als er vor dem Kriege gewesen war. In dem Kriege waren kleine Dörfer, noch mehr die einzelnen Höfe, welche die Unabhängigkeit des Bauern so sehr be-
günstigt hatten, von der Erde verschwunden, sie waren z. B. in der Pfalz, auf den Hügeln
von Franken zahlreich gewesen, noch heut haften ihre Namen an der Scholle. Eng zogen sich die Dorfhütten in der Nähe des Herrenhauses zusammen und leichter wurde
die Herrschaft über die schwache Gemeinde, welche vom Morgen bis zum Abend unter
den Augen des Herrn und seines Vogtes lebte. Wie ihr Leben verlief bis zu der Zeit
unserer Väter, das wird am deutlichsten, wenn man ihre Dienste näher betrachtet. Auch
ein flüchtiger Blick darauf wird den jüngeren des lebenden Geschlechts wie ein Blick in
eine fremde unheimliche Welt. Allerdings waren die Verhältnisse, unter denen das deutsche Landvolk litt, sehr verschieden. Nicht nur in den Landschaften, fast in jeder Gemeinde bestanden besondere Bräuche. Schon die Namen der Dienste und Abgaben würden zusammengestellt ein kleines Wörterbuch unholder Namen bilden . . .

Dem Gutsherrn aber hatte der Landmann von seiner Stelle zuerst Hand- und Spann-
dienst zu leisten. Seit frühem Mittelalter in dem größten Theile Deutschlands drei Tage
wöchentlich, also die halbe Arbeitszeit seines Lebens. Wer auf seinem Besitz Zugvieh zu
halten verpflichtet war, der mußte mit Ackergeräth und Geschirr die Arbeitsstunden
frohnen, bis die Sonne vom Himmel wich; die kleineren Leute mußten ebenso Handarbeit thun, je nach der Pflicht ihrer Stelle mit zwei, mit vier oder gar mit mehr Händen.
Sie standen günstig, wenn sie während solcher Tagesarbeit Kost erhielten. Und selbst
Bestimmung der Tage war der Gutsherrschaft überlassen. Diese uralte Verpflichtung
wurde nach dem Kriege durch die Uebergriffe der Herren nur zu oft gesteigert. Am
meisten im östlichen Deutschland. Die Frohntage wurden willkürlich in halbe, ja in
Vierteltage zerrissen und dadurch dem Landmann die Versäumniß und die Unordnung
der eigenen Wirthschaft beträchtlich vermehrt. Vermehrt wurde auch die Zahl der Tage.
Sogar noch in dem Jahrhundert, welches wir mit gerechtem Selbstgefühl die Zeit der Hu-

manität nennen. Im Jahre 1790, als gerade Goethe's Torquato Tasso zuerst in die gebildeten Edelhöfe Kursachsens drang, erhoben sich die Bauern in Meißen gegen die Gutsherren, weil diese die Dienste so übermäßig gehäuft hatten, daß den Unterthanen selten ein Tag zu eigener Arbeit frei blieb ...

Es ist schwer, die menschlichen Zustände, welche sich unter diesem Druck entwickelten, unbefangen zu beurtheilen. Denn anders sieht im Verkehr des Tages solches Leben aus, als in dem erhaltenen Statut. Vieles, was uns unerträglich erscheint, macht uralte Gewohnheit leidlich. Sicher hat schon oft gutherziges Wohlwollen der Edelleute, alter Familien, welche durch viele Geschlechterfolgen mit ihren Landleuten verwachsen waren, das Herbe gemildert und ein treuherziges Verhältnis zwischen Herren und Hörigen erhalten. Noch häufiger ist auch rohe Selbstsucht der Herren durch dieselbe Klugheit zu Maß und Rücksicht genöthigt worden, welche jetzt den Sklavenhalter Amerikas bestimmen. Der Gutsherr mit seiner Familie verbrachte sein Leben unter den Bauern; wenn er bemüht war Furcht zu erwecken, so hatte doch auch er zu fürchten. Leicht loderte in stürmischer Nacht die Flamme über seine hölzerne Wirthschaft, und in keiner Landschaft fehlten unheimliche Geschichten von strengen Gutsherren oder Verwaltern, die eine unbekannte Hand in Feld und Wald erschlagen hatte. Aber wie großen Einfluß man auch der Güte und Klugheit der Herren einräumen mag, immer bleibt die Stellung der Bauern das schwärzeste Bild aus vergangener Zeit. Denn überall drängt sich auch aus den dürftigen Berichten des 17. und 18. Jahrhunderts der ungesunde und feindselige Gegensatz hervor. *Und es war die größere Hälfte des deutschen Volkes, welche unter solchem Drucke verdarb.*"[54]

Welch lebendige Schilderung! Und wie verspürt man, daß auch Freytag unter ihr leidet. Selbst die freundlichen Worte, die er für einige „gutherzige Edelleute" findet, hellen die Darstellung nicht auf, sollen es auch nicht, denn sonst hätte Freytag nicht den letzten Satz unterstrichen.

Man erkennt auch, wie sich das Bild des Dorfes und seiner Bewohner seit den ‚frechen Zeiten" unmittelbar nach dem Kriege ändert bis in die Zeiten schlimmster brutalster Unterdrückung. Und zum Schluß die verkleidete Erklärung des fortwährenden Klassenkampfes, „der ungesunde und feindselige Gegensatz".

Unter diesen Umständen leisten die Bauern, teils aus objektiven Gründen (ihr körperlicher Zustand), teils aus Widerstand gegen die furchtbare Belastung, so wenig wie möglich für den Feudalherrn und können trotz aller Anstrengungen nicht viel auf dem eigenen Acker leisten.

Eine ausgezeichnete Darstellung dieser Situation und der aus ihnen entspringenden Probleme gibt Ulrich Bentzien:

„Daß die Wirtschaft der Bauern unter dem Frondienst kraß zu leiden hatte und deshalb technische Neuerungen jeder Art so gut wie ausgeschlossen waren, liegt auf der Hand; ebenso die Tatsache, daß der Nutzen des Frondienstes für die feudale Eigenwirtschaft auf die Dauer höchst fragwürdig war (ein Punkt, den schon Knapp in seinem Standardwerk zur 'Bauernbefreiung' anschaulich hervorgehoben hat[55] und der unten nochmals zur Sprache kommen wird).

Zeitgenössische Quellen bewerten jedenfalls die Durchschnittsleistung des Fronge-

---

[54] *G. Freytag*, Gesammelte Werke, Bd. 20, Leipzig 1888, S. 420 f. und S. 433 f.

[55] *G. F. Knapp*, Die Bauern-Befreiung und der Ursprung der Landarbeiter in den älteren Theilen Preußens, Leipzig 1887, Bd. I, S. 68 f.

spanns mit etwa der Hälfte des Hofgespanns.[56] Bei der endgültigen Ablösung der Frondienste in den habsburgischen Ländern bemaß man den Wert eines Frondiensttages sogar auf höchstens ein Drittel dessen der 'freien' Arbeit.[57] Die Bauern suchten jedenfalls auf vielfältige Weise die Fronarbeit nachlässig zu leisten. In ihrer 'List' schickten sie 'besonders kleine Pflüge, Eggen, Wagen . . .' zu Hofe, klagt 1760 ein niederlausitzischer Adliger;[58] ein hinterpommerscher Landrat stellt 1763 fest: '. . . die Pflüge, die Eggen, die Mist-, Heu- und Kornwagen sehen aus wie Kinderspielzeug.'[59] Die Regulierung an den Pflügen wurde derart vorgenommen, daß der Pflugbaum möglichst kurz gestellt blieb, die Furche also tunlichst flach ausfiel; die entsprechenden Vorstecklöcher im Pflugbaum nannte man 'Fronlöcher, weil die Frondienste die Pflüge darin zu stellen pflegen, um ihre Pferde zu schonen', wird in der Hausväterliteratur angemerkt (die entgegengesetzten hießen Herrenlöcher, die mittleren Lohnlöcher).[60] Während der Arbeit selbst suchte und fand man Gelegenheit, Pausen zu machen. 'Hiernächst ist auch eine sehr schädliche Gewohnheit, daß wenn drei, vier oder fünf Pflüger hintereinander gehen und davon der erstere oder der andere – bisweilen aus Not, auch wohl öfters aus Bosheit – an seinem Pfluge eine halbe oder ganze Stunde zu klütern (durch Keile zu verstellen) sucht, die anderen alle miteinander so lange Zeugen abgeben, bis es jenem gefällt, seinem Klütern das Ende zu geben.'[61] Mit derartigen Klagen und Feststellungen ließen sich Seiten füllen.

Ein ostpreußischer Apologet des Frondienstes, Tribukeit, sah sich demgegenüber genötigt, die 'muntere' Arbeit der Fröner und die verabfolgten Prügel gegenüber Widerspenstigen zu loben: 'Der Kantschuh besorgte sofort alles! Da lernte denn ein jeder gut und schnell arbeiten'[62] – ein völlig falsches Urteil, das etwa von einem süddeutschen Landwirt, der den Frondienst auf ostholsteinischen Gütern beobachtet hatte, korrigiert wird: 'Des täglichen zu Hofe Gehens gewohnt, wird der Arbeiter (gemeint ist hier der leibeigene Bauer bzw. sein Knecht) durch ein beständiges Studium, wie er seine Kräfte sparen kann, ein Virtuose in der Trägheit.'[63]

Die 'Virtuosität' des Fronbauern im Langsamarbeiten war verhängnisvoll. Mag sie objektiv eine Form antifeudalen Widerstandes dargestellt haben[64] – eine Auffassung, die übrigens nicht von allen marxistischen Feudalismushistorikern geteilt wird[65] –, so schädigte diese von Generation praktizierte und vervollkommnete 'Fähigkeit', langsam,

---

[56] *v. Podewils*, Wirthschafts-Erfahrungen in den Gütern Gusow u. Platkow, Th. 2, Berlin 1803, S. 104.

[57] *Fr. Lütge*, Die Grundentlastung (Bauernbefreiung) in der Steiermark. Zeitschr. f. Agrargeschichte u. Agrarsoziologie 16 (1968), S. 195.

[58] *R. Lehmann*, Die Verhältnisse der niederlausitzischen Herrschafts- und Gutsbauern in der Zeit vom 30 j. Kriege bis zu den preußischen Reformen, Köln-Graz 1956, S. 123.

[59] *G. F. Knapp*, a. a. O., Bd. I, S. 329 (tragen statt Wagen ist ein Lesefehler Knapps).

[60] *O. v. Münchhausen*, Der Hausvater, 3. Aufl., Th. I, Hannover 1771, S. 42; *Ch. Fr. Germershausen*, Der Hausvater in systematischer Ordnung, Bd. I, Leipzig 1783, S. 721.

[61] *J. D. Hagedorn*, Landwirtschaftlicher Haushalter . . ., Berlin 1755, S. 418 f. (wohl Brandenburg betreffend).

[62] Zitiert von K. Böhme, Gutsherrlich-bäuerliche Verhältnisse in Ostpreußen während der Reformzeit von 1770–1830, Leipzig 1902, S. 31.

[63] *H. Chr. Ph. Kiesewetter*, Praktisch ökonomische Bemerkungen auf einer Reise durch Holstein . . ., Hof 1807, S. 120.

[64] *G. Heitz*, Über den Teilbetriebscharakter der gutsherrlichen Eigenwirtschaft . . . Wiss. Zeitschr. d. Univ. Rostock, G-Reihe 8 (1958/59), S. 304 u. ö.

[65] *J. Petráň* Typologie der Bauernbewegungen in Mitteleuropa . . . In: Der Bauer im Klassenkampf, hrsg. v. Gerhard Heitz u. a., Berlin 1975, S. 462 f.

schlecht und verantwortungslos zu arbeiten, auf die Dauer auch die bäuerliche Arbeits-moral überhaupt. Das gilt zunächst für den Bauern selbst, mehr noch für das bäuerliche Gesinde, soweit es statt des Bauern 'zu Hofe' ging. Man kann die These wagen, daß die anachronistische, menschenunwürdige spätfeudale Fronwirtschaft den Grund für die rückständige Arbeitsmoral landwirtschaftlicher Produzenten zumindest in der Übergangs-phase vom Feudalismus zum Kapitalismus legte ...

Ausdruck der allgemeinen Kulturfeindlichkeit des Fronsystems ist schließlich die Fehlleistung mancher vorhandenen Fähigkeiten der Bauern, ökonomische Dispositionen zu treffen und Initiativen zu zeigen. Statt leistungsfähigeres Gerät und Vieh anzuschaffen, um die eigene Wirtschaftsführung besser zu gestalten, hielt man bewußt minderwertige Geräte und Zugtiere, die dann teilweise auch die Bauernwirtschaft selbst beeinträchtig-ten. Wenn beispielsweise lausitzische und vogtländische Bauern 'planmäßig' die Pferde abschafften,[66] um nicht dieses vergleichsweise wertvollere Zugvieh im Frondienst ruinie-ren zu müssen, und sich auf Ochsen umstellten, so war das ein Rückschritt, der auch die eigene Wirtschaft traf und eine fast tragisch zu nennende Selbstschädigung verursachte.

Gegenmaßnahmen der Feudalklasse, die eine bessere Ableistung des Frondienstes garantieren sollten, fruchteten auf die Dauer wenig. Die schon seit längerem übliche Praxis, die Bauernwirtschaften mit Vieh und Gerät, der sogenannten Hofwehr, auszu-statten, löste das Problem immer nur für kurze Zeit nach Gehöftsübernahme eines Bauern und unterdrückte außerdem bei diesem von vornherein das Eigentümerbewußtsein in bezug auf das lebende und tote 'Inventar' seines Hofs.[67]

Ob die Aufstellung von Arbeitsnormen für den Frondienst etwas genützt hat, ist sehr fraglich. Die Anforderungen, wie sie vor allem in Brandenburg-Preußen vielfach schrift-lich fixiert worden sind[68], schwankten zwischen etwa 0,2 und 0,6 ha pro bäuerliches Pfluggespann an einem Tag, eine Leistung, die nach der kapitalistischen Bauernbefrei-ung bereits undiskutabel war. Bewältigte ein uckermärkischer Mäher in der Erntefron etwa zwei Morgen, so waren es nach den Agrarreformen drei bis vier Morgen.[69]

Mahnungen und Drohungen, der Fronbauer solle 'nicht denken, das Scharwerk nur obenhin zu verrichten', waren begleitet von Forderungen nach 'gutem' Arbeitsgerät, bei-spielsweise 'Egden, bey welchen die gehörige Zahl von Zinken und selbige gehörig durch-geschlagen und zum Glattegden tauglich sind ...' (Gutsherrschaft Angerapp 1788).[70] In Schwedisch-Pommern wurde 1751 sogar eine 'Verordnung wegen bestimmter Größe der ... Eggen der dienstleistenden Bauern' mit genauen Maßen der Eggenbalken (2 1/4 Ellen mal 2 3/4 Zoll mal 1 3/4 Zoll) erlassen,[71] ebenso in Mecklenburg, wo außerdem die Maße des Erntewagens, das Gewicht der Hak- und Pflugeisen sowie die Schwad-

---

[66] *J. Solta*, Die Ertragsentwicklung in der Landwirtschaft des Klosters Marienstern, Bautzen 1958, S. 35; *Lehmann*, a. a. O., S. 39; *H. Hüllemann*, Die Geschichte der Rittergüter in Reuß ä. L., Jena 1939, S. 1107–1116; Hist. Staatsarchiv Greiz, Patr. Gericht Zeulsdorf, Nr. 20.

[67] Zum „Inventar"-Charakter vgl. *U. Bentzien*, Zwei Nachlaßverzeichnisse aus Radgendorf bei Zittau (1776, 1779). JbfVkKg 16 (1973), S. 169 f.

[68] *C. Fr. v. Benekendorf*, Oeconomia forensis, Bd. 5, Berlin 1779, S. 124; Bd. 6, 1780, S. 141; *J. Sack*, Die Herrschaft Stavenow, Köln 1959, S. 104; *H.-H. Müller*, Märkische Landwirtschaft, vor den Agrarreformen von 1807, Potsdam 1967, a. a. O., S. 95.

[69] H. H. Müller, S. 100.

[70] *K. Böhme*, a. a. O., S. 105.

[71] Sammlung gemeiner u. besonderer Pommerscher u. Rügischer Landes-Urkunden ..., hrsg. v. Johann C. Dähnert, Suppl.-Bd. 2, Stralsund 1786, S. 520.

breite beim Getreidemähen (6 Fuß) vorgeschrieben waren.[72] Auch hinsichtlich der Pflug-
tiefe (4 Zoll) und der Furchenbreite (8–9 Zoll) fehlt es nicht an detaillierten Bestimmungen, beispielsweise aus Ostholstein (1771) und der Prignitz (1790).[73] Fast lächerliche Züge nahmen solche administrativen Vorschriften teilweise in westelbischen Territorien an, in denen sich die Fröner weniger brutalem Zwang und mehr feudaler Bürokratie gegenübersahen. Das Fürstentum Lippe erließ eine 'Verordnung wegen Befestigung
der (Dresch-)Flegelknüppel',[74] und auf reußischen Rittergütern befanden sich gar 'Säbel',
nach denen die Stoppelhöhe beim Getreideschnitt abgemessen wurde und die man bei
Gericht als Beweismittel in Fronprozessen vorlegte.[75]

Will man die regional unterschiedlichen Bedingungen für den Kampf um technischen
Fortschritt in den Bauernwirtschaften abwägen, so fällt der Vergleich im ganzen positiv
für die westelbischen Gebiete Deutschlands aus. Gewiß gab es auch hier Hemmnisse,
die in der Natur des feudalen Abhängigkeits- und Ausbeutungsverhältnisses und seiner
Modifikationen im Zeitalter des Feudalabsolutismus lagen. All diese Dinge halten aber
keinen Vergleich aus mit den Verhältnissen der ostelbischen Fronherrschaft und ihrer
juristischen Folgeerscheinung, der zweiten Leibeigenschaft."[76]

So wie man für England feststellen kann, daß in jedem Jahrhundert von 1350 bis
1650 die Produktivität in der Landwirtschaft gestiegen ist, so kann man für Deutschland feststellen, daß in jedem Jahrhundert von 1550 bis 1750 die Produktivität gesun-
ken ist.

Und wie in England die Steigerung der Produktivität so viel dem Klassenkampf ver-
dankt, so hat in Deutschland der Klassenkampf – die Eintreibung eines immer größeren
Teiles des Mehrprodukts durch außerökonomischen Zwang auf der einen Seite und der
Widerstand der Bauern durch immer schlechtere Fronarbeit auf der anderen Seite – zu
sinkender Produktivität geführt.

Ja, vielleicht ist das eines der deutlichsten Kennzeichen für die rein negative Form
des Niedergangs und die Fäulnis einer Gesellschaftsordnung, daß der Klassenkampf
nicht den Produktivkräften zum Sieg über die Produktionsverhältnisse verhilft, sondern
sie weiter schwächt. Wir beobachten das im niedergehenden Rom genau wie im niedergehenden Deutschland der Feudalzeit. Die Produktionsverhältnisse erweisen sich als
zu stark und starr für die Produktivkräfte, und die Produktionsverhältnisse sind es auch,
die den Klassenkampf zu seiner negativen Auswirkung zwingen.

Darum mußten auch das römische Reich ebenso wie das feudale Deutschland in einer
solchen Situation von Außen zerstört werden – durch die Germanen und andere Völker
(nicht Klassen!) bzw. durch die Armeen des revolutionären Frankreich.

Natürlich muß man vorsichtig sein beim Konstruieren von Parallelen, aber in so großen Zügen darf man sie in diesem Fall wohl ziehen, auch wenn wir erst ganz am Anfang

[72] Gesetzsammlung für die Mecklenburg-Schwerinschen Lande, I. Slg, 2. Aufl., Bd. 4, Wismar usw.
1869, S. 82; Rudolf Ihde, Amt Schwerin, Schwerin 1913 (= Jbb. d. Vereins. f.meckl. Gesch. u.
Altertumskde. 77, Beiheft), S. 81; u. a. Quellen.

[73] G. H. Schmidt, Zur Agrargeschichte Lübecks und Ostholsteins, Zürich 1887, S. 75 f.; Sack, a.
a. O., S. 104.

[74] W. Hansen, Aufbau und Zielsetzung einer Kommission für Geräteforschug. In: Arbeit und Volksleben, Göttingen 1967, Taf. XV a.

[75] Hist. Staatsarchiv Greiz, Reuß j. L., RG Kaimberg, Nr. 392.

[76] U. Bentzien, Fortschritte und Fortschrittsträger der deutschen Landwirtschaft im Spätfeudalismus,
in: „Jahrbuch für Volkskunde und Kulturgeschichte", Jg. 1978, Berlin 1978, S. 140 ff.

von Untersuchungen des Prozesses und des Zerfalls von Gesellschaftsordnungen stehen. Wenn man bedenkt, daß eigentlich erst seit kurzem gründlichere vergleichende Darstellungen von Revolutionen, die doch mit so viel Recht so viel lieber von Historikern untersucht werden, unternommen werden, dann ist es wahrlich nicht verwunderlich, daß wir noch viel weiter in Bezug auf vergleichende Untersuchungen von gesellschaftlichen Niedergängen zurück sind. –

Wir sind zu solchen Schlußfolgerungen auf Grund des Hauptklassenkampfgebietes der Bauern, des Kampfes gegen die gestiegenen Fronlasten, gekommen. Es wäre jedoch falsch, allein diese Seite zu sehen. Bentzien macht auf andere Seiten so aufmerksam:

„Als entscheidenes Merkmal der feudalen Produktionsweise hat Marx die 'Zersplitterung des Bodens' hervorgehoben,[77] die sich ausgangs des 18. Jahrhunderts noch keineswegs überwunden zeigt. Zersplittert war nicht nur das landwirtschaftliche Hauptproduktionsmittel auf Grund der bäuerlichen Agrikultur schlechthin – wobei die Betriebsgrößen namentlich in den Gebieten mit der Erbsitte der Realteilung laufend schrumpften –,[78] sondern zersplittert war auch die normale einzelbäuerliche Betriebsfläche im Rahmen der dominierenden Gewannfluren. Das Ackerland hannoverscher Vollbauern beispielsweise lag oft in 60 und mehr, im Südteil des Landes bis zu 200 Parzellen auf der Gesamtfeldmark verstreut.[79] Ein Chronist aus dem Magdeburgischen notiert um die Jahrhundertmitte ernsthaft: 'Wer den Acker im Langen Felde sich nicht genau merkt, der irret, und das wiederfährt ofte in dieser Feldmark den Bauer(n) selbst.'[80]

Die Gemenglage begründete die Fortdauer des Flurzwangs mit all seinen Konsequenzen: gemeinsame Bestellungs- und Erntetermine, Wende- und Überfahrtsbestimmungen, Weiderecht und -verbot usw. Unter solchen Bedingungen war es für den einzelnen Bauern außerordentlich schwer, mit der Überlieferung zu brechen, weil er von den Dorfgenossen abhängig war, die seinem 'Gestaltungsdrang' Fesseln anzulegen vermochten.[81] Wenn sie in ihrer Mehrheit nicht für eine bestimmte Neuerung zu gewinnen waren, konnten mit Erfolg beispielsweise keine neuen Kulturarten eingeführt werden, die eine abweichende Vegetationsperiode hatten und damit zu anderen Terminen Bestellungs-, Pflege- und Erntearbeiten verlangten. Hier ist besonders auf die Brachbesömmerung der Bauernfelder vorauszuverweisen, wo es zu gegenseitigen Schädigungen der 'Brachbesömmerer' und der 'Brachehalter' kommen mußte.[82]

Die tradierten Feldsysteme und Kulturarten wurden aber nicht nur durch den genossenschaftlichen Flurzwang gewaltsam am Leben erhalten, sondern die 'Beharrung' des bäuerlichen Wirtschaftens war ganz entscheidend durch die feudalen Abhängigkeits- und Ausbeutungsverhältnisse festgeschrieben.

[77] *Karl Marx*, Das Kapital, Bd. I, MEW, Bd. 23, S. 789.

[78] *Th. Knapp*, Gesammelte Beiträge zur Rechts- und Wirtschaftsgeschichte vornehmlich des deutschen Bauernstandes, Tübingen 1902 (Neudr. Aalen 1964), S. 213 f.

[79] *S. Wrase*, Die Anfänge der Verkoppelungen im Gebiet des ehem. Königreichs Hannover, Göttingen 1971, S. 6 f.

[80] *S. B. Carsted*, Atzendorfer Chronik, bearb. v. Eduard Stegmann, Magdeburg 1928, S. 43.

[81] *G. C. L. Schmidt*, Der Schweizer Bauer im Zeitalter des Frühkapitalismus. Die Wandlung der Schweizer Bauernwirtschaft im 18. Jht. u. die Politik der ökonomischen Patrioten, Bern-Leipzig 1932, S. 41.

[82] *H. O. Diener*, Zur Geschichte der Brache in Bayern. Landwirtschaftl. Jahrb. f. Bayern 19 (1929), S. 440; *K. Blaschke*, Die fünf neuen Leipziger Universitätsdörfer. Wiss. Zeitschr. d. Univ. Leipzig, G-Reihe I (1951/52) H. 5, S. 88.

Ein bekanntes Beispiel bietet das Trift- und Hütungsrecht der feudalherrlichen Schafherden auf den bäuerlichen Brachfeldern.[83] Rücksichtslos durchgesetzt, zwang es die
Bauern, beim herkömmlichen Standard des Feldsystems mit Brache zu verbleiben und
auf Brachbesömmerung mit neuen Kulturpflanzen zu verzichten, wollten sie nicht Schä-
digung oder Totalverlust der Frucht durch Überweiden riskieren. In Bayern war Brachbesömmerung bis in die 1760er Jahre durch landesherrliche Mandate sogar verboten,
sofern große Schäfereien existierten.[84] Der alternative Weg, am Fortschritt teilzuhaben,
nämlich unter Beibehaltung der Brache ihrerseits die Schafbestände zu vergrößern, wurde
den Bauern – vor allem in Mitteldeutschland – durch Verbote verlegt.[85] Auch der Ausweg, durch Separation der Dorffeldmarken zu einer Lösung derartiger Probleme zu
gelangen, stieß zunächst auf den Widerstand lokaler Feudalgewalten, wie Beispiele aus
Brandenburg-Preußen zeigen.[86]
Novationsfeindlich waren objektiv ebenso die feudalen Zehntbestimmungen. Festgelegt
auf eine bestimmte Skala von Feldfrüchten und Vieharten, konservierten sie zwangsläufig
das traditionell unökonomisch breite bäuerliche Produktionsprogramm, ließen also bio-
klimatisch oder marktgemäß begründete Spezialisierungen juristisch nicht zu.[87] Die entsprechenden Auswirkungen ('paradox das Festhalten an einer Polykultur auf einem Ak-
ker, der nach Spezialisierung ruft'[88]) sollte man nicht den feudalabhängigen Bauern
anlasten. Auch einer Erweiterung der Kulturarten standen die Zehntordnungen hindernd
im Wege: Kaum bauten die Bauern Klee, Raps, Mais, Mohn, Tabak, Futterrüben und
andere Hackfrüchte an, belegte der Zehntherr die Ernteprodukte mit dem 'Kleinen
Zehnten'. Entsprechende Nachrichten[89] liegen vor aus der Herrschaft Stolberg-Wernige-
rode, Hannover, Solms-Braunfeld (Hessen), Rheinhessen, Hohenlohe, Oberamt Heilbronn, Bayern, Steiermark. Selbst die Kartoffel wurde, bevor man ihre Rolle als Helferin
in den Hungersnöten (vor allem Anfang der 1770er Jahre) erkannte, mit dem Zehnten

---

[83] *W. Jacobeit*, Schafhaltung und Schäfer in Zentraleuropa bis zum Beginn des 20. Jhs., Berlin 1961,
S. 134–146.

[84] *Diener*, a. a. O., S. 438.

[85] *O. Ackermann*, Die Entwicklung der Landwirtschaft auf den Vorwerken der schönburgischen
Herrschaften Wechselburg und Penig vom 16. Jh. bis zur Gegenwart, Diss. Leipzig 1911, S. 102;
Cai Dame, Die Entwicklung des ländlichen Wirtschaftslebens in der Dresden-Meißner Elbtalge-
gend ..., Leipzig 1911, S. 193 f.; *R. Lehmann*, Die Verhältnisse der niederlausitzischen Herr-
schafts- und Gutsbauern in der Zeit vom 30 j. Kriege bis zu den preußischen Reformen, Köln-Graz
1956, S. 41.

[86] *H.-H. Müller*, Märkische Landwirtschaft, Potsdam 1967, S. 63.

[87] *G. C. L. Schmidt*, a. a. O., S. 50.

[88] *J. u. M. Maniquant-Bendele*, Le paysannat dans la Plaine de Haute-Alsace, Colmar 1957, S. 143
(bezogen auf „pseudo-archaische" jüngere Zustände).

[89] *A. Backhaus*, Die Entwicklung der Landwirtschaft aus den gräflich Stolberg-Wernigerödischen Domänen, Jena 1888, S. 42; *J. G. Klingner*, Sammlungen zum Dorf- und Bauern-Rechte, Bd. 1, Leipzig 1749, S. 179; *Fr. Gaul*, Die persönlichen und wirtschaftlichen Verhältnisse des Bauernstandes
im Fürstentum Solms-Braunfels ..., Jena 1904, S. 106; *E. Klug*, Ein Beitrag zur Zweifelderwirt-
schaft. Zeitschr. f. Agrargeschichte u. Agrarsoziologie 17 (1969), S. 53 f.; *P. Steinle*, Die Vermögensverhältnisse der Landbevölkerung in Hohenlohe im 17. und 18. Jh., Stuttgart-Hohenheim 1971,
S. 189 f.; Th. Knapp, a. a. O., S. 152 f.; *A. Memminger*, Zur Geschichte der Bauernlasten mit bes.
Beziehung auf Bayern, Diss. Würzburg 1900, S. 121 f.; Der steirische Bauer. Ausstellungskatalog,
Graz 1966, S. 90.

oder einem Äquivalent in Geld belegt.[90] Andere Verordnungen mit ähnlicher Konsequenz verboten die Ausdehnung bestimmter Kulturen wie Flachs als Handelsgewächs[91] oder auch die Umwandlung von Acker- in Rebland[92] – kurz, bäuerliche Initiativen wurden durch die feudale Bürokratie in vielfältiger Weise erschwert oder unterbunden. Betroffen waren in dieser Weise, wie die Belege verdeutlichen, vor allem die Bauern im westelbischen Teil Deutschlands.

Sehr anschaulich hat Justus Möser um 1770 die Schwierigkeiten beim Namen genannt, denen sich der feudalabhängige westfälische Bauer gegenübersah, wenn er etwa Sämaschinen, neue Arten von Pflügen, verbesserten Futteranbau usw. hätte einführen wollen: 'Sollte der Gutsherr seine Pächte, der Zehntherr seinen Zehnten und der Vogt seine Schatzungen wohl nachgegeben haben, wenn wir ihnen erzählet hätten, daß wir neue Versuche gemacht und damit verunglückt wären?'[93][94]

Alles, alles ist auf Seiten des Verfalls durch Starrheit und Verknöcherung der Produktionsverhältnisse.

In unserer Literatur – ebenso natürlich auch in der bürgerlichen, da die Verhältnisse so offenbar sind – wird ein großer Unterschied zwischen den Verhältnissen der Gutsherrschaft und der Grundherrschaft gemacht. Die soeben zitierten Ausführungen von Bentzien lassen jedoch die Frage berechtigt erscheinen: wie verhalten sie sich zum Problem des Fortschritts durch Entwicklung der Produktivität? Ist die Grundherrschaft dem Fortschritt durch Entwicklung der Produktivkräfte freundlicher als die Gutsherrschaft oder nur etwas weniger unfreundlich? welche Rolle spielen die Frondienste unter der Grundherrschaft? welche Rolle (quantitativ) spielt überhaupt die Grundherrschaft in Deutschland?

Zunächst zur Frage der Fronarbeit. Selbstverständlich bedürfen wir keiner neuen Studien, um auszusagen: sie war weniger verbreitet im Westen als im Osten Deutschlands, und wo sie herrschte, war sie im allgemeinen weniger lastend insofern, als sie dem Bauer weniger Tage von seiner Arbeit nahm. Doch heißt das nicht, daß sie selten war und daß sie nicht genau wie im Osten auf die Produktivität drückte.

Relativ sehr stark war das Fronwesen in Bayern üblich. Wir besitzen zwei ausführliche Schilderungen der Fronverhältnisse in Bayern. Die eine stammt von Sebastian Hausmann, einem Knapp-Schüler, der ehrlich und realistisch, so wie sein Lehrer, die ostpreußischen, die bayerischen Verhältnisse darstellt. Die zweite, fast 60 Jahre spätere, stammt von dem stets moralisierenden, alles nur „halb so schlimm" findenden im Interesse der herrschenden Klassen verschönernden Friedrich Lütge. Da der letztere ferner kaum Quellenstudium getrieben hat – im Gegensatz zu Hausmann –, sind seine Ausführungen aus doppeltem Grunde verdächtig, aber deswegen nicht minder interessant.

Typisch für Lütge und gleichzeitig deutlich die faktische Situation aufzeigend sind seine einleitenden Bemerkungen zur Behandlung des tatsächlichen Umfangs der Fronarbeit oder, wie sie in Bayern auch heißt, der Scharwerksverpflichtungen.

Lütge beginnt: „Es ist nicht leicht, sich ein genaueres Bild von dem tatsächlichen Aus-

[90] A. *Wrede*, Arbeit und Leben am Rhein, Essen 1935, S. 178.

[91] B. *Holzky*, Die Entwicklung der Landwirtschaft in dem ermländischen Bauerndorfe Kleinenfeld, Diss. Königsberg 1905, S. 105 f.

[92] R. *Weinhold*, Winzerarbeit an Elbe, Saale und Unstrut, Berlin 1973, S. 100 f.

[93] J. *Möser*, Sämtliche Werke. Hist.-krit. Ausg., Reihe 2, Bd. 4, Oldenburg-Berlin 1943, S. 184.

[94] U. *Bentzien*, a. a. O., S. 137 ff.

maß der Scharwerksverpflichtungen zu machen. Der Umstand, daß diese im 18. Jahrhundert besonders unbeliebt waren und geradezu als Zeichen der 'Sklaverei' empfunden wurden, hat dazu geführt, daß ihre Bedeutung in der zeitgenössischen und der von ihr abhängigen Literatur stark überschätzt worden ist. Es kann kaum die Rede davon sein, daß durch die Arbeitsverpflichtungen 'dem Grunduntertan einfach die Möglichkeit benommen, seinen eigenen Grund und Boden in einigermaßen rationeller und sorgfältiger Weise zu bewirtschaften', wie Hausmann meint.[95] Das trifft vielleicht für Einzelfälle zu, aber ist keineswegs die Regel. Wenn Pflaumer-Resenberger meint, daß den Scharwerken in mehrfacher Hinsicht eine viel größere Bedeutung zukomme, als man insgemein anzunehmen pflegte,[96] so handelt es sich hier um eines jener generellen Urteile, die nach dem Tatsachenbefund nicht berechtigt erscheinen. Man wird bei allen solchen Erörterungen deutlich zwischen der berechenbaren tatsächlichen Belastung der Bauern und der psychologischen Situation unterscheiden müssen."

Also: die zeitgenössischen Quellen übertreiben. „Es kann kaum (! – J. K.) die Rede davon sein", daß die Fron so stark auf dem Bauern lastete, daß es ihm unmöglich wurde, seinen eigenen Hof rationell und sorgfältig zu bewirtschaften.

Derselbe Lütge, der so unbestimmt von „kaum" spricht, stellt jedoch über einen zeitgenössischen Schriftsteller in dem gleichen Absatz fest: „Das, was nottut, sind Spezialuntersuchungen über den tatsächlichen konkreten Umfang der Scharwerke, wobei nach Möglichkeit die tatsächliche Belastung nach Arbeitstagen pro Jahr errechnet werden müßte, um so auch einen Vergleich mit den sonstigen deutschen Verhältnissen zu gewinnen. An solchen Untersuchungen fehlt es aber leider noch so gut wie ganz. Auch Hazzi, der doch sonst für jeden Gerichtsbezirk zahlreiche detaillierte Angaben bringt, beschränkt sich, wenn er auf Scharwerke zu sprechen kommt, leider auf ganz allgemeine Wendungen." Und dazu gibt er als Fußnote: „Joseph Hazzi, Statistische Aufschlüsse über das Herzogtum Bayern, 4 Bde., Nürnberg 1801–1808. Wenn er etwa für das Gericht Tegernsee und Gericht Rosenheim die Scharwerke als schwer bezeichnet (Bd. I, S. 302 und 365), ist damit eben nichts anzufangen, weil nicht erkennbar wird, was Hazzi unter schwer versteht."[97]

Also, wenn ein Zeitgenosse der Fron sie als „schwer" bezeichnet, dann ist das Lütge zu unbestimmt und vage, er kann damit nichts anfangen. Wenn er aber 200 Jahre später erklärt, es könne „kaum" davon die Rede sein, daß die Bauern wegen Fronbelastung ihr Feld nicht ordentlich bestellen konnten, dann ist das offenbar eine außerordentlich präzise und aussagekräftige Feststellung.

Noch ein zweites Beispiel für die Art, wie einer der bekanntesten Wirtschaftshisto-

---

[95] S. *Hausmann*, Die Grundentlastung in Bayern. (Abhandlungen aus dem Staatswissenschaftl. Seminar zu Straßburg. Herausgegeben von G. F. Knapp, Heft X.) Straßburg 1892, S. 67.

[96] *Pflaumer-Resenberger*, Die Anerbensitte in Altbayern, München 1939, S. 42. Wenn hier die Tatsache, daß fast niemals Ochsen, sondern fast ausschließlich Pferde gehalten werden, als Beweis für den Umfang der Scharwerke angeführt wird (etwa auch ebenda S. 20), dann vermag das nicht recht zu überzeugen. S. *Riezler*, gegen den diese Bemerkungen der Verfasserin gerichtet sind, hat ja bekanntlich die Auffassung vertreten, daß das Ausmaß der Pferdehaltung in Bayern auf die Fortentwicklung der Reitertradition des Mittelalters, daneben aber auch auf einen Hang zur Großtuerei zurückgeführt werden müsse (Geschichte Bayerns, 6. Bd., 1903, S. 230). Recht hat Pflaumer-Resenberger aber zweifellos insoweit, als die weiten Transportstrecken der Klosterbauern einen verhältnismäßig großen Bestand an Pferden notwendig machten.

[97] *Fr. Lütge*, Die bayerische Grundherrschaft, Stuttgart 1949, S. 124.

riker des Weimarer, faschistischen und bundesrepublikanischen Deutschland arbeitet, sei gegeben – es befindet sich zwischen den beiden soeben gegebenen Zitaten: „Insbesondere wird es wichtig sein, die besondere Lage der großen Klosterherrschaften herauszustellen, diese aber auf der anderen Seite auch nicht zu verallgemeinern. Besaßen doch die großen Klöster Weinberge und andere Besitzungen in Südtirol, Österreich, ja Ungarn, und daraus ergaben sich umfangreiche Roß-Scharwerke, da dieser Wein usw. von diesen entfernten Gütern geholt werden mußte. – sicher eine starke Belastung, die aber noch den Vorteil aufwies, daß der Bauer dabei ein gutes Stück von der Welt sah; und es hat den Anschein, als wenn gerade diese weiten Fahrten bei den Bauern nicht sonderlich verhaßt gewesen sind, denn über sie wird sehr selten geklagt." Das heißt, die Bauern mußten unter Umständen viele Wochen unterwegs sein, um den Wein für die Klöster zu holen, viele Wochen nicht den eigenen Hof bewirtschaften – aber dafür sahen sie ja die Welt, erfuhren eine besondere Art der Bildung und Erziehung durch die Fuhrfron für das Kloster, und so ist alles dem „Anschein" nach nicht so schlimm!

Faktisch gehören Fuhrfronen zu den ärgsten Belastungen der Bauern. Henning stellt ganz allgemein über sie fest: „Neben den Ackerdiensten konnten auch die Fuhrdienste die Bauern erheblich belasten. Bauern, die in der Nähe von herrschaftlichen Hofhaltungen oder Gewerbebetrieben wohnten, hatten für die Versorgung dieser Hofhaltungen und für die Materialtransporte der Betriebe eine große Anzahl von jährlichen Diensten zu erbringen. Auch wenn die zu transportierenden Lasten je Wagen meistens bei weniger als 8 Doppelzentner lagen und nur selten etwa 12 Doppelzentner erreichten, so wurden Pferde, Geschirre und Wagen wegen der schlechten Wegeverhältnisse stark strapaziert. Bauern, deren Höfe an häufig benutzten Straßen lagen, hatten schon wegen dieser schlechten Wegeverhältnisse mit einer starken zeitlichen und kräftemäßigen Inanspruchnahme ihrer Pferde durch die Vorspanndienste zu rechnen. Fast sämtliche Transporte der öffentlichen Hand über größere Wegstrecken erfolgten durch Bauernpferde: Militärtransporte, Reisen von Beamten und herrschaftlichen Personen, Getreidetransporte u. a. m. Allerdings ging es dabei wohl nur selten so hart zu, wie Fontane von einer Reise des preußischen Königs Friedrich II. von Potsdam zu einer Revue der Truppen in der Nähe von Magdeburg berichtet. 'Bekanntlich fuhr er mit Bauernpferde-Relais. Die Reise ging trotz des greulichen Sandes fortwährend in einer Karriere, – was fiel, fiel, und wurde nur mäßig vergütet.'[98]"[99]

Doch zurück nach Bayern. Wie vielfältig die Frondienste auch dort sind, ersehen wir aus folgendem:

„Aber was interessiert ist ja die Gewinnung einer möglichst konkreten Vorstellung von der tatsächlichen sich aus der Scharwerkspflicht ergebenden Belastung. Dies ist mangels ausreichender Spezialuntersuchungen nicht in dem Ausmaß möglich, wie es erwünscht und nach den Archivbeständen auch möglich wäre. Um nun gleichsam einen Ausgangspunkt und Vergleichsmaßstab zu schaffen, seien nachstehend die zuverlässigsten der erreichbaren Angaben zusammengestellt. Es muß nur dabei berücksichtigt werden, daß es sich um Einzelbeispiele handelt und daß diese sich notwendig nur auf diejenigen Bauern beziehen können, die der Scharwerkspflicht unterworfen waren. Es ist also aus diesen Beispielen keineswegs auf die Belastung der Bauern schlechthin zu schließen.

[98] Th. Fontane, Wanderungen durch die Mark Brandenburg, Die Grafschaft Ruppin, Berlin o. J., S. 34.

[99] F. W. Henning, Dienste und Abgaben der Bauern im 18. Jahrhundert, Stuttgart 1969, S. 105.

S. Hausmann gibt einen Brief aus dem Ende des 18. Jahrhunderts wieder, der wie er sagt, 'von einem der wenigen milden und einsichtvollen Hofmarksherrn geschrieben' ist und in dem ausführlich die auf dieser – leider nicht genannten – Hofmark schuldigen Dienste aufgerechnet werden.[100] Danach waren hier folgende Arbeiten zu leisten:

1. Die Abräumung des Unrats auf dem Schloß, sooft es die Herrschaft für notwendig fand; dabei bekamen die Arbeiter herkömmlicherweise ein Essen, das in der Regel ungenießbar und mindestens quantitativ unzureichend war.

2. Botengänge für die Herrschaft; der Bote bekam für die Meile 3 Kreuzer und mußte oft mit einem einfachen Briefe oder um einen Jagdhund zu liefern einen Weg von neun bis zehn Meilen machen.

3. Getreidefuhren in die Schranne, womit oft drei bis vier Tage zugebracht werden; dafür werden 18 Kreuzer und 1 Metzen Hafer verabreicht.

4. Den ganzen Winter über wird das herrschaftliche und das Zehentgetreide gedroschen; dafür bekommt der Einzelne für jeden Scheffel 10 Kreuzer, aber nichts zu essen.

5. Jeder Bauer muß einen großen Fanghund, jeder Gütler oder Leerhäusler einen kleinen Jagdhund wohlgefüttert erhalten; jede Nachlässigkeit hierbei wird mit einem Pfund Pfennige bestraft, das auch unnachsichtlich eingetrieben wird, da der Verwalter die Hälfte der Strafgelder in partem salarii bekommt.

6. Die sämtlichen landwirtschaftlichen Arbeiten.

7. Die Jagdscharwerke; der Bauer muß im Herbst mehrere Wochen lang bei dem Fuchsklopfen und bei den Jagden als Treiber dienen, um das Wild, das den Frühling und Sommer hindurch auf seinem Acker fett geworden ist, vor die Flinte der Jagdgäste zu treiben. – Endlich

8. überhaupt alles, was die Herrschaft zu befehlen Lust hat: Die Weiber müssen die Zimmer des Schlosses ausfegen – dafür pro Tag 2 Pfennige; Flachs und Hanf brechen, hecheln, schwingen und spinnen – dafür pro Tag 2 Kreuzer, aber ohne Essen; Hopfen zupfen oder ablösen usw.; die Männer müssen im Holze arbeiten, bei jeder Bauarbeit Steine, Sand und Kalk herbeischaffen, den Schutt abräumen und viele ähnliche Dienste leisten."[101]

Schließlich aber muß Lütge doch zu folgender Einschätzung der Fronarbeit kommen:

„So geht denn auch aus allen Berichten und Unterlagen hervor, daß – während sogar die recht hohen Laudemialabgaben und auch die Zehnten ohne nennenswerten inneren und äußeren Widerstand geleistet wurden – die Scharwerke außerordentlich unbeliebt, ja verhaßt waren, und dies nicht etwa erst mit der zweiten Hälfte des 18. Jahrhunderts, als die aufklärerischen Gedankengänge auch auf dem Lande Eingang fanden, sondern schon bis in das 16. Jahrhundert zurückgehend. Man sah in ihnen das Zeichen einer 'Sklaverei', um sich dieses übertreibenden Ausdruckes, der bei den Literaten des 19. Jahrhunderts so sehr beliebt war, zu bedienen.

Einige Sätze aus der 1802 auch im Druck erschienenen 'Dringendsten Bitte an Max Joseph IV. von der Bauernschaft am Isartal um Aufhebung der Frohnen' mögen das verdeutlichen. Hier heißt es u. a.: 'Oft schon versuchten wir es, unsere Zwingherren auf dem Wege des demütigen Bittens nur bloß um Gnade anzuflehen, aber schon beim ersten Schalle, den wir hören ließen, ward wieder die Zwangs- und Zuchtrute über unserm Nak-

---

[100] *S. Hausmann,* a. a. O., S. 64 f.
[101] *Fr. Lütge,* a. a. O., S. 126.

ken gezückt, um uns in das vorige Sklavenjoch zurückzunötigen', und von den Grundherren heißt es: 'Es sind Tyrannen, die nicht nur kein Übermaß der Frohnen mehr kennen, sondern auch dies Übermaß noch auf die grausamste Art in Vollzug setzen . . . Unsere Beile, die wir bisher wie Sklaven zu ihrem Nutzen führten, werden wir, wenn uns nicht geholfen werden sollte, gegen diese Ungeheuer führen und mit ihrem Fette den Moos- und Distelgrund düngen, zu dessen Kultur uns jetzt noch durch die Frohnen die Kraft und die Zeit geraubt sind' usw. usw.[102] Im besonderen scheinen es die Jagdscharwerke gewesen zu sein, die den Unmut der Bauern in besonderem Maße erregten. 'So wird der Landmann', sagt Hazzi[103], 'der von den Jägern schon das ganze Jahr hindurch schikaniert, schon vieles auszustehen hat, so schändlich gemißbraucht, und dies gerade in einer Zeit, wo er selbst seine Tage so wohl benutzen könnte! Man sollte sich doch endlich einmal schämen, seine Brüder so entehrend herabzuwürdigen! Wenn man jagen will, warum jagt man nicht lieber mit Hunden?'."

Ja, warum eigentlich nicht?

„Kein Wunder also, daß die angeforderten Arbeiten unwillig und schlecht geleistet wurden. 'Wo die Frohnarbeit nach Tagen bestimmt ist, ist nichts mit der Langsamkeit, und wo bestimmte Arbeiten geleistet werden müssen, nichts mit der Schnelligkeit zu vergleichen.'[104] Man schickte als Vertreter schwache Kinder oder Greise, auch wenn dann vielleicht bei der mangelhaften Leistungsfähigkeit die Zahl der Arbeitstage erhöht wurde; man widersetzte sich irgendwelchen Anforderungen, wo immer sich nur eine Gelegenheit bot. Die Folge war eine nicht abreißende Kette von Prozessen und Streitigkeiten, von Sabotage auf der einen und Schikane auf der anderen Seite. Immer wieder mußten schuldige Leistungen durch Geldstrafen oder Gefängnis erzwungen werden, immer wieder wurden die Gerichte und Regierungen angerufen.[105] Es scheint nicht ausgeschlossen, daß dieser zähe Widerstand der Bauern entscheidend mit dazu beigetragen hat, daß der Ausbau der Gutswirtschaft, zu dem im besonderen die vielen Wüstungen und der Menschenmangel nach dem Dreißigjährigen Kriege verlockten (und der sich ja damals auch in anderen Teilen Deutschlands in großem Ausmaße durchsetzte), in Bayern keine wesentlichen Fortschritte machte und vielfach schon bald wieder einer rückläufigen Bewegung wich. Mit diesen hartköpfigen, oft engen und egozentrischen, aber doch selbstbewußten, stets zur Kritik geneigten Bauern ließ sich keine gutswirtschaftliche Arbeitsverfassung aufbauen und unterhalten. Weigerten sich die Bauern doch, selbst bestimmte Arbeiten einmal aushilfsweise auf Bitten der Herrschaft zu übernehmen (Bittfrone), wobei wohl die Überzeugung mitgesprochen haben mag, daß daraus leicht eine ewige Verpflichtung werden könne.[106]

Am längsten hielten die Berechtigten an der Einforderung der Jagddienste und z. T. der Baudienste fest, und das dürfte entscheidend dazu beigetragen haben, daß gerade diese Scharwerke besonders verhaßt waren und als besonders schwer empfunden wurden.

[102] Zitiert bei S. *Hausmann*, a. a. O., S. 65 f.

[103] *J. Hazzi*, Statistische Aufschlüsse über das Königreich Baiern, 4 Bde., Nürnberg 1801–1808, I. Bd., S. 226 f.

[104] So *Georg Frhr. v. Aretin*, Abhandlung über die grundherrlichen Rechte und Landeskultur in Bayern, 1817 (zitiert bei S. *Hausmann*, a. a. O., S. 127).

[105] Vgl. etwa *Karl Demmel*, Die Hofmark Maxlrain, Hirschenhausen 1941, S. 54 ff; *Frhr. v. Crailsheim*, Die Hofmarch Amerang, Berlin 1941, S. 69 ff; *Max Frhr. v. Freyberg*, Geschichte der ehemaligen Hofmark Hilkertshausen, München 1874, S. 27 ff.

[106] Vgl. *Karl Demmel*, a. a. O., S. 57.

Namentlich da man die Jagddienste angesichts der damaligen höfisch-adligen Auffassung von der Jagd oft mit Recht als einen ausgesprochenen Luxusdienst betrachtete.

So war es denn, alles in allem, nicht verwunderlich, daß auch die Herrschaften sehr wenig Freude an den Scharwerken hatten und ihre Billigkeit im Vergleich zur Gesinde- und Taglöhnerarbeit sehr problematisch war, sich vielleicht oft auch in das Gegenteil umkehrte. Die Neigung, durch Ablösung dieser Fronden sich der ewigen Prozesse und Schereien zu entledigen oder zumindest durch Einschränkung des Hofbaues zu verringern, ist daher nur allzu verständlich und führte denn auch im besonderen mit Ende des 18. Jahrhunderts zu zahlreichen Ablösungen. Immerhin hat es bis 1848 gedauert, bis die noch erhaltenen Restbestände an Fronden, sowohl gerichts- wie grundherrlichen Charakters, verschwanden, indem sie entschädigungslos aufgehoben wurden.[107"108]

Diese Ausführungen Lütges sind in der Tat aufschlußreich, geben einen guten Einblick in die Verhältnisse.

Geradezu sagenhaft die Frechheit, mit der Lütge, der offenbar sich völlig in die „Seele" der Bauern versetzt hat und schon gleich in seinen zu Anfang zitierten Ausführungen die tatsächliche Belastung der Bauern und die „psychologische Situation" unterscheiden möchte, hier uns mitteilt, daß die Bauern ihre geldliche Belastung ohne „inneren Widerstand" trugen. Den äußeren Widerstand nennt er „nicht nennenswert".

Aber was überhaupt ist nennenswert für Lütge? Da zitiert er nach Hausmann einmal eine Bittschrift der Bauern, eine Stimme des Volkes, die seinen Alltag schildert – aber nach ein paar Sätzen hat Lütge genug und schneidet sie ab mit einem verächtlichen „usw. usw.". Da Lütges Vorwort zu seinem Buch datiert ist „Leipzig, August 1944, München, Januar 1948" weiß man nicht, welcher Herren Ohren er vor der Stimme des Volkes schonen wollte.

Hören wir die von Lütge zum Teil unterdrückte Stimme des Volkes, wie sie Hausmann wiedergibt, ein wenig ausführlicher. Wie klar erkennen die Bauern, was sie leisten, was sie der Natur abringen könnten, wenn es nicht die Fronen gäbe: „Wir sind in eine Gegend versetzt, wo der Natur durch Fleiss und durch unsere Arbeitsamkeit aufgeholfen werden soll; gerne wollten wir zu unserm und der ganzen Gegend Bestand solche mit Rastlosigkeit kultivieren, liesse man uns nur Zeit und Weile dazu; so aber, – unsern Pflug nur einen Augenblick an die Seite gestellt, so pocht schon wieder der herrschaftliche Scherge an unsere Thüre und fordert uns zur Frohnleistung auf."

Auch sind sie, zumindest durch den, der ihnen bei der Abfassung der Denkschrift geholfen hat, politisch informiert: „'Wir wissen, dass Du, bester Max, uns gerne helfen möchtest. Wir wissen auch, dass selbst schon im obersten Staatsrate über Aufhebung des so verderblichen Frohnwesens der ausführliche Vortrag gemacht und dieser auch genehmigt worden ist. Allein leider wurde dieses edle und weise Vorhaben der Landschaft, einem Ausschusse unserer Zwingherren, um ihren Beirat zugeschossen.' Wenn diese Aufhebung des Frohnwesens, die schon 'mit dem Begriffe unserer Persönlichkeit selbst gegeben ist', nicht bald erfolgt, so 'fühlen wir uns kräftig genug, diesen Skorpion von unserer Seite zu schaffen'."

Wieder die gleiche Illusion wie im Bauernkrieg – damals war es der Kaiser, der

---

[107] Gesetz vom 4. Juni 1848; die da und dort sich aus der Leibeigenschaft ergebenden geringen Fronverpflichtungen waren bereits mit der Konstitution vom 1. Mai 1808 im Zuge der Aufhebung der Leibeigenschaft verfallen.

[108] *Fr. Lütge*, a. a. O., S. 129 f.

helfen sollte, jetzt ist es der Kurfürst von Bayern, der gewissermaßen einer von ihnen ist – „Du, bester Max".

Darum, auch wenn die Bauern ihre Beile gegen ihre „Zwingherren" erheben wollen, stehen sie zugleich treu zu „ihrem Max": „So auf diese Art uns selbst von unsern Würgern losgerissen, werden wir in den Schoss des Staatsvereins zurücktreten und uns unmittelbar unter die Regentengewalt unseres geliebten Max Joseph stellen."

Und mehr: nicht nur stehen sie treu zu ihrem Fürsten. Sie unterscheiden auch zwischen der alten, berechtigten Fron und all den neuen Fronlasten, die im Laufe der Zeit hinzugekommen: „Wir insgesamt flehen Deine Vaterlandsliebe mit Ehrfurcht an: Hebe endlich einmal dieses Frohnwesen auf und verwandle dasjenige Frohnrecht, das sich auf einen rechtmässigen Ankunftstitel gründet, in eine gemässigte Geldforderung; gerne wollen wir uns auf diese Geldleistung verstehen, als das Opfer, wodurch wir in den Stand gesetzt werden, dieses abscheuliche Joch von uns abzuschütteln!"[109]

Man beachte! Diese „dringendste Bitte" ist 1802 erschienen, in Bayern, dreizehn Jahre nach Ausbruch der französischen Revolution, ein Jahrzehnt nach der Enthauptung des französischen Königs. Nicht einen Hauch von Antifeudalismus können wir in ihr verspüren, nur Haß auf die „Zwingherren", die ihre feudalen Rechte mißbrauchen. Es geht um eine „dringendste Bitte" gegen die „Mißstände" des Feudalsystems und nicht gegen das Feudalsystem. Und das im Jahre 1802 von Bauern, die ihre Beile gegen die „Zwingherren" erheben wollen! Sogar die Drohnung mit einer Revolution ist noch von feudalem Geist erfüllt, denn kein Bauer will an der Berechtigung der Fron an sich rütteln – nur wäre es gut, wenn die berechtigte Arbeitsrente in eine natürlich erst recht berechtigte feudale Geldrente umgewandelt werden würde.

Auch solche Feudaltreue, mit Revolution drohender, auf das schlimmste unterdrückter Bauern ist ein Charakteristikum der Tiefe des Verfalls des Feudalismus in Deutschland, der die Bauern noch ganz fest in die Illusionen hüllt, die Marx und Engels im „Kommunistischen Manifest", als sie dort die Feudalzeit schilderten, so großartig charakterisiert haben.

Recht hat Lütge, wenn er, worauf wir noch zurückkommen werden, die Jagdfron als besonders verhaßt hervorhebt.

Und mit Recht weist Lütge auch auf den Widerstand der Bauern bei der Fronarbeit hin, auf die geringe Produktivität der Fronarbeit, und gebraucht treffend das Wort Sabotage für den Widerstand der Bauern.

Aber das finden wir genau so im Osten und darum kann dieser Widerstand der „stets zur Kritik geneigten Bauern", die überdies noch „hartköpfig", „eng", „aber doch selbstbewußt" sind, nicht, wie Lütge meint, als Erklärung dafür dienen, daß es in Bayern nicht zu einer ausgebildeten Gutswirtschaft kam. (Echt Lütge ist es übrigens, daß er die Bauern auch „egozentrisch" findet, offenbar weil sie gegen die brutale Ausbeutung um eine Existenzmöglichkeit für sich und ihre Familien kämpfen, statt diese ruhig und friedlich dem Herrn zu opfern.)

Zum Schluß kommt er auf die Umwandlung der Frondienste zu sprechen, die im besonderen zu Ende des 18. Jahrhunderts häufiger wurde.

Wie steht es nun mit diesen Ablösungen, mit der Umwandlung von Arbeits- und Naturalienrente in Geldrente?

Unter allen Historikern, bürgerlichen wie marxistischen, wird die Umwandlung in Geld-

---

[109] S. *Hausmann*, a. a. O., S. 66 f.

rente als ein Fortschritt begrüßt. Insbesondere, wenn es sich um eine Zeit handelt, die der Entwicklung kapitalistischer Verhältnisse unmittelbar vorangeht oder gar schon in ihren Beginn fällt. Und das ist objektiv-historisch zweifellos zum **Teil richtig**.

Wie aber ist die Situation zu beurteilen, wenn man von der Lage der Bauern, von ihrem Alltag ausgeht? Das ist ein ganz anderer Gesichtspunkt. So wie die Blutgesetzgebung des 16. und 17. Jahrhunderts gegen vom Lande Vertriebene und jetzt als Landstreicher, Bettler usw. ihr Dasein fristende, entwurzelte Menschen, diese allmählich in die gegenüber der feudalen fortschrittliche kapitalistische Arbeitsdisziplin zwang, ohne deswegen den Alltag dieser Menschen leichter zu gestalten, so muß man auch unterscheiden zwischen der allgemein gesellschaftlichen Bedeutung der Geldrente im Sinne der Erleichterung der Vorbereitung einer neuen, höheren Gesellschaftsformation und ihrer Rolle im Alltagsleben der Bauern.

Untersuchen wir die Umwandlung von Fronen in Geldrente an Hand von Beispielen aus Baden. Baden und auch Württemberg sind ja „Musterländle" der Geschichtsschreibung in Bezug auf die Lage der Bauern in der Niedergangsperiode des Feudalismus, da in ihnen die Fron weit weniger verbreitet war als anderswo. Schon 1681 wollte der Markgraf Friedrich Magnus alle ihm schuldigen Fronen in Geldrenten umwandeln – nicht aus Zuneigung zu den Bauern, auch nicht, weil er die Produktivität heben wollte, sondern weil er Geld brauchte, insbesondere, um Krieg zu führen – daher auch der Beiname Magnus, der Große. Wie das aussah und was geschah, schildert sehr anschaulich Ludwig – wie Hausmann ein Knapp-Schüler:

„Am 22. Dezember 1681 erging der markgräfliche Erlass, welcher die Abstellung aller Frohnen, sogar der Jagdfrohnen, mit einziger Ausnahme der seit alters gegen Endgelt geleisteten Dienste, sowie der Hülfe bei der Raubtierjagd verfügte. Die frühere Frohnarbeit wird künftig durch herrschaftliche Knechte und Züge besorgt werden; zur Deckung der Kosten soll vom ersten Januar 1682 an ein Frohngeld von jährlich 10 154 Gulden erhoben werden.

Sogleich zeigte sich Abneigung gegen die neue Einrichtung. Das Oberamt selbst hob die Schwierigkeit des Einzugs stark hervor und verlangte eine Ermässigung mehrerer Sätze, andernfalls die Viehhaltung, die Haupterwerbsquelle der Unterthanen, und damit auch der Ackerbau zurückginge; auch hält es für besser, die bisherigen Frohnarbeiten zu veraccordieren, damit die Unterthanen einen Teil des Frohngeldes abverdienen können.

Die Rentkammer gab diesen Vorschlägen indes keine Folge, da man das Geld auch zu Soldzahlungen brauchte, und befahl die 'schärfste Exekution'.

Schon im Laufe des dritten Quartals waren jedoch die Rückstände ungeachtet aller oberamtlichen Befehle und selbst militärischer Zwangsmassregeln so gross geworden, dass der wackere Landvogt Chr. Fr. Besold v. Steckhofen anfragte, ob man jetzt das Melk- und Zugvieh pfänden müsse; Mobilien hätten die Unterthanen meist keine. Die Rentkammer fand diese Anfrage 'zimblich überflüssig', drohte dem Landvogt und dem gleichgesinnten Landschreiber Joh. Fr. Boch mit Schadloshaltung an ihnen selbst, und empfahl als 'bestes Mittel', 'die saumseelige solange, bis Sie bezalt haben zu arrestieren'.

Das Oberamt erliess wirklich entsprechende Befehle. Aber die Ausstände nahmen immer zu; Ende 1682 betrugen sie fast genau die Hälfte des für das ganze Jahr berechneten Frohngeldes und noch 1684, als die Abrechnung für 1682 eingeschickt wurde, bemerkte die Rentkammer 'gleichsam primo intuitu' einen Fehlbetrag von 3074 fl.

Unter dem Eindruck der Beschwerden und Berichte des Oberamts hatte indes Friedrich Magnus doch am 19. Dezember 1682 eine Abänderung der neuen Frohneinrichtung befohlen. Es sollen vom ersten Januar 1683 an nur noch 8000 fl. Subventions- oder Beihülfsgelder in Hochberg erhoben werden. Dafür behält sich der Markgraf eine Reihe Frohnen vor; man sieht bei der Vergleichung mit den früheren Beschreibungen, dass darunter fast alle alten gesetzten Frohnen, dazu die Jagddienste, begriffen waren. Ausserdem sollte ihm noch jeder Pflichtige jedes Vierteljahr einen Tag mit der Hand oder dem Zug beliebig frohnen. Die neue Auflage soll nach dem Schatzungsfuss umgelegt und monatlich von den Vögten erhoben werden, die Unterthanen sollen die Wahl zwischen der Einrichtung von 1682 und der neuen haben.

Die Vögte der Ortschaften erklärten darauf dem Oberamt, sie könnten weder das alte, noch das moderierte Frohngeld ohne die grössten Rückstände entrichten, und baten wieder um die Herstellung der Naturalfrohnen; sie erklärten sich zuletzt bereit, noch 'ein erträgliches' an Beihülfsgeldern zu allen Frohnen zu bezahlen.

Der Markgraf bestand indes auf den 8000 fl. und befahl weiter, dass die Erhebung mit dem Einzug der extraordinären Schatzung verbunden und der Betrag den Unterthanen nicht mitgeteilt werden solle. Die Auflage gewann durchaus den Charakter eines Zuschlages zur Schatzung; auf ausdrücklichen Befehl des Markgrafen wurde auf Frohnfreiheit keine Rücksicht genommen. Das Oberamt Hochberg erkannte diese Veränderung alsbald und wies wiederholt darauf hin, dass der Markgraf die 8000 fl. zuerst als 'moderiertes Frohngeld' bezeichnet habe. Auch beschwerten sich die sonst frohnfreien Personen sogleich über die Anlage, die nach dem Zeugnis des Oberamts in der That unerschwinglich war. In Wirklichkeit dienten die Subventionsgelder durchaus den militärischen Rüstungen des schwäbischen Kreises. Eben deswegen wurde ihre Erhebung aufs äusserste von Durlach aus betrieben; im Notfall solle man das Geld leihen und später aus diesen Beträgen zurückzahlen; der Landvogt sollte selbst 'mit beweglicher zugemüthführung Jetztmahliger der sache beschaffenheit' den Einzug vornehmen.

Der endliche Ausgang der Sache liegt im Dunkel; es ist aber kaum ein Zweifel daran möglich, dass man wieder völlig auf die Naturalprästation zurückkam. Nicht allein die Armut der kriegsmatten Unterthanen führte zu diesem Ergebnis. Eben so sehr trug dazu die Unzulänglichkeit des ganzen Verwaltungsapparates bei; die Vögte, einfache Bauern, waren der umständlichen und komplizierten Listenführung, überhaupt dem ganzen umfänglichen Schreibwerk dieser Organisation bei weitem nicht gewachsen.

So standen also die Dinge in unserem Territorium. Die neue Fürstengewalt wirkte in einigen bestimmten Beziehungen nachdrücklich auf die Rechtsverhältnisse der Bauern ein, ihre immer zuverlässiger und eifriger arbeitenden Organe gaben vielen früher willkürlich behandelten Einzelheiten feste, wohl berechnete Normen und Regeln. Aber keine dieser Veränderungen ergriff das eigentliche Wesen dieser Zustände, deren Bild vielmehr die Jahrhunderte hindurch immer dieselben starren, unbeweglichen Züge aufweist."[110]

Diese Ausführungen müssen uns vor allem aus zwei Gründen interessieren:

Einmal erkennen wir, daß die Umwandlung von Arbeitsrente in Geldrente zu einer außerordentlichen Erhöhung der Rente, zu einer noch weit stärkeren Belastung der Bauern führen kann.

Und sodann sehen wir, daß alle Änderungen, die die fürstliche Herrschaft, die der „Kleinabsolutismus" in Deutschland bringt, an den Grundverhältnissen nicht rütteln –

[110] *Th. Ludwig*, Der badische Bauer im achtzehnten Jahrhundert, Strassburg 1896, S. 113 ff.

„dieselben starren unbeweglichen Züge" . . . nur sind sie noch starrer und unbeweglicher, den Produktivkräften feindlicher denn je, wie es ihnen in einer niedergehenden Gesellschaftsordnung des zweiten Typs, der rein negativ verläuft, eigentümlich ist.

Die Rolle des Geldes ist unter diesen Umständen wahrlich eine andere als im 15. und 16. Jahrhundert. Wenn es Kriegszwecken und dem Luxuskonsum dienen soll, ist es nur wenig geeignet, den Kapitalismus vorzubereiten, auch wenn es den Bauern zu verstärktem Kleinverkauf zwingt, dem dann aber kein entsprechender Kauf gegenübersstehen kann, da das Geld an den Fürsten abgeliefert werden muß. Das Geld zirkuliert doch vor allem in folgender Weise: Kleinverkauf der Produkte durch den Bauern auf dem nächsten Markt. Abgabe des eingenommenen Geldes an den Herrn. Ausgabe des Geldes durch den Herrn für Luxuswaren bzw. Waffen oder an Tagelöhner bzw. Soldaten, die mit diesem Geld ebenfalls im Kleinhandel kaufen. Das soll nicht heißen, daß die Produkte, die die Bauern auf dem Markt verkaufen, nur landwirtschaftliche sein müssen. In seiner Dissertation über die Verhältnisse im westlichen Niedersachsen berichtet v. Bremen ausführlicher über den zahlreichen „nebengewerblichen Zuverdienst – Ausdruck der schlechten Wirtschaftslage bäuerlicher Betriebe und Voraussetzung für die Fähigkeit, Geldabgaben zu leisten". Dort ist die Rede von Flachsspinnen und Leinenweben, von Hollandgängerei, das heißt, daß etwa Bauernsöhne für einige Monate nach Holland gingen, um dort bei höheren Löhnen als in Niedersachsen in der Landwirtschaft, im Gartenbau, bei Entwässerungsprojekten, der Torfgewinnung oder als Fischer und Seefahrer das für die Geldrente Notwendige hinzuzuverdienen. Auch Vermietungen brachten zusätzliches Geld.[111]

1766 plante ein Markgraf von Baden wiederum die Aufhebung der Fron. Die Problematik eines solchen Versuchs erläutert Ludwig: „Wir lernten bereits im siebzehnten Jahrhundert den Versuch der Markgrafen Friedrich und Friedrich Magnus zur Umwandlung derselben in eine Geldabgabe kennen, und seitdem wiederholten sich derartige Anläufe noch öfters, wenn auch die Absicht, diese ganze Umgestaltung vorzüglich für die Erhöhung der fürstlichen Geldeinkünfte auszubeuten, nie mehr so unverhüllt zu Tage kam. Die Erfüllung dieses alten Wunsches der badischen Fürsten, die Dienste zu Geld zu setzen, war aber deswegen nicht ganz ohne Schwierigkeiten, weil der Grund der Umwandlung keineswegs darin bestand, dass man der Frohnen nicht mehr bedurfte. Es mussten vielmehr nach wie vor dieselben herrschaftlichen Geschäfte verrichtet werden, nur jetzt durch bezahlte Arbeiter anstatt der früheren Fröhner. Es genügte also nicht, die Dienste ihrem Durchschnittswert nach in Geld anzuschlagen, sondern das Frohngeld musste nach dem Betrag der zu erwartenden Ausgaben bemessen werden, da die Herrschaft auf keinen Fall zu kurz kommen wollte. Da nun die Dienste verhältnismässig häufig waren, wäre die ganze Massregel wegen der Höhe des nötigen Frohngeldes von vornherein unmöglich gewesen, wenn man sich nicht mit einer sehr niedrigen Lohntaxe geholfen hätte, zu welcher die Bauern künftig die herrschaftlichen Arbeiten besorgen sollten. Damit war zwar das rechnerische Gleichgewicht hergestellt, aber zugleich auch die Absicht wiederum unausführbar geworden, da die Unterthanen weder das immer noch hohe Geldsurrogat entrichten, noch die so schlecht entlohnten Dienste übernehmen wollten, sondern die Naturalprästation vorzogen."[112]

---

[111] *L. v. Bremen*, Abgaben und Dienste der Bauern im westlichen Niedersachsen im 18. Jahrhundert, Göttingen 1971, S. 72 ff.

[112] *Th. Ludwig*, a. a. O., S. 159 f.

Wahrlich eine Zwickmühle für die von Geldsorgen geplagten Fürsten! Trotzdem ging man unter Federführung eines Hofkammerrats Dilg an die Sache heran. Jedoch nahmen nur drei Gemeinden den Vorschlag zur Umwandlung der Arbeits- in eine Geldrente an. Wie Ludwig berichtet:

„Überall sonst im Lande wurde der Vorschlag abgewiesen, in Steinbach erklärten die Taglöhner Dilg selbst 'auf eine allerdings ohnanständige Art', sie wollten wie ihre Vorfahren frohnen. ...

Es versteht sich von selbst, dass neben solchen sachlichen Erwägungen oder vielleicht oft nur unklaren Empfindungen auch allgemeine Motive sich regten.

Schon ihre stets bewährte Unbeweglichkeit, die Vorliebe für das wiewohl nicht immer angenehme, aber doch genau bekannte Alte gegenüber einem unbekannten Neuen würde die Bauern zur Opposition gestimmt haben. Dazu erwachte ihr Misstrauen; hatten sie erst den festen Boden des alten, sicheren Rechtes verlassen, wohin mochte dann der Weg führen? War nicht dieses Frohngeld, in dessen Berechnung niemand einen Einblick hatte, nur zu leicht jeder Steigerung fähig? Erfahrungen, wie sie eben jetzt die Sponheimer machten, konnten diesen Verdacht nur nähren. Dort nahm das Oberamt Kirchberg Ende der sechziger Jahre das Frohngeld wirklich probeweise an. Allein nachdem die Einrichtung ein Jahr bestanden hatte, verdarb der engherzige Übereifer des Landschreibers von Harrant alles. Er versuchte, die kleinen Frohnen, Leistungen verschiedener Art, welche immer in einer Pflege vorkamen und gewöhnlich durch herrschaftlichen Wiesenbesitz veranlasst wurden, neben dem Frohngeld in natura präsieren zu lassen. Die Unterthanen wurden natürlich dadurch alsbald so misstrauisch, dass sie von dem Frohngeld durchaus nichts mehr wissen wollten; vergebliche Versuche zu ihrer Umstimmung dauerten noch bis in die letzten Wochen August Georgs fort. Ob wirklich auch pflichtvergessene Beamte, welche lieber mit den gewohnten bequemen Frohnen weiter gearbeitet hätten, den Widerstand schürten, wie Dilg später behauptete, wissen wir nicht. Gewiss aber bedurfte es dessen nirgends; die Abneigung lag in der Natur der Verhältnisse."[113]

Es blieb alles beim Alten. Die Bauern zogen die bekannte Fron den unbekannten und darum unsicheren Geldkontributionen vor – unbekannt, weil sie keine geregelte Vergangenheit hatten, weil man sich nicht auf durch ihr Alter gesicherte Festlegungen beziehen konnte, weil die Rechtslage für Geldrenten noch soviel unsicherer war als für die Fron. Hier ist eine „psychologische" Deutung durchaus erlaubt, da sie ganz offenbar mit den Tatsachen, mit der Realität übereinstimmt.

Im übrigen bestätigt auch ein westdeutscher Forscher der Gegenwart den durch und durch feudalen Charakter der Wirtschaft Badens in unserer Zeit. So beginnt Albrecht Strobel ein Kapitel „Die Bodenverteilung": „Der Vorgang der Besitzzersplitterung im Freiteilbarkeitsgebiet gehört naturgemäß nicht erst dem Zeitraum vom 16. bis zum 19. Jahrhundert an: Was diesen Zeitraum vor den vorausgehenden Jahrhunderten unterscheidet und zugleich seine charakteristische Signatur ausmacht, das ist die zunehmende Intensität der Zersplitterung. Sie führte allmählich neben einer starken Flurparzellierung und einer kaum mehr übersehbaren Gemengelage zu einer Dominanz von Klein- und Zweigbetrieben."[114] Nicht die Zersplitterung des Besitzes, wohl aber die

---

[113] Ebendort, S. 161 f.

[114] *A. Strobel*, Agrarverfassung im Übergang. Studien zur Agrargeschichte des badischen Breisgaus vom Beginn des 16. bis zum Ausgang des 18. Jahrhunderts, Freiburg und München 1972, S. 94.

feste Beibehaltung der Gemengelage, die die Produktivität niedrig hielt und den gesamten Ackerbau erschwerte, ist kennzeichnend für die feudale Produktion.

Und damit hängt natürlich auch die weiter fortbestehende feudale dörfliche Genossenschaft zusammen, auf die wir schon im ersten Band dieses Werkes ausführlich eingegangen sind. Strobel sagt: „Die bestehende Flurverfassung und die wechselseitige Abhängigkeit von Bauern, Tagelöhnern und Dorfhandwerkern postulierten ein Gemeinschaftshandeln, das zunächst, auch im Sinne der Beteiligten, rein wirtschaftlich ausgerichtet war."[115]

Wenn das Dorf, wie Strobel bemerkt, in den Quellen als „gemeind" oder als „vogt, gericht und gemeind" auftritt, dann deutet das auf den vorhandenen Einfluß des Landesherrn, den wir im Falle von Ansbach bereits in dem vorangehenden Band beobachtet hatten, hin.

Zu den Aufgaben der Dorfgenossenschaft gehören immer noch, wie 100 oder 500 Jahre zuvor, die Ansetzung des Beginns von Aussaat und Ernte, die Sorge für das Einhalten der Flurordnung, die Regelung der Wiesen- und Weidenutzung. Zuständig für den entsprechenden Strafvollzug war das Dorfgericht, das auch über Diebstahl und „Ehrverletzung" zu Gericht saß.[116] Auch hier aber spielte der Vogt seine Doppelrolle – einmal als höchster Funktionär der Dorfgemeinschaft und zugleich als Vertreter der Interessen des Landesherrn.

Im Westen wie im Osten hielt sich die Gemeinde als feudale Genossenschaft, wenn auch unter großen Schwierigkeiten, ganz gleich ob ein feudaler Landesherr oder ein feudaler Lokalherr ihre Rechte mehr und mehr beschneiden wollte und auch beschnitt.

Ja sogar folgendes beobachten wir: Wenn sich in Baden fortschrittliche Tendenzen zeigen, den Flurzwang aufzuheben und zur Individualbewirtschaftung des Feldes überzugehen, finden wir den Landesherrn bemüht, am Flurzwang festzuhalten, ja ihn wiedereinzuführen und damit die Bedeutung der feudalen dörflichen Genossenschaft zu stärken.

Strobel hat recht, für Baden zu betonen: „Maßgebend für die Beziehung der sozialen Schichten und Gruppen blieb das genossenschaftliche Element: insofern war das Dorf auch im 17. und 18. Jahrhundert ʻeine Zone genossenschaftlichen Daseinsʼ."[117]

Was aber die „fortschrittlichen Ideen" des Physiokratismus in Baden betrifft, Ideen, die auch in Beschlüssen, Anordnungen usw. ihren Ausdruck fanden, so konnten sie sich nicht durchsetzen. Darum meint auch Strobel ganz richtig: „ihre Bedeutung ist im Vorfeld der Bauernbefreiung mehr eine theoretische".[118] Eine theoretische, genau wie die Bedeutung der deutschen Klassik der schönen Literatur und Philosophie in dem Halbjahrhundert vor 1800.

Wir sehen am Beispiel Badens, daß bei aller Unterschiedlichkeit von Gutsherrschaft und Grundherrschaft sie das Band des Feudalismus im Ganzen und auch in so manchen Einzelheiten eint. – Doch nun zurück zum Problem der Fron.

Einige andere Gesichtspunkte der Fron im Westen als für Baden arbeitet Th. Knapp für Württemberg heraus:

„Aber freilich auch abgesehen von der Größe der Last im einzelnen Fall haften gewisse Schäden der Fronarbeit ihrem Wesen nach an. Zunächst vom Standpunkt der

---

[115] Ebendort, S. 163.
[116] Vgl. ebendort, S. 166 f.
[117] Ebendort, S. 181.
[118] Ebendort, S. 188.

Pflichten aus gesehen. Peinlich war besonders die Unsicherheit in der Anordnung der eignen Arbeit, weil man nie wissen konnte, ob nicht die Herrschaft die Dienste verlangen werde. Man denke nur, was der Bauer empfinden mußte, wenn er sich in der Ernte, im Heuen gezwungen sah, sein Korn auf dem Halm, sein Heu auf dem Boden verfaulen zu lassen, weil zuvor die Felder des Herrn besorgt sein sollten. Aber auch abgesehen davon hat die Fronarbeit die Schattenseite, daß sie eine sehr unwirtschaftliche Arbeitsweise ist: der Erfolg steht nicht im richtigen Verhältnis zum Aufwand. Zwar muß man bei der Beurteilung der landwirtschaftlichen Dienste für das Gebiet, das uns hier beschäftigt, in Betracht ziehen, daß die Güter, die in der Fron gebaut werden mußten, meistens mitten unter den Feldern der Bauern lagen, wobei der Verlust an Zeit und Arbeitskraft namentlich bei den Pflugdiensten wesentlich geringer war, als wenn sie auf einem ausserhalb der Dorfmark liegenden, für sich abgeschlossenen Rittergut hätten geleistet werden müssen. Aber das ändert nichts an der allgemeinen Erfahrung, daß Fronarbeit in der Regel widerwillige und daher minderwertige Arbeit ist.

Da war es denn ganz natürlich, daß auch dem berechtigten Herrn die ganze Einrichtung als höchst unvollkommen erschien, sobald er die Möglichkeit hatte, ohne Geldverlust die gleiche Arbeit mit bezahlten Knechten und Taglöhnern zu verrichten. Deshalb finden wir schon im 16. Jahrhundert und noch früher und mit der Zeit immer häufiger statt der Fronen Fron = oder Dienstgelder, Fronsurrogatgelder eingeführt.

Mancherlei Abgaben sind auf solche Weise als Ersatz für Fronen entstanden; z. B. Mähderheller statt der Verpflichtung, gewisse Wiesen in der Fron zu mähen; Baugeld, Dienstgeld, Mähnengeld – statt Menegeld, Geld für eine Mene, ein Gespann – Pflugkorn für weggefallene Ackerfronen; Holzsteuer statt der Beholzungspflicht; Weinfahrtgeld für abgeschaffte Fahrten, um Wein zu holen; Hundsgeld und Hundshaber zum Ersatz für die Hundslege; Wolfjagensgelder seit 1675 in einem Teil des Herzogtums Württemberg, 15 bis 30 Kreuzer auf den Kopf zur Befreiung von Wolfsjagden. Hierher können auch die Spatzengelder gezogen werden, die im Herzogtum Württemberg, aber auch im österreichischen Schwaben, während des 18. Jahrhunderts jahrelang jeder bezahlen mußte, der nicht eine bestimmte Zahl Spatzenköpfe einlieferte.

Zuweilen wurde nur ein Teil der Fronen abgelöst – so in der Grafschaft Hohenlohe 1609 die große Mehrzahl – bestimmte Dienste dagegen – z. B. Jagdfronen, Baufronen – auch für die Zukunft vorbehalten. Dabei wußten die Herrschaften manchmal ihren Vorteil auf Kosten der Untertanen sehr wohl zu wahren, indem sie ein Dienstgeld ansetzten oder beibehielten für Dienste, die wegen mangelnder oder spärlicher gewordener Gelegenheit entweder gar nicht mehr oder nicht mehr im bisherigen Umfang hätten verwendet werden können. So mußte die Stadt Tuttlingen vor alters die über der Stadt gelegene Honburg mit Wasser versehen. 1645 wurde die Burg von Konrad Wiederhold zerstört und nicht mehr aufgebaut; der Berg ging nachher ins Eigentum der Stadt über. Trotzdem mußte diese als Ersatz für jene Leistung noch 1836 jährlich etwas über 40 Gulden zahlen. Die Einwohner des Amtes Balingen hatten Burgfronen zur Feste Schalkburg zu leisten; als diese im 16. Jahrhundert verfiel, fielen nicht etwa nun auch die Burgfronen einfach weg, sondern sie wurden 1557 in Geld verwandelt. Auch die Wolfsjagensgelder wurden manchmal erhoben, wo gar keine Wölfe zu spüren waren, was wiederholt Klagen des Landtags hervorrief, mit dem Erfolg, daß sie 1736 aufgehoben wurden; sollten sich wieder Wölfe spüren lassen, wurde hinzugefügt, dann hätten sich die Untertanen zum Wolfsjagen einzufinden; ein Fall, der damals immerhin nur ganz ausnahmsweise eintrat, während im 17. Jahrhundert während der schlimmen

Kriegszeiten und nachher unter ihrem Einfluß die zahlreichen Wölfe eine schwere Plage gewesen waren. . . .

Übrigens mußte auch ohne besondre Absicht und Berechnung der Herrschaft da, wo ein Frongeld in bestimmter Höhe für jeden Pflichtigen angesetzt war, mit dem natürlichen Wachstum der Bevölkerung die Einnahme der Herrschaft steigen, während die Fronen, wenn man sie als solche hätte weiterbestehen lassen, sich auf mehr Personen verteilt hätten und damit für den einzelnen leichter geworden wären. Einigermaßen wurde allerdings dieser Nachteil durch den sinkenden Geldwert oder, anders ausgedrückt, durch die Steigerung der Taglöhne ausgeglichen. Aus der Besorgnis, der Taglohn möchte das Frongeld übersteigen, erklärt es sich wohl, wenn eine Herrschaft Fronen nur auf Widerruf von ihrer Seite in Geld verwandelte. Übrigens kam auch vor, daß sich beide Teile Widerruf vorbehielten, was der Billigkeit offenbar am meisten entsprach."[119]

Beginnen wir unsere Bemerkungen mit den Schlußausführungen Knapps. Fronen werden nur auf Widerruf abgeschafft. Sollten die Löhne steigen, dann will man wieder zur Fron zurückkehren. Sinken die Löhne, so nimmt man statt der Fron wieder Geld, dessen Kaufkraft offenbar im Steigen begriffen ist. Wie es auch kommt, die Bauern sollen im Nachteil sein. Etwas „gerechter" ist man da in manchen Fällen im westlichen Niedersachsen vorgegangen, wo man „von Jahr zu Jahr einen Wechsel zwischen Dienst und Dienstgeld" vornahm.[120] Man sieht, wie das ganze System der feudalen Belastung durcheinandergerät, zwischen Arbeits= und Geldrente schwankt, wobei die eine wie die andere bald im Interesse der Bauern, bald im Interesse der Feudalherren liegt, und sich auch hier zumeist das Interesse der Feudalherren durchsetzt.

Grotesk auch – und wiederum die brutale Form der Erstarrung des Feudalsystems in seinem Niedergang andeutend, dabei keineswegs etwa auf Württemberg beschränkt – die Erhebung von Geldrenten anstatt von Fronen, wo Fronen bereits unmöglich geworden sind – etwa durch das Verschwinden von Wölfen. Hier zeigt sich ein ganz sicherer Vorteil der Umwandlung von Fron in eine Geldrente für die Feudalherren. Denn die Fron ist ja stets konkret, die Geldrente aber kann zur „Gewohnheit" werden, auch wenn ihr konkreter Inhalt verschwunden ist. Aber können solche Nachteile der Geldrente die Nachteile der Fron aufwiegen? Etwa die Tatsache, daß das Getreide des Herrn und des Bauern zur gleichen Zeit reift, aber die Ernte des Herrn natürlich zuerst eingebracht werden muß. So offenbar hier der Nachteil des Bauern ist, so gibt es doch Bauern, die nach den Erfahrungen mit der größeren Steigerungsmöglichkeit der Geldrente die Fron vorziehen und sicherlich mit Recht. Wie kompliziert ist doch die Abwägung der Bedeutung von Geld- und Arbeitsrente für den Alltag des Bauern!

Ja, in gewisser Weise wird das Ganze noch weiter etwa durch die Tatsache, daß die Fron häufig mit einer bestimmten Verpflegung verbunden ist, kompliziert. So berichtet Knapp zum Beispiel folgendes: „Die Kommende Heilbronn klagt 1699, in Sontheim seien jetzt statt 12 bis 15 jedesmal 60 Söldner zur Stelle, von denen dieselbe Arbeit geleistet werde wie früher von den wenigen; jeder von den 60 wolle aber dieselbe Verköstigung haben wie früher."[121]

---

[119] *Th. Knapp*, Neue Beiträge zur Rechts- und Wirtschaftsgeschichte des württembergischen Bauernstandes. 1. Bd., Tübingen 1919, S. 77 ff.

[120] *L. v. Bremen*, a. a. O., S. 45.

[121] *Th. Knapp*, a. a. O., 2. Bd. S. 81.

Hier wird die Fronarbeit zu einem Mittel der Landarmut, ihre geringen Subsistenzmittel durch die Fronverköstigung zu ergänzen – wird also ebenfalls als ein Vorteil gegenüber einer Geldrente angesehen.

Vielleicht sollte man auch noch näher auf drei besondere Arten von Belastungen der Bauern eingehen.

Das eine sind die Baufronen, die öfter in der Sekundärliteratur als bedeutend erwähnt werden, aber soweit ich es übersehe, kaum konkret untersucht worden sind. Vielleicht, weil sie nur zeitweise eine Rolle spielen, nämlich nur dann, wenn etwa der Landesherr mal wieder ein Schloß in der Stadt oder gar eine kleine „Nebenresidenz" mit dazugehörendem Dorf oder gar größere Festungen und Befestigungen aufbaut. Es wäre falsch zu glauben, daß ein solcher Bau nur Handwerker beschäftigte. Faktisch wurden, neben ausgedehnten Bodenarbeiten, oft auch Baumaterialien, zum Teil aus weiterer Umgebung, in Frondiensten herbeigeschafft. Es wäre wichtig, einige Schloßbauten oder Bauten, Umbauten und Ausbauten von grundherrlichen Schlößchen im Westen auf die Höhe der Frondienste hin zu untersuchen.

Neben den Baufronen wird ganz besonders über die Jagdfronen geklagt. Knapp schreibt über die Jagdfronen: „Ursprünglich handelte sich's bei der Jagd nicht sowohl um ein herrenmäßiges Vergnügen des Landesherrn oder des Edelmanns, sondern vielmehr um eine Leistung zum gemeinsamen Besten: Erlegung von Raubtieren und Schutz gegen Wildschaden. Mit der Zeit trat freilich jene Seite mehr und mehr in den Vordergrund. Zugleich übte die allmähliche Umgestaltung des Jagdwesens auch auf die Belastung der bäuerlichen Bevölkerung einen starken Einfluß aus, und zwar nach zwei Seiten hin. Einerseits wurde seit der Einführung der Jagd mit Schießgewehren die Zahl der Jagdhunde immer kleiner; die Last der Hundslege verminderte sich so ganz von selbst. Die Erleichterung wäre noch fühlbarer gewesen, wenn nicht viele Forst- und andere Beamte auch ihre eignen Hunde unter jenem Vorwand hätten aufziehen und füttern lassen. Auf der andern Seite aber steigerten sich die Jagddienste im 17. und 18. Jahrhundert weit über das frühere Maß hinaus, weil die Jagden zeitlich und räumlich weiter ausgedehnt und der Jagdbetrieb immer umständlicher wurde. Doppeltes Mißvergnügen erregten sie angesichts des Wildschadens, dem die Untertanen fast wehrlos gegenüberstanden. So finden wir denn namentlich in Altwürttemberg die Klagen über Fronen ganz überwiegend eben gegen die Jagddienste gerichtet; die Verhandlungen der Landstände kommen immer wieder auf solche Beschwerden zurück. Besonders schlimm war es unter dem letzten Herzog, dem spätern Kurfürsten und König Friedrich. Erst 1815 nach dem Zusammenbruch der Rheinbundsherrlichkeit trat eine Milderung ein."[122]

In der Tat spielte die Jagd eine zunehmende Rolle in jener Zeit, wurde im Barock gewissermaßen zu einem Hauptvergnügen der Herren, das geradezu ihr Leben, auch ihren Wohnsitz, mitbestimmte. Lahnstein schildert: „Was waren die Gründe für diese fürstliche Stadtflucht? Ein Grund liegt in der für uns kaum noch vorstellbaren Jagdleidenschaft dieser Herren. Waren es im Winter die Bälle, die Opernaufführungen, die Karnevalsvergnügungen, so war die schöne Jahreszeit vom Schnepfenstrich im Frühjahr bis zum Höhepunkt des Jahres in den herbstlich verfärbten Wäldern in unglaublich großem Ausmaß dem Jagdvergnügen gewidmet. Ausgangspunkt der neuen Residenz waren oft Jagdschlösser, und als gut gewählt galt so ein Fürstensitz, wenn er für die

---

[122] *Th. Knapp*, a. a. O., S. 76 f.

6*

Jagd auf Hoch- und Niederwild und die Wasserjagd geschickt war. Hochwald und buschige Auen, ein Fluß oder ein See sollten die Schloßanlage umgeben."[123]

Infolgedessen nahmen die Jagdfronen, insbesondere im Westen, ständig zu. Offiziell waren die Jagdfronen nicht sehr ausgedehnt. Knapp berichtet über das Oberamt Heilbronn in Württemberg:

„Eine besondere Klasse bilden die Jagdfronen, teils gemessen, teils ungemessen.

Ungemessen sind sie in Bonfeld, wo (1634) die Hofleute das Garn führen, Söldner und Tagelöhner jagen, d. h. treiben müssen; ferner in Kirchhausen, sowie in Biberach, wo 1743 die Gemeinde bittet, sie mit allzuvielem Jagen und Schnepfentreiben im Spätjahr, wenn die Feldgeschäfte am nötigsten seien, zu verschonen; desgleichen in Gruppenbach, wo 1683 die Herrschaft verspricht, die Unterthanen mit dem Jagen nicht über die Billigkeit zu beschweren, sonderheitlich aber ihrer damit an Sonn- und Festtägen zu verschonen. Die württembergischen Unterthanen zu Happenbach waren jährlich 3 Tage Jagdfronen zu leisten verpflichtet. Die Fürfelder hatten jährlich 2 Tage zu jagen und das benötigte Garn zu führen; ebenfalls 2 Tage die Sontheimer, und zwar zur Zeit des Uebergangs an Württemberg je 70 Mann; Thalheim musste 80 Mann 1 Tag lang zum Jagddienst mit der Hand auf eigener Markung stellen."

Das klingt recht harmlos. Danach können die Jagdfronen ärgerlich sein, wenn sie auf einen Tag fallen, für den man sich gerade eine wichtige Arbeit auf dem Hofe vorgenommen hat, aber nicht mehr.

Doch nun lesen wir eine Fußnote, die Knapp auf den gleichen Seiten gibt: „Die Verhandlungen der württembergischen Landstände sind voll von Klagen über Jagddienste, die übrigens von den Städten ebenso wie von den Dörfern verlangt wurden; so z. B. 1753 Reyscher, Sammlung der württembergischen Gesetze, Stuttgart und Tübingen 1828ff – künftig abgekürzt R – XVI 1, 661. So wird 1652 geklagt, man nehme übermässige Jagddienste in Anspruch wider Lagerbücher und altes Herkommen; zuweilen an Sonn- und Feiertägen zwischen den Predigten, oder sonst zu Unzeiten, wenn man in den grössten Geschäften begriffen sei; überdies werde der Untertan fast insgemein, unerachtet selbiger seine Verrichtungen willig und fleissig versehe, wider Verschulden mit Schänden (= Schelten), Schmähen, Schlagen, ja auch etwan mit Schiessen sehr schnöd und übel traktiert. Ebd. 391. 1665 heisst es: die armen Leute müssen öfters bei kalter Winterszeit in grossem Schnee und schrecklichem Regen zwei, drei oder mehr Tag und Nächte ums Jagens willen in Wäldern liegen, von ihren Häusern absein, nicht allein das Ihrige darüber verabsäumen, sondern auch erbärmlich frieren. Ebd. 475. 1739: es sind bei Gelegenheit des Jagens ganze Dorfschaften evacuiert – also alle Einwohner beigezogen –, auch dadurch in Gefahr und Schaden gesetzt worden. Ebd. 619. 1772 ist davon die Rede, dass Jagdfronen über die Grenze des Oberforsts hinaus erstreckt, auch den Communen durch Anschaffung (angeblich freiwillige Beschaffung) der kalten Kuchen (Küche) überflüssige Kosten zugemutet werden. Ebd. 711. Der Verfassungsentwurf von 1817 erwähnt als weitere Jagddienste Bahnschleifen in den Waldungen für das Wildbret, Mähen, Dörren und Wegführen des Waldgrases, Beiführung des Futters für das Wild im Winter, chausseemässige Anlegung und Unterhaltung der Jagdwege. R III 438. Auch ist davon die Rede, dass mit Rücksicht auf die Hegung des Wildes oder auf die Jagd Commun- und Privatwaldungen verboten, Wege auf Güter der Unterthanen gesperrt worden seien. Ebd. 436. Ohne Zweifel geschah das unter König Friedrich, unter

---

[123] *P. Lahnstein,* Das Leben im Barock, Stuttgart 1974, S. 17.

dem überhaupt die Plackerei der Jagdfronen ihren Höhepunkt erreichte. So wurden für den Fall, dass der König selbst bei der Jagd zugegen sei, 1807 alle sachlichen Beschränkungen der Jagdpflicht aufgehoben R XVI 2, 40 f., 1809 auch alle durch Herkommen, Lagerbuch oder Vertrag erworbene Jagensfreiheit; ebd. 124; auch darauf gedrungen, dass im ganzen Land die Jagdfronen persönlich geleistet werden müssten, nicht dafür Geld entrichtet werden dürfe; ebd. 113. 1815 wurden die Jagdfronen gemildert (ebd. 201 ff.), ganz im Sinne der früher regelmässig auf die Klagen der Landstände erfolgten Verfügungen; aufgehoben wurden sie erst 1849. – Einzelne württembergische Gemeinden hatten statt der Jagdfronen Naturalleistungen an Garn zum Jagdzeug, Jagdhaber, Vorspann und andere Dienstleistungen zu tragen. Erlass von 1809 R XVI 2, 124.[124]

Wahrlich, in der Realität sehen die Jagdfronen ganz anders aus als auf dem Papier. Sie lasten willkürlich und schwer auf den Bauern, auf allen Dorfbewohnern, ja auch auf den Städten. Und was wieder so kennzeichnend für den Niedergang des Feudalsystems ist: die alten, durch Brauch oder schriftliche Festlegung gesicherten Regeln haben alle ihre Geltung verloren.

Schließlich ist auf die Kriegslasten und Kriegsfolgelasten hinzuweisen, die teils in Form von Fronen, teils in geldlichen Leistungen abzugelten sind. Sie sind natürlich immer willkürlich und stellen eine plötzliche zusätzliche Belastung dar. Sie werden im allgemeinen bei allen Belastungsberechnungen fortgelassen, sind selbstverständlich auch nicht leicht zu erfassen, spielen aber doch eine große Rolle im Alltagsleben der Bauern.

Nehmen wir als Beispiel wieder das Musterländle Baden. In der Zeit von 1670 bis 1750 war dieses an folgenden Kriegen beteiligt:

    1674/78   Reichskrieg gegen Frankreich
    1688/97   Der Orléan'sche Erbfolgekrieg
    1701/14   Der spanische Erbfolgekrieg
    1733/35   Der polnische Thronfolgekrieg
    1740/48   Der österreichische Erbfolgekrieg.

Mehr als die Hälfte der achtzig Jahre von 1670 bis 1750 waren mit Krieg gefüllt. Kriegskontributionen in Form von Fron oder Natural- oder Geldleistungen, über alle anderen Leistungen hinaus, waren also wahrlich keine Seltenheit!

So also sieht es im „schönen Westen" mit seiner Grundherrschaft aus.

Unsere anfängliche Frage: „Ist die Grundherrschaft dem Fortschritt durch Entwicklung der Produktivkräfte freundlicher als die Gutsherrschaft oder nur etwas weniger unfreundlich?" war also wahrlich berechtigt! Ja, man muß fragen, ob es wirklich einen wesentlichen Unterschied in der Belastung der Bauern gab, ob nicht nur die Form der Belastung im Osten brutaler, die Stärke der Belastung aber und damit die Fortschrittsfeindlichkeit unter der Grundherrschaft nicht etwa die gleiche wie im Osten war.

Eine überaus interessante Untersuchung zu diesen Fragen hat der ehemalige Abel-Schüler Henning gemacht. Zunächst zur Frage der Belastung der Bauern. Henning schätzt so:

„Die bäuerliche Belastung je Hektar ist so unterschiedlich gewesen, wie im ersten Teil dieser Untersuchung dargelegt wurde, daß eine Beschränkung auf die Hauptgruppen oder den angenäherten Durchschnitt eines Gebietes erforderlich ist, um ein zwar vereinfachtes, aber übersichtliches Bild zu vermitteln. Im ganzen läßt sich ein Ansteigen der

---

[124] *Th. Knapp*, Gesammelte Beiträge zur Rechts- und Wirtschaftsgeschichte vornehmlich des deutschen Bauernstandes, Tübingen 1902. S. 140 ff.

bäuerlichen Belastung in Geldeinheiten oder Gramm Silber ausgedrückt von Osten nach Westen feststellen. Legt man bei den Naturalien das Preisniveau von 1781 bis 1790 zugrunde, was bereits bei der Darstellung der Belastungsverhältnisse in den einzelnen untersuchten Teilgebieten geschehen ist, dann waren Belastungen mit weniger als einem Taler je Hektar im Durchschnitt großer Gebiete nur in West- und Ostpreußen, in den baltischen Staaten und in Ungarn zu finden. Dazu gehörten ferner die sich östlich anschließenden Gebiete der Ukraine und Rußlands. Das zwischen Ungarn und den preußischen Landen liegende Polen wies eine fast dreimal so starke Belastung auf, die in erster Linie durch die täglichen Dienste bedingt war. Fehlten diese ausgedehnten Dienste, dann lag auch hier die Belastung je Hektar nur selten über 1 Taler.

Im Westen lag die Zone mit mehr als 6 Taler Belastung je Hektar. Sie erstreckte sich von den fruchtbaren Gebieten der Niederlande mit einigen Ausläufern nach Osten über Flandern nach Frankreich und wurde im Osten durch die westfälischen Gebiete, durch Eifel und Ardennen, durch das östliche Lothringen und die Vogesen begrenzt. Teilweise lag die Belastung in Flandern mit 20 Taler je Hektar weit über dem Durchschnitt der mitteleuropäischen Gebiete. Aber auch in den Gebieten zwischen Weichsel und Rhein war der Unterschied der durchschnittlichen Belastung größerer Gebiete mit einer Spanne von 1 bis 6 Taler je Hektar noch sehr groß.

Erstaunlich ist jedoch, daß die meisten Belastungen dieser Bereiche bei etwa 3 Taler lagen. Nur dort, wo wie in Böhmen und Mähren, in Pommern, Mecklenburg und Ostholstein die Belastungen mit Diensten stärker waren, wurden mehr als 3 Taler von den Berechtigten gefordert. Eine Ausnahme hiervon bildete die Lausitz, wo die schlechten Bodenverhältnisse zu einer Beschränkung der Belastung auf 2,5 Taler je Hektar trotz hoher Dienstbeansprungung zwangen. Die besseren Böden Mitteldeutschlands und Südniedersachsens erhöhten ebenso die Belastung der Bauern auf mehr als drei Taler je Hektar wie die vereinzelten guten Ertragsverhältnisse in Hessen und Süddeutschland."[125]

Und anläßlich der Berechnung einer „Feudalquote" stellt er fest:

„Die Feudalquote umfaßte alle Abgaben und Dienste, die von den Bauern an andere berechtigte Personen oder Institutionen zu leisten waren. Eingeschlossen waren damit auch die Leistungen, die über die der Allgemeinheit dienenden Einrichtungen allen Bewohnern der Länder zugute kamen. Da sich diese Leistungen nicht immer klar von den anderen Belastungen trennen lassen, werden alle Belastungen als Feudalquote bezeichnet, zumal da sie sämtlich direkt oder indirekt dazu dienten, das Feudalsystem zu erhalten.

Die Feudalquote mußte aus dem nach Abzug des Sachaufwandes verbleibenden Teil des Rohertrages geleistet werden. Stellt man die im ersten Teil dieser Untersuchung berechnete Belastung dem Rohertrag und der Wertschöpfung gegenüber, so zeigt sich, daß nicht nur die absolute Belastung, sondern auch die Belastung der Bauern im Verhältnis zur bäuerlichen Wertschöpfung und zum bäuerlichen Rohertrag von West nach Ost abnahm.

Mit 26 bis 40 v. H. des bäuerlichen Rohertrages oder gar 38 bis 46 v. H. der bäuerlichen Wertschöpfung bildete die Belastung der Bauern eine Einkommensübertragung erheblichen Ausmaßes."[126]

Es ist also ganz eindeutig, daß nach den Berechnungen Hennings, die natürlich ganz

[125] *Fr. W. Henning,* a. a. O., S. 109 f.
[126] Ebendort, S. 156.

roh sind, aber viel Wahrscheinlichkeit für sich haben, die Belastung der Bauern absolut und relativ im Westen und unter den Bedingungen der Grundherrschaft, zum Teil wesentlich, höher waren als im Osten unter den Bedingungen der Gutsherrschaft.

Warum? Doch ganz offenbar, weil die Ertragsfähigkeit der Böden im Westen höher ist als im Osten. Berechnungen von Henning zeigen auch hier ein ganz deutliches West-Ost-Gefälle: Der Saatanteil an den Ernteerträgen steigt von Westen nach Osten, die Ertragsleistungen des Bodens sind im Westen weit höher als im Osten. So groß ist der Unterschied in der Ertragsfähigkeit, daß Henning zu dem Schluß kommen kann: „Im übrigen ist aber zu bedenken, daß in den westlichen Gebieten auf Grund des höheren absoluten Reinertrages auch bei einem stärkeren Anteil der Belastungen den Bauern pro Flächeneinheit immer noch mehr verblieb als den osteuropäischen Bauern."[127]

Also: man hat den Eindruck, daß es den Bauern im Westen trotz größerer Belastung als im Osten in der Lebenshaltung etwas besser geht als denen im Osten. Wobei man jedoch folgendes bedenken muß: „Da auf kleinen Höfen ein größerer Teil des Ertrages für die Ernährung und Versorgung der Bauernfamilie benötigt wurde als auf größeren Höfen, hätte die Belastung je Hektar auf den kleineren Höfen geringer sein müssen. Ordnet man die Belastung von 1211 Bauern des Fürstentums Paderborn und von 38 Bauern des Dorfes Heinde bei Hildesheim nach der Belastung je Hektar und nach der Hofgröße, dann zeigt sich eine Belastung, die in ihrer Grundtendenz umgekehrt als erwartet verläuft."[128] Man kann diese Feststellung auch auf den Osten ausdehnen. Je kleiner der Bauernhof, desto größer die Belastung.

Kann man aber aus der etwas besseren Lebenshaltung der Bauern unter der Grundherrschaft im Westen schließen, daß auch die Bedingungen für eine fortschrittliche Landwirtschaft dort besser waren? Und sprechen nicht die höheren Bodenerträge im Westen überhaupt für eine fortgeschrittenere Landwirtschaft im Westen? Die Antwort auf beide Fragen lautet: Keineswegs!

Die Bodenerträge waren im Westen auch im Kapitalismus höher als im Osten. Ganz einfach, weil Bodenverhältnisse und Klima im Westen günstiger sind als im Osten.

Und was eine größere Neigung zu landwirtschaftlichem Fortschritt im Westen als im Osten auf Grund der etwas besseren Lebensverhältnisse der Bauern im Westen betrifft, so darf man doch die entsprechend höhere Belastung der Bauern im Westen nicht außer acht lassen. Die Bauern im Westen mußten genau wie die Bauern im Osten befürchten, daß jeder Fortschritt, jede Erhöhung der Erträge zu einer Erhöhung der Belastung, zu einer größeren Mehrproduktaneignung durch die Feudalherren führen würde.

Nein, ich glaube, man kann sagen, daß die Produktionsverhältnisse weder unter der Gutsherrschaft noch unter der Grundherrschaft wirkungsvolle Stimulanzien für den Fortschritt enthielten. Im Gegenteil, sie mußten im Osten und im Westen, unter der Gutsherrschaft wie unter der Grundherrschaft, den Niedergang des Feudalismus beschleunigen. So verschieden die Produktionsverhältnisse im einzelnen waren – wobei man die Verschiedenheit nicht übertreiben darf, denn die Frondienste spielten, wenn man an Fuhr- und Bau- und Jagddienste und insbesondere an Frondienste im Kriegsfalle, der ja so oft vorlag, denkt, auch im Westen eine beachtliche Rolle –, hinsichtlich der Niedergangstendenzen des Feudalismus fallen sie nicht merklich ins Gewicht.

Überall in Deutschland, im Westen wie im Osten, verfiel der Feudalismus negativ,

---

[127] Ebendort, S. 112.
[128] Ebendort, S. 113.

das heißt die Produktivität sank und der alltägliche Klassenkampf der Unterdrückten förderte diesen Verfall: am stärksten durch den Kampf gegen die Fron, aber auch durch Ablehnung der Einführung neuer Produktionsmethoden, da diese – und damit hatten die Bauern wahrlich recht – nur zu einer Erhöhung der Belastung führen würden. Das Mehrprodukt wurde ihnen so oder so geraubt.

Wie anders ist das unter dem Kapitalismus, wieviel raffinierter ist dort die Aneignung des Mehrprodukts (Mehrwerts), das die Arbeiter niemals wie die Bauern bei der Produkten- und Geldrente gewissermaßen in den Händen haben und dann abgeben müssen, und wieviel klarer wird den Bauern auch der Mehrproduktraub, wenn sie fronen müssen, der Mehrproduktraub ihnen also zeitlich sowie durch die Arbeitsgeräte und das Zugvieh, das sie dem Feudalherrn stellen müssen, vor Augen geführt wird!

Gerade die Sichtbarkeit des steigenden Mehrproduktraubes hat in der Landwirtschaft der Feudalzeit dazu beigetragen, den alltäglichen Klassenkampf der Bauern zu einem Faktor zu machen, der den Niedergang noch beschleunigt.

So wird der großartigste, den Fortschritt in der Geschichte am stärksten fördernde Faktor, der alltägliche Klassenkampf, zu einer Rolle verdammt, die genau wie im alten Rom den Niedergang noch beschleunigen muß. Nichts kann diesen Niedergang niedergänglicher und niederträchtiger, grausamer und versumpfter erscheinen lassen als diese Tatsache.

(Und genau auf diesem Niveau steht der Luxus der herrschenden Klasse. Lahnstein schildert ein Fest bei August dem Starken von Sachsen: „Solche prunkvollen Feste konnten aufs widerwärtigste ausarten, besonders an Höfen, an denen ein burschikoser Saufkomment herrschte. Auf einem Gartenfest zu Ehren des Geburtstages August des Starken [es war im Mai] war aller Glanz entfaltet: Souper mit Musik in Hütten von frischem Laub, erhelltes Grottenwerk mit künstlichen Wasserfällen, brennende Sinnbilder. Am Ende großes Besäufnis, der König, wacker in diesem Punkte, allen voraus. Übel erging es den geladenen polnischen Magnaten . . . ‘Einige sahen so blaß aus, wie der Tod; ihre Köpfe wackelten auf den Schultern, und ihre Füße taten ungewisse Tritte . . . Sie taumelten dem ungeachtet voller Ehrerbietung vor dem König herum.’ Der Hauptspaß, den sich die Majestät erdacht hatte, war aber der, daß die Unglücklichen durch Garden am Austreten gehindert wurden, so daß der Überfluß sich über die goldstrotzenden Kleider ergoß oder donnernd in die Hosen ging.“[129])

Schließlich sei noch ein Charakteristikum dieses Niedergangs hervorgehoben: Er bringt zwei neue Schichten unter den Unterdrückten hervor: das Gesinde auf Lebenszeit in der Landwirtschaft und die Gesellen auf Lebenszeit im Handwerk.

Im ersten Band dieser Studien[130] hatten wir die Ansicht von Hartinger abgelehnt, daß man das Gesinde nicht als eine Schicht bezeichnen sollte, sondern als eine „Altersgruppe“, da es spätestens mit 30 Jahren aus dem Gesindedienst ausscheide. Auch wenn es sich immer um junge Menschen handelte, vertraten wir die Ansicht, daß es sich um eine, allerdings eigenartige, soziale Schicht handelt.

Jetzt, in der zweiten Periode des Niedergangs, handelt es sich zweifellos um eine soziale Schicht, denn die Altersbegrenzung hat vielfach aufgehört und das Gesinde bleibt vielfach Gesinde bis an das Ende seiner Arbeitskraft.

Ähnlich steht es mit den Gesellen. Mit Recht konnten wir sie im allgemeinen bis 1650

---

[129] P. Lahnstein, a. a. O., S. 105.
[130] Vgl. S. 192 ff.

als künftige Meister betrachten, weshalb wir auch bestritten, daß es einen Klassenkampf zwischen Gesellen und Meistern geben könnte. Jetzt, in der Zeit nach 1650 wird das anders. Viele Gesellen werden nicht mehr Meister, bleiben Gesellen ihr Leben lang, dürfen deshalb auch im Gegensatz zu früheren Zunftregeln als Gesellen heiraten und werden so zu einer besonderen sozialen Schicht oder vielleicht sogar Klasse.

Beide Schichten bzw. Klassen gewinnen ihren besonderen Charakter durch den Niedergang des Feudalismus – was nicht bedeutet, daß sich für das Handwerk nicht eine scheinbar ähnliche Entwicklung gleichzeitig in England zeigt. Aber in England werden zahlreiche Gesellen nicht mehr Meister, weil das Handwerk zunimmt und der einzelne Handwerker mehr Gesellen hat, in Deutschland jedoch werden zahlreiche Gesellen nicht mehr Meister, weil das Handwerk stagniert oder schrumpft.

Insbesondere die Agrarhistoriker der Deutschen Demokratischen Republik – vor allem U. Bentzien, R. Berthold, H. Harnisch, G. Heitz und H.-H. Müller – haben sich darum bemüht, die progressiven Züge der deutschen Landwirtschaft nach 1750 herauszuarbeiten. Eine schöne und wichtige Aufgabe, Frühlingsblumen, die herausbrechen wollen, unter der Decke eisharten Winterschnees zu suchen.

Zunächst: kein Zweifel, es entwickelte sich in dieser Zeit eine starke landwirtschaftliche Literatur voller neuer Ideen, und nicht wenige gelehrte Gesellschaften beschäftigten sich mit Fragen der Agrarökonomie. Über die letzteren schreibt Bentzien: „Die Skala reicht von eng begrenzten 'Bienengesellschaften' über 'Ackerbaugesellschaften' bis hin zu 'Physikalisch-ökonomischen Sozietäten', für die das Agrarwesen nur einen Teilbereich ausmachte. Alle diese Gesellschaften, zu deren Mitgliedern adlige und bürgerliche Gutsbesitzer, Pächter, Ackerbürger, Beamte und Wissenschaftler zählten, entfalteten eine rege Tätigkeit, indem sie den persönlichen Erfahrungsaustausch organisierten, Preisaufgaben verkündeten und prämierten, periodische und monographische Schriften herausgaben usw. Das vergleichsweise höchste Niveau erreichten dabei die staatlichen Akademien der Wissenschaften, die nach anfänglicher Zurückhaltung sich agrarökonomischen Fragen zuwandten, voran die Hannoversche Akademie zu Göttingen und mit der größten Resonanz die königlich preußische Akademie der Wissenschaften und der schönen Künste zu Berlin.“[131]

Die Akademien setzten Preise auf die Behandlung landwirtschaftlicher Themen aus.

„Die akademischen Preisschriften stellen freilich nur einen kleinen Teil all jener Publikationen dar, die während der zweiten Hälfte des 18. Jahrhunderts zum Zweck ökonomischer und besonders landwirtschaftlicher Belehrung massenhaft veröffentlicht wurden. Ihr Wert ist sicherlich sehr differenziert einzuschätzen, der durch sie verkörperte Fortschritt, wie er sich im Übergang von der Hausväterliteratur und der Kameralistik zum Physiokratismus und schließlich um die Jahrhundertwende, als Albrecht Daniel Thaer zu publizieren begann, zur bürgerlichen speziellen Agrarökonomie und Landwirtschaftswissenschaft vollzog, indessen unabweisbar. Auch um 1750 schon zeigt sich zweifellos ein fortgeschrittenerer Stand des landwirtschaftlichen Wissens und seiner publizistischen Aufarbeitung als in der Ära Colers und v. Hohbergs oder gar der Autoren des späten 16. Jahrhunderts. Schon ein rascher Blick auf die Abbildungen läßt den Unterschied erkennen: künstlerische Darstellungen einst – Werkbilder jetzt. Und liest man nach, so zeigt sich, daß in mancher 'Experimental-Oeconomie' oder 'Oeconomia forensis',

---

[131] *U. Bentzien*, a. a. O., S. 158.

in enzyklopädischen und lexikalischen Zusammenfassungen, Reisejournalen, Briefwech-
seln usw. durchaus Gutes, Nützliches, wenngleich auch Widersprüchliches über neue
Geräte und erste Maschinen, über Fruchtfolgen und Spanntierprobleme zu finden war.
Niveaumindernd wirkten manchmal die feudalen Ausbeutungsverhältnisse, indem wesentliche Fragen – etwa der Wahl des Hauptbodenbearbeitungsgeräts – im Kontext von Fron-
dienstregelungen dargelegt werden mußten . . .

Dabei wurde von der Mehrzahl aller Autoren durchaus im Sinne des betriebstechni-
schen Fortschritts geschrieben, abgeschrieben, nachgedruckt und übersetzt. Als ganzes
bot diese Literatur keine 'Ökonomik' alten Stils mehr dar, keine unrationell-metaöko-
nomischen Leitbilder, sondern überwiegend von Rationalität getragene Ansichten, die –
bei allen Niveauunterschieden – im historischen Vorfeld der Entwicklung einer bürgerlichen Landwirtschaftswissenschaft eine durchaus positive Rolle spielten.

Namentlich das stark zunehmende Übersetzungswesen bewirkte einen beachtlichen
Erkenntniszuwachs. Während unserer Untersuchungszeit wurden allein 49 einschlägige
englische Werke ins Deutsche übersetzt.[132] Auch von der französischen Agrarökonomie,
die ihrerseits viele Anregungen aus England aufgenommen hatte (Jethro Tulls Werk
war durch Duhamel du Monceau übersetzt worden), nahm man, wie schon zuvor, ständig
Kenntnis – Textpassagen und Abbildungsserien in der Krünitzschen 'Oeconomischen
Encyclopädie' (1773 ff.) belegen das hinlänglich. Quesnay und Mirabeau d. Ä. (mit
seiner 'Philosophie rurale') fanden Interesse bei fortschrittlichen Landwirten. Einzelne –
wie Graf Rantzau oder Caspar Voght – besaßen eine ganze Bibliothek ausländischer
Fachliteratur und werteten sie praktisch aus . . .

Geben wir zum Thema theoretischer/praktischer Vorbildwirkung nochmals Justus
Möser das Wort, der aus der Sicht des Bauern erklärte: 'Man beschuldige uns keines
Eigensinns. Die Kartoffeln sind noch nicht viel über dreißig Jahre in Westfalen bekannt;
und gleichwohl baut sie schon ein jeder. Die Feldmauern sind erst vor vierzig Jahren auf-
gekommen; dennoch sind sie nunmehro fast durchgehends, wo Steine zu haben und Feldmauern nützlich sind, anstatt der Zäune der Hecken eingeführt. Der Hanfbau ist fünfzig
Jahr in hiesigen Gegenden alt und gleichwohl jetzt schon überall, wo es nur möglich
ist, gemein; vor sechzig Jahren säete noch niemand Buchweizen ins Moor; und jetzt wird
er überall gesäet. Der Weizenbau vermehrt sich täglich in Gegenden, wo man ihn vorhin gar nicht möglich glaubte. Wir sind also folgsam – aber gegen Erfahrungen und nicht
gegen Projekte und unsichere Proben.'[133]

Nichtsdestoweniger bestand die Intention vieler Autoren darin, mit ihren Lehren auch
auf die Bauern Einfluß zu nehmen. Natürlich erwartete man nicht, daß die gelehrten
Abhandlungen, die dickleibigen Lexika und die vielbändigen Enzyklopädien in die
Hand von Bauern gelangten. Daher entstand eine Art Traktat-Literatur, mit der dieses
Ziel erreicht werden sollte. Den Inhalt bildete landwirtschaftliche Unterweisung, abgeleitet aus den 'Standardwerken' oder auch aus eigener praktischer Erfahrung. Konzentrierte Darbietung wechselte ab mit Einbettung in Kalendarien, Handbüchlein usw. So
wurden in Nord und Süd Titel auf den Markt gebracht wie 'Gespräch über den Anbau . . .', 'Menschenfreundlicher Catechismus', 'Kurzes Gespräch zwischen einem Land-

---

[132] *H.-H. Müller,* English books on agriculture translated into German. Agricultural History Review 17
    (1969) S. 129–135; vgl. ders., Akademie und Wirtschaft im 18. Jahrhundert, Berlin 1975,
    S. 304–311.
[133] *J. Möser,* a. a. O., Bd. 4, S. 185.

mann und einem Prediger . . .', 'Der Bauernfreund in Niedersachsen' und viele andere. Manches davon war objektiv von minderem Wert, auch Fortschrittsfeindliches mit offen feudal-apologetischer Aussage findet sich gelegentlich. In der fachlichen Gediegenheit, die antifeudale Aussage einschloß, markiert den Höhepunkt dieser Art Literatur Schubarts schon mehrfach erwähnter 'Zuruf' von 1784.

Als positive Beispiele sind auch die Schriften des Kupferzeller Pfarrers Mayer zu nennen: seine Bauernkalender, sein 'Catechismus des Feldbaus' (1770), worin er das 'Gipsen' der Felder propagierte, u. a. Er war sich zugleich bewußt, daß seine Druck-erzeugnisse nur dann eine Chance hatten, belehrend zu wirken, wenn die Bauern einiger-maßen des Lesens und Schreibens kundig waren, wofür er sich im Fürstentum Hohenlohe tatkräftig einsetzte. Die Wirtschaften der Hohenlohischen Bauern galten damals als vorbildlich in Deutschland – aber durch bäuerliche Lektüre war das offensichtlich nicht bewirkt worden. In 22 Nachlaßverzeichnissen aus dem Dorf Eichenau (vor 1785)[134] fand sich unter den vorhandenen geistlichen Schriften nicht ein einziges ökonomisches Traktat! Ähnlich sah es mit dem Bücherbesitz braunschweigischer Bauern im 18. Jahr-hundert aus.[135] Ein oberlausitzischer Bauer, der 1776 einen Bücherschatz von 65 Titeln (!) sein eigen nannte, hatte darunter wiederum kein einziges ökonomisches Buch oder Büch-lein.[136] In diesen Fällen kann also nicht Analphabetismus geltend gemacht werden – der die Masse der deutschen Bauern noch vom Lesen ausschloß –, sondern hier liegt offen-sichtlich mangelndes Leseinteresse vor, was die 'ökonomiche' Literatur betrifft. Für den Bauern, selbst den relativ gebildeten, war die Landwirtschaft demnach kein Feld theo-retischer Beschäftigung. Pächter, Ackerbürger und Handwerker mit Landbesitz waren möglicherweise dankbarere Konsumenten dieser Literatur."[137]

Und damit kommen wir zu der entscheidenden Frage: Besagt die zweifellos gewach-sene Quantität und Qualität der landwirtschaftlichen Literatur, daß die Bauern, von ihr beeinflußt, zu fortschrittlichen Methoden der Landwirtschaft übergingen?

Hören wir dazu den wohl begeistertsten Entdecker fortschrittlicher Elemente in der Landwirtschaft von 1750 bis 1800, Hans-Heinrich Müller: „An Belehrungen und Er-munterungen der Bauern zur Verbesserung ihrer Wirtschaften, besonders im Preußischen Staate, hatte es im 18. Jahrhundert wahrhaftig nicht gefehlt. Eine reichhaltige Literatur gibt darüber Auskunft. Doch all diese gut gemeinten Vorschläge, Traktate, Abhandlun-gen, Flugblätter, Kalender und hausväterlichen Broschüren, oft in der Form von Zwie-gesprächen abgefaßt, haben kaum gefruchtet, da sie in der Regel abstrakt und lebens-fremd geschrieben waren, kaum auf die bäuerliche Psychologie eingingen und die Bau-ern auch kaum, da sie des Lesens und Schreibens unkundig, ansprachen. Und die feuda-len Produktionsverhältnisse taten ein übriges, um den wünschenswerten und vom Staat geförderten Verbesserungen mit berechtigter Skepsis zu mißtrauen. Doch daraus eine konservative Haltung des Bauern abzuleiten, entspricht aber nicht den tatsächlichen Ver-hältnissen. Die Bauern, im Osten wie im Westen, wenn auch unter den unterschiedlich-sten Voraussetzungen, gerieten seit den sechziger und siebziger Jahren des 18. Jahrhun-derts ebenso wie die herrschaftlichen Güter in den konjunkturellen Sog und unterlagen

---

[134] P. Steinle, Die Vermögensverhältnisse der Landbevölkerung in Hohenlohe im 17. und 18. Jh., Stuttgart-Hohenheim 1971, S. 147.

[135] M. Wiswe, Bücherbesitz und Leseinteresse Braunschweiger Bauern im 18. Jh., Zeitschrift f. Agrargeschichte u. Agrarsoziologie 23 (1975), S. 210–215.

[136] U. Bentzien, a. a. O., S. 175–177, 184 f.

[137] Ebendort, S. 159–162.

damit gewissen von der zunehmenden Warenproduktion hervorgerufenen ökonomischen Gesetzmäßigkeiten und Stimuli, die zur Verbesserung und Ausdehnung der Produktion reizten. Aber bei der Übernahme produktionstechnischer Neuerungen zeigte sich ein vorsichtiges, sehr reales, ökonomisches, zwar kein volkswirtschaftliches, so doch betriebswirtschaftliches Abwägen. Sie mußten, ehe sie sich zu kleinen oder größeren Veränderungen entschlossen, 'sinnliche Beweise haben', wie Albrecht Thaer auf Grund langjähriger Erfahrungen konstatierte.[138] Sie mußten den Vorteil neuer Kulturen oder gar neuer Betriebsweisen mit Händen greifen können, sie mußten die Kraft der Überzeugung erlebt haben. Die 'sinnliche' Wahrnehmung spielte bei der Entwicklung neuer Produktivkräfte in bäuerlichen Produktionsbereichen nicht nur im 18. Jahrhundert, sondern weit bis in die Gegenwart hinein eine große Rolle, hauptsächlich aber im feudalen Zeitalter. Es ist wohl einleuchtend, daß die in einer unerquicklichen feudalen Umwelt lebenden und abhängigen Bauern, in einer Zeit sich verschärfender Klassengegensätze, in der die Frage der Macht noch nicht entschieden war, eben erst nach 'sinnlichen' Wahrnehmungen bereit waren, neue Erkenntnisse anzuwenden. Und nicht zuletzt bewegte die bäuerlichen Produzenten auch die Frage, ob die Neuerungen nicht auch in bewährte traditionelle Formen eingebaut werden konnten, ob die zu erwartende Produktivität den Arbeits- und Kostenaufwand rechtfertigte und die obrigkeitliche und gutsherrschaftliche Steuer- und Abgabenschere den Nutzen und Gewinn nicht in Frage stellte. Schließlich sah sich der im Grunde fortschrittsoffene, durchaus ökonomisch denkende Bauer bei der allgemeinen gesellschaftlich-wirtschaftlichen Lage der unerbittlichen Notwendigkeit ausgeliefert, durch die Übernahme neuer Geräte und Betriebsweisen nicht 'das Risiko ökonomischer Fehlinvestitionen auf sich (zu) nehmen. . ., die ein größerer Betrieb u. U. eher verkraften konnte. Nicht ohne Grund standen anfangs die Bauern auch den von Gutsbesitzern geleiteten landwirtschaftlichen Vereinen des 19. Jahrhunderts noch recht fern, da deren Tätigkeit oft durch spekulative Fehlplanungen, durch falsch angelegte Anbauversuche oder durch unüberlegten Einsatz von neuen Geräten auf ungeeigneten Böden usw. nicht den erwarteten Erfolg brachte'.[139] Neuere Forschungen haben eine Vielzahl von Fakten zusammengetragen, die bäuerliche Aktivitäten, natürlich im Rahmen der ökonomischen Möglichkeiten, bei einigermaßen erträglichen Abhängigkeitsverhältnissen und angeregt durch fortschrittliche Beispiele, recht deutlich nachweisen.[140] Verschiedene Preisschriften der Berliner Akademie, wie etwa die von Schubart oder Loewe oder die bäuerlichen Schriften selbst, können ebenfalls als beeindruckendes Beweismaterial herangezogen werden."[141]

Zunächst, meine ich, – und wir werden im nächsten Teil noch ausführlich darauf zurückkommen – waren die Bauern wirklich konservativ, wie ja die ganze feudale Gesellschaftsordnung konservativ war. Und sodann spielten die feudalen Ausbeutungsverhältnisse für die Abneigung der Bauern, zu Neuerungen überzugehen, eine weit größere

---

[138] Annalen der Niedersächsischen Landwirtschaft, Jg. 2, 1800, S. 23.

[139] *W. Jacobeit*, Traditionelle Verhaltensweisen und konservative Ideologie, in: Kontinuität? Geschichtlichkeit und Dauer als volkskundliches Problem, hg. v. Herman Bausinger u. Wolfgang Brückner, Berlin-Bielefeld-München 1969, S. 72.

[140] Vgl. *R. Berthold*, Die Entwicklungstendenzen des Ackerbaues in spätfeudaler Zeit unter besondere Berücksichtigung des Anteils der Bauern am landschaftlichen Fortschritt, phil. Habil. Schrift Berlin 1963 (Ms.); *Müller, Hans-Heinrich*, Märkische Landwirtschaft vor den Agrarreformen von 1807, Potsdam 1967, S. 142 ff.

[141] *H.-H. Müller*, Akademie und Wirtschaft, Berlin 1975, S. 218 f.

Rolle, als Müller annimmt. Wenn Müller sagt: „Neuere Forschungen haben eine Vielzahl von Fakten zusammengetragen, die bäuerliche Aktivitäten, natürlich im Rahmen der ökonomischen Möglichkeiten, bei einigermaßen erträglichen Abhängigkeitsverhältnissen und angeregt durch fortschrittliche Beispiele, recht deutlich nachweisen", dann wird das sicher stimmen. Aber wie oft schon fielen „erträgliche Abhängigkeitsverhältnisse" mit „Anregungen durch fortschrittliche Beispiele" „im Rahmen der ökonomischen Möglichkeiten" zusammen?

U. Bentzien kommt zu folgender Einschätzung: „Fortschrittswollen und Fortschrittsvollzug auf Seiten der Bauern im Spätfeudalismus sind unabweisbar. Aber noch bremsten feudale Abhängigkeits- und Ausbeutungsverhältnisse den wirklich allseitigen Erfolg."[142]

Ich glaube, sie bremsten mehr als den „wirklich allseitigen Erfolg".

Natürlich sind in manchen Gegenden Fortschritte zu verzeichnen.

„Das bekannteste Beispiel[143] für bäuerliche Initiativen während der zweiten Hälfte des 18. Jahrhunderts – und teilweise schon davor – ist zweifellos die Besömmerung des Brachfeldes, die unter günstigen Bedingungen, die ihrerseits oft erst erkämpft werden mußten, in vielen Landschaften üblich und in manchen Dörfern zur Regel wurde. Es ist hier also nicht die Rede von Brachbesömmerung schlechthin, sondern von der durch die Bauern aus eigenem Antrieb durchgesetzten und praktizierten Bebauung der Brache mit Futter- und Handelsgewächsen aller Art. Reichhaltige Nachweise vor allem aus Kursachsen enthält eine noch kaum ausgeschöpfte Quellensammlung der Zeit um 1750. Sie belegt überwiegend partielle Brachbesömmerung durch die Dorfschaften aufgrund erfolgreicher bzw. teilweise erfolgreicher Auseinandersetzung mit der zuständigen Feudalherrschaft und ihren Gutsschäfereien.[144] Als Brachfrüchte werden genannt Erbsen, Linsen, Kümmel, Fenchel, Anis, Hanf, Lein, Dotter, Bohnen, Wicken, Rüben, Möhren, Erdbirnen, Kraut, Klee u. a. Aus einer Beschwerde des Gutsschäfers von Schwabhausen Kr. Gotha (1782) geht hervor, daß die dortigen Bauern den Klee nicht erst im Brachjahr selbst auf dem Brachfeld anbauten, sondern ihn unter die Sommergerste säten 'in der Absicht, daß, wenn die Gerste reif und abgemäht und eingeerntet sein werde, den Klee theils zum Viehfutter abzugrasen oder auch ihr Viehe auf die Stücken zu treiben und abfressen zu lassen. . .',[145] eine betriebstechnisch ebenfalls fortgeschrittene Praxis.

Außer in den schon genannten Territorien, für die noch weitere Nachweise vorliegen,[146] erkämpften und praktizierten die Bauern eine partielle oder vollständige Besömmerung des Brachlandes in Teilen des Fürstentums Halberstadt (1774 im Dorf Veltheim 'etwa zur Hälfte'), im südlichen Niedersachsen, in Südwestdeutschland (Oberamt Heilbronn) und auch der Schweiz.[147] Demgegenüber weist eine Statistik von 1801/02

---

[142] *U. Bentzien,* a. a. O., S. 150.

[143] *R. Berthold,* Einige Bemerkungen über den Entwicklungsstand des bäuerlichen Ackerbaus vor den Agrarreformen des 19. Jhs. In: Beiträge zur dt. Wirtschafts- und Sozialgeschichte des 18. u. 19. Jhs., Berlin 1962, S. 107.

[144] *J. G. Klingner,* Sammlungen zum Dorf- und Bauern-Rechte, Th. I, Leipzig 1749, S. 179, 335 f., 647 ff. u. ö.

[145] Hist. Staatsarchiv Gotha, Hohenloh. Arch., Kanzlei Ohrdruff, Nr. 3044.

[146] *O. Ackermann,* a. a. O., S. 103; *K. Blaschke,* a. a. O., S. 88; Hist. Staatsarchiv Greiz; Amt Greiz, Nr. 3004.

[147] *B. Riechelmann,* Vom Ackerhof zum Großgut . . ., Leipzig 1926, S. 33; *D. Saalfeld,* Bauernwirtschaft und Gutsbetrieb in der vorindustriellen Zeit, Stuttgart 1960, S. 95; *Th. Knapp,* Gesammelte Beiträge zur Rechts- und Wirtschaftsgeschichte vornehmlich des deutschen Bauern-

für die meisten Dörfer in Bayern noch die unbebaute Brache aus; in einigen Gerichtsbezirken wurde 'etwas Klee versucht', auch Rüben, Hopfen u. a., wobei für die Geringfügigkeit 'der geringe Bildungsgrad der Bauernschaft' verantwortlich zu machen sei.[148][149]

Die Besömmerung der Brache, die dort, wo die Bauern sich zu ihr entschlossen, oft im Kampf mit dem lokalen Feudalherren durchgesetzt werden mußte und keineswegs stets durchgesetzt wurde, brachte genau wie die Bebauung von Neuland eine Steigerung der Produktion. Sie steigerte aber natürlich nicht die Produktivität in dem Sinne, daß sich der Ertrag gegenüber der Aussaat erhöhte. Und niemand hat bisher nachweisen können, daß die Bauern ein durch Besömmerung des Brachlandes gewonnenes Mehrprodukt für sich behalten durften. Wohl aber gibt es Nachrichten, daß ihre Abgaben entsprechend erhöht wurden.

Es wird auch vielfach darauf hingewiesen, daß die „Flurbereinigung", die Zusammenlegung der einzelnen Parzellen, der wir in der zweiten Hälfte des 18. Jahrhunderts gelegentlich begegnen, einen bedeutenden Fortschritt in der Landwirtschaft gebracht hat. Natürlich war das ein arbeitsorganisatorischer Fortschritt – aber gar nicht selten zu ungunsten der Bauern, und darum waren die Bauern, soweit überhaupt die Streuung der Parzellen aufgehoben werden sollte, dagegen. Harnisch hat einen solchen Vorgang sehr gut am Beispiel des Domkapitels Magdeburg herausgearbeitet, das die Flurbereinigung so vorzunehmen gedachte, daß es die besseren Ackerparzellen für sich nehmen, den Bauern die schlechteren überlassen wollte. Da die Bauern über ein relativ gutes Besitzrecht verfügten, konnten sie die Flurbereinigung verhindern.[150]

Darum: Auch das sorgfältigste Suchen nach Fortschritten in der Bauernwirtschaft wird nicht zu einem anderen Ergebnis führen können, als daß die Bauernwirtschaften im allgemeinen darniederlagen und die Produktivität gegenüber 1750 kaum stieg. Wenn trotzdem eine schnell wachsende Bevölkerung ernährt werden konnte, dann lag das einmal daran, daß sie schlechter ernährt wurde, und sodann an einer starken Extensivierung der Nutzfläche des landwirtschaftlichen Großbetriebes – wozu im vierten Viertel des Jahrhunderts der Anbau von Kartoffeln kommt.

Man muß doch ganz klar sehen, daß die Getreidepreise eine steigende Tendenz hatten und wohl wesentlich stärker stiegen als die Preise gewerblicher Erzeugnisse und enorm gegenüber den Löhnen heraufgingen. Es wurde also in der zweiten Hälfte des 18. Jahrhunderts nicht einfach eine stark steigende Bevölkerung ernährt, sondern eine stark steigende Bevölkerung wurde schlechter ernährt.

Sodann spielt die Extensivierung der landwirtschaftlichen Nutzfläche eine beachtliche Rolle. Abel schreibt:

„So dehnte sich in allen Ländern Mitteleuropas in diesem Halbjahrhundert die Landwirtschaft mächtig aus. Bald stärker von der Initiative der Landwirte getragen, bald mehr durch die Regierungen gefördert, hier durch Bindungen der Agrarverfassung verlangsamt, dort durch Agrarreformen beschleunigt, wurden überall in großem Umfang

standes, Tübingen 1902 (Neudr. Aalen 1964), S. 185; *G. C. L. Schmidt*, Der Schweizer Bauer im Zeitalter des Frühkapitalismus. Die Wandlung der Schweizer Bauernwirtschaft im 18. Jh. u. die Politik der ökonomischen Patrioten, Bern-Leipzig 1932, Bd. 2, S. 199.

[148] *H. O. Diener*, Zur Geschichte der Brache in Bayern. Landwirtschaftl. Jahrb. f. Bayern 19 (1929), S. 440, 445.

[149] *U. Bentzien*, a. a. O., S. 145 f.

[150] Vgl. Landwirtschaft und Kapitalismus. Zur Entwicklung der ökonomischen und sozialen Verhältnisse in der Magdeburger Börde, 1. Halbband, Berlin 1976, S. 78.

Heideflächen umgebrochen, Moore trockengelegt, Wälder gerodet und Weiden in Acker-flächen verwandelt. Ein 'fanatisme de l'agriculture' ergriff nach dem Worte eines Zeit-genossen weite Kreise in Frankreich; von 'Ackergier' und 'Ackersucht' sprach man auch in der deutschen Literatur. In einer 'Darstellung der seit einigen Jahren erfolgten Verbes-serung in der Landwirtschaft Schleswig-Holsteins' aus dem Jahre 1811 findet sich folgende Schilderung[151]: 'Wüste Äcker wurden ausgebrochen, Holzgründe ausgerodet, moorartige Felder, die bisher nichts als traurige Riedgräser trugen, mit Gräben durchzogen, von ihrer Säure befreit und mit Roggen bestellt ... Man darf wohl annehmen, daß vom An-fang der glücklichen Periode bis itzt der vorhin in den Herzogtümern kultiviert gewe-sene und benutzte Boden um den fünften Teil vermehrt worden ist.'

In Schlesien wuchs die Ackerfläche zwischen 1721 und 1798 um etwa 15 v. H.[152] In Hinterpommern wurden allein in den sechziger und siebziger Jahren durch verbilligte Meliorationskredite rund 480 000 Morgen, das sind etwa 10 v. H. der in den dreißiger Jahren unseres Jahrhunderts in der gleichen Landschaft landwirtschaftlich genutzten Fläche, neu in Kultur genommen[153]. Dabei sind in dieser Zahl noch nicht die Land-flächen enthalten, die die Landwirte aus eigenen Mitteln meliorierten. Auch solche ohne Staatshilfe durchgeführte Kultivierungsarbeiten erreichten großen Umfang ...

Nicht wenig trugen zur Ausweitung der Ackerfluren die großen Entwässerungsarbeiten bei, die von den deutschen Fürsten eingeleitet und finanziert wurden. So wurde in Bayern mit Staatsmitteln das Donaumoor trockengelegt und in Preußen u. a. die Oder- und Warthebrüche urbar gemacht. Wenn diese und ähnliche Arbeiten auch aus allge-meinen staatspolitischen Erwägungen heraus in Angriff genommen wurden, so waren sie zumeist doch auch gleichzeitig recht 'rentabel'. Friedrich der Große forderte immer wieder, daß bei seinen Kultivierungsarbeiten auch die Rentabilität gewahrt bleiben müßte. 'Hiernächst verlange ich zu wissen, was die Sache kosten möchte und was es wieder einbringt', war eine der wiederkehrenden Bemerkungen, die Friedrich II. auf den Rand von Kultivierungsprojekten schrieb. Eine Rendite von 14 v. H. des aufge-wendeten Kapitals, wie sie sich nach dem Anschlag der Stettiner Kammer für die Urbar-machung des 25 000 Morgen großen Caminer Bruches in Pommern ergeben sollte, mag allerdings wohl zu den Ausnahmen gehört haben. ...

Von England und der Schweiz her drang der Kartoffelanbau nach Frankreich, Deutsch-land und Dänemark vor. Nachdem die Hungersnot der Jahre 1770/72 den Widerstand der Völker gegen diese anfangs für giftig gehaltene Frucht gebrochen hatte, gelangte sie z. B. im deutschen Osten zu so großer Verbreitung, daß schon nach kurzer Zeit die beiden Provinzen Ostpreußen und Litauen neben einer Roggenernte von rund 210 000 Wispel eine Kartoffelernte von rund 175 000 Wispel erbringen konnten."[154]

Wurden durch solche extensiven Maßnahmen die Nutzflächen der Bauernhöfe größer? Sicherlich durch die Besömmerung der Brache, die aber eben nicht allzu verbreitet war. Und bestimmt nicht im Osten. Abel zitiert: „So heißt es in einem Regulierungsedikt Brandenburg-Preußens vom 14. September 1811 von einer auf erbliche Laßbauern be-zogenen Maßnahme, daß sie 'das gewöhnliche Verhältnis voraussetzt, nach welchem an-

---

[151] Schleswig-Holsteinische Provinzialberichte, 1811, S. 233 f.

[152] *M. Müller*, Getreidepolitik, Getreideverkehr und die Getreidepreise in Schlesien während des 18. Jahrhunderts, 1897, S. 86 f.

[153] *M. v. Malotki*, Die Entwicklung der Landwirtschaft Hinterprommerns bis zum Ende des 18. Jahr-hunderts, 1932, S. 117.

[154] *W. Abel*, Agrarkrisen und Agrarkonjunktur, Hamburg und Berlin 1966, S. 192 ff.

zunehmen ist, daß die Leistungen der Bauern bis zu dem Punkt getrieben sind, die ihre Kräfte zuließen'. Von den Adelsbauern in Pommern berichtete die pommersche Regierung im Jahre 1809 an das Ministerium des Innern: 'Wenn man die Nutzungen, welche die Herrschaft von den Bauerngütern bezieht, Dienste, Natural- und Geldabgaben und insbesondere die ersteren nach der Rücksicht, was sie die Belästigten kosten, in Anschlag bringt und mit den Nutzungen vergleicht, welche die Inhaber der Stellen davon beziehen, so ist in der Regel nichts gewisser, als daß die Herrschaften den größten Anteil an den Produkten der Höfe haben, die Inhaber derselben aber nur als Dienstboten, welche mit einem kärglichen Deputate ausgestattet werden, zu betrachten sind.'[155][156] Man kann sich wahrlich nicht vorstellen, daß diese armen, geplagten Bauern an irgendwelchem Fortschritt interessiert waren.

Aber folgendes ist noch zu beachten: Mit dem Wachstum der gewerblich Tätigen auf dem Lande wächst der landwirtschaftliche Nebenbetrieb, der vielfach als eine Art „Garten-Feldbetrieb" anzusehen ist, und hier findet natürlich eine gewisse Intensivierung des landwirtschaftlichen Betriebes bei gleichzeitiger Extensivierung statt – Landflächen, die zu klein selbst für den bäuerlichen Betrieb sind, etwa in gebirgiger Landschaft, können im Nebenbetrieb bearbeitet werden.

So gibt es eine Fülle von Erklärungen dafür, daß in einem niedergehenden Wirtschaftssystem, bei elender Lage der Bauern, die Bevölkerung beachtlich zunehmen kann. Wenn Bentzien schreibt: „Das 'normale' bäuerliche Produktionsniveau wurde während des Spätfeudalismus in unterschiedlichen sozialökonomischen und kulturellen Sphären überschritten oder zu überschreiten versucht. Wirksame Ansätze gingen aus der bäuerlichen Klasse selbst hervor."[157], dann ist diese Formulierung insofern falsch, als er ausläßt: „oder stagnierte oder sank, ohne daß die Bauern etwas dagegen tun konnten". Und falsch wäre es auch, dem Überschreiten ein größeres Gewicht gegenüber den bloßen Versuchen und den Nicht-einmal-Versuchen zu geben.

Trotz alledem, was wir im einzelnen an Gegenargumenten durch neuere Forschungen dazu gelernt haben, gilt die Schilderung, die Engels vom Ende des 18. Jahrhunderts gegeben hat, und die wir wiederholen, weiter: „So war der Zustand Deutschlands gegen Ende des vorigen Jahrhunderts. Das ganze Land war eine lebende Masse von Fäulnis und abstoßendem Verfall . . . die Nation hatte nicht einmal genügend Kraft, um die modernden Leichname toter Institutionen hinwegzuräumen."[158]

---

[155] Hier zit. nach *G. F. Knapp*, Die Bauernbefreiung und der Ursprung der Landarbeiter in den älteren Teilen Preußens, I, 1887, S. 75 f.

[156] *W. Abel*, a. a. O., S. 200 f.

[157] *U. Bentzien*, a. a. O., S. 145.

[158] *Marx/Engels*, Werke, Bd. 2, Berlin 1957, S. 566 f.

Kapitel 3

Niedergang und sogenannte Protoindustrialisierung

Bisher haben wir nur von der Landwirtschaft gesprochen. In der hier betrachteten Zeit finden wir aber eine recht beachtliche Ausdehnung der nichtlandwirtschaftlichen Tätigkeit, die wir im folgenden einfach gewerbliche Tätigkeit (bzw. den Wirtschaftszweig als solchen Gewerbe) nennen wollen. Sie bedarf hinsichtlich ihrer Rolle im Niedergang der feudalen Gesellschaft einer näheren Untersuchung. Und zwar aus drei Gründen. Einmal, weil sie tatsächlich an Bedeutung innerhalb der feudalen Gesellschaft gewinnt. Sodann, weil ihre Bedeutung im allgemeinen in der Geschichtsschreibung überschätzt wird, und schließlich, drittens, weil sie nicht nur als solche, sondern auch als eine neue, die kapitalistische Gesellschaft direkt einleitende Entwicklung betrachtet wird.

Die letztgenannten zwei Gründe beruhen auf falschen Einschätzungen der Realität.

Einmal spielt in dieser Zeit die Landwirtschaft, was ihren Anteil an der Produktion ebenso wie die Beschäftigung von Menschen betrifft, immer noch eine überwältigend große Rolle. Sodann hat die gewerbliche Entwicklung an sich überhaupt nichts notwendigerweise mit der Entwicklung kapitalistischer Verhältnisse zu tun. So war für England im 16. Jahrhundert entscheidend für das Aufkommen des Kapitalismus die Entwicklung kapitalistischer Verhältnisse in der Landwirtschaft, und wie wenig eine stärkere „Vergewerblichung" mit Kapitalismus zu tun hat, beweist etwa die Entwicklung im athenischen Stadtstaat, der im 4. Jahrhundert vor unserer Zeitrechnung weit stärker „durchindustrialisiert" war als das Deutschland des 18. Jahrhunderts. Das heißt natürlich nicht, daß es, genau wie in den Athenischen Bergwerken, nicht auch in unserer Zeit hier und dort kapitalistische Verhältnisse gab – aber sie sind nicht durch den Grad der Industrialisierung bestimmt und prägen im allgemeinen nicht ihren Charakter.

So wie Witold Kula die Politische Ökonomie des Feudalismus, basierend auf den grundlegenden Bemerkungen von Marx und Engels, als einer von ganz wenigen Wirtschaftshistorikern im letzten Jahrhundert weiter entwickelt hat, so haben drei westdeutsche Forscher – Peter Kriedte, Hans Medick und Jürgen Schlumbohm – wohl als erste versucht, die Politische Ökonomie um ein Kapitel „Industrialisierung vor der Industrialisierung" oder „Protoindustrialisierung", die Auflösung des Feudalismus und den Beginn des Kapitalismus umfassend, zu vermehren. Dabei stützen sie sich ebenfalls auf die grundlegenden Bemerkungen von Marx, ohne allerdings genügend zu beachten, daß Marx vor allem den Entwicklungsweg in England untersucht, der in vielem so anders verlief als der des Kontinents.

Über diesen Prozeß schreiben sie:

„Proto-Industrialisierung als 'Industrialisierung vor der Industrialisierung' – in diesem Sinne wird das von Mendels und den Gebrüdern Tilly entwickelte Konzept im folgenden aufgenommen und weiterentwickelt – läßt sich kennzeichnen als Herausbildung von ländlichen Regionen, in denen ein großer Teil der Bevölkerung ganz oder in beträcht-

lichem Maße von gewerblicher Massenproduktion für überregionale und internationale
Märkte lebte[1]. Die Relevanz dieses Phänomens erschließt sich, versucht man es in den
sozio-ökonomischen Prozeß einzuordnen. In der epochalen Perspektive gehört es in den
großen Transformationsprozeß hinein, der die feudal verfaßten europäischen Agrarge-
sellschaften ergriff und sie in den industriellen Kapitalismus hinüberführte. Näher betrachtet konnte Proto-Industrialisierung jedoch nur dort Platz greifen, wo sich das Feudalsystem entweder gelockert hatte oder sich bereits in der Auflösung befand. Die erste
Phase des Auflösungsprozesses, in den das Feudalsystem hineingezogen wurde, datiert
seit dem hohen Mittelalter . . .

Die Arbeitsteilung zwischen Stadt und Land, die sich während dieser ersten Phase
herausgebildet hatte, und der durch sie forcierte Prozeß der Differenzierung und Polari-
sierung innerhalb der ländlichen Bevölkerung wurden zum Ansatzpunkt der Proto-Industrialisierung. War die Stadt-Land-Arbeitsteilung zunächst der Motor des Wachstums der
gewerblichen Wirtschaft gewesen, so wurde sie im Verlauf des historischen Prozesses zu
dessen entscheidender Schranke, weil die Angebotselastizität der städtischen Wirtschaft
zu niedrig war und zudem durch die konservative Wirtschaftspolitik der Zünfte institutio-
nell niedrig gehalten wurde. Das Handelskapital löste dieses Problem, indem es die
gewerbliche Produktion von der Stadt auf das Land verlagerte."[2]

In der zweiten Phase des Niedergangs, in der nach Ansicht der drei Autoren die
Protoindustrialisierung über ihren Ansatzpunkt hinausgeht, in der Phase „der Auflösung
des Feudalsystems und des Übergangs zur kapitalistischen Gesellschaftsformation", weisen die Produktionsverhältnisse „selbst diesen Übergangscharakter auf". „Da verdichtete
gewerbliche Warenproduktion sich nicht dauerhaft in ähnlicher Weise im Rahmen einer
feudalen Organisationsform halten ließ, wie das bei agrarischer Produktion für den
Markt unter bestimmten Bedingungen gelang, enstand hier ein großer Bevölkerungsteil,
der nur noch in eingeschränkter Weise oder gar nicht mehr in das feudale System integriert war. Auch auf die agrarischen Produktionsverhältnisse verdichteter Gewerbeland-
schaften blieb Proto-Industrialisierung nicht ohne Rückwirkungen: sie setzte nicht nur
eine gewisse Auflockerung der feudalen Beziehungen voraus, sondern trieb diese auch
weiter voran; so läßt sich in ländlichen Gewerbegebieten des östlichen Europa ein fort-
schreitender Übergang von der Fron zum Zins beobachten. Darüber hinaus bedeutete die
Herausbildung proto-industrieller Regionen ein wesentliches Fortschreiten der inter-
regionalen Arbeitsteilung, vermittelt durch immer breitere und tiefere Einbeziehung der
Bevölkerung in überregionale Marktbeziehungen. Sie mußte damit, schon durch Angebot von bzw. Nachfrage nach Rohstoffen, Fertigprodukten, Lebensmitteln sowie Arbeitskräften, auch auf die Gesamtgesellschaft zurückwirken."[3]

Die Autoren vertreten jedoch zwei verschiedene Ansichten hinsichtlich des Charakters
der Übergangsperiode. Peter Kriedte und Hans Medick haben ein „Systemkonzept": „Die

---

[1] Proto-Industrialisierung ist von Frühindustrialisierung zu unterscheiden; unter Frühindustrialisierung
versteht man im allgemeinen die erste Phase der Industrialisierung und datiert sie – in Mitteleuropa – in die erste Hälfte des 19. Jahrhunderts; vgl. Wirtschafts- und sozialgeschichtliche Probleme der frühen Industrialisierung. Hg. v. *W. Fischer* (Einzelveröffentlichung der Historischen
Kommission zu Berlin 1). Berlin 1968 und Untersuchungen zur Geschichte der frühen Industrialisierung vornehmlich im Wirtschaftsraum Berlin/Brandenburg. Hg. v. *O. Büsch* (Ebd. 6). Berlin 1971.

[2] *P. Kriedte, H. Medick, J. Schlumbohm*, Industrialisierung vor der Industrialisierung, Göttingen
1977, S. 26 f. – künftig zitiert als Protoindustrialisierung.

[3] Ebendort, S. 29 f.

heuristische Einführung des Systemkonzepts schien ihnen gerade geeignet, Proto-Industrialisierung als den 'ungleichzeitigen' gesamtgesellschaftlichen Funktionszusammenhang einer typischen Transformationsperiode zu analysieren, in welcher die historischen Auflösungserscheinungen der alten, vorkapitalistischen Gesellschaftsformationen zu einem wesentlichen, in mancher Hinsicht strukturellen Bestandteil des entstehenden Kapitalismus wurden. Sie verliehen diesem eine spezifisch historische Gestalt, die den proto-industriellen vom industriellen Kapitalismus scheidet. Devolutionäre und evolutionäre Momente, die 'post-histoire' der feudalen Agrargesellschaft (mit ihrer haus- und familienwirtschaftlichen Basis) und der sich formierende Kapitalismus verbanden sich in der proto-industriellen Übergangsphase zu einem eigentümlichen Systemzusammenhang, dessen Janusgesicht und 'proteische' Gestalt sich der vorschnellen Identifikation als einer 'first phase of the industrialization process' (Fr. Mendels)[4] entziehen. Die von Marx unterschiedenen und in der Diskussion der Übergangsproblematik zumeist kontrastierend gesehenen zwei Wege des 'Übergangs aus der feudalen Produktionsweise'[5], einmal der Weg der Expansion des Handelskapitals auf der Basis vorkapitalistischer Produktionsweisen bis hin zu dessen Eindringen in die Produktionssphäre, zum anderen der 'revolutionäre' Weg der Kapitalisierung der Produktionssphäre selbst, erscheinen im Rahmen einer 'systemischen' gesamtgesellschaftlichen Sicht der Proto-Industrialisierung als in den gleichen historischen Problemzusammenhang gehörig. Beide Produktionsweisen waren zwar als strukturelle Momente innerhalb des proto-industriellen Systems angelegt. Sie bildeten insofern eine Konfiguration von 'Produktionsweisen des Übergangs', dies jedoch mit unterschiedlichem historischen Gewicht. Solange die Expansionsmöglichkeiten des proto-industriellen Kapitalismus auf der 'breiten Basis' der vorkapitalistischen Produktionsweise nicht erschöpft waren, wurde der zweite Weg nur zögernd beschritten; dort, wo er eingeschlagen wurde, war stets die Möglichkeit gegeben, ihn zugunsten des ersten Weges preiszugeben. Der Zirkulationsprozeß verwandelte sich erst dann in ein 'bloßes Moment' des Produktionsprozesses, als sich die Probleme, die sich im Verlauf des proto-industriellen Wachstumsprozesses ergaben, im Rahmen des alten Produktionssystems als nicht mehr lösbar erwiesen."

In der Auffassung des dritten Autors, Jürgen Schlumbohm, wird zwar „Proto-Industrialisierung ebenfalls weder insgesamt der alten Formation der feudalen Agrargesellschaft noch der neuen des Kapitalismus zugerechnet; sie wird aber auch nicht als ein eigenständiges drittes oder aus beiden gemischtes 'System' betrachtet. Vielmehr werden hinter dem gemeinsamen äußeren Erscheinungsbild 'Hausindustrie' durchaus unterschiedliche Produktionsverhältnisse freigelegt, zunächst als Typen im Nebeneinander der Regionen und Gewerbezweige, in der Gesamtschau aber auch als Phasen, insofern sich im Verlaufe der Proto-Industrialisierung das Schwergewicht von solchen Verhältnissen, die durch Selbständigkeit kleiner Warenproduzenten in der Sphäre der Produktion und Beschränkung des Kapitals auf die Sphäre der Zirkulation, des Handels, gekennzeichnet waren, zu jenen hin verschob, bei denen das Kapital in die Sphäre der Produktion vordrang, damit den Kreis der eigenständigen Entscheidungsmöglichkeiten der unmittel-

---

[4] *Fr. Mendels*, Proto-industrialization: The First Phase of the Industrialization Process, "Journal of Economic History", 32, 1972, S. 241–261.

[5] *K. Marx*, Das Kapital, 3. Buch, MEW 25, Kap. 20, Berlin 1964: „Geschichtliches über das Kaufmannskapital", S. 335–349, hier S. 347; zur Diskussion dieses Aspekts der Übergangsproblematik zwischen Dobb, Sweezy, Takahashi und Lefèbvre vgl. die Zusammenfassung bei: *G. Procacci*, A Survey of the Debate, in: *Sweezy* u. a., Transition from Feudalism S. 128–142, hier S. 137–141.

baren Produzenten im Rahmen ihrer 'Familienwirtschaft' mehr und mehr einschränkte und sie mehr und mehr zu Lohnarbeitern machte. So umschloß Proto-Industrialisierung in sich selbst einen Teil des großen Transformationsprozesses der Auflösung des Feudalsystems und des Übergangs zum kapitalistischen System in der Weise, daß sich in ihr kapitalistische Produktionsverhältnisse heraubildeten, zwar vielfach stockend, sogar nicht ohne Rückwärtsentwicklungen, zäh und langsam, insbesondere im Vergleich zu frühen zentralisierten Betrieben, aber auf sehr viel breiterer Front – der bei weitem breitesten innerhalb des gewerblichen Sektors. Die Herausbildung solcher Produktionsverhältnisse aber wird als ein Faktor von strategischer Bedeutung für den erstmaligen und weltgeschichtlich entscheidenden Durchbruch zur industriellen Revolution angesehen."[6]

So unterschiedlich aber auch die Auffassung, alle drei Autoren sind sich einig, daß es sich um den Prozeß des Übergangs zum industriellen Kapitalismus handelt, daß vor 1810 bzw. vor 1800 in Deutschland in beachtlichem Ausmaß kapitalistische Produktionsverhältnisse herrschten.

Diese Auffassung wird von einer Reihe bürgerlicher und manchen marxistischen Historikern geteilt. Sie scheint mir falsch. Ich meine, daß im großen und ganzen auch im Gewerbe feudale Produktionsverhältnisse herrschten.

Untersuchen wir zunächst die Folgen des Niedergangs der Landwirtschaft für die Entwicklung des Gewerbes.

Denken wir zunächst an den deutschen Osten. Ich glaube, Kaufhold hat recht, wenn er feststellt:

„Charakteristisch für weite Teile besonders der ländlichen Bevölkerung scheint daher das Bild, das die Litauische Kriegs- und Domänenkammer 1798 von 'dem Bauern' ihres Bezirks zeichnete[7]: Er lebt 'fast so einfach wie der rohe Naturmensch, begnügt sich, seinen Hunger mit Kartoffeln zu stillen. Bargeld bedarf er außer den Abgaben nur für Eisen zu seinem Ackergeräte, für Salz und etwas Hering. Er selbst, mit Weib und Kind, kleiden (!) sich in Leinen und wollenen Gewändern von eigener Arbeit, auch wohl in selbst zubereitete Pelze'.

Die Folgen dieser notgedrungenen Genügsamkeit für das Gewerbe spiegelten sich in den Berichten der vier preußischen Kriegs- und Domänenkammern an das Generaldirektorium von 1801/02[8]. Übereinstimmend vertraten sie die Ansicht, eine Förderung der 'Industrie' in ihren Bezirken sei aussichtslos, weil es an Absatz fehle.

In den Städten sah es kaum anders aus. Auch hier spielte die Eigenversorgung noch eine beachtliche Rolle[9]; lediglich in den Großstädten und den großen Mittelstädten scheint sie weniger bedeutend gewesen zu sein. Doch war die Not überall, ob große oder kleine Stadt, schlimm.

Insgesamt war also die Nachfrage nach gewerblichen Produkten auf Grund der niedrigen Masseneinkommen und der immer noch hohen Eigenversorgung relativ gering. Dieser Tatbestand bildete mit hoher Wahrscheinlichkeit die wichtigste Ursache für das ver-

---

[6] Ebendort, S. 31 ff.

[7] Litauische Kriegs- und Domänenkammer an das Generaldirektorium vom 18. 11. 1798 in: Ostpreußen II Nr. 1419.

[8] Litauische Kriegs- und Domänenkammer vom 15. 12. 1801, Westpreußische vom 6. 2. 1802, Ostpreußische vom 9. 4. 1802, Bromberger vom 15. 5. 1802, sämtlich in: Ostpreußen II Nr. 3056.

[9] Siehe für die Kurmark Bassewitz (S. 445): „Hinsichtlich des Ackerbaus und der Viehzucht befanden sich die Städte in ähnlichen Verhältnissen, wie das Land."

hältnismäßige Zurückbleiben der Dichte der Konsumgütergewerbe hinter der Bevölkerungsdichte."[10]

So richtig das Bild ist, das Kaufhold von den Beziehungen zwischen Landwirtschaft und Gewerbe im Osten zeichnet, dürfen wir vor allem nicht die Verhältnisse in Schlesien vergessen. Herbert Kisch schildert sie ganz trefflich:

„Seit dem 16. Jahrhundert erscheint das schlesische Leinengewerbe als ein für den Weltmarkt produzierender Wirtschaftszweig. Zu dieser Zeit kamen ausländische Kaufleute in die ländlichen Gebiete Schlesiens und organisierten dort eine Hausindustrie, um die Arbeitskraft der ländlichen Bevölkerung zu nutzen, die bisher auf der Basis von Teilzeitarbeit und meist für den eigenen Bedarf gesponnen und gewebt hatte. Diese Händler umgingen bewußt das städtische Handwerk, weil die Fesseln der Korporation die Zunfthandwerker völlig außerstande setzten, sich den Erfordernissen der neuen Produktion so anzupassen, wie es die auswärtigen Märkte verlangten[11].

Die Feudalherren billigten und unterstützten die Schaffung dieser örtlichen Industrie ebenso wie ihre dann folgende Ausweitung ... Vor allem bedeutete diese neue industrielle Expansion, daß die Feudalherren nun Flachs, Garn und Leinen, die sie seit unvordenklichen Zeiten als Teil der Feudalabgaben erhalten hatten, in Bargeld umwandeln konnten. ...

Das gewerbliche Wachstum setzte sich in den frühen Jahrzehnten des 17. Jahrhunderts ungehindert fort. Die Weber auf dem Lande zählten schon nach Tausenden, und es wird angenommen, daß städtische Handwerker die Städte verließen, um sich in ländlichen Bezirken niederzulassen, wo die Bedingungen für wirtschaftlichen Aufstieg günstiger zu sein schienen. Der in den Textilzentren vorherrschende Wohlstand spiegelte die stetige Expansion des Leinenexports. Sogar die Zerstörung und Verwüstung des 30jährigen Krieges unterbrach den Fortschritt der Industrie nur vorübergehend, die sicher in ihrer ländlichen Umgebung verankert war. Die Nachkriegszeit förderte die wirtschaftliche Entwicklung, indem sie die Zahl der verfügbaren Arbeitskräfte vermehrte. Von der Gegenreformation aus der Heimat vertrieben, flohen Tausende tschechischer und mährischer Protestanten nach Schlesien. Mittellos und ohne Besitz wandten sich diese Flüchtlinge freudig der Spinnerei und Weberei zu, und auch die Feudalherren waren eifrig bestrebt, sie auf ihren Besitzungen anzusiedeln, um so mehr Feudalabgaben zu erhalten.

Dieses gewerbliche Arbeitskräftepotential wurde auch durch einheimische Arbeiter vermehrt. Weil die Gutsherren es vorzogen, ihre Güter durch Einhegungen statt durch Wiederaufbau der vom Krieg zerstörten Bauernstellen zu vermehren, wurden viele Bauern auf den Status landloser Proletarier herabgedrückt. Bestenfalls wurden sie Häusler, die gezwungen waren, ihren Lebensunterhalt durch Spinnerei und Weberei aufzubessern. Diese Entwicklung wiederum führte zu einer Verminderung der Lohnkosten, die die Basis für den Erfolg des lokalen Gewerbes bildete. Schlesisches Leinen blieb auf dem Weltmarkt unangefochten, und viele Historiker behaupteten, daß das späte 17. und frühe 18. Jahrhundert die hellste Periode in der schlesischen Entwicklung gewesen sei ...

Die feudale Grundlage des Leinengewerbes wurde nicht berührt, als Schlesien 1742

---

[10] K. H. *Kaufhold*, Das Gewerbe in Preußen um 1800, Göttingen 1978, S. 408 f. – künftig zitiert als Kaufhold.

[11] G. *Croon*, Zunftzwang und Industrie im Kreise Reichenbach, in: Zs. des Vereins für Geschichte und Altertum Schlesiens 43. 1909, S. 104.

Teil des preußischen Königreichs wurde. Friedrich der Große verfolgte eine Politik der Gewerbeförderung, die nur eine Fortsetzung derjenigen merkantilistischen Praktiken darstellte, die die österreichischen Behörden eingeführt hatten. Mehrere hundert neue Ansiedlungen ausländischer Spinner und Weber wurden gegründet. Die Spinnerei wurde für alle Jugendlichen auf dem Land zur Pflicht gemacht, und eigene Schulen wurden eröffnet, in denen die Kinder den geschickten Umgang mit der Spindel lernen sollten. Allgemein wurden von der preußischen Regierung neue Edikte und Gesetze erlassen, die eine Vergrößerung des Leinenangebots sicherstellen sollten, ohne daß die Qualität vermindert oder der Preis erhöht würde. Weil diese Maßnahmen ihnen Vorteil brachten, begrüßten die privilegierten Kaufleute und die Junker die friderizianische Politik mit Enthusiasmus. Die Unterstützung der Feudalherren war entscheidend wichtig, denn ohne ihre aktive Mitarbeit hatte kein königliches Programm irgendeine Aussicht auf Erfolg...

Darüber hinaus widersetzten sich die Behörden allen technischen Verbesserungen, weil die Junker befürchteten, daß arbeitssparende Produktionsmethoden bei ihren Erbuntertanen zu Arbeitslosigkeit führen könnten. Deshalb floß kein Kapital zur Einführung von Innovationen in den gewerblichen Sektor, was unter anderen Bedingungen wohl hätte geschehen können. Adam Smith muß an einen Fall dieser Art gedacht haben, als er schrieb: '... was immer die freie Zirkulation der Arbeitskraft von einer Beschäftigung zur anderen hindert, hindert auch diejenigen von Kapital ...'

Die Bedingungen für die Entwicklung der schlesischen Industrie, besonders im Leinengewerbe, wurden zusätzlich dadurch erschwert, daß ständig Kapital aus Gewerbe und Handel in die Landwirtschaft abfloß. Sobald ein Kaufmann ein gewisses Kapital angesammelt hatte, investierte er es in Pfandbriefen der 'Landschaft'. Wenn der Kaufmann aber reich wurde, wie es im 18. Jahrhundert bei einigen der privilegierten Händler der Fall war, erwarb er unmittelbar Gutsbesitz. Diese Neigung wird im Hinblick auf den Charakter der schlesischen Gesellschaft verständlich. Die reichen Kaufleute wollten sich durch Aufstieg in den Kreis der Elite von ihrem Untertanenstatus befreien. Aber abgesehen von sozialen und politischen Erwägungen hatten die Kaufleute auch solide ökonomische Gründe dafür, ihr Geld in Land zu investieren. Denn das privilegierte Rittergut blieb während der ganzen zweiten Hälfte des 18. Jahrhunderts das profitabelste Investitionsobjekt...

Gleichzeitig verstärkte die friderizianische Gesetzgebung zur Regulierung des Leinengewerbes die Monopolmacht der privilegierten Kaufleute, während die Zwischenhändler für Garn durch ihren wachsenden Reichtum eine überragende Position aus dem Rohstoffmarkt gewannen. Weil der arme Weber sein Garn in der Regel auf Kredit kaufte, und zwar zu wucherischen Zinssätzen, mußte er das Garn annehmen, das er bekam, sogar dann, wenn es mit falschem Haspelmaß gemessen war. So war es nicht verwunderlich, daß der Weber, als Schuldner unterdrückt und als Käufer und Verkäufer betrogen, sich auf Betrügereien und Produktverfälschungen verlegte. Diese Mißbräuche dehnten sich trotz strengster gesetzlicher Vorschriften auf alle Stufen der Produktion aus. Kunden aus Übersee beklagten sich immer lauter über die fehlerhafte Produktion. Schon in den 1780er Jahren bemerkte ein zeitgenössischer Beobachter, daß das neue irische Leinengewerbe, das sich in Freiheit entwickelte, Stoffe von überlegener Qualität hervorzubringen vermochte[12]. ...

In vieler Hinsicht wird so durch das schlesische Textilgewerbe die These eines japa-

---

[12] *v. Klöber*, Von Schlesien vor und seit dem Jahre 1740. Freiburg 1785, S. 322.

nischen Historikers erhärtet, daß die Hausindustrie nicht immer als Agent des Fortschritts wirkte, wie man aus dem englischen Fall verallgemeinernd schließen könnte; eher hatten die Hausindustrien den gegenteiligen Effekt, wenn sie als Annex der Feudalordnung auftraten[13]."[14]

Das ist die Beschreibung eines in dieser Niedergangszeit klassisch feudalen Gewerbes, das allein in der Weberei rund 50 000 Menschen beschäftigte.

Alles trieft von feudalen Erscheinungen: Die Menschen sind durch feudale Bande an ihren Feudalherren und seinen Willen gefesselt. Sie arbeiten im von Kaufleuten kontrollierten Haus- bzw. Heimgewerbe. Kaufleute und Feudalherren schöpfen gemeinsam das Mehrprodukt ab. Die Feudalherren benutzen es für Luxusausgaben. Die Kaufleute aber legen ihren Reichtum – echt feudal – in ländlichen Grundbesitz an, um so in den „Stand" der Grundbesitzer aufzusteigen. Ihre Beteiligung am Welthandel – wie kapitalistisch das klingt! – berührt ihr feudales Dasein in keiner Weise. Behörden wie Junker sind gegen jeden technischen Fortschritt eingestellt.

Obgleich es von Zeit zu Zeit bedeutende Aufstandsbewegungen gibt, so in den siebziger und neunziger Jahren des 18. Jahrhunderts, spielt sich der tägliche Klassenkampf der Werktätigen ganz ähnlich wie unter Fronverhältnissen in der Landwirtschaft ab. Statt schlechter Landarbeit wird schlechte Webarbeit geleistet und Garn unterschlagen.

Was die typisch feudale Ausrichtung der Kaufleute auf Landkäufe betrifft, so hat das gleiche K. Fritze für die Kaufleute der südwestlichen Ostseeküste nachgewiesen[15]. Was nur wieder unterstreicht, wie wenig Handelskapital und Kapitalismus miteinander zu tun haben müssen.

Und Kathe schreibt über die Zeit des Vaters von Friedrich II.: „Diese Politik und die soziale Geltung, die der Großgrundbesitz mit sich brachte, bestärkte reiche Bürgerliche in dem Streben, durch Kauf eines Ritterguts ihr Vermögen solid anzulegen und dem bewunderten Adel an Prestige nahezukommen. Leibniz formulierte es so: 'Jene, die ein Vermögen im Handel und Gewerbe erworben haben, bemühen sich um den Erwerb von Landgütern in dem Wissen, daß dies das beste Mittel ist, ihre Familien zu etablieren.'"[16]

Geographisch betrachtet können wir nun den Osten Deutschlands aus der weiteren Analyse der industriellen Produktionsverhältnisse ausschließen – es ist offensichtlich, daß sie feudal waren.

Wie verteilt sich das Gewerbe überhaupt auf Deutschland? Die preußischen Statistiken für die Zeit um 1800 geben ein ungefähres Bild. Kaufhold, dem wir die besten Berechnungen bzw. Schätzungen für diese Zeit verdanken, gibt folgende Zahlen der gewerblich Beschäftigten in Preußen (unter Ausschluß Schlesiens, der Annexionen aus der Dritten Teilung Polens, sowie der Besitzungen Ansbach, Bayreuth und Neuenburg)[17]: (S. 104)

Bei einer Bevölkerung von (unter Ausschluß Schlesiens) etwa 4,3 Millionen Menschen, von denen über 3 Millionen erwerbstätig waren, spielen 260 000 gewerblich Erwerbstätige keine große Rolle. Dazu kommt eine beachtliche Konzentration in Berlin, wo fast 15 Prozent aller gewerblich Tätigen beschäftigt waren.

[13] *H. K. Takahashi*, A Contribution to the Discussion, in: The Transition from Feudalism to Capitalism. New York 1954, S. 51 f., bes. Anm. 68.
[14] Protoindustrialisierung, S. 352 ff.
[15] *K. Fritze*, Bürger und Bauern zur Hansezeit, Weimar 1976, S. 101 f.
[16] *H. Kathe*, Der „Soldatenkönig" Friedrich Wilhelm I., Berlin 1976, S. 103.
[17] *Kaufhold*, S. 504 f.

Gewerblich Beschäftigte in Preußen um 1800

	Stadt	Land	Insgesamt
Östliche Provinzen	64459	16259	80718
Mittlere Provinzen	98511	29923	128434
davon Berlin	35638	–	35638
Westliche Provinzen	19065	30733	49798
Insgesamt	182035	76915	258950
davon Textil und Bekleidung	51654	35200	86854
davon Nahrung	12763	4074	16837

Die meisten Beschäftigten gab es im Textil- und Bekleidungsgewerbe, in dem rund ein Drittel aller gewerblich Tätigen zu finden sind. Das Nahrungsmittelgewerbe (einschließlich der Müller!) spielt bei dem hohen Grad der Selbstversorgung der Bevölkerung keine Rolle.

Außerordentlich ungleichmäßig war die Verteilung der gewerblich Tätigen auf Stadt und Land:

Von allen gewerblich Beschäftigten arbeiteten auf dem Lande

Östliche Provinzen	20,1 Prozent
Mittlere Provinzen ohne Berlin	32,2 Prozent
Westliche Provinzen	61,7 Prozent

Je weiter wir nach Westen kommen, je stärker die feudalen Geldbeziehungen zwischen Bauern und Feudalherren, desto relativ größer die gewerbliche Tätigkeit auf dem Lande. In den westlichen Provinzen ist die gewerbliche Tätigkeit auch absolut beachtlich größer auf dem Lande, wo sich mehr als drei Fünftel der gewerblich Erwerbstätigen befinden.

Die preußische Statistik erlaubt noch eine weitere Gliederung nach dem Markt[18].

[18] Die beiden Hauptquellen sind die sogenannten Historischen und Fabrikentabellen, die sich zum Teil überschneiden. Kaufhold beschreibt sie so (S. 13 f.):

„Die Historischen Tabellen sollten ihrer Absicht nach eine Generalübersicht über den Zustand einer Provinz (bzw. deren Teilbereiche) geben. Sie erfaßten grundsätzlich alle Gewerbetreibenden, gegliedert nach Selbständigen und Hilfskräften (Gesellen, Gehilfen, Lehrlinge). In der Praxis ergaben sich freilich oft Abweichungen von dieser Grundlinie. Insgesamt sind aber in den Provinzen, für die Historische Tabellen vorliegen, zumindest die selbständig im Gewerbe Beschäftigten in ihnen enthalten.

Neben der Historischen Tabelle wurde die Fabriktabelle erhoben. In sie gehörte, so das Generaldirektorium (Manufaktur- und Kommerzkollegium an Polizeidirektion Berlin vom 21. 2. 1800, in: Manufaktur- und Kommerzkollegium, Titel XLI, Nr. 28, Bd. 1), nur derjenige Teil des Gewerbes, der für den überörtlichen Bedarf arbeitete: In die Fabrikentabelle seien alle Gewerbe aufzunehmen, 'welche *für den Handel* arbeiten', nicht die, 'die bloß oder fast bloß *für die Konsumtion des Orts* oder auf Bestellung arbeiten . . .' (Unterstreichungen im Original). Damit fielen alle für die lokalen Bedürfnisse tätigen Betriebe, also der größte Teil des Handwerks, aus. Der Schwerpunkt der Tabellen lag mithin auf den großgewerblichen Betriebsformen, wie Verlag und Manufaktur, auf dem ländlichen Exportgewerbe und auf den handwerklichen Betrieben, deren Absatz über den Produktionsort hinausging.

An dieser Stelle scheint ein terminologischer Einschub nötig. Der Begriff 'Fabrik', wie er in den Quellen benutzt wurde, wich nach dem Gesagten von der heute üblichen Definition erheblich ab.

Für den überörtlichen Markt arbeiteten[19]:

in der Stadt	78 000 Erwerbstätige
auf dem Lande	38 000 Erwerbstätige
davon in Textil und Bekleidung	
in der Stadt	62 500 Erwerbstätige
auf dem Lande	33 000 Erwerbstätige
in allen anderen Gewerben	
in der Stadt	15 000 Erwerbstätige
auf dem Lande	5 000 Erwerbstätige.

Deuteten schon die Zahlen für das Nahrungsmittelgewerbe an, wie klein der Markt in dieser Zeit war, so bestätigen diese Zahlen den Eindruck. Man stelle sich vor: unter 4,3 Millionen Einwohnern außerhalb von Textil und Bekleidung nur 20 000 Erwerbstätige, die für außerhalb ihres Ortes arbeiten.

Es ist wirklich an der Zeit, daß man dem Gewerbe seinen ihm gebührenden winzigen Platz gibt!

Wie war nun die Lage der gewerblich Tätigen? Gustav Schmoller leitet seine Untersuchungen zur Geschichte der deutschen Kleingewerbe im 19. Jahrhundert so ein:

„Obgleich wir für das 18. Jahrhundert keine umfassenden Gewerbeaufnahmen haben, sei es gestattet, mit einigen Worten an die damaligen Zustände zu erinnern.

Noch litt Deutschland an den Nachwehen des dreißigjährigen Krieges. Der deutsche Handel war vernichtet. Die Kleinstaaterei hemmte jede Bewegung. Das Gewerberecht war ausgeartet in den verrottetsten Zopf. Mißbräuche aller Art wucherten. Vergeblich suchten Reichs= wie Landesgesetzgebung dagegen anzukämpfen. Vergeblich war Alles, weil Stumpfsinn und Apathie, kleinlicher Spießbürgergeist und beschränkte Indolenz überall herrschten, weil Gevatter Schneider und Handschuhmacher möglichst ohne Anstrengung und Arbeit sich nothdürftige Nahrung zu schaffen und zu erhalten suchten. Ein großer Theil der Handwerker, auch der städtischen, war zu Halbbauern herabgesunken. Feindlich und apathisch verhielt sich die Mehrzahl gegen neue Anregungen, wie sie von den flüchtigen französischen Protestanten, von den Fürstenhöfen ausgingen. Das Fabrikwesen oder vielmehr einzelne für weitern Absatz arbeitende Hausindustrien wurden in einzelnen Ländern, wie in Preußen, in Sachsen, auch in Oestreich von aufgeklärten Fürsten gepflegt und gehoben; nur wenige Industrien, wie die Leinenmanufaktur, hatten aus alter Zeit her noch eine gewisse Blüthe gerettet, aber das berührte in der Haupt-

---

Er meinte die Gewerbebetriebe, deren Erzeugnisse ‘auch nach andere in- und ausländischen Gegenden debitiert werden’ (Fabriken-Departement an Westfälisches Departement des Generaldirektoriums in: Fabriken-Departement, Titel XC, Nr. 27), des heißt, die Fernabsatz hatten, und zwar ohne Rücksicht auf die Form des Betriebs. Daraus folgt: Moderne, den zeitgenössischen voll entsprechende Termini für ‚Fabrik‘ und ‘in der Fabrikation Beschäftigte’ gibt es nicht. Im folgenden werden diese Begriffe daher beibehalten. Sie sind also nicht als Bezeichnung einer Betriebsform (oder in einer solchen Beschäftigter), sondern als Kategorien der zeitgenössischen Gewerbestatistik zu lesen.

Die Historische und die Fabrikentabelle überschnitten sich bei einem Teile der gewerblich Tätigen: Wer für den überörtlichen Bedarf arbeitete, erschien in beiden Tabellen. Da jegliche unmittelbare Vergleichsmöglichkeit zwischen diesen fehlt, können sie nicht zu einer gemeinsamen Übersicht aller im Gewerbe Beschäftigten zusammengefaßt werden.“

[19] Ebendort, S. 487.

sache die hergebrachten Handwerkszustände nicht viel, jedenfalls nur in einzelnen Ländern.

Die ökonomische Lage der meisten Handwerker war ebenso kümmerlich als ihre Technik unvollendet, ihre Arbeit schlecht. Das dauernde Siechthum, wie es ebenso Folge der Gesetzgebung und der politischen Zustände, als der technischen Ungeschicklichkeit und spießbürgerlichen Trägheit war, hatte aber je nach der Art der Gewerbe und lokal, je nach den mitwirkenden sonstigen Verhältnissen, ziemlich verschiedene Folgen. In einigen Gegenden und Gewerben allgemeiner Rückgang selbst der Meisterzahl, in anderen im Gegentheil eine Ueberbesetzung des Handwerks. Ueberall aber treffen wir gleichmäßig die Klagen über gewerblichen Nothstand.

Justus Möser klagt,[20] daß man Handel und Handwerk auf dem platten Lande gestattete, da könne sich der Handwerker in allen kleineren Städten nicht mehr halten. An einer andern Stelle[21] sucht er die Ursache des Verfalls in der Krämerei: 'Man lasse sich' ruft er, 'die Rollen von unsern Handwerkern nur seit hundert Jahren zeigen. Die Krämer haben sich gerade dreifach vermehrt, und die Handwerker unter der Hälfte verlohren. Der Eisenkram hat den Kleinschmid, der Bureau= und Stuhlkram den Tischler, der Goldkram den Bortenwirker, der goldene, härene, gelbe und weiße Knopf den Knopfmacher und Gelbgießer verdorben. Und kann man sich eine Sache gedenken, womit der Krämer jetzt nicht heimlich oder öffentlich handelt?' Aehnlich spricht sich auch Bergius in seinem Polizeimagazin aus.[22] Beide täuschen sich über Ursache und Wirkung; die Krämerei war nicht die Ursache des Verfalls der Handwerke, sondern mit und durch den Verfall des Handwerks und mit dem Aufblühen der Fabriken entstand erst der regere Detailhandel.

Als fernern Beleg über die elenden Zustände im Allgemeinen möchte ich noch die Klagen von Krug aus der Zeit gegen 1800 hervorheben, die doppelt schwer wiegen, da sie sich auf Preußen beziehen, das immerhin den anderen Staaten, wie wir sehen werden, noch wesentlich voraus war. Krug[23] legt sich die Frage vor, ob der Wohlstand der Städte im Ganzen gegen ältere Zeiten zu= oder abgenommen habe. 'Eine Erfahrung', antwortet er, 'welche man nicht bloß in den preußischen Städten, sondern in den Städten vieler anderer Staaten gemacht hat und noch immer machen kann, möchte wohl diese Frage für die Abnahme des Reichthums und Wohlstands im Ganzen entscheiden.' Er erinnert an die mittelalterlichen Bauten der Städte, er klagt – wohl ziemlich übertrieben –, daß nur diejenigen Industriellen, die dem Luxus, den nichtswürdigen Künsten, Gaukeleien und Spielereien der Vornehmen dienen, noch zunehmen. 'Wenn wir' – sagte er – 'den Wohlstand des Bürgerstandes oder der industriösen Klassen in den Städten ohne Rücksicht auf jetzt herrschende Moden und den Einfluß des Zeitgeistes auf die Bedürfnisse dieses Standes betrachten, so wird wohl für wenige Städte der gesunkene Wohlstand des Handwerksstandes geleugnet und gründlich widerlegt werden können. Die Klagen über zunehmende Nahrungslosigkeit der Landstädte werden in allen Provinzen gehört und sind in neuerer Zeit immer ausgebreiteter geworden; in den kleinen Landstädten hat der Luxus noch nicht unter der Mehrheit der Handwerker Platz finden können, und die alte Simplicität der Sitten und der Bedürfnisse ist hier noch am mehrsten

[20] Patriotische Phantasien. Berlin 1775. I, 181 ff.
[21] Ed. S. 21.
[22] Siehe Bd. VI. 392–93 (1786).
[23] Betrachtungen über den National-Reichtum des preuß. Staates II, 153 ff.

zu finden. Es haben viele Ursachen zusammengewirkt, welche den Wohlstand des Bürgerstandes zerstört haben und die hauptsächlichsten derselben mögen in falschen Abgabensystemen, in der Verwandlung einträglicher Gewerbe in Fabrikanstalten, in der Aufhebung oder Beeinträchtigung der Innungen und in den Handelseinschränkungen zu suchen sein.'

Wir wollen mit Krug hier nicht rechten, in wie weit er Recht hat mit seinen Klagen, mit den Ursachen, die er anführt. Er vermengt Wahres mit Falschem; er sieht vorübergehende Mißstände zu Ende des Jahrhunderts für dauernde Ursachen an; er verkennt manches Gute, weil es neu ist, weil es ihm als zusammenhängend mit verderblichem Luxus erscheint – aber so viel beweisen seine Worte, blühend war das Handwerk des 18. Jahrhunderts nicht."[24]

Mehr als 100 Jahre später, die Forschung dieses Jahrhunderts mitverarbeitend, stellt Kaufhold für 1800 fest: „Die wirtschaftliche Lage der Mehrzahl der im Gewerbe Tätigen war um 1800 ungünstig. Sie bewegte sich im allgemeinen auf einer – auch für den einzelnen Gewerbetreibenden im Zeitablauf wechselnden – Skala zwischen bescheidenem Auskommen und bitterer Armut, die Almosen oder öffentliche Unterstützung heischte. Bereits in der obersten Schicht, bei den Manufakturunternehmern und Verlegern, gab es (zum Beispiel in Gestalt der kleinen Textilverleger) ökonomische Randexistenzen. Der Anteil der dauerhaft in zumindest auskömmlichen wirtschaftlichen Verhältnissen Lebenden scheint dann von Schicht zu Schicht niedriger gewesen zu sein, bis er in der untersten gegen Null ging. Doch mahnt das Fehlen größerer Untersuchungen über die Einkommens- und Vermögensverhältnisse im Gewerbe der behandelten Zeit zur Vorsicht gegenüber solchen generalisierenden Abstufungen, wenn auch die vorliegenden Nachrichten klar in die genannte Richtung deuten."

Kaufhold formuliert vorsichtiger als Schmoller, aber widerspricht ihm nicht. Insbesondere auch, wenn er weiter zurückblickt:

„Die rechtlich und ökonomisch selbständigen Handwerker bildeten die umfangreichste Schicht im hauptberuflichen Gewerbe. ... Wie stark sie das Bild des Gewerbes bestimmten, zeigte sich schon daran, daß die Zeitgenossen in erster Linie an sie dachten, wenn vom Gewerbe die Rede war: Gewerbe und Handwerk standen oft in eins.

Dazu trug neben dem quantitativen Gewicht vor allem die Konstanz der sozialen Erscheinungsform bei, welche die Schicht auszeichnete. Sie war voll in die ständische Ordnung integriert und machte einen ihrer wesentlichen Bestandteile aus. Das verlieh ihr eine beachtliche Beständigkeit. Ihr Erscheinungsbild war, von außen gesehen, über die Jahrhunderte hinweg im wesentlichen gleich geblieben.

Das hieß freilich nicht, daß sich am sozialen Status der Schicht nichts geändert hätte. Gerade das 18. Jahrhundert scheint hier einen Wandel zum Schlechteren gebracht zu haben. Die Krise der Zunft, das Vordringen der Manufaktur- und Verlagsbetriebe, die vorher selbständige Handwerker in ihre Botmäßigkeit brachten, eine Verschlechterung der wirtschaftlichen Lage, dazu Probleme in der Stabilität der sozialen Beziehungen, besonders innerhalb der Familien, um nur die wichtigsten Momente zu nennen, trugen dazu bei. Bereits die Zeitgenossen sprachen von der abnehmenden sozialen Geltung der Handwerker, und die neuere Forschung hat sie bestätigt."[25]

---

[24] *G. Schmoller*, Zur Geschichte der deutschen Kleingewerbe im 19. Jahrhundert, Halle 1870, S. 13 bis 17.
[25] Kaufhold, S. 379 und 327 f.

Die Hauptproduktion von gewerblichen Gütern fand im Handwerk statt. Das gilt allgemein für Deutschland. Kaufhold gibt für Preußen folgende Tabelle für die Zeit um 1800:

Betriebsform	Beschäftigte, einschl. Spinnen	Beschäftigte, ohne Spinnen		
		Insgesamt	Stadt	Land
Heimgewerbe	37,2%	7,1%	0,9%	21,9%
Handwerk	44,2%	72,3%	73,6%	69,1%
Großgewerbe*	18,5%	20,6%	25,5%	8,9%

* Verlag und Manufaktur.

Für das größte Gewerbe, das Textilgewerbe, gibt er folgende Zahlen:

	Insgesamt	Ohne Spinnen
Heimgewerbe	60,1%	21,1%
Handwerk	20,4%	51,2%
Großgewerbe	19,5%	27,7%

Dazu bemerkt er: „Insgesamt war das Heimgewerbe im Textilsektor die mit Abstand größte Betriebsform, während Handwerk und Großgewerbe mit annähernd gleichen Anteilen weit zurücklagen. Dieses Ergebnis wurde indes maßgeblich durch die Massen der heimgewerblich tätigen Spinner im Leinen- und Wollgewerbe beeinflußt. Ohne sie stellte das Handwerk mit reichlich der Hälfte der Beschäftigten die größte Betriebsform, es folgten Groß- und Heimgewerbe. Bei einem Vergleich mit den Anteilswerten für das gesamte Gewerbe ist das stärkere Gewicht auffällig, das Groß- und Heimgewerbe im Textilsektor hatten."[26]

Schremmer kommt für Bayern zu folgendem Resultat: „Trotz Manufaktur, Freimeister und kleinbäuerlich-gewerblich tätigem Söldner hing das Wachstum der Wirtschaft, die Kapitalakkumulation und die Modernität des Produktionsapparates in entscheidendem Ausmaß von der wirtschaftlichen Lage der Meisterbetriebe und der Gewerbepolitik der Zünfte ab."[27] Darum formuliert er auch an der gleichen Stelle so: „*Der* Gewerbesektor war vielmehr nach wie vor der Sektor der Zunftproduktion."

Der Sektor der Zunftproduktion! also ein über jeden Zweifel erhabener feudaler Sektor!

Ging es nun mit dem Handwerk in der zweiten Niedergangsperiode des Feudalismus, also seit 1618 (bzw. seit 1650) abwärts oder nicht?

Beginnen wir mit der höchsten Form des Handwerks, dem Kunsthandwerk, das in der Zeit der Gotik und der Renaissance so wundervolle Werke in ganz Westeuropa und nicht zum wenigsten in Deutschland geleistet hatte. Was schuf es in der Zeit des Barock? Lahnstein meint (meine Unterstreichung): „Dieser Schlüter, der Baumeister und dazu ein genialer Bildhauer gewesen ist – man denke an die Masken sterbender Krieger am Zeughaus – ist ein Beispiel dafür, wie die bildenden Künste, Bildhauerei und Malerei,

---

[26] Kaufhold, S. 302 f.
[27] E. *Schremmer*, Die Wirtschaft Bayerns, München 1970, S. 686 f.

an den Mauern und Baugerüsten gediehen, die das Baufieber der Epoche emporschießen ließ. Wir müssen sie, für das Barock in Deutschland, so sehen. Die Bildhauerei ist geradezu Bestandteil der barocken Architektur – dient dem Raum in der Gestaltung von Treppenhäusern, Galerien, Toreinfahrten, in den Kirchen an Altären, Kanzeln, Orgelprospekten, Chorgestühl. Stark ist die Kunst noch mit dem Handwerk verbunden: Steinmetz, Stukkateur, Bildhauer, Erzgießer – handwerkliche Tüchtigkeit und künstlerisches Genie erscheinen noch eng verwoben, heilsam ungeteilt; ein Charakterzug, der das Barock wesentlich von der ihm nachfolgenden Zeit unterscheidet. – Auch die Maler müssen vielerorts aufs Baugerüst, häufiger als je zuvor und danach. Da genügt es nicht, frisch und phantasievoll malen zu können, Erfahrung im Reiben und Mischen der Farben und Lasuren zu haben – man mußte auch noch behende und schwindelfrei sein. Auch hier die innige Verbindung von handwerklicher Rüstigkeit und Genie. Die Asam, Troger, Holzer, Gran haben ihr Tüchtigstes und Wichtigstes auf den Baugerüsten geleistet, im Dienste der Architektur. Und müssen wir nicht auch die Scharen von Porträtmalern, von Malern der Schlachtenbilder, von großflächigen mythologischen Szenen in engster Beziehung zu den Räumen sehen? Wandelemente, nicht viel anders als die Plafondmalerei im Dienste der Architektur. *Gerade hier ist der derbe, tüchtige Durchschnitt, das durchaus Handwerksmäßige für die deutsche Malerei im Barockzeitalter bezeichnend – unvergleichbar der Hochblüte dieser Kunst in den Niederlanden zu der Zeit, als Deutschland unter den Schlägen des großen Krieges in Armut, Elend und Ohnmacht versank.*"[28]

Denken wir an die Maler unserer Renaissance: an Cranach, Dürer, Grünewald, Holbein – wer kennt sie nicht bei uns? . . . und wer sie nicht kennt, den nennen wir ungebildet, ganz gleich ob Arbeiter oder hoher Staatsfunktionär. Wer aber kennt Asam, Troger, Holzer oder Gran? wer sie nicht kennt, ob selbst hoher Staatsfunktionär oder Philosophieprofessor, wir werden ihn nicht ungebildet nennen.

Natürlich kennen viele von uns Schlüter und bewundern seine große Kunst – eine Einzelgestalt . . . denn wo ist die große Schar genialer Meister, die wir etwa mit Dürer zusammen nennen? Und was war Schlüter? Architekt und Bildhauer. Was aber war Dürer? Maler und Goldschmied, Kupferstecher, Architekt und Bildhauer, Militäringenieur, Mathematiker, Anatom, Schriftsteller und voll tiefstem Verständnis für die sozialen Fragen seiner Zeit.

Und nun kommen wir zu den „einfachen" Handwerkern. Wenn es galt, Schlösser zu bauen oder auch ganz neue Stadtteile oder auch neue Residenzen – wie oft wurden sie mit allen Mitteln aus dem Ausland geholt! Hören wir wiederum Lahnstein:

„Potsdam ist keine eigentliche Neugründung. Es gab das Fischernest, später eine unbedeutende Burg und ein kümmerliches Städtchen. Als der Große Kurfürst an die Regierung kommt, wird der Amtshauptmann v. Hake, der die Burg als Pfand für seine Forderungen gegen die Krone besitzt, durch Gegenrechnung ‘aus seinem behaupteten Recht geängstigt’, die Mauern niedergerissen und um 1660 ein neues Schloß gebaut; Kolonisten werden herbeigeholt, gelockt, gebeten, bevorzugt die besonders geschätzten Holländer, eine Seidenweberei entsteht, Glashütten, eine Fayence-Fabrik; Weinberge werden angelegt, Alleen an die Kanäle gepflanzt; Potsdam gilt als ein ‘lustiger Ort’. Wird unter Friedrich I., dem ersten preußischen König vollends ein ‘lieu de plaisance du Roy’, der gemütliche holländische Charakter weicht dem höfisch strengen französischen

28 P. Lahnstein, a. a. O., S. 11 f.

Geschmack. Doch nimmt es mit der Plaisance ein Ende, als Friedrich Wilhelm I. zur Regierung kommt, Schloß und Park nach spartanischen Grundsätzen ummodelt. Unter ihm beginnt aber das städtebauliche Experiment der Soldatenstadt Potsdam. In neuen Vierteln entstehen sogenannte Kasernen, nämlich große Häuser für je zehn Soldatenfamilien, im übrigen Häuser für Bürger, die in den Mansardendachräumen je sechs unverheiratete Soldaten aufzunehmen hatten. Wiederum werden Kolonisten herbeigelockt, Bauhandwerker besonders poussiert. Edikte ergehen aus der Königs Kanzlei, wie 'Patent, vermöge dessen alle in- und ausländischen Zimmerleute . . . so sich zum Bau nach Preussen begeben wollen, von der Werbung frey seyn . . . und überdem Ihnen alle douceurs widerfahren sollen.' Man lockt mit unentgeltlichem Baugrund, Baumaterial, mit Bauzuschüssen, es wurden sogar ganze Häuser verschenkt; ja, den Holländern (in dem architektonisch so vollkommen gelungenen holländischen Viertel) schenkt man Häuser mitsamt der Einrichtung! Sie galten als die Leute, die alles konnten. . . .

Ludwigsburg (Württemberg – J. K.) wurde förmlich aus dem Boden gestampft, aus einem nur durch seine Jagdgründe empfohlenen unebenen, waldigen und sumpfigen Terrain. Die Bauleute, wie oft und an vielen Orten, mußten von weit her geholt werden. In diesem Falle trieb man's planmäßig und großartig. Ums Jahr 1705 wurden aus Prag ganze Sippen oberitalienischer Baumeister, Kunsthandwerker, Bauhandwerker, die zuvor in Wien und dann an der Moldau Paläste errichtet hatten und nun mehr oder minder arbeitslos waren, in Schüben nach Württemberg gebracht. Innerhalb eines Jahrzehnts entstehen große Teile der Schloßanlage, das Corps de Logis durch Spiegelgalerien mit Pavillons verbunden, mit Riesenbau und Ordensbau schon ein Hufeisen bildend . . . Man muß sich auf den großen Baustellen jener Zeit ein babylonisches Sprachengewirr vorstellen; italienisch, holländisch, französisch, tschechisch zu den Mundarten aus den verschiedensten deutschen Ländern (wobei oft ein kleiner Landstrich, wie Vorarlberg, seine Bauleute in alle Himmelsrichtungen aussandte). Und wie man die Bauleute von überall her holen mußte, so mußte man sich in alle Richtungen der Windrose um Bewohner bemühen."[29]

Große Bauten, ganze Siedlungen konnte man offenbar nur unter Mithilfe ausländischer Handwerker bauen – und wahrlich nicht aus Knappheit einheimischer Handwerker! Man stelle sich vor, man hätte um 1500 oder 1400 ausländische Handwerker herangeholt, um die so viel schöneren Prachtgebäude der deutschen Städte zu errichten!

Wahrlich: Genau wie die Leistungen der deutschen Landwirtschaft, so sind auch die Leistungen des Handwerks gegenüber dem 16. und 15. Jahrhundert zurückgegangen.

Zum Teil hängt das auch damit zusammen, daß zahlreiche Handwerker so verarmen, daß sie mehrere Berufe ausüben. J. G. Hoffmann schreibt um 1800: „In kleinen Städten ist es gemeinhin schwer, bestimmt anzugeben, wie weit das Handwerk seinen Mann nähre. Zu den mehresten Häusern gehört Acker und Braugerechtigkeit. Der Bürger ist Landwirth, Brauer und Handwerker zugleich, und weil er Alles nur gelegentlich ist, gemeinhin in Allem ein Stümper. Es ist eine sehr gemeine Erfahrung, daß diejenigen kleinstädtischen Handwerker, welche Häuser ohne Pertinenzen besitzen, sich durch beßre Arbeit und größre Wohlhabenheit auszeichnen. Ohne Zweifel könnten die funfzehn Bäcker oder Schmiede in jenem Städtchen nicht leben, wenn nicht der Ertrag ihres Feldes und ihrer Brauereien den mangelnden Erwerb ersetzten."[30]

[29] Ebendort, S. 111 ff.
[30] *J. G. Hoffmann*, Das Interesse des Menschen und Bürgers bei den bestehenden Zunftverfassungen, Königsberg 1803, S. 119.

Der Statistiker Bratring schreibt zur gleichen Zeit: „In Absicht der Landhandwerker muß ich ein für allemal bemerken, daß es schwierig ist, ihre Anzahl von der der Bauern, besonders der Kossäten und Büdner zu scheiden, denn gewöhnlich werden diese, da sie zweierlei Gewerbe treiben, auch in jeder Rubrik, also zweimal aufgeführt."[31]

Und Möller ergänzt auf Grund heutiger Forschungen: „Für Durlach besitzen wir Belege dafür, daß nicht nur außenstehende Beobachter, sondern auch die Handwerker selbst den Ertrag ihrer doppelten Tätigkeit nicht trennen konnten. Als 1743 seitens der Obrigkeit eine Schlachtprobe vorgenommen wurde, ergab sich, daß die Metzger 'bei einem Fleischpreis von 6 kr. für das Pfund einen Verlust von 12 1/3 kr. auf jeden Hammel' erlitten und in Kauf nahmen, und in einem Gutachten aus der Zeit um 1785 schrieb der Bürgermeister, 'daß die Bäcker nicht in der Lage seien, die Art der Abhängigkeit zwischen den augenblicklichen Fruchtpreisen und dem Gewicht zu berechnen, sie merkten also, ob sie mit Verlust arbeiteten, erst nach längerer Zeit,> daß der Geldbeutel leer werde< '. Den Meistern fehlte einfach die Übersicht, 'da sie keine Geschäftsbücher zu führen pflegten und, wenn sie noch Einnahmen aus Nebenerwerben, wie Gast- oder Landwirtschaft und anderem hatten, nicht unterscheiden konnten, ob sie ihr Handwerk mit Schaden oder mit Nutzen trieben'.[32]"[33]

Wahrlich ein Niedergang des Handwerks, in dem so viele Berufstätige sich weder ihrer Tätigkeit noch ihrem Einkommen nach identifizieren können – „in allem Stümper" wie Hoffmann so brutal und realistisch formuliert.

Dazu kommt, daß, während die Landwirtschaft ihre „Unterschichten" gegenüber der Zeit vor 1650 bzw. 1600 nur gewaltig vermehrt bzw. im Gesinde altersmäßig ausdehnt, das Handwerk eine völlig neue „Unterschicht" bildet, nämlich die Gesellen. Wurden sie früher Meister, so wurden sie jetzt in wachsender Zahl zum ewigen Gesellentum verbannt. Sie wurden zu einer eigenen Schicht oder Klasse und wurden damit auch in den Klassenkampf der Unterdrückten hineingezogen. Alle Gesellenbewegungen vor 1600 bzw. 1650 waren Streitigkeiten von „Kindern mit ihren Eltern", denn nach einer Reihe von Jahren waren die Gesellen ja sicher, selber Meister zu werden. Jetzt aber wurde eine im Laufe der Zeit wachsende Zahl von Gesellen vom „natürlichen, selbstverständlichen" Aufstieg ausgeschlossen. Waren früher die Gesellen gewissermaßen Studenten, so wurden sie jetzt mehr und mehr zu gewerblichen Arbeitern – in feudaler Bindung.

Anläßlich des allmählichen Durchbrechens der alten Regel, daß Gesellen nicht heiraten dürfen, bemerkt Kaufhold:

„Die Bauhandwerker hatten schon immer eine Ausnahme gemacht; bei ihnen war der verheiratete Geselle mit eigener Wohnung die Regel. Eine Reihe von Einzelnachrichten erweckt jedoch den Eindruck, daß sich zumindest in den größeren Städten auch in anderen Berufen zunehmend verheiratete Gesellen fanden.

So erschienen z. B. in den Unterstützungsgesuchen der 'armen Stuhlarbeiter' Berlins eine ganze Anzahl verheirateter Webergesellen. In Emden ließen einige Schuhmacher-

[31] *Fr. W. A. Bratring,* Statistisch-topographische Beschreibung der gesamten Mark Brandenburg, Bd. 1, Berlin 1804, S. 74.
[32] *O. K. Roller,* Die Einwohnerschaft der Stadt Durlach im 18. Jahrhundert in ihren wirtschaftlichen und kulturgeschichtlichen Verhältnissen dargestellt aus ihren Stammtafeln, Karlsruhe 1907, S. 298, 300.
[33] *H. Möller,* Die kleinbürgerliche Familie im 18. Jahrhundert, Berlin 1969, S. 114 f.

meister, die das Gewerbe 'fabrikmäßig', d. h. im größeren Maße trieben, ihre Gesellen in deren Wohnung arbeiten, da der Raum bei ihnen nicht ausreichte.[34]

An sich war diese Erscheinung nicht verwunderlich, denn schon längst war in vielen Berufen der 'lebenslängliche Geselle', der ohne sein Verschulden die Meisterschaft und die Selbstständigkeit nicht erlangte, eine verbreitete Figur geworden. Daß der, wo es möglich war, eine Familie gründete, war naheliegend.“[35]

Sieht man sich die Zahl der Gesellen bzw. Gesellen und Lehrlinge pro Meister an, dann hat man im allgemeinen den Eindruck, daß diese sehr niedrig sei. Schremmer stellte fest, daß es gegen Ende des 18. Jahrhunderts nur eine einzige Stadt in Bayern gab, Straubing (1794 5428 Einwohner), in der die Zahl der Gesellen größer war als die der Meister.[36] Und Kaufhold gibt folgende Zahlen für Preußen:[37]

Betriebsgröße: Meister und Gesellen

I. Städte

Östliche Provinzen*	1,55
Mittlere Provinzen**	1,52
Westliche Provinzen***	1,47

* Nur Pommern,   ** Ohne Berlin und Halberstadt,   *** Ohne Kleve

II. Land

Mittlere Provinzen****	1,22
Westliche Provinzen*****	1,13

**** Nur Neumark,   ***** Nur Grafschaft Mark

Je weiter östlich der Betrieb, desto größer ist er. Aber nirgendwo erreicht er die Zahl von 2 – und das gilt auch, wenn wir die Zahl der Lehrlinge hinzunehmen –, so daß scheinbar reichlich Meisterstellen für Gesellen und Lehrlinge vorhanden sind. Doch hat schon J. G. Hoffmann auf diesen Irrtum aufmerksam gemacht, und Schmoller hat ihn ausführlicher behandelt:

„Es ist ein einfaches Rechenexempel, um das es sich handelt, auf das J. G. Hoffmann[38] zuerst aufmerksam machte. 'Der einzelne Mensch' – sagt er – 'welcher vom 14. Jahre ab 16 Jahre lang als Lehrling und Geselle dient, will doch mit dem 30. **Jahre endlich einen** eigenen Hausstand anfangen, um nun 30–40 Jahre lang als Meister zu leben. Er ist also wenigstens doppelt so lange Meister, als er vormals Gehülfe war, und es wird demnach nur halb so viel Gehülfen, als es überhaupt Meister giebt, wirklich die Aussicht auf die Meisterstelle eröffnet werden können.' Wenn man die Rechnung nur auf die Lehrlinge beschränkt, so wird sie noch klarer. 'Ein Meister' – sagt Hoffmann an anderer Stelle[39] –

---

[34] Bericht der Ostfriesischen Kriegs- und Domänenkammer an das Generaldirektorium v. 11. 8. 1804 in: Ostfriesland Titel LVI Nr. 24.

[35] *Kaufhold*, S. 353.

[36] *E. Schremmer*, a. a. O., S. 443.

[37] *Kaufhold*, S. 186 f.

[38] Die Bevölkerung des preuß. Staats, Berlin 1829, S. 118.

[39] Die Befugniß zum Gewerbebetrieb, Berlin 1841, S. 131.

'unterhalte nur einen Lehrling gleichzeitig, so wird er doch von seinem dreißigsten bis zu seinem sechzigsten Lebensjahre bei vierjähriger Lehrzeit sieben auslernen können, wovon endlich nur einer ihn dereinst als Meister ersetzen kann. Rechnet man auch darauf, daß während eines Zeitraums von dreißig Jahren die Bevölkerung ungefähr um fünfzig auf hundert wächst, daß also in demselben Verhältnisse auch statt zwei jetzigen Meistern nach dreißig Jahren drei zur Befriedigung der Bedürfnisse des Volkes nöthig sein werden, und daß auch in den Gesellenjahren einige zum Handwerke Angelernte sterben, so wird man doch immer für Fünfe von jenen Sieben keine Aussicht auf anständigen Erwerb als Meister eröffnen können. In diesem selten klar genug erkannten Verhältnisse liegt die Unhaltbarkeit der Zunftsverfassung und der seit Jahrhunderten fortdauernden Beschwerden über unverbesserliche Mißbräuche der zünftigen Handwerker.'

Je nachdem man eine Zunahme der Meister für möglich oder wahrscheinlich hält, je nachdem man die mittlere Lebensdauer der Meister setzt und eine Sterblichkeit unter den Lehrlingen und Gesellen annimmt, wird die Rechnung etwas anders, aber in der Hauptsache bleibt die Frage dieselbe."[40]

Obgleich wir keine zuverlässigen Statistiken über die Zahl der „ewigen Gesellen" haben, können wir doch sagen, daß sie im Laufe der hier betrachteten Zeit zu einem gesellschaftlich nicht unbedeutsamen Faktor angewachsen sind. –

Wir waren kurz auf die Auswirkung von Veränderungen in der Landwirtschaft – Fron- und Gutswirtschaft im Osten, stärkerer Übergang zur Geldrente im Westen – auf das Gewerbe eingegangen. Wie waren umgekehrt die Auswirkungen des Wachstums des Handwerks auf dem Lande auf das Leben der Bauern? Ich glaube, Bentzien hat völlig recht, wenn er bemerkt:

„Die tägliche Arbeit feudalabhängiger Bauern während der zweiten Hälfte des 18. Jahrhunderts stand nicht im Zeichen der Gunst feudaler Herrscher (jeden Ranges), sondern wurde abseits von Wohlwollen, Publizität und Gemeininteresse vollbracht. Auf diesen Normalfall muß zunächst der Blick gerichtet werden.

Das Bild, das Arbeit und Wirtschaft feudalabhängiger Bauern in dieser Zeit dem rückschauenden Betrachter bieten, gleicht trotz der namhaft gemachten einzelnen Fortschritte in vielen entscheidenden Zügen noch dem, das für die Zeit der frühbürgerlichen Revolution und des Bauernkrieges gezeichnet werden konnte.[41] Die Ähnlichkeit beruht auf der Fortdauer feudaler Produktionsweise über das seitdem vergangene Vierteljahrtausend hinweg. Im einzelnen ergeben sich freilich manche Differenzen und Differenzierungen. Wir konzentrieren uns im folgenden auf einige wesentliche Punkte, die insbesondere für die Beantwortung der Frage wichtig sind, wie in dieser Phase des Aufschwungs der Manufaktur und der sich ankündigenden bürgerlichen Umwälzung das Niveau der bäuerlichen Wirtschaft und Kultur einzuschätzen ist.

Die Arbeitsteilung war in der bäuerlichen Wirtschaft weiterhin unentwickelt. Innerhalb einzelner Produktionsprozesse, ja, ganzer Produktionszweige, gab es sie faktisch nicht.[42] Außerhalb davon steht die traditionelle geschlechtliche Arbeitsteilung. Indessen mußte fast jede männliche Arbeitskraft alle Männerarbeiten, fast jede weibliche Arbeitskraft alle Frauenarbeiten, fast jedes Kind – teilweise je nach Geschlecht – alle leichteren Hilfsarbeiten auf dem Bauernhof leisten können. Nicht-Spezialisierung war somit kennzeichnend.

[40] G. Schmoller, a. a. O., S. 338 f.
[41] U. Bentzien, a. a. O., S. 43 f. (Thesen)
[42] Vgl. K. Marx, Das Kapital, Bd. I, MEW, Bd. 23, S. 789.

Die Beschaffenheit der Produktionsinstrumente verlangte – trotz (aber auch wegen!) einzelner Veränderungen – härteste körperliche Arbeit. Die Verwendung von Arbeitsmaschinen zeichnete sich für die Bauernwirtschaft im Spätfeudalismus, von Ausnahmen abgesehen, nicht einmal perspektivisch ab.

Ein Großteil der Arbeitsgeräte wurde auf dem Bauernhof selbst hergestellt. Man verspann Flachs oder Hanf zu Zugsträngen für Ochsen[43], fertigte Holzgerippe für 'Pflüge und allerlei Wagenwerk' – eine Praxis, die nicht nur von 'Hausvätern' gelobt,[44] sondern auch von den feudalabsolutistischen Behörden gefordert wurde,[45] – und unterhielt zu diesem Zweck notgedrungen zahlreiches Holzbearbeitungsgerät in der Geschirrkammer.[46] Anderes Gerät und Gerätzubehör wurde von ländlichen und städtischen Handwerkern bezogen: Speichenräder vom Stellmacher, Lederwerk vom Riemer, eiserne Geräteteile vom Schmied usw.

Das Verhältnis von Hauswerk und Handwerk im einzelnen wie im ganzen bedarf für diese Zeit noch genauerer Untersuchung. In 'gewerbereichen' süddeutschen Landschaften war die bäuerliche Eigenproduktion einfacher Geräte und Geräteteile vielleicht weniger ausgeprägt; dort mag es schon damals z. B. ein spezielles Rechenmacherhandwerk oder auch die Praxis gegeben haben, daß man Heurechen und Dreschflegel von Wagnern, Tischlern, Sattlern usw., möglicherweise auch aus hausindustriellen Werkstätten bezog,[47] was im Norden offenbar nicht üblich war. Die auffällige Erscheinung, daß Handwerker lokale und regionale Kulturformen bei der Herstellung sorgfältig gefaster Pfluggrindel und -griessäulen, kunstvoll geschnitzter Ochsenjoche und reich verzierter Kummete schufen, ja daß sie es waren, die der überlieferten bäuerlichen Gerätekultur die entscheidenden technischen Neuerungen zuführten, gehört im größeren Maßstab wahrscheinlich erst der Zeit nach 1800 an. Das Handwerk war sicherlich beteiligt an der Herstellung und Verbreitung solcher neuen Gerätschaften wie Pflugstaten (Eisensohlen), Walzen, Rapslaken, Windfegen oder Ochsenkummeten; aber entsprechende Werkstätten und Meister gab es sicherlich noch nicht in großer Zahl. Bei der Versorgung mit bestimmten 'Massenartikeln' spielte nachweislich nicht das städtische Zunfthandwerk, sondern das ländliche Metallgewerbe (verschiedener Betriebsform) die traditionell größere und noch größer werdende Rolle. Als Handelsware gelangten Erzeugnisse der steirisch-oberösterreichischen Eisenhämmer – Sichel- und Sensenblätter, Spatenbeschläge, Pflugschare und Strohschneidemesser – in weite Teile des Reiches und darüber hinaus.[48] Sie konkurrierten beispielsweise erfolgreich mit württembergischer Ware, die den badischen Markt nicht zu erobern vermochte,[49] aber erfolglos mit den Erzeugnissen des Bergischen Landes und des Ruhr-

---

[43] *J. Beckmann*, Beyträge zur Oekonomie, Technologie, Polizey und Cameralwissenschaft, Bd. 7, Göttingen 1783, S. 14.

[44] *Chr. Fr. Germershausen*, Der Hausvater in systematischer Ordnung, Bd. I, Leipzig 1783, S. 708.

[45] Corpus Constitutionum Marchicarum, hrsg. v. Christian Otto Mylius, Bd. 5/3, Berlin 1740, S. 277 f.

[46] *W. Achilles*, Vermögensverhältnisse braunschweigischer Bauernhöfe im 17. und 18. Jh., Stuttgart 1965, S. 45.

[47] Vgl. *G. Wiegelmann*, Innovationszentren in der ländlichen Sachkultur Mitteleuropas. In: Volkskultur und Geschichte. Festgabe für Josef Dünninger, Berlin (W) 1970, S. 124; *P. Assion*, Bäuerliches Tagewerk vor der Mechanisierung. In: Ländliche Kulturformen im dt. Südwesten. Festschr. f. H. Heimberger, Stuttgart 1971, S. 84.

[48] *G. Brachmann*, Die oberösterreichischen Sensen-Schmieden im Kampfe um ihre Marken und Märkte, Wien 1964; *I. Balassa*, Randbeschlagene Holzspaten in Mittel- und Osteuropa. Schweizerisches Archiv für Volkskunde 68/69 (1972/73), S. 6.

[49] *A. Reile*, Geschichte der Sensenfabrik Neuenbürg, Stuttgart 1953, S. 79, 150.

gebietes, die den westfälischen Markt behaupteten[50] und ihrerseits bis ins Braunschweig-Lüneburgische ausgeführt wurden, was wiederum die 'Berghandlung' zu Hannover 1768 veranlaßte, den Absatz der eigenen Harzer Produktion zu schützen.[51] Diese Artikel wurden teils an die Dorfschmiede, teils an die Bauern selbst verkauft. In der bäuerlichen Wirtschaft ging damit die 'Geräteautarkie' freilich noch nicht völlig zu Ende. Sie existierte vor allem bei der Fertigung hölzerner Geräteteile fort. Und wo sie fortexistierte, war sie kein günstiger Nährboden für Neuentwicklungen von Gerätschaften, Technologien und Kulturformen."[52]

Wahrlich eine eingehende, auf umfassender Materialkenntnis – oder sagen wir besser, auf erschöpfender Ausnutzung der vorhandenen Materialkenntnis – beruhende Einschätzung der Situation!

„Die Arbeitsteilung war in der bäuerlichen Wirtschaft weiterhin unentwickelt" – das ist die eine Tatsache. Aber mehr: „Ein Großteil der Arbeitsgeräte wurde auf dem Bauernhof selbst hergestellt" – das ist die andere Tatsache. Wie eh und je spielte die gewerbliche Produktion auf dem Lande nur eine untergeordnete Rolle für den Bauernhof.

Und das trotz der zweifellos erheblichen Steigerung der gewerblichen Tätigkeit auf dem Lande!

Wenn wir aber bedenken, daß ein Hauptteil dieser gewerblichen Tätigkeit in der Herstellung von Textilien bestand und daß der Bauer seinen eigenen Textilbedarf zumeist wie früher selbst herstellte und sich nicht besser kleidete als zuvor, dann wird das schon verständlicher.

Das heißt, es nahm nicht nur die Arbeitsteilung auf dem bäuerlichen Hofe nicht zu. Auch die Arbeitsteilung auf dem Lande erfuhr keine merkliche Entwicklung, obgleich doch die gewerbliche Produktion dort beachtlich stieg!

Ein erstaunliches Charakteristikum der Niedergangsperiode des Feudalismus.

Genau wie in der Landwirtschaft so im Handwerk. Selbstverständlich stieg seine Produktion quantitativ, nicht nur als Wiedergutmachung der Kriegsschäden nach 1648, sondern auch mit der wachsenden Bevölkerung. Und während die landwirtschaftliche Produktion pro Kopf der Bevölkerung um 1750 und wahrscheinlich auch um 1800 eher niedriger war im Vergleich zu 1500 und 1600, war die Produktion des ländlichen Handwerks insgesamt und pro Kopf der Bevölkerung wohl beachtlich höher . . . die städtische aber geringer. Soweit zu den Quantitäten. Was aber die Qualität betrifft und insbesondere die Produktivität der Arbeit, so kann von irgendeinem merklichen Fortschritt nicht die Rede sein, ja man muß wohl gegenüber 1500 oder 1600 von einem deutlichen Rückschritt sprechen, was nicht bedeutet, daß es nicht im einzelnen Fortschritte gab, die jedoch vergleichsweise nicht den Durchschnitt heben konnten. –

Neben dem Handwerk spielt wohl die größte Rolle in der Produktion gewerblicher Produkte die Heimindustrie. Sie ist außerordentlich schwer von der allgemein üblichen Hausindustrie zu unterscheiden. Praktisch in jedem Haushalt, ob auf dem Lande oder in der Stadt, wurde für den eigenen Bedarf gesponnen, zeitweise aber auch darüber hinaus, während große Teile der sogenannten unterbäuerlichen Schichten auf dem Lande und der „unterbürgerlichen" Schichten in den Städten von der Heimindustrie lebten, oft mit

---

[50] *Br. Kuske*, Wirtschaftsentwicklung Westfalens . . . bis zum 18. Jh., Münster (Westf.) 1943, S. 18, 125 f.; vgl. *W. Jüsten*, Pflugschareníndustrie an der Enneperstraße, Diss. Leipzig 1924.

[51] *Br. Kuske*, a. a. O., S. 129.

[52] *U. Bentzien*, a. a. O., S. 132 f.

8*

zusätzlicher Landwirtschaft oder mit zusätzlicher Dienstleistung in den Städten. Außer,
daß die Heimindustrie sehr stark an Umfang zugenommen hat, läßt sich über die Entwicklung im Sinne von qualitativem Aufstieg oder Verfall nichts auch nur mit einiger
Wahrscheinlichkeit aussagen.

Eine neue Form des gewerblichen Produktionsverhältnisses stellen in unserer Zeit der
Verlag und die Manufaktur dar, die in ihren ersten Anfängen auch schon in die Zeit
vor 1650 zurückreichen, aber erst jetzt eine merkliche Rolle zu spielen beginnen.

Über den Verlag schreibt Engels in einer Ergänzung zum „Kapital":

„Und in der Textilindustrie hatte der Kaufmann angefangen, die kleinen Webermeister
direkt in seinen Dienst zu stellen, indem er ihnen das Garn lieferte und gegen fixen Lohn
für seine Rechnung in Gewebe verwandeln ließ, kurz, indem er aus einem bloßen Käufer ein sogenannter *Verleger* wurde. . . .

Was konnte nun den Kaufmann bewegen, das Extrageschäft des Verlegers auf sich zu
nehmen? Nur eins: die Aussicht auf größeren Profit bei gleichem Verkaufspreis mit den
andern. Und diese Aussicht hatte er. Indem er den Kleinmeister in seinen Dienst nahm,
durchbrach er die hergebrachten Schranken der Produktion, innerhalb deren der Produzent sein fertiges Produkt verkaufte und nichts andres. Der kaufmännische Kapitalist
kaufte die Arbeitskraft, die einstweilen noch ihr Produktionsinstrument besaß, aber schon
nicht mehr den Rohstoff. Indem er so dem Weber regelmäßige Beschäftigung sicherte,
konnte er dagegen den Lohn des Webers derart drücken, daß ein Teil der geleisteten
Arbeitszeit unbezahlt blieb. Der Verleger wurde so Aneigner von Mehrwert über seinen
bisherigen Handelsgewinn hinaus. Allerdings mußte er dafür auch ein zusätzliches Kapital anwenden, um Garn etc. zu kaufen und in der Hand des Webers zu belassen, bis das
Stück fertig war, für das er früher erst beim Einkauf den ganzen Preis zu zahlen hatte.
Aber erstens hatte er in den meisten Fällen auch schon Extrakapital gebraucht zu Vor-
schüssen an den Weber, den in der Regel nur die Schuldknechtschaft dahin brachte, daß
er sich den neuen Produktionsbedingungen unterwarf. Und zweitens, auch abgesehen
davon, stellt sich die Rechnung nach folgendem Schema:"[53] Und dann gibt Engels ein
Beispiel, wie der Verleger in kurzer Zeit sein zusätzlich angewandtes Kapital wieder her-
ausschlagen kann.

So entscheidend die Rolle der Textilindustrie im Verlag, dehnte er sich jedoch schon
früh auch auf andere Gewerbe aus. Mottek berichtet bereits für sehr frühe Zeiten:

„Erscheinungen des Verlags finden wir in Deutschland im 14. und 15. Jh. in verschiedenen Gewerbezweigen. So arbeiten z. B. in Wismar und Rostock die Mehrzahl der
Böttcher im Auftrage der großen Kaufherren sowie der wohlhabenden Böttchermeister.
Ferner traten in Hamburg und Lübeck Knochenhauer als Verleger von Schlächtern auf.
Hier ist auch die Messerherstellung in Nürnberg zu nennen, wo die Handwerker in
starke Abhängigkeit von den Kaufleuten gerieten, die den Absatz von Messerwaren und
anderen kleinen Eisenprodukten für den Fernabsatz in den Händen hatten.

Die größte Rolle spielte aber der Verlag im Textilgewerbe. Betrachten wir zunächst
die Herstellung von Leinwand. Die zunehmende Produktion für den Fernabsatz erforderte, insbesondere in Oberdeutschland, zur Beibehaltung einer ökonomischen Selbständigkeit – ebenso wie bei den anderen Handwerkern – größere Mittel; über solche Mittel
verfügte die Masse der im allgemeinen besonders armen Leinweber nicht. Allerdings
brauchte der Leineweber in Schwaben sein Rohmaterial – das auf dem Lande gesponnene

---

[53] *Marx/Engels*, Werke, Bd. 25, Berlin 1964, S. 914 f.

Garn – nicht von weit her zu beziehen, aber immerhin benötigte er für den Ankauf von Garn Geld, das er nicht immer besaß. Hierbei ist zu beachten, daß die Weber, die für den Fernabsatz produzierten, im Gegensatz zu denen, die für Kunden in der eigenen Stadt produzierten, nicht mit Rohstoffen ihrer Kunden arbeiten konnten. So kam es dazu, daß vielfach das Geld oder das zu verarbeitende Garn von einem Kaufmann geliehen wurde, der auch die fertige Leinwand übernahm, wobei dann infolge des Abhängigkeitsverhältnisses, in das der Schuldner geriet, der Preis des fertigen Gewebes vom Kaufmann besonders niedrig angesetzt werden konnte. Die Unterwerfung der Leineweber wurde in dem Augenblick noch leichter, als den Webern nicht mehr einzelne Kaufleute, sondern ganze Handelsgesellschaften gegenüberstanden. Aus diesem Grunde haben sie sich gegen die Bildung solcher Gesellschaften entschieden gewehrt."[54]

Der Verlag bringt eine Variation der Produktionsverhältnisse, aber innerhalb des Rahmens der bestehenden, ohne daß sich der Produktionsprozeß verändert. Kaufhold fragt „ob der Verlag eine eigene Betriebsform im Sinne einer spezifischen Organisation der Produktion war oder nicht nur eine Spielart des Handwerks. Sombart vertrat entschieden die zweite Ansicht: Der Verlag 'zeigt nur an, daß eine alte Produktionsordnung, das Handwerk, im Begriffe ist zu verfallen, enthält aber selbst noch keine Ansätze zu einer Neuordnung', Denn: 'Es vollzieht sich im Bereiche der Produktion überhaupt keine Änderung. Der Abschluß eines reinen Verlagsvertrages ist ausschließlich ein Verteilungsvorgang'[55].

Rückt man, wie Sombart, den technischen Vollzug der Produktion in den Vordergrund, wird man dem zustimmen müssen. (Zu dem gleichen Ergebnis gelangt man bei Betonung der rechtlichen Stellung des Produzenten: rechtlich war er selbständiger Handwerker oder Heimgewerbetreibender). Bei Einbeziehung der sozialen und ökonomischen Verhältnisse des Verlegten war aber der Tatbestand der Abhängigkeit vom Verleger so gewichtig, daß er die Bildung einer eigenen Betriebsform notwendig macht[56]."[57]

Betrachten wir den Verlag im Zusammenhang mit dem Niedergang des Feudalismus, dann können wir sagen, daß er genau wie beim aufsteigenden Kapitalismus in England zwar eine gewisse Form der Zentralisation der Wirtschaft (nicht der Produktion!) und vielleicht auch eine quantitative Erweiterung der Produktion, aber weder eine Steigerung ihrer Qualität noch ihrer Produktivität bringt. Marx schreibt allgemein über die Rolle des Kaufmannskapitals, wenn es sich in unserer hier betrachteten Zeit der Produktion bemächtigt (meine Unterstreichungen): „Der Übergang aus der feudalen Produktionsweise macht sich doppelt. Der Produzent wird Kaufmann und Kapitalist, im Gegensatz zur agrikolen Naturalwirtschaft und zum zünftig gebundenen Handwerk der mittelalterlichen städtischen Industrie. Dies ist der wirklich revolutionierende Weg. Oder aber, der Kaufmann bemächtigt sich der Produktion unmittelbar. Sosehr der letzte Weg historisch als Übergang wirkt – wie z. B. der englische Clothier des 17. Jahrhunderts, der die Weber, die aber selbständig sind, unter seine Kontrolle bringt, ihnen ihre Wolle verkauft und ihr Tuch abkauft –, *sowenig bringt er es an und für sich zur Umwälzung der alten Produktionsweise, die er vielmehr konserviert und als seine Voraussetzung beibehält.*

---

[54] *H. Mottek,* Wirtschaftsgeschichte Deutschlands, Berlin 1957, S. 208 f.

[55] *W. Sombart,* Kapitalismus, Bd. 2, Halbbd. 2, S. 722–724.

[56] Auch Sombart räumt das ein (ebd., S. 722), hält aber eine solche Betrachtungsweise für zu stark generalisierend. Mir scheint sie eher differenzierend und vor allem den tatsächlichen Verhältnissen stärker entsprechend zu sein.

[57] *Kaufhold,* S. 229,

So z. B. war großenteils noch bis in die Mitte dieses Jahrhunderts der Fabrikant in der französischen Seidenindustrie, der englischen Strumpfwaren- und Spitzenindustrie bloß nominell Fabrikant, in Wirklichkeit bloßer Kaufmann, der die Weber in ihrer alten zersplitterten Weise fortarbeiten läßt, und nur die Herrschaft des Kaufmanns ausübt, für den sie in der Tat arbeiten. Diese Manier steht überall der wirklichen kapitalistischen Produktionsweise im Wege, und geht unter mit deren Entwicklung. Ohne die Produktionsweise umzuwälzen, verschlechtert sie nur die Lage der unmittelbaren Produzenten, verwandelt sie in bloße Lohnarbeiter und Proletarier unter schlechtern Bedingungen, als die direkt unter das Kapital subsumierten, und *eignet sich ihre Mehrarbeit auf Basis der alten Produktionsweise an.*"[58]

Bisweilen wird in unserer Literatur der Verlag als ein kapitalistisches Unternehmen betrachtet. Das kann er sein und war es vielfach in England. Das war er im allgemeinen nicht in Deutschland zwischen 1650 und 1800. Er verstärkte nur das Elend des Handwerks und der Heimindustrie und damit das allgemeine Elend des Niedergangs des Feudalismus.

Man überlege noch einmal, was Marx über das Kaufmannskapital, das ja in Deutschland den größten Teil des Verlages beherrscht, sagt:

„Selbständige und vorwiegende Entwicklung des Kapitals als Kaufmannskapital ist gleichbedeutend mit Nichtunterwerfung der Produktion unter das Kapital, also mit Entwicklung des Kapitals auf Grundlage einer ihm fremden und von ihm unabhängigen gesellschaftlichen Form der Produktion. Die selbständige Entwicklung des Kaufmannskapitals steht also im umgekehrten Verhältnis zur allgemeinen ökonomischen Entwicklung der Gesellschaft.

Das selbständige Kaufmannsvermögen, als herrschende Form des Kapitals, ist die Verselbständigung des Zirkulationsprozesses gegen seine Extreme, und diese Extreme sind die austauschenden Produzenten selbst. Diese Extreme bleiben selbständig gegen den Zirkulationsprozeß, und dieser Prozeß gegen sie. Das Produkt wird hier Ware durch den Handel. Es ist der Handel, der hier die Gestaltung der Produkte zu Waren entwickelt; es ist nicht die produzierte Ware, deren Bewegung den Handel bildet. Kapital als Kapital tritt hier also zuerst im Zirkulationsprozeß auf. Im Zirkulationsprozeß entwickelt sich das Geld zu Kapital. In der Zirkulation entwickelt sich das Produkt zuerst als Tauschwert, als Ware und Geld. Das Kapital kann sich im Zirkulationsprozeß bilden, und muß sich in ihm bilden, bevor es seine Extreme beherrschen lernt, die verschiednen Produktionssphären, zwischen denen die Zirkulation vermittelt. Geld- und Warenzirkulation können Produktionssphären der verschiedensten Organisationen vermitteln, die ihrer inneren Struktur nach noch hauptsächlich auf Produktion des Gebrauchswerts gerichtet sind. Diese Verselbständigung des Zirkulationsprozesses, worin die Produktionssphären untereinander verbunden werden durch ein Drittes, drückt Doppeltes aus. Einerseits, daß die Zirkulation sich noch nicht der Produktion bemächtigt hat, sondern sich zu ihr als gegebner Voraussetzung verhält. Andrerseits, daß der Produktionsprozeß die Zirkulation noch nicht als bloßes Moment in sich aufgenommen hat. In der kapitalistischen Produktion dagegen ist beides der Fall. Der Produktionsprozeß beruht ganz auf der Zirkulation, und die Zirkulation ist ein bloßes Moment, eine Durchgangsphase der Produktion, bloß die Realisierung des als Ware produzierten Produkts, und der Ersatz seiner als Waren produzierten Produktionselemente. Die unmittel-

---

[58] *Marx/Engels*, Werke, a. a. O., S. 347.

bar aus der Zirkulation stammende Form des Kapitals – das Handelskapital – erscheint hier nur noch als eine der Formen des Kapitals in seiner Reproduktionsbewegung."[59]

Etwas von diesem „Zwiespalt" hat auch Schmoller verspürt, wenn er schrieb: „Das Wesentliche liegt in den zwei verschiedenen sozialen Klassen, die zusammenwirken: ein handwerksmässiger Körper hat einen kaufmännischen Kopf."[60]

Und falsch trotz klarer Einsicht in eine Reihe von Tatsachen schreiben die Autoren von „Industrialisierung vor der Industrialisierung (meine Unterstreichungen): „Die symbiotische Beziehung von ländlich-gewerblicher Familienwirtschaft und Handels- bzw. Verlagskapital erscheint als eine typische Konfiguration von 'Produktionsweisen des Übergangs'. Sie war zwar durch die zunehmende Dominanz des Kapitals auch in der Sphäre der Produktion gekennzeichnet, doch basierte sie nicht auf einem Abhängigkeitsverhältnis, in welchem die tendenziell wachsende Kapitalisierung der Produktionssphäre auch mit der Zerstörung der vorkapitalistischen Produktionsweise einhergegangen wäre. Der fortwährende Werttransfer aus dem hauswirtschaftlichen in *den kapitalistischen Sektor* ergab sich nicht aus der Zerstörung, sondern eher aus der Konservierung der dominierten Produktionsweise. Die strukturelle Bedeutsamkeit des familienwirtschaftlichen Faktors erklärt sich insofern gerade aus der 'Nichtunterwerfung der Produktion unter das Kapital, also ... (der) Entwicklung des Kapitals auf Grundlage einer ihm fremden und von ihm unabhängigen gesellschaftlichen Form der Produktion' (Marx)[61]. Dieses zentrale soziale Produktionsverhältnis des ländlichen Gewerbes wurde in besonderer Weise durch seine Verankerung im familienwirtschaftlichen Arbeitsprozeß geprägt. Sie ließ den hausindustriellen Produzenten ein hohes Maß an faktischer Kontrolle über den Produktionsprozeß auch dann, wenn die Eigentumstitel an Rohmaterialien und fertigen Arbeitsprodukten, aber auch an Land, Haus und Produktionsmitteln zunehmend in die Verfügung des händlerischen und verlegerischen Kapitals übergingen. *Wachsende Kapitalisierung* bedeutete hier nicht in gleichem Maße auch wachsende Kontrolle des Produktionsprozesses durch das Handels- und Verlagskapital, sondern zumeist nur die wachsende Kontrolle des Produkts. Der sich hieraus ergebende Widerspruch zwischen der sozialen Gestaltung der Produktion und ihrer *kapitalistischen Aneignungsweise* zeigte sich symbolisch in endonomischem Diebstahl der ländlichen Gewerbetreibenden: Der hausindustrielle Arbeiter verhielt sich auch noch unter *kapitalisierten Besitzverhältnissen* zu den objektiven Bedingungen und Resultaten seiner Arbeit als seinem 'Eigentum'."[62]

Alles ist klar gesehen – nur irreführend für Deutschland die Ausdrücke „kapitalistischer Sektor", „kapitalistische Besitzverhältnisse" usw. Das Wort kapitalistisch hätte durch handelskapitalistisch ersetzt werden müssen, denn nur so wäre klar herausgearbeitet worden, daß es sich nicht um einen antifeudalen kapitalistischen Prozeß handelt, genau so wenig wie das Handelskapital als solches einen anti-Sklavenhalter, einen kapitalistischen gesellschaftlichen Faktor in der Antike darstellt.

Man muß doch erkennen, daß es zumindest seit dem antiken Griechenland Kaufmannskapital gab. Die ganze Geschichte der einigermaßen entwickelten Warenwirtschaft, insbesondere wenn sie mit beachtlichem Außenhandel verbunden war wie im antiken Grie-

---

[59] Ebendort, S. 340 f.

[60] *G. Schmoller*, Die geschichtliche Entwicklung der Unternehmung, in: „Jahrbuch für Gesetzgebung, Verwaltung und Volkswirtschaft", Bd. 14, 1890, S. 1089.

[61] *K. Marx*, Kapital 3, Kap. 20, S. 340.

[62] Protoindustrialisierung, S. 117 f.

chenland, kennt doch das Kaufmannskapital – einen praktisch nicht sehr glücklichen Ausdruck, weil er zu so vielen Mißverständnissen hinsichtlich einer angeblichen Verwandschaft mit kapitalistischer Produktionsweise bzw. Herausbildung des Kapitalismus geführt hat.

Oft hat das Kaufmannskapital eine beachtliche Rolle in der Geschichte gespielt, ohne zum Kapitalismus zu führen.

Im England des 16. und 17. Jahrhunderts hat das Kaufmannskapital nun zweifellos den Weg des Kapitalismus erleichtert. Aber daraus darf man nicht den Schluß ziehen, einmal, daß es das auch in Deutschland getan hat – mir scheint eher das Gegenteil der Fall gewesen zu sein –, vor allem aber darf man nicht, wie es so häufig geschieht, die kaufmannskapitalistische Entwicklung, die zweifellos in Deutschland in unserer hier betrachteten Zeit stattgefunden hat, mit einer kapitalistischen Entwicklung einfach identifizieren.

Im übrigen darf man auch die Rolle des Verlages nicht überschätzen. Gerade im „industrialisierten" Westen spielt das Kaufmannskapital, ohne schon zu verlegen, eine bedeutende Rolle. Verlangt doch das Verlagssystem zumindest Auftrag zur Herstellung von Seiten des Kaufmanns. Und das war besonders im Westen oft nicht der Fall. Solche Verhältnisse schildert sehr genau und sehr einsichtig Schlumbohm unter dem Titel „Kaufsystem":

„In der Sphäre der Zirkulation galten die Gesetzmäßigkeiten des Kapitals: der Händler kam mit seinem Geld auf den Markt und tauschte dieses gegen die Produkte vieler kleiner Warenproduzenten ein. Er vollzog diesen Tauschakt jedoch nur, um diese Waren an anderer Stelle erneut gegen Geld einzutauschen. Dieser Kreislauf hatte seinen Sinn offensichtlich erst dadurch, daß die Quantität der Geldsumme, die er am Schluß erhielt, größer war als die, die er am Anfang gehabt hatte; den Händler interessierte nicht die Art der Ware (wenn er sie nur irgendwo wieder verkaufen konnte), sondern ihr Tauschwert; der Profit – der je nach den ökonomischen Machtverhältnissen beim Einkauf auf Kosten des kleinen Produzenten oder beim Verkauf auf Kosten des Konsumenten oder bei beiden enstehen konnte – war das treibende Motiv dieses Kreislaufs.

Anders beim kleinen Warenproduzenten: er trug sein Produkt auf den Markt, weil er es in den hergestellten Mengen in seinem eigenen Haushalt nicht gebrauchen konnte und weil er Geld brauchte, um andere Güter zu kaufen, die er infolge seiner Spezialisierung (die wiederum in der Regel durch eine unzureichende agrarische Basis erzwungen war) nicht selber produzieren konnte; sein eigentliches Ziel auf dem Markt war nicht das Geld, das er nur vorübergehend in Händen hielt, sondern der Gebrauchswert der Waren, die er damit kaufen konnte: daß die Waren, die er am Ende des Austauschprozesses hatte, qualitativ von denen verschieden waren, die er auf den Markt brachte, machte für ihn den Sinn des Kreislaufs aus; falls der Tauschwert der gekauften Waren größer war als der der verkauften, so war das insofern nicht notwendig, sondern 'zufällig'. Daß der Kreislauf für den kleinen Warenproduzenten diese Gestalt annahm, beruhte zum einen darauf, daß dieser sein Einkommen nur durch seine eigene bzw. seiner Familie physische Arbeitsanstrengung – und nicht durch Nutzung der Arbeit anderer – erwirtschaftete; zum anderen konnte der Ertrag der Arbeit eines Menschen bzw. einer Familie, im Durchschnitt und über längere Zeiträume hin betrachtet, nicht wesentlich mehr als die zur Wiederholung des Produktionsprozesses und zur Bestreitung der Bedürfnisse des Lebensunterhalts notwendigen Mittel erbringen. Der Zweck der Produktion war, soweit der Durchschnitt der kleinen Warenproduzenten sie beherrschte, begrenzt auf die Sicherstellung des Lebensbedarfs dieser Produzenten; dies Ziel war zwar variabel in dem Maße wie diese Bedürfnisse, jedoch prinzipiell nicht unbeschränkt."[63]

„In der Sphäre der Zirkulation galten die Gesetzmäßigkeiten des Kapitals" – meinetwegen, wenn man einfürallemal feststellt: Kapital in der Zirkulation ist als solches allen Gesellschaftsordnungen eigentümlich und hat nichts mit kapitalistischen Produktionsverhältnissen zu tun. Darum ist auch die Idee der „Protoindustrialisierung" im 18. Jahrhundert nur von rein positivistischer, ein historisches Faktum feststellender Bedeutung, sie kann nicht zur Ableitung des Kapitalismus (kapitalistische Produktionsverhältnisse) als System bzw. logisch dienen. –

Es war schon darauf hingewiesen worden, wie schwer oft Handwerk und Hausindustrie zu unterscheiden sind. Auch Handwerk und Heimindustrie sind nicht immer klar zu trennen, zumal beide verlegt werden können. Von diesen Produktionsverhältnissen sind jedoch recht deutlich die Manufakturen zu differenzieren.

Wir unterscheiden die dezentralisierte und zentralisierte Manufaktur. Über die dezentralisierte Manufaktur sagt Kaufhold ganz richtig: „Bei der dezentralisierten Manufaktur ... war nur ein Teil des gesamten Produktionsprozesses (in der Regel das Anfangs- und/oder Endstadium) zentralisiert; der übrige Teil wurde durch rechtlich selbständige, jedoch ökonomisch abhängige Produzenten dezentralisiert in der Art des Verlages durchgeführt. Diese Parallele zum Verlag war indes nur scheinbar, denn die Bindung der nicht-zentralisierten Produzenten war ungleich strenger als die der Verlegten, weil sie nur noch einen Teilbereich der Erzeugung wahrnahmen. Sie waren damit voll in die arbeitsteilig organisierte Koordination des Produktionsprozesses durch den Unternehmer eingespannt."[64]

Die zentralisierte Manufaktur charakterisiert, auf Grund der Aussagen von Marx, Forberger so: „Manufaktur – auf Teilung der Arbeit und handwerklicher Technik beruhende gewerbliche Kooperation im Spätfeudalismus und Frühkapitalismus. Die ersten Manufakturen wurden im 16. Jahrhundert gegründet, ihre Blütezeit (Manufakturperiode) war in den einzelnen Ländern verschieden, in Deutschland z. B. im 18. Jahrhundert. Sie entstanden, weil die feudale und zunftgebundene Betriebsweise die steigenden Bedürfnisse der Gesellschaft und die Nachfrage wachsender Märkte nicht mehr befriedigen konnte. Diese Aufgabe erfüllten die Manufakturen mit ihrer höheren kontinuierlichen und verbilligten Produktion, die durch zeitliche, räumliche und mengenmäßige Abstimmung der Teilarbeiten, Erhöhung und Überwachung der Arbeitsintensität und Lenkung des Verwertungsprozesses der angelegten Kapitalien mit dem Ziel einer stetigen Erhöhung der Profitrate erreicht wurde. Hierbei kam der Anwendung extensiver und intensiver Ausbeutungsmethoden besondere Bedeutung zu. Die Gründer der Manufaktur waren meist Handelskapitalisten, weniger Handwerksmeister. Die Arbeitskräfte rekrutierten sich aus proletarisierten Handwerkern, entwurzelten Bauern, Landarbeitern, Bergleuten und Fremden. Es gab feudale Manufakturen, die durch außerökonomische Verfügungsgewalt des Feudalherren über juristisch unfreie Manufakturarbeiter gekennzeichnet waren, und kapitalistische Manufakturen, bei denen der Manufakturkapitalist mittels ökonomischen Zwangs Lohnarbeiter ausbeutete. Zeitweilig existierten auch Mischformen feudaler und kapitalistischer Manufakturen mit teilweiser feudaler Bindung und begrenztem Fabrikstrafrecht sowie kapitalistischer Abschöpfung feudal erzeugten Mehr-

---

[63] Ebendort, S. 204 f.
[64] *Kaufhold*, S. 233.

werts. Es sind mehrere Formen der Manufakturen zu unterscheiden: a) heterogene
Manufakturen, bei denen die meist dezentralisiert hergestellten Teilprodukte in zentraler
Werkstatt zum Endprodukt montiert wurden; b) organische Manufakturen, die alle
Teile eines Produkts in zusammenhängendem Fertigungsprozeß bis zum Endprodukt
bearbeiteten (vollkommene Manufakturen). Dabei konnte es sich um zentralisierte Manufakturen mit räumlicher Konzentration der Arbeitskräfte und dezentralisierte Manufakturen handeln, bei denen die Endmontage der in Hausarbeit vergebenen Teilprozesse
in zentraler Werkstatt erfolgte. ... Die Vorteile der Manufakturen bestanden in der
Steigerung der Arbeitsproduktivität durch bessere gesellschaftliche Organisation der Arbeit, durch arbeitszeitsparende Arbeitsteilung bzw. -vereinigung ohne entsprechende
Kostenerhöhung. Mit der weiteren Arbeitsteilung kam es zur Zerlegung vieler univer-
seller Handwerke zu zahlreichen neuen Berufen. Sie förderten den technischen Fortschritt
durch die Entwicklung von Spezialwerkzeugen für Teilarbeitsprozesse und bildeten damit Elemente für die Konstruktion von Werkzeugmaschinen heraus. Die so von den
Manufakturen erzielte höhere und verbilligte Produktion trug wesentlich zur Entwicklung des inneren Marktes und der Außenhandelsbeziehungen bei."[65]

Marx behandelt im „Kapital" ausführlich die kapitalistische Manufaktur Englands.
Und viele seiner Äußerungen zur Manufaktur sind eben nicht allgemeine Charakterisie-
rungen, sondern historische Feststellungen, die Entwicklung in England betreffend. Wenn
Marx zum Beispiel feststellt: „Die kapitalistische Produktion beginnt, wie wir sahen,
in der Tat erst, wo dasselbe individuelle Kapital eine größere Anzahl Arbeiter gleichzeitig beschäftigt, der Arbeitsprozeß also seinen Umfang erweitert und Produkt auf
größrer quantitativer Stufenleiter liefert. Das Wirken einer größeren Arbeiteranzahl
zur selben Zeit, in demselben Raum (oder, wenn man will, auf demselben Arbeitsfeld)
zur Produktion derselben Warensorte, unter dem Kommando desselben Kapitalisten,
bildet historisch und begrifflich den Ausgangspunkt der kapitalistischen Produktion. Mit
Bezug auf die Produktionsweise selbst unterscheidet sich z. B. die Manufaktur in ihren
Anfängen kaum anders von der zünftigen Handwerksindustrie als durch die größre Zahl
der gleichzeitig von demselben Kapital beschäftigten Arbeiter. Die Werkstatt des Zunft-
meisters ist nur erweitert."[66] –

daraus schließen zu wollen, daß Marx der Ansicht ist, daß nur ein Kapitalist eine
größere Anzahl von Arbeitern gleichzeitig beschäftigen könne oder daß die Manufaktur
einen Kapitalisten als Besitzer zur Voraussetzung hat, wäre natürlich Unsinn. Marx
waren doch selbstverständlich sowohl die Manufakturen der Antike, wie in Rußland
im 17. und 18. Jahrhundert oder die königlichen Manufakturen Frankreichs der gleichen
Zeit bekannt. Die Manufakturen Englands, das seine Landwirtschaft schon im 16. Jahrhundert kapitalistisch zu betreiben begann, bildeten selbstverständlich den Beginn der
kapitalistischen Industrieproduktion, historisch und, da sie unter dem Kommando eines
Kapitalisten standen, auch begrifflich. Aber Manufakturen stehen eben nicht historisch
und begrifflich stets unter dem Kommando eines Kapitalisten, und darum darf man
eben das Entstehen oder richtiger (gegenüber der Antike) das Wiedererstehen von
Manufakturen nicht identifizieren mit dem Entstehen des Kapitalismus.

Es gibt eben auch, warauf ja auch Forberger sehr deutlich eingeht, feudale Manufakturen. Diese charakterisiert Forberger so:

---

[65] Ökonomisches Lexikon, 2. Aufl., Berlin 1970, S. 120 f.
[66] *Marx/Engels*, Werke, Bd. 23, a. a. O., S. 341.

„Die feudale Manufaktur hat mit der kapitalistischen das Instrument der Arbeitstei-lung gemein. Deren ökonomische Vorteile wurden demzufolge in der feudalen Manu-faktur ebenfalls realisiert, genauso wie sich in ihr die Nachteile der Spezialisierung für den Teilarbeiter zeigen mußten.

Auch in der feudalen Manufaktur unterlag die Arbeitskraft der Ausbeutung durch Mehrarbeit für den 'Eigner der Produktionsmittel'[67]. Sie ergab sich jedoch nicht wie bei der kapitalistischen aus dem Kommando des Kapitals – durch ökonomischen Zwang – sondern entsprang der außerökonomischen Verfügungsgewalt des Feudalherrn über recht-lich Unfreie.

Der kapitalistische Manufakturarbeiter war freizügig; für ihn bestand die rechtliche Möglichkeit, sich dem ökonomischen Zwang des Manufacturiers durch Lösung des Ar-beitsvertrages zu entziehen. Der feudale Manufakturarbeiter blieb ortsgebunden und der rechtlichen und ökonomischen Verfügungsgewalt des Feudalherrn unterworfen. Er unterstand der Strafgewalt des feudalen Manufacturiers, der kapitalistische Manufak-turarbeiter lediglich der allgemeinen Gerichtsbarkeit. Da die feudale Manufaktur nicht auf dem Kapital und der Konkurrenz beruhte, führte der Charakter ihrer Produktions-weise nicht zwangsläufig wie im Kapitalismus zu einem schrankenlosen Bedürfnis des Manufaktureigners nach Mehrarbeit[68]. Das feudale Abhängigkeitsverhältnis, das seinen ökonomischem Ausdruck in der Zahlung von Arbeits-, Produkten- und Geldrente fand[69], war deshalb vielfach so gestaltet, daß es dem Dienstpflichtigen in teils zuneh-mendem, teils abnehmendem Umfang noch Zeit und Kraft für eigene Arbeit ließ und ihm zusätzlich Einkommen zumeist durch Bewirtschaftung eigenen oder gepachteten Landes ermöglichte, während beim kapitalistischen Manufakturarbeiter die Lohnarbeit größtenteils dessen ausschließliche Existenzgrundlage darstellte.

Während England das klassische Beispiel der kapitalistischen Manufaktur zeigte, war Rußland die Heimat der typisch feudalen Manufaktur. Der Prozeß ihrer Bildung setzt dort, wie Pankratowa[70] schreibt, in stärkerem Maße Anfang des 18. Jahrhunderts ein, als die zersplitterte handwerkliche Produktion nicht mehr genügte, um die ständig wachsenden Märkte ausreichend zu versorgen. Soweit damals Gutsbesitzer zu Manufac-turiers wurden, verwendeten sie ihre Leibeigenen als Manufakturarbeiter, wohingegen die Kaufleute als Eigentümer der meisten Manufakturen auf die geringe Zahl der zu dieser Zeit in Rußland existierenden 'freien' Arbeiter angewiesen waren. Die dadurch unvermeidliche Hemmung in der Manufakturentwicklung suchte der Staat durch einen Erlaß vom Jahre 1721 zu beseitigen, der 'den Ankauf von Dörfern mitsamt den Bauern' vorsah, 'die dann ihr Leben lang bei der Manufaktur bleiben mußten und nicht getrennt von ihr verkauft werden durften'[71]. Die mit solchen 'Possessionsbauern' betriebene 'Pos-sessionsmanufaktur'[72] war die ältere Form der 'Leibeigenenmanufaktur' in Rußland. Die

---

[67] K. Marx, Das Kapital, Bd. I, Berlin 1955, S. 243.   [68] Ebendort, S. 244.
[69] Derselbe, Bd. III, S. 840 flg.
[70] A. M. Pankratowa, „Geschichte der UdSSR – unter der Redaktion von Prof. A. M. Pankratowa", Teil II, Moskau 1949, S. 31.
[71] A. M. Pankratowa, S. 31; B. Jakowlew, „Entstehung und Entwicklungsstufen der kapitalistischen Formen (Uklad) in Rußland", in: „Zur Periodisierung des Feudalismus und Kapitalismus in der geschichtlichen Entwicklung der UdSSR – Diskussionsbeiträge". 20. Beiheft zur „Sowjetwissen-schaft", Berlin 1952, S. 290.
[72] A. Borissow, „Über die Entstehung der Formen der kapitalistischen Ordnung in der Industrie". 20. Beiheft zur „Sowjetwissenschaft", Berlin 1952, S. 162–171.

'Gutsbesitzer'- oder 'gutsherrliche Manufaktur' wurde in großer Zahl erst in der zweiten Hälfte des 18. Jahrhunderts gegründet, als der Adel die Vorteile der Manufakturen für sich einzusehen begann."[73]

Die Manufakturen spielen nur eine winzige Rolle in der Produktion. Schremmer schätzt ihren Anteil am Sozialprodukt in Bayern auf unter 1 Prozent, und ich glaube nicht, daß er wesentlich höher in ganz Deutschland lag. Ihren Anteil am Export Bayerns schätzt er auf 1,5 Prozent. Die Zahl der Arbeiter pro zentralisierte Manufaktur nimmt er mit 20 an; sie machen insgesamt ein halbes Prozent von allen in Handel und Gewerbe und 0,12 Prozent von allen Erwerbstätigen aus. Alle Aussagen über sie betreffen also nur einen winzigen Teil der Wirtschaft, sowohl der Werte wie der Beschäftigten.[74]

Viele Historiker, bürgerliche wie marxistische, betrachten die Manufakturen auch in Deutschland als kapitalistische Erscheinungen. Meiner Ansicht nach waren sie in der Mehrheit feudal, vor allem weil die Arbeiter – seien es Soldaten und Soldatenfrauen oder hörige und leibeigene Bauern oder Landarme in den dezentralisierten oder Beschäftigte in den zentralen Manufakturen – feudal gebunden waren.

Jedoch sind es nicht nur so viele von den Manufakturisten beschäftigte Arbeiter, die in feudalen Produktionsverhältnissen leben – und worauf wir gleich noch näher eingehen werden –, man muß sich auch fragen, ob die Manufakturunternehmer ein kapitalistisches Produktionsziel haben. Ist es zum Beispiel richtig, wenn Schlumbohm schreibt: „Auf welchem dieser Wege nun auch im Einzelfall diese größeren Produktionsstätten entstanden waren, in der Regel waren hier alle Produktionsmittel Eigentum des Unternehmers. Er hatte aus seinem Kapital die Mittel für Rohmaterialien und Hilfsstoffe sowie für die Erneuerung der Produktionsinstrumente und der Räumlichkeiten zu bestreiten; dazu kamen die Löhne für die Arbeitskräfte. Erst wenn der Unternehmer alle diese Produktionsfaktoren auf dem Markt erworben hatte, konnte der Herstellungsprozeß beginnen. Dessen Ziel war nunmehr ausschließlich, daß die Produkte, die aus ihm hervorgingen, zu einem höheren Preis verkauft wurden, als ihre Entstehung den Unternehmer gekostet hatte. Der Profit – die Vermehrung des Kapitals, mit dem der Unternehmer die Produktion aufgenommen hatte – war nun vollständig zur Triebfeder der Produktion geworden. Die unmittelbaren Produzenten dagegen hatten aus ihrem Einkommen keinerlei Kosten mehr für die Produktionsmittel zu tragen; sie hatten – das ist die andere Seite desselben Sachverhalts – nun gar nichts mehr an das Kapital zu verkaufen als ihre Arbeitskraft. Für sie war das – prinzipiell begrenzte – Ziel, zu dem sie diese ihre Ware verkauften – wie für den kleinen Warenproduzenten – der Gebrauchswert der Waren, die sie für das erlöste Geld wiederum eintauschten (dabei wurde die Möglichkeit, ein über die gesellschaftlich notwendigen Reproduktionskosten ihrer Arbeitskraft hinausgehendes Einkommen zu erzielen, im Vergleich zu den kleinen Warenproduzenten, die beim Absatz ihrer Waren auf das Handelskapital angewiesen waren, eher noch seltener). Entsprechend hatte auf der anderen Seite das gewerbliche Kapital mit dem Handelskapital die gemeinsame Triebfeder in der – prinzipiell schrankenlosen – Vermehrung des Tauschwerts: nicht diese Triebfedern der unmittelbaren Produzenten einerseits und des Kapitals andererseits waren im 'Kaufsystem' anders als in den höheren Formen des Verlagssystems und vollends in der kapitalistischen Manufaktur, sondern

---

[73] R. Forberger, Die Manufaktur in Sachsen, Berlin 1958, S. 8 f.
[74] Vgl. E. Schremmer, a. a. O., S. 502. – Ähnlich niedrig sind die Schätzungen von O. Reuter, Die Manufaktur im Fränkischen Raum, Stuttgart 1961.

vielmehr die Machtstellung, die beide aufgrund ihrer objektiven Position im Produktionsprozeß jeweils innehatten.'[75]

Ganz selbstverständlich spricht Schlumbohm von kapitalistischer Manufakturen – feudale gibt es für ihn nur in Rußland. Aber auch wenn man – und meiner Ansicht nach mit Recht – annimmt, daß die deutschen Manufakturisten des 17. und 18. Jahrhunderts an möglichst hohem Mehrprodukt interessiert waren, kann man deswegen automatisch von Profit als Ziel der Produktion sprechen? Profit ist doch das Motiv von Mehrproduktaneignern, die nur ein Ziel kennen: durch Ausbeutung von immer mehr Arbeitskräften mittels immer größerer und produktiverer Kapitalanlagen immer mehr Profit zu machen. Aber kann man sagen, daß das fixe Kapital in den deutschen Manufakturen immer mehr pro Arbeiter stieg und technisch sich zwischen 1650 (bzw. 1600) und 1800 merklich verbesserte?

Natürlich gab es gewisse technische Fortschritte, namentlich im letzten Drittel des 18. Jahrhunderts. Aber sie waren in Umfang und auch örtlich sehr beschränkt, und sie waren nicht ein allgemeines Ziel der Manufakturisten wie etwa kapitalistischer Unternehmer, für die sie im Konkurrenzkampf von größter Bedeutung waren. Natürlich stieg das fixe Kapital pro Arbeiter ein wenig, aber doch kaum merklich und eigentlich nur in den zentralisierten Manufakturen. Vor allem aber hatten die Manufakturisten doch das Ziel, sich in die feudale Gesellschaft einzubauen und eigneten sich Mehrprodukt an, auch um Häuser- und Landbesitzer zu werden – es sei denn, sie waren Juden und hatten Schwierigkeiten, ihren Gewinn so anzulegen. Sicher findet man unter ihnen auch solche, von denen man sagen kann, sie hätten eine „kapitalistische Gesinnung".

Aber auch sie schufen mit einer solchen Gesinnung noch keine kapitalistischen Produktionsverhältnisse, da so viele der von ihnen, insbesondere auch in der dezentralisierten Manufaktur, Beschäftigten feudal gebunden waren.

Über die Bedeutung des außerökonomischen Zwangs, der Zwangsarbeit, wie er es nennt, schreibt Kaufhold: „Über ihr quantitatives Gewicht besteht keine Klarheit. Während Kuczynski[76] sie bei den zentralisierten Manufakturen als vorherrschend ansieht, vertritt Hildegard Hoffmann[77] die Auffassung, ihr Anteil an der Gesamtzahl der Manufakturen, auch der zentralisierten, sei 'recht gering' gewesen. Helga Eichler[78] spricht von einer im Laufe der Entwicklung zurücktretenden Bedeutung. Die dieser Arbeit zugrundeliegenden Quellen weisen in Verbindung mit den Untersuchungen Hinzes[79] ebenfalls darauf hin, daß die Anstaltsarbeit für das Manufakturwesen (auch das zentralisierte) um 1800 keineswegs mehr bestimmend war. Das galt selbst für die Textilmanufakturen, den Schwerpunkt des Einsatzes zwangsweise Beschäftigter."[80] Die Frage ist in der Tat kompliziert dadurch, daß außerökonomischer Zwang innerhalb der Manufaktur bisweilen

[75] Protoindustrialisierung, S. 225 f.

[76] J. *Kuczynski*, Die Geschichte der Lage der Arbeiter unter dem Kapitalismus, Bd. 18, Berlin 1963, S. 31.

[77] H. *Hoffmann*, Handwerk und Manufaktur in Preußen 1769, Berlin 1969, S. 68.

[78] H. *Eichler*, Zucht- und Arbeitshäuser in den mittleren und östlichen Provinzen Brandenburg-Preußens. Ihr Anteil an der Vorbereitung des Kapitalismus. Eine Untersuchung für die Zeit vom Ende des 17. bis zum Ausgang des 18. Jhs. In: JbfWG 1970, I, S. 144.

[79] K. *Hinze*, Die Arbeiterfrage zu Beginn des modernen Kapitalismus in Brandenburg-Preußen 1685–1806. 2. Aufl. mit einer Einführung von Otto Büsch. (Veröff. d. Hist. Komm. zu Berlin. 9 = Neudrucke. 1). Berlin 1963.

[80] *Kaufhold*, S. 377.

so schwer zu bestimmen ist. Ich würde vielleicht, im Gegensatz zu anderen, folgende Schilderung der Spinnereien in Berlin durch Krüger als Beweis für eine erstaunliche Kombination von Schuldsklaverei und außerökonomischem Zwang ansehen:

„Ein besonderes trübes Kapitel aus der Frühzeit des Proletariats waren die Spinnereien in Berlin. Spinnhalter richteten Spinnstuben ein und übernahmen es, die Manufakturen mit Gespinst zu beliefern. In diesen Spinnereien sammelte sich die tiefste Armut. Die Spinnhalter entwickelten dabei raffinierte Methoden, um Arbeitskräfte an sich zu ziehen und festzuhalten. Versprechungen wurden freigebig gemacht. Das wirksamste Mittel war auch hier wieder der Geldvorschuß. Er ermöglichte es dem Unternehmer, sein Opfer bei geringstem Lohn zur Arbeit zu zwingen. Da die Spinnerin nicht in der Lage war, von ihrem armseligen Verdienst den Vorschuß zurückzuzahlen, war sie der Willkür des Spinnhalters völlig ausgeliefert und wurde 'sclavenmäßig gehalten'. Häufig handelte es sich um alleinstehende Mädchen vom Lande, die, nachdem sie ihre geringen Mittel verbraucht hatten, in die Hände dieser Spinnhalter gerieten. Die Spinnstuben waren 'weil es ihnen am Nothdürftigsten' fehlte, Brutstätten von Krankheiten. Die Mädchen wurden häufig Opfer von Prostitution. Sie befanden sich bei Schwangerschaft oder 'venerischer Infection' in jämmerlichster Lage. Aus den Spinnstuben stammten auch viele Bettlerinnen. Die Spinnhalter erlaubten am Neujahrstag den Spinnern, betteln zu gehen. Verordnungen gegen das Betteln sollten eigens in den Spinnstuben bekanntgemacht und dort angeschlagen werden."

Dazu gibt Krüger folgende Fußnote: „Landeshauptarchiv Potsdam, Pr. Br. Rep. 30 A, Tit. 3, Nr. 3a. – Bei einer der alle vierzehn Tage stattfindenden Kontrollen im Jahre 1787 beklagten sich die Spinnerinnen, daß sie nicht die Spinnerei verlassen dürften. Die Polizeimeinung dazu lautete: 'Die bekannte Lebensart der Spinner, daß sie des Tages etwas arbeiten, des Abends aber auf den Straßen umherlaufen um betteln und Hurerey auf den Straßen zu treiben, nötiget den Spinnhalter zu diesem Zwang. Sie kommen kretzig, oder gar venerisch oder auch schwanger in die Spinnerey zurück. Bey der Menge des Volkes steckt eine die andere an, und dies ist gerade die erste Quelle der Entstehung der bittersten Armuth und einer unnötigen Belästigung der Armen Anstalt.' Daher sei die Polizeiverordnung, 'die Spinner des Abends und Nachts nicht aus der Spinnerey zu laßen', seit 40 Jahren gültig. Demgegenüber vertrat das Armendirektorium die Ansicht, daß auf diese Weise noch mehr Bettler geschaffen würden. Die Spinner, die man wie Gefangene halte, würden sich des Abends doch wegschleichen. Dennoch setzte sich der Standpunkt der Polizei durch. Die 'Tatsachen' seien entscheidend (ebendort, Nr. 1, Bd. 1)."[81]

Viel häufiger jedoch sind zentralisierte Manufakturen, die als Strafanstalten dienen. Lahnstein schreibt:

„Die Zuchthäuser, die an vielen Orten in kurzer Zeit entstanden – als hätte der Gedanke in der Luft gelegen – entsprangen polizeilichem Gedenken, und die meisten hatten anfänglich mit dem Strafvollzug wenig oder nichts zu tun.

'Heutigen Tags seynd Zucht Häuser gewisse durch Autorität aufgerichtete Örter, die Leute durch Arbeit von einem unerbaren und liederlichen Leben zu einem erbaren und züchtigen Wandel zu bringen.' Das sagt Abraham a Santa Clara in einer Predigt (1711 gedruckt) und erwähnt ausdrücklich und rühmend Amsterdam, Bremen und Hamburg."

---

[81] *H. Krüger*, Zur Geschichte der Manufakturen und Manufakturarbeiter in Preußen, Berlin 1958, S. 288 f.

Über die Gründung der Münchener Zuchthaus-Manufaktur berichtet er wahrlich passend zitierend:

„Die Verordnung hat folgenden Wortlaut.

'Damit nun heilloses Gesindel vertrieben, übermütige Herrendiener, trotzige und schlimme Ehehalten und heillose Dienstboten, liederliche und insolente Handwerksbursche, keinnutzige Lehrjungen und sträfliche Schülerbuben in besserem Zaum, Gehorsam und Respekt gegen ihre Herrschaften, Meister und Präzeptoren gehalten, die ungeratenen Kinder gegen ihre Eltern zu mehrerem Gehorsam gebracht, freche und leichtfertige Menschen ... schlimme und langsame Zimmerknechte und Maurergesellen, welche zu Nacht mehr heim- und dem Bauherrn abtragen, als sie den ganzen Tag hindurch mit ihrer Handarbeit verdient haben, faule Handlanger und Tagwerker, die lieber feiern als um einen rechten Lohn arbeiten, in Summa jeder, der sonst nicht gut tun oder sich auf den Bettel und Müßiggang legen will zur Buße, Arbeit und zu besserem Leben gebracht oder an einen solchen Ort gesetzt werde, wo er niemand mehr beschweren, noch andere verführen kann:

Sind Ihre Kurfürstliche Durchlaucht dahin bemüßigt worden, hierzu ein eigenes Zuchthaus in Dero Haupt- und Residenzstadt München aufrichten zu lassen. Man ist damit auch schon so weit gekommen, daß bereits ein guter Teil solcher schlimmer Leute, Manns- und Weibspersonen, untergebracht sind, wie sich darin auch verschiedene Personen befinden, welche nach ihrem Verschulden, in Eisen und Banden, bei geringer Atzung und schlechtem Lebensunterhalt, mit harter Arbeit, Karbatsch- und Rutenzüchtigung oder in andere Weg wohl empfindlich abgestraft und mortifiziert werden.

So gehören auch hierzu diejenigen, welche wider Geistliche und Weltliche allerhand Lügen aufbringen, wider diese heilsame Verordnung und diejenigen, welche damit zu tun haben, schmähen, und in Summa ein jeder, der nicht tut, was sich gebührt.

Signatum, München, den 4. Juni 1682.'

Es waren also Arbeitshäuser, Spinn-Häuser, Raspel-Häuser."[82]

Und wie soll man den Hannong'schen Betrieb in Hagenau, eine Fayence-Manufaktur, einordnen? A. M. Burg berichtet über den Inhalt des Arbeitsvertrags von 1776: „Der Arbeiter mußte sich verpflichten, sein Leben lang in der Fabrik zu bleiben und auf keine Weise das Fabrikationsgeheimnis zu verraten. Vor seiner Einstellung hatte er eine Kaution von 400 livres tournois (= 800 Goldmark) zu hinterlegen; falls er nicht über das nötige Kapital verfügte, konnte er einen Bürger stellen und Hypotheken auf sein Haus aufnehmen, oder es wurde ihm ein kleiner Prozentsatz seines Lohnes zurückbehalten bis zu dem vorgeschriebenen Betrag ... Bei Todesfall erhielt die Witwe die hinterlegte Summe zurück, und für die Kinder war bis zu ihrem 10. Lebensjahr gesorgt."[83]

Wahrlich, diese Arbeiter waren doch alles andere als frei, waren gebundener als Zuchthäusler, die entlaufen konnten und dabei noch ihre Freiheit gewannen, während die Hagenauer Manufakturarbeiter bei Aufgabe ihrer Arbeit zugleich ihre ganze Habe verloren hätten und natürlich wegen Vertragsbruch eingesperrt worden wären.

Daß es auch in den dezentralisierten Manufakturen vorwiegend außerökonomischen Zwang gab, scheint mir zweifellos. Nicht nur wegen der zahlreichen auf dem Lande feudal Gebundenen, die für die zentralen Manufakturen arbeiteten, sondern auch wegen

---

[82] *P. Lahnstein*, a. a. O., S. 142 f.
[83] *A. M. Burg*, Die unteren Volksschichten in Hagenau, in: E. Maschke, I. Sydow (Hg.) Gesellschaftliche Unterschichten in den südwestdeutschen Städten, Stuttgart 1967, S. 96.

des großen Anteils der Soldaten und ihrer Frauen, die in ihnen zwangsweise beschäftigt waren. So verfügte zum Beispiel Friedrich II:

„Da Ich will, dass die Chefs und Commandeure insonderheit derer in der Neumarck stehenden Regimenter, so wohl Infanterie als Dragoner, so viel es nur von ihnen dependiren wird, dahin sehen sollen, dass die Soldaten Weiber, so viel es nur ihre wenige häusliche Wirthschaft zulassen wolle, Spinnen und dazu angehalten werden müssen, so solches vorhin schon in Berlin, Potsdam und anderen Guarnisonen angeführet worden und beobachtet wird; so habt ihr die nötige Verfügung bey Eure Esquadrons Eures Regiments zu machen und bestmöglichst dahin zu sehen, damit gedachte Weiber zum besten ihrer eigenen Wirtschaft Wolle spinnen müssen. Ich bin

Glogau, den 3. Sept. 1752

Friederich"[84]

Das „Infanterie Regiment Printz Ferdinand" weist für die Zeit vom 20. Oktober bis Ende November 1797 Spinnarbeit von 64 Soldaten, 9 Frauen und 26 Knaben aus.[85]

Unter diesen Umständen bedeuten Truppenverlegungen und -übungen einen ernsten Schaden für den Fortgang der Spinnerei. Kein Wunder, daß wir in einem Aktenprotokoll (vom 12. Januar 1793) lesen: „In den vorigen Zeiten, da das jetzige Hertzbergsche Regiment hier in Garnision gestanden, habe es dem Gewerbe nicht so sehr an Spinnern gefehlt, weil gedachtes Regiment bekanntermassen nicht beurlauben dürfen, und mit ihrer grossen Anzahl von Frauen und Kindern sich mit der Spinnerey beschäftiget hätte. Durch die Garnisionsveränderung im Jahre 1787 hätte das Gewerk die gantze Spinnerey von diesem Regimente verlohren, und sie sei durch die jetzige Depotbataillons noch nicht für die Hälfte entschädigt worden, und selbst die gegenwärtige Campagne, wo nunmehr sämtliche Depot-Bataillons ausmarschiert waren, hätte nunmehr verursacht, dass sie von der Garnision selbst nur noch eine ganz unbedeutende Spinnerey behalten hätten."[86]

Grotesk fast diese Abhängigkeit einer zentralisierten Manufaktur von Garnisionsveränderungen, Manövern und Feldzügen von Militäreinheiten, die als dezentralisierte Manufaktur fungieren.

Entscheidend scheint mir folgendes: Zweifellos stellt die zentralisierte Manufaktur, soweit sie mit Arbeitsteilung verbunden ist, einen Fortschritt in der Hebung der Produktivität dar. Aber – und das ist so typisch für den niedergehenden Feudalismus in Deutschland – auch dieser Fortschritt wird so stark wie nur möglich gehemmt durch außerökonomischen Zwang, durch feudale Fesseln, in denen die Manufakturarbeiter gehalten werden.

Überdies ist der Produktivitäts-Vorteil der zentralisierten Manufaktur auch keineswegs immer gesichert. Die zentralisierten Manufakturen in Deutschland waren nämlich keines-

---

[84] Zentrales Staatsarchiv, Dienststelle Merseburg, Gen.-Dir., Fabr. Dep., Edikte und Patente, Nr. 56. Acta wegen Vermehrung der Woll- und Flachsspinnerey.

[85] Ebendort, Tit. CCXLI, Wollen-Fabriken Churmarck, Nr. 269. Acta wegen der in Neu-Ruppin anzulegenden Wollspinn-Schulen, Bl. 54.

[86] Ebendort, Gen. Dir., Fabr. Dep., Tit. CCXLII, Wollen Fabricken Magdeburg, Nr. 60. Acta, Die Anlegung einer feinen Tuch-Manufactur durch die Tuchmacher Kalefsky, Gebrüder Blümner und Raebel zu Burg betreffend, Bl. 20.

wegs immer oder besser noch gar nicht häufig mit einer entsprechenden Arbeitsteilung verbunden. Klug abwägend bemerkte Schlumbohm, nachdem er von dem Widerstand der Werktätigen in der dezentralisierten Manufaktur gegen „die Verlagerung der Arbeitsstätte aus ihrer Wohnung in den unmittelbaren Kontrollbereich des Unternehmers" gesprochen hat: „Wenn trotz dieser Widerstände und trotz des Scheiterns vieler Manufakturgründungen bereits vor der Mechanisierung im Fabrikbetrieb die Zahl der zentralisierten Betriebe wuchs, die auch unabhängig von Privilegien und Monopolen gewinnbringend arbeiteten, so muß die Ursache dafür in einer ökonomischen Überlegenheit dieser Betriebe gesucht werden; d. h.: obwohl für die Errichtung einer Manufaktur mehr Kapital erforderlich war als selbst in den entwickeltesten Formen des Verlages – und zwar vor allem mehr fixes Kapital, das nicht je nach konjunktureller Situation relativ kurzfristig zurückgezogen oder vermehrt werden konnte – so muß die Profitrate (berechnet auf das Gesamtkapital je Zeiteinheit) in diesen Betrieben größer gewesen sein als im Handel und im Verlagssystem. Daß dies möglich war, leuchtet ein, soweit neue Verfahren und Produktionsinstrumente, die ihrer Art nach nur in größeren Betriebsstätten anwendbar waren, die Produktivität der Arbeit wesentlich erhöhten. Darüber hinaus konnten bei der zerstreuten heimgewerblichen Produktion in einigen Fällen die Transport- und vor allem die Kontrollprobleme gegenüber den Versuchen der Arbeitskräfte, bei niedrigen Stücklöhnen durch Unterschleif von Material und schlechte Arbeit ihr Einkommen zu erhöhen, so gravierend werden, daß eine Zentralisierung in Großwerkstätten der Unternehmer rentabel wurde. Der Gewinn aus einer Zentralisierung ohne produktivitätssteigernde neue Verfahren und Instrumente war jedoch am allgemeinen nur dann größer als der Einsatz für die Vermehrung des fixen Kapitals, wenn es sich um besonders wertvolle Materialien bzw. Produkte handelte und auch hier in der Regel nur bei den Arbeitsgängen, die für die Qualität und die Verkaufschancen des Endprodukts die wichtigsten waren. Die übrigen Stufen des Produktionsprozesses wurden häufig durch das Verlagssystem mit dem zentralen Betrieb zu einem Großunternehmen (teilzentralisierte Manufaktur) verbunden[87]. Immerhin dürfte der Verleger, der zugleich strategisch wichtige Teile des Produktionsganges im Manufakturbetrieb uneingeschränkt beherrschte, eine noch stärkere Stellung auch gegenüber den Heimgewerbetreibenden gehabt haben, die nun nicht nur bezüglich des Absatzes und bezüglich der Ausgabe von Produktionsmitteln, sondern auch bezüglich der Fertigungsstellung ihres Produkts zu einer marktfähigen Ware auf ihn angewiesen waren. Diese Betriebsform setzte sich im Verlauf der Proto-Industrialisierung in weiten Bereichen durch. Der Grund dafür, daß die Manufaktur das ländliche Heimgewerbe – wie auch das städtische Handwerk – nicht in seiner Breite verdrängte, sondern nur in Teilbereichen, und daß es im übrigen bei einem Ergänzungsverhältnis zwischen zerstreuten und zentralisierten Teilen des Produktionsprozesses blieb[88], liegt darin, daß auch die kapitalistische Manufaktur wesentlich auf Handarbeit beruhte und noch keine revolutionierenden Produktivitätsfortschritte mit sich brachte."[89] Das wichtigste Argument aber gegen den kapitalistischen Charakter der Manufakturen in Deutschland bleibt die Tatsache, daß in ihrer Mehrheit die Arbeiter außerökonomischem Zwang unterlagen.

[87] Im Textilgewerbe z. B. das Spinnen und Weben.

[88] Dies bekanntlich schon von Marx, Kapital, 1. Buch, 12. Kap. sowie 1. Buch, 24. Kap. (MEW 23. S. 390, S. 776) betont.

[89] Protoindustrialisierung, S. 228 ff.

Helga Eichler, die eine sehr gründliche Untersuchung der Zucht- und Arbeitshäuser in den mittleren und östlichen Provinzen Brandenburg-Preußens gemacht hat, schließt ihre Ausführungen so:

„Zusammenfassend können wir feststellen, daß es in Brandenburg-Preußen keine Zwangsanstalt gab – und wir unterstreichen die Feststellung Krügers für die mittleren Provinzen –, deren Insassen nicht direkt oder indirekt für eine Manufaktur gearbeitet haben. Welchen Charakter hatten nun diese Betriebe? Wir kehren hier auf die eingangs aufgeworfene Frage nach der Zuordnung der mit unfreien Arbeitskräften betriebenen Unternehmen zurück.

Allgemein ist dazu zu bemerken, daß eine Zuordnung zur kapitalistischen Produktionsform außer der Arbeitsteilung zwei weitere Merkmale voraussetzt, nämlich das Kommando ein und desselben Kapitals über eine größere Arbeiterzahl und deren Beschäftigung als freie Lohnarbeiter. Das Vorhandensein der ersten beiden Kennzeichen genügt nicht, um die von uns betrachteten Manufakturen als rein kapitalistische Betriebe bezeichnen zu können. Es sind aber auch keine feudalen Manufakturen, denn die Arbeitskräfte der Zwangsanstalten waren nur zeitweilig unfrei, rechtlich abhängig und ortsgebunden. Sie wurden durch die Gesetzgebung eines feudalabsolutistischen Staates zur Arbeit gezwungen. Aber sie waren nicht leibeigen. Außerdem bildeten sie nicht das alleinige Arbeitspotential der mit Zwangsanstalten in Kontakt stehenden Unternehmer, von denen auch rechtlich freie Arbeiter beschäftigt wurden. Man wird sagen müssen, daß die in den Zwangsanstalten errichteten Manufakturen bzw. Manufakturunternehmen, für die Zwangsanstaltsinsassen arbeiteten, weder rein feudal noch ausgeprägt kapitalistisch waren. Sie stellten eine Übergangsform dar, die noch feudale Züge trug, aber schon wesentliche Merkmale der neuen Produktionsweise zeigte. Die Zwangsanstaltsmanufakturen waren eine Norm der vielfältigen Übergangsverhältnisse, die sich während des Verfalls der ökonomischen Struktur der Feudalgesellschaft herausbildeten."[90]

Genau eine solche Lösung des Problems halte ich für falsch. Es gibt kein Kapital, das unfreie Arbeiter beschäftigt (das Handelskapital ist kein Kapital im kapitalistischen Sinne). Wenn Eichler schreibt, daß die Arbeiter nur zeitweilig unfrei waren, dann meint sie natürlich, daß sie nach Verbüßung ihrer Zeit in den Zucht- und Arbeitshäusern wieder entlassen wurden. Solange sie aber in den Manufakturen arbeiteten, waren sie unfrei und erlauben darum nicht, diese Manufakturen kapitalistisch oder halbkapitalistisch zu nennen, denn das in ihnen angelegte Geld ist eben kein Kapital.

In der Tat, ob wir die Landwirtschaft oder die Gewerbe betrachten, der Niedergang des Feudalismus mit gehemmter Steigerung, Stagnation oder Verfall der Produktivität ist offenbar – auch wenn wir natürlich kleine kapitalistische oder teilkapitalistische Inseln oder kleine Fortschritte in der Hebung der Produktivität in dieser oder jener Örtlichkeit entdecken können und natürlich in einer allgemeinen Geschichte oder einer Geschichte der Produktivkräfte auch als Vorboten einer neuen Gesellschaftsordnung hervorheben sollen. Doch wäre es falsch, davon zu sprechen, daß die Produktionsverhältnisse um 1800 in Deutschland den Vorabend der kapitalistischen Gesellschaft andeuteten. Es war nicht eine frühkapitalistische Gesellschaftsordnung, die Napoléon in Deutschland zerbrach, sondern eine erstarrte feudale. Das wird so besonders deutlich auch von Engels, der ja genau wie Marx so viele Kämpfer in den sogenannten Freiheitskriegen noch persönlich kannte, geschildert: „Gewiß, es gab damals viel Enthusiasmus, aber wer waren diese Enthusiasten? Zunächst die Bauernschaft, die stupideste Menschenklasse auf Erden, eine Klasse, die feudalen Vorurteilen anhängend, in Massen losbrach, bereit, lieber zu sterben, als jenen den Gehorsam aufzukündigen, die sie, wie ehedem ihre Väter und Großväter, ihre Herren genannt hatte, und die sich darein ergab, zertrampelt und mit Reitpeitschen geschlagen zu werden. Dann die Studenten und die Jugendlichen überhaupt, die diesen Krieg als einen Krieg des Prinzips, ja sogar als einen Religionskrieg betrachteten; denn sie glaubten, daß sie zum Kampfe aufgerufen seien nicht nur für das Prinzip der Legitimität, das sie ihre Nationalität nannten, sondern auch für die Heilige Dreieinigkeit und die Existenz Gottes; in allen Gedichten, Flugschriften und Aufrufen jener Zeit werden die Franzosen als Vertreter des Atheismus, des Unglaubens und der Verworfenheit hingestellt und die Deutschen als Vertreter der Religion, der Frömmigkeit und der Redlichkeit. Drittens einige aufgeklärte Männer, die diesen Ideen einige Begriffe von 'Freiheit', 'Verfassung' und einer 'freien Presse' beimischten; aber diese bildeten bei weitem die Minderheit. Viertens dann Söhne von Gewerbetreibenden, Kaufleuten, Spekulanten etc., die für das Recht kämpften, auf den billigsten Märkten zu kaufen und Kaffee ohne Beimischung von Zichorie zu trinken."[91]

Mit Recht spricht Engels nicht von antifeudalen Kräften. Selbst die Gewerbetreibenden wollten nur billig einkaufen, aber nicht kapitalistisch produzieren!

Eine jugendliche Übertreibung von Engels? Ganz und gar nicht! Als er gegen Ende seines Lebens noch einmal Gülich liest, notiert er für die Zeit von 1648 bis 1776: „die deutsche Industrie im ganzen befand sich auf sehr niedriger Stufe, nichts gegenüber England Holland Frankreich. Der *Ackerbau* noch tiefer ..."[92]. Und für die nachfolgenden Jahre: „Unter Friedrich Wilhelm II der Ackerbau *fast gar nicht* gehoben."[93]

Ingrid Mittenzwei, die in keiner Weise meine Meinung über den feudalen Charakter der Manufakturen usw. teilt, schreibt am Schluß ihres so wichtigen Buches über die Haltung des Bürgertums zur Wirtschaftspolitik Friedrich II. doch:

„Wer war Träger der im vorliegenden Buch beschriebenen zaghaften Opposition? Wer stand hinter dem Wunsch nach Veränderungen in Staat und Gesellschaft? Verläßt man sich auf die Aussagen der modernen Sozialgeschichte, dann waren das hauptsächlich zwei soziale Gruppen: Beamte und bürgerliche Intellektuelle, die sogenannten neuen bürgerlichen Kräfte. Sie bereiteten nach Ansicht von F. Kopitzsch der gesellschaftlichen Umgestaltung den Boden, nicht aber das 'Wirtschaftsbürgertum' und schon gar nicht die unterhalb dieser Schichten stehenden Volkskräfte. Sie taten das, folgt man Kopitzsch weiter, im Einvernehmen mit dem Staat und dem Adel. Was Wunder also, daß sich die gesellschaftliche Umwälzung im 19. Jahrhundert auf reformerischem Wege vollzog.

In Preußen – das muß hier gesagt werden – gab es eine solche Kräftekonstellation nicht. Hier standen das sogenannte Wirtschaftsbürgertum bzw. Teile dieses Bürgertums in einer Front mit Beamten und bürgerlichen Intellektuellen. Mehr noch, viele Beamte befanden sich unter dem Druck von Eingaben und Forderungen, die Kaufleute und Manufakturunternehmer an die Behörden richteten. Sie entwickelten in Fragen der Wirtschaftspolitik andere Konzeptionen als Friedrich II., weil die objektiven Verhältnisse dazu zwangen und weil ideologische Einflüsse sowie die Bedürfnisse des eigenen Bürgertums auf sie einwirkten. Allerdings gingen weder die Beamten noch die Bürger auch

---

[91] *Marx/Engels*, Werke, Bd. 2, a. a. O., S. 569 f.
[92] *Marx/Engels*, Über Deutschland und die deutsche Arbeiterbewegung, Bd. I, Berlin 1961, S 527.
[93] Ebendort, S. 536.

nur in einer einzigen Angelegenheit über den Rahmen der bestehenden Gesellschaft hinaus. Sie konzipierten nicht einmal in der Ideologie den Durchbruch zu neuen Zuständen. Insofern waren sie auch keine bewußten Wegbereiter des Neuen. Sie lockerten lediglich den Boden für die kommende Saat. Dasselbe taten freilich – wenn auch in anderer Form – die unteren, ausgebeuteten Schichten, deren Analyse nicht Gegenstand der vorliegenden Arbeit ist."[94]

Das ist eine Auffassung, die genau der von Engels entspricht und, meiner Ansicht nach, Mittenzweis Meinung von kapitalistischen Manufakturen usw. widerspricht. „Weder die Beamten noch die Bürger gingen auch nur in einer einzigen Angelegenheit über den Rahmen der bestehenden (feudalen! – J. K.) Gesellschaft hinaus." Wie richtig!

Wenn Günter Vogler seinen Aufsatz über „Bürgertum und Staatsgewalt in der Epoche des Übergangs vom Feudalismus zum Kapitalismus" mit der Feststellung abschließt, daß die Zeit vom ausgehenden 15. bis zum 18. Jahrhundert eine „Übergangsepoche" sei[95], so gilt das nicht für Deutschland. Merkwürdigerweise ist aber diese Meinung eben allgemein verbreitet.

Man muß doch meiner Ansicht nach klar unterscheiden: 15. Jahrhundert und 1500 bis 1525: Ganz starke Auflösungserscheinungen des Feudalismus in positiver Richtung. So positiv, daß „Deutschland 1470–1530 ökonomisch an der Spitze Europas"[96] stand. Vielfach finden sich Verhältnisse, die als nicht-mehr-feudal und noch-nicht-kapitalistisch bezeichnet werden können; sicherlich finden sich auch schon frühkapitalistische Inseln; daneben auch natürlich noch beachtliche reinfeudale Gebiete, in denen man sogar schon die ersten Anfänge der zweiten Leibeigenschaft entdecken kann. Im Ganzen aber ein großartiger Auftrieb der Entwicklung in eine neue Zukunft, der in Reformation und Bauernkrieg seinen Höhepunkt erreicht.

1526 bis 1618: „Relative Stabilisierung der Verhältnisse" mit einer Tendenz zu Stagnation und leichtem Rückgang. Entschiedener Positionsverlust gegenüber dem weiter vorstürmenden England, in dem die kapitalistische Entwicklung sich in der Basis durchsetzt, und gegenüber Holland.

1618 bis 1810: Wenn man durchaus will: Übergangszeit – aber wahrlich nicht zum Kapitalismus, sondern zum erstarrenden, faulenden, sterbenden Feudalismus und zum Teil zur Barbarei, in die jede Gesellschaftsordnung verfallen muß, die sich völlig überlebt hat. Volle Entfaltung der zweiten Leibeigenschaft und anderer Formen der feudalen Unterdrückung. Niederhaltung aller Ansätze einer neuen, kapitalistischen Entwicklung.

Es gab eine großartige Ausnahme, eine helle, wunderbare Erscheinung in diesem feudal versumpften Lande, über die der junge Engels so schrieb:

„Die einzige Hoffnung auf Besserung wurde in der Literatur des Landes gesehen. Dieses schändliche politische und soziale Jahrhundert war zugleich die große Epoche der deutschen Literatur. Um das Jahr 1750 wurden alle großen Geister Deutschlands geboren, die Dichter Goethe und Schiller, die Philosophen Kant und Fichte und kaum zwanzig Jahre später der letzte große deutsche Metaphysiker, Hegel. Jedes bemerkenswerte Werk dieser Zeit atmet einen Geist des Trotzes und der Rebellion gegen die deutsche Gesellschaft, wie sie damals bestand. Goethe schrieb den ‚Götz von Berli-

[94] *I. Mittenzwei,* Preußen nach dem Siebenjährigen Krieg, Berlin 1979, S. 242 f.
[95] Jahrbuch für Geschichte des Feudalismus, Bd. 1, Berlin 1977, S. 321.
[96] Engels an Kautsky, *Marx/Engels,* Werke, Bd. 37, Berlin 1967, S. 274.

chingen', eine dem Andenken eines Rebellen gewidmete dramatische Huldigung. Schiller schrieb ‚Die Räuber', in denen ein edler junger Mann gefeiert wird, der der ganzen Gesellschaft offen den Krieg erklärt. Doch das waren ihre Jugendwerke; als die Dichter älter wurden, verloren sie alle Hoffnung; Goethe beschränkte sich auf Satire schärfster Art, und Schiller wäre verzweifelt, hätte er nicht die Zuflucht gefunden, welche die Wissenschaft und vornehmlich die große Geschichte des alten Griechenlands und Roms ihm boten. Diese beiden können als Beispiele für die übrigen genommen werden. Selbst die besten und bedeutendsten Köpfe der Nation gaben alle Hoffnung auf die Zukunft ihres Landes auf."

Doch dann fährt er fort: „Plötzlich schlug die Französische Revolution wie ein Donnerschlag in dieses Chaos, das Deutschland hieß. Die Wirkung war gewaltig. Das Volk, das zu wenig aufgeklärt und von alters her zu sehr daran gewöhnt war, tyrannisiert zu werden, blieb unbewegt. Aber das Bürgertum und der bessere Teil des Adels begrüßten die Nationalversammlung und das Volk Frankreichs mit einem einzigen Ruf freudiger Zustimmung. Kein einziger von all den Hunderten oder Tausenden damals lebender deutscher Dichter ließ es sich nehmen, den Ruhm des französischen Volkes zu besingen. Aber diese Begeisterung war von deutscher Art, sie war rein metaphysisch, sie sollte nur den Theorien der französischen Revolutionäre gelten. Sobald diese Theorien durch das Gewicht und die Fülle der Tatsachen in den Hintergrund geschoben wurden, sobald das Übereinkommen des französischen Hofes mit dem französischen Volk trotz des theoretischen Bündnisses auf Grund der theoretischen Verfassung von 1791 in der Praxis unmöglich wurde, sobald das Volk seine Souveränität durch den '10. August' praktisch geltend machte, und als überdies am 31. Mai 1793 diese Theorie durch den Sturz der Girondisten gänzlich zum Verstummen gebracht wurde – da verwandelte sich diese Begeisterung Deutschlands in einen fanatischen Haß gegen die Revolution. Natürlich hatte diese Begeisterung nur solchen Aktionen wie der Nacht des 4. August 1789 gelten sollen, als der Adel auf seine Privilegien verzichtete, aber die guten Deutschen dachten niemals an solche Aktionen, deren praktische Konsequenzen sich stark von den Schlußfolgerungen unterschieden, die wohlmeinende Theoretiker ziehen konnten. Die Deutschen waren nie gewillt gewesen, diese Konsequenzen gutzuheißen, die für viele Parteien, wie wir alle sehr wohl wissen, ziemlich ernsthaft und unangenehm waren. So wurde die ganze Masse, die anfänglich ein begeisterter Freund der Revolution gewesen war, nun ihr größter Gegner, und da sie natürlich durch die servile deutsche Presse die entstelltesten Nachrichten aus Paris erhielt, gab sie ihrem alten ruhigen heiligen römischen Dunghaufen den Vorzug vor der gewaltigen Aktivität eines Volkes, das die Ketten der Sklaverei mit starker Hand abwarf und allen Despoten, Aristokraten und Priestern seine Herausforderung ins Gesicht schleuderte."[97] Die großen Deutschen dieser Zeit „gaben alle Hoffnung auf die Zukunft ihres Landes auf", die Begeisterung für die französische Revolution war „metaphysisch". Ja, so mußte es sein, denn die materielle Realität Deutschlands ließ nichts anderes zu.

Engels hat in dem folgenden Halbjahrhundert immer von neuem die deutsche Geschichte studiert – aber sein Urteil hat sich gegenüber dem hier ausgesprochenen nicht irgendwie grundsätzlich geändert.

Ein solches Bild des feudalen Deutschland bedeutet nicht, wie schon mehrfach bemerkt, daß es nicht kapitalistische Inseln gab, deren Zahl sich nach 1750 vermehrte.

---

[97] Ebendort, Bd. 2, a. a. O., S. 567 f.

Das bedeutet vor allem aber nicht, daß die feudalen Verhältnisse sich nicht in einer Weise änderten, die einer späteren kapitalistischen Produktion wesentliche Vorteile bot. Das Wachstum in der Zahl der feudal gebundenen Landarmen und Landlosen, die steigende Zahl von feudal gefesselten gewerblich Tätigen und von Tagelöhnern, all das war eine für den späteren Kapitalismus, für die Zeit nach dem Fall der feudalen Fesseln, günstige Entwicklung.

Alltag und Übergangsepoche

Von *Gerhard Heitz*

Methodisch verfährt J. K. in diesem Band so, daß er die Entwicklung in England und Deutschland getrennt darlegt, mit ständigen Verweisen und Vergleichen, mit Randbemerkungen gleichsam nach allen Seiten, aber doch letztlich im Sinne eines „dort so – hier so“. Konzeptionell läuft dies Verfahren darauf hinaus, den weltgeschichtlichen Gesamtprozeß der Herausbildung des Kapitalismus in seine regionalen oder nationalen Bestandteile zu zerlegen, was zwar in der Praxis der Forschung und im Gang der Darstellung notwendig ist, in einer auf das Wesen des Prozesses gerichteten Diskussion zu Mißverständnissen führen kann. H. Hoffmann und I. Mittenzwei haben[1] auf den mit der Herausbildung des Weltmarktes zusammenhängenden Charakter der historischen Aufgabenstellung der Bourgeoisie verwiesen und bei der Analyse der Manufakturperiode davon gesprochen, daß hier nur der weltgeschichtliche Zusammenhang als Prinzip möglich ist bzw. bei der Entwicklung eines einzelnen Landes „das Verhältnis zum welthistorischen Prozeß deutlich gemacht werden“ müsse. Ich hebe hier zwei Gesichtspunkte hervor, die der zweite Band der Studien nahelegt. Einmal fällt auf, daß J. K., der sonst strittigen Fragen nicht aus dem Wege zu gehen pflegt, zur Diskussion der Manufakturperiode[2] nicht Stellung genommen hat. Ich nehme an, daß er dies Problem an sich für gelöst hält, aber es wäre doch für die weitere Diskussion sehr hilfreich gewesen, wenn er sich dazu entschlossen hätte oder noch entschließen könnte. Und schließlich möchte ich darauf aufmerksam machen, daß die von J. K. begründete und in vielen Diskussionen erhärtete, auch von Schülern und Freunden prinzipiell akzeptierte, weiterentwickelte und teilweise materiell unterbaute These von der Refeudalisierung, die nur weltgeschichtlich begreifbar, nur aus dem Entwicklungsprozeß des ganzen Kapitalismus verständlich ist, im Laufe des zweiten Bandes manchmal aus dem Blickfeld zu verschwinden, aus dem Zusammenhang mit der deutschen Geschichte gelöst zu werden droht. Man muß daher, um daran anknüpfen zu können, das Manuskript nicht nur von vorn (und mehrmals) lesen, sondern es auch von hinten aufrollen.

---

[1] H. Hoffmann/I. Mittenzwei, Die Stellung des Bürgertums in der deutschen Feudalgesellschaft von der Mitte des 16. Jahrhunderts bis 1789, in: Zeitschrift für Geschichtswissenschaft (ZfG) 1974, H. 2.

[2] G. Schilfert, Deutschland 1648–1789 (Vom Westfälischen Frieden bis zum Ausbruch der Französischen Revolution). Lehrbuch der deutschen Geschichte (Beiträge), 3. Aufl. 1975; ders., Die welthistorische Stellung der bürgerlichen Revolutionen des 16. bis 18. Jahrhunderts und ihre Wirkungen auf die deutschen Territorien, in: ZfG 1973, H. 12, S. 1443 ff.; H. Schultz, Soziale und politische Auseinandersetzungen in Rostock im 18. Jahrhundert (Abhandlungen zur Handels- und Sozialgeschichte Bd. XIII), Weimar 1969, S. 42.

Ganz am Ende des Kapitels über die Protoindustrialisierung (das insgesamt eine meisterliche Kombination eigener Gedanken und treffender Polemik gegen eine etwas modisch anmutende Darstellung ist), also etwa in der Mitte des zweiten Bandes dieser Alltagsstudien, stützt J. K. seine Polemik gegen die Verwendung des Begriffs der Übergangsepoche durch Günter Vogler[3] mit einem bekannten Engelszitat. Er schreibt: (gemeint ist für das 15. Jahrhundert und für 1500 bis 1525): „Ganz starke Auflösungserscheinungen des Feudalismus in positiver Richtung". So positiv, daß „Deutschland 1470–1530 an der Spitze Europas stand". Es wird nützlich sein, den Gedankengang von Friedrich Engels aus einem Brief an Kautsky vollständig wiederzugeben. Engels zieht aus dem Artikel von Kautsky[4] („Das Beste, was Du noch gemacht") eine Schlußfolgerung, die er aus der ihm bis dahin bekannten Literatur (genannt wird Soetbeer[5]) ‚nur undeutlich und unbestimmt erfasst" hatte, nämlich „wie sehr die Gold- und Silberproduktion Deutschlands (und Ungarns, dessen Edelmetall dem ganzen Westen via Deutschland vermittelt wurde) das letzte treibende Moment war, das Deutschland 1470–1530 an die Spitze Europas stellte und damit zum Mittelpunkt der ersten bürgerlichen Revolution, in religiöser Verkleidung der sog. Reformation, machte. Das *letzte* Moment in dem Sinne, daß es zu der relativ hohen Zunfthandwerks- und Zwischenhandelsentwicklung kam und damit für Deutschland gegenüber Italien, Frankreich, England den Ausschlag gab".

Ich möchte drei Aspekte für die Epochendiskussion hervorheben: Erstens stellt Engels fest, daß Deutschland in seiner ökonomischen Entwicklung eine Spitzenposition eingenommen hatte; zweitens fixiert er als das „letzte treibende Moment" den Bergbau, d. h. einen Bereich der Produktion, dessen frühkapitalistischer Charakter eindeutig nachgewiesen worden ist[6], und drittens bezeichnet er auch den Zeitraum sehr präzise, die Jahrzehnte der deutschen frühbürgerlichen Revolution. Auch J. K. spricht vom großartigen Auftrieb in eine neue Zukunft, der in Reformation und Bauernkrieg einen Höhepunkt erreichte". Wer wird da nicht an das Marxwort von der „kapitalistischen Ära"[7] erinnert?

Der Vollständigkeit halber muß man aber noch einen vierten Aspekt der Engelsschen Formulierung nachtragen, die Bemerkung über Zunfthandwerk und Zwischenhandel. Was den Zwischenhandel angeht, so sind die im Verlaufe des 16. Jahrhunderts durch die welthandelspolitische Entwicklung eintretenden Veränderungen von weitreichend negativer Wirkung für die ökonomische Entwicklung Deutschlands geworden.

Das Zunfthandwerk hatte eine der Grundlagen der frühkapitalistischen Entwicklung gebildet, und es wurde dementsprechend auch von den Konsequenzen erfaßt, die sich

---

[3] G. Vogler, Bürgertum und Staatsgewalt in der Epoche des Übergangs vom Feudalismus zum Kapitalismus, in: Jahrbuch für Geschichte des Feudalismus (JbGFeud.) 1, 1977, S. 305 ff.

[4] MEW Bd. 37, S. 274.

[5] K. Kautsky, Die Bergarbeiter und der Bauernkrieg in Thüringen, in: Die Neue Zeit, 7. Jg., 1889, H. 7–11; H. Soetbeer, Edelmetall-Produktion und Werthverhältnis zwischen Gold und Silber seit der Entdeckung Amerikas bis zur Gegenwart, Gotha 1879.

[6] E. Paterna, Da stunden die Bergkleute auff. Die Klassenkämpfe im Mansfeldischen Kupferschieferbergbau von der Mitte des 15. Jahrhunderts bis 1622 und ihre ökonomischen und sozialen Ursachen, 2. Bde., Berlin 1960; vgl. dazu H. Hoffmann, in: Jahrbuch für Wirtschaftsgeschichte (JbfWG) 1962, T. III, S. 175 ff.; A. Laube, Studien über den erzgebirgischen Silberbergbau von 1470 bis 1542 (Forschungen zur mittelalterlichen Geschichte Bd. 22), Berlin 1974. 2. Aufl. 1976.

[7] MEW Bd. 23, S. 743.

aus dem rückläufigen Trend in der zweiten Hälfte des 16. Jahrhunderts ergaben. Dabei entsprach der Verlag als meistverbreitetes Verhältnis zwischen Handelskapital und Handwerk jener Einschätzung, die K. Marx mit den folgenden Worten formuliert hat: „Ohne die Produktionsweise umzuwälzen, verschlechtert sie (gemeint ist die „Manier" des Kaufmanns/G. H.) nur die Lage der unmittelbaren Produzenten, verwandelt sie in bloße Lohnarbeiter und Proletarier unter schlechtern Bedingungen als die direkt unter das Kapital subsumierten, und eignet sich ihre Mehrarbeit auf Basis der alten Produktionsweise an"[8]. F. Engels hat übrigens in seiner Skizze für die von ihm beabsichtigte Darstellung der Übergangsepoche den hier zur Rede stehenden Gedankengang mit anderen Worten, von der späteren Entwicklung her diesmal, aufgegriffen und, nachdem er die Veränderung der Welthandelswege festgestellt hat, die wichtige Bemerkung geschrieben:[9] „Deutschland, einmal industriell zur Passivität und zum Rückschlag verurteilt ...", und das entspricht hinsichtlich der Entwicklungstendenz der von J. K. seit langem vertretenen Auffassung – hinsichtlich des zeitlichen Ansatzes weist es doch wohl mehr auf den Anfang des 16. Jahrhunderts.

Die marxistische Forschung hat im Laufe einer sehr intensiven (und keineswegs abgeschlossenen) Diskussion die Auffassung erarbeitet, daß der Übergang vom Feudalismus zum Kapitalismus eine weltgeschichtliche Epoche darstellt. Diese Auffassung wäre ohne die grundlegenden Studien und vielfältigen Anregungen J. Ks. überhaupt nicht denkbar gewesen, und von ihr ausgehend ist im Grundriß die für die Geschichte des deutschen Volkes wichtige Einschätzung formuliert worden, die den Zusammenhang zwischen dem allgemeinen Prozeß der Herausbildung des Kapitalismus, den bürgerlichen Revolutionen als Lokomotiven der Geschichte[10] und der Entwicklung in Deutschland behandelt. Es heißt dort:[11] „Die Klassenkämpfe kulminierten in mehreren Revolutionen und revolutionären Unabhängigkeitskriegen, beginnend mit der frühbürgerlichen Revolution in Deutschland und fortgesetzt mit den Revolutionen in den Niederlanden und in England, dem Unabhängigkeitskrieg Nordamerikas und der Französischen Revolution von 1789. Sie verhalfen der historisch gesetzmäßigen Ablösung der feudalen durch die kapitalistische Gesellschaftsordnung zum Durchbruch und führten in mehreren Staaten zur Errichtung der Macht der Bourgeoisie".

Geht man von dem damit gefundenen Epochenbegriff aus, so sehe ich bezüglich der Konzeption der Alltagsstudien die folgenden Diskussionspunkte: (1) Zunächst zur Periodisierung. Indem J. K. den ersten Band mit dem Jahre 1600 beginnen ließ, klammerte er einerseits die Erörterung des 16. Jahrhunderts aus der Übergangsproblematik aus, um es andererseits, durch ausführliche Rückgriffe, jetzt vor allem im zweiten Band, sozusagen nachzureichen. Dabei wird dem beginnenden 16. Jahrhundert ein hoher Stellenwert zuerkannt, und es wäre sicher möglich, dies am Text beider Bände zu beweisen. Wenn man es also genau besieht, bleibt unverständlich, warum so verfahren worden ist. Nun hat J. K. jetzt präzisiert, daß er nicht nur einen auf bestimmte Etappen, Perioden, Zeiträume bezogenen Alltag abzuhandeln gedenkt; er hat vielmehr deutlich unterstrichen, daß es ihm in jedem Band um eine theoretische Fragestellung geht, deren

---

[8] MEW Bd. 25, S. 347.

[9] MEW Bd. 18, S. 591.

[10] MEW Bd. 7, S. 85.

[11] Klassenkampf, Tradition, Sozialismus. Von den Anfängen der Geschichte des deutschen Volkes bis zur Gestaltung der entwickelten sozialistischen Gesellschaft in der DDR. Grundriß. Berlin 1974.

Erörterung dann auch die zuvor selbst gesetzten Zäsuren sprengt bzw. überschreitet. Das war im ersten Band der Alltag, das ist im zweiten Band das Problem des Übergangs von einer Formation zur anderen, also wieder ein grundlegendes, jeden von uns interessierendes und ansprechendes Problem, dessen nicht versiegende Aktualität vor allem aus dem Charakter unserer eigenen Epoche, des weltgeschichtlichen Übergangs vom Kapitalismus zum Sozialismus, erwächst.

(2) J. K. argumentiert in beiden Bänden vom Standpunkt der allgemeinen Geschichte, d. h. er spricht nicht nur (was ich hier ausklammere) vergleichend über Spätantike und Spätfeudalismus, sondern er behandelt vor allem ausführlich die Diskussion um die englische und europäische Wirtschaftsgeschichte der Übergangsepoche, was übrigens zugleich ein hochinteressantes Stück Forschungsgeschichte bietet. Niemand wird bestreiten, daß sich in England sehr früh Voraussetzungen für die Entstehung des Kapitalismus bildeten: die Zurückdrängung bzw. Aufhebung der Leibeigenschaft, der Übergang zur Schafhaltung (I, S. 52 ff.), d. h. die Wollproduktion, zunächst für den Export, dann als Grundlage der eigenen Textilproduktion; beides für sich genommen ist ja noch nicht Kapitalismus, wenn auch für seine Herausbildung sehr wichtig. Niemand kann aber auch bestreiten, daß Deutschland von 1470 bis 1530 (oder 1550) ökonomisch eine Spitzenposition in Europa einnahm und daß dabei frühe kapitalistische Produktionsverhältnisse im Bergbau und anderen Bereichen des Gewerbes eine Rolle gespielt haben. Anders verhielt es sich mit den Produktionsverhältnissen in der Landwirtschaft. Dort überwogen die feudalen Elemente, ja, die Ansätze der zweiten Leibeigenschaft sind, regional unterschiedlich, bereits zu erkennen und werden nach der Niederlage der frühbürgerlichen Revolution voll wirksam. Mit dieser Auffassung wird der Modellcharakter der kapitalistischen Entwicklung in England nicht in Frage gestellt, und es wird andererseits der Prozeß der Refeudalisierung vergleichend erst exakt erkennbar.

(3) J. K. trägt in vielfältiger Weise seine Auffassung vom Charakter, vom Inhalt und vom Verlauf des Niedergangs des Feudalismus vor, und dies wird wieder besonders deutlich im Abschnitt über die Protoindustrialisierung (I, S. 97 ff.), als er mit Bezug auf Friedrich Engels eine Periodisierung des Niedergangs versucht. Er nimmt, wir greifen den Gedanken nochmals auf, das 15. Jahrhundert (das ganze Jahrhundert ist offenbar gemeint) sowie die Jahre 1500 bis 1525 als eine Einheit mit „ganz starken Auflösungserscheinungen", charakterisiert die Spitzenposition Deutschlands (die aber wohl kaum von 1470 gilt) und wägt den mehr oder weniger feudalen („nicht mehr feudalen") bzw. mehr oder weniger kapitalistischen Charakter der Verhältnisse bzw. die „frühkapitalistischen Inseln" ab, einschließlich der „ersten Anfänge der zweiten Leibeigenschaft". Dann werden die Jahre 1526 bis 1618 als „relative Stabilisierung der Verhältnisse" mit dem Ton auf „Stagnation" und „leichtem Rückgang" charakterisiert und der Hinweis auf Positionsverlust gegenüber England und Holland (das sonst auffallend wenig berücksichtigt wird) gegeben. Die folgenden Zäsuren werden durch die Jahre 1618 und 1810 gebildet, die er als Übergangszeit („... aber wahrlich nicht zum Kapitalismus ...") bezeichnet, ehe dann die „großartige Ausnahme" d. h. die Entwicklung der Literatur eingeordnet wird. Hier werden nun einerseits zeitliche Abgrenzungen gewählt, die weder zu den von anderen Historikern der DDR vorgeschlagenen Zäsuren passen, noch mit dem eigenen Verfahren übereinstimmen. Ich sehe darin Unentschlossenheit und Unsicherheit, die mir als Konsequenz der falschen Entscheidung erscheint, den ersten Band, d. h. die ganze Geschichte des Alltags, nicht mit dem 16. Jahrhundert beginnen zu lassen.

Die nach meiner Meinung unbestreitbare Einheit der Übergangsepoche, die in zahlreichen Argumenten und Textabschnitten des Manuskripts ziemlich deutlich anerkannt wird, bleibt als Problem offen.

Während die Zäsur 1618 eigentlich durch die erklärte Abgrenzung des Bandes 1 als gegenstandslos erscheint, wird mit der Zäsur zwischen Band 1 und 2 die volle Übereinstimmung zur Auffassung anderer Historiker unterstrichen. J. K. stellt den zeitlichen Zusammenhang her zwischen der siegreichen bürgerlichen Revolution in England und dem Tiefpunkt der Entwicklung in Deutschland am Ende des Dreißigjährigen Krieges (I, S. 58 ff.). Im Grundriß heißt es dazu: „Während sich durch den Sieg der englischen Revolution von 1642 bis 1649, aber auch durch die Ergebnisse des Dreißigjährigen Krieges das Kräfteverhältnis international zugunsten des Handels- und Manufakturbürgertums veränderte, wurden die deutschen Territorien und Städte ökonomisch und politisch weit (vielleicht wäre es besser, „weiter" zu sagen – G. H.) zurückgeworfen"[12]. Nimmt man alle Argumente zusammen, so bleibt die Epochenabgrenzung, wie sie der Grundriß gegeben hat, offenbar als optimale Lösung, einschließlich der Abgrenzung der Hauptperioden.

(4) Und damit kommen wir zum Ende der Übergangsepoche, d. h. zu dem von J. K. als Überschrift gewählten Abschlußjahr 1810. Er hat dazu bereits zu Beginn des zweiten Bandes (I, S. 7 ff.) Stellung genommen und dabei akzeptablerweise die Meinung vertreten, daß wir nicht für alle Bereiche der gesellschaftlichen Entwicklung das gleiche Zäsurenjahr wählen müssen. Bezogen auf den Alltag des deutschen Volkes hat sich mit dem Jahr 1789 offenbar in der Tat eine entscheidende Veränderung nicht sogleich eingestellt, wenn man auch fraglos von einem langfristig wirksamen Einfluß darauf wird sprechen können. Welches aber sind die Argumente für 1810? Sie bleiben undeutlich und wenig überzeugend. Nimmt man den Zusammenhang zu den preußischen Reformen, dann würde sich wohl das Oktoberedikt, d. h. das Jahr 1807, anbieten, denn damit wurde die Leibeigenschaft im größten deutschen Teilstaat abgeschafft. Dies geschah allerdings nicht mit sofortiger Wirkung (die letzten Leibeigenschaftsverhältnisse sollten mit dem Martinstag des Jahres 1810 fallen), und es geschah auch nicht in allen Territorien. Es bliebe allerdings für 1810 das Zusammenfallen der (nunmehr endgültigen) Aufhebung der Leibeigenschaft in Preußen mit der beginnenden, (aber noch nicht wirksamen) Gewerbereform. Oder man könnte an das Jahr 1811 denken, als (nach inzwischen eingeleiteter Gewerbereform) die Agrarreform in einem auf praktische Handlung zielenden Edikt formuliert wurde. Dies Edikt wiederum ist bekanntlich nicht verwirklicht worden und fand im Jahre 1816 eine in allen wesentlichen Punkten reaktionäre „Deklaration".

Man sieht also: die Suche nach einem Datum für das Ende von Band 2 ist so einfach nicht, und man darf gespannt sein, wie J. K. die für Band 3 anstehende Problematik lösen wird. Dafür ist ja mit der Einleitung der bürgerlichen Umwälzung, mit den Etappen der Revolution von oben, mit der Durchsetzung des Kapitalismus in der Landwirtschaft auf preußischem Wege und anderen Problemen genügend Stoff für eine den Alltag des deutschen Volkes betreffende Darstellung und Diskussion gegeben. Für den Alltag des deutschen Volkes am Ende der hier behandelten Epoche, wenn man Alltag so komplex begreift, wie es im ersten Band durch J. K. theoretisch begründet worden ist, dürften sich zwischen 1789 und 1816 grundlegende Veränderungen durchgesetzt haben. Da

---

[12] Grundriß, S. 175.

mag das Jahr 1810 begründet erscheinen; der „Anfang des 19. Jahrhunderts" (wie I, Vorbemerkung, S. 7 steht) oder das Ende des 18. Jahrhunderts (wie ich hinzufüge) wären wohl auch Lösungsmöglichkeiten. Für die theoretische Frage nach dem Charakter der Epoche ist das ohne entscheidenden Einfluß.

In den hier zur Diskussion stehenden Jahrhunderten, vom Ausgang des 15. bis zum Ende des 18. Jahrhunderts, sind in der wirtschaftsgeschichtlichen Forschung auch andere Fragen strittig; einigen davon wollen wir uns in der notwendigen Kürze zuwenden. Die von J. K. vorgetragenen Überlegungen zum agrarischen Dualismus verdienen m. E. in zweierlei Richtung besondere Beachtung und sollten uns veranlassen, entsprechend nachzudenken und weiterzuforschen. Einerseits warnt er vor einer Überschätzung der Unterschiede zwischen Grundherrschaft und Gutsherrschaft, betont ihren Charakter als feudale Produktionsverhältnisse und bezieht damit einen Standpunkt, der im wesentlichen der Auffassung im Grundriß entspricht[13]. Andererseits stellt sich selbstverständlich die Frage nach den innerhalb solcher Produktionsverhältnisse möglichen Entwicklungstendenzen.

Es zeigen sich, das ist wohl der Ausgangspunkt der erstgenannten Fragestellung in grundherrschaftlich strukturierten Gebieten deutliche Anzeichen für einen Bedarf an feudaler Arbeitsrente, was er am Beispiel Bayerns demonstriert. Die damit verbundene Auseinandersetzung mit Auffassungen F. Lütges[14] trifft hinsichtlich der scheinheiligen und zugleich dreisten Interpretationsversuche Grundpositionen der bürgerlichen Agrarverfassungsgeschichte, wie sie u. a. bereits vor mehr als 10 Jahren von D. Lösche angesprochen worden sind[15]. Ich möchte hier noch zwei Schritte weitergehen und sehe in der Kritik Kuczynskis vor allem den Hinweis auf die methodischen Mängel der von Lütge formulierten Auffassungen. Dieser hatte nämlich die Grundlagen seiner Kenntnisse und Meinungen zwar hinsichtlich einiger ihrer Aussagen (wo sie ihm nicht passen) kritisiert, er hat sie andererseits aber auch nicht kontrolliert (und schon gar nicht ist er denjenigen Behauptungen nachgegangen, die er mehr oder weniger vollständig akzeptiert). Beides steht in engem Zusammenhang: Lütge hat für seine Grundherrschaftsauffassung drei Stützen aus der eigenen Forschung von etwa 25 Jahren. Es sind dies die Dissertation über den Harz[16], die Untersuchung der mitteldeutschen Grundherrschaft[17] und die von J. K. vorgeführte und genutzte bayerische Grundherrschaft[18].

Nun dürfte ja, um konkret zu werden, J. Pflaumer-Resenberger nicht im Verdacht stehen, eine besonders bauernfreundliche Interpretation gegeben zu haben. Es handelt sich dabei um eine materialreiche Dissertation[19], deren Schwerpunkt zeitbedingt mehr im Aufspüren der Kontinuität bäuerlicher Hofstellenbesetzung (Anerbensitte) liegt, als in

---

[13] Grundriß, S. 178.

[14] F. Lütge, Die bayerische Grundherrschaft, Stuttgart, 1949.

[15] D. Lösche, Agrargeschichte oder Agrarverfassungsgeschichte? Einige Bemerkungen zu Friedrich Lütge, Geschichte der deutschen Agrarverfassung vom frühen Mittelalter bis zum 19. Jahrhundert. In: JbWG 1967, T. I, S. 381 ff.

[16] F. Lütge, Die Bauernbefreiung in der Grafschaft Wernigerode, in: Zs. d. Harzvereins für Geschichte und Altertumskunde, Jg. 56/57 (1923/24), S. 1 ff.

[17] ders. Die mitteldeutsche Grundherrschaft Jena 1934; 2. Aufl. (Quellen und Forschungen zur Agrargeschichte, Bd. 4) Stuttgart 1957.

[18] Vgl. dazu G. Kirchner, in: Deutsche Literaturzeitung 73. Jg., 1952, Sp. 365 ff.

[19] J. Pflaumer-Resenberger, Die Anerbensitte in Altbayern. Eine rechts- und wirtschaftspolitische Untersuchung. Staatswissenschaftliche Diss. München 1939.

der Analyse sozialer Strukturen oder gar sozialer Auseinandersetzungen. Wenn trotzdem so deutliche Einzelbemerkungen fallen, wie J. K. sie zitiert hat, so läßt das auf einen Quellenbefund schließen, der noch weitaus mehr soziale Spannungen reflektieren dürfte. Erheblich deutlicher wird übrigens ein anderer im Text von Lütge zitierter Autor[20]; nahezu gleichzeitig entstanden und noch stärker unter rechtsgeschichtlichen Aspekten verfaßt, läßt seine Arbeit genauer erkennen, wohin die feudalherrlichen Absichten, d. h. die Absicht der Hofmarksherren, zielten. Interessant dabei, daß auch in Bayern die Frondienste (Scharwerke) nicht aus einer juristischen Wurzel begründet werden. Der außerökonomische Zwang, der die Grundlage der Arbeitsrente bildet, war nicht nur mit dem feudalen Grundeigentum allgemein verbunden, sondern er konnte sich auch noch aus anderen, mit der Grundherrschaft bzw. dem Grundeigentum und seiner Realisierung nicht direkt und nicht zwangsläufig in Zusammenhang stehenden Bindungen ergeben. Es tritt dabei auch das Spanungsverhältnis zwischen dem Landesherrn und den Feudalherren hervor, ihre bei aller Gemeinsamkeit doch auch unterschiedlichen Interessen, ihre vor allem in der Steuerfrage differierenden Auffassungen und die daraus abgeleitete Rivalität werden deutlich. Der steuerfordernde Landesherr ist an gleichbleibender Zahl der Hofstellen (für ständige Steueransprüche) interessiert, daher tritt er als Bauernschützer auf. Und seitens der Feudalherren ist das Streben nach Dienstleistung erkennbar. Es werden Hofstellen eingezogen, in den Rechtsstreitigkeiten werden außerökonomische Zwangsmittel angewandt, bäuerlicher Widerstand regt sich. Die Größenordnungen der Dienste und die Formen der Gewaltanwendung bzw. -androhung unterscheiden sich quantitativ erheblich von dem, was in ostelbischen Territorien üblich oder möglich war, also von der Gutsherrschaft. Man darf aber auch nicht, wie es oft geschieht, die extrem gutsherrschaftlichen Verhältnisse, wie wir sie in Mecklenburg oder Schwedisch-Pommern finden, mit der ostelbischen Gutsherrschaft oder gar mit den ostelbischen Agrarverhältnissen überhaupt gleichsetzen. Man darf auch nicht von der zweiten Hälfte des 18. Jahrhunderts auf das 17. oder gar das 16. Jahrhundert einfach rückschließen, sondern man muß die zeitlichen Vergleichsebenen exakt einhalten bzw. herstellen. Im 17. Jahrhundert sind nämlich diese Unterschiede noch keineswegs so deutlich ausgeprägt. Was wir den agrarischen Dualismus nennen, ist ein Prozeß, der sich im Rahmen der Refeudalisierung vollzieht und der über mehrere Etappen der Übergangsepoche zu verfolgen ist. Entscheidend dürfte in unserem Zusammenhang gewesen sein, daß in Bayern, wie auch in anderen Territorien des grundherrschaftlichen Typs, der fortgesetzte Widerstand der Bauern, die ihre in Weistümern, Dorfordnungen und Ehaften überlieferten Rechte verbissen und hartnäckig verfochten, den Ausbau der Hofmarkenwirtschaften, den sogenannten Hofbau, auf einer bestimmten Stufe festhielt[21]. Ganz ähnlich lesen wir es in einer Arbeit von Crailsheim[22], der als Schüler von C. J. Fuchs vor allem auf den verfassungsgeschichtlichen Tatbestand aufmerksam macht, daß es nicht zur Vereinigung der verschiedenen feudalen Rechte, der Grund-, Leib- und Gerichtsherrschaft, kam. Auch hier in dieser Arbeit ist der bäuerliche Widerstand erkennbar, und die Kontrolle der Texte von Demmel und Crailsheim erweist, daß sie bei ihrer Quellenauswertung aus einer insgesamt dem

---

[20] K. Demmel, Die Hofmark Maxlrain. Ihre rechtliche und wirtschaftliche Entwicklung. Jur. Diss. (Südostbayerische Heimatstudien 18), München 1941.

[21] Dazu H. Schultz, Bäuerlicher Klassenkampf und „zweite Leibeigenschaft". In: Der Bauer im Klassenkampf, Berlin 1975, S. 391 ff.

[22] F. Frhr. von Crailsheim. Die Hofmark Amerang (Tübinger Rechtswissenschaftliche Abhandlungen, hg. von C. J. Fuchs, NF, 3. Heft) 1914.

Adel gegenüber sehr wohlwollenden Position nur die angesichts der Hartnäckigkeit der Bauern unbestreitbaren und unübersehbaren Tatsachen gewertet haben.

Von den Feudalherren betriebene Eigenwirtschaften gab es auch in anderen Territorien grundherrschaftlicher Struktur. Diese waren nach Umfang und Inhalt sehr differenziert und können in erster Linie aus der ortsgeschichtlichen Literatur erkannt werden. Dabei kommt uns zugute, daß die herrschende Klasse mit den Dienstforderungen ja keineswegs nur ökonomische Vorteile wahrnehmen wollte. Diese Forderungen dienten vielmehr auch der Demonstration der feudalen Herrschaft schlechthin. Diese Tatsache findet überzeugend in den Argumentationen derjenigen Bauern ihren Ausdruck, die gegenüber Dienstforderungen, nicht selten ganz unabhängig von deren Höhe und ganz unabhängig davon, ob sie in der Lage waren, solchen Dienstforderungen nachzukommen, zwei Elemente des feudalen Produktionsverhältnisses in den Vordergrund stellten: Die Gefährdung des Herkommens, d. h. die Angst vor der Wiederholung und schließlichen Gewöhnung durch Dauer bzw. die Angst vor der ihre persönliche Rechtslage gefährdenden, jedenfalls mindernden Konsequenz geleisteter Frondienste. Das Kommando über ihre Personen, wie Engels sagen würde, bedeutete ihnen Gefahr für die Personen, jedenfalls für ihren Rechtsstatus, und dafür hatten die Feudalbauern ein erstaunliches klassenmäßiges Gespür.

Ich mache noch auf ein weiteres Beispiel aufmerksam. Es gab in der mittleren Rheinebene, zwischen Karlsruhe und Worms, deutliche Ansätze zur Bildung von großen Feudalhöfen mit Frondienstverpflichtungen für die Bauern[23]. So hatte das von der kurfürstlich Mainzischen Hofkammer betriebene Gut Kirschgartenhof mehr als 700 Morgen Ackerland. Im Jahre 1777, deshalb sind wir gut unterrichtet, wurde dies Ackerland, einschließlich der dazugehörigen Weide und Allmende, an 50 Familien zu Bauernhöfen unterschiedlicher Größe ausgetan. Bis dahin aber, und das ist kein Einzelfall, war der Hunger nach Mehrarbeit ausgeprägt und bestimmte das feudalherrlich-bäuerliche Verhältnis in einer Gegend, die nicht gerade als für feudalherrliche Eigenbetriebe typisch angesehen wird. Diese Betriebe verdienen übrigens die Aufmerksamkeit der Agrarhistoriker der DDR nicht zuletzt, weil sie nach der Durchsetzung kapitalistischer Produktionsverhältnisse im Eigentum großer Industrieunternehmungen sich befanden, durchaus eine Parallele zu den ostelbischen Junkerwirtschaften mit ihrer Tendenz, kapitalistische Gewerbebetriebe aufzubauen bzw. mit der Landwirtschaft zu verbinden.

Selbstverständlich soll hier nicht einer auf Gutsherrschaft zielenden Interpretation grundherrschaftlicher Agrarverhältnisse das Wort geredet werden. Es darf aber auch nicht übersehen werden, daß selbst unter solchen Bedingungen bäuerliche Arbeitskraft und nicht nur bäuerliche Produkten- bzw. Geldleistungen begehrt waren. Und ich füge nochmals den Hinweis hinzu, daß wir bei solchen Vergleichen für die gleichzeitigen ostelbischen Eigenwirtschaften nicht von Größenvorstellungen ausgehen dürfen, die dem 19. Jahrhundert entnommen, d. h. nach Abschluß des preußischen Weges anzutreffen sind. Im 17. und 18. Jahrhundert waren jedenfalls Betriebe von 700 Morgen Ackerland auch in gutsherrschaftlich strukturierten Gebieten durchaus ansehnlich zu nennen.

Nun hat J. K. zusätzlich darauf aufmerksam gemacht, daß es vor allem die Jagd-, Bau- und Fuhrdienste gewesen sind, die für die Bauernwirtschaften drückend waren. In der Tat wird man davon ausgehen müssen, daß unter grundherrschaftlichen Bedin-

---

[23] O. Röser, Die landwirtschaftliche Struktur der Alluvialaue von Karlsruhe bis Worms unter besonderer Berücksichtigung des Großgrundbesitzes. Phil. Diss. Heidelberg 1944.

gungen die regelmäßigen Ackerdienste erheblich geringer waren als im Rahmen der Gutsherrschaften. Alle anderen Dienste aber sind in ihrer praktischen Bedeutung weder zu unterschätzen, noch sind sie ganz exakt zu fassen. Sie werden nicht mit der gleichen ehernen Regelmäßigkeit gefordert wie anderswo die Ackerdienste. Aber sie wurden gefordert, nicht selten in erheblicher Proportion, und sie waren Gegenstand unzähliger, langandauernder Auseinandersetzungen, die in der orts- und regionalgeschichtlichen Literatur[24] schlummern bzw. weit verstreut aus Gerichtsakten gefördert werden müssen.[25]

Ein grundsätzliches Problem wird durch die umfangreiche Diskussion, den Vergleich von England und Deutschland, noch aufgeworfen. Welches sind denn die inneren Voraussetzungen für die Herausbildung des Kapitalismus? J. K. ordnet den positiven Niedergangserscheinungen in England die negativen in Deutschland zu, und damit ist für ihn die Entscheidung gefallen, alles ist klar. Wie aber erkennen wir denn die Faktoren und Bedingungen, die sich im Schoße des Feudalismus herausbilden, ohne schon kapitalistisch zu sein? Dieser Seite, vor allem der sozialstrukturellen Entwicklung, gebührt m. E. noch größere Aufmerksamkeit, so schwierig die Beantwortung der Fragen ist, ja, so schwierig die Fragen selbst exakt zu stellen sind. Marx sagt eindeutig: „Die ökonomische Struktur der kapitalistischen Gesellschaft ist hervorgegangen aus der ökonomischen Struktur der feudalen Gesellschaft. Die Auflösung dieser hat die Elemente jener freigesetzt"[26]. Nun kann man natürlich sagen, es habe sich eben nichts aufgelöst und demzufolge sei auch nichts freigesetzt worden. Ich stimme bzgl. der prinzipiellen Einordnung der Grundelemente der sozialökonomischen Entwicklung der Übergangsepoche in Deutschland mit J. K. fast völlig überein. Sie waren überwiegend feudal. Aber das entbindet m. E. nicht von der Notwendigkeit, die in der ökonomischen Struktur der feudalen Gesellschaft sich vollziehenden Veränderungen auch darauf abzuklopfen, welches denn die damit geschaffenen oder die dadurch entstehenden Möglichkeiten für die Herausbildung nicht mehr oder nicht mehr ausschließlich feudaler Produktionsverhältnisse sind. Dazu noch einige Gedanken.

J. K. hat die Problematik des bäuerlichen Erbrechts, wie schon in Band 1, ausgeklammert. Die Kenntnis und Einschätzung der regional unterschiedlichen Gestaltung des bäuerlichen Besitz- bzw. Erbrechts[27] könnte jedoch sehr zur weiteren Klärung der Übergangsproblematik beitragen, weil ja dem faktischen Erbgang bzw. dem juristischen Erbrecht bei wachsender Bevölkerung die faktische Ausschließung von Grund und Boden für eine größer werdende Zahl von Produzenten entspricht. Ich mache hier nur auf zwei Ebenen aufmerksam. In der Übergangsepoche trifft man bei gutsherrschaftlicher Struktur eindeutig die Tendenz an, den geschlossenen Erbgang zu ermöglichen oder zu erzwingen, weil davon die (Dienst-) Leistungsfähigkeit der Bauernwirtschaften abhing. Für den Alltag der Bauern ergab sich daraus die interessante Konstellation, daß die herrschende Klasse dem bäuerlichen Verlangen nach geschlossener Vererbung am meisten dort entsprach, wo sie zugleich die Bauernwirtschaften bis an (vielfach über) die Grenze der Leistungsfähigkeit belastete. Ein letzter Reflex dieser Tatsache ist die gegen Ende des 18. Jahrhunderts häufige Argumentation der Gutsherren zur „Begründung"

---

[24] G. Kleemann, Schloß Solitude bei Stuttgart (Aufbau, Glanzzeit, Niedergang), Stuttgart 1966.

[25] Zahlreiche Beispiele in der jüngsten Untersuchung von B. Gentsch, Der Klassenkampf der ländlichen Untertanen im Erzgebirge und Vogtland im 17. Jahrhundert. Diss. A, PH Dresden, 1979.

[26] MEW Bd. 23, S. 743.

[27] Vgl. Die Zusammenfassung bei B. Huppertz, Räume und Schichten bäuerlicher Kulturformen in Deutschland. Ein Beitrag zur Bauerngeschichte. Bonn 1939.

des Bauernlegens, die Hofstelleninhaber selbst sähen ja keine Möglichkeit der selbständigen Betriebsführung mehr (weil sie mit Diensten überlastet waren, wie ich hinzufügen möchte). Grundherrschaftliche Bedingungen führen demgegenüber keineswegs gradlinig zum Recht oder zur Praxis der Realteilung, sondern sie wirken sehr unterschiedlich – ein besonders gutes Beispiel sind die differenzierten Verhältnisse in Baden, die Strobel jüngst intensiv untersucht hat[28].

Die zweite Ebene, auf die ich aufmerksam machen möchte, weist in den Band 2 hinüber. Angesichts der Rolle, die das bäuerliche Besitzrecht und speziell das Erbrecht, im Verlaufe der bürgerlichen Agrarreformen spielt, dürfte spätestens dort eine Meinung zur Rolle dieses Faktors sich notwendig machen – wahrscheinlich wird es einen Rückgriff geben.

J. K. hat in diesem vorliegenden Band das Problem der plebejisch-vorproletarischen Schichten noch einmal aufgeworfen, obwohl es ja quantitativ und qualitativ in dieser letzten Phase der Übergangsepoche eine zunehmend große Rolle spielte. Ich knüpfe (ausführlich zum Gesamtproblem haben wir ja bei Band 1 diskutiert) bei der Produktivitätsdebatte an, die J. K. mit Berufung auf R. Berthold, H. H. Müller, U. Bentzien[29] in ständiger Polemik gegen diese geführt hat. Bei der Einschätzung bäuerlicher Leistungen in der täglichen Produktion, d. h. vor allem in der Arbeit auf dem Felde, sollte man nicht vergessen, daß bei einem erheblichen Teil dieser Bauern (ob zu Arbeitsrente verpflichtet oder nicht) Knechte und Mägde (sowohl Verwandte, also Söhne und Töchter, wie auch fremde Arbeitskräfte) beteiligt waren, und daß ein gar nicht geringer Teil der Frondienstleistungen nicht von den Bauern selbst, sondern von Knechten und Mägden/Söhnen und Töchtern erbracht werden mußte. Und in den gutsherrlichen Eigenwirtschaften und landesherrlichen Amtshöfen waren Arbeitskräfte gleicher sozialer Herkunft beschäftigt, wie in den bäuerlichen Wirtschaften. Die Arbeitsbedingungen der plebejisch-vorproletarischen Schichten konnten von der Mitarbeit im Bauernhof des Vaters mit der Aussicht auf Erbfolge bestimmt sein, sie konnten aber auch vom zeitweiligen Gesindezwangsdienst mit festgelegtem Lohn über die jährlich entlohnte Tätigkeit als Gesinde außerhalb der Zwangsverpflichtungen bis zum Arbeitsverhältnis des Tagelohns, bzw. einer Mischung von Landanteil, Deputat und Geldlohnanteil reichen. Die ganze Skala dieser Möglichkeiten muß bedacht werden, ehe wir die wichtige Frage nach der Differenzierung (daher Schichten) oder der Geschlossenheit (daher Landarmut oder wie einige möchten Vorproletariat) beantworten. Wichtig erscheint mir in diesem Zusammenhang, daß wir die in der kleinen Bauernwirtschaft liegenden Potenzen der Produktivkraftentwicklung nicht nur vom Besitzrecht und von den Folgen des Klassenantagonismus her einschätzen dürfen, sondern zugleich die schnell sich vollziehende Differenzierung erkennen, die gegen Ende der Übergangsepoche grundlegende Veränderungen sowohl ankündigt wie ermöglicht.

Bleibt schließlich als letzte Frage die umfangreiche, über weite Strecken von Band 2

---

[28] A. Strobel, Agrarverfassung im Übergang. Studien zur Agrargeschichte des badischen Breisgaus vom Beginn des 16. bis zum Ausgang des 18. Jahrhunderts. Freiburg/München 1972.

[29] R. Berthold, Die Entwicklungstendenzen des Ackerbaus in spätfeudaler Zeit unter besonderer Berücksichtigung des Anteils der Bauern am landwirtschaftlichen Fortschritt. Phil. Habil.-schrift HUB Berlin 1963; H. H. Müller, Märkische Landwirtschaft vor den Agrarreformen von 1807. Entwicklungstendenzen des Ackerbaus in der zweiten Hälfte des 18. Jahrhunderts. Potsdam 1967; U. Bentzien, Fortschritte und Fortschrittsträger der deutschen Landwirtschaft im Spätfeudalismus, in: Jahrbuch für Volkskunde und Kulturgeschichte 1978, S. 140 ff.

verteilte Erörterung der Warenproduktion, ihres Charakters und ihrer Wirkungen, der Rolle der Städte im Austausch der Waren und der Stellung der Städte in der Feudalgesellschaft, was die Bedeutung der Warenproduktion für die Bauernwirtschaften einschließt. Die Diskussion wird etwas erschwert durch die in diesem Punkt besonders großzügige Überschreitung der dem 2. Band eigentlich vorgegebenen zeitlichen Grenzen. J. K. geht bis weit in das Mittelalter zurück, aber die für die Übergangsepoche entscheidenden Fragen werden m. E. hier nicht weiterführend behandelt. Ich meine, daß die Frage nach der Rolle der Städte als dem Feudalismus integrierte oder ihm fremde, ihn sprengende Faktoren für die Übergangsepoche ersetzt werden muß durch die (noch viel schwierigere Frage) nach der Existenz und der Rolle des Bürgertums. Die mehr handelskapitalistische oder zunfthandwerkliche Funktion der meisten Bürger würde ich eindeutig als feudal, als konservierend einschätzen, jedenfalls sind Kaufmannskapital und Zunfthandwerk in der Übergangsepoche keine die Feudalordnung zersetzenden, den Feudalismus gefährdenden gesellschaftlichen Kräfte. Was nun die Stärke der anderen bürgerlichen Kräfte angeht, so sind wir mitten in einer Diskussion, die von der Klärung bestimmter theoretischer Positionen her erst den Schritt zu größeren empirischen Untersuchungen zu gehen sich anschickt. Insbesondere fehlen uns neuere detaillierte Untersuchungen über die Manufakturen und das Manufakturbürgertum[30]. Ich meine, daß es ein Manufakturbürgertum gegeben hat, wie mehr oder weniger zahlreich, stark oder einflußreich es auch war. Strittig ist vor allem der Zeitpunkt, von dem an dieses Manufakturbürgertum so stark war, daß es Einfluß gewann und bourgeoise Züge sich andeuten. Es zeichnet sich ein gewisser Konsens dahingehend ab, daß wir zwar seit dem Ende des 17. Jahrhunderts, nach Überwindung der schlimmsten Folgen des Dreißigjährigen Krieges, eine allmählich ansteigende Tendenz erkennen können (wenn auch charakterisiert durch das „Wiederemporkriechen"[31]), daß aber erst nach 1763, also in der letzten Phase der Übergangsepoche, das Manufakturbürgertum in einigen Territorien eine für die Wirtschaftspolitik bemerkenswerte und für die gesellschaftliche Entwicklung beachtliche Rolle zu spielen begann. Dies steht auch im Zusammenhang mit Entwicklungsprozessen, wie sie J. K. für Baden analysiert hat, wo es um die Versuche geht, Frondienste durch Geldrente zu ersetzen, allerdings in einem Lande, in dem die Rolle der bäuerlichen Ackerdienste nicht eben sehr hoch war. In diesem Zusammenhang fällt mir auf, daß eine an dieser Stelle besonders günstige Möglichkeit, die Einflüsse und die Bedeutung der Physiokraten zu behandeln, nicht genutzt worden ist.

Damit breche ich ab – nicht ohne nochmals zum Ausdruck gebracht zu haben, daß auch der zweite Band dieser Studie über den Alltag des deutschen Volkes, und dieser zweite Band besonders dort, wo er gar nicht den Alltag, sondern die allgemeinhistorischen Rahmenbedingungen dafür behandelt, Widerspruch wie Zustimmung finden und dadurch die Diskussion anregen und weiterführen wird.

---

[30] A. Laube, Die Herausbildung von Elementen einer Handels- und Manufakturbourgeoisie und deren Rolle in der deutschen frühbürgerlichen Revolution, in: JbGFeud. 1, S. 273 ff.; I. Mittentzwei, Preußen nach dem siebenjährigen Kriege. Auseinandersetzungen zwischen Bürgertum und Staat um die Wirtschaftspolitik (Schriften des Zentralinstituts für Geschichte Bd. 62) Berlin 1978.
[31] MEW Bd. 18, S. 591.

Antwort von Jürgen Kuczynski

Die Bemerkungen von Gerhard Heitz zerfallen in zwei Teile. Einmal enthalten sie wertvolle Ergänzungen zu meinem Text, die wir alle nur begrüßen werden, und sodann kritische Bemerkungen, die eine Fülle von Problemen aufwerfen, und zu den wichtigsten von ihnen möchte ich hier Stellung nehmen.

(Zuvor jedoch muß ich bemerken, daß Gerhard Heitz mir, schon bevor er seine Bemerkungen sandte, in einem Brief einiges Kritische geschrieben hatte, worauf ich in der Vorbemerkung bereits zur Fage der Zäsuren zwei Absätze, beginnend mit dem Zitat von Kossok und Markov, und vor dem letzten Absatz der Vorbemerkung eine Beobachtung über die Einheit von Band 1 und 2 einfügte, so daß ich ihm schon ein wenig von seiner Kritik genommen habe. Aber ein Großteil seiner Kritik bleibt von diesen Ergänzungen völlig unberührt.)

Ich glaube, Gerhard Heitz hat mein Anliegen vielleicht insofern mißverstanden als er wohl meint, ich hätte den „weltgeschichtlichen Prozeß der Herausbildung des Kapitalismus" darstellen wollen. Mir kam es vielmehr darauf an, den Niedergang des Feudalismus in Deutschland darzulegen. Nur als Kontrast zu dieser Niedergangsperiode, zu ihrem besseren Verständnis habe ich die Situation in England (und kurz im alten Rom) behandelt. In England haben wir eine fruchtbare Niedergangsperiode, die Auflösung des Feudalismus führt zu etwas Neuem, dem Kapitalismus, während wir in Deutschland (und im alten Rom) eine negative, unfruchtbare Niedergangsperiode haben, die zur Erstarrung und Verkalkung des alten Wirtschaftssystems führt, die neue Entwicklung, welche wir in Deutschland insbesondere zwischen 1470 und 1530 beobachten, zerstört und kaum irgendwelche Fortschritte zuläßt.

Überhaupt muß man sich überlegen, ob man vor der Mitte des 17. Jahrhunderts von einem „weltgeschichtlichen Gesamtprozeß" der Herausbildung des Kapitalismus sprechen kann. Man soll doch klar erkennen, daß der Bauernkrieg wohl ein Fanal war, aber doch eben ein deutsches Ereignis blieb. Erst die Revolutionen von 1640 und 1789 leiteten europäische (und nordamerikanische) Prozesse ein. Sehr richtig schreibt Gerhard Schilfert: „Die englische bürgerliche Revolution von 1642 bis 1649 ist die erste moderne (d. h. nicht mehr frühbürgerliche) Revolution der Weltgeschichte".[1]

Die Refeudalisierung in Deutschland läßt sich aber nicht „weltgeschichtlich", aus dem „Entwicklungsprozeß des ganzen Kapitalismus", ableiten, zumal ein ähnlicher Prozeß in Italien viel früher, als selbst in England von Kapitalismus noch nicht einmal in der Basis gesprochen werden konnte, eingesetzt hatte.

Wie kompliziert die Problematik ist, wird ja auch daraus klar, daß Engels gleich zwei weit auseinanderliegende Revolutionen als Zäsuren für Europa nennt, „1648 und 1789", die beide den gleichen Sinn hatten: „Sie waren die Proklamation der politischen Ordnung für die neue europäische Gesellschaft."

Was den Beginn des ersten Bandes mit 1600 betrifft, so betrachte ich 1600 keineswegs als eine Zäsur. Ich beginne den Band mit 1600 (mit Rückblicken auf das 16. Jahrhundert) einfach, um eine Darstellung der Situation vor dem Dreißigjährigen Krieg geben zu können. Dabei schien mir auch der Hinweis von Lütge, daß 1618 noch nichts endgültig in Bezug auf die künftige Entwicklung, also, wie ich formuliere, auf eine fast ausschließlich negative Niedergangsperiode des Feudalismus entschieden war, wichtig.

---

[1] Studien zur vergleichenden Revolutionsgeschichte, a. a. O., S. 53.

Also 1600 keine Zäsur, sondern Ausgangspunkt für eine Analyse der Situation vor dem Dreißigjährigen Krieg. Darum auch keine „Unentschlossenheit und Unsicherheit", sondern erlaubte Willkür. Mit dem 16. Jahrhundert zu beginnen, wie Gerhard Heitz vorschlägt, hätte einerseits bedeutet, gerade im letzten Jahrzehnt auf Grund des Bauernkriegsjubiläums von unseren Historikern prächtig beackertes Feld noch einmal zu bearbeiten, andererseits mich dem von Gerhard Heitz noch nicht vorgebrachten aber natürlich berechtigten Vorwurf auszusetzen: warum nicht mit 1470, als Deutschland an die Spitze der europäischen Länder trat, anfangen?

Was 1810 als Zäsur betrifft, stelle ich mit Freude fest, daß Gerhard Heitz sie, nach anfänglichem Widerstreben, doch als möglich akzeptiert: „Da mag das Jahr 1810 begründet erscheinen."

Schließlich zur Frage der gesellschaftlichen Rolle des Bürgertums im deutschen Spätfeudalismus. Ich bin froh, daß Gerhard Heitz mit mir hinsichtlich der Rolle des handelskapitalistischen und zunfthandwerklichen Bürgertums als „keine die Feudalordnung zersetzenden, den Feudalismus gefährdenden gesellschaftlichen Kräfte" übereinstimmt. Anders sieht er die Rolle des Manufakturbürgertums. Zunächst bin ich wieder froh, daß er vor 1763 keine größere Rolle für es findet. Dann aber meint er, daß es eine gesellschaftlich beachtliche Rolle zu spielen beginnt und auch bourgeoise Züge sich andeuten. Was die gesellschaftliche Rolle betrifft, so mag sie in mehr Klagen über Schwierigkeiten des Manufakturbetriebes in den Akten der entsprechenden Verwaltungsinstanzen zum Ausdruck kommen, jedoch, wie Ingrid Mittenzwei gezeigt hat, „gingen weder die Beamten noch die Bürger auch nur in einer einzigen Angelegenheit über den Rahmen der bestehenden Gesellschaft hinaus"[2]. Und was die „Andeutung bourgeoiser Züge" betrifft, bin ich nicht sensibel genug und kann nur sagen, daß ich davon „kaum einen Hauch verspüre". Die zentralisierten Manufakturen in Deutschland waren eben, soweit ich es sehe, zum allergrößten Teil feudale, im Gegensatz zu den englischen, und die dezentralisierten wurden vor allem vom Handelskapital, das ja auch Gerhard Heitz als nicht die feudale Gesellschaft zersetzend ansieht, betrieben. Doch stimme ich voll mit Gerhard Heitz überein, daß man die Haltung des Bürgertums nach 1750 noch viel gründlicher untersuchen muß – und zwar nicht nur auf Grund seiner wirtschaftlichen Basis, die meiner Ansicht nach feudal war und auf der es gar nicht rebellisch und nach kapitalistischen Verhältnissen sich sehnend stand, sondern auch auf Grund ideologischen Imports aus England und Frankreich sowie der so großartigen deutschen Leistungen auf den Gebieten der Schönen Literatur und Philosophie.

[2] *I. Mittenzwei,* Preußen nach dem Siebenjährigen Krieg, Berlin 1979, S. 242 f.

Zweiter Teil

Der Alltag der Werktätigen

Weltanschauung – Weltaneignung

Seit langem haben sich Gesellschaftswissenschaftler mit Problemen der Weltanschauung des „mittelalterlichen Menschen" beschäftigt. Eine sprunghaft höhere Stufe erreichte die Untersuchung dieser Probleme mit den Forschungen des französischen Gelehrten Marc Bloch, der 1944 von den deutschen Faschisten als Widerstandskämpfer ermordet wurde. Sein Werk „La société féodale", dessen zwei Bände 1939 und 1940 erschienen, wird im Vorwort zur englischen Ausgabe von dem bedeutenden englischen Mediävisten M. M. Postan als the standard international treatise on feudalism bezeichnet. Und in der Tat, ob man J. Le Goffs La civilisation de l'occident médiéval (Paris 1965) oder die 1972 veröffentlichten „Kategorien der mittelalterlichen Kultur"[1] des sowjetischen Forschers A. J. Gurjewitsch liest, sie erscheinen hinsichtlich der Weltanschauungsprobleme nur als Erweiterungen der grundlegenden Ausführungen von Marc Bloch.

Keines dieser drei hier genannten Werke bemüht sich jedoch, den engen Zusammenhang der Entwicklung des Überbaus mit der Basis herzustellen, obgleich doch Marx und Engels schon einige entscheidende Hinweise gegeben haben und obgleich die drei Autoren selbst so manches Material für eine solche Darlegung liefern.

A. J. Gurjewitsch schreibt:
„Das mittelalterliche Bewußtsein ist, wenn man sich schon eines solch weiten Begriffs bedienen will, in erster Linie ein religiöses Bewußtsein. Das Problem aber besteht darin, zu erklären, worin der wirkliche Inhalt der religiösen Vorstellungen der mittelalterlichen Menschen bestand. Es existiert die Tendenz, die Religiosität des Volkes vorwiegend mit Ketzerei zu identifizieren. Ausgehend von der offenkundigen Idee, daß sich im Mittelalter die sozialen Widersprüche in der Regel in ein religiöses Gewand kleiden, wird die Schlußfolgerung gezogen, daß der Vertreter der niederen Schichten der Gesellschaft gewöhnlich zur Ketzerei neigte. Gut bekannt ist aber, daß die Ketzereien nur in bestimmten Perioden des Mittelalters Massenverbreitung erlangten und, von selteren Ausnahmen abgesehen, in der Zeit vor der Reformation nicht die Weltanschauung der Mehrheit der Menschen waren. Im gewöhnlichen, nicht von heftigen Kataklysmen gestörten Leben war der einfache Mensch offensichtlich ein treuer Sohn der Kirche. Dennoch bedeutet dies nicht, daß wir L. P. Karsavins Meinung teilen, der es für möglich hielt, die Anschauungen des 'religiösen Durchschnittsmenschen' zu rekonstruieren, indem man sich auf das Studium der Werke der 'Intellektuellen' jener Epoche – der Mönche, Mystiker und Schriftsteller – beschränkt und ihre Hinterlassenschaft als adäquaten, wenn auch hypertrophischen 'Ausdruck des Durchschnitts' ansieht.[2].

---

[1] 1978 in der DDR unter dem Titel ‚Das Weltbild des mittelalterlichen Menschen" erschienen.

[2] *L. P. Karsavin*, Simvolizm myšlenija i ideja miroporjadka v srednie veka (XII–XIII veka). In: Naučnyj istoričeskij žurnal, Tom I, vypusk 2, 1914, Nr. 2, S. 28.

Die im Mittelalter existierende strenge Gegenüberstellung 'Gebildeter – Unwissender' (litteratus – illitteratus) war völlig begründet. Man kann a priori voraussetzen, daß sich der Glaube der einfachen, ungebildeten Menschen von der offiziell gepredigten Kirchendoktrin unterschied. Die theologischen Ideen, die zum größten Teil dem Verständnis der Massen unzugänglich waren, wurden zwangsläufig vom Volk auf seine eigene Weise rezipiert und interpretiert; sie trafen auf besondere überkommene Vorstellungen, auf besondere Bewußtseinsgewohnheiten, und im Ergebnis dieser Wechselwirkung bildete sich eine ganz spezifische Weltanschauung heraus. Wie ist sie beschaffen? Worin besteht ihr Inhalt? Ehrlich gesagt: Davon wissen wir sehr wenig."[3]

Und M. M. Bachtin sagt sehr richtig: „Beim Betrachten vergangener Epochen sind wir sehr oft gezwungen, dem Wort jeder Epoche zu vertrauen, daß heißt, deren mehr oder weniger offiziellen Ideologen zu glauben, da wir die Stimme des eigentlichen Volkes nicht hören und es nicht verstehen, dessen reinen und unverbrämten Ausdruck zu finden und zu dechiffrieren (so stellen wir uns noch bis heute das Mittelalter und seine Kultur sehr einseitig vor)."[4]

In der Tat sind so viele kluge und feinfühlige Bücher und Artikel über den „Menschen im Mittelalter" bzw. den „feudalen Menschen" von wenig Bedeutung, wenn wir die Weltanschauung, die Weltaneignung des sogenannten einfachen Menschen, vor allem des Bauern, verstehen wollen. Wie genau werden die Nuancierungen der Religion, der Liebesgedichte oder der Architektur studiert und ausgelegt, wenn die Wissenschaftler aller Weltanschauungen der Gegenwart die Kultur der herrschenden Klassen, ihrer Theologen, Dichter und Architekten jener Zeit, studieren und mit scharfem Intellekt, feinem Einfühlungsgefühl, oft warmer Liebe zu ihrem Forschungsobjekt arbeiten! Aber wenn auch die Gedanken der herrschenden Klassen die herrschenden Gedanken sind – wie vereinfacht, wie nuancenlos werden sie von den werktätigen Massen oft rezipiert! Welche Rolle spielt etwa die Spaltung in den katholischen und protestantischen Glauben? Natürlich haben wir Beispiele für festes Beharren an dem neuen oder dem alten Glauben – man denke etwa an die Hugenotten. Aber wieviel öfter wechselten die Werktätigen den Glauben mit dem Landesherrn, ohne sich groß aufzuregen oder sich zumindest schnell wieder an den Wandel gewöhnend. Waren sie deswegen Opportunisten? oder nahmen sie solche „Nuancen" nicht so ernst?

Dauerte es nicht zweitausend Jahre, bis Burckhardt und Nietzsche die Frage aufwarfen, ob die Griechen „glückliche oder unglückliche Menschen" waren? und wenn sie eines von beiden waren, gilt das nur für die herrschenden Klassen?

Erst die Arbeiterklasse schafft allmählich die historische Lehre ab, daß die Gedanken der herrschenden Klassen die herrschenden Gedanken in der Gesellschaft sein müssen. Sie schafft sich eine eigene Kultur – noch im Kapitalismus. Alle anderen unterdrückten und ausgebeuteten Klassen der Vergangenheit übernahmen in vereinfachter Form die Kultur der herrschenden Klassen, soweit sie sie überhaupt übernehmen konnten, was nur in äußerst beschränktem Maße der Fall war.

Das heißt nicht, daß es nicht einige ganz allgemeine, grundsätzliche Elemente der Weltanschauung, der Weltaneignung gab, die in ihrem ganzen Umfang, weil sie an sich so einfach und fundamental waren, von allen Klassen und Schichten, auch der feudalen Gesellschaft, aufgenommen werden konnten.

[3] *A. J. Gurjewitsch,* Das Weltbild des mittelalterlichen Menschen, Dresden 1978, S. 355 f. – künftig zitiert als Gurjewitsch.   [4] *M. M. Bachtin.* Tvorčestvo Fransua Rable i narodnaja Kultura srednevekovja i renessansa, Moskau 1965, S. 517.

Kapitel 4

Tradition und lokale Borniertheit — Blüte

Im dritten Band des „Kapital" bemerkt Marx über die feudale Gesellschaft und ihre Produktionsweise (meine Unterstreichungen): „Einige Historiker haben ihre Verwunderung darüber ausgesprochen, daß, da der unmittelbare Produzent nicht Eigentümer, sondern nur Besitzer ist, und in der Tat de jure alle seine Mehrarbeit dem Grundeigentümer gehört, unter diesen Verhältnissen überhaupt eine selbständige Entwicklung von Vermögen und, relativ gesprochen, Reichtum auf seiten der Fronpflichtigen oder Leibeigenen vor sich gehn kann. *Es ist indes klar, daß in den naturwüchsigen und unentwickelten Zuständen, worauf dies gesellschaftliche Produktionsverhältnis und die ihm entsprechende Produktionsweise beruht, die Tradition eine übermächtige Rolle spielen muß.* Es ist ferner klar, daß es hier wie immer im Interesse des herrschenden Teils der Gesellschaft ist, das Bestehende als Gesetz zu heiligen, und seine durch Gebrauch und Tradition gegebnen Schranken als gesetzliche zu fixieren. Von allem andern abgesehn, macht sich dies übrigens von selbst, sobald die beständige Reproduktion der Basis des bestehenden Zustandes, des ihm zugrunde liegenden Verhältnisses, im Lauf der Zeit geregelte und geordnete Form annimmt; und diese Regel und Ordnung ist selbst ein unentbehrliches Moment jeder Produktionsweise, die gesellschaftliche Festigkeit und Unabhängigkeit von bloßem Zufall oder Willkür annehmen soll. Sie ist eben die Form ihrer gesellschaftlichen Befestigung und daher ihrer relativen Emanzipation von bloßer Willkür und bloßem Zufall. *Sie erreicht diese Form bei stagnanten Zuständen sowohl des Produktionsprozesses wie der ihm entsprechenden gesellschaftlichen Verhältnisse, durch die bloße wiederholte Reproduktion ihrer selbst. Hat diese eine Zeitlang gedauert, so befestigt sie sich als Brauch und Tradition und wird endlich geheiligt als ausdrückliches Gesetz.* Da nun die Form dieser Mehrarbeit, die Fronarbeit, auf der Unentwickeltheit aller gesellschaftlichen Produktivkräfte der Arbeit, auf der Rohheit der Arbeitsweise selbst beruht, muß sie naturgemäß einen viel kleinern aliquoten Teil der Gesamtarbeit der unmittelbaren Produzenten wegnehmen als in entwickelten Produktionsweisen, und namentlich als in der kapitalistischen Produktion. Nehmen wir z. B. an, die Fronarbeit für den Grundherrn sei ursprünglich zwei Tage der Woche gewesen. *Diese zwei Tage wöchentlicher Fronarbeit stehn damit fest, sind eine konstante Größe, gesetzlich reguliert durch Gewohnheitsrecht oder geschriebnes.* Aber die Produktivität der übrigen Wochentage, worüber der unmittelbare Produzent selbst verfügt, ist eine variable Größe, die sich im Fortgang seiner Erfahrung entwickeln muß, ganz wie die neuen Bedürfnisse, mit denen er bekannt wird, ganz wie die Ausdehnung des Markts für sein Produkt, die wachsende Sicherheit, mit der er über diesen Teil seiner Arbeitskraft verfügt, ihn zu erhöhter Anspannung seiner Arbeitskraft spornen wird, wobei nicht zu vergessen, daß die Verwendung dieser Arbeitskraft keineswegs auf Ackerbau beschränkt ist, sondern ländliche Hausindustrie einschließt. Die Möglichkeit einer gewissen ökonomischen Entwicklung, natürlich abhängig von der Gunst der Umstände, vom angebornen Racencharakter usw., ist hier gegeben."[1]

Wiederholen wir noch einmal:

„Die Tradition muß eine übermäßige Rolle spielen".

„Stagnante Zustände sowohl des Produktionsprozesses wie der ihm entsprechenden gesellschaftlichen Verhältnisse".

„Die bloße wiederholte Reproduktion" wird „Brauch und Tradition und endlich geheiligt als ausdrückliches Gesetz."

„Konstante Größe, gesetzlich reguliert durch Gewohnheitsrecht oder geschriebnes."

Marx stellt hier, genau wie Engels und er im „Kommunistischen Manifest", die feudale Gesellschaft als schärfsten Gegensatz zur kapitalistischen dar.

Mit dieser Charakterisierung aber steht sie auch in scharfem Gegensatz zur antiken Gesellschaft – wohl aber kaum zu der, die wir die „asiatische" oder „altorientalische Gesellschaftsordnung" nennen ... oder habe ich mit letzterem unrecht? wissen wir doch viel zu wenig über dies, meiner Ansicht nach, recht amorphe Gebilde, wenn es überhaupt als einheitliches existiert hat.

Unter den vielen, dem „modernen Menschen" verwunderlichen, Auffassungen des Mittelalters nennt Gurjewitsch die folgenden: „Ist es nicht erstaunlich, daß die Wiederholung der Gedanken alter Autoritäten im Mittelalter als Tugend galt, während die Äußerung neuer Ideen verurteilt wurde? Daß das Plagiat nicht verfolgt wurde, während Originalität als Ketzerei aufgefaßt werden konnte? Daß in einer Gesellschaft, in der die Lüge als große Sünde beurteilt wurde, die Herstellung eines falschen Dokuments zur Begründung von Besitzrechten und anderen Rechten für ein Mittel zur Feststellung der Wahrheit, für eine gottgefällige Sache gehalten werden konnte? Daß im Mittelalter die Vorstellung von der Kindheit als einem besonderen Zustand des Menschen nicht existierte und man die Kinder als kleine Erwachsene betrachtete? Daß der Ausgang eines Gerichtsprozesses nicht oder nicht so sehr von der Feststellung des Sachverhalts als vielmehr davon abhing, daß die notwendigen Prozeduren eingehalten und Formeln vorgetragen wurden?"[2]

Und an anderer Stelle bemerkt er:

„Im Mittelalter war die Überzeugung verbreitet, daß jede Veränderung unvermeidlich zum Verfall führe. 'Alles was sich verändert, verliert seinen Wert', heißt es in einem Poem des 12. Jahrhunderts. Die Termini 'modernus' und 'novus' sowie die Ableitungen davon drückten im Mittelalter eher Wert- als Zeitbegriffe aus. In den ersten Jahrhunderten des Christentums hatten sie einen positiven Sinn zum Inhalt: das 'Neue' bedeutete das Christliche, das 'Alte' dagegen das Heidnische. Doch in einer späteren Periode war die wahre Antike fast vergessen, und der Terminus 'antiquus' erwarb eine positive Bedeutung und wurde zum Synonym von Autorität. Neuerungen jedoch, sagte Johann von Salisbury, erweisen sich gelegentlich als das lang bekannte Alte. Die Wahrheit verändert sich nicht mit der Zeit. Ein anderer Schriftsteller gestand, daß sich alle Menschen vor Neuerungen fürchten. ...

Der Terminus 'modernitas' ('Modernismus') erhielt im Mittelalter leicht einen negativen, tadelnden Sinn: Alles Neue, nicht von Zeit und Tradition Geheiligte erregte Verdacht. Mit der Beschuldigung der 'unerhörten Neuerungen' und 'neuer Moden' wur-

---

[1] *Marx/Engels*, Werke, Bd. 25, Berlin 1964, S. 801 f.
[2] Gurjewitsch, S. 11 f.

den in erster Linie Ketzer (novi doctores) belangt; diese Beschuldigung war im Mittelalter ein gefährliches Mittel der gesellschaftlichen Diskreditierung. Wert besaß vor allem das Alte. Natürlich erkannten einige Denker, daß auch das Alte und Verdiente irgendwann einmal neu war und daß es deshalb, wie Anselm von Havelberg schrieb, notwendig ist, sowohl beim Alten als auch beim Neuen zwischen Gutem und Bösem zu unterscheiden: Dennoch unterstrich auch er, daß in der Sphäre des Geistes sich keine Veränderungen vollzögen (unus et idem spiritus).

Der Gegensatz der grundlegenden Wertorientierungen des Mittelalters und der Neuzeit wird klar, wenn man sich in die Worte von Wilhelm von Conches hineindenkt: 'Wir erzählen die Alten nach und legen sie aus, aber wir erfinden nichts Neues' (Sumus relatores et expositores veterum, non inventores novorum), denn 'die Alten waren um vieles besser als die Gegenwärtigen' (Antiqui multo meliores fuerunt modernis). 'Antiquitas' ist das Synonym für solche Begriffe wie auctoritas (Autorität), gravitas (Würde), majestas (Größe). In dieser Welt galt die Originalität des Gedankens nicht als Würde, und im Plagiat sah man keine Sünde."[3]

Umgekehrt ist es. Gerade das Alte gibt Berechtigung und Würde. Noch im 17. Jahrhundert begründet der bayerische Barockprediger Christoph Selhamer die Größe und Würde des Bauernstandes so:

„Ihr meine liebe Bauren seyt von Gott in ein solchen Stand gesetzt, daß ihr euch kein besseren Stand wünschen solt, wann euch auch das wünschen soll vergunt seyen...

Insgeheim halt man eben das, was alt ist, für das Best: Also wird vil 100 mal das alte herfürgestrichen, das Neue verworffen. Alter Glaub ist der beste Glaub. Alte Bücher halt man für die beste Bücher. Alte Leut seynd recht gescheite Leut. Alt Gelt ist das best Geld. Alter Wein ist der beste Wein. Soll nun der Baurenstand under der Sonnen der älteste Stand seyn, so muss er eben drum auch der beste Stand seyn. Wie alt ist dann der Bauren-Stand? Liebe Zuhörer sein eisgraues Alter erstreckt sich biß auf die Erschaffung der Welt. Der erste von Gott erschaffene und in die neue Welt versetzte Mensch war Adam, und der war ein Baur. Das erste von Gott erschaffene und in die neue Welt versetzte Weib war Eva, und diß war eine Bäurin: Also redt die Heilige Schrift."[4]

Einzig sind Autorität und Würde des Alten, Hergebrachten.

Le Goff, den Gurjewitsch öfter, aber ebensowenig wie Bloch als Vordenker oft genug erwähnt, schreibt zu derselben Problematik:

„In erster Linie stützt man sich auf die Vergangenheit, auf die Vorläufer. Wie das Alte Testament das Neue vorwegnimmt und begründet, so rechtfertigen die Alten die Modernen. Nur wenn man sich auf einen Gewährsmann aus der Vergangenheit berufen kann, fühlt man sich sicher. Unter diesen Gewährsleuten nehmen einige eine Vorrangstellung ein: die sogenannten Autoritäten. Besondere Bedeutung kommt diesen Autoritäten natürlich in der Theologie – der obersten Wissenschaft – zu, die das ganze geistliche und geistige Leben auf sie gründet und eine strenge Rangordnung einführt. An erster Stelle steht die Heilige Schrift, an zweiter folgen die Kirchenväter. Diese allgemeine Autorität wird ständig zitiert. Die Zitate werden in der Praxis allmählich zu 'authentischen' Meinungen und schließlich gar zu 'Autoritäten' selbst. Da diese Autori-

---

[3] Ebendort, S. 128.
[4] Zitiert nach: Das Bauernleben in den Werken bayerischer Barockprediger. Ausgewählt und eingeleitet von K. Böck, München 1953, S. 49 f.

täten jedoch häufig dunkel und schwer verständlich sind, werden sie anhand von Glossen erläutert, die allerdings ihrerseits von einem 'authentischen', d. h. anerkannten Autor stammen müssen. Nicht selten treten die Kommentare an die Stelle des Originaltextes. Die Glossare gehören im Mittelalter zu den meistgelesenen und plagiierten Blütenlesen, jenen für die Bildung des mittelalterlichen Menschen so grundlegenden Werken. Die Gelehrsamkeit besteht zu dieser Zeit in einer mehr oder weniger zusammenhängenden Anhäufung von Zitaten oder 'Blumen', die man im 12. Jahrhundert als 'Sentenzen' bezeichnet. Aus den Sentenzen spricht die Autorität. Doch schon Mitte des 12. Jahrhunderts warnt Robert von Melun davor, die unter diese Sentenzen gemischten Glossen mit blindem Vertrauen hinzunehmen. Aber vergeblich. Denn wie Pater Chenu feststellt, sind nicht nur die Vier Bücher der Sentenzen des mittelmäßigen Petrus Lombardus eine Sammlung von Glossen, 'deren Herkunft man nur mit einiger Mühe herausfinden kann'. Selbst in der Summa theologica des heiligen Thomas von Aquin 'stößt man auf eine ganze Anzahl von Texten, die Autorität beanspruchen, sich jedoch durch ihre Verzerrung als glossae identifizieren lassen'.

Natürlich werden die Autoritäten von den Autoren zum Teil nach persönlicher Meinung ausgelegt. Alanus ab Insulis erklärt in einem geradezu sprichwörtlich gewordenen Satz: 'Die Autorität hat eine Nase aus Wachs, die sich nach allen Richtungen verdrehen läßt.' Außerdem zählen die Intellektuellen des Mittelalters zu den Autoritäten gewisse Autoren, die genaugenommen nicht dazugehören, nämlich antike und arabische Philosophen. Alanus ab Insulis zufolge muß man sogar, will man das Schamgefühl der Christen wecken, Zuflucht zu den Autoritäten der 'heidnischen' Philosophie nehmen. Ja, die Araber sind im 12. Jahrhundert dergestalt in Mode, daß Adelard von Bath boshaft eingesteht, viele seiner persönlichen Gedanken Arabern in den Mund gelegt zu haben, um sie seinen Lesern schmackhafter zu machen – also Vorsicht, wenn von dem (manchmal übertriebenen) Einfluß der Araber auf das christliche Denken des Mittelalters die Rede ist. Der Hinweis auf die Moslems ist häufig nur ein Zugeständnis an die Mode, die Tarnung eines eigenständigen Gedankens, um ihn besser an den Mann zu bringen. Überdies ist es im Mittelalter geradezu Pflicht, auf die Vorläufer, die Vergangenheit, Bezug zu nehmen. Neuerungen gelten als Sünde. Die Kirche ist schnell bei der Hand, wenn es darum geht, die novitates (die 'novelletés', wie es im Altfranzösischen heißt) zu verdammen, gleichviel ob es sich nun um einen technischen oder um einen geistigen Fortschritt handelt. Erfindungen sind unmoralisch. Das 'Argument der Tradition', dem eine ungeheuere Bedeutung zukommt, da 'es die einstimmige Übereinkunft der Zeugen durch die Jahrhunderte hindurch darstellt', wird oft in einer recht fragwürdigen Weise geltend gemacht. 'Man beruft sich', schreibt Pater Chenu, 'meist auf irgendeinen Autor, führt einen einzigen Text an, von Zeit und Ort abgelöst, ohne sich weiter um den Zusammenhang zu kümmern.'

Doch das Gewicht der Autorität belastet nicht nur die geistige Entwicklung. Es macht sich darüber hinaus in allen Lebensbereichen spürbar – übrigens kennzeichnend für eine auf der Tradition fußende, bäuerliche Gesellschaft, für die Wahrheit gleichbedeutend ist mit einem von Generation zu Generation weitergegebenen Geheimnis. Dieses Geheimnis wurde von einem 'Weisen' einem ihm würdig erscheinenden Traditionsträger anvertraut, die Wahrheit also eher durch Hörensagen als durch schriftliche Niederlegung verbreitet."[5]

[5] *J. Le Goff*, Kultur des europäischen Mittelalters, Zürich 1970, S. 527 ff.

„Das 'Argument der Tradition', dem eine ungeheure Bedeutung zukommt" – wer wünschte nicht dem klugen und sorgfältig arbeitenden Le Goff eine bessere Kenntnis von Marx, damit er ihn als Vorgänger dieses Gedankens hätte zitieren können.

Und nun zurück zu einer weiterführenden Bemerkung von Gurjewitsch:

„Der Unterschied zwischen Vergangenheit und Gegenwart wurde auch durch die in der Literatur vielfach angewandte Methode der Entlehnung beziehungsweise Nachahmung verwischt. Einhard, der Biograph Karls des Großen, konnte ganze Seiten aus den Kaiserbiographien Suetons abschreiben, in der Meinung, dies sei die beste Art und Weise, den fränkischen Herrscher zu charakterisieren, der in seinen Augen und in den Augen der Zeitgenossen nicht nur die römischen Kaiser nachahmte, sondern tatsächlich selbst einer war.

Dennoch muß man sich mit dem Erforscher der Werke mittelalterlicher Historiker einverstanden erklären, daß Zitate und Entlehnungen von alten Autoren, die Formulae und Klischees, eine natürliche Aussagemethode in einer Epoche waren, in der Autorität alles und Originalität nichts bedeutete. Die Herrschaft fester Formeln und Bilder (topoi) stellte in der Literatur eine besondere Ausdrucksmethode der eigenen Gedanken des Autors mit Hilfe von Übernahmen aus Werken der Autoritäten oder Berufung auf sie dar, was zweifellos die Herausbildung der Individualität wesentlich begrenzte. Der Historiker sah in der Regel in sich den Fortsetzer seiner Vorfahren; denn es existierte, überspitzt formuliert, nur *eine* Weltgeschichte (historia mundi oder ecclesiae), die nicht neu geschrieben, sondern nur fortgesetzt werden konnte.

Die Welt wurde im Mittelalter nicht in der Veränderung aufgefaßt. Sie war stabil und unbeweglich in ihren Grundlagen. Wandlungen berührten nur die Oberfläche des von Gott errichteten Systems. Die vom Christentum hervorgebrachte Idee der historischen Zeit vermochte diese Grundeinstellung nicht zu überwinden. Im Ergebnis blieb sogar das Geschichtsbewußtsein, soweit man in bezug auf das Mittelalter davon sprechen kann, im Grunde genommen antihistorisch. Daher rührt ein so charakteristischer Zug der mittelalterlichen Geschichtsschreibung wie der Anachronismus. Die Vergangenheit wird in den gleichen Kategorien gezeichnet wie die Gegenwart. Die Helden des Altertums denken so wie die Zeitgenossen der Chronisten."[6]

Soweit geht der Ahistorismus, daß, selbst wenn man eine historische Wende anerkennt, diese im Grunde wieder einen ahistorischen Charakter annimmt: „Das Verständnis für den Unterschied der Epochen stützt sich lediglich auf ein entscheidendes Moment, mit dem verglichen alle übrigen unwesentlich sind: Die Geschichte bis zur Ankunft Christi und die Geschichte danach. Aber die Epoche des Alten Testaments und die des Neuen Testaments folgten nicht einfach zeitlich aufeinander. Die Geschichte bis zur Menschwerdung Christi und die Geschichte danach sind symmetrisch. Jedem Ereignis und jeder Gestalt des Alten Testaments entspricht eine analoge Erscheinung aus der Epoche des Neuen Testaments; sie stehen in einem inneren, sakramentalen, von tiefem Sinn erfüllten symbolischen Zusammenhang. Das im Bewußtsein des mittelalterlichen Menschen völlig natürliche und gerechtfertigte Nebeneinander alttestamentarischer Könige und Patriarchen, wie der Weisen der Antike und der Gestalten des Evangeliums an den Kirchenportalen, verdeutlicht am besten die anachronistische Einstellung zur Geschichte. Diese Darstellungen sind nach einem bestimmten Schema angeordnet, entsprechen einander symbolisch und bilden harmonisch geordnete Reihen. Ihre Be-

---

[6] Gurjewitsch, S. 156 f.

trachtung ließ das Gefühl der Dichte, des Zusammenhangs und der Einheit der Geschichte entstehen, doch gleichzeitig damit auch ihre Unbeweglichkeit und ihr Verharren
– sowohl des Alten als auch des Neuen – in der Gegenwart."[7]

Wenn Marx vom stagnanten Produktionsprozeß, von stagnanten gesellschaftlichen
Verhältnissen – und entsprechenden Brauch und Tradition, die endlich als ausdrückliches Gesetz geheiligt werden, spricht, so entsprechen dem die Ideologie, die Auffassung von Sinn und Ursprung des Gesetzes, wie sie Gurjewitsch erklärt:

„Niemand, weder ein Herrscher noch irgendeine Standesversammlung oder Landes-
vertretung, erarbeitete neue Gesetzesvorlagen. Da Gott als Quelle des Rechts galt,
folgte daraus, daß das Recht nicht ungerecht oder schlecht sein kann; es ist das Gute
und das Wohl im tiefsten Sinne des Wortes. Recht und Gerechtigkeit sind Synonyme.
Böse und schlecht kann nur das Verletzen, Übertreten oder Vergessen des Rechts sein.
Ähnlich wie das Böse in der Welt für einen Mangel des Guten gehalten wurde, so entstand auch die Ungerechtigkeit aus der Nichtanwendung des Rechts. Das Recht ist ge-
recht, denn es ist vernünftig und entspricht der Natur des Menschen. Thomas von Aquin
definierte: 'Das Gesetz ist nichts anderes als eine Anordnung der Vernunft im Hinblick
auf das Gemeingut, erlassen und öffentlich bekanntgegeben von dem, der die Sorge für
die Gemeinschaft innehat.' Dabei war es wesentlich, alle seine dargelegten Kennzeichen zu beachten: Das Recht muß vernünftig sein, dem Wohle aller dienen und sich
auf die Kompetenz der Macht beziehen, die es in gebührender Weise verkündet.

Ein gleichfalls untrennbares Kennzeichen des Rechts war sein Alter. Das Recht kann
keine Neuschöpfung sein – es existiert von jeher, ebenso wie es die ewige Gerechtigkeit gibt. Das bedeutet nicht, daß das Recht voll und ganz in den Gesetzbüchern kodi-
fiziert ist und keinerlei weiterer Arbeit durch die Menschen bedarf. In seiner Fülle ist
das Recht, wie die Idee, im moralischen Bewußtsein festgehalten, und aus ihm werden
diese oder jene Rechtsnormen geschöpft, die aus unterschiedlichen Gründen den Menschen noch nicht bekannt sind. Das Recht wird nicht neu erarbeitet, es wird 'gesucht'
und 'gefunden'. Doch das Alter des Rechts ist weniger ein Hinweis auf die Zeit seiner
Entstehung, sondern ein Kennzeichen seiner Unanfechtbarkeit und Güte. Altes Recht
bedeutet gutes, gerechtes Recht. Die großen Gesetzgeber des Mittelalters galten nicht
als Schöpfer von Gesetzen, sie 'fanden' nur das alte Recht, errichteten es wieder im
Schein seiner Gerechtigkeit; dabei wurde das ehemals wirkende Recht nicht aufgehoben,
sondern ergänzt, und nur Entstellungen des Rechts, die von den Menschen verursacht
wurden, konnten ihre Kraft verlieren. . . .

Das Recht des Landes konnte man ergänzen und verbessern, anders gesagt, man
konnte jene Bestimmungen 'finden', welche vorher nicht in die Gesetze aufgenommen
worden waren, doch im moralischen Bewußtsein des Volkes wie in einer idealen
Schatzkammer der Gerechtigkeit schlummerten. Daher galt das Rechtsbewußtsein des
Volkes als die andere Quelle des Rechts neben seinem göttlichen Ursprung. Das Recht
wird vor allem im Gedächtnis der klügsten und sachkundigsten Menschen, der Kenner
des Rechts, aufbewahrt. Doch diese Kenner (Lagmenn, Gesetzsprecher [lögsögumadr]
in den skandinavischen Ländern, die Rachinburgen und die Schöffen in Frankreich, die
whitan und liberi et legales homines in England) schufen keine neuen Rechtsnormen.
Sie kannten die 'alten Zeiten' und bewahrten nur die alte Gewohnheit; so verstanden
sie wenigstens ihre rechtsschöpferische Mission."[8]

---

[7] Ebendort, S. 157 f.   [8] Ebendort, S. 199 ff.

Da die Vergangenheit in Form des stets von Anfang an so und richtig Gewesenen als Maßstab für die Gegenwart galt, so galt es, sie, wenn notwendig, entsprechend zu verfälschen, sie so darzustellen, wie sie sein mußte, um als Vorbild für heute zu dienen, worauf schon Marc Bloch in seinem so tiefschürfenden Werk[9] aufmerksam gemacht hat.

Gleichzeitig wurde die eigene Vergangenheit – sei es von Herrschern oder Rittern, sei es von Institutionen wie etwa Universitäten oder von Orten – verfälscht. Sie wurde bis weit in fern zurückliegende Zeiten als bekannt mit grotesken Stammbäumen oder Gründern dargestellt.

In einer sein Buch abschließenden Bemerkung faßt Gurjewitsch noch einmal zusammen: „Das Landleben mit seiner ruhigen Gleichmäßigkeit und dem periodischen Wechsel der ewig wiederkehrenden Jahreszeiten war der Hauptregulator des sozialen Rhythmus der Gesellschaft. Die unbedingte Treue zur Tradition, die ihren endgültigen Ausdruck in der Ausrichtung auf das Alte und in der Feindseligkeit oder dem mangelnden Vertrauen zu jedem Neuen, noch nicht Gehörten und folglich noch nicht Sanktionierten erhielt, der Konservatismus des gesamten gesellschaftlichen Lebens, angefangen bei der Wirtschaftsführung und den Ansiedlungsformen bis hin zu den Denkgewohnheiten und der Herrschaft eines Stereotyps im künstlerischen Schaffen*, sind diese grundlegenden Kennzeichen des gesellschaftlichen Bewußtseins jener Epoche nicht mit dem Überwiegen der Bauernschaft in der frühfeudalen Struktur verbunden? Kann man denn die Stabilität des 'ursprünglichen', 'prälogischen', magischen Denkens im Europa dieser Zeit befriedigend erklären, wenn man dessen bäuerliches Wesen nicht in Betracht zieht?"[10]

Ich glaube, man kann diese Frage von Gurjewitsch nicht so beantworten, wie er möchte.

Eine andere Ursache für den Konservatismus der feudalen Gesellschaft gibt Krzymowski in seiner Geschichte der Landwirtschaft:

„Für die Landwirtschaft des ausgehenden Mittelalters und der beginnenden Neuzeit war eine starke Gebundenheit charakteristisch. Denken wir nur an den Flurzwang, die Weiderechte, die bestimmt vorgeschriebene Fruchtfolge, an den Zehnten und sonstige Abgaben, die Fronden, die Leibeigenschaft, an die Beschränkungen der Verfügungsfreiheit über den Boden, an die Beschränkungen der Freizügigkeit usw. Alle diese Dinge wirkten im Sinne einer starken Stabilität des Betriebes. Aber bald machten sich doch schon die Anzeichen eines vollständigen Umschwunges in der Landwirtschaft bemerkbar. Wohl erfolgte der Umschwung großenteils erst im 19. Jahrhundert, aber er war doch schon lange vorbereitet.

Eines möchten wir aber immer und immer wieder betonen: Wenn früher die Landwirtschaft so lange Zeit in einem stabilen Zustand verharrte, so dürfen wir das nicht einer damals mangelnden landwirtschaftlichen Erkenntnis zuschreiben. Wenn in früheren Zeiten die Landwirtschaft so lange extensiv betrieben wurde, so war dies keineswegs etwa nur die Folge fehlender landwirtschaftlicher Intelligenz. In vielen Lehrbüchern der Landwirtschaft steht zu lesen, der hohe Aufschwung, die starke Intensivierung der deutschen Landwirtschaft im 19. Jahrhundert wären dadurch veranlaßt worden, daß damals bedeutende Reformatoren der Landwirtschaft, an ihrer Spitze Albrecht Thaer, aufgetreten seien und die Landwirte eine vollkommenere Technik gelehrt hätten. Es heißt die Agrargeschichte gründlich mißverstehen, wenn man so denkt, und dieser

---

[9] *M. Bloch*, La société féodale, Paris 1968, S. 142.   [10] Gurjewitsch, S. 396.
* Auch in der Mode.

Denkfehler wird keineswegs dadurch verbessert, daß er in Hunderten und Aberhunderten von landwirtschaftlichen, manchmal auch von nationalökonomischen Schriften immer wiederkehrt. Man muß ja nicht glauben, die deutsche Landwirtschaft sei nur deshalb so extensiv gewesen, weil die Landwirte von einer intensiven Technik nichts verstanden hätten. Die deutschen Landwirte hätten also gewissermaßen bis zu Beginn des 19. Jahrhunderts geschlafen. Das ist eine ganz unhistorische Auffassung.

Die primäre Ursache für die Intensivierung der Landwirtschaft ist fast immer eine gesteigerte Nachfrage nach landwirtschaftlichen Erzeugnissen, und eine solche gesteigerte Nachfrage macht sich äußerlich in einem höheren Preise der Erzeugnisse bemerkbar. So lange aber ausgangs des Mittelalters und bei Beginn der Neuzeit noch kein größerer Bedarf nach landwirtschaftlichen Erzeugnissen vorlag, so lange fehlte für die Landwirtschaft jeder Grund, ihren Betrieb zu intensivieren.

Vergleichen wir nun damit die Zeit des 19. Jahrhunderts mit einer immer mehr und zuletzt gewaltig zunehmenden deutschen Bevölkerung, so ist klar, daß ein solcher Bevölkerungszuwachs auch eine starke Vermehrung der Nahrungsmittel erfordert. Die landwirtschaftlichen Produkte steigen also infolge der größeren Nachfrage im Preise, und diese Preissteigerung macht den Betrieb intensiver, wie wir das in einem früheren Kapitel an Hand der Thünenschen Intensitätstheorie bereits auseinandergesetzt haben. Das ist der wirkliche Grund, weshalb im 19. Jahrhundert die deutsche Landwirtschaft ihren Charakter total änderte, eine viel intensivere Form annahm. Aber Albrecht Thaer und die anderen sogenannten Reformatoren der Landwirtschaft sind daran nicht schuld; gewiß haben sie mitgearbeitet an den Fortschritten der Landwirtschaft, sie sind den Bestrebungen ihrer Zeit entgegengekommen, aber daß sie die Neuzeit selbst hervorgerufen hätten, ist unrichtig. Nicht Albrecht Thaer hat die alte Dreifelderwirtschaft gestürzt und an ihrer Stelle intensivere Fruchtfolgen eingeführt, wie man das so häufig liest, sondern der ganze Gang der Geschichte hat das getan, und Thaer selbst war nur ein Werkzeug dieser geschichtlichen Strömung.

Nach Schmoller* kamen in Deutschland auf den Quadratkilometer

zur Zeit von Christi Geburt	5– 6	Menschen
1300	17– 20	„
1620	25	„
1700	26– 28	„
1800	40– 45	„
1900	104	„
1905	112	„
1925	133	„ (neues verkleinertes Reichsgebiet).

Denken wir uns einmal den Fall, in Deutschland hätte sich nicht erst im 19. Jahrhundert die Bevölkerung so stark vermehrt, sondern schon im 18. oder gar 17. Jahrhundert, nun, dann wäre eben auch die Nachfrage nach landwirtschaftlichen Produkten schon

* G. Schmoller, „Grundriß der Allgemeinen Volkswirtschaftslehre". Erster Teil, 1923, Seite 186. Die Schätzungen der Volksdichte des alten Germaniens sind natürlich sehr hypothetisch. Nach neueren Forschungen wird man wahrscheinlich eine erheblich höhere Bevölkerungsdichte als Schmoller annehmen müssen. Vergleiche den anonym erschienenen Aufsatz: „Wieviel Menschen wohnten im alten Germanien?" (Schlesische Zeitung vom 20. April 1937.)

damals gestiegen, und proportional mit der stärkeren Nachfrage hätten sich die Preise erhöht und wäre auch die Landwirtschaft intensiver geworden. Daß das kein bloßes Hirngespinst ist, sondern daß tatsächlich eine dichte Bevölkerung immer eine intensive Landwirtschaft zur Folge hat, nicht erst in der Neuzeit, sondern auch früher, das beweisen zahlreiche Länder mit dichter Bevölkerung."[11]

Nach Krzymowski ist es nicht wie bei Gurjewitsch das „Überwiegen der Bauernschaft", sondern die Bewegung der Bevölkerung, die den Konservatismus der Gesellschaft verursacht.

Nun spielt zweifellos die Bewegung der Bevölkerung eine nicht unbedeutende Rolle in der Bewegung der Gesellschaft – aber die entscheidende? wohl nur ganz selten und dann nur kurzfristig.

Mir scheint eine außerordentliche Ausgeglichenheit des Verhältnisses von Produktivkräften und Produktionsverhältnissen, beruhend auf einer sehr langsamen Entwicklung der Produktivkräfte im Hauptgewerbe, der Landwirtschaft, die Hauptursache für den so bemerkenswerten Konservatismus der Gesellschaft.

Le Goff bemerkt mit Recht: „In keinem Lebensbereich aber wirkt sich ein anderer Zug der mittelalterlichen Geisteswelt: der Horror vor 'Neuheiten', heftiger und fortschrittsfeindlicher aus als im technischen. Hier etwas erneuern zu wollen gilt als ungeheuerlich, ja geradezu als sündhaft. Heißt es doch, das wirtschaftliche, soziale und geistige Gleichgewicht mutwillig gefährden. Die Neuerungen, die die Herren zu ihrem Nutzen einführen wollen, stoßen bei den Massen, wie wir noch sehen werden, auf aktiven oder zumindest passiven Widerstand."

Und weiter, nachdem er über die allmähliche Übernahme alter römischer wie auch orientalischer technischer Erfindungen gesprochen:

„Doch wie wichtig die Ausbreitung solcher Errungenschaften auch sein mag, kennzeichnend für die Technik des mittelalterlichen Abendlandes bleibt doch der Mangel an Erfindergeist, mehr noch aber die Primitivität der Geräte. Ungenügende Fähigkeiten sowie Schwierigkeiten aller Art hindern das Abendland, über diesen kaum entwickelten Stand der Technik hinauszukommen.

Dieser niedrige Stand, dieses Stagnieren der Technik, geht offensichtlich zu einem großen Teil auf Rechnung der Gesellschaftsstruktur und der mittelalterlichen Mentalität überhaupt."[12]

Ja selbst gegen die Übernahme technischen Fortschritts von anderswo wehrt man sich. Lahnstein beobachtet:

„Die Pflicht der Handwerksgesellen, mehrere Jahre zu wandern und sich in fremder Umgebung, bei fremden Meistern fortzubilden, ein Brauch, der länger als ein halbes Jahrtausend gedauert hat, ist die stärkste und wichtigste Eigentümlichkeit des zünftigen deutschen Handwerks. ...

Allein mit dem Gesellenwandern ist ein grosser und wichtiger Teil der städtischen Bevölkerung in die Welt hinausgekommen, im bildungsfähigsten Lebensalter und mit dem klaren Auftrag zur Fortbildung. Erfahrung, Kenntnis von Land und Leuten, 'Weltanschauung' – das hatte der zünftige Handwerker vor einem großen Teil des Volkes voraus, nicht nur vor der ganzen Landbevölkerung, auch vor dem Schulmeister, dem Pfarrer, den meisten Gelehrten.

---

[11] R. *Krzymowski*, Geschichte der deutschen Landwirtschaft, Stuttgart 1951, S. 191 f.
[12] J. *Le Goff*, a. a. O., S. 339 und 336.

Freilich sorgten die Zunftsatzungen dafür, daß manche Chancen, die das Gesellenwandern einbrachte, ungenutzt verdorren mußten, Wenn ein Gesell in seinen Wanderjahren zwischen Antwerpen und Wien bei einem Dutzend Meister gedient hatte, so hatte er vom geschicktesten, fortschrittlichsten am meisten gelernt; mußte dann aber, wenn er nach langwieriger und umständlicher Prozedur etwa selber Meister in seiner Stadt geworden war, unter Umständen erleben, daß ihm die Einführung einer neuen Methode, die Anwendung eines neuartigen Werkzeugs von der Zunft glatt untersagt wurde.“[13]

Aber nicht nur das Handwerk leidet unter dem „Antimodernismus“. Einen viel wichtigeren Punkt berührt Le Goff: „Am schwersten fällt diese mittelmäßige technische Ausrüstung jedoch in der Landwirtschaft ins Gewicht. Der Boden und die Agrarwirtschaft bilden im Mittelalter die Lebensgrundlage. Alles hängt von ihnen ab: Reichtum, gesellschaftliche Stellung und politische Macht. Im Mittelalter ist der Boden jedoch karg, denn die Menschen sind nicht imstande, ihm viel abzugewinnen.“[14]

Schließlich stellt er fest:

„Gewöhnlich jedoch äußert sich der Kampf der Bauern gegen die Herren in Form eines heimlichen Kleinkriegs: Felddiebstahl auf dem Herrenland, Wildern im Wald des Herrn, Abbrennen seiner Erntefelder. Passiver Widerstand durch mangelhafte Ausführung der Fron, Weigerung, die Naturalleistungen zu entrichten, die Steuern zu zahlen. Und manchmal schließlich greifen die Bauern zu Desertion und Flucht.

Im Jahre 1117 schafft der Abt des elsässischen Klosters Maursmünster die Frondienste der Hörigen ab und ersetzt sie durch Geldabgaben. ‘Die Fahrlässigkeit, Nichtsnutzigkeit, Laxheit und Trägheit derer, die diese Dienste leisteten’ veranlaßt ihn zu diesem Schritt.

In seiner im 13. Jahrhundert verfaßten Abhandlung über die Gutswirtschaft rät Walter von Henley, stets darauf bedacht, den Ertrag um jeden Preis zu steigern, den Bauern bei der Arbeit auf die Finger zu schauen. Von mancherlei Bilddarstellungen sind uns die Aufseher der Herren bekannt, wie sie, mit ihrem Stock ausgerüstet, die Feldarbeiten wachsamen Blickes verfolgen. Walter von Henley gibt die höhere Arbeitskraft des Pferdes im Vergleich zum Rind zwar durchaus zu, meint aber nicht ohne Resignation, der Herr brauche den beträchtlichen Preis für ein Pferd gar nicht erst auszugeben; denn ‘in seiner Bosheit verhindern die Pflüger, daß der von einem Pferde gezogene Pflug rascher vorankommt als der von Ochsen gezogene’.

Die ablehnende Haltung der Bauern gegenüber dem technischen Fortschritt erstaunt. Im Gegensatz zu den Arbeitsaufständen zu Beginn der industriellen Revolution erklärt sich diese feindselige Einstellung nicht aus einer durch die Maschine bedingten Arbeitslosigkeit; der Stein des Anstoßes ist vielmehr das Alleinverfügungsrecht des Herrn über die Maschinen, der lästige Zwang, diese für den Herrn profitbringenden Einrichtungen zu benutzen. So lehnen sich die Bauern z. B. immer wieder gegen den ‘Mühlenbann’auf. Umgekehrt lassen die Herren – namentlich die Äbte – wiederholt die Handmühlen ihrer Bauern zerstören, um sie so zu zwingen, das Korn gegen Entrichtung einer Mahlgebühr in ihrer Mühle mahlen zu lassen. Bereits 1207 zerschlagen die Mönche von Jumièges in einem ihrer Gebiete die letzten Handmühlen. Und in England entspinnt sich zwischen den Mönchen von Saint Albans und ihren Bauern bekanntlich ein erbitterter

---

13 *P. Lahnstein*, Das Leben im Barock, Stuttgart 1974, S. 174.
14 *J. Le Goff*, a. a. O., S. 350.

Kampf um die Wassermühlen. Als 1331 der Abt Richard II. endlich die Oberhand gewinnt, läßt er mit den erbeuteten Trophäen, den Mühlsteinen, sein Sprechzimmer pflastern."[15]

Klug beobachtet, aber nicht richtig. Noch spielt der Klassenkampf als Hindernis für den technischen Fortschritt keine große Rolle.

Entscheidend ist vielmehr, daß das gesamte Wirtschaftssystem, in dem die Warenwirtschaft und das Geld noch keine entscheidende Rolle spielen, wie Marx bemerkt hat, auf stabile Reproduktion eingestellt ist, auf die „bloße wiederholte Reproduktion ihrer selbst."

Und so ist auch im Geiste der Menschen der Überbau, insbesondere die Ideologie, die Aneignung der Welt, auf Tradition, das heißt, auf stabile geistige Reproduktion eingestellt. Das Alte, sei es die Heilige Schrift, sei es das Recht, sei es die Handfertigkeit, soll einfach reproduziert werden.

Unterstützt, gefördert wird diese Entwicklung durch das, was man die lokale Borniertheit des Lebens der Menschen nennen kann – wobei unter Borniertheit der alte Sinn des Wortes: Begrenzung, zu verstehen ist.

Alles ist lokal beschränkt: die Aussicht auf die Welt, die Maße und Gewichte, sogar die Jahreszeiten.

Gurjewitsch schreibt:

„Nach dem treffenden Ausspruch von P. M. Bicilli waren die mittelalterlichen Denker und Künstler 'große Provinzler', die es nicht verstanden, von den hinterwäldlerischen Maßstäben abzugehen und sich über den historischen Horizont zu erheben, der sich von dem heimatlichen Glockenturm eröffnete. Daher erschien ihnen das Weltall einmal als Kloster, einmal als Feudalbesitz und ein andermal als Stadtgemeinde oder Universität. Auf alle Fälle war die 'Welt des mittelalterlichen Menschen nicht groß, verständlich und bequem überschaubar'. . . .

Natürlich setzte die Kleinproduktion, welche auf Handarbeit beruhte, der Entwicklung der Gesellschaft Grenzen. Der Horizont der mittelalterlichen Bürger blieb beschränkt; die eng geschlossenen sozialen Gruppen vereinigten gleichzeitig die Städter in Kommunen, Zünften, Gilden und trennten sie (die Abgeschiedenheit der Zünfte, ihre Feindseligkeit gegenüber den am Ende des Mittelalters entstehenden Manufakturen, und teilweise lokale Borniertheit der Städte, die nicht zur Erkenntnis der Notwendigkeit einer nationalen Einigung vordrang). Die städtebürgerliche Gesellschaft war nicht fähig, sich schnell zu erweitern; war sie im Vergleich zur Agrargesellschaft auch dynamischer, so teilte sie mit dieser doch die Tendenz zur Reproduktion ihrer selbst auf der früheren engen Grundlage sowie in traditionellen Formen und Maßstäben."[16]

Auf dem Lande und in der Stadt, im Kloster und auf dem Bauernhof stets die gleiche kleine, wohl bekannte eigene lokale Welt und Weltanschauung.

„Hinterwäldlerische Maßstäbe" – nicht besser: durch den Wald bestimmte Maßstäbe? Wer denkt dabei nicht an die großartige Betrachtung des Waldes durch Le Goff – so ganz im Geiste der Menschen feudaler Zeiten:

„Das Christentum, im Schatten der Palmen im Orient geboren, sagt bei seinem Einzug im Abendland den Bäumen den Kampf an; die Zufluchtsstätten der heidnischen

[15] Ebendort, S. 498.
[16] Gurjewitsch, S. 69 und S. 242.

Dämonen werden von Mönchen, Heiligen, Missionaren unbarmherzig gefällt. Überhaupt ist im Westen Fortschritt gleichbedeutend mit Urbarmachung, also mit dem Kampf gegen und dem Sieg über Gestrüpp, Gesträuch und gegebenenfalls, d. h. soweit technische Ausrüstung und Mut zureichen, über den Hochwald, den Urwald, die 'gaste forêt' des Perceval, die 'selva oscura' Dantes. Das pulsierende Leben ist auf mehr oder weniger große Lichtungen beschränkt, Zellen der wirtschaftlichen, sozialen, kulturellen Entwicklung. Noch lange Zeit hindurch ist das mittelalterliche Abendland ein bunt zusammengewürfeltes Gemisch von Domänen, Burgen und Städten, wie sie im Laufe der Zeit inmitten großer, unbebauter Einöden entstanden waren. Wobei unter Einöde der Wald zu verstehen ist, der zu dieser Zeit für den Westen dasselbe bedeutet wie die Wüste für den Orient. Dorthin ziehen sich die freiwilligen oder unfreiwilligen Adepten der fuga mundi, der Weltflucht, zurück: Eremiten, Liebende, fahrende Ritter, Räuber, Gesetzlose. So der heilige Bruno und seine Gefährten in die 'Wüste' der Grande Chartreuse oder der heilige Robert von Molesme und seine Schüler in die 'Wüste' von Cîteaux, so Tristan und Isolde in den Wald von Morois ('Wir kehren in den Wald zurück, der uns beschützt und behütet. Komm, Isolde, mein Lieb! . . . Sie gingen in das hohe Gras und das Heidekraut hinein, die mächtigen Zweige der Bäume schlossen sich über ihnen, und sie verschwanden hinter dem Laub'). Ebenso flüchtet sich auch der Abenteurer Eustache le Moine, Vorläufer und vielleicht Vorbild für Robin Hood, zu Beginn des 13. Jahrhunderts in die Wälder um Boulogne. . . . Für die Bauern und ein ganzes Arbeitervölkchen dagegen ist der Wald eine Verdienstquelle. Denn hier weiden die Herden, hier mästen sich im Herbst vor allem die Schweine, der einzige Reichtum des armen Bauern, der nach der 'Eichelernte' sein Schwein schlachtet und dadurch den Winter überleben und sogar schmausen kann. Hier wird das Holz gefällt, das lange Zeit unentbehrlich ist, da es an Stein, Eisen und Steinkohle fehlt. Häuser, Werkzeuge sind aus Holz, Herde, Backöfen, Schmieden werden mit Holzkohle betrieben. Hier wachsen die wilden Früchte, eine wesentliche Ergänzung der primitiven ländlichen Ernährung und zu Zeiten einer Teuerung fast das einzige Mittel, sich am Leben zu erhalten. Hier gibt es die Eichenrinde für die Lohgerberei, die Asche der abgebrannten Büsche für die Bleiche oder die Färberei, das Harz für die Fackeln und Kerzen und den Honig der wilden Bienenschwärme, als Süßungsmittel so begehrt in einer Welt, die den Zucker noch kaum kennt. Zu Beginn des 12. Jahrhunderts nennt der in Polen seßhafte anonyme französische Chronist Gallus Anonymus bei der Aufzählung der Vorteile dieses Landes gleich nach der gesunden Luft und dem fruchtbaren Boden die silva melliflua, die honigreichen Wälder. So lebt also ein ganzes Volk von Hirten, Holzhauern, Köhlern – Eustache le Moine, der 'Waldbandit', dreht eines seiner frechsten Stückchen als Köhler verkleidet –, von 'Bienenzüchtern' oder Honigjägern vom Wald und ernährt andere von seinen Schätzen noch mit. . . .

Aber der Wald steckt auch voller Drohungen, voller eingebildeter oder wirklicher Gefahren. Er bildet den beunruhigenden Horizont der mittelalterlichen Welt. Er schließt sie ein, isoliert sie, umschlingt sie. Er schiebt sich zwischen die einzelnen Herrschaftsbereiche, zwischen die Länder als Grenze, als das Niemandsland. Aus seiner fürchterlichen 'Undurchdringlichkeit' brechen unvermittelt ausgehungerte Wölfe, Räuber, Raubritter hervor."[17]

Zwar wandern gar manche durch das Land: Bauern, einzeln, doch auch ganze Dörfer,

---

[17] *J. Le Goff,* a. a. O., S. 215 ff.

Handwerksgesellen, Studenten und Pilger. Doch oft nicht weit, denn die Wege sind beschwerlich und unendlich lang. Und manche Forscher meinen, daß sich die Langsamkeit und Beschwerlichkeit des Fortkommens in einem halben Jahrtausend kaum verändert hat.[18] Kein Wunder, daß mit der zunehmenden Rodung eine zunehmende Tendenz zur Seßhaftigkeit zu beobachten ist.

So vieles ist lokal bestimmt. Auch Maße und Gewicht. Gurjewitsch bemerkt:

„Das Verhältnis des Menschen zur Natur im Mittelalter darf man sich natürlich nicht in einer solchen Form vorstellen, wie es in der Urgesellschaft auftrat. Der mittelalterliche Mensch vereinigt sich schon nicht mehr völlig mit der Natur, aber er stellt sich ihr auch noch nicht gegenüber. Er vergleicht sich mit der gesamten übrigen Welt und mißt sie mit seinem eigenen Maßstab, und diesen Maßstab findet er in sich selbst, in seinem Körper und in seiner Tätigkeit.

Unter diesen Bedingungen ist die Vermessung des Raumes mit Hilfe des menschlichen Körpers, seiner Bewegung und der Fähigkeit des Menschen, auf die Materie einzuwirken, völlig natürlich. Der Mensch war hier physisch 'das Maß aller Dinge', und vor allem des Bodens. Die Ausdehnung und die Fläche des Bodens wurde nicht mit Hilfe irgendwelcher absoluter, von der konkreten Situation abstrahierter Maße und Standards bestimmt. Den Weg errechnete man nach der Anzahl der Schritte (von hier stammt auch der Begriff 'foot' – 'Fuß'). Quadratmaße besaßen sehr wenig Sinn für Bauern, die mit der Geometrie nicht vertraut waren. Die Elle, die Spanne und der Finger waren die natürlichsten und verbreitetsten Maße. Der Arbeitsaufwand des Menschen lag der Bestimmung des Ausmaßes des von ihm bebauten Landes zugrunde. Ackergrundstücksmaße waren 'journal' und 'Morgen', eine Fläche, die man innerhalb eines Tages pflügen konnte. Diese Flächenmaße variierten nicht nur in den verschiedenen Gegenden, sondern es wäre auch niemandem eingefallen, über eine (vom modernen Gesichtspunkt aus) genauere Bestimmung der Ausmaße des Besitzes nachzudenken; die damals überall übliche und verbreitete Methode der Bodenmessung war völlig befriedigend, sie war für die Menschen des Mittelalters auch die einzig mögliche und denkbare.

Nebenbei gesagt, ist dieser Umstand auch für die Historiker wesentlich, die bemüht sind, die Fläche des Bodenbesitzes im Mittelalter zu bestimmen: Zahlenangaben, die in den Urbaren, Zinsrollen, Schoßregistern und dergleichen enthalten sind, bieten sich in statistischen Tabellen an, doch ihre unvorsichtige Anwendung in einer Rechnung kann nur eine Illusion von Genauigkeit schaffen, da sich in Wirklichkeit hinter diesen Angaben Größen unerwarteten Ausmaßes verbergen können. Im mittelalterlichen Maßsystem – besonders beim Bodenmaß – gibt es keine genauen Verhältnisse, und darin liegt auch der Grundunterschied zum modernen Maß. 'Je weniger wir über die ⟨Flächenmaße⟩ in alten Zeiten nachdenken, desto besser ist es', bemerkt der englische Historiker Maitland richtig.[19] Nach dem Bekenntnis eines anderen Spezialisten bringen alle mittelalterlichen Agrarmaße die modernen Statistiker zur Verzweiflung. Natürlich ist die Unterschiedlichkeit der Maße in den einzelnen Gegenden, ja Orten, wesentlich mitbestimmt durch die Abgeschlossenheit der einzelnen Dörfer, Wirtschaften, durch die feudale Zersplitterung der Herrschaftsbereiche. Aber auch wenn man davon absieht und die Angaben der einzelnen Geltungsbereiche der Maße untersucht, findet man, daß sie in sich ungenau sind.

---

[18] Vgl. z. B. *M. Bloch*, a. a. O., S. 101.
[19] *F. W. Maitland*, Domesday Book and Beyond. Cambridge 1907, S. 371.

11*

Die übliche Methode, die Größe des Besitzes anzugeben, ist in den Dokumenten jener Epoche die Angabe des Ertrages, den man vom Landbesitz erhalten kann, der Anzahl der Pflüge, die für die Bestellung nötig sind (oft auch der Anzahl Ochsen, die man vor die Pflüge spannen muß), oder der Samenmenge, die für die Aussaat benötigt wird. Man gab zwar eine äußerst genaue Beschreibung der Grenzen des Besitzes durch die Aufzählung aller dazugehörigen Bestandteile (Bäche, Gräben, Hügel, Sträucher, Bäume, Kreuze, Wege und dergleichen mehr) sowie durch den Hinweis auf die Nachbarbesitze, aber niemals treffen wir in mittelalterlichen Dokumenten ein genaues Maß der Bodenfläche an, welches sich in vergleichbaren, überall festgelegten gleich großen Einheiten ausdrückt. Jedes mittelalterliche Bodenmaß ist konkret und mit einem bestimmten Grundstück und mit seinem Besteller verbunden. Das gleiche kann man in solchen Fällen beobachten, wo es um die Übernahme eines neuen Grundstückes geht. Man darf z. B. so viel Land einzäunen, wie man von Sonnenaufgang bis Sonnenuntergang abschreiten kann; dabei wurde nicht selten die Forderung gestellt, daß der Mensch eine Fackel trage und an der Grenze des Landstückes Feuer entfache; denn das Feuer heiligte die Besitzergreifung und machte sie unverletztlich."[20]

Da aber die Menschen in den einzelnen Gegenden verschieden groß sind, die Pflüge verschieden wirksam, schon auf Grund des Charakters der Erde oder der Zahl der Ochsen, die man üblicherweise vor den Pflug spannt, Sonnenaufgang und Sonnenuntergang verschieden liegen, kann man wahrlich von einer lokalen Bestimmung des Maßes sprechen.

Und was von den Maßen des Raumes gilt, gilt auch von den Maßen der Zeit. Auch sie sind lokal bestimmt.

Zunächst allgemein: „In der Ackerbaugemeinde wurde die Zeit vor allem vom Rhythmus der Natur bestimmt. Der Bauernkalender spiegelte den Wechsel der Jahreszeiten und die Aufeinanderfolge der landwirtschaftlichen Arbeiten wider. Die Monate trugen bei den Germanen Namen, die auf die Feld- und andere Arbeiten hinwiesen, die den Jahreszeiten gemäß ausgeführt wurden: Grasmonat (Grasmaend – April), Brachmonat (Brâchot, Brâchmânot, Brachmant, in dem die brachgelegenen Felder umgebrochen wurden – Juni), Maedemonat (Mahdmonat – Juli), Saemond (Saemânot, Seimonat – Monat der Aussaat – September oder Oktober), Weinmonat (Wynemânot – Oktober), Dreschmonat (Januar), Rebmânot (wahrscheinlich von räbeln – sich rühren – Hinweis auf die im Monat Februar sich regende Natur). Unter Karl dem Großen war sogar der Versuch unternommen worden, diese Bezeichnungen in den offiziellen Kalender einzuführen. Doch erwies sich diese Idee als verfehlt, da solche Bezeichnungen in den verschiedenen Gebieten des Reiches verschiedenen Monaten galten: So wurden als Ackermonat der März oder April, als Saatmonat der September oder Oktober, als 'lasemânt' (lesemand) die Monate Januar oder Februar bezeichnet."

Sodann die Zeit am Tage: „Die im mittelalterlichen Europa üblichen Uhren waren die Sonnenuhr (griech. 'Gnomon'), die Sanduhr oder die Klepsydra, die Wasseruhr. Doch die Sonnenuhr war nur bei klarem Wetter zu verwenden, die Klepsydren blieben eine Seltenheit und waren eher ein Spielzeug oder Luxusgegenstand als ein Instrument zur Zeitmessung. War die Zeit nicht nach dem Stand der Sonne festzustellen, bestimmte man sie nach der Brenndauer eines Spans, einer Kerze oder des Öls in einem Heiligenlämpchen. Wie langsam sich der Fortschritt in der Zeitbestimmung vollzog, ist daraus

[20] Gurjewitsch, S. 55 ff.

ersichtlich, daß die Verwendung von Kerzen zu diesem Zweck, die für das Ende des
9. Jahrhunderts unter dem englischen König Alfred belegt ist (bei Reisen durch das
Land nahm er Kerzen gleicher Länge mit und befahl, eine nach der anderen anzuzünden),
in Frankreich noch im 13. Jahrhundert unter Ludwig IX. wie auch im 14. Jahrhundert
unter Karl V. üblich war. Die Mönche orientierten sich nach der Anzahl der Seiten, die
sie in heiligen Büchern gelesen hatten, oder nach der Zahl der Psalmen, die sie zwischen
zwei Himmelsbeobachtungen zu sprechen vermochten. Für jede Tages- und Nachtstunde
gab es gesonderte Gebete und Beschwörungen. Für die breite Masse der Bevölkerung
war der Hauptanhaltspunkt für die Tageseinteilung das Läuten der Kirchenglocken, die
regelmäßig ertönten, um zur Frühmesse und zu anderen Gottesdiensten zu rufen."[21]

Natürlich waren die Kerzen lokal verschieden lang und dick; und waren die Bücher-
seiten nicht verschieden groß und manchmal weiter oder enger beschrieben? mit größeren
oder kleineren Buchstaben und Malereien? – verschieden nach der Schreibweise in den
Klöstern.

Jeder Bauer, jedes Dorf waren selbstgenügsam, autark, ebenso wie der Besitz des
Herren (abgesehen von geringem Verkehr mit der Stadt) – autark aber nicht nur hinsichtlich Nahrung, Kleidung und Behausung. Autark auch hinsichtlich der Maße, Gewichte
und sogar der Zeit!

Und da alles nur lokal gemessen wird, ist alles, was jenseits des Lokalen liegt, unendlich: unendlich nah und unendlich weit. Wenn Marc Bloch von der „weitgehenden
Gleichgültigkeit der Zeit gegenüber"[22] spricht, dann hängt das mit dem soeben Gesagten zusammen. Und die gleiche „weitgehende Gleichgültigkeit" gilt für den Raum,
wenn er außerhalb der lokalen Sphäre liegt.

Gurjewitsch macht sehr schön darauf aufmerksam, daß Dante sich, nachdem er sich
in eine unbekannte Gegend auf der Erde verirrt hatte – wie sollte er auch nicht, da er
sich jenseits des Lokalen bewegt hatte! –, plötzlich in die Hölle gewissermaßen gestol-
pert sei.[23] Entsprechend wundert auch die Gestaltung der Geographie nicht: „Die alle-
gorische Geographie des Mittelalters – als 'Dienerin der Theologie' – vereinte die gesamte heilige und irdische Geschichte auf einer räumlichen Ebene. Auf den 'Weltkarten'
befinden sich das Paradies mit Adam und Eva, biblische Personen, Troja, die Eroberungen Alexanders des Großen, die römischen Provinzen, die 'heiligen Stätten', christliche Staaten und das 'Ende der Welt'."[24]

Und der wunderbaren Kontinuität des Raumes zwischen Diesseits und Jenseits entspricht eine erstaunliche Zusammenpressung der Zeit. Wie klug beobachtet Gurjewitsch:

„Dante brachte wohl am stärksten die mittelalterliche Zeitauffassung zum Ausdruck.
Der Kontrast zwischen der Zeit des schnellvergänglichen irdischen Lebens des Menschen
und der Ewigkeit und das Aufsteigen vom ersten zum zweiten, bestimmen das 'räumlich-
zeitliche Kontinuum' der 'Göttlichen Komödie'. Die gesamte Geschichte des Menschen-
geschlechts ersteht darin als synchrone Geschichte. Die Zeit steht still, sie ist alles –
sowohl Gegenwart als auch Vergangenheit und Zukunft – in der Gegenwart. Nach einer
Formulierung von Ossip Mandelstam wird die Geschichte von Dante 'als einheitlicher,
synchronistischer Akt' verstanden. 'Die gewaltige explosive Kraft der ⟨Genesis⟩ – die
Idee einer spontanen Genesis – rückte von allen Seiten auf das winzige Eiland Sorbonne

[21] Ebendort, S. 98 f. und 109.
[22] *M. Bloch*, a. a. O., S. 118.
[23] Gurjewitsch, S. 74.
[24] Ebendort, S. 95.

vor, und wir gehen nicht fehl, wenn wir sagen, daß die Menschen bei Dante im Archaischen lebten, welches ringsum von Gegenwärtigem umspült war ... Wir können uns bereits schwer vorstellen, wie ... die ganze biblische Kosmogonie mit ihrem christlichen Beiwerk von den damaligen gebildeten Menschen buchstäblich wie eine eben erschienene Zeitung, geradezu wie ein Extrablatt, aufgenommen werden konnte.'[25] ...

Aber gerade diese oben bemerkte Besonderheit der Zeitauffassung, die Verschmelzung der biblischen Zeit mit der Zeit des eigenen Lebens, die das (nach unserer Auffassung vom Historischen) 'Antihistorische' des mittelalterlichen Denkens bezeugt, beweist zugleich am klarsten sein prinzipielles, unabdingbares Geschichtsempfinden. Tatsächlich fühlt und begreift sich der Mensch gleichzeitig in zwei zeitlichen Ebenen: in der Ebene des lokalen, vergänglichen Lebens und in der Ebene der gesamtgeschichtlichen, für die Geschichte der Welt entscheidenden Ereignisse, der Erschaffung der Welt und der Geburt und Leiden Christi. Das flüchtige und nichtige Leben eines jeden Menschen spielt sich vor dem Hintergrund des welthistorischen Dramas ab, wird mit ihm verflochten und erhält von ihm einen neuen höheren und unvergänglichen Sinn. Diese Dualität der Zeitauffassung ist eine integrierte Eigenschaft des Bewußtseins des mittelalterlichen Menschen."[26]

Und wie mit Raum und Zeit, so verhält es sich auch mit der Sprache, die nicht nur regionale, sondern vielfach auch lokale Unterschiede aufweist – und zugleich „unendlich" weit verbreitet, die gleiche ist in der ganzen Welt: als Lateinisch.

Diese merkwürdige Einheit von Lokalität und Unendlichkeit begegnet uns auch in der Einheit von Mikrokosmos und Makrokosmos. Bestehen sie doch aus den gleichen Elementen: „Die Natur ist für das Mittelalter gleichbedeutend mit den vier Elementen, aus denen sich Universum und Mensch zusammensetzen, der ja seinerseits ein Miniaturuniversum, ein Mikrokosmos ist. Der Leib des Menschen ist, wie es im elucidarium heißt, aus den vier Elementen gebildet. 'Deshalb nennt man ihn einen Mikrokosmos, d. h., Welt im kleinen. Denn tatsächlich besteht er aus Erde: das ist das Fleisch; aus Wasser: das ist das Blut; aus Luft: das ist der Atem; aus Feuer: das ist die Wärme.'"[27]

Gurjewitsch beobachtet ganz ähnlich:

„Das gegenständlich-sinnliche Verhältnis zum Grundstück, welches die Familie besaß, bestimmte auch seine zentrale Rolle im System der kosmischen Vorstellungen der Menschen des frühen Mittelalters. Das Gehöft des Ackerbauers war das Modell des Weltalls. ...

Vielleicht kann man die Spezifik der Wahrnehmung der Welt und des Raumes in uns fernen Epochen am besten verstehen, wenn man die Kategorien des Mikrokosmos und Makrokosmos (oder Megakosmos) untersucht. Der Mikrokosmos ist nicht nur ein kleiner Teil des Ganzen, nicht ein Element des Weltalls, sondern gleichsam seine verkleinerte und es nachbildende Replik. Nach der Idee, die von Theologen und Dichtern geäußert wurde, ist der Mikrokosmos ebenso ganzheitlich und in sich vollendet wie auch die große Welt. Man stellte sich den Mikrokosmos in Form eines Menschen vor, der nur im Rahmen des Parallelismus 'kleines' und 'großes' Weltall verstanden werden kann. Dieses Thema, welches sowohl im alten Osten als auch im antiken Griechenland bekannt war, erfreute sich im mittelalterlichen Europa, insbesondere seit dem 12. Jahr-

[25] O. *Mandel'štam*, Razgovor o Dante. Moskau 1967, S. 32, 35.
[26] Ebendort, S. 166 f.
[27] *J. Le Goff*, a. a. O., S. 225.

hundert, einer großen Popularität: Die Elemente des menschlichen Organismus sind mit den Elementen, die das Weltall bilden, identisch. Der Leib des Menschen besteht aus Erde, das Blut aus Wasser, der Atem aus Luft und die Wärme aus Feuer. Jeder Teil des menschlichen Körpers entspricht einem Teil des Weltalls: der Kopf dem Himmel, die Brust der Luft, der Bauch dem Meer, die Beine der Erde, die Knochen den Steinen, die Adern den Zweigen, die Haare dem Gras und die Gefühle den Tieren. Dennoch verbindet den Menschen nicht nur die Gemeinsamkeit der sie bildenden Elemente mit der übrigen Welt. Für die Beschreibung der Ordnung des Makro- und Mikrokosmos wurde im Mittelalter ein und dasselbe grundlegende Schema benutzt: das Gesetz der Schöpfung sah man in der Analogie. Das Bestreben, die Welt als eine Einheit zu erfassen, zieht sich durch alle mittelalterlichen 'Summen', Enzyklopädien und Etymologien. Sie untersuchen folglich alles, angefangen von Gott, der Bibel und Liturgie bis zu den Menschen, Tieren und Pflanzen, und schließlich auch die Küchendinge sowie die Methoden, Ochsen einzuspannen und die Erde zu pflügen. ...

Der Mensch besaß ein Gefühl der Analogie, mehr noch, ein Verwandtschaftsgefühl der Struktur des Kosmos mit seiner eigenen Struktur. In der Natur sah man ein Buch, nach dem man Weisheit erwerben kann, und gleichzeitig einen Spiegel, der den Menschen wiedergibt. 'Alle Schöpfungen der Welt', schrieb Alanus von Lille, 'sind für uns wie ein Buch, ein Bild und ein Spiegel.' Der Mensch hielt sich für die Krone der Schöpfung, geschaffen nach der Gestalt und dem Ebenbild Gottes."[28]

Wie wundersam fügt sich eines ins andere! die lokale Existenz und die weite, ferne und durch Analogie und Einheit der Elemente doch so nahe Welt! Stabile Reproduktion, diesmal im ganz anderen Sinne, ist der Mensch des Weltalls oder das Weltall des Menschen.

Raum und Zeit sind wirklich unwesentlich, denn die Räume des Ortes und des Weltalls sind sich so gleich und die Zeit wiederholt sich stets – sei es im Wechsel der Jahreszeiten, sei es im Stillstand ohne Fortschritt.

„In der Natur gab es keine Entwicklung; auf jeden Fall war sie den Menschen dieser Gesellschaft verborgen. Sie sahen in der Natur nur die regelmäßige Wiederholung, ohne imstande zu sein, die Tyrannei ihrer rhythmischen Kreisbewegung zu überwinden; und diese ewige Wiederkehr mußte in den Mittelpunkt des geistigen Lebens im Altertum und Mittelalter rücken. Nicht die Veränderung, sondern die Wiederholung war das bestimmende Moment dieses Bewußtseins und Verhaltens. Das Einmalige, niemals vorher Gesehene besaß für sie keinen selbständigen Wert – eine echte Realität konnten nur Akte erlangen, die von der Tradition geheiligt waren und die sich ständig wiederholten. Die Archaische Gesellschaft negierte die Individualität und das ungewohnte Verhalten. Norm und sogar Tugend war es, sich wie alle zu verhalten, so aufzutreten, wie die Menschen von alters her es taten. Nur ein solches traditionelles Verhalten besaß eine moralische Kraft."[29]

Doch diese Fortschrittslosigkeit verbindet sich zugleich mit tiefstem Pessimismus und höchstem Optimismus einer Entwicklung:

„Die für das mittelalterliche Bewußtsein charakteristische Neigung, jede Erscheinung symbolisch aufzufassen, ist in der Lehre von den sechs Altersstufen der Menschheit vom Geschichtspessimismus geprägt: Das letzte, das sechste Zeitalter der Weltgeschichte,

[28] Gurjewitsch, S. 48, 58, 61.
[29] Ebendort, S. 102.

ist herangerückt, das Zeitalter der Altersschwäche. Schon im ersten Brief des heiligen Paulus an die Korinther (10, 11) wurde davon gesprochen, daß für die Menschheit 'das Ende der Welt gekommen ist'. Nach einem Jahrtausend legte Dante, der ebenfalls in der Erwartung des Endes der Welt lebte, Beatrice die Worte in den Mund, daß in der paradiesischen 'Rose' 'so voll schon unsre Sitze sind, daß, sie zu füllen, wenige nur noch fehlen'. Eine pessimistische Auffassung von der Gegenwart war im Mittelalter weit verbreitet: Die besten, glücklichsten Zeiten der Menschheit seien längst vorbei, unter moralischem Verfall nähere sich das Ende der Welt. Früher seien die Menschen gesund und groß gewesen, heute seien sie kränklich und klein; in alten Zeiten seien die Frauen ihren Männern und die Vasallen ihren Lehnsherren treu gewesen – jetzt sei das anders. Aus der Lehre von der Analogie von Mikrokosmos und Makrokosmos wurde die Schlußfolgerung gezogen, daß die Welt und der Mensch parallel altern. Ein angelsächsischer Dichter hält jeden Lebenden für einen alten Menschen, denn die Welt hat ihr sechstes und letztes Jahrhundert erreicht."[30]

Der höchste Optimismus aber findet Ausdruck in der Hoffnung auf Erlösung, auf den Einzug in das Paradies, schlimmstenfalls auf dem Umweg über das Purgatorium.

Wie großartig einheitlich ist doch das Weltbild, das wir gezeichnet haben, die Weltaneignung des feudalen Menschen, und so verständlich, so natürlich aus der materiellen Basis herauswachsend! eine gewaltige Leistung der Menschheit – nach dem Verfall der Antike, ein neuer Anlauf.

Ja, ein Anlauf, denn alles hier Gesagte ist natürlich relativ zu nehmen. Selbstverständlich auch die Worte von Marx über die „stagnanten Zustände sowohl des Produktionsprozesses wie der ihm entsprechenden gesellschaftlichen Verhältnisse". Stagnant im Vergleich zum Kapitalismus und auch zur Antike – aber nicht zugleich auch stagnant im absoluten Sinne, selbst wenn man die Rolle von Tradition und Brauch, die Abneigung gegen alles Neue bedenkt.

Die große Frage: Was von all dieser tiefdurchdachten Analyse der Gedanken der Herrschenden, die bedeutende Gelehrte vorgenommen haben und die wir so leicht durch Hinweise auf die Entwicklung von Produktivkräften und Produktionsverhältnissen erhärten konnten, wurde zu herrschenden Gedanken der Werktätigen? natürlich in simplifizierter Form.

Sicher nicht der zuletzt erwähnte Pessimismus. Trotz aller Schwierigkeiten in der materiellen Gestaltung des Lebens – können wir uns eine Bauernjugend vorstellen, die das Gefühl hat, durch ein irdisches Jammertal wandern zu müssen? oder die Bauern im mittleren Alter ... auch wenn man hier schon bei so manchen Bauersfrauen zögern muß. Und die Alten? noch weniger werden wir zögern, bei vielen von ihnen eine traurige Weltstimmung zu vermuten. Ähnlich fragt Peter Lahnstein: „Die Leute haben den Gang der Jahreszeiten an Leib und Gemüt intensiv erlebt. Der Winter war des Menschen Feind; Kälte, Nässe, Dunkelheit. Freilich auch eine Zeit verhältnismäßiger Ruhe; keine drängende Arbeit außerhalb der Ställe; manche Gelegenheit, in der Ofenwärme oder am rauchigen Herdfeuer zu dösen. Eine Art Winterschlaf, in dem das Schlafmanko der Sommerzeit, namentlich der Erntemonate nachgeholt wird. Aber das Frühjahr hat man mit Erleichterung begrüßt, wie immer und überall, die steigende Sonne, die Schneeschmelze, das Abtrocknen von Wiesen und Feldern, das sprießende Grün; die linden

---

[30] Ebendort, S. 126.

Lüfte. Der Mensch hat die göttliche Gabe, sich zu freuen, ohne die er sein Leben nicht bestehen könnte. Schwer denkbar, daß das ganze Bauernvolk nach des Winters Kälte und Dunkelheit ohne Freudigkeit an die Feldbestellung gegangen sei. Oder auch, daß das Einbringen der Ernte ohne irgendein Gefühl der Dankbarkeit, der Freude, ohne Eifer, die guten Gaben zu bergen, geschehen ist. – Gleich hinter diesen Gedanken erheben sich aber die Fragen, inwieweit Unfreiheit und Lasten diese natürliche Freudigkeit erdrückt haben. Wer will sie bündig beantworten? Mit Ideologien ist man da schlecht bedient."[31]

Wenn Gurjewitsch von „allegorischer" Geographie spricht und andere von Symbolen usw., so können wir sicher sein, daß für die Werktätigen Allegorie und Symbol Realitäten waren. Doch gilt das wohl auch für einen großen Teil der herrschenden Klasse. Die Theologen, das heißt die Gelehrten des Mittelalters, standen den Feudalherren, aber auch den Handwerkern und Kaufleuten doch wohl zumeist noch ferner als die Gelehrten zur Blütezeit des Kapitalismus den Herrschenden. Die Herrschenden dachten in der Feudalzeit vielfach so vereinfacht wie die Massen der Werktätigen, mit denen sie ja auch oft den Analphabetismus teilten.

Was Marc Bloch, Jacques Le Goff und Aaron Gurjewitsch literarisch belegen, wird in vielem auch die Auffassung der Bauern gewesen sein: Die Raum- und Zeitvorstellungen ebenso wie die Heiligung von Tradition und Brauch. Kann man nicht vielleicht über die Grundelemente der Weltanschauung und Weltaneignung auch sagen (die berühmte Feststellung von Marx umkehrend), daß die primitiven Vorstellungen der Massen in kultiviert verfeinerter Form bei den Herrschenden erscheinen? Oder soll man es so sehen: Die Weltanschauung der Massen und eines Großteils auch der Herrschenden ist die vereinfachte Reproduktion der Gedanken der religiösen Intelligenz ihrer Zeit, die ja propagandistisch in der Kirche zu allen spricht. Doch wie man auch formulieren mag für eine Zeit, in der die herrschenden Klassen vielfach ein (auch im Vergleich zur Antike) recht niedriges kulturelles Niveau hatten, ist es nicht schwer sich vorzustellen, daß in den Grundauffassungen wir vieles auch aus gelehrten und dichterischen Zeugnissen über die Weltauffassung der werktätigen Massen erkennen können.

[31] *P. Lahnstein*, a. a. O., S. 165.

Kapitel 5

Tradition und lokale Borniertheit – Niedergang

Wir hatten den Verfall des Feudalismus gewissermaßen in zwei Perioden eingeteilt: in die Periode des positiven oder revolutionären Verfalls, in der der Verfall Fortschritt bedeutet, und in die Periode, in der der Verfall Rückschritt, Fäulnis, Erstarrung bringt.

Deutschland erlebte (wie auch Frankreich) beide Perioden, während in England die erste Periode von der Entwicklung des Kapitalismus abgelöst wurde.

Engels schildert die erste Periode, die Rolle der Städte ganz stark hervorhebend, der Landwirtschaft nur wenige Worte widmend (meine Unterstreichungen): „Die deutsche Industrie hatte im vierzehnten und fünfzehnten Jahrhundert einen bedeutenden Aufschwung genommen. *An die Stelle der feudalen, ländlichen Lokalindustrie war der zünftige Gewerbebetrieb der Städte getreten, der für weitere Kreise und selbst für entlegenere Märkte produzierte.* Die Weberei von groben Wollentüchern und Leinwand war jetzt ein stehender, weitverbreiteter Industriezweig; selbst feinere Wollen- und Leinengewebe sowie Seidenstoffe wurden schon in Augsburg verfertigt. Neben der Weberei hatte sich besonders jene an die Kunst anstreifende Industrie gehoben, die in dem geistlichen und weltlichen Luxus des späteren Mittelalters ihre Nahrung fand: die der Gold- und Silberarbeiter, der Bildhauer und Bildschnitzer, Kupferstecher und Holzschneider, Waffenschmiede, Medailleure, Drechsler etc. etc. *Eine Reihe von mehr oder minder bedeutenden Erfindungen,* deren historische Glanzpunkte die des Schießpulvers und der Buchdruckerei bildeten, hatte zur Hebung der Gewerbe wesentlich beigetragen. Der Handel ging mit der Industrie gleichen Schritt. ... Die Gewinnung der Rohprodukte hatte sich ebenfalls bedeutend gehoben. Die deutschen Bergleute waren im fünfzehnten Jahrhundert die geschicktesten der Welt, und auch den *Ackerbau* hatte das Aufblühen der Städte aus der ersten mittelalterlichen Roheit herausgerissen. Nicht nur waren ausgedehnte Strecken urbar gemacht worden, *man baute auch Farbekräuter und andere eingeführte Pflanzen,* deren sorgfältigere Kultur auf den Ackerbau im allgemeinen günstig einwirkte.“[1]

An die Stelle der Lokalindustrie tritt das städtische Gewerbe, das für weitere Kreise und entlegenere Märkte arbeitet – eine Reihe mehr oder minder bedeutende Erfindungen – und in der Landwirtschaft, die natürlich viel wichtiger ist als die Städte, neue Pflanzen. Auch denkt man an die Intensivierung der Landwirtschaft.

Merkwürdig und aufregend ist die Situation in der Landwirtschaft.

Einerseits kann Abel schreiben:

„Die Agrareinkommen sanken, die abgeleiteten sowohl wie die bäuerlichen, und das wirkte weit. Es kann keine Rede davon sein, daß, wie noch vor kurzem ein namhafter Historiker an weithin sichtbarer Stelle ausführte, das deutsche Volk über allen Verfall

---

[1] *Marx/Engels*, Werke, Bd. 7, Berlin 1960, S. 330 f.

des politischen Lebens sich im 15. Jahrhundert zu hoher 'wirtschaftlicher Blüte erhob'[2]. Wenn mindestens drei Viertel des deutschen Volkseinkommens aus der Landwirtschaft stammten, die Landwirtschaft aber im Niedergang war, ganze Grundherrschaften für das Turnierkleid einer Dame, Bauernhöfe umsonst vergeben werden mußten, wenn Bauern, Grund- und Landesherren, Kurie und Kaiser verarmten, dann läßt sich nicht sehen, wie solch Urteil sich begründen ließe. Richtig ist nur, daß in vielen Städten Handel und Wandel blühten, schöne Bauten entstanden und ein Aufwand an Schmuck, Kleidung, Essen und Trinken sich entfaltete, der den Neid der Junker erwecken konnte. Richtig ist auch, daß die Lohneinkommen aller Art, auf denen, wenn sie sich auch in Preisen versteckten, der breite städtische Wohlstand letztlich ruhte, überaus hoch waren.

Das sah auch der Bauer, der dem Lande den Rücken kehrte und verwildernde Felder, verfallene Höfe, sterbende Dörfer zurückließ, die das ausgehende Mittelalter als Periode wirtschaftlichen Niedergangs kennzeichnen."[3]

Andererseits, und mit dem gleichen Recht, bemerkt er:

„Die Wandlungen der Bodennutzung im Spätmittelalter hatten ein doppeltes Gesicht. Auf der einen Seite . . . finden sich fast nur die düsteren Züge, so der Rückgang des Getreidebaues, die Vermehrung der extensiv genutzten Weiden und die Ausbreitung des Waldes. Auf der anderen Seite wird der Ausdruck freundlicher. Das Gesicht des spätmittelalterlichen Landbaues – wenn das Bild weiter gebraucht werden darf – hellt sich auf, ja zeugt wohl gar von Betriebseinrichtungen und Aktivitäten, die den traditionellen Landbau einer Unternehmung nahe brachten. Hinter diesen so verschiedenen Erscheinungen stehen zwar die gleichen Kräfte, doch versetzt der Gegensatz den Beobachter zunächst in Zweifel und Verwirrung.

Als solcher Gegensatz zum Rückgang des Getreidebaues wird hier die Zunahme der Sonderkulturen begriffen. Da diese Kulturen dem Boden mehr Erträge als der Getreidebau abzwingen, können sie als eine höhere Stufe des Landbaues definiert werden. Von hier aus gesehen, fehlt es im Spätmittelalter durchaus nicht an 'Fortschritt', denn manche dieser Kulturen breiteten sich erheblich aus. . . .

Obst fand im Spätmittelalter guten Absatz. Aus dem Zollprivileg Kaiser Friedrichs III. für das Städtchen Neuenburg im Breisgau vom Jahre 1442 ist zu schließen, daß gedörrte Birnen fuderweise auf dem Rhein verschifft wurden, dazu noch Kastanien in Fässern und Mandeln in Säcken. In Mainz waren um das Jahr 1450 Obsthändler tätig; in Frankfurt a. M. gab es eigens angestellte Leute, die beim Verkauf im Großen das Messen vornahmen; 'Obsthocker' besorgten den Kleinvertrieb . . .

Zum Obst gesellte sich der Wein. Der Weinbau erfuhr die größte Ausdehnung, die er je in Deutschland gehabt hat, in der Zeit des ärgsten Rückgangs des Getreidebaues. Rheinabwärts breiteten sich die Rebenanlagen bis nach Xanten aus. Um Münster, Göttingen, Braunschweig, bei Itzehoe und Preetz wurde Wein gebaut. In der Nähe von Elmshorn fand man beim Bau einer Eisenbahn (1843) 'ganze Lagen wohlerhaltener Weinreben'. An der Oder bis oberhalb Stettin und an der Weichsel, um Thorn, Tapiau, Rastenburg, Pr. Holland, Königsberg und Riesenburg gab es Weinkulturen. . . .

Aus Südwestdeutschland, wo sich der Weinbau im Spätmittelalter am stärksten ausbreitete, wird berichtet, daß ein Morgen Weingarten damals etwa das Vierfache eines Morgens Acker kostete. 'Die Weindörfer des Remstales z. B. wirkten im 15. Jahr-

[2] W. *Goetz,* in: Propyläen-Weltgeschichte, Bd. 4, Berlin 1932, S. 446.
[3] W. *Abel,* Die Wüstungen des ausgehenden Mittelalters, 3. Aufl., Stuttgart 1955, S. 176.

hundert geradezu als Menschensog. Beutelsbach hatte im Jahre 1400 40 Häuser, im Jahre 1500 120, also eine Vermehrung der Häuser und der Menschenzahl um das Dreifache', und dies in einer Zeit, als sich in den Ackerbauzonen die Wüstungen häuften. ...

Auch Handelspflanzen und Industriegewächse gewannen größere Bedeutung. Der Flachsbau des Mosellandes wurde gerühmt; um Hannover soll im 15. Jahrhundert der Flachs eine 'Hauptnahrung' gebildet haben. In Thüringen und besonders um Erfurt breiteten Waid, Saflor, Anis und Gemüse aller Art sich aus. Noch um 1600, als bereits der Indigo den blauen Farbstoff des Waid auf den europäischen Märkten zurückdrängte, zählte man in Thüringen 300 'Waiddörfer' (um 1630 nur noch 30). Der Anbau von Krapp, der das sehr geschätzte Türkischrot lieferte, nahm nachweislich in der zweiten Hälfte des 14. Jahrhunderts um Speyer zu. Raps und Rübsen baute man in Thüringen an, und ringsum in Deutschland gedieh der Hopfen. Aus Spalt, wo später der Hopfen überragende Bedeutung gewann, liegen die ersten Nachrichten vom Hopfenanbau aus dem Jahre 1380 vor; im 15. Jahrhundert versammelten sich in Spalt schon auswärtige Hopfenkäufer."[4]

Nicht, um die Lage der Landwirtschaft in dieser ersten Niedergangsperiode zu schildern, haben wir so ausführlich zitiert, sondern um die großen Veränderungen, um die Diskontinuität der Entwicklung, die so ganz dem Geist der vorangehenden Zeit widerspricht, anzudeuten.

Ganz offenbar sind die Heiligung der Tradition und die Abscheu vor Neuerungen zumindest teilweise verschwunden.

Was die Lage der Bauern betrifft, so wissen wir, daß sie sich teils verschlechterte durch neue Belastungen – Abgehen von der Tradition auch hier – wie sich auch verbesserte durch erfolgreichen Widerstand – ebenfalls Abgehen von der Tradition!

Und selbst wenn die Belastung gleich blieb, änderte sie sich im Charakter: „Zwar blieb die alte brutale Naturalwirtschaft auf dem Lande in bei weitem den meisten Fällen bestehn; aber schon gab es ganze Distrikte, wo, wie in Holland, in Belgien, am Niederrhein, die Bauern den Herren Geld statt Fronden und Naturalabgaben entrichteten, wo Herren und Untertanen schon den ersten entscheidenden Schritt getan hatten zum Übergang in Grundbesitzer und Pächter, wo also auch auf dem Lande den politischen Einrichtungen des Feudalismus ihre gesellschaftliche Grundlage abhanden kam."[5]

Es scheint, als ob von allen Seiten gegen Tradition und Brauch verstoßen wird. Nichts ist mehr geheiligt, nicht einmal Höhe und Charakter der Grundrente.

Ja, sogar die Stände, die Klassen und Schichten ändern sich. Engels beobachtet im „Bauernkrieg":

„Unter diesen Verhältnissen hatte sich die Stellung der aus dem Mittelalter überlieferten Klassen wesentlich verändert, und neue Klassen hatten sich neben den alten gebildet.

Aus dem hohen Adel waren die *Fürsten* hervorgegangen. Sie waren schon fast ganz unabhängig vom Kaiser und im Besitz der meisten Hoheitsrechte. Sie machten Krieg und Frieden auf eigne Faust, hielten stehende Heere, riefen Landtage zusammen und schrieben Steuern aus. Einen großen Teil des niederen Adels und der Städte hatten sie bereits unter ihre Botmäßigkeit gebracht; sie wandten fortwährend jedes Mittel an, um die noch übrigen reichsunmittelbaren Städte und Baronien ihrem Gebiet einzuverleiben.

---

[4] W. *Abel*, Geschichte der deutschen Landwirtschaft, Stuttgart, 1978, S. 128 ff.

[5] *Marx/Engels*, Werke, Bd. 21, Berlin 1962, S. 394.

Diesen gegenüber zentralisierten sie, wie sie gegenüber der Reichsgewalt dezentralisierend auftraten. Nach innen war ihre Regierung schon sehr willkürlich. Sie riefen die Stände meist nur zusammen, wenn sie sich nicht anders helfen konnten. Sie schrieben Steuern aus und nahmen Geld auf, wenn es ihnen gutdünkte."

Wie anders klingt das alles als Tradition, Brauch, lokale Borniertheit! Zentralisation! Zusammenfassung von vielen Orten, von ganzen Regionen! Willkür, Gutdünken bei der Ausschreibung von Steuern, bei der Abschöpfung von Mehrprodukt – Tradition und Brauch gelten nichts mehr. Was für ein Durcheinander in der so wohl geordneten Welt des Feudalismus! „Aus der feudalen Hierarchie des Mittelalters war der mittlere Adel fast ganz verschwunden; er hatte sich entweder zur Unabhängigkeit kleiner Fürsten emporgeschwungen oder war in die Reihen des niederen Adels herabgesunken. Der *niedere Adel, die Ritterschaft,* ging ihrem Verfall rasch entgegen. Ein großer Teil war schon gänzlich verarmt und lebte bloß von Fürstendienst in militärischen oder bürgerlichen Ämtern; ein andrer stand in der Lehnspflicht und Botmäßigkeit der Fürsten; der kleinere war reichsunmittelbar. Die Entwicklung des Kriegswesens, die steigende Bedeutung der Infanterie, die Ausbildung der Feuerwaffe beseitigte die Wichtigkeit ihrer militärischen Leistungen als schwere Kavallerie und vernichtete zugleich die Uneinnehmbarkeit ihrer Burgen. Gerade wie die Nürnberger Handwerker wurden die Ritter durch den Fortschritt der Industrie überflüssig gemacht. Das Geldbedürfnis der Ritterschaft trug zu ihrem Ruin bedeutend bei. Der Luxus auf den Schlössern, der Wetteifer in der Pracht bei den Turnieren und Festen, der Preis der Waffen und Pferde stieg mit den Fortschritten der gesellschaftlichen Entwicklung, während die Einkommenquellen der Ritter und Barone wenig oder gar nicht zunahmen. Fehden mit obligater Plünderung und Brandschatzung, Wegelagern und ähnliche noble Beschäftigungen wurden mit der Zeit zu gefährlich. Die Abgaben und Leistungen der herrschaftlichen Untertanen brachten kaum mehr ein als früher. Um ihre zunehmenden Bedürfnisse zu decken, mußten die gnädigen Herren zu denselben Mitteln ihre Zuflucht nehmen wie die Fürsten. Die Bauernschinderei durch den Adel wurde mit jedem Jahre weiter ausgebildet. Die Leibeigenen wurden bis auf den letzten Blutstropfen ausgesogen, die Hörigen mit neuen Abgaben und Leistungen unter allerlei Vorwänden und Namen belegt. Die Fronden, Zinsen, Gülten, Laudemien, Sterbfallabgaben, Schutzgelder usw. wurden allen alten Verträgen zum Trotz willkürlich erhöht. Die Justiz wurde verweigert und verschachert, und wo der Ritter dem Gelde des Bauern sonst nicht beikommen konnte, warf er ihn ohne weiteres in den Turm und zwang ihn, sich loszukaufen."

Eine Klasse – oder ist es nicht vielmehr eine Schicht? – verschwindet, die Ritter, die Kerntruppe der herrschenden Klassen der Feudalzeit. Und während sie untergeht, zerstört sie auch Tradition und Brauch in der Wirtschaft: Erpressung und Willkür ersetzen Tradition und Brauch.

Auch die Kirche, auch die Geistlichkeit wurde von den zersetzenden Veränderungen des Verfalls ergriffen: „Die *Geistlichkeit,* die Repräsentantin der Ideologie des mittelalterlichen Feudalismus, fühlte den Einfluß des geschichtlichen Umschwungs nicht minder. Durch die Buchdruckerei und die Bedürfnisse des ausgedehnteren Handels war ihr das Monopol nicht nur des Lesens und Schreibens, sondern der höheren Bildung genommen. Die Teilung der Arbeit trat auch auf intellektuellem Gebiet ein. Der neuaufkommende Stand der Juristen verdrängte sie aus einer Reihe der einflußreichsten Ämter. Auch sie fing an, zum großen Teil überflüssig zu werden, und erkannte dies selbst an durch ihre stets wachsende Faulheit und Unwissenheit. Aber je überflüssiger sie wurde, desto zahlreicher wurde sie – dank ihren enormen Reichtümern, die sie durch Anwendung aller möglichen Mittel noch fortwährend vermehrte."

Dazu kam die Entwicklung der Städte, die wie die Fürsten vom Verfall des Feudalismus profitierten: „An der Spitze der städtischen Gesellschaft standen die *patrizischen Geschlechter,* die sogenannte *'Ehrbarkeit'.* Sie waren die reichsten Familien. Sie allein saßen im Rat und in allen städtischen Ämtern. Sie verwalteten daher nicht bloß die Einkünfte der Stadt, sie verzehrten sie auch. Stark durch ihren Reichtum, durch ihre althergebrachte, von Kaiser und Reich anerkannte aristokratische Stellung, exploitierten sie sowohl die Stadtgemeinde wie die der Stadt untertänigen Bauern auf jede Weise. Sie trieben Wucher in Korn und Geld, oktroyierten sich Monopole aller Art, entzogen der Gemeinde nacheinander alle Anrechte auf Mitbenutzung der städtischen Wälder und Wiesen und benutzten diese direkt zu ihrem eigenen Privatvorteil, legten willkürlich Weg-, Brücken- und Torzölle und andere Lasten auf und trieben Handel mit Zunftprivilegien, Meisterschafts- und Bürgerrechten und mit der Justiz. Mit den Bauern des Weichbilds gingen sie nicht schonender um als der Adel oder die Pfaffen; im Gegenteil, die städtischen Vögte und Amtsleute auf den Dörfern, lauter Patrizier, brachten zu der aristokratischen Härte und Habgier noch eine gewisse bürokratische Genauigkeit in der Eintreibung mit. Die so zusammengebrachten städtischen Einkünfte wurden mit der höchsten Willkür verwaltet; die Verrechnung in den städtischen Büchern, eine reine Förmlichkeit, war möglichst nachlässig und verworren; Unterschleife und Kassendefekte waren an der Tagesordnung."

Auch hier Willkür – wie oft und mit Recht oft erscheint dieses Wort bei Engels! – in der Eintreibung des Mehrprodukts, auch hier das Verlassen von Tradition und Brauch, und auch hier, mit der Steigerung des Handels, der Warenproduktion, mit der Ausdehnung des Marktes das Überschreiten aller lokalen Grenzen. Dadurch auch, insbesondere in den Handelsstädten mehr und mehr Abkehr von der „Konsumgesellschaft", mehr und mehr die Tendenz zur Ansammlung von Handelskapital und Geld zur Ausweitung der Produktion – Geld, nicht Kapital, denn beschäftigt werden vor allem Gesellen und Lehrlinge und Dienstleute.

Dazu eine wachsende Zahl von unteren Schichten in den Städten: „Man sieht, die plebejische Opposition der damaligen Städte bestand aus sehr gemischten Elementen. Sie vereinigte die verkommenen Bestandteile der alten feudalen und zünftigen Gesellschaft mit dem noch unentwickelten, kaum emportauchenden proletarischen Element der aufkeimenden, modernen bürgerlichen Gesellschaft. Verarmte Zunftbürger, die noch durch das Privilegium mit der bestehenden bürgerlichen Ordnung zusammenhingen, auf der einen Seite; verstoßene Bauern und abgedankte Dienstleute, die noch nicht zu Proletariern werden konnten, auf der andern. Zwischen beiden die Gesellen, momentan außerhalb der offiziellen Gesellschaft stehend und sich in ihrer Lebenslage dem Proletariat so sehr nähernd, wie dies bei der damaligen Industrie und unter dem Zunftprivilegium möglich; aber, zu gleicher Zeit, fast lauter zukünftige bürgerliche Meister, kraft eben dieses Zunftprivilegiums."[6]

Und alles dies lastete auf den Bauern, die sich mehr und mehr differenzierten. Wie mußte die Auflösung all dessen, was ihre Weltanschauung ausmachte, in Verbindung mit steigender Belastung, aber auch teilweiser Erleichterung durch Umwandlung von Natural- in Geldrenten und Lockerung manch anderer Fesseln auf sie wirken!

---

[6] *Marx/Engels,* Werke, Bd. 7, Berlin 1960, S. 332–338.

Und dazu ein Höhepunkt der Auflösung! die große Spaltung innerhalb der Kirche – am ausgeprägtesten in Deutschland und England!

Sieben Jahre vor dem Ausbruch des Bauernkrieges hatte Luther seine Thesen wider die Mißbräuche der allumfassenden, allseligmachenden Kirche angeschlagen. Die ungeheuerlichsten Ketzereien wurden von ihm verbreitet. Engels zitiert:

„Die kräftige Bauernnatur Luthers machte sich in dieser ersten Periode seines Auftretens in der ungestümsten Weise Luft.

'Wenn ihr' (der römischen Pfaffen) 'rasend Wüten einen Fortgang haben sollte, so dünkt mich, es wäre schier kein besserer Rat und Arznei, ihm zu steuern, denn daß Könige und Fürsten mit Gewalt dazutäten, sich rüsteten und diese schädlichen Leute, so alle Welt vergiften, angriffen und einmal des Spiels ein Ende machten, *mit Waffen nicht mit Worten.* So wir Diebe mit Schwert, Mörder mit Strang, Ketzer mit Feuer strafen, warum greifen wir nicht vielmehr an diese schädlichen Lehrer des Verderbens, als Päpste, Kardinäle, Bischöfe und das ganze Geschwärm der römischen Sodoma *mit allerlei Waffen und waschen unsere Hände in ihrem* Blut?'* ...

Der Blitz schlug ein, den Luther geschleudert hatte. Das ganze deutsche Volk geriet in Bewegung. Auf der einen Seite sahen Bauern und Plebejer in seinen Aufrufen wider die Pfaffen, in seiner Predigt von der christlichen Freiheit das Signal zur Erhebung; auf der andern schlossen sich die gemäßigteren Bürger und ein großer Teil des niederen Adels ihm an, wurden selbst Fürsten vom Strom mit fortgerissen. Die einen glaubten den Tag gekommen, wo sie mit allen ihren Unterdrückern Abrechnung halten könnten, die andern wollten nur die Macht der Pfaffen, die Abhängigkeit von Rom, die katholische Hierarchie brechen und sich aus der Konfiskation des Kirchengutes bereichern."[7]

1520 erscheint Luthers Schrift „Von der Freiheit eines Christenmenschen"; zwanzig Auflagen sind davon allein bis 1526 herausgekommen – eine direkte Verbindung wird zwischen dem Einzelnen und Gott hergestellt, die Rolle der Kirche als Vermittler praktisch ausgeschaltet. Die Kunst des Buchdrucks ermöglicht den Druck einer ganzen Flut von Flugblättern und Flugschriften. Um alles in Verwirrung zu bringen, erscheint jetzt auf Flugblättern auch ein Bauer im Gespräch mit Pfarrern oder Theologen. Ganz richtig heißt es in einem Ausstellungskatalog:

„Hans Karst oder Karsthans gelten in vorreformatorischer Zeit als Spottnamen für den Bauern, benannt nach der zweizinkigen Hacke, die er über der Schulter trägt und die zur Bearbeitung des Bodens bei der Feldbestellung und im Weinbau verwendet wird. Diese Spottnamen benutzt der elsässische Theologe Thomas Murner in einer Antwort auf Luthers Sendschreiben an den Adel, in der er Luther vorwirft, den 'gemeinen Mann' zur Aufruhr anzustacheln. Als Entgegnung darauf erscheint 1521 in Straßburg eine anonyme Flugschrift unter dem Titel 'Karsthans', die trotz ihres gelehrten Einschlages ein großes Interesse findet und zehn Auflagen erreicht. In dieser Schrift wird von reformatorischer Seite ein Idealbild des Bauern entworfen, um diesen für die neue Lehre zu gewinnen und um die Gegner zu schrecken, ohne allerdings zum Aufruhr zu ermutigen. Karsthans wird damit zum Inbegriff des 'gemeinen Mannes' und zum Verfechter der neuen Lehre.

---

[7] Ebendort, S. 347 f. und S. 607.

* Engels zitiert Luther nach Zimmermann, „Allgemeine Geschichte des großen Bauernkrieges", Th. 1, S. 364/365. Die Stelle ist entnommen aus Luthers „Epitoma responsionis ad Martinum Luther" [(Prierias) Auszug einer Erwiderung an Martin Luther] (1520).

In bäuerlicher Kleidung, den Karst über der Schulter, tritt Karsthans dem in zeitgenössischer Satire mit einem Katzenkopf auftretenden Murner in einem Streitgespräch über Fragen der neuen Lehre gegenüber. Karsthans erweist sich als völlig bibelfest und schlägt alle Attacken Murners durch Argumente aus dem Evangelium zurück. Luther, der hinzukommt, und vor dem Murner die Flucht ergreift, wird von Karsthans aufgefordert, für den 'gemeinen Mann' in Deutsch zu schreiben, da nur dieser ihn vor Papst und Kirche schützen könne. Als Karsthans den Dreschflegel als Waffe anbietet, lehnt Luther diese Hilfe entschieden ab, da nicht durch Gewalt, sondern nur durch Predigen die Reformation durchzusetzen sei."

Und weiter heißt es dort, die ganze Intensität des geistigen Lebens, das sich jetzt entfaltet, aufzeigend:

„Flugblätter und Flugschriften, von denen insgesamt 3000 aus der 1. Hälfte des 16. Jh.s erhalten blieben, finden im 16. Jh. auf Märkten und Messen guten Absatz und werden vor Kirchen verkauft. Von der Schrift Luthers an den Adel werden 1520 innerhalb von fünf Tagen 4000 Exemplare abgesetzt. Vor allem seine Übersetzung des Neuen Testaments, die 1522 in einer Auflage von 5000 Stück gedruckt wird, erreicht bis 1534 eine Auflagenhöhe von schätzungsweise 100 000 Bänden und ist damit eines der meistgelesenen Bücher seiner Zeit. Wenngleich wir heute über die Verbreitung reformatorischer Schriften einige Kenntnisse haben, so lassen sich über die Zusammensetzung der Leserschichten keine Aussagen machen.

Die Wirkung der Flugschriften im 16. Jahrhundert darf sicher nicht unterschätzt werden. Für die Verbreitung des reformatorischen Gedankengutes bei der Landbevölkerung aber ist die Übermittlung durch das gesprochene Wort sicher von weit größerer Bedeutung gewesen, zumal nur ein kleiner Teil lesen konnte. Auf Märkten, in Wirtshäusern, auf Kirchweihen und anderen dörflichen Festen, die zu Treffpunkten der Landbevölkerung gehören, werden die neuen Schriften vorgelesen und im Gespräch weiter verbreitet.

Die Schnelligkeit, mit der sich die Reformation seit 1521 ausbreitet, ist vor allem das Verdienst der Geistlichen, die zur neuen Lehre übertreten. Zu ihnen gehören die zahlreichen städtischen Prediger, die auf der Suche nach einem neuen Wirkungskreis von Ort zu Ort ziehen und von der Bevölkerung zur Predigt angehalten werden, sowie Mönche, die die Klöster verlassen und in immer größerer Zahl das Land überfluten. In ihren Predigten verkünden sie nicht allein das Evangelium, sie rufen ihre Zuhörer auch zum Kampf gegen die römische Kirche, gegen Ablaß, Bilderverehrung sowie gegen Zehnt und Frondienste auf. Damit wird die Verkündigung der reformatorischen Lehre, die sich vor allem an den 'gemeinen Mann' wendet, zur Grundlage für die revolutionäre Stimmung im Land und zur Voraussetzung für den Bauernkrieg."[8]

Genau wie später in der großen französischen Revolution wird der „Geist" des Aufruhrs zu den Bauern von Außen hereingetragen. 1789 von der Bourgeoisie, vor allem durch ihre Advokaten, vor dem Bauernkrieg durch fortschrittliche Prediger.

Aber die Werktätigen, insbesondere die Bauern, waren seit langem auf solche Stürme vorbereitet. Sie lebten nicht mehr in der alten Gedankenwelt des Feudalismus.

Mußte nicht lange vor Luther alles in den Augen der Werktätigen, insbesondere der Bauern, zusammenbrechen, wo Ausplünderung, Raub des Mehrprodukts nicht mehr als Fakten und vor allem nicht in ihrem Ausmaß durch Tradition und Brauch geheiligt waren! genau wie die Stände, die Klassen und Schichten. War nicht schon seit längerem

---

[8] Das Bild vom Bauern. Museum für Deutsche Volkskunde, (West)Berlin 1978, S. 30 f., 33 f.

all dies durcheinander gekommen! Wem sollte man noch glauben? wo waren noch Recht und durch Brauch geheiligte Billigkeit?

Doch darf man nicht glauben, daß die große Masse der Bauern vom Protestantismus erfaßt wurde. Sehr klug beobachtet die „Illustrierte Geschichte der deutschen frühbürgerlichen Revolution":

„Besonders die Humanisten traten mit scharfer Kirchenkritik hervor, allen voran Ulrich von Hutten, der den Papst als Todfeind der deutschen Nation, Rom als Zehntscheuer der Welt anprangerte. 'O Rom, du bist das gemein Schauhaus der ganzen Christenheit ... Du bist die weit rüchtig Scheuer der Welt, darein man führt und zusammenträgt, was man von jedermann geraubt und genommen hat.'

In einem seltsamen Kontrast zu den Mißständen in der Kirche und zur zunehmenden Kritik an ihr stand die gerade in jener Zeit anwachsende, sich oft bis zur Hysterie steigernde Gläubigkeit des Volkes. Heiligenverehrung und Reliquienkult erlebten einen nie gekannten Höhepunkt, Prozessionen und Wallfahrten, religiöse Stiftungen und Seelenmessen nahmen außerordentlich zu.

Groß war die Zahl der Bruderschaften, in denen sich in den Städten Männer und Frauen zu religiösen und geselligen Zusammenkünften trafen und versuchten, durch gute Werke zu ewigem Heil zu gelangen. In Hamburg wurden zu Beginn der Reformation 99 solcher Bruderschaften gezählt.

Und doch standen diese Erscheinungen nicht im Gegensatz zu der sich abzeichnenden Krise in Kirche und Gesellschaft, sie waren vielmehr Ausdruck der allgemeinen Unsicherheit. Wie konnte man Gott wohlgefällig sein, wenn Zweifel wuchsen, ob Kirche und Priester seine Gebote richtig verkündeten? Drohend standen vor dem Sünder das göttliche Gericht und die ewige Verdammnis. Hoffnung auf ewiges Heil vermischte sich mit panischer Höllenangst. In dem Schwanken zwischen Furcht und Hoffnung gediehen der Drang nach den Gnadenmitteln der Kirche ebenso wie Hexen- und Dämonenglaube, Wundersucht und Astrologie. Prophetien verkündeten das nahe Weltende, wie es Albrecht Dürer in seiner berühmten 'Apokalypse' gestaltete. Die weitverbreiteten Totentanzdarstellungen drückten einerseits die zutiefst pessimistischen Todeserwartungen aus, andererseits enthielten sie auch Elemente sozialer Kritik, indem sie den Tod als das allen Menschen gemeinsame Schicksal, auch von Kaisern und Päpsten, Fürsten und Bischöfen, zeigten.

Das schwindende Vertrauen in die Kirche, die Suche nach dem wahren Willen Gottes, nach dem von ihm offenbarten Gesellschaftszustand, verbunden mit den sozialen Wünschen und Forderungen des Volkes, gebaren neue Vorstellungen und Programme mit revolutionärer Sprengkraft. Der Gedanke keimte auf und ergriff die Massen, daß die Gesellschaft grundlegend verändert werden müsse, um einen alten, gottgewollten Rechts- und Gesellschaftszustand wiederherzustellen."[9]

Diese Ausführungen beziehen sich zwar auf die Zeit vor Luther, aber sie gelten auch für die Zeit, in der er wirkte und danach. Man muß sich immer vor Augen halten: Wenn Engels von „der ersten bürgerlichen Revolution" spricht und damit die reformatorische Bewegung seit 1517 und den Bauernkrieg meint, dann muß man zugleich auch verstehen, daß die Reformation nicht zum wenigsten von feudalen Fürsten, die sich an katholischem Kirchengut bereichern wollten, vorangetrieben wurde, daß die

---

[9] A. Laube, M. Steinmetz, G. Vogler, Illustrierte Geschichte der deutschen frühbürgerlichen Revolution, Berlin 1974, S. 51 f.

Bauern zu einem großen Teil wieder die „alten gerechten Zustände" herstellen wollten und den feudalen Kaiser anriefen, ihnen zu helfen, daß gerade das Bürgertum sich im großen und ganzen nur „geistig" an der Revolution beteiligte und daß keine Klasse und Schicht (auch nicht ein großer Teil des Gefolges des genialen, vorwärtsdrängenden Thomas Müntzer) vorwärtsweisende antifeudale Tendenzen zeigte – sie orientierten sich an einer symbolischen Vergangenheit, die wieder Zukunft werden sollte. Keine einzige Klasse und Schicht hatte ein Programm oder Ideen, die auf die kapitalistische Gesellschaft hindeuteten. Die Kennzeichnung von Engels ist eine rein objektive, nicht den subjektiven Faktor betreffende.

Aber kein Zweifel kann darüber bestehen, daß gerade unter den Werktätigen die Vorstellung, daß die Erde nun mal ein Jammertal und zugleich doch durch Tradition und Brauch geheiligt und darum ihr Leben irgendwie stabilisiert und vernünftig und gerechtfertigt war, nicht mehr allgemein verbreitet war.

Denn das Jammertal war durch Abweichen von den alten Lasten teils besser, teils schlechter geworden, die Kirche war gespalten, und Volksprediger, berührt durch das Elend und die Zerfahrenheit der Zeit, traten auf, die verständlich zu den Bauern sprachen. Alles war im Wandel begriffen, ganz unfeudal in dieser Beziehung.

Wenn aber die alte Form der Weltaneignung zusammenbrach, dann mußte man sich die Welt auf neue Weise aneignen – zum Beispiel auch durch einen Krieg gegen die für diesen Zusammenbruch verantwortlich erscheinenden Herren, durch einen Bauernkrieg.

Und als dieser scheiterte – was sollte nun werden?

Wir wissen[10], wie fast ein Jahrhundert lang alles in der Schwebe blieb, obwohl sich manch Neues und auch die Wiederkehr von manch Altem ankündigte. Und auch Resignation, geistiger Stillstand herrschte – nicht zum wenigsten auf dem ideologisch so entscheidenden Gebiet der Religion. Mögen die großen Herren um materiellen Besitzes willen sogenannte Religionskriege führen – den Massen der Werktätigen war es, nachdem die Verbindung zwischen Protestantismus und sozialem Protest zerrissen war, zumeist nicht so wichtig, ob ihr Fürst sie zu Katholiken oder Protestanten machte.

Dieser Periode des Schwebens im Ungewissen, Unentschiedenen, die noch Varianten des Fortschritts enthielt, folgte der Dreißigjährige Krieg, der alles auf so ganz andere und materiell viel furchtbarere Weise durcheinander brachte.

An ihn schloß sich dann die zweite, so grundlegend verschieden geartete Niedergangsperiode des Feudalismus in Deutschland an. Jetzt brachte der Verfall nur noch Unglück und Rückschritt, nur noch Lähmung und Fäulnis, nur noch Erstarrung und Verknöcherung.

Und zugleich eine merkwürdige Rückkehr zu alten Anschauungen. Tradition und Brauch und lokale und regionale (ein gewisser Fortschritt gegenüber der lokalen?) Borniertheit lebten auf – aber nur bei den werktätigen Massen?

Der Renaissance-Kultur der herrschenden Klasse folgte der Barock – eine Wandlung zweifellos, aber ein Aufschwung zu neuen Höhen? Es war die Kultur des Absolutismus der Fürsten und der Gegenreformation der Kirche, die er repräsentierte, eine Kultur, deren kennzeichnendes Wort, eben baroque bzw. barock, im Französischen wie im Deutschen einen irgendwie abfälligen, herabsetzenden Sinn hatte. Prunk und Pracht wirkten gewaltig, ja gewalttätig, und Herrschaft wie Unterordnung kennzeichneten den Stil. Und doch hat der noch so ungenügend von uns bedachte Literaturwissenschaftler

---

[10] Siehe Bd. 1 dieser Geschichte.

Walter Benjamin mit Recht zum Beispiel auf die Traditionssucht, auf das Bemühen, sich auf alte Tragödien zu stützen, der deutschen Barocktragödien hingewiesen. Legitimität durch Kontinuität und alten Brauch war ihr Streben. Natürlich war der absolute Fürst des Territorialstaates etwas Neues – aber war er mehr als der regional erweiterte Grundherr und der lokal beschränkte, lokal bornierte Kaiser und Papst?

Die Zeit des positiven Niedergangs des Feudalismus, das 15. und 16. Jahrhundert, hatte, wie wir schon angedeutet, einen großen Aufschwung des geistigen Lebens, der Anregung und Aufregung gebracht, insbesondere in den ersten Jahren der Reformation und in der Zeit des Bauernkrieges.

Zur Zeit der Blüte des Feudalismus waren die Herrschenden noch zumeist Analphabeten und ließen sich nur gelegentlich von Geistlichen, unter denen der Analphabetismus weniger verbreitet war, vorlesen. Zwar konnten etwa gegen Ende des 13. Jahrhunderts der Komtur und die Ordensbrüder des Deutschen Hauses in Freiburg, darunter 4 Geistliche, nicht lesen, von 14 Angehörigen des Domkapitels in Meißen 9 nicht einmal ihren Namen schreiben, aber wenn es überhaupt eine gewisse Verbreitung der Kunst des Lesens und Schreibens gab, dann unter den Geistlichen. Weshalb auch vielfach in den Städten Geistliche als Stadtschreiber dienten.

Das 14. Jahrhundert, der Beginn des positiven Niedergangs des Feudalismus, brachte schon den lesenden, schreibenden und vor allem rechnenden Kaufmann. Im 15. Jahrhundert erreichte die handwerksmäßige Produktion von Handschriften einen Höhepunkt, und zugleich ist das 15. das Geburtsjahrhundert des Buchdrucks, der einen großartigen Aufschwung des Lesematerials bringt. Um 1500 gab es, so wird geschätzt, etwa 1 Prozent der Bevölkerung, die las, fast ausschließlich in Städten oder in Klöstern auf dem Lande. Einige Schätzungen lauten, meiner Ansicht nach stark übertrieben, auf 3–4 Prozent.[11] Zu den Lesern kommen die, die einem laut Lesenden zuhören, und so manche benutzten ein Buch, um immer wieder die Bilder anzusehen. Vom 15. bis zum 16. Jahrhundert steigerte sich die Zahl der einzelnen Buchauflagen von bis zu 500 auf bis zu 1000. Noch weit stärker stieg die Zahl der Titel. Engelsing schreibt: „Waren am Ende des 15. und zu Beginn des 16. Jahrhunderts in Deutschland jährlich etwa 40 deutsche Drucke erschienen, so schnellte die Zahl seit dem Auftreten Luthers sprunghaft in die Höhe. Für 1519 werden 111 Titel und für 1523 498 neue Titel angeführt. Davon stammten allein 418 von Luther und seinen Gegnern, von Luther selbst 1519 etwa ein Drittel, 1523 zwei Fünftel der gesamten Produktion. Zwischen 1518 und 1526 erschien fast dreimal soviel deutsche Literatur wie zwischen 1501 und 1517. Betrug das Verhältnis der lateinischen zu den deutschen Drucken im Jahr 1500 20 zu 1, so 1524 3 zu 1."[12] Es waren vor allem Flug- und Streitschriften, die in dieser Zeit erschienen. Luther war der Quantität seiner Titel und der Quantität der verkauften Exemplare nach der erfolgreichste Autor seiner Zeit. Man rechnet damit, daß seine Schriften 200 000 Familien und 1 Million Menschen erreichten – darunter etwa 50 000 akademisch Gebildete, von denen etwa 33 000 „Gelehrte", das heißt Geistliche, Richter, Lateinlehrer, Hochschullehrer, Beamte, Ärzte waren. Die Zahl der Studenten betrug etwa 6000 (1600: 7 000–8 000). Die Zahl der im deutschen Sprachbereich im 16. Jahrhundert herausgebrachten Titel wird, ausschließlich der Einblattdrucke, auf 200 000

---

[11] Vgl. dazu R. *Engelsing*, Analphabetentum und Lektüre, Stuttgart 1973, S. 19 f. – künftig zitiert als Engelsing.

[12] Engelsing, S. 26.

12*

geschätzt[13]. 1581 dichtete der Augsburger Meistersinger Daniel Holzmann in seiner „Wahrhaftigen und schönen Beschreibung der Kunst der Schreiberei":

> Den Handwerksleuten wohl und gut
> Die Schreiberei viel nutzen tut,
> Wie dann bei uns in deutschen Landen
> Ein sollich Sprichwort ist entstanden:
> Dieser ist nur ein halber Mann
> Der nicht lesen und schreiben kann.

Entsprechend stieg die Zahl der Bücher, die Lesen und Schreiben lehrten. Die 1565 erschienene „Schreibkunst von allerhand zierlichen Schriften" hatte Neuauflagen 1568, 1570, 1577, 1578, 1595, 1597, 1607 und 1609.

Engelsing meint mit Recht, daß der Höhepunkt des Lesens unter den Bauern erreicht wurde, bevor Luther sich gegen sie wandte. Unter den Handwerkern, allgemein in den städtischen Schichten dauerte der Aufstieg vielleicht bis zum Dreißigjährigen Krieg.

Mit ihm begann die negative Phase des Niedergangs des Feudalismus. Der Analphabetismus nahm wieder zu, die Zahl der Drucke ging zurück, die Auflagen wurden kleiner, weniger „Gelehrte" gab es. Engelsing notiert folgende Tatsachen:

„Ein Kenner hält also das akademisch gebildete Publikum in Deutschland um 1600 für außerordentlich groß. Danach trat ein Rückgang dieser Zahl ein, der bis 1773 noch nicht wieder wettgemacht war. Die Zahl der Studenten in Deutschland war um 1600 mit 7000 bis 8000, davon 4000 bis 5000 an den lutherischen und calvinistischen Hochschulen, wahrscheinlich größer als um 1800, als sie etwa 7000 betrug."[14]

„Von den Handwerkern aber berichtet aus den siebziger Jahren des 18. Jahrhunderts Carl Friedrich Zelter in Berlin in seiner ersten Selbstbiographie: 'Wenn ein Handwerker mehr verstand als sein Handwerk, so war man sehr geneigt, ihm dies von seiner Gewerbsfähigkeit zu substrahieren, indem es auf der andern Seite keinem Handwerker schimpflich war, nicht schreiben zu können, weil dem Handwerk selbst alles andere nachstehen mußte'.[15] Zugleich berichtet Engelsing aber: „In ein Buch der Brüderschaft der Frankfurter Schlossergesellen trugen sich zwischen 1417 und 1524 mehrere hundert Gesellen aus allen Gegenden Deutschlands ein."[16]

„In der Bücherproduktion wurden im Jahre 1700 erst wieder 951 lateinische und deutsche Titel, 1740 1326 und 1757 1105 Titel verlegt. Die Produktion erreichte den Stand, den sie vor dem Dreißigjährigen Krieg gehabt hatte, nicht wieder . . . Man kann annehmen, daß in der Periode zwischen 1618 und 1750 in Deutschland kein Rückgang des Analphabetentums erfolgte. Eher ist eine Zunahme der Analphabeten im 17. Jahrhundert wahrscheinlich."[17]

„Um 1690 war es für die Buchhändler eine Selbstverständlichkeit, daß der wohlhabende Mittelstand vielfach weder lesen noch schreiben konnte."[18]

Über die Leser der bekanntesten Wochenblätter bemerkt Engelsing: „Auch wenn man

[13] Vgl. dazu Engelsing, S. 29 ff.
[14] Ebendort, S. 30.
[15] Ebendort, S. 41.
[16] Ebendort, S. 5.
[17] Ebendort, S. 43 f.
[18] Ebendort, S. 46.

dem einzelnen Exemplar durchschnittlich eine Leserschaft von 20 Menschen zubilligt, was für die erste Hälfte des 18. Jahrhunderts eher zuviel als zuwenig sein dürfte, so erreichten der 'Patriot' und die 'Tadlerinnen' zusammen unter der Voraussetzung, daß sie keinerlei identisches Publikum hatten, höchstens 150 000 Leser. Die Leserschaft kann darum in Deutschland zu dieser Zeit insgesamt kaum größer gewesen sein als in der Mitte des 16. Jahrhunderts."[19]

Welch eine großartige Entwicklung in der Phase des positiven Niedergangs des Feudalismus, in der Phase seiner fortschrittlichen Zersetzung!

Und welch trauriger Rückschritt in der Phase des negativen Niedergangs des Feudalismus, als mit dem Dreißigjährigen Krieg nicht nur der ideologische Inhalt der Druckwerke kümmerlicher wurde, sondern überhaupt die Fähigkeit zu lesen und zu schreiben zurückging!

Auch diese Seiten des Niedergangs des Feudalismus müssen beachtet werden, zumal sie insbesondere die werktätigen Schichten betrafen, zumindest was das Vorlesen betraf. Welcher Bauer hatte schon Zeit und Lust, sich 1725 – in so scharfem Gegensatz zu 1525! – etwas vorlesen zu lassen?

Und ändert sich viel daran nach 1750? Doch nur in den herrschenden Klassen. Und auch hier etwa bei den preußischen Junkern nur sehr langsam. Die Bauern aber lasen wie eh und je – mit Ausnahme der Zeit zwischen 1517 und 1526 – nichts und ließen sich nur wenig vorlesen, ebenso wie das Gesinde, die Tagelöhner und andere unterdrückte Schichten. Auch hier wurden „Tradition und Brauch gewahrt". Engelsing schreibt: „Eine ländliche Zeitschrift, der 'Dorfkonvent', bemerkte 1786 summarisch: 'Der Landmann liest nicht. Alles, was für ihn geschrieben wird, ist verloren.' Dieser Meinung war auch ein 'ABC für große Kinder', das 1798 in Hamburg erschien und politische Folgerungen an die Beobachtung knüpfte. Es heißt darin: 'So wenig eine Post zum Monde hinauf geht, . . . ebenso wenig wird der Landmann eines von den Lesebüchern lesen, die für ihn geschrieben sind. Erst gebt dem armen Landmann Schulmeister, die ihn richtig lesen und erst so viel denken lehren, daß er ein Buch verstehen kann, erst gebt ihm Geld, diese Bücher zu kaufen'."[20]

Natürlich gab es einzelne Bauern und Tagelöhner, die lesen konnten – mehr, die es als Kinder konnten, doch es im Laufe der Zeit vergessen hatten mangels Übung. Vielleicht war ihre Zahl größer unter den Großbauern – wir wissen es nicht.

Nicht nur kann man nicht von einer eigenen Bauernkultur wie später von einer eigenen Kultur der Arbeiterklasse sprechen. Auch von der Kultur der herrschenden Klasse drang weniger und weniger zu den Bauern hinunter. Erst recht nicht von den Variationen dieser Kultur, etwa dem Barock. Und bei dieser Variation war das auch wahrlich kein Schade, denn sie war im allgemeinen recht mittelmäßig – mit einer Ausnahme:

Unlösbar bleibt bisher das Problem der deutschen Musik – welch einzigartige Blüte mit J. S. Bach und Händel und den zahlreichen weltbekannten Sternen zweiter Größe wie Buxtehude, Hasse, Schütz und Telemann!

Und dann folgt die deutsche Klassik in der Schönen Literatur und in der Philosophie, umgeben von zahlreichen Größen zweiten Ranges auf anderen Wissenschaftsgebieten. Aber sie stellt kein unlösbares Problem wie die Musik des Barock dar – zumal sie dem dem Barock folgenden Stil des Rococo so völlig fern steht – Lessing als Rococo-

[19] Ebendort, S. 49 f.
[20] Ebendort, S. 87.

Gestalt oder der junge Wieland, der junge Herder, der junge Goethe ... wie grotesk diese Vorstellung! Sie nährten sich vor allem von der schon alten kapitalistischen Kultur Englands, und natürlich war auch die französische Aufklärung von Einfluß. Einen ökonomischen Boden in Deutschland fanden sie nicht.

Kein Wunder, daß Engels schrieb:

„Die einzige Hoffnung auf Besserung wurde in der Literatur des Landes gesehen. Dieses schändliche politische und soziale Jahrhundert war zugleich die große Epoche der deutschen Literatur. Um das Jahr 1750 wurden alle großen Geister Deutschlands geboren, die Dichter *Goethe* und *Schiller,* die Philosophen *Kant* und *Fichte* und kaum zwanzig Jahre später der letzte große deutsche Metaphysiker, Hegel. Jedes bemerkenswerte Werk dieser Zeit atmet einen Geist des Trotzes und der Rebellion gegen die deutsche Gesellschaft, wie sie damals bestand. *Goethe* schrieb den '*Götz von Berlichingen*', eine dem Andenken eines Rebellen gewidmete dramatische Huldigung. *Schiller* schrieb 'Die Räuber', in denen ein edler junger Mann gefeiert wird, der der ganzen Gesellschaft offen den Krieg erklärt. Doch das waren ihre Jugendwerke; als die Dichter älter wurden, verloren sie alle Hoffnung; Goethe beschränkte sich auf Satire schärfster Art, und Schiller wäre verzweifelt, hätte er nicht die Zuflucht gefunden, welche die Wissenschaft und vornehmlich die große Geschichte des alten Griechenlands und Roms ihm boten. Diese beiden können als Beispiele für die übrigen genommen werden. Selbst die besten und bedeutendsten Köpfe der Nation gaben alle Hoffnung auf die Zukunft ihres Landes auf.

Plötzlich schlug die Französische Revolution wie ein Donnerschlag in dieses Chaos, das Deutschland hieß. Die Wirkung war gewaltig. Das Volk, das zu wenig aufgeklärt und von alters her zu sehr daran gewöhnt war, tyrannisiert zu werden, blieb unbewegt. Aber das Bürgertum und der bessere Teil des Adels begrüßten die Nationalversammlung und das Volk Frankreichs mit einem einzigen Ruf freudiger Zustimmung. Kein einziger von all den Hunderten oder Tausenden damals lebender deutscher Dichter ließ es sich nehmen, den Ruhm des französischen Volkes zu besingen. Aber diese Begeisterung war von deutscher Art, sie war rein metaphysisch, sie sollte nur den Theorien der französischen Revolutionäre gelten. Sobald diese Theorien durch das Gewicht und die Fülle der Tatsachen in den Hintergrund geschoben wurden, sobald das Übereinkommen des französischen Hofes mit dem französischen Volk trotz des theoretischen Bündnisses auf Grund der theoretischen Verfassung von 1791 in der Praxis unmöglich wurde, sobald das Volk seine Souveränität durch den '10. August' praktisch geltend machte, und als überdies am 31. Mai 1793 diese Theorie durch den Sturz der Girondisten gänzlich zum Verstummen gebracht wurde – da verwandelte sich diese Begeisterung Deutschlands in einen fanatischen Haß gegen die Revolution. Natürlich hatte diese Begeisterung nur solchen Aktionen wie der Nacht des 4. August 1789 gelten sollen, als der Adel auf seine Privilegien verzichtete, aber die guten Deutschen dachten niemals an solche Aktionen, deren praktische Konsequenzen sich stark von den Schlußfolgerungen unterschieden, die wohlmeinende Theoretiker ziehen konnten. Die Deutschen waren nie gewillt gewesen, diese Konsequenzen gutzuheißen, die für viele Parteien, wie wir alle sehr wohl wissen, ziemlich ernsthaft und unangenehm waren. So wurde die ganze Masse, die anfänglich ein begeisterter Freund der Revolution gewesen war, nun ihr größter Gegner, und da sie natürlich durch die servile deutsche Presse die entstelltesten Nachrichten aus Paris erhielt, gab sie ihrem alten ruhigen heiligen römischen Dunghaufen den Vorzug vor der gewaltigen Aktivität eines Volkes, das die Ketten der Sklaverei mit starker Hand abwarf und allen Despoten, Aristokraten und Priestern seine Herausforderung ins Gesicht schleudert."[21]

Manche unserer Historiker bedauern die Unkenntnis von Engels von den Bewegungen, ja Aufständen, die sie unter den Bauern festgestellt haben. Wie konnte Engels nur sagen, daß „das Volk unbewegt blieb"! Aber ist es wirklich wahrscheinlich, daß Engels nichts von den Bewegungen wußte, die seine Eltern noch erlebt haben mußten, von denen erst recht die Großeltern bestimmt erzählt haben mußten? Oder übertreibt Engels? Beides erscheint mir falsch. Natürlich hatte er von diesen Bewegungen gehört – aber waren das antifeudale Bewegungen wie in Frankreich, wo die Bauern die Kataster verbrannten, um die Vergangenheit, um das „alte Regime" endgültig zu vernichten? Natürlich nicht! Soweit das Volk sich bewegte, bewegte es sich gegen die „Mißstände" des Feudalismus, und die Aufstände waren lokal begrenzt und ohne Zusammenhang miteinander.

Der fehlende ökonomische Boden in Deutschland aber erklärt, warum die Begeisterung „des Bürgertums und des besseren Teils des Adels" so „rein metaphysisch" blieb. Nein, man kann nicht sagen, daß im letzten Halbjahrhundert des Niedergangs des Feudalismus in Deutschland die Weltanschauung der herrschenden Klassen und des Bürgertums erstarrt, traditionsergeben war. Aber die Revolution der deutschen Verhältnisse spielte sich in den Wolken, im Reich der Meta-Physik, jenseits der häßlichen, materiellen Realität ab – und als das revolutionäre Frankreich unter Napoleon sie aus den Wolken auf die Erde herabholte, da mochte man das gar nicht.

Doch viel komplizierter noch ist die Situation. Was ist denn die Rolle des Bürgertums nach 1750? Wir bezeichnen sie als die eines Vorboten der kapitalistischen Bourgeoisie und der neuen Gesellschaftsordnung. Also ist es ganz falsch, wie ich es soeben getan habe, die bürgerlichen Helden unserer Kultur und Wissenschaft als Teile der herrschenden Klasse bzw. von Einfluß in ihr zu bezeichnen? Die meisten Junker und so manche Grundherren standen ihnen in der Tat doch sehr, sehr fern.

Also waren Herr von Goethe, Minister des feudalen Fürsten von Weimar, Herr von Schiller, hoher „Pensionär" seines Herzogs, Herr von Herder, hoch in der Kirchenhierarchie, schon mit 26 Jahren Hofprediger, Propheten einer neuen Zukunft? Ja, sie waren es und fühlten sich doch letztlich eins mit dem System des Feudalismus, genau wie die großen Manufakturisten, die großen Verleger-Kaufleute, die bürgerlichen Spitzen der feudalen Bürokratie – genau wie die Steuerpächter und so viele andere Bürger Frankreichs vor 1789. „Das deutsche Bürgertum . . . wußte, daß Deutschland nichts war als ein Dunghaufen, es hatte sich aber in diesem Dunghaufen gemütlich eingerichtet", schrieb Engels.[22]

Ein Dunghaufen mit Tradition, fast schon zeitlos, variiert nur durch lokale Gerüche, stets erlaubend, altem Brauch zu folgen.

Ganz anders der Alltag der werktätigen Massen, die von solchen Widersprüchen innerhalb des Dunghaufens nicht berührt wurden. Weder die Bauern noch die Heimgewerbetreibenden, weder die Handwerker noch erst gar die Gesellen oder die Manufakturarbeiter oder das Gesinde lasen, und wenn sie in Einzelfällen lasen, dann ganz bestimmt nicht Goethe oder Kant, Schiller oder Herder oder Fichte. Sie blieben unberührt von der merkwürdigen Dichotomie im Geistesleben der herrschenden Klasse, denn sie verbrachten ihren Alltag in der Realität der materiellen Produktion, in der es eine solche Dicho-

---

[21] *Marx/Engels*, Werke, Bd. 2, a. a. O., S. 567 f.
[22] Ebendort, S. 566.

tomie nicht gab, in der noch die feudalen Verhältnisse herrschten wie eh und je, wie zu Zeiten der Eltern und Großeltern und Urgroßeltern. Darum wurde auch, wenn man las, was selten war, oder dem Vorlesen zuhörte, was nicht so selten war, immer wieder ein schon bekanntes Buch vorgenommen, das die Erinnerung bestätigte – während das Bürgertum, wie Rolf Engelsing meint, seit 1750 mehr und mehr zu neuen Büchern griff, von der intensiven zur extensiven Lesekultur überging.[23]

[23] Vgl. dazu z. B. *R. Engelsing*, Der Bürger als Leser, Stuttgart 1974, S. 182 f.

Die Produktionsfamilie

Die Familie im römischen Sinne, also einschließlich der Mägde und Knechte, bzw. der Gesellen und Lehrlinge, war die wichtigste Wirtschaftseinheit der Feudalzeit. Die Bauernfamilie bestand aus Eltern und Kindern, die, sobald sie irgendwie mithelfen konnten, in den Produktionsprozeß miteinbezogen wurden, sowie aus Verwandten oder Fremden, die als Mägde oder Knechte dienten. Die Handwerksfamilie setzte sich zusammen aus dem Handwerker und der mithelfenden Frau, die zugleich die Hauswirtschaft führte, aus mithelfenden Kindern, wenn sie das entsprechende Alter erreicht hatten, aus Gesellen und Lehrlingen.

Über den Charakter der Produktionsfamilie und ihres Produktes bemerkt Marx im „Kapital": „Für die Betrachtung gemeinsamer, d. h. unmittelbar vergesellschafteter Arbeit brauchen wir nicht zurückzugehn zu der naturwüchsigen Form derselben, welche uns an der Geschichtsschwelle aller Kulturvölker begegnet. Ein näherliegendes Beispiel bildet die ländlich patriarchalische Industrie einer Bauernfamilie, die für den eignen Bedarf Korn, Vieh, Garn, Leinwand, Kleidungsstücke usw. produziert. Diese verschiednen Dinge treten der Familie als verschiedne Produkte ihrer Familienarbeit gegenüber, aber nicht sich selbst wechselseitig als Waren. Die verschiednen Arbeiten, welche diese Produkte erzeugen, Ackerbau, Viehzucht, Spinnen, Weben, Schneiderei usw. sind in ihrer Naturalform gesellschaftliche Funktionen, weil Funktionen der Familie, die ihre eigne naturwüchsige Teilung der Arbeit besitzt so gut wie die Warenproduktion. Geschlechts- und Altersunterschiede, wie die mit dem Wechsel der Jahreszeit wechselnden Naturbedingungen der Arbeit, regeln ihre Verteilung unter die Familie und die Arbeitszeit der einzelnen Familienglieder. Die durch die Zeitdauer gemeßne Verausgabung der individuellen Arbeitskräfte erscheint hier aber von Haus aus als gesellschaftliche Bestimmung der Arbeiten selbst, weil die individuellen Arbeitskräfte von Haus aus nur als Organe der gemeinsamen Arbeitskraft der Familie wirken."[1]

Und Engels bemerkt im „Anti-Dühring": „In der mittelalterlichen Gesellschaft, namentlich in den ersten Jahrhunderten, war die Produktion wesentlich auf den Selbstgebrauch gerichtet. Sie befriedigte vorwiegend nur die Bedürfnisse des Produzenten und seiner Familie. Wo, wie auf dem Lande, persönliche Abhängigkeitsverhältnisse bestanden, trug sie auch bei zur Befriedigung der Bedürfnisse des Feudalherrn. Hierbei fand also kein Austausch statt, die Produkte nahmen daher auch nicht den Charakter von Waren an. Die Familie des Bauern produzierte fast alles, was sie brauchte, Geräte und Kleider nicht minder als Lebensmittel. Erst als sie dahin kam, einen Überschuß über ihren eignen Bedarf und über die dem Feudalherrn geschuldeten Naturalabgaben zu produzieren, erst da produzierte sie auch Waren; dieser Überschuß, in den gesell-

---

[1] *Marx/Engels*, Werke, Bd. 23, a. a. O., S. 92.

schaftlichen Austausch geworfen, zum Verkauf ausgeboten, wurde Ware. Die städtischen Handwerker mußten allerdings schon gleich anfangs für den Austausch produzieren. Aber auch sie erarbeiteten den größten Teil ihres Eigenbedarfs selbst; sie hatten Gärten und kleine Felder; sie schickten ihr Vieh in den Gemeindewald, der ihnen zudem Nutzholz und Feuerung lieferte; die Frauen spannen Flachs, Wolle usw. Die Produktion zum Zweck des Austausches, die Warenproduktion, war erst im Entstehn. Daher beschränkter Austausch, beschränkter Markt, stabile Produktionsweise, lokaler Abschluß nach außen, lokale Vereinigung nach innen: die Mark auf dem Lande, die Zunft in der Stadt."[2]

Die Produktionsfamilie, die nur zum geringen Teil Waren herstellt und diese dann zum größten Teil sogleich mit dem eingenommenen Geld für andere Waren verwendet oder als Geldrente an den Feudalherren zahlt, gibt der feudalen Wirtschaft ihren entscheidenden Charakter.

Aus der Stellung des Mannes als Wirtschaftsleiter und Eigentümer der Produktionsmittel bestimmt sich auch der patriarchalische Charakter der Produktionsfamilie. Birgit Leuchtenmüller stellt fest:

„Wie die Hausväterliteratur und die 'Predigten über den christlichen Hausstand' des 16. bis 18. Jahrhunderts zeigen, ist der Gedanke einer Betonung der hausväterlichen Autorität zur Abstützung des patriarchalisch strukturierten gesamtgesellschaftlichen Gefüges nicht neu. Charakteristisch ist aber, daß diese Schriften sich nicht nur an den 'pater familias' richten, dessen Verfügungsgewalt die anderen Hausmitglieder in rechtlicher Hinsicht unterworfen sind, sondern vor allem an den Wirtschaftsleiter des 'ganzen Hauses', dessen Befugnisse und Vollmachten sich aus einer bestimmten Eigentumsstruktur und seiner Verfügung über Grund und Boden ableiten. Die familienwirtschaftliche Organisationsform des bäuerlichen Betriebes, die im wesentlichen auf der lohnlosen Arbeit der Familienmitglieder basierte, hatte in Verbindung mit der Besitzstruktur eine automatische Privilegierung des Hausbesitzers und Wirtschaftsleiters zur Folge. Er bestimmte in der zentral geleiteten Hauswirtschaft nicht allein über Erzeugung und Verbrauch, sondern besaß auch die totale Verfügungsgewalt über alle unter seinem Dach lebenden Personen, die insbesonders auch alle Erziehungsund Disziplinierungsvollmachten mit einschloß.

Das 'ganze Haus' repräsentierte aber nicht nur eine soziale und wirtschaftliche Einheit, es stellt gleichzeitig ein Element der Verfassung dar. Die gesellschaftliche Ordnung ist somit primär ökonomisch fundiert, sie hängt wesentlich vom Funktionieren der hauswirtschaftlichen Einheiten ab. Dabei kommt der Verfügung über die Produktionsmittel entscheidende Bedeutung zu, denn sie garantiert die Autorität des Hausvaters und somit die innerfamiliale Ordnung.

Für die Situation der Frau in diesem System ist vor allem relevant, daß in der Dorf- und Stadtgemeinde der Besitz eines eigenen Hauses Voraussetzung für die volle Ausübung der politischen Rechte war. Diese wiederum waren an die Bedingung der Wehrfähigkeit geknüpft und somit für Frauen unerreichbar. Wir finden deshalb auch nur in den seltensten Fällen Frauen als Hausbesitzer, eine Ausnahme bilden lediglich die Witwen. Die besitzrechtliche Benachteiligung hat jedoch nicht allein für die in bäuerlichen Verhältnissen lebenden Frauen Gültigkeit, denn die Wirtschaftsform des 'ganzen Hauses' betraf unter vorindustriellen Bedingungen nicht allein den Bauernstand, auch adelige

---

[2] Ebendort, Bd. 20, a. a. O., S. 253 f.

Lebensformen stellten z. B. nur eine erweiterte bäuerliche Lebensform dar. Da landwirtschaftlich begründete Sozialformen bis in die Städte hineinragten, lebte auch die in Handel und Gewerbe tätige Bevölkerung größtenteils unter denselben Besitz- und Eigentumsbedingungen."[3]

In diesem Zusammenhang betrachtet, muß man vielleicht auch die Rolle der Frau etwas anders ansehen, als es im allgemeinen geschieht. Über diese Rolle gibt es unter den Historikern und Soziologen sehr verschiedene Auffassungen. So bemerkt zum Beispiel Josef Ehmer:

„Die Stellung der Frau in der patriarchalischen Familie – besser: dem 'ganzen Haus' – der feudal-ständischen Gesellschaft Europas läßt sich auf einen kurzen Nenner bringen: insofern sie dem Mann untergeordnet war, war sie nicht als 'Frau' dem 'Mann' untergeordnet, sondern als Hausfrau, Tochter oder Magd dem Hausvater.

Grundlage der patriarchalischen Gewalt des Hausvaters war der unmittelbare Zusammenhang aller Lebensbereiche im 'ganzen Haus'. Dieses war die Basis der Produktion und Reproduktion des materiellen Lebens ebenso wie die entscheidende politisch-rechtliche Einheit der Gesellschaft. Das Verhältnis der Geschlechter zueinander trat hier nicht in reiner Form, als solches, in Erscheinung, sondern in unauflöslicher Verquickung mit der jeweiligen Rolle im vielfältigen sozialen Beziehungssystem innerhalb des Hauses und gegenüber der gesamten Gesellschaft. ...

Auch als gesamtgesellschaftliches Wertmuster blieb die Rückbindung des Patriarchalismus an reale Rollenbeziehungen und Funktionen erhalten und nahm nicht den Charakter einer Diskriminierung der Frau als solcher, also der Geschlechtswesen, an. Dies bedeutete, daß Frauen zwar im allgemeinen, jedoch nicht völlig und grundsätzlich von der zentralen Rolle im Haus ausgeschlossen waren. Unter besonderen Bedingungen, etwa der Witwenschaft, wurden sie zumindest kurzfristig durchaus für fähig erachtet, die Position eines Hausvaters innezuhaben. Zweitens ist zu betonen, daß sich der Patriarchalismus der feudalständischen Gesellschaft insbesondere bei der arbeitenden Bevölkerung nicht zur Gänze entfalten konnte. Seine Basis war umso schmäler, je geringere Bedeutung der Vertretung des Hauses nach außen zukam, je weniger die hausväterliche Gewalt durch Besitz und politische Berechtigung funktional begründet und legitimiert war. Dies traf insbesondere auf die in verschiedenen Graden unfreie bäuerliche Bevölkerung zu. Im bäuerlichen Haushalt trat dementsprechend die Außenbeziehung des 'ganzen Hauses' als Grundlage der Rollenfixierung zurück; diese ergab sich vielmehr dominant aus der Position der einzelnen Familienmitglieder im konkreten Arbeitsprozeß. Stellung und Ansehen der Frau in der bäuerlichen Familie wies demnach eine starke Vielfalt und große Bandbreite auf, je nach Bewirtschaftungsform und Arbeitsleistung.

Ein Beispiel möge diesen Sachverhalt illustrieren: Ackerbau und Viehzucht weisen eine starke Trennung zwischen häuslichen und außerhäuslichen Tätigkeiten auf, die auch während des ganzen Jahres beibehalten werden kann. Diese Wirtschaftsform gestattet eine ausgeprägte geschlechtsspezifische Arbeitsteilung und innerhalb dieser eine Fixierung der Frau auf den häuslichen Bereich im engeren Sinn. Im Weinbau dagegen ist die geschlechtsspezifische Arbeitsteilung nicht in demselben Maße ausgeprägt. Ganz im

---

[3] B. *Leuchtenmüller*, Die gesellschaftliche Situation der Frau – Funktionsteilung und Rollendifferenzierung in sozialhistorischer Sicht, in: „Beiträge zur Historischen Sozialkunde", 8. Jg., Nr. 3, Salzburg 1978, S. 51.

Gegenteil ist in bestimmten Phasen des Wirtschaftsjahres die intensive gleichartige und gleichberechtigte Zusammenarbeit aller Familienmitglieder vonnöten, was wiederum eine Fixierung von Geschlechterrollen und eine patriarchalische Familienstruktur erschwert."[4]

Der Gedanke, daß die Frau nicht geschlechtlich als Frau, sondern wirtschaftlich diskriminiert wurde, ist interessant. Ist er zu spitzfindig? zu subtil? Zumal, worauf wir noch später zurückkommen werden, die Idee, die auch von anderen geteilt wird, daß, wenn die Arbeitsteilung praktisch aufhört, in gewisser Weise schon beim Weinbau, viel stärker noch in Weberfamilien, die Stellung der Frau gegenüber dem Mann doch sich produktionsmäßig und darum innerhalb der Familie und in der Öffentlichkeit ändert, ganz stark auf Spekulation beruht.

Man muß doch zweierlei überlegen:

Einmal bedeutet die ökonomische Begründung der „Unterlegenheit" der Frau doch nicht, daß daraus nicht auch eine Unterlegenheitsbetrachtung der Frau als Geschlechtswesen „ganz natürlich" folgt. Meisterwitwen im Handwerk werden doch nur als Notlösung betrachtet, und man erwartet, daß die Frau möglichst bald heiratet, damit möglichst schnell „alles wieder in Ordnung" kommt. Noch eiliger muß es die Bauernwitwe haben, wieder zu heiraten.

Und sodann: Wenn man ganz richtig beobachtet, daß die Arbeitsteilung im Weinberg oder erst recht in den Weberfamilien, ein Produkt des Spätfeudalismus, sich so gestaltet, daß die Frau, nachdem sie oft sogar ihre eigenen Produktionsmittel, etwa den Webstuhl, mit in die Ehe gebracht hat, die gleiche Arbeit macht wie der Mann, ja bisweilen, wie berichtet wird, der Mann die „Frauenarbeit" der Essenzubereitung übernimmt, – darf man daraus in einer allen Wandlungen so feindlichen, allem Brauch so ergebenen Gesellschaft, in der in dem überwältigend überwiegenden Beruf, dem des Landmannes, sei er Bauer oder Kossäte, die alte Arbeitsteilung noch fortbesteht, schließen, daß sich das Verhältnis der Geschlechter in einzelnen kleinen Gewerbezweigen auf Grund veränderter oder gar keiner Arbeitsteilung entsprechend ändert? Mir scheint das sehr zweifelhaft.

Beginnen wir nun unsere Untersuchung des Alltagslebens der Produktionsfamilie mit der Rolle des Kindes.

---

[4] Ebendort, S. 56 f.

Kapitel 6

Das Kind*

In seinen Erinnerungen berichtet Goethe: „Durch ein außerordentliches Weltereignis wurde jedoch die Gemütsruhe des Knaben zum ersten Mal im tiefsten erschüttert. Am 1. November 1755 ereignete sich das Erdbeben von Lissabon und verbreitete über die in Frieden und Ruhe schon eingewohnte Welt einen ungeheuren Schrecken. Eine große prächtige Residenz, zugleich Handels- und Hafenstadt, wird ungewarnt von dem furchtbarsten Unglück betroffen. Die Erde bebt und schwankt, das Meer braust auf, die Schiffe schlagen zusammen, die Häuser stürzen ein, Kirchen und Türme darüber her, der königliche Palast zum Teil wird vom Meere verschlungen, die geborstene Erde scheint Flammen zu speien, denn überall meldet sich Rauch und Brand in den Ruinen. Sechzigtausend Menschen, einen Augenblick zuvor noch ruhig und behaglich, gehen mit einander zu Grunde, und der Glücklichste darunter ist der zu nennen, dem keine Empfindung, keine Besinnung über das Unglück mehr gestattet ist."

Vielleicht hat das Erdbeben wirklich den sechsjährigen Jungen irgendwie erschreckt, da er sich vorstellte, daß Frankfurt und das Haus, in dem er wohnte, ebenso zerstört werden könnten ... in jedem Fall wurde „die Gemütsruhe des Knaben" nicht durch die Erwägungen, die der alte Goethe anstellt, „erschüttert".

Viel glaubhafter ist schon eine zweite Erschütterung der „Gemütsruhe des Knaben': „Der folgende Sommer gab eine nähere Gelegenheit, den zornigen Gott, von dem das Alte Testament so viel überliefert, unmittelbar kennen zu lernen. Unversehens brach ein Hagelwetter herein und schlug die neuen Spiegelscheiben der gegen Abend gelegenen Hinterseite des Hauses unter Donner und Blitzen auf das gewaltsamste zusammen, beschädigte die neuen Möbeln, verderbte einige schätzbare Bücher und sonst werte Dinge, und war für die Kinder um so fürchterlicher, als das ganz außer sich gesetzte Hausgesinde sie in einen dunklen Gang mit fortriß und dort auf den Knieen liegend durch schreckliches Geheul und Geschrei die erzürnte Gottheit zu versöhnen glaubte."

Etwas später erwähnte er, daß er Pocken bekam, die er aber gut überstand. Auch „Masern und Windblattern" hatte er, und dann, à propos solcher Kinderkrankheiten, erwähnt er ganz nebenbei: „Bei Gelegenheit dieses Familienleidens will ich auch noch eines Bruders gedenken, welcher, um drei Jahre jünger als ich, gleichfalls von jener Ansteckung ergriffen wurde und nicht wenig davon litt. Er war von zarter Natur, still und eigensinnig, und wir hatten niemals ein eigentliches Verhältnis zusammen. Auch überlebte er kaum die Kinderjahre. Unter mehrern nachgebornen Geschwistern, die gleichfalls nicht lange am Leben blieben, erinnere ich mich nur eines sehr schönen und ange-

---

* Vgl. zu diesem Kapitel auch *I.* und *G. Hardach,* Deutsche Kindheiten, Kronberg 1978, und *J. Kuczynski* und *R. Hoppe,* Bde. 19 und 20 von Kuczynskis Geschichte der Lage der Arbeiter unter dem Kapitalismus.

nehmen Mädchens, die aber auch bald verschwand, da wir denn nach Verlauf einiger Jahre, ich und meine Schwester, uns allein übrig sahen und nur um so inniger und liebevoller verbanden."[1]

Man mag erstaunt sein, wie nebensächlich der Tod der Geschwister erschien – aber hier gibt Goethe wahrscheinlich das richtige Zeitkolorit, denn der Tod von Kindern war eine recht gewöhnliche Sache und wurde auch so aufgenommen . . . ob aber auch von Kindern? im Gegensatz zu Erdbeben in fernen Landen und einem Hagelwetter über dem eigenen Haus? wir wissen es nicht, da Kinder keine Erinnerungen hinterlassen. Jedenfalls hat Lahnstein recht, wenn er schreibt: „Mit Gevatter Tod standen sie auf du und du. Auch wem nicht Krieg und Seuchen überdeutlich die rasche Hinfälligkeit des Lebens gezeigt hatten, war mit dem Sterben vertraut. Vertraut von Kinderbeinen an, denn selten war einer aufgewachsen, der nicht als Kind im Hause den Tod einer Großmutter, eines alten Knechtes erlebt hatte, den Tod kleiner Geschwister; unglaublich oft den Tod der Mutter in ihrem 3. oder 6. oder 12. oder 17. Wochenbett. Sie hatten als Kinder kleine Handreichungen tun dürfen am Krankenbett, Tücher wärmen, eine Tasse reichen. Sie waren dabei, wenn die nächsten Angehörigen dem Sterbenden beistanden, und ihre Stimmen, sobald sie Worte und Weisen kannten, tönten mit beim Beten, beim Singen von Kirchenliedern. Hatten Abschied genommen von der erkalteten Hülle, wußten, wie der Brauch auf dem Friedhof war."[2]

Nicht, daß der Tod die Eltern so ganz gleichgültig ließ, insbesondere, wenn sie zur herrschenden Klasse gehörten – denn diese hatte, im Gegensatz zu früher, in Deutschland spätestens in dem Jahrhundert, in dem Goethe geboren wurde, sich mit Interesse, einer Art Luxus-Interesse, der Gestalt des Kindes zugewandt, was vielleicht auch darin zum Ausdruck kommt, daß Goethe berichtet: „Diese guten Aspekten, welche mir die Astrologen in der Folgezeit sehr hoch anzurechnen wußten, mögen wohl Ursache an meiner Erhaltung gewesen sein: denn durch Ungeschicklichkeit der Hebamme kam ich für tot auf die Welt, und nur durch vielfache Bemühungen brachte man es dahin, daß ich das Licht erblickte. Dieser Umstand, welcher die Meinigen in große Not versetzt hatte, gereichte jedoch meinen Mitbürgern zum Vorteil, indem mein Großvater, der Schultheiß Johann Wolfgang Textor, daher Anlaß nahm, daß ein Geburtshelfer angestellt und der Hebammen=Unterricht eingeführt oder erneuert wurde; welches denn manchem der Nachgebornen mag zu gute gekommen sein."[3]

Ich sagte, das gewachsene Interesse am Kind kommt vielleicht(!) in der Versorgung der Stadt Frankfurt mit besseren Hebammen zum Ausdruck, weil an sich die Hebammenversorgung in der Blüte der Feudalzeit selbst auf dem Lande nicht so schlecht war. Auch Goethe fällt ein, daß es damit in Frankfurt früher, vor seiner Zeit, wohl besser bestellt gewesen war, da er es für möglich hält, daß der Hebammen-Unterricht nur „erneuert wurde". Hatte der Niedergang des Feudalismus auch die Hebammenfürsorge verschlechtert? selbst in Frankfurt? wir wissen es nicht.

Aber wir wissen, daß in der Feudalzeit der Tod von Kindern (bis in das 17., 18. Jahrhundert auch in den herrschenden Klassen) als etwas Selbstverständliches hingenommen wurde, hingenommen werden mußte.

[1] J. W. Goethe, Dichtung und Wahrheit, Sämtliche Werke, Cotta'sche Jubiläumsausgabe, Stuttgart und Berlin o. J., S. 30 ff. und 40.
[2] P. Lahnstein, a. a. O., S. 89.
[3] J. W. v. Goethe, a. a. O., S. 7.

Anläßlich einer Analyse der Rolle des Kindes in den bildenden Künsten der Feudalzeit bemerkt Ariès, dem wir eines der bedeutendsten Bücher über das Kind in der Geschichte verdanken, dem auch wir hier manches entnehmen, manches aber auch als noch
einer gründlichen Erforschung bedürfend betrachten:

„Die Vorstellung, das Bild eines Kindes zu bewahren, ob dieses nun am Leben geblieben und erwachsen geworden oder aber im zarten Alter gestorben war, kannte man
nicht. Im ersten Falle war die Kindheit nur eine bedeutungslose Übergangzeit, die man
nicht im Gedächtnis zu behalten brauchte; im zweiten Falle, d. h. wenn das Kind gestorben war, fand man nicht, daß dieses kleine Ding, das allzu früh wieder aus der Welt
verschwunden war, des Andenkens würdig sei: dafür gab es zu viele, die unter den
gleichen Schwierigkeiten am Leben erhalten werden mußten! Die Einstellung, daß man
mehrere Kinder haben wollte, um wenigstens das eine oder andere am Leben erhalten
zu können, war – und blieb noch lange Zeit – tiefverwurzelt. Noch im 17. Jahrhundert
beruhigt in Le Caquet de l'accouchée eine Nachbarin, Frau eines Ratsschreibers, die
besorgte Wöchnerin und Mutter von fünf 'kleinen Kanaillen': 'Ehe sie so weit sind,
daß sie dir viel Sorgen machen können, wirst du die Hälfte oder vielleicht alle wieder
verloren haben.' Ein seltsamer Trost! Man konnte sich nicht zu sehr an etwas binden,
das man als potentiellen Verlust betrachtete. Das erklärt auch andere Äußerungen, die
für unser heutiges Empfinden erstaunlich sind, wie etwa die Montaignes: 'Ich habe zwei
oder drei Kinder im Säuglingsalter verloren, nicht ohne Bedauern, aber doch ohne
Verdruß', oder die Molières in Zusammenhang mit der Louison aus dem Eingebildeten
Kranken: 'Die Kleine zählt nicht.' Die öffentliche Meinung mußte ihnen, wie Montaigne,
'weder Seelenregungen noch richtige Körperformen zuerkennen'. Madame de Sévigné
gibt ohne Überraschung einen ähnlichen Ausspruch Madame de Coetquens wieder, den
diese getan hatte, ehe sie über die Nachricht vom Tod ihrer kleinen Tochter in Ohnmacht
fiel: 'Sie ist sehr betrübt und sagt, daß sie nie wieder eine haben wird, die so hübsch ist'

Die Vorstellung, daß solch ein Kind bereits eine vollständige menschliche Persönlichkeit verkörperte, wie wir heute allgemein glauben, kannte man nicht. Zu viele starben:
'Sie sterben mir alle als Säugling weg', um noch einmal Montaigne zu zitieren. Diese
Gleichgültigkeit war eine direkte und unausweichliche Konsequenz der Demographie
der Epoche. Auf dem platten Land hält sie sich bis ins 19. Jahrhundert, jedenfalls insoweit sie mit dem Christentum vereinbar war, das die unsterbliche Seele des getauften
Kindes achtete. Es wird berichtet, daß man im Baskenland lange an der Gewohnheit
festgehalten hat, das ungetauft verstorbene Kind im Hause, unter der Schwelle oder
im Garten zu beerdigen. Möglicherweise hat man es dabei mit dem Überleben sehr alter
Riten, mit Opfergaben zu tun. Aber wäre es nicht auch denkbar, daß man das zu früh
verstorbene Kind einfach irgendwo eingrub, wie man es heute mit einem Haustier, einer
Katze oder einem Hund, tut? Es war ein so winziges Ding, so wenig im Leben ver-
wurzelt, daß man nicht fürchten mußte, daß es nach seinem Tode die Lebenden heim-
suchen würde."[4]

In der Tat, wenn der Ehe bis zu zehn und mehr Kinder entsprangen, von denen zumeist ein Drittel im ersten Lebensjahr und die Hälfte, bevor sie sieben Jahre alt waren,
starben, und wenn zwei bis drei weitere starben, bevor sie heirateten, dann war es nicht
so wichtig, welches gerade starb. Mit Recht schrieb L. Stone in seiner großen Rezension
von Ariès in der New York Review of Books vom 14. 11. 74: „Wo die Kindersterblich-

---

[4] *Ph. Ariès,* Geschichte der Kindheit, München 1976, S. 98 f.

keit so hoch war, wäre eine tiefere Bindung zu jedem seiner Kinder einzugehen ein Anlaß zu schierem Wahnsinn gewesen."

Man muß auch bedenken, daß Verhütung damals im allgemeinen in Deutschland
selten und wenn, dann oft auch nur sehr ungeschickt geübt wurde, weshalb man sich
bisweilen zur „nachträglichen Verhütung", zum Kindesmord entschließen mußte, etwa
so, daß man das Kind zu sich ins Bett nahm und es den Erstickungstod sterben ließ.[5]

Doch waren das im großen und ganzen Ausnahmen. In ihrer überwältigenden Mehrzahl starben die Kinder aus natürlichen Gründen, gar nicht selten auch aus Not. Hören
wir eine Schilderung der Umstände, unter denen etwa Gesindekinder geboren werden:

„Aber auch die frühen Heiraten des Gesindes auf dem Lande sind eine Ursache der
Entvölkerung. Dieses klingt zwar sehr paradox, ist aber doch wahr. Diese Leute sind
insgeheim ganz arm und nackend; und im Dienste bleiben sie nur so lange, bis sie sich
Kleidung angeschafft haben. Kaum sind sie im Futter und in Kleidung, so heiraten sie
ganz jung. Der Mangel an allem ist ihre Aussteuer; und Arbeit verstehen sie nicht. Hausgerät ist nicht da, noch weniger etwas zu leben; und so ist kaum die Flitterwoche ver-
gangen, wenn sie sich schon, von allem entblößt, im Elende sehen. Sie bevölkern zwar
den Staat; allein wie? Diese Kinder des Elends sterben insgemein früh wieder dahin,
aus Mangel des Notwendigen; oder sie gleichen, auf ihre ganze Lebenszeit, einem Ge-
wächse auf dürrem, magern Boden, welches aus Mangel des Düngers und Saftes nicht
zu seiner Vollkommenheit hat gelangen können; und diese jungen, unbesonnenen Mütter
werden in der Schwangerschaft dermaßen mitgenommen, daß der Staat gewiß nicht
Ursache hat, sich viel Vorteil von solchen Ehen zu versprechen.

Die Erfahrung bestätigt meinen Satz vollkommen; und wer sich von dieser traurigen
Wahrheit überzeugen will, der sehe diese Elende in der Nähe, und betrachte sie mit
Aufmerksamkeit. Hier findet er eine unbesonnene Wöchnerin, die auch nicht für einen
Faden Kleidung für ihr Kind gesorgt hat. Die Hebamme muß sich gebrauchen lassen,
einige Lumpen für den unglücklichen neuangekommenen Gast zusammen zu betteln;
und halb mit diesen bedeckt, ist er Hunger und Kälte ausgesetzt. Die Mutter hat insgemein nichts als Wasser, Brot und Branntwein. Aus dem Wasser und Brot wird ihre
erste Suppe mit ein wenig Salz bereitet und hat sie noch einige Groschen im Vermögen,
so fettet sie dieses so genannte Wasser-Warmbier mit einigen Tropfen Rüböl. Der
Branntwein ist auf dem Lande eine Universalmedizin und wird für die Wöchnerinnen
für unentbehrlich gehalten. Die arme Kindbetterin tut starke Züge aus diesem Lethe,
ihr Elend zu vergessen; und nun urteile man, welche dem Kinde widerliche und schädliche Bestandteile ihre Milch haben müsse. Der Mangel, in Gesellschaft mit der Unbarm-
herzigkeit ihres Mannes, treibt sie den zweiten, dritten, höchstens vierten Tag nicht
allein aus dem Bette, sondern aus dem Hause, an allerlei Arbeit, z. E. an den Teich,
Kinderzeug zu waschen; sie erkältet sich, besonders die Füße; und was für traurige
Folgen hiervon entstehen, ist bekannt. Man könnte einwenden: das Bauernweib sei von
einer weit stärkeren Konstitution als die Stadtfrau und die vornehme zärtliche Dame.
Freilich wohl; aber hieraus folgt, daß die Dame plötzlich in einem solchen Elende
sterben würde, das Bauernweib stirbt langsamer. Und das unglückliche Kind, hat dies
denn auch eine so starke Konstitution? Und gesetzt auch, daß diese unglücklichen Kinder, allem Elende zum Trotz, aufkommen und so weit erwachsen, daß sie sich ihr Brot

---

[5] Vgl. dazu ebendort, S. 54 f.

erbetteln können; ist denn dem Staate mit der Vermehrung der Anzahl der Bettler gedient?"[6]

Und geht es auf armen Bauernhöfen, bei so manchen Halbbauern sehr anders zu?

Was soll man mit solch armen Würmchen wie diesen Kleinstkindern viel anfangen? unter solchen Arbeits- und Lebensbedingungen! sie sind eine reine, aber unvermeidliche und zugleich notwendige Glücksinvestition, denn wenn sie die ersten fünf, sechs, sieben Jahre überleben, dann werden sie zu wirtschaftlich mehr und mehr lohnenden Mithelfern auf dem Lande, und auch in der Stadt beginnen sie Dienste zu leisten, im Haushalt wie in der Werkstatt. Die Glücksinvestition beginnt sich zu rentieren. Allmählich zuerst, aber im Laufe der nächsten Jahre mehr und mehr, bis die älteren Kinder sich ökonomisch einfach und mit zwölf, dreizehn Jahren schon erweitert reproduzieren und dazu beitragen, die feudalen Renten zu bezahlen.

(Daß die Kinder mit sieben Jahren wirklich in jeder – wohl ausschließlich der geschlechtlichen – Beziehung als Erwachsene betrachtet wurden, beweist auf schreckliche Weise auch folgendes: „Eine Bamberger Druckschrift von 1659 meldet, daß 'etliche Mägdlein von sieben, acht, neun und zehn Jahren unter dieselben Zauberin[nen] gewesen, deren zweiundzwanzig sind hingerichtet u. verbrannt worden, wie sie denn auch Zeter über die Mutter geschrieen, die sie solche Teufels-Kunst gelehrt haben'.[7]

Ob es sich um Arbeit auf dem Hofe oder Hexerei handelt, die Kinder gelten als Erwachsene, sobald sie um fünf, sechs, sieben Jahre alt sind. Giesen macht aufmerksam: „Große Meister wie Tizian, Raffael und Dürer begannen schon zwischen acht und zwölf Jahren ihre handwerkliche und künstlerische Lehre."[8] Ein zeitgenössischer Beobachter findet in der rheinischen Textilindustrie „bienenfleißige" Kinder von 4 und 5 Jahren tätig.[9])

Ariès stellt in der Schlußbetrachtung seiner Studien fest: „Im Mittelalter und am Anfang der Neuzeit – in den unteren Schichten auch noch viel länger – waren die Kinder mit den Erwachsenen vermischt, sobald man ihnen zutraute, daß sie ohne die Hilfe der Mutter oder der Amme auskommen konnten, d. h. wenige Jahre nach einer spät erfolgten Entwöhnung, also mit etwa sieben Jahren. In diesem Augenblick traten sie übergangslos in die große Gemeinschaft der Menschen ein, teilten ihre Freunde, die jungen wie die alten, die täglichen Arbeiten und Spiele mit ihnen. Die dem Gemeinschaftsleben eigene Dynamik zog alle Altersstufen und Stände in ihren Sog, ohne irgendjemandem Zeit zur Einsamkeit und zur Intimität zu lassen. Innerhalb dieser sehr intensiven, in hohem Maße kollektiven Lebensformen, gab es keinen Raum für einen privaten Sektor. Die Familie erfüllte eine Funktion – sie sorgte für den Fortbestand des Lebens, der Besitztümer und der Namen –, für das Gefühls- und Geistesleben spielte sie jedoch keine große Rolle."[10] H. v. Hentig drückt das gleiche in seiner Einleitung zu dem Buch von Ariès noch einfacher aus: „Im Mittelalter beispielsweise gab es diese Abgrenzung nicht. Sobald ein Kind sich allein fortbewegen und verständlich machen konnte, lebte es mit den Erwachsenen in einem informellen natürlichen 'Lehrlingsverhältnis', ob dies nun Weltkenntnis oder Religion, Sprache oder Sitte, Sexualität oder ein

[6] J. G. Krünitz, Das Gesindewesen nach Grundsätzen der Ökonomie und Polizeywissenschaft abgehandelt. Berlin 1779, S. 140 f.

[7] H. Boesch, Kinderleben in der deutschen Vergangenheit, Leipzig 1900, S. 92.

[8] J. Giesen, Europäische Kinderbilder, München 1966, S. 80.

[9] Protoindustrialisierung, S. 370.

[10] Ph. Ariès, a. a. O., S. 559.

Handwerk betraf. Kinder trugen die gleichen Kleider, spielten die gleichen Spiele, verrichteten die gleichen Arbeiten, sahen und hörten die gleichen Dinge wie die Erwachsenen und hatten keine von ihnen getrennten Lebensbereiche."[11]

Man mag einwenden, daß es doch zwei Unterschiede gab: die Schule, die die Erwachsenen nicht besuchten, und das Sexualleben, an dem die Kinder nicht teilnahmen. Doch soll man beide Unterschiede nicht überschätzen.

Insbesondere was die Schule betrifft. Die Kinder waren in erster Linie da, um zu arbeiten. Sie waren eben wirklich „Erwachsene" mit 7 Jahren oder gar noch früher und hatten das Leben von Erwachsenen zu führen. Die Schule war im allgemeinen ein Luxus, sowohl in der Betrachtung der Eltern wie auch in der Realität, da sie einerseits kaum besucht wurde und andererseits kaum etwas leistete.

Das gilt in gewisser Weise auch für die Schulen der herrschenden Klassen. Man bedenke folgende so richtigen Ausführungen Engelsings über die „höheren" oder Lateinschulen in den Städten, die im 16. Jahrhundert in größerer Zahl eingerichtet wurden: „Im Einklang mit den Vorschriften der spätmittelalterlichen Lateinschulen und studentischen Bursen, die das Deutschreden auch auf den Stuben verboten und mit Geldstrafen ahndeten, erteilten sie nach der Schulordnung Melanchthons von 1528 keinen Deutschunterricht, verboten das Deutschsprechen z. T. regelrecht und untersagten die Aufführung deutscher Spiele zugunsten der Pflege der lateinischen Komödie. Bei diesen Regelungen hat sicher auch die Erwägung eine Rolle gespielt, die Kulturrevolution der Reformationszeit einzudämmen und dem höheren Bildungswesen eine dem Landesstaat zuträgliche und ungefährliche Form zu geben. Schon 1524 erklärte ein Lehrer an der St.-Thomas-Schule in Straßburg, in der Schule die Muttersprache zu sprechen sei ein so großes Vergehen, daß es nur mit Schlägen gesühnt werden könne. In der lateinischen Komödie Hecastus von Macropedius beteuerte der junge Philomathes 1538 seinem Vater: Humaniores litteras scio, barbaras neque legere neque intellegere, pater, queo. Zu deutsch: 'Ich kenne die alten Sprachen, kann aber deutsch weder lesen noch verstehen.' Auf der Lateinschule in Goldberg in Schlesien durften sich die Schüler zu der Zeit, in der Wallenstein sie besuchte, niemals unterstehen, Deutsch zu sprechen. Noch ihre Abendunterhaltungen mußten sie lateinisch führen. . . . Die geschilderten Grundsätze haben sich an den deutschen Lateinschulen und Universitäten bis in die zweite Hälfte des 18. Jahrhunderts erhalten. Moritz Anton Reiser brachte es auf der Lateinschule in Hannover noch um 1770 so weit, 'daß er ohne einen einzigen grammatischen Fehler Latein schrieb und sich also in dieser Sprache richtiger als in der deutschen ausdrückte'. Ernst Brandes sah 1771 das Deutschsprechen und -schreiben als 'eine Nebenbahn zur Barbarei' an. Im katholischen Süden hielt sich der absolute Vorrang des Lateinunterrichts am längsten. In Bayern wurde in Klosterschulen noch an der Wende vom 18. zum 19. Jahrhundert die Lektüre von Gellerts Fabeln mit Prügeln geahndet, weil es ein deutsches Buch war. In den bayrischen Jesuitenschulen las man um 1780 lauter lateinische Titel, z. B. Jacob Biedermanns (1578 bis 1639) Acroamata, Viten des Hl. Aloysius und des Ubaldinus, usw. Im Schulwesen führte die Melanchthonische Ordnung außerdem dazu, daß bis zum 18. Jahrhundert auch die Kinder des kaufmännischen und handwerklichen Mittelstandes, die etwas mehr Schulbildung erhalten sollten, die Lateinschule besuchten, bevor sie Kaufleute und Handwerker wurden, davon aber kaum Gewinn hatten, weil der Unterricht ihren Bedürfnissen nicht entsprach. Meist schieden sie

---

[11] Ebendort, S. 10.

mit ungenügenden Kenntnissen vorzeitig aus. . . . Die Rolle der Lateinschule hat den Rückgang des Analphabetentums in vieler Hinsicht eher verlangsamt als gefördert. Noch in der zweiten Hälfte des 18. Jahrhunderts kam es z. B. in Bremen vor, daß ein Kaufmann, der die Lateinschule besucht hatte und später als Ältermann der Kaufmannschaft eine städtische Ehrenstelle bekleidete, 'nur einzeln, nur abgebrochen' lesen konnte und las."[12]

Man beachte: hier ist von den Schulen der herrschenden Klassen und ihrer Sinnlosigkeit die Rede! Allerdings gab es neben den Lateinschulen auch noch die sogenannten Winkelschulen in den Städten, die vom Magistrat weder unterstützt noch kontrolliert, sondern ausschließlich von den Eltern, also ebenfalls besser Situierten, unterhalten wurden. Sie verdanken ihre Existenz dem Wunsch der Bürger, ihre Kinder etwas Nützliches für das Geschäft, nämlich deutsch Lesen und Schreiben sowie Rechnen lernen zu lassen. Sie wurden öfter verboten – die Geistlichkeit vor allem war gegen sie –, und viele von ihnen schleppten sich kümmerlich dahin.

Und doch war ihr Niveau noch hoch gegenüber den Schulen für die Kinder der großen Masse der Werktätigen.

Gehen wir vom Äußerlichen aus, von den Schulräumen:

Über das Äußere der Schulen liegen so manche Berichte vor, aus denen ebenfalls nur ganz kurz zitiert sei; so heißt es in der Bauordnung Würzburgs vom Jahre 1781: „So eng, niedrig, finster, dumpfig und an innerer Einrichtung verwahrlost sind manche Schulzimmer, daß es uns unbegreiflich ist, wie Väter und Mütter ohne Ahnung vieler hieraus auf die Gesundheit entstehenden traurigen Zufälle ihre eignen Kinder als die baldigen Gehülfen ihres beßren Nahrungsstandes mit der täglichen Gefahr zu ersticken oder angesteckt zu werden in so unbequemen Behältnissen bisher haben einsperren lassen können, wie denn die gemeiniglich unter Schulkindern im Herbst oder Frühjahr ausbrechenden bösen Seuchen daher rühren mögen."

Aus dem Fuldaer Bezirk lautet ein Urteil über die Schulhäuser jener Zeit: „Die Nebenschulen haben zum Teil gar keine ständigen Schulhäuser; man führt die Kinder wochenweise von einem zum andern Hause. Bei den Pfarreien stecken sie zum Teil in finstern Winkeln, gleichen Gefängnissen, Wohnungen der Dürftigkeit und Freistätten der Bettelei; zum Teil sind sie nicht gut eingerichtet, und es fehlt an den nötigen Gerätschaften. Hier ist die Schulstube zu klein und faßt die Kinder nicht oder wird vom Hausgeräte des Lehrers, der sie zugleich zur Wohnstube macht, versperrt. Dort unterbrechen die häuslichen Geschäfte der Frau, der Kinder, der Dienstpersonen, auch oft das Vieh, Hunde und Katzen den Unterricht, oder ziehen wenigstens die Aufmerksamkeit der Schüler an sich. Bald fehlt es an einem Stalle, wo der Lehrer etliche Stück Vieh unterhalten, bald an einer Scheuer, wo er Stroh und Futter verwahren, bald an einem Keller, wo er sein Gemüse und andere Notwendigkeiten unterbringen könne."[13]

Und abschließend noch ein weiterer Bericht aus dem Jahre 1804: „Alles was sich nur einigermaßen aufmerksamen Beobachtern in den meisten der jetzt vorhandenen Landschulen darstellt, ist unbeschreiblich elend, widersinnig, verderblich in seinem Einfluß auf die Erziehung der Jugend. Elende, enge, niedrige Schulzimmer, denn nicht selten ist das Haus des Schulmeisters das schlechteste im Dorfe, eine verdorbene, verpestete

[12] R. *Engelsing,* „Analphabetentum und Lektüre", Stuttgart 1973, S. 39 ff. – künftig zitiert als Engelsing.

[13] Zitiert bei *K. Fischer,* Geschichte des Deutschen Volksschullehrerstandes, Hannover u. Berlin 1898, Bd. 1, S. 342 f.

Luft, der höchste Grad der Unreinlichkeit, der nicht selten dadurch, daß die Schulstube zugleich Wohnzimmer, Werkstätte und Stall für das Federvieh ist, herbeigeführt wird. – Unwissende, ungesittete, unreinliche Schulmeister, welche die Schule als einen notwendigen Nebenbehelf, die Betreibung ihres Handwerks als die Hauptsache betrachten, und dieses leider nur zu oft tun müssen, wenn sie nicht hungern wollen. – Man versetze sich nur einmal in eine solche Schule. Eine verpestete Luft kommt uns beim Eintritt entgegen; der Schulmeister, der elende, ärmliche, unwissende Mensch, dem Reinlichkeit, wahre Zucht und Ordnung, dem die Gefühle der Menschheit fremd sind, auf dessen Gesicht sich der Widerwille und die Langeweile seines Geschäftes mit unverkennbaren Zügen darstellen, mit der Nadel oder wohl gar mit dem Webstuhle beschäftigt, läßt nun die Kinder buchstabieren – er läßt sie lesen. Unser Ohr wird beleidigt, unser Innerstes empört sich gegen ein solches Lesen. Vergebens suchen wir in den Augen der Kinder auch nur eine Spur der Freude an diesem Unterrichte, in dem Gesichte des Schulmeisters auch nur einen Zug der Teilnahme an dem Fortschreiten der Zöglinge.“[14]

Damit sind wir auch bereits bei den Schullehrern angelangt:

„Unwissende, ungesittete, unreinliche Schulmeister, welche die Schule als einen notwendigen Nebenbehelf, die Betreibung ihres Handwerks als die Hauptsache betrachten“ – jedes Wort in dieser Darstellung trifft zu. Das Gehalt war wirklich so kümmerlich, daß man nur Lehrer werden konnte, wenn man einen anderen Beruf hatte. So nimmt es nicht wunder, daß zum Beispiel im Lehrerseminar in Klein-Dexen (Ostpreußen) 1806 unter 242 Seminaristen folgende Berufe vertreten waren: 109 Schneider, 21 Schuhmacher, 5 Tischler, 4 Weber, 4 Radmacher, 2 Bäcker, 2 Schlosser, 2 Papiermüller, 2 Tuchmacher, 2 Kürschner, 2 Handschuhmacher, 2 Kaufleute, 2 Brauer, 1 Böttcher, 1 Posamentierer, 1 Chirurgus, 1 Wirtschaftsinspektor, 1 Knopfmacher, 1 Goldschmied, 1 Hufschmied, 1 Sattler, 1 Gelbgießer, 1 Tabakspinner, 1 Gärtner, 1 Klempner, 1 Glaser, 1 invalider Soldat und nur 69, die keinen anderen Beruf hatten.

Häufig wurden die Lehrer direkt ohne seminaristische Bildung in die Schulen geschickt. Wenn unter den Mitgliedern des genannten Seminars nur ein Invalide zu finden ist, so eben deswegen, weil die anderen Invaliden ohne jede seminaristische Ausbildung Schullehrer wurden. Eine preußische Kabinettsorder vom Jahre 1779 zeigt, daß bis dahin (und trotz der Order auch später) allein die Tatsache, daß er ehemaliger Soldat war, einen Menschen befähigte, Schullehrer zu werden, auch wenn der Invalide ein völliger Analphabet war; diese Order verlangte nämlich für die Zukunft vom Invaliden-Schullehrer, daß er lesen, rechnen und schreiben können müsse.

Jedoch nicht nur Invaliden wurden ohne Bildung und Vorbildung Lehrer. Ähnlich verfuhren die Feudalherren mit ausgedienten Tafeldeckern, Jägern und Hausdienern, und Johannes Büel erzählt in seinen „Bemerkungen für Landschullehrer und für Freunde derselben“ die folgende Geschichte: „Ein Bauer kam zum Pfarrer und meldete sich zu dem Amte. ‚Könnt Ihr lesen?‘ fragte der Pfarrer. ‚Nein‘, antwortete jener, ‚das kann ich nicht; aber es kommen große Buben in die Schule, und diese werden mir das Ding schon zeigen.‘“

Gewissermaßen selbstverständlich gab es in großen Gebieten des Staates, vor allem auf dem Lande, überhaupt keine Schulen. In manchen Gegenden kam erst auf 5 oder 10 oder gar 20 Dörfer eine einzige Schule![15]

---

[14] Ebendort, Bd. 2, S. 15.

[15] Was natürlich dazu führte, daß in den meisten dieser Dörfer überhaupt kein Unterricht stattfand.

Bisweilen liest man in bürgerlichen Darstellungen, daß das Schulwesen in Deutschland vorbildlich gewesen sei, da in Preußen und auch in einigen anderen Staaten die allgemeine Schulpflicht geherrscht hätte. Davon kann aber im realen Spätfeudalismus nicht die Rede sein. Mit Recht bemerkt Engelsing: „In Sachsen-Coburg-Gotha wurde 1642, in Württemberg 1649, in Brandenburg 1662, in Preußen 1717 und 1736 die allgemeine Schulpflicht eingeführt. Jedoch bestand damit weder die Absicht, sie wirklich auf alle auszudehnen, auch wenn sie nicht nur für Städte, sondern auch für Flecken und Dörfer vorgeschrieben wurde, noch wurde der angekündigte Zweck tatsächlich durchgesetzt und erreicht. In Ostpreußen mußten die Kinder seit 1717 zwar bestimmungsmäßig sogar im Sommer an zwei Wochentagen zur Schule gehen, aber noch 1736 wurde in vielen Dörfern kein Unterricht erteilt. Im ostpreußischen Hauptamt Brandenburg gab es damals 20 Schulen. Dann wurden allerdings in kürzester Zeit fast alle Dörfer Ostpreußens mit Schulen versehen. In Bayern, das erst 1802 den Schulzwang verfügte, wurde 1614 ausdrücklich gegen Landschulen eingewandt, dadurch würden die Bauernsöhne und -töchter nur vom Dienen abgehalten. ... Wahrscheinlich handelte es sich bei der Einführung der Schulpflicht hauptsächlich um Maßnahmen zur Organisation der landesstaatlichen Verwaltung. Sie fielen sicher nicht zufällig in eine Zeit, in der die ersten zur Regelung des öffentlichen Lebens in Deutschland bestimmten deutschsprachigen Bücher und Zeitschriften veröffentlicht wurden, z. B. 1656 eine staatswissenschaftliche Abhandlung des sächsischen Kanzlers Veit Ludwig v. Seckendorf. Das Analphabetentum war unter den Inhabern öffentlicher Ämter im 17. Jahrhundert noch weiter verbreitet, als es in Anbetracht des Aufkommens einer deutschsprachigen merkantilistischen Literatur im zentralisierten Verwaltungsstaat erwünscht und tragbar war."[16] Man hoffte also, durch den Schulzwang zumindest eine ausreichende Anzahl von Beamten, die lesen, schreiben und rechnen können sollten, zu erhalten. Mehr war oft mit dem „allgemeinen Schulzwang" gar nicht beabsichtigt ... mit einer Ausnahme: Engelsing hat recht, daß das Schulsystem in Ostpreußen besser war als in vielen anderen Teilen des Landes. Das hängt, worauf kürzlich wieder zwei westdeutsche Autoren aufmerksam gemacht haben[17], mit der „Prussianisierungsfunktion der Elementarschule" zusammen. „An den Grenzen des Territoriums, zumal wenn es sich um fremdsprachige, neu dazugewonnene Gebiete handelte, mußte dieses Interesse naturgemäß besonders virulent sein."[18] Jedoch machen die Autoren auch darauf aufmerksam, wie schwer es war, ein funktionierendes Schulsystem aufzubauen. „In manchen Bezirken Westpreußens besuchten noch 1784 weniger als 1 Prozent der Kinder die Winterschule; die Durchsetzung der Sommerschule war kaum mehr als eine Illusion."[19]

Das lag zum Teil an den ungenügenden Geldern, mit denen das Schulwesen staatlicherseits finanziert oder gefördert wurde, ferner an dem Widerstand des Adels, dem die Schulen für „seine Untertanen" natürlich als völlig überflüssig erschienen, denn wozu sollten diese etwas anderes als ordentlich auf dem Felde und im Stall zu arbeiten lernen. Vor allem aber waren auch die Eltern gegen den Schulunterricht eingestellt: sie brauchten die Kinder, spätestens mit 7 Jahren, also gerade wenn der Unterricht beginnen sollte, für die Arbeit, für die Ernährung der Familie. Engelsing schreibt: „Erst recht

---

[16] Engelsing, S. 45 f.

[17] *A. Leschinsky, P. M. Roeder*, Schule im historischen Prozeß, Stuttgart 1976.

[18] Ebendort, S. 81.

[19] Ebendort, S. 101.

hatten die Eltern der Schüler auf dem Lande wenig Interesse an einer sorgfältigen Schulbildung ihrer Kinder. In einem Bericht aus der Gegend von Wittenberg wird 1770 geklagt: 'Der gemeine Mann vermag seinen Kindern nicht einmal eine mäßig taugliche Erziehung zu geben, weil er selbst keine hat, und zur Annehmung guter Regeln bereits völlig unbiegsam ist. Er stellet sich vor, seine Kinder brauchten keine Bearbeitung, weil sie zu der künftigen geringen Bestimmung, als Bediente oder Handarbeiter, schon von Natur geschickt wären.' Am seltensten hatte man auf dem Lande Verständnis dafür, daß auch die Bauerntöchter schreiben lernen sollten. Mit der kunstmäßigen Begründung, sie lernten dann nur Liebesbriefe schreiben und fingen Liebeshändel an, und mit der autoritären, dadurch werde die Stellung verrückt, die der Hausfrau unter dem Hausherrn gebühre, sollten sie meist darauf beschränkt bleiben, den Katechismus auswendig zu lernen. Ein Lehrer erklärte 1772 lakonisch: 'Bei den virginibus ist das Schreiben nur ein vehiculum zur Lüderlichkeit.' Das größte Hindernis der schulischen Ausbildung war natürlich die Verwendung der Kinder in der Land- und Weidewirtschaft, in der Hausarbeit und im Hausgewerbe. Dort wurden sie für Hilfsarbeiten herangezogen und hatten zum lebensnotwendigen Unterhalt der Familie beizutragen. Die meisten pflegten im Sommer den Unterricht überhaupt nicht zu besuchen. Auch wenn der Schulabgang erst im Alter von 13 oder 14 Jahren erfolgte, ließen die Unregelmäßigkeit des Schulbesuchs und die Mängel der Unterrichtsmethode eine Fertigkeit im Lesen, Schreiben und Rechnen im allgemeinen nicht zu. Der erwähnte Bericht aus Wittenberg bemerkt darüber 1770: 'Der Junge hat in der Schule wenig gelernet, und nun er heraus ist, vergißt er vollends, was ihm noch irgend eingebläuet war'. Ein individuelles Zeugnis über die Zustände in Mitteldeutschland besitzen wir in einer Selbstdarstellung des 1778 geborenen Autodidakten und Volksdichters Gottlieb Hiller, der Sohn eines Fuhrmanns und Stiefsohn eines Tagelöhners war. Er schrieb über seine Schulzeit: 'Nur zur Winterszeit bin ich in die Schule gegangen und das auch nicht beständig, denn des Frühjahrs mußte ich meinem Vater helfen bei seinen Feldarbeiten, und des Sommers mußte ich Ähren lesen, und da wurde gewöhnlich das wieder verschwitzt, was ich den Winter über gelernt hatte.'"[20]

Eine Statistik des Schulbesuchs verdanken wir einem Rektor. Der Rektor Karl Christian Wilhelm Frege aus Elterlein klagt am 1. Februar 1808 seinem Oberkonsistorium: „Ich habe 13jährige Schüler, welche die Schule noch sehr wenig gesehen haben, und immer noch, entweder gar nicht, oder sehr schlecht sie besuchen."[21] Derselbe Rektor gibt folgende Statistik der Schulversäumnisse im 4. Quartal 1807: Von 130 Schülern haben 107 mehr oder weniger lange die Schule versäumt – zum Beispiel wegen „Schaafe hüten", „Kindwarten", „klöppelnshalber" usw. 115 Bürger von Elterlein wenden sich gegen den Rektor und begründen das Fehlen der Kinder so: „Sollen nun die kleineren Kinder, welche dieses Unterrichts besonders bedürfen, des Nachmittags die Schule besuchen, so geht der Klöppel-Unterricht für sie und für ihre Eltern der dadurch zu erwerbende Verdienst verloren, beides können beide nicht entbehren, und so wird der Unterricht in der Schule dem im Klöppeln hintangesetzt."

Und wenn die Kinder zur Schule gingen – was lernten sie dort? Engelsing bemerkt: „Über den traditionellen Leseunterricht bemerkte Herder 1787: 'Die Kinder verstehen nichts von dem, was sie buchstabieren und lesen; sie lernen also ohne Lust und Liebe,

---

[20] Engelsing, S. 69 f.
[21] Landeshauptarchiv Dresden, AH Annaberg, Nr. 222, Bl. 5 ff.

ja mit einer täglichen Qual.' An der Stadtschule in Märkisch-Friedland bestand der Unterricht noch im letzten Jahrzehnt des 18. Jahrhunderts darin, daß sie Kindern die Bibel Seite um Seite durchlasen, 'völlig gedankenlos, die meisten, die nur platt konnten, verstanden die Worte gar nicht'. Außerdem wurde viermal in der Woche ein kleines Kompendium der Dogmatik eine Stunde lang von den Schülern 'aus dem Kopf hergesagt'. Das war ein schulischer Drill, der der soldatischen Disziplin des Militärsystems im Absolutismus entsprach. Der Leipziger Lehrer und Reformpädagoge Samuel Heinicke nannte die Buchstabiermethode sogar einen 'Kindermord'.“[22]

In der Tat, Hauptaufgabe blieb der Katechismusunterricht, die Sorge um die Knechtung des Geistes, um die Erziehung von „Dienern Gottes" und Lakaien der Obrigkeit. Gerade vor dem Ende des achtzehnten Jahrhunderts hat der Sohn des Dompredigers und Oberkonsistorialrates August Friedrich Wilhelm Sack, namens Friedrich Samuel Gottfried Sack, eine Schrift verfaßt, die den Titel trägt: „Über die Verbesserung des Landschulwesens vornehmlich in der Churmark Brandenburg"[23], deren Inhalt aber darauf hinausläuft, dem Bauern nicht zu viel beizubringen; ja, um das unter allen Umständen zu verhüten, müsse man schon von vornherein dafür sorgen, daß auch die Lehrer nicht zuviel wüßten. Wenn man sich die Schulen jener Zeit ansähe, könnte man leicht den Eindruck gewinnen, daß ihr Niveau schon viel zu hoch sei. Viel zu viele Bauern lernten schreiben, wo doch bestenfalls die Schulzen und Krüger je im Leben wieder schreiben müßten – und auch im Rechnen fänden sich Bauernkinder, die mehr als das Einmaleins beherrschten, was ganz überflüssig wäre.

Den wahren Grund seiner Beunruhigung gibt der Verfasser ganz deutlich an, so daß es gar nicht möglich ist, ihn mißzuverstehen. Er schreibt: „Eine Ausbildung über die Sphäre hinaus, in der man eigentlich wirken soll, macht unzufriedene, unruhige und unnütze Menschen, und in dieser Rücksicht ist es allerdings wahr, daß es nicht gut sei, den Bauer zu klug zu machen; in den Kenntnissen, die für ihn gehören, kann er aber niemals zu klug werden. Es müssen daher den Schulhaltern die Grenzen genau vorgezeichnet werden, innerhalb welcher sie sich zu halten, und die sie nie zu überschreiten haben."[24]

Beide Bemerkungen sind wichtig – „daß es nicht gut sei, den Bauern klug zu machen" und daß „in den Kenntnissen, die für ihn gehören, er aber niemals zu klug werden" kann.

Das erstere ist gefährlich, weil es ihn dazu verführen könnte, über sein Leben nachzudenken und zum Beispiel den Weg seiner Brüder in Frankreich zu gehen.

Das andere ist unbedingt notwendig, um das Einkommen von Staat und König und vor allem auch der herrschenden Klasse, der Junker, zu erhöhen. Sack denkt und formuliert übrigens ganz im Sinne der Schulpolitik Friedrich II., der in einem Gespräch mit dem Freiherrn von Zedlitz, seinem Minister für Kirchen- und Schulsachen, erklärte: Es ist „auf dem platten Lande genug, wenn sie ein bisgen lesen und schreiben lernen;

---

[22] Engelsing, S. 65 f.

[23] Berlin 1799

[24] *F. S. G. Sack*, ebendort, S. 52. In gleichem Sinne hatte einst die Zarin Katharina voll kluger Einsicht in die Gefahren einer guten Erziehung der Massen für die herrschende Feudalklasse an den Gouverneur von Moskau geschrieben: „Mon cher Prince, vous vous plaignez de ce que les Russes n'ont pas le désir de s'instruire. Si j'institue des écoles, ce n'est pas pour nous, c'est pour l'Europe où il faut maintenir otre rang dans l'opinion; mais du jour où nes paysans voudraient s'éclairer, ni vous ni moi, nous ne resterions à nos places."

wissen sie aber zuviel, so laufen sie in die Städte und wollen Sekretairs und so was werden; deshalb muss man auf'n platten Lande den Unterricht der Leute so einrichten, daß sie das Notwendige, was zu ihrem Wissen nötig ist, lernen, aber nach der Art, dass die Leute nicht aus den Dörfern weglaufen, sondern hübsch dableiben."

In diesem Sinne wurde auch 1765 eine „drakonische Verfügung" für Schlesien erlassen, daß die Kinder von Bauern, Gärtnern etc. nicht eine höhere Schule besuchen dürften. In diesem Sinne legte Friedrich II. auch vor allem Wert auf den religiösen Unterricht in den Landschulen: „Dass die Schulmeister auf dem Lande die Religion und Moral den jungen Leuten lehren, ist recht gut." Leschinsky und Roeder kommentieren: „Die Landschule sollte demnach in erster Linie als eine staatliche Institution zur Disziplinierung der Bevölkerung und zur Festigung der die Herrschaft ideologisch absichernden Religion wirken. Unter diesen Umständen drängt sich die These auf, daß der verbreitete Widerstand der Bevölkerung gegen die Schulpflicht sich auf eine richtige Einschätzung ihrer aktuellen Interessen gründete. Diese mußten sich gegen eine zusätzliche Disziplinierung richten, die durch keinerlei greifbare Vorteile aufgewogen wurde."[25] Hier gehen die beiden Autoren wohl zu weit. So tief ideologisch dachten und fühlten die Menschen auf dem Lande nicht. Was sie gegen die Schule einstellte, war deren Nutzlosigkeit im allgemeinen und die Notwendigkeit, die Kinder bei der Arbeit einzusetzen.

Und nun sei noch auf genau dieser Linie, die die Bauern nicht zu gelehrt machen will, ein wahrlich vielem Neuen aufgeschlossener Mann, Johann Georg Schlosser, Goethes Schwager, dahingehend zitiert, daß die Schulanstalten eine Last seien, „die uns wahrhaftig so sehr drückt wie Fron und Abgaben". Die Kinder sollten gefälligst arbeiten, um der Verarmung, der Not und dem Elend ihrer Eltern abzuhelfen.[26]

Abschließend noch ein Wort über die Strafen, mit denen die Lehrer die Schüler peinigten, wenn sie ihrer Meinung nach nicht ordentlich lernten. Es handelt sich um „Auszüge aus einem Bericht über den gegenwärtigen Zustand der niedern Schulen und ihre zweckmäßigere Einrichtung nebst einigen Bemerkungen über Aufklärung in Rücksicht der Bestimmung der Grenzen derselben für die niedern Schulen von B. M. Snethlage, Direktor des Königlichen Gymnasiums zu Hamm[27]". Nachdem Snethlage die fürchterlichen Schulräume geschildert hat, kommt er auch auf die „Schuldisziplin" zu sprechen: „Die in den meisten Schulen eingeführte Disciplin, gründet sich, außer den gewöhnlichen Ohrfeigen, auf die Allgewalt des Stockes, oder auch je nachdem der Scharfsinn des Lehrers in Erfindung schmerzhafter Strafen geübt ist, auf andere sinnreiche Mittel, den armen Kindern das Leben zur Qual zu machen, z. E. auf Erbsen neben einem warmen Ofen knien, oder dergleichen eines Unmenschen würdige Martern, wobei dann noch wol der Lehrer, so bald der Schmerz sich in allen Muskeln des Gesichts eines solchen armen Geschöpfs ausdrückt, und es vor Pein winselt, gewöhnlich der erste ist, der seiner spottet, und die ganze Schule auffordert, einmal die lächerlichen Geberden des Affengesichts anzusehen! – Und warum wird es so hart gestraft? Weil es vielleicht die Catechismusfrage, oder richtiger, Antwort nicht wußte, oder sonst ein Verbrechen der Art begangen hatte. In manchen Schulen ist es üblich, daß, wenn die Knaben den Catechismus bei aller Mühe, sich nicht in den Kopf arbeiten können, sie des Sonn-

[25] A. Leschinsky, P. M. Roeder, a. a. O., S. 111 – auf S. 110 das Zitat betreffend Friedrich II.
[26] Vgl. dazu A. Strobel, a. a. O., S. 156 f.
[27] Münster 1798.

abends, wenn er hergesagt wird, die Posteriora entblößen, und – um sie desto mehr zu beschimpfen – gerade den Mädchen zuwenden müssen, in welcher alles Schamgefühl empörenden Stellung, sie von dem Lehrer gegeisselt werden."[28] Ein Lehrer hat eine sorgfältige Statistik über die von ihm erteilten Strafen angefertigt: „Ein biederer schwäbischer Lehrer des 18. Jahrhunderts, Joh. Jak. Häberle, hat noch eine Liste über die Schläge geführt, welche er während einer 51jährigen Amtsführung seinen Schülern verabreicht hat. Er hat 24 010 Rutenhiebe im Laufe des Unterrichts verteilt, dann 36 000 Rutenhiebe für nicht erlernte Liederverse. In 1 707 Fällen mußten die Schüler die Rute nur halten. Außerdem verabreichte er noch beträchtliche Mengen von Handschmissen, Pfötchen, Notabenes mit Bibel und Gesangbuch, Kopfnüssen usw."[29] Boesch hat wohl recht, diesen Lehrer einen biederen Schwaben zu nennen, da er, wenn man etwa 150 Schultage auf das Jahr rechnet, nur auf etwa 8 Rutenschläge pro Schultag kam.

Auch darf man nicht glauben, daß die Lehrer im allgemeinen grausamer straften als die Eltern, besonders als der Vater in der Hausgemeinschaft. Möller hat eine Fülle von Berichten gesammelt:

„Bronner berichtet etwa, sein Vater habe ihm so derbe Ohrfeigen versetzt, daß er zeitweise das Gehör verlor, eine Behandlungsweise, die es verständlich macht, daß der Seminarist später vor seinen Wutausbrüchen bei Verwandten Zuflucht suchte und das Versteck erst verließ, als die öffentliche Meinung und eine Intervention des Bürgermeisters den Vater zum Nachgeben zwangen. Aber auch seine Mutter prügelte ihn einmal bis die Rute zerbrach, und daß es sich dabei in ihren Augen um etwas Normales handelte, zeigt die spätere Aufforderung an einen Lehrer des Seminars, er möge 'Vaterstelle' bei ihrem Sohn vertreten, und ihn, wenn er 'ein böser Bube wäre, wacker peitschen lassen'[30]. Sachse bemerkt, daß sein Vater 'unmenschlich' prügelte[31]; ich erwähnte bereits, daß Basedow vor der harten Zucht seines Vaters davonlief; auch Händler spricht von 'gewaltigen Exekutionen': Sein Vater prügelte ihn einmal mit Fischbeinstangen, bis er müde war – und ließ dann den Gesellen fortfahren[32]. Kerners Präzeptor in Knittlingen gebärdete sich gegen seine drei Söhne 'so strenge und tirannisch, daß er sie bei den kleinsten Vergehen barbarisch schlug, ja sie oft noch dabei auf den Boden warf und mit den Füssen auf ihnen herumtrappte'[33], und Köpke schreibt, daß Tieck sehr überrascht war, als ihm nach einer doch auch recht harten Erziehung sein Vater gestand, er sei sein Liebling gewesen[34]. Klödens Großvater, der Kompaniechirurg Willmanns, haßte zwar den Soldatenstand, dagegen blieb 'die militärische Zucht sein Ideal der Erziehung und nichts ging ihm darüber. Natürlich machte er sie in seinem Hause in höchster Strenge geltend, und alle seine Kinder wurden bei der geringsten

---

[28] Vgl. dazu meine Geschichte der Lage der Arbeiter, Bd. 20, S. 11 f.

[29] *H. Boesch,* a. a. O., S. 102.

[30] *F. X. Bronner,* Leben, von ihm selbst beschrieben. I–III Zürich 1795/97. I S. 38, 195 f., 29, 114, vergl. 137.

[31] *J. Chr. Sachse,* Der deutsche Gilblas, eingeführt von Göthe. Oder Leben, Wanderungen und Schicksale Johann Christian Sachse's, eines Thüringers. Von ihm selbst verfaßt. Stuttgart-Tübingen 1822, S. 12, vergl. 51.

[32] *J. C. Händler,* Biographie eines noch lebenden Schneiders, von ihm selbst geschrieben. (Nürnberg) 1798, I S. 6, 11.

[33] *J. Kerner,* Das Bilderbuch aus meiner Knabenzeit. Braunschweig 1849, S. 196.

[34] *R. Köpke, Ludwig Tieck.* Erinnerungen aus dem Leben des Dichters nach dessen mündlichen und schriftlichen Mitteilungen. I Leipzig 1855, S. 20.

Kleinigkeit unbarmherzig gezüchtigt, wobei er mit mannigfachen Strafinstrumenten abwechselte und den Grundsatz aussprach: Kinder könnten nie genug Schläge bekommen. Dies war in jener Zeit nichts Ungewöhnliches', kommentiert Klöden und berichtet weiter, daß er nur durch Fürbitte seiner Mutter einer 'exemplarischen Züchtigung' durch den Großvater, der ihn als 'eigensinnigen Schlingel' ansah, 'dessen Starrsinn gebrochen werden müsse', entging. In seiner Umgebung wurde er als Kind ebenfalls oft Zeuge von Prügelszenen: 'Wo es Kinder und Soldaten gab, da gab es damals auch Prügel, und meistens ganz barbarische'[35]. ...

Für den Beginn des Jahrhunderts möchte ich Abraham a S. Clara zitieren, der die Eltern mahnt: 'Wenn man . . . die Ruthe spart, so kommt Schand' und Schad' über die Kinder'. Daß es sich dabei in den Augen der Zeitgenossen um eine christliche Pädagogik handelte, illustriert die Antwort, die der Verfasser des Meisters Klas dem Titelhelden auf die Frage 'Ist er Vater?' in den Mund legt: 'Ja! das denk ich, . . . darum straf ich meine Kinder. Ich will ihnen lieber um ihre Bosheiten den Hals brechen, als daß ich ihn zur Strafe für meine Nachsicht, wie Eli, brechen will', das zeigt auch Campes Bemerkung, daß 'Eltern die kleinsten Kinder auf das entsetzlichste mißhandelten und sich noch wohl obendrein mit Sirachs Worten: wer sein Kind lieb hat u.s.w. ein unverschämtes Kompliment machten', und in den Sprüchen Salomos konnte dieses bibelfeste Jahrhundert noch weitere Bestätigungen jener Maxime finden."[36]

Zu Hause aber konnte man wenigstens den Augen der Eltern öfter und für länger entgehen als in der Schule denen des Lehrers.

Wenn ich darum zuvor sagte, daß die Eltern aus wirtschaftlicher Not gegen den Schulunterricht, der überdies vielfach noch etwas kostete, waren, dann sollte man hinzufügen, daß so vielfach auch die armen Kinder oft die schwere Arbeit, die sie leisten mußten, dem Schulbesuch aus wahrhaftig verständlichen Gründen vorzogen. Der Schultag ist für sie eben gar nicht selten noch schlimmer als der Arbeitsalltag außerhalb der Schule.

Jedoch wäre es falsch zu glauben, daß die Kinder nicht oft auch zu Hause schwer gezüchtigt wurden – mehr wohl vom Vater als von der Mutter. Und auch sonst wurden sie oft brutal niedergedrückt, mit allen möglichen Mitteln wurden sie auch in den „Gehorsam", in „Botmäßigkeit" geängstigt – nicht zum wenigsten auch vom Pfarrer. Lahnstein zitiert ein Augsburger Flugblatt aus dem Ende des 17. Jahrhunderts, das so beginnt:

> „Still, still, und werdet fromm, ihr gar zu böse Kinder,
> Springet und brüllt nit so, als wie die dumme Rinder,
> Laßt euch was wehren doch, seyd nicht so ungehalten,
> Folgt euren Eltern, Lehrmeister und den Alten,
> Wo nit, so komm ich gar geschwind zu euch gelauffen,
> Und friß euch alle auf: Seht an den großen Hauffen,
> So ich schon bey mir hab, die Säcke seyn gefüllet,
> Mein Korb ist starzend voll, ein Theil trag ich verhüllet
> in meinen Hosen, und ein Theil in meinen Taschen,
> Diese all hab ich geraubt, zum Fressen und zum Naschen.
> Wird mir die Zahl zu viel, daß ichs nicht kann auffressen,

---

[35] *K. F. v. Klöden*, Jugenderinnerungen. Hsg. von M. Jähns. Leipzig 1874, S. 14, 31, 4?, 44.

[36] *H. Möller*, Die kleinbürgerliche Familie im 18. Jahrhundert, Berlin 1969, S. 43 ff. – künftig zitiert als Möller.

So henck ich theils in Rauch, theils pflege ich zu pressen,
So lang bis alles Blut aus Adern ist geflossen,
Daß sauf ich Maaß weiß aus mit meinen Hausgenossen,
Dem Wau Wau und der Bercht, vil pfleg ich klein zu hacken
Zu Knöpflein oder Würst, theils aber laß ich backen,
Als wie ein Birenkopf, zum Theil thu ich verstecken
Ins stinkend Mägdeloch, Mistgrub an bey den Hecken,
Bis mich zum Fressen mahnt mein hungeriger Magen,
Alsdann verschlingt sie auch des Kinderfressers Kragen,
So mache ichs auch euch, wann ihr wollt bös verbleiben,
Faul seyn, und nichts thun, denn nur Muthwillen treiben."

Und allgemein bemerkt er, die guten Seiten des Kinderlebens wohl übertreibend:
„Bedroht waren die Kinder durch jähe Krankheit und frühen Tod. Bedroht durch
Feuers- und Wassersnot, die in einer Nacht das Haus verderben konnten. Bedroht durch
wohlgemeinte Strafen und weit mehr durch unbeherrschte Exzesse der Älteren, besonders der Väter, aber auch durch Quälereien älterer Geschwister. Und doch: sie waren
behaust, geborgen, daheim. 'Nestwärme' hatten sie nicht zu entbehren, jedenfalls nicht
die Kinder der Masse des Volkes. Ob eine rauchdurchzogene Hütte ihr Heim war oder
eine niedrige hölzerne Stube in einem festen Haus, sie waren unter ihren Leuten, Mutter,
Vater und Geschwister, Großmutter, Muhme und Magd. Geborgenheit an Winteraben-
den, auf der Ofenbank, beim Schein einer Tranfunzel oder eines Kienspans, der sanftes,
rötliches Licht auf die vertrauten Gesichter und riesige Schatten an Wände und Dek-
ken wirft; ruhige Geschäftigkeit, Erbsenverlesen, Spinnen, Späneschneiden, eine Geschichte dazu, vielleicht ein Lied. Nachtgebet, Einschlafen und Aufwachen im vertrauten Dunst, in der Wärme der Mutter oder der Geschwister. Frühes Vertrautwerden mit
allem Menschlichen, Bösem freilich auch, aber nicht nur Bösem. Frühes Vertrautwerden
mit allem häuslichen Geschäft, mit den Nachbarn das Stadtkind, mit den Tieren das
Landkind. Eine arme Kindheit war das, trotz allem, nicht."[37]
Ruhige Geschäftigkeit am Ende eines langen Arbeitstages der Eltern und Kinder?
Sind nicht zumindest die letzteren oft todmüde von der Tagesarbeit, mit der wir uns
jetzt beschäftigen werden, und liegen erschöpft am Boden, dabei bisweilen nicht fähig
einzuschlafen wegen des Lärms, den die Erwachsenen machen, denn alles spielt sich
ja oft in der einzigen Stube des armen Bauern oder Häuslers oder Heimarbeiters ab.
Und wo ist die „Nestwärme" des kleinen Lehrlings? oder der achtjährigen Magd im
Hause des Herrn?
Nein, das Familienleben, das Kinderleben spielte sich doch sehr häufig anders ab, als
es Lahnstein hier in seinen Schlußworten schildert.

Kinder waren eine wirtschaftliche Notwendigkeit für den bäuerlichen Hof. Nur die
herrschende Klasse konnte einen Spruch wie diesen hervorbringen:

„Die Kinder machen
Lieb und Leid
Zerstören offt der

---

[37] *P. Lahnstein*, a. a. O., S. 47 f.

Elter Frewd
Kein Kind/Kein Sorg/
　klag nit so sehr
Ob schon dein Weib
　nicht Kindbar wer."[38]

Sehr schön zeigt die wirtschaftliche Notwendigkeit der Kinder Epperlein, wenn er erzählt: „Eine wichtige Rolle spielte im bäuerlichen Leben die Sorge um den Nachwuchs. Mädchen und Jungen wurden als Arbeitskräfte im Haus und auf dem Feld dringend benötigt. Starb ein Bauer, so sollte der Sohn die väterliche Wirtschaft weiter führen: Reicher Kindersegen war also sehr erwünscht. Darauf deuten in humorvoller Weise einige spätmittelalterliche Weistümer aus Niedersachsen hin, die u. a. bestimmen, daß der Ehemann seine Gattin einem anderen anzubieten habe, wenn er seine Ehepflichten nicht erfüllt und der Frau 'ihr frauliches Recht' nicht gewähren kann. Im sogenannten Benker Heidenrecht heißt es u. a.: 'Item so wise ick ock vor recht, so ein guit man seiner Frau ir fraulick recht nicht doen könne, dat sey dar over klagde, so sall er sey upnahmen und dragen sey over seven erffthuine (Zäune) und bitten siner frauen negsten nabern (Nachbarn), dat er siner frauen helfte; wan er aber geholfen ist, soll hey sie weder upnehmen undt dragen sei weder thu huss und setten sey sachte dael und setten er en gebraten hon vor und ene kanne wins.' In der sogenannten Landfeste von Hattnegge (Hattingen) wird der Ehemann verflichtet, seine Frau 'ohne Stoßen, Schlagen, Werfen und böse Worte' zu seinem Nachbarn zu tragen. Wolle oder könne dieser nicht helfen, so soll der Mann sein Eheweib auf die nächste Kirmes in der Nähe schicken 'und daß sie sich seuberlich zumache und verziehre und hange ihr einen beudel vol mit gelde bespickt auf die seide . . . kompt sie dannoch wieder ungeholfen, so helfe dan der teufel.' Dem Bochumer Landrecht zufolge soll die Frau, nachdem ihr Mann sie über mehrere Zäune getragen hat, fünf Stunden um Hilfe rufen und danach wohlbekleidet auf einen Jahrmarkt gehen. Nützt ihr auch das nichts, 'so helfen ihr thausend düffel'."

Aber wie merkwürdig, wenn er dann im folgenden Absatz fortfährt: „Ausdrücklich wurde in Weistümern mehrfach der Schutz der Schwangeren gefordert. Die damit deutlich werdende positive Einstellung zur Frau ist im Mittelalter sonst kaum nachweisbar. Während die Frau namentlich in geistlichen Kreisen seit dem 'Sündenfall' des ersten Menschenpaares als 'Gefäß der Sünde' galt und deshalb nur Verachtung verdiente, erfreute sich demgegenüber die Frau innerhalb der ländlichen Bevölkerung als Mutter und Helferin in der Wirtschaft offenbar besonderer Wertschätzung. Der Mann einer schwangeren Frau durfte auch in fremden Gärten Obst pflücken, seine Kühe länger als andere Dorfbewohner auf die Allmende treiben, Fische fangen und Wild jagen. Die Leistung von Abgaben und Diensten für den Grundherrn wurde verschiedentlich sogar vorübergehend gemildert oder ausgesetzt."[39] Hier liegt doch kein Gegensatz zwischen den Geistlichen und den Bauern vor! Natürlich galt die Frau, soweit ihre natürlichen Künste (als „Verführerin", als Eva) und unnatürlichen „Künste" (etwa als „böse Frau" oder als Hexe) in Frage kamen, Geistlichen wie Bauern gleichermaßen als „Gefäß der Sünde". Nur hatten die Bauern noch einen „anderen Gebrauch" für die Frau als die

---

[38] Spruch des 16. Jh. aus „Newe künstlerische Figuren". Frankfurt, Steinmeyer. 1620.
[39] *S. Epperlein*, Der Bauer im Bild des Mittelalters, Leipzig, Jena, Berlin 1975, S. 93 f.

Geistlichen, nämlich als Wirtschafterin und als Gebärerin und Aufzüchterin von neuen Arbeitskräften – und in diesen Eigenschaften schätzten sie sie natürlich hoch, weit mehr als etwa den Dünger. Von irgendeiner allgemeinen Hochschätzung des weiblichen Geschlechts jedoch konnte in dieser so ganz patriarchalischen Gesellschaft selbstverständlich nicht die Rede sein.

Ebensowenig, wie schon bemerkt, von einer Hochschätzung des Kindes, bevor es arbeiten konnte. War es aber arbeitsfähig, dann wurde es ganz in dieser Funktion eingesetzt. So typisch für die Einschätzung des Kindes ist die Schilderung Ulrich Bräkers seiner Familienentwicklung: „Unsre Haushaltung vermehrte sich. Es kam alle zwei Jahre geflissentlich ein Kind; Tischgänger genug, aber darum keine Arbeiter. Wir mußten immer viel Taglöhner haben."[40] Erst wenn die Kinder erwachsen sind, das heißt arbeitsfähig, sieben Jahre vielleicht, werden Taglöhner weniger nötig. Bräker war wohl sieben, als er zu arbeiten anfangen mußte. Amüsant erzählt er, wie das Arbeitsleben begann. Ein Spielkamerad hatte ihm eines Tages Pulver mitgebracht, und nun geschah das folgende: „Eines Abends hatt' ich den Einfall: Wenn ich auch schießen könnte! Zu dem End' nahm ich eine alte, eiserne Brunnröhre, verklebte sie hinten mit Lehm und machte eine Zündpfanne, auch von Lehm; in diese tat ich das Pulver und legte brennenden Zunder daran. Da's nicht losgehen wollte, blies ich . . . puh! mir Feuer und Lehm alles ins Gesicht. Dies geschah hinterm Haus; ich merkte wohl, daß ich was Unrechtes tat. Inzwischen kam meine Mutter, die den Klapf gehört hatte, herunter. Ich war elend blessiert. Sie jammerte und half mir hinauf. Auch der Vater hatte oben in der Weide die Flamme gesehen, weil's fast Nacht war. Als er heimkam, mich im Bett antraf und die Ursache vernahm, ward er grimmig böse. Aber sein Zorn stillte sich bald, als er mein verbranntes Gesicht erblickte. Ich litt große Schmerzen. Aber ich verbiß sie, weil ich sonst fürchtete, noch Schläge obendrein zu bekommen, und wußte, daß ich solche verdient hätte. Doch mein Vater empfand, daß ich Schläge genug habe. Vierzehn Tage sah ich keinen Stich; an den Augen hatt' ich kein Härlein mehr. Man hatte große Sorgen wegen dem Gesicht. Endlich ward's allmählich und von Tag zu Tag wieder besser. Jetzt, sobald ich vollkommen hergestellt war, machte es der Vater mit mir wie Pharao mit den Israeliten, ließ mich tüchtig arbeiten und dachte, so würden mir die Possen am besten vergehen. Er hatte recht. Aber damals konnt' ich's nicht einsehen und hielt ihn für einen Tyrann, wenn er mich so des Morgens früh aus dem Schlaf nahm und an das Werk musterte. Ich meinte, das wär' eben nicht nötig; die Kühe gäben ja die Milch von sich selber."[41]

Die übergroße Mehrzahl der Kinder arbeitete in der Landwirtschaft. Und je mehr die Fron des Bauern für den Feudalherrn anwuchs, desto mehr waren es die Frauen und Kinder, die den Boden des Bauern bearbeiten, sein Vieh versorgen mußten. In dieser Beziehung machte die Umwandlung von Fron in Produkten- oder Geldrente sicherlich einen Unterschied. Zu den landwirtschaftlichen Arbeiten kommen heimgewerbliche Arbeiten. Bräker erzählt, wie er und sein Bruder als Knechte arbeiteten, von den jüngeren Geschwistern aber bemerkt er: „Die Kleinern mußten in den Stunden neben der Schule spinnen."[42]

So hart die Bauerneltern die Kinder auch arbeiten lassen mußten, so scheint es ihnen

[40] U. *Bräker*, Das Leben und die Abenteuer des armen Mannes im Tockenburg. Leipzig 1950, S. 14.
[41] Ebendort, S. 16.
[42] Ebendort, S. 40.

doch noch schlechter ergangen zu sein, wenn sie zum Zwangsgesindedienst „bei den Herrschaften" eingezogen wurden.[43] Zwangsgesindedienste wurden jetzt in unserer hier betrachteten Zeit praktisch überall in Deutschland gefordert. Dabei gab es sowohl landesrechtliche wie auch noch zusätzliche lokale Zwangsgesindedienstordnungen. So beruft sich zum Beispiel 1777 ein Cammer-Herr Friedrich Ferdinand Freiherr v. Müffling auf Reusa sowohl auf die Gesindeordnung wie auch auf ein Erbregister von 1703, nach dem „sämtliche Untertanen . . . der Herrschaft ihre Kinder, die sie selbst in ihrem Hauswesen nicht bedürfen", für zwei Jahre als Gesinde anzubieten haben.[44]

Während hier zumindest noch eine Ausweichmöglichkeit besteht, wenn der Bauer der Kinder bedarf, ereignete sich 1809 auf dem Freigut Niedersteinpleiss folgendes: „Jetzt am verflossenen 20. Oktober trug meiner jetzigen Pachterin Ehemann des Zenkers zweiter Tochter, so meines Wissens Sophia heißt, einen Zwangsgroschen zu, mit dem Bedeuten, nächstkünftige Lichtmeß herein aufs Gut zu ziehen und als Zwangsmagd Gesindedienste zu tun. Zenker hat aber diesen Groschen durch den Überbringer wieder zurückgeschickt, mit der Äußerung, er ließe seine Kinder nicht dienen, sondern brauche sie selber . . . Zu diesem unbesonnenen und hartnäckigen Wesen kann ich nicht schweigen. Es kommt nicht auf ihn an, ob er seine Kinder dienen lassen will oder nicht, sondern wenn eins von selbigen von meinem Gute aus einen Zwangsgroschen bekommt, so muß es schlechterdings zur nächsten Lichtmeß drauf einziehen und Gesindedienste leisten; gesetzt auch, daß er sie selber brauchte. Dies ist eine erst seit 9 Jahren förmlich ausgestrittene Sache (also eine Verschärfung der feudalen Fesseln noch 1800! – J. K.[45]), worüber gerichtliche Akten mit geführtem Beweis, Urteilen und höchsten Reskripten aufzuweisen sind . . . Und die allegierten Akten besagen, daß die Kinder der Leineweber, als dergleichen Mstr. Zenker ist, eben so wohl als die Kinder der anderen Häusler und Untertanen zu Zwange haben dienen müssen."[46]

Hier werden also nicht nur die Kinder der Bauern, sondern auch die der ländlichen Webermeister zum Zwangsgesindedienst gezwungen – ganz gleich, ob die Eltern sie brauchen oder nicht.

Wie es dem Gesinde bei den „Herrschaften" geht, schildert Krünitz, der 1779 gesondert den Teil seiner ökonomischen Enzyklopädie, der sich mit dem Gesindewesen beschäftigte, herausgab.

Nach dieser ergibt sich, daß die Kinder, nachdem sie zu Hause in der Familienwirtschaft gearbeitet haben, häufig mit zwölf oder dreizehn Jahren in den Gesindedienst traten. Krünitz gibt eine Tabelle der „Gesinde-Taxen", in der als Gruppe auch „Jungen von 12 bis 16 Jahren" zu finden sind, aufgegliedert in solche Jungen, die „in der Feder fertig und dazu wohl zu gebrauchen" sind, und solche, bei denen das nicht der Fall ist.[47]

Über die Stellung des Gesindes heißt es bei Krünitz: „Viele Herrschaften achten ihr Gesinde gar nicht. Sie halten es nicht viel besser als das liederlichste Bettelvolk in der Republik; ja, sie betrachten es kaum als Menschen. Sie sind grausam wider sie und fordern mehr Arbeit von ihnen, als Menschen leisten können und als sie vermöge ihres

---

[43] Vgl. dazu auch Bd. 1, S. 199 ff.

[44] Landeshauptarchiv Dresden, Akte Loc. 10614, Bl. 3 f.

[45] Noch 1766 war es so, daß, wie es in einem Aktenstück dieses Jahres wörtlich heißt, Kinder, die handwerklich arbeiten, von dem „Kinderdienstzwange" auf dem Gut befreit sind. (Landeshauptarchiv Dresden. Loc. 11091, Bl. 62.)

[46] Ebendort, AG Werdau, Nr. 54, Bl. 1 f.

[47] J. G. *Krünitz*, a. a. O., Tabelle zu S. 67.

Vertrages zu leisten schuldig sind. Es geht ihnen, wie vielen Studenten, die für einen Gulden sich das Recht gekauft zu haben glauben, ein Philisterpferd bis auf den Tod reiten zu dürfen. Der Gerechte erbarmet sich seines Viehes; wie soll man denn einen Menschen nennen, der dies nicht gegen seine Mitbrüder tut? Andere verleitet ihr Stolz, alle Augenblicke sich an ihren Mitbrüdern zu versündigen. Halten sie ihre Leute noch so viel wert, ihnen ein Wort zu sagen, so sind es demütigende Worte, Worte voll Verachtung und Abscheu. Was fruchtet dieses Betragen? Nichts gutes. Haß gebiert Haß, Verachtung zeugt Verachtung. Die Bedienten lieben ihre Herrschaft nicht und können ihnen nicht treu sein. Alle Geschäfte tun sie mit Verdruß und schlecht und seufzen nach der Stunde ihres Abschiedes."[48]

Johann Baptist Schad, der aus einer für die damaligen ländlichen Verhältnisse relativ wohlhabenden Familie kam – sein Vater war zugleich Ackerbauer, Bäcker und Schankwirt . . . „da er auch zu Hause viel zu tun hatte und gewöhnlich nächtlicherweise seine Bäckerei versah: so kann man sich leicht vorstellen, wie ermüdet und erschöpft er größtenteils vom Felde zurückkam" –, erzählt:

„Als ich nach Banz in der Qualität eines Singknaben kam, war ich noch nicht volle zehn Jahre alt. Und dennoch hatte ich schon in diesem Alter die meisten Bauersarbeiten, selbst einige schwere nicht ausgenommen, mitgemacht. Ich hatte z. B. schon drei Jahre lang das Getreide mit meinen Aeltern und stärkeren Geschwistern ausdreschen müssen. Auch sogar, wenn zu Nacht gedroschen wurde, war ich von dieser Arbeit nicht ausgenommen. Beim Getreideschneiden habe ich mich ein Mal mit der Sichel in einen Finger so schwer verwundet, daß ein Theil der Spitze desselben, abgeschnitten, auf das Feld fiel, wie ich schon bemerkt habe. Als ein Kind von vier Jahren hatte ich eine Heerde junger Gänse zu besorgen, so daß ich sie nicht bloß auf die Weide treiben und daselbst hüten, sondern auch für das nöthige Futter derselben, das auf dem Felde mühsam aufzusuchen war, im Hause sorgen mußte. So mußte ich auch späterhin für das Hornvieh Futter auf dem Felde grasen und in Körben nach Hause tragen, und im Herbste dasselbe auf Wiesen hüten. Sobald ich von der Schule nach Hause kam, war schon eine Arbeit für mich bestimmt, so daß ich nie Ruhe auf längere Zeit genießen durfte.

Einst kam ich an einem heißen Sommertage ganz ermüdet vom Felde, wo ich gegraset hatte, gegen Mittagszeit nach Hause. Aber anstatt mir einige Ruhe zu gönnen, jagte mich meine Mutter wieder auf's Feld, mit dem Befehl, einige Büschel Aehren zu lesen in einer Gegend, wo eben Getreide gebunden wurde. Meine Mutter sagte, das Mittagessen werde erst in einer Stunde fertig und es sei nicht recht, wenn ich diese Zeit müt Müßiggang verschwenden wollte."[49]

Mindestens ebenso schlimm, wenn nicht noch schlimmer, waren die Verhältnisse für die Lehrlinge im Handwerk.

Relativ gut ging es wohl noch dem späteren Meister Johann Dietz, der berichtet:

„Endlich, ich hatte kaum das vierzehnte Jahr erreichet, so wollte mich der Vater zum Seiler=Handwerk gebrauchen. War aber schwach und hatte keine Lust dazu, wiewohl ich's etliche mal versuchte.

Wollte mich der Vater im Haus nicht mehr leiden, sagte einen Abend zu mir mit harten Worten: 'Du mußt fort, erwähle dir heute, was du werden wilt.'" Er wählte den Barbierberuf, der ja damals auch den des unstudierten Arztes miteinschloß.

---

[48] Ebendort, S. 49.

[49] *J. B. Schad's* Lebensgeschichte, von ihm selbst beschrieben, Altenburg 1828, S. 126 f.

Und nun berichtet er aus der Lehrzeit:

„Mit dem Barbieren ging es anfangs schwer her, maßen ich einsmals einen Bauer ins Kinn geschnitten, und darüber eine Maulschelle bekam, daß ich wohl vier Wochen taub davon gewesen. Der Ochsenziemer hielt auch nicht feste an der Handquehle, bei welcher ich auf einem kleinen Lädchen pflegte zu sitzen. Ich verkettelte selbigen immer auf eine Vorsorge, daß ich entfliehen konnte, ehe er solchen losbekam. . . .

Ich mußte der Magd alles Wasser und Holz in die Küche tragen, Feuer anmachen, Wasser holen, Holz hacken und was dergleichen. – Doch, es ist alles zerronnen, und nun gehet die Tochter betteln, die damals nicht unsanft niedertreten mußte, und mir manchen Puckel voll Schläge gemacht und viel geärgert."[50]

Schlimmer erging es dem Lehrling Johann Gotthilf August Probst, für den die „Neben‑ arbeiten", die er im Hause des Meisters zu verrichten hatte, zumeist eine Erholung von der direkten Lehrlingsarbeit waren. In seinem Buch Handwerksbarbarei, oder Geschichte meiner Lehrjahre. Ein Beitrag zur Erziehungsmethode deutscher Handwerker. Halle/ Leipzig 1790, berichtet er von seiner Lehre bei einem Seilermeister:

„Bisher war wenig an die Arbeit bey der Profeßion bedacht worden, allein nun sollte das Versäumte mit einmal ersetzt werden. Ich wurde nun an verschiedene Arten der‑ selben gebracht, deren Namen ich billig weglasse, da die wenigsten Leser dergleichen Terminologien verstehen. Es wäre zu wünschen gewesen, daß ich das alles, was mir in ein paar Minuten gewiesen wurde, auch sogleich hätte fassen und nachmachen können, da aber jede Wissenschaft und Kunst bald mehr, bald weniger Zeit zur Erlangung der begehrten Fertigkeit erfordert, so mußte ich mir, da es unmöglich war, alles sogleich so zu verfertigen, als es mir gewiesen wurde, gefallen lassen, daß mein Meister das volle Gewicht seiner Ungeduld und gewaltigen Hand meinen Backen und Rücken fühlen ließ. Da er so wenig Lust zur Arbeit selbst hatte, so fordert er destomehr von mir. Seine Lehrmethode dabey war folgendergestalt. Erst trat er hin, und machte mir die Sache zweimal vor, dann gebot er mir unter den fürchterlichsten Drohungen, es auch so zu machen: Er habe mir es nun gewiesen, und wenn ich keine Lust habe, so wolle er mir schon welche einbläuen. Und nun gings die Treppe hinunter; statt daß er mir bey der Arbeit hätte zu Hülfe kommen sollen, überließ er mich mir selbst, der ich noch mit allen Kunstgriffen unbekannt war. Wie oft stand ich thränenvoll da, und beseufzte meinen unglücklichen Zustand! Denn ich konnte immer schon errathen, welche Behandlung mir bevorstand, wenn ich nicht nach dem Befehl des Meisters gearbeitet hatte. Zum Glück dauerten dergleichen qualvolle Stunden nicht lange, denn bald wurde ich gerufen, häusliche Geschäfte zu verrichten. Allein wenn er dann kam, nachzusehen, was ich mittlerweile gemacht hatte, welches oft in einigen Tagen erst geschah, wenn er dann sahe, wie schlecht und nicht selten zum Schaden ich gearbeitet hatte, so erhub sich ein solches Donnerwetter, daß mir noch jetzt die Haare zu Berge stehen, wenn ich daran gedenke. Fluchen, Drohungen, Reden, die wie zweischneidige Schwerdter mich durch‑ bohrten, und dann eine ungemeßne Tracht Schläge, daß ich oft ohnmächtig darnieder sank, waren dann mein Theil. . . .

Am anderen Morgen war es heftig kalt, und dies gab ihm Gelegenheit, mir seine Härte aufs neue fühlen zu lassen. Er befahl mir Saiten zu machen. Dies ist die eckel‑ hafteste und abscheulichste Arbeit bey der Seilerprofession, ob sie gleich eine der leich‑ testen ist. Hier mußte ich nun den ganzen Vormittag damit zu bringen, unterdeß ich zu

---

[50] Meister *Johann Dietz*, München 1915, S. 22 ff.

Gott unaufhörlich um Erbarmen schrie. Als dieses vorüber war, mußte ich Pferdehaare bereiten, eine Arbeit, die recht ausgesucht war, mich durch Frost zu quälen, und mir das Leben sauer zu machen, denn man ist gar nicht im Stande sich dabey zu erwärmen, und kein Meister wird, ohne sich der größten Härte schuldig zu machen, seinen Leuten im Winter dergleichen Arbeit zumuthen, weil man in Gefahr steht, in etlichen Stunden Hände und Füße zu erfrieren. Ich hätte vor Frost heulen mögen, aber hier half alles nichts; vielmehr sahe er mich und ich ihn den ganzen Tag nicht. . . . Es ist bey den Handwerkern mehrentheils gebräuchlich, daß die Lehrjungen ihren Meistern und Gesellen die Schuhe putzen müssen. Dieses hatte auch ich den vorigen Abend, so wie jedesmal, mit größter Sorgfalt verrichtet. So bald als er mich sahe, bewillkommte er mich mit vier Ohrfeigen, die mir an der einen Seite die Nadeln meiner Haarlocken tief ins Fleisch trieben. Ich erschrak und schrie laut über den unvermutheten Schmerz auf. Schreist du noch? warte, ich will dichs lehren. Und nun etliche dreyßig mit dem Peitschenstock. Ich war mir keines Vergehens bewußt, wußte also gar nicht, wie mir geschahe. Da die Bastonnade vorüber war, erfuhr ich das schreckliche Geheimniß. Ich sollte nemlich einige Stellen an den Schuhen zu schwärzen verfehlt haben und doch hatte er sie angehabt."[51]

Die Lehrzeit war jedenfalls nicht dazu angetan, um aus dem Jungen Probst und so vielen anderen, denen es kaum besser erging, einen geschickten und tüchtigen Handwerksmeister zu machen.

Hier ist wohl der Platz, noch einmal an den Begriff des „ganzen Hauses" bzw. der Großfamilie zu erinnern. So wie der Bauer die Gewalt über alle in „seinem Haus" hatte, die Frau, die Kinder, die Mägde und Knechte, so wie der Lehrer die Schule als „sein Haus" betrachtete, so war der Handwerksmeister der verantwortliche Hausherr für alle in „seinem Haus" – verantwortlich für den Kirchenbesuch ebenso wie für die Erziehung mit der Rute. Der Meister sollte jedoch bei der Züchtigung die bei Vätern üblichen Grenzen nicht überschreiten, „wobei", bemerkt Möller, „man sich freilich erinnern muß, welche Grenzen sich die Väter selbst setzten. Fuhse, der die Braunschweiger Polizeiakten durchgesehen hat, kam zu dem Ergebnis, daß 'recht viele jähzornige und rohe Leute' unter den Meistern gab, die ihre Lehrburschen 'über Gebühr' prügelten und in ihren Ausdrücken 'nicht wählerisch' waren, auch die Meisterfrauen beteiligten sich an den Tätlichkeiten[52], und noch 1795 wurden die Kieler Meister durch eine Polizeibekanntmachung ermahnt, 'ihre Lehrburschen mit Nachsicht und Schonung zu behandeln, und ernstlich gewarnet, sich gegen selbige keiner übertriebenen Strenge und harte Begegnung zu Schulden kommen zu lassen'. Wenn andererseits die Braunschweiger Lehrjungen in den letzten Jahrzehnten des Jahrhunderts bei Prügeln gleich ein Attest des Wundarztes über den Körperbefund beibrachten[53], ist das ebenso ein Zeichen einer sich wandelnden Zeit, wie die Handlungsweise von Klöden, der auf eine Ohrfeige hin in den Hungerstreik trat und damit eine bessere Behandlung erreichte[54]. Der Lehrjunge

---

[51] Zitiert nach W. *Emmerich* (Hg.), Proletarische Lebensläufe, Bd. 1, Reinbek 1974, S. 63 ff.

[52] F. *Fuhse*, „Die Tischlergesellen-Bruderschaft im 18. Jahrhundert und ihr Ende. Nach den herzogl. Polizeiakten". Jb. d. Geschichtsvereins f. d. Herzogtum Braunschweig. 10 1911, S. 3, Vergl. Bruns, A., Die Arbeitsverhältnisse der Lehrlinge und Gesellen im städtischen Handwerk in Westdeutschland bis 1800. Diss. Köln 1938, S. 42; (Sintenis, Chr. F.), Briefe über die wichtigsten Gegenstände der Menschheit. IV. Leipzig 1798. S. 114.

[53] F. *Fuhse*, Tischlergesellen-Bruderschaft, a. a. O., S. 2.

[54] K. F. v. *Klöden*, a. a. O., S. 193 f.

hatte zwar das Recht, bei Mißhandlungen den Meister zu wechseln[55], aber man wird mit gutem Grund annehmen dürfen, daß wirklich sehr triftige Gründe vorgelegen haben müssen, wenn ein solcher Fall von der Zunft anerkannt werden sollte. Trotz der Mißhandlungen, die Probst zu einem Selbstmordversuch trieben, mußte er die Lehre bei seinem Meister fortsetzen. Ein Ausbrechen aus dieser Zucht war nicht leicht möglich; denn die Zunftgesetze sahen strenge Strafen für das Entlaufen vor. Aber nicht nur Zweckmäßigkeitsüberlegungen standen dieser letzten Konsequenz entgegen. Klöden verdanken wir die aufschlußreiche Feststellung, daß 'auf dem entlaufenen Lehrling . . . ein schimpflicher Makel (haftete), der (auch ihm) sehr empfindlich war[56], die umso schwerer wiegt, als nach ihr solche Überlegungen sogar noch in den ersten Jahren des 19. Jahrhunderts motivierend waren[57].'[58]

Auch muß man sehen, daß die „Nebenarbeiten", die den Lehrling Probst vor dem Meister retteten, oft mindestens so mühsam waren wie die Facharbeit und gar nicht selten den Lehrling im ordentlichen Lernen seines Berufes hinderten. Möller berichtet: „Anton Reiser 'wurde zu den niedrigsten Beschäftigungen gebraucht; er mußte Holz spalten, Wasser tragen, und die Werkstatt auskehren[59]; der Buchhändlerlehrling Perthes blieb zwar von 'ehrenrühriger Arbeit' verschont, bemerkte aber, daß andere Schnallen putzen und den Tisch decken mußten[60]. Aus dem endenden Jahrhundert berichtet Klöden: 'Wurde irgend etwas gebraucht, so ward ich dazu beordert. War das Feuer ausgegangen, so hatte ich es wieder anzuzünden . . . Ich hatte zu allen Zeiten alles Nöthige für die Tante und ihre Mutter einzuholen . . . Ich hatte des Mittags Messer und Gabeln zu putzen, sowie das Essen für die Mutter . . . in einem Menagenkorbe von einem Koch zu holen . . . Abends hatte ich die Großmama . . . abzuholen und nach Hause zu führen; dann aber mußte ich mich noch hinstellen und das Schuhwerk für die ganze Familie putzen, die Kleider reinigen etc. Von Zeit zu Zeit hatte ich auch die Tante mit einem großen Korbe auf den Markt zu begleiten'[61]. Daß das keine Ausnahmen waren, zeigt eine Nachricht aus Hamburg, wonach die Meister den Jungen etwas Tüchtiges lernen und 'selbigen keine ungebührliche Haus-Arbeit zumuthen' sollten[62], zeigen Braunschwei-

---

[55] *J. A. Ortloff*, Das Recht der Handwerker. Erlangen 1803, S. 172, 174 f.; Corpus, S. 371.

[56] *K. F. v. Klöden*, a. a. O., S. 194.

[57] In Kiel, wo das Lehrverhältnis nach beiden Seiten durch „Schadenbürgen" resp. „Bürgen im Ampt" abgesichert war, hatte auch „ein Lehrling, der auf gütlichem Wege von dem Meister geschieden war, . . . ebenso wenig Aussicht in der Stadt weiterzulernen als ein Junge, der ohne Schlichtung des Streits aber aus hinreichenden Gründen von den Bürgern weggenommen war".

[58] Möller, S. 59 f.

[59] *K. Ph. Moritz*, Anton Reiser, Ein psychologischer Roman. Berlin 1785/90, I S. 83; vergl. auch Bohlens Autobiographie. Hsg. v. Voigt. 2. A. Königsberg 1842, S. 12: „niedrigster Sklave der Hausfrau".

[60] *Fr. Perthes*, Leben. 6. A. Gotha 1872, S. 10.

[61] *K. F. v. Klöden*, a. a. O., S. 174.

[62] *Chr. L. v. Griesheim*, Anmerkungen und Zugaben über den Tractat: die Stadt Hamburg. Hamburg 1759, S. 21. Vergl. Ortloff, Corpus, S. 318. *J. A. Wening*, Leben, Reisen und Schicksale Georg Schweigharts eines Schoßers. Salzburg 1791/92, I S. 185; die württembergische Färber-Ordnung von 1706 verlangte allerdings vom Lehrjungen, „alles dasjenige in Feld und Haus, so dem Handwerk nicht zuwider und nachtheilig ist", zu verrichten. *W. Stahl*, Das deutsche Handwerk. I. Gießen 1874, S. 213.

ger Polizeiakten, die darüber klagen, daß die Ausbildung im Handwerk vernachlässigt wurde, dafür aber der Junge um so eifriger für Meister und Gesellen einholen, 'Küchenarbeit treiben und Kinder wiegen mußte[63], oder Afsprungs Polemik gegen 'Magdes-Verrichtungen' der Lehrjungen[64]. Aber nichts illustriert solche Verhältnisse besser als jenes groteske Bild, das die Schilderung des Goldschmiedelehrlings Klöden entwirft, der mittags abwechselnd Schmelze und Essen betreuen muß, und dessen Reflexionen über seinen damaligen Zustand noch einmal die hier vordringlich interessierenden Punkte vor den Blick bringen: Beide Onkel 'hatten in ihren Lehrjahren sehr vieles von dem eben Gesagten thun müssen, das wußte ich aus den Erzählungen meiner Mutter. Was durfte man nun einem Lehrburschen anmuthen und was nicht? Ob darüber irgend eine Vorschrift bestände, wußte ich nicht, und wer sollte sich meiner annehmen? Gab es Vorschriften, so mußten die Grenzen sehr weit gesteckt sein; denn überall, besonders in den kleineren Werkstätten, wurden die Lehrburschen zu allem Möglichen gebraucht, und ich wußte, daß sie eigentlich nur die europäischen Sklaven waren'[65]."[66]

Ob es vor unserer Zeit den Lehrlingen besser ging als in der negativen Niedergangsperiode des Feudalismus? Wir haben viel zu wenige Mitteilungen, um das beurteilen zu können. Während den Kindern der Bauern vor 1600 im allgemeinen der Zwangsgesindedienst wohl noch erspart geblieben war – was nicht bedeutet, daß sie nicht oft auf dem Hof der Eltern hart zu arbeiten hatten –, können wir auch für die Lehrlinge jedenfalls zumindest eine ganz enorme Verschlechterung feststellen: wie für die Gesellen bestand natürlich auch für sie nicht mehr die sichere Aussicht, einmal Meister zu werden. Die Lehre war nicht mehr, wie zumeist noch vor 1600 und wie wohl stets vor 1500, eine harte Schule, um einst Meister und Mitglied einer herrschenden Klasse bzw. zumindest einer respektierten Mittelklasse zu werden.

Doch müssen wir noch auf zwei, im Grunde in unserer Zeit neue, Hauptberufe von Kindern eingehen.

Der erste ist in der Literatur viel beachtet: der Beruf des Manufakturarbeiters, sei es in der dezentralisierten oder zentralisierten Manufaktur.

Beginnen wir mit einem Schreiben Friedrich II. von Preußen (14. 4. 1775) an einen seiner Minister:

„Mein lieber Etats-Ministre von Derschau! Meine landesväterliche Gesinnung ist immer dahin gerichtet, meine Untertanen . . . glücklicher zu machen: Dazu gehört aber vorzüglich, daß sie sich zu mehrerem Fleiß und Arbeitsamkeit gewöhnen: Hieran fehlet es aber besonders in der Churmark noch sehr, die Bauern auf dem Lande lassen ihre Kinder müßig umherlaufen und halten sie zu nichts an. Kinder von 8 und 9 Jahren können zwar bei der Wirtschaft nichts helfen, doch könnten sie, wenn sie aus den Schulen kommen, spinnen und damit schon ihr Brot verdienen, es würden auch ordentliche Wirte aus ihnen werden, statt daß sie von Jugend auf zur Faulheit sich eignen: Ich werde es demnach sehr gerne sehen, wenn Ihr Euch angelegen sein lasset, wie die jungen Kinder auf dem Lande, die weiter nichts zu tun im Stande sind, mehr zum Spin-

---

[63] *F. Fuhse*, Tischlergesellen-Bruderschaft, S. 3.
[64] *J. M. Afsprung*, a. a. O., S. 78.
[65] *K. F. v. Klöden*, a. a. O., S. 175.
[66] Möller, S. 60 f.

nen zu gewöhnen, wie solches in den Schlesischen und Sächsischen Gebirgsgegenden geschieht.

Die Woll-Fabrikanten klagen so über den Mangel von Spinnern: Auf solche Art würde diesem Mangel abgeholfen werden, die Leute selbst auch mehr verdienen können."[67]

Die Untertanen sollen also entsprechend dem „ewigen faustischen Streben" des Königs, sie immer glücklicher zu machen, nun mal endlich, wenn sie 8 oder 9 Jahre alt geworden sind, spinnen und so ihr Brot verdienen.

Selbstverständlich laufen die meisten Kinder auf dem Lande in diesem Alter nicht mehr „müßig umher". Selbstverständlich müssen sie schon in der Wirtschaft helfen.

Aber „die Woll-Fabrikanten klagen über den Mangel von Spinnern", und so macht sie Friedrich II. in „landesväterlicher Gesinnung" glücklich, indem er den Bauern auch noch die in der eigenen Wirtschaft dringend gebrauchte Arbeitskraft der Kinder raubt und sie ans Spinnrad für die „Woll-Fabrikanten" setzt.

Die Kinder werden auf diese Weise zu einem wesentlichen Element der zerstreuten Manufaktur.

Man spannt auch Kirche und Schule ein, um die Kinder zur Manufakturarbeit zu veranlassen. Berichtete schon 1753 die Pommersche Kriegs- und Domänenkammer Stettin voll Kummer, daß sich die Küster und Schulmeister in den Dörfern nicht zu dem Wollspinnen bequemen wollen, um es den Schulkindern dann beizubringen, so wird 1754 von der Generaldirektion ein Patent erlassen, „daß die Küster und Schulmeister auf dem Lande der Jugend durch ihre Weiber zum Wollspinnen Anweisung geben lassen sollen". In diesem Patent heißt es: „Demnach Uns alleruntertänigst angezeigt worden ist, daß die Wollspinnerei auf dem Lande, zur Aufnahme der Manufakturen, dadurch sehr befördert werden würde, wenn die Weiber der Küster und Schulmeister die Jugend auch zugleich im Wollspinnen unterrichteten, zumal dieselbe, wenn sie nicht mit dem Aufsagen beschäftigt sind, oft müßig sitzen und allerhand Unfug treiben: So wollen wir zwar allergnädigst nicht, daß dadurch das Lesen, Schreiben und auswendig Lernen des Catechismi, als das Hauptwerk, worum die Jugend zur Schule gesandt wird, gestört und zurückgesetzt werde: Wir verordnen und befehlen aber auch gleichwohl hierdurch allergnädigst und ernstlich, daß die Küster und Schulmeister auf dem Lande durch ihre Weiber die Jugend, Knaben und Mägden, bei dem Schulgehen zugleich im Wollspinnen mit unterrichten lassen sollen ... und was die Jugend, so lange der Unterricht dauert, verdienen wird, soll den Weibern der Küster und Schulmeister verbleiben, ihnen auch sonst für jedes Kind, für den Unterricht im Spinnen, außer dem ordinären Schul-Gelde, wöchentlich drei Pfennig von den Eltern bezahlt werden."[68]

Wenn die späteren preußischen Schullehrer angeblich die Schlacht von Königgrätz gewonnen haben sollen, so haben die Frauen ihrer Vorgänger bestimmt die zerstreute Spinnmanufaktur auf der Basis der Kinderarbeit mit aufbauen helfen.

Erstaunlich hoch ist die Zahl der Lehrlinge in den zentralisierten Manufakturen. Man betrachte etwa folgende Tabelle aus dem Jahre 1782[69]:

---

[67] Zentrales Staatsarchiv, Dienststelle Merseburg, Gen.-Dir., Ostpreussen und Litauen, Materien, Tit. LXXXVI, 1, 15, Bl. 2.

[68] Ebendort, Gen.-Dir., Pommern, Woll-Sachen, Gen., Nr. 12, Bl. 1 f.

[69] Ebendort, Gen.-Dir., Fabr.-Dep., Tit. XXXI, Nr. 47a.

Bei den „großen Entrepreneurs der Samt- und Seiden-Fabriken zu Berlin" sind beschäftigt:

Meister	335	Gesellen	369	Lehrlinge	318

Bei den „für eigene Rechnung arbeitenden kleinen Seiden-Fabrikanten zu Berlin" sind beschäftigt:

Meister	49	Gesellen	57	Lehrlinge	43

Bei den Seiden-Strumpf-Fabrikanten zu Berlin sind beschäftigt:

Meister	27	Gesellen	108	Lehrlinge	7

Insgesamt:

Meister	411	Gesellen	534	Lehrlinge	368

31 Prozent	41 Prozent	28 Prozent

Fast ein Drittel aller Beschäftigten sind Jugendliche und Kinder!

Gott ist doch gut, da er die Kinder geschaffen, die sich jetzt so profitabel erweisen. Ganz begeistert schreibt der Geheime Finanzrat Sack am 25. Mai 1799 von einer Reise durch die Provinz Cleve: „Es ist wohl keine Fabrikation, die für die Clever kleinen Städte so interessant ist, als die Baumwoll-Spinnerei auf englischen Handmühlen. Auch die kleinsten Kinder können damit beschäftigt werden, sie verdienen einen guten Lohn[70], und wenn sie ein wenig eingelernt sind, kann weder durch Flachs- oder Schafwollspinnen, noch auf andere Art ein höherer Tagelohn gemacht werden. Wegen des Absatzes des Gespinnstes ist man bei der Nähe der Bergischen und Märkischen Fabriken gesichert."[71]

Und wenn sich in den gleichen Akten ein anderes Bild auf einer anderen Seite findet, dann sagt sich der Kapitalist, auch die beste Sache hat notwendigerweise eine Kehrseite: „Es ist ein mit der Sache selbst verbundenes Übel, daß die Kinder, denen diese Art der Beschäftigung frühen Verdienst gibt, mehrenteils ungesund und zu Krüppeln werden und sich in älteren Jahren desto schlechter ernähren können."[72]

Und wie in Cleve, so in ganz Deutschland. Hören wir noch eine Feststellung des Rates der Stadt Chemnitz aus dem Jahre 1798: „Die in solchen Verhältnissen lebenden meisten hiesigen Fabrikanten (daß heißt Arbeiter in Manufakturen usw. – J. K.) sehen lebendigen Leichen nicht unähnlich und bringen ihr Alter nicht hoch."[73]

Die gleiche Chemnitzer Akte enthält noch eine andere, genauere Schilderung des Gesundheitszustandes, allgemein der gesundheitlichen Lebensverhältnisse der Chemnit-

---

[70] Sack gibt keine Beweise dafür, wie „gut" diese Löhne waren. Zweifellos schwankten sie stark, betrugen aber im allgemeinen wohl ein Fünftel bis ein Drittel der Löhne der ungelernten erwachsenen Männer. So wurden z. B. in der „Cotton-Druckerei" von Benjamin Gottlieb Pflugbeil in Chemnitz 1784 gezahlt an:

    Drucker 4 Thaler
    Färber- und Bleichknechte 1 $^1/_2$ Thaler
    Streichjungen 10 Groschen

(Landeshauptarchiv Dresden, Loc. 11 116, Bl. 19).

[71] Zentrales Staatsarchiv, Dienststelle Merseburg, Gen.-Dir., Cleve, Fabriken-Sachen der Städte, Tit. CLVI, Nd. 1, Bl. 7.

[72] Ebendort, Bl. 2 b.

[73] Stadtarchiv Chemnitz, Ratsakten V, XIXaX, 22 a, 1798.

zer, einen Ratsbericht an die Regierung des Landes, aus dem zitiert sei: „Hierzu käme, als eine andere und erheblichere Krankheits- und Sterblichkeitsursache das wegen Mangel an Wohnungen zu häufige und enge Beisammenwohnen der hiesigen meistenteils armen und dahero von groben, unverdaulichen Nahrungsmitteln lebenden Einwohnern, um von deren traurigen Lage sich recht lebhaft zu überzeugen, man Geistlicher oder Arzt sein müßte, indem man hier oft in einem mittelmäßigen Hause 50, 60 bis 80 und in mancher einzelnen Stube 12, 14, ja in den mit mancherlei stinkenden und der Gesundheit nachteiligen Farbendünsten erfüllten Kattundruckereistuben 20 bis 60 Menschen zählen könnte, die wechselweise ihre zum Teil kranken Ausdünstungen wieder in sich schlucken, wobei derselbe (der Stadtphysikus Dr. Freytag) sich zugleich als Beweis auf die in der Chemnitzer Vorstadt an der Bernsbach gelegenen, vor einigen Jahren bloß zu Mietwohnungen angebauten 3 Müllerschen Häuser beziehet, als in welchen zusammen 247 arme Menschen wohnen. Hierzu kommt noch, daß selbst der Hauptnahrungserwerb der hiesigen Einwohner als Beförderungsmittel der Sterblichkeit anzusehen ist. Denn die mehresten hiesigen Bürger sind Weber und ihre Anzahl Lehrlinge und Gesellen ungerechnet, an tausend. Diese alle wohnen, wie schon gedacht, mit Weibern, Kindern, Gesellen, Lehrlingen, Wollmacherinnen und Spinnerinnen so enge beisammen, daß man sich in den mehresten Werkstätten kaum rühren kann, und wo kleine Kinder sind, stehen die Betten noch dazu in den Winkeln der Stube. Durch das Wollmachen und Spinnen, mit oder ohne Maschine, wird vieler der Gesundheit gewiß nicht vorteilhafter Staub in die Stube gebracht, und die Waren, die der Weber fertigt, müssen geschlichtet werden, wozu nicht selten, besonders bei der ärmeren Klasse, die bei weitem den größten Teil ausmacht, Schlichte, die verdorben und stinkicht ist, verbraucht wird, dabei darf aber weder ein Fenster noch die Stubentür offengehalten werden, weil sonst die geschlichtete Werfte spröde wird, ihre Haltbarkeit verliert und zerreißt.“[74]

Am schlimmsten aber ging es den Kindern, die Waisen waren und die der „Pflege des Staates“ in die Hand fielen.

Beginnen wir mit einer Schilderung eines Waisenhauses in Württemberg:

„Das im Jahre 1710 ins Leben gerufene Stuttgarter Waisenhaus benutzte Karl Eugen zur Pflege und Förderung der Seidenkultur. 1754 wurde dort ein auswärtiger Seidenweber angestellt, der die Kinder in der Seidenzucht unterrichtete und mit Seidenwickeln beschäftigte. Auf den Allmandteil gegen das Eßlingertor wurden Maulbeerbäume gesetzt. Da sich die Sache finanziell nicht lohnte, gab man die Seidenkultur auf und führte 1758 eine Hausweberei ein mit einem Webmeister und einigen Webstühlen in einem Untergeschoß. Auch hier blieb der erwartete Profit aus. Dutzende von Kindern starben dahin, und im ganzen Land fürchtete man sich, in dieses Haus zu kommen. Als im Jahre 1761 Christian Jakob Ehrhart als neuer Waisenpfleger sein Amt antrat, versuchte er es mit einem neuen Erwerbszweig. Er erhielt die herzogliche Erlaubnis, mit 50 Kindern die Baumwollspinnerei neben der bereits bestehenden Leinenspinnerei zu betreiben.

So bietet uns die Geschichte des Stuttgarter Waisenhauses im 18. Jahrhundert das Beispiel einer gewerblichen Versuchsanstalt, die von den Fabriken des Landes als unlautere Konkurrenz betrachtet wurde, pädagogisch gesehen aber den höchst unvollkommenen Versuch einer Arbeitserziehung darstellt. Das für die Schuljugend tragbare Maß körperlicher Anstrengung wurde weit überschritten. Der edle Aufklärungspädagoge

---

[74] Teilweise abgedruckt: Beiträge zur Heimatgeschichte von Chemnitz. Heft 1, ausgewählt und eingeleitet von *R. Strauß*, Chemnitz 1952, S. 57 f.

C. G. Salzmann, der in seiner Erziehungsanstalt in Schnepfenthal selber größten Wert auf Ausbildung körperlicher und handwerklicher Geschicklichkeit legte, fragt angesichts der trostlosen Verhältnisse im Stuttgarter Waisenhaus bekümmert: 'Wenn wir die Kinder unserer entschlafenen Mitbürger nach Algier verhandelten, könnten sie barbarischer behandelt werden?'"[75]

Der große humanistische Pädagoge hat uns eine etwas ausführlichere Schilderung eines solchen Waisenhauses hinterlassen:

„Die ganze Versammlung gieng nach der Stube zu, in welcher sich gegen siebenzig Waisen befanden. Ach bester Herr Vetter! nie habe ich ein so anschauliches Gemälde vom menschlichen Elende gehabt, als in dieser Stube. Ein ganzes Heerdchen Kinder, deren Versorger im Grabe moderten, die hier sollen versorget seyn, und doch so schlecht versorgt waren! Alle sahen sie bleich aus, wie die Leichen, hatten matte, viele triefende Augen, kein Zug von Munterkeit war an ihnen sichtbar, einige hatten verwachsne Füsse, andere verwachsne Hände, und alle starrten von Grätze, die alles Mark auszusaugen schien. Die Stube war schwarz vom Oeldampfe, und an den Wänden flossen die Ausdünstungen herab, die diese Elenden von sich gaben. Sie waren auf ihre Arbeit so erpicht, daß unsere Gegenwart sie gar nicht störte. Und alle ihre Arbeit war Spinnen. Einige, besonders die kleinen, sponnen sitzend, die andern stehend. Mein Herz hätte über den Anblick springen mögen, wie ich sah, daß so viele Keime, die der Schöpfer gepflanzt, zerknirscht, und diese Elenden in so schreckliche Lagen versetzt wurden, daß sie am Geist und Leibe gebrechlich und klein werden mußten. Unterdessen, daß andere Kinder springen, scherzen und lachen, und in der Natur einen Schatz von Kenntnissen sich sammeln, sind diese Elenden an das Rad gefesselt, und der einzige Gegenstand ihrer Betrachtung, ist die Spindel ...

Mein Blick gieng wieder auf die armen Kinder, von denen ich erwartete, daß sie sogleich (nach einer Gebetspause – J. K.) auf den Spielplatz laufen würden, die aber, zu meiner großen Verwunderung, alle wieder hinter die Spinnräder rückten. Ich bezeigte hierüber meine Verwunderung gegen den Wollkämmer, der ihr unmittelbarer Aufseher war. Ja, sagte er: sie wollen gern ihr Tagewerk fertig bringen. Da vergessen sie eher Essen und Trinken, ehe sie vor geendigtem Tagwerke weggiengen.

I. Wird viel von ihnen gefordert?

W. (lächelnd) Ja! ich liefere noch einmal soviel Garn als sonst. Die Herren Waisenväter sind aber auch recht wohl mit mir zufrieden.

I. Nun das ist wirklich viel. Ich habe noch niemals Kinder gesehen, die in diesen Jahren schon einen solchen Fleiß bewiesen hätten. Er muß ganz besondere Vortheile haben, eine solche Menge Kinder zu einem so erstaunlichen Fleisse zu bringen.

W. (lächelnd) Die habe ich auch. Wollen Sie sie sehen?

I. Ich bin sehr begierig darauf.

Da öffnete er die Thür zu einem Zimmer, in welchem ich einen Auftritt sahe, vor dem die Menschheit zurück schaudert, und den ich gewiß nicht glauben würde, wenn ich ihn nicht mit meinen eignen Augen gesehen hätte. Fünf Kinder waren hier auf die Folter gespannt. Dreyen waren die Arme ausgedehnt und die Hände an eine Stange gebunden, so, daß sie in einer Stellung waren, die mit der Stellung des Gekreuzigten eine grosse Aehnlichkeit hat, und zwey Knaben lagen auf der Erde, so, daß der vordere Theil des Körpers durch die blossen Ellenbogen, der Kopf durch die Hände, und der

[75] F. Neukamm, Wirtschaft und Schule in Württemberg von 1700–1836. Heidelberg 1956, S. 13 f.

hintere Theil des Körpers durch die entblößten Knie unterstützt wurde. Auf den entblößten Rücken war ein schweres Stück Holz gelegt.

Ich fragte erschrocken, was diese Kinder verbrochen hätten? und erfuhr, daß ihr
ganzes Verbrechen darinne bestünde, daß sie ihr bestimmtes Gewichte an Wolle und
Baumwolle nicht aufgesponnen hätten. In der Angst rief ich die Waisenväter herbey
und fragte, ob sie schon wüßten, was für himmelschreyende Grausamkeiten in ihrem
Waisenhaus getrieben wurden? Selbst diese erschraken, versicherten, daß sie von dieser
barbarischen Behandlung nichts gewußt hätten, gaben dem Wollenkämmer einen Ver-
weiß, und befahlen, die Kinder frey zu machen. Diese stunden sinnlos da, und giengen
so wankend wie ein Missethäter, der von der Folterbank ist abgespannt worden. Der
Wollenkämmer entschuldigte sich und sagte: ich kann Ihnen ja immer nicht Garn genug
liefern. Wenn ich es nicht so mit den Kindern machen soll, so werde ich sie nimmer-
mehr dahin bringen, daß sie soviel liefern, als Sie verlangen."[76]

Natürlich besitzen wir auch herzzerreißende Schilderungen von Kindern, gerade auch
Waisenkindern, in den englischen kapitalistischen Manufakturen. Nicht ganz so grausam wie die von Salzmann. Aber auch sie wurden bis zum Letzten erschöpft in der
Arbeit. Und doch! genau wie es im Krieg auf beiden Seiten gleich grausam zugehen
kann, auch im Bürgerkrieg – wie hat Gorki als „gleich" Roten und Weißen Terror empfunden! doch mit Unrecht. Der Rote Terror, möge er gleich grausam sein wie der
Weiße, er dient doch einer gerechten Sache. Und so waren die Kinder in England
Opfer einer fortschrittlichen Entwicklung, die Kinder in Deutschland aber in ihrer
überwältigenden Mehrzahl Opfer eines parasitären, verfaulenden Gesellschaftssystems.
Für die Kinder Englands und Deutschlands mag der Alltag in vielem gleich schlimm
gewesen sein. Der philosophische Historiker sieht ihr Schicksal verschieden.

Doch zurück zu unserer Aufgabe, zur Schilderung des Alltags, denn in diesem Band,
in dieser Geschichte des Alltags des deutschen Volkes darf der philosophische Historiker nur gelegentlich, ganz gelegentlich seinen Spruch sagen, ansonsten muß sein Wort
unterdrückt werden, weil andernfalls die Grausamkeit des Alltags nicht deutlich genug
herauskommt. Nur wenn diese Grausamkeit des Alltags durch eine philosophisch-histo-
rische Betrachtung noch stärker herausgearbeitet werden kann, wie im Falle des Wai-
senkinderalltags in den deutschen feudalen Manufakturen, sollte er sich zu Wort melden.

Wir kommen nun, am Schluß dieses Kapitels, zu dem letzten Beruf der Kinder, dem
Betteln. Während des ganzen 18. Jahrhunderts nahm das Betteln zu. Natürlich hatte
es Bettler auch zur Zeit der Blüte des Feudalismus gegeben. Aber wie anders war ihre
Stellung in der Gesellschaft gewesen! Hören wir dazu Gurjewitsch: „Das Gebot ‚Du
sollst nicht stehlen', das jeglichen Besitz verteidigte, bewachte in der Klassengesellschaft
vor allem die Interessen der Besitzenden. Die einzige Vorschrift der Kirche, die auf
eine teilweise Umverteilung der Güter gerichtet war, beschränkte sich auf die Mahnung
zum Almosengeben. Die Armen und Besitzlosen standen in der Auffassung des Mittelalters Christus näher als die Eigentümer; in ihnen sah man das Bild Christi selbst.
Deshalb wurde die Wohltätigkeit gegenüber den Armen immer gelobt. Die Herrscher
und Feudalherren unterhielten gewöhnlich an ihren Höfen eine große Zahl von Bettlern, gaben ihnen Geld und beköstigten sie. Oft nahmen diese Ausgaben riesige Ausmaße an, und die reichen Leute verausgabten für die Bettler bedeutende Mittel; beson-

---

[76] *Chr. G. Salzmann*, Carl von Carlsberg oder über das menschliche Elend, Teil 1, Leipzig 1783,
S. 342 f. u. 348 ff.

deren Eifer legten die vornehmen Frauen an den Tag, und einige Herrscher machten sogar vor der Opferung eines Teils des Staatseinkommens an die Bettler nicht halt. Große Bedeutung wurde dem Unterhalt von Bettlern und Notleidenden in den Klöstern beigemessen." An einer anderen Stelle spricht Gurjewitsch von den Zunft- und Stadtordnungen, die „Bestimungen über die Fürsorge (!) für Bettler" hätten.[77]

In neuerer Zeit vermischte sich der Begriff des Bettlers mit dem des Vagabunden und Verbrechers, zumal ihre Anzahl während des 18. Jahrhunderts ständig zunahm.

Es ist nicht verwunderlich, daß in dieser niedergehenden Gesellschaft die Zahl der Bettler (wie heute im Kapitalismus die Zahl der „Asozialen") zunahm – was auch amtlicherseits anerkannt wurde. In einem königlich-preußischen Edikt aus dem Jahre 1748, das den Titel trägt: „Erneuertes Edikt wie die Wirklichen Armen versorget und verpfleget, die Muthwilligen Bettler bestrafet und zur Arbeit angehalten, auch überhaupt keine Bettler geduldet werden sollen", heißt es unter anderem: „... demnach Wir zu unserem größten Mißfallen erfahren müssen, wie daß das Betteln in den Städten sowohl, als insonderheit auf dem platten Lande ... dergestalt von neuem überhand genommen hat, daß solches ganz öffentlich und ungescheuet getrieben wird."[78]

Sollte dieses Edikt vielleicht noch darauf beruhen, daß gegenwärtige Übel im Vergleich zu vergangenen Zuständen häufig als größer empfunden werden, und sind solche Äußerungen über eine Zunahme in der Zahl der Bettler um die Mitte des Jahrhunderts auch noch nicht zahlreich, so häufen sich Klagen dieser Art seit den achtziger Jahren.

So heißt es in einem Schreiben an die Westpreußische Kriegs- und Domänenkammer vom 7. April 1781 aus Marienwerder: „In den hiesigen Niederungen, wo die Wohnungen voneinander entfernt liegen, und die vielen Strauchkampen und Baumpflanzungen versteckten Aufenthalt geben, nimmt das Betteln außerordentlich überhand."[79]

Acht Jahre später, am 19. Oktober 1789, wird aus der gleichen Gegend berichtet: „... ohngeachtet aller deshalb in Westpreußen ergangenen Verfügungen ist die Bettelei doch so sehr eingerissen und der Zusammenfluß der Bettler in hiesiger Gegend so stark geworden, daß die hiesigen Stadteingesessenen, um sich teils aller Zudringlichkeiten und Belästigungen dieser schamlosen Klasse von Menschen zu erwehren, andernteils die hiesigen wahren Armen zu unterstützen, zu einer freiwilligen Almosensteuer ... erboten haben."[80]

Sieben Jahre später, 1796, beginnt ein Dokument der Bürgerschaft Anklam: „Das Übel der Bettelei insonderheit auf dem platten Lande hat so überhand genommen, daß sie zu einer unerträglichen Landplage geworden."[81] Und diesem Bericht über Vorpommern entspricht ein anderer aus dem gleichen Jahr über Hinterpommern, in dem ebenfalls von „der so sehr überhand genommenen Bettelei in der ganzen Provinz, auf dem platten Lande sowohl als in den Städten"[82] die Rede ist.

Es sind nicht mehr die Bettler des Mittelalters, nicht mehr die entwurzelten Gestalten des Dreißigjährigen Krieges, die in der ersten Hälfte des 17. Jahrhunderts das Land durchzogen, auch nicht, wie in England zuvor, vom Lande Vertriebene, die das schnell

---

[77] Gurjewitsch, S. 277 und 239.

[78] Zentrales Staatsarchiv, Dienststelle Merseburg, Gen.-Dir., Ostpreußen und Litauen, Materien, Tit. V, Sekt. 3, Nr. 1, Bd. 1, Bl. 22.

[79] Ebendort, Westpreußen und Netzedistrikt, Materien, Tit. CXXIX, Nr. 9, Bl. 1.

[80] Ebendort, Materien, Tit. IX, Nr. 8, Bl. 3.

[81] Ebendort, Pommern, Tit. III, Materien, Armensachen, Nr. 6, Bl. 20.

[82] Ebendort, Nr. 8, Bl. 15.

sich entwickelnde Gewerbe doch nicht schnell genug aufnehmen konnte. Es handelt
sich vielmehr um Parias einer faulenden sterbenden Gesellschaft oder um Familien, die
im Nebenberuf betteln müssen, weil ihr Gewerbe sie nicht ernährt. Wie anders ist jetzt
auch die Haltung zum Bettler. Er ist nicht mehr eine Gestalt, an der man seine Barm-
herzigkeit im Sinne Christi übt. Im Gegenteil! „In Mecklenburg-Schwerin, in Hamburg
(bei 16 Speciestalern Strafe), in Dresden, München, Mannheim u.s.f. wurde das Geben
untersagt; in Nassau sollte nur dem etwas verabreicht werden dürfen, der nicht darum
bat. Auf der anderen Seite bedrohte der bayerische Criminalcodex von 1751 fremde
Bettler mit Brandmarkung und Schub über die Grenze, bei wiederholter Abfassung
mit dem Tode durch den Strang oder das Schwert, inländische mit Karbatschenhieben
und Schub in die Heimat, beim Rückfall mit Einsteckung in's Arbeitshaus auf Jahr und
Tag und allwöchentlicher Züchtigung. In Dresden winkte ihnen seit 1773 Gefängnis,
Peitsche, Block am Beine; in Hamburg von 1801 an sechsmonatliches Zuchthaus, beim
Rückfall zwölfmonatliches; in Güstrow um dieselbe Zeit Haft und Züchtigung."[83]
Und wie die Kinder in der Landwirtschaft selbstverständlich mitarbeiten müssen,
sobald sie „erwachsen", daß heißt fünf oder sechs oder sieben Jahre alt sind, so müssen
sie auch selbstverständlich mit betteln gehen. Ja mehr: oft arbeiten auch die Eltern in
irgendeinem keine Familienexistenz sichernden Gewerbe, während die Kinder hauptberuflich dem Gewerbe des Bettelns nachgehen müssen. Man kann wohl sagen, daß
nach der Arbeit in der Landwirtschaft das Betteln der am meisten Kinder beanspru-
chende Beruf war. Und auch so kann man formulieren: Das Betteln ist wahrscheinlich
der einzige Beruf, in dem die Hälfte der Beschäftigten aus Kindern bestand.
Über alle Maßen schlimm verlief das Leben solcher Bettlerkinder. Mit Wehmut sieht
sie ein Aufruf in Eisleben: „Armut und Elend häufen sich täglich sichtbar; ohne Zähren
hat man die Menge Bettler, und die, zum großen Teil unbekleidet, nach Brot schreien-
den Kinder vor unseren Türen bisher nicht ansehen können."[84] Mit Härte spricht von
ihnen das bereits zitierte „Erneuerte Edikt" von 1748: „§ 5. Diejenigen Kinder, welche
annoch Vater oder Mutter haben, aber auf dem Betteln betroffen werden, sind sofort
ohne Unterschied aufzugreifen, ihre Eltern auszuforschen, und selbige deshalb, daß sie
die Kinder zum Betteln auslaufen lassen, scharf zu bestrafen, auch die Kinder nach
befundenen Umständen zu züchtigen."
Wie elend solche armen Kinder und ihre Eltern bisweilen wohnten, schildert ein
Besucher Hamburgs: „Fast kein Strahl der Sonne gelangt zu ihnen, aber wohl, bei
anhaltendem Regen, der Abfluß des überströmenden Gassenkotes; ja, in manchen Gegenden dringt sogar, bei hoher Flut, das Wasser der Elbe ein. Da ist die Dürftigkeit,
am Mittage bei einer trüben Lampe voll Rübsenöls, geschäftig, den Bissen Brot zu
erwerben, nach dem ein halbes Dutzend bleicher Kinder hungern! Man versicherte
mich, es gäbe Menschen, die in dieser traurigen Unterwelt geboren, erzogen und Greise
geworden, und zuweilen in einer Reihe von Jahren nicht aus ihr emporgestiegen wären,
die Sonne zu sehen. Von emsigen Hausmüttern, die für einen Haufen von Kindern zu
sorgen haben, von sitzenden Handwerkern, vorzüglich von chronischen Kranken, von
denen diese Höhlen wimmeln, schien es mir wahrscheinlich, und noch mehr als das,
wenn ich die Beschaffenheit dieser Wohnungen des Elends erwäge, die fast eine unter-

---

[83] A. *Lammers*, Die Bettel-Plage. In: „Volkswirtschaftliche Zeitfragen", Jg. 1, Berlin 1879, Heft 6,
S. 9 f.
[84] Landeshauptarchiv Dresden, KHS Leipzig, Nr. 114, Bl. 63 c.

irdische Stadt bilden. Lange Gänge führen durch sie hin. In einer Stadtgegend steigt man eine zerbrochene Stiege in sie hinab und kommt in einer ganz anderen wieder herauf. Mich schauderte, wenn ich durch die hinging und mir dachte, daß man ein ganzes Leben in diesen dumpfigen, kalten ekelhaften Gräben verbringen könnte.“[85]

Auch solche Verhältnisse gehören zum Alltag des Kindes, ob es nun den Beruf des Bettlers, des Heimarbeiters oder Lehrlings ausübt.

Spielten die Kinder auch? Natürlich. Und zwar viele Spiele, die ich noch aus meiner Jugend kenne, wie Murmeln, Ball, Drachen steigen lassen, Zeck, Schlittenfahren usw. Man spielte mit anderen aus der nächsten Nachbarschaft oder solchen, die man aus der Schule kannte.

Möller hat uns aus Jugenderinnerungen zusammengestellt:

„Klöden spielte ‘viel’ mit einem Schulkameraden und dessen Schwestern: ‘Unsere Spiele waren höchst mannigfaltig und oft ziemlich wild. In körperlichen Übungen war ich jedoch kein Held ... Von Prügeleien hielt ich mich daher, wenn es sein konnte, fern. Auch im Klettern leistete ich wenig ... Dagegen war ich ein guter Ballspieler geworden; es versagte mir selten ein Schlag; ich brachte den Ball dahin, wohin ich ihn haben wollte, und ließ deshalb keinen meiner Mitspieler im Felde sitzen. Im Winter wurde viel geschlittert; Schlittschuhe kannte man in Friedland nicht ... Im Sommer waren uns die Fichten der angenehmste Tummelplatz’. Auch Rosenkranz verbrachte die Zeit, die ihm ‘außer den Schulstunden übrig blieb ... mit sehr wilden Spielen’: ‘Ich war überhaupt ein heftiges und unruhiges Kind, das in dummen Streichen und Schlägereien sehr ergiebig war und deshalb auch vom Großvater wie vom Vater öfters dero gezüchtigt wurde. Wir Kinder bildeten gewissermaßen für die Erwachsenen eine anarchische Räuberschaar, gegen die man immer auf der Hut sein mußte. Die großen Häuser unserer Verwandten und Bekannten ... boten auf den Kornspeichern, in den Holzlagern, in den Brauhäusern, in den Stallungen, Höfen und Gärten einen ungeheuren Spielraum dar. Die ganze Jugend der Vorstadt war sich ungefähr bekannt, und der Platz um die Kirche herum, wo die Spritzenhäuser standen und welcher der ⟨Thie⟩ ... hieß, war ihr Sammelplatz zu gemeinschaftlichen Spielen und Kämpfen. In lichten Haufen zogen wir nicht selten nach der Elbseite zu in die Felder, thaten uns hier in den jungen Erbsen, in den Mohrrüben, in den Mohnköpfen und dergleichen gütlich und kamen dabei auch gelegentlich mit dem ⟨Pannemann⟩ (dem auspfändenden Flurschützen) in Confliet’[86] ...

Jacob Grimms Notizen über weniger wilde Spiele und Spielzeug in Steinau dürften weithin repräsentativ sein: ‘Springen auf den Treppenstufen vor der Haustüre. Sammeln der Eichelhülsen, woraus Armeen reguliert wurden ... Unreife abgefallene Äpfel wurden an spitze Hölzer gesteckt und in die Luft geschwungen. Steinwurfmaschinen. Backofen von Sand, indem man einen Schuh hinstellte, darauf baute und ihn wegzog. Knallbüchsen aus Leimen, die beim Werfen auf die hohle Seite oben ein Loch bekommen. Wassermühlen, Sammlung von Steinern und Heuchern ... Flechten von Katzenstühlen. Zichorenstengel, oben aufgeschnitten und ins Wasser gelegt, rollten sich oben hyazinthenmäßig kraus. Wagen aus Kastanienschalen mit Zwirnsfäden ... Fliegenlassen der Maikäfer’[87]. Auch unter den Geräuschen, die Lichtenberg von seinem Göttinger

---

[85] G. Merkel, Briefe über Hamburg und Lübeck. Leipzig 1801, S. 23 f.

[86] K. Rosenkranz, Von Magdeburg nach Königsberg. Berlin 1873, S. 8.

[87] Praesent, Märchenhaus. S. 26 f. – Bronners Vater schnitzte seinen Kindern das Spielzeug selbst. z. B. „allerley Maschinchen“, Bronner, I S. 51.

Gartenhaus aus registrierte, war 'ein sehr helles und emsiges Schreyen von Kindern, vermuthlich auf der Maykäfer-Jagd auf dem Walle'[88].'[89]

Ja, die Kinder spielten auch – oder sollte man statt die Kinder nicht besser sagen: Kinder.

Rosenkranz hatte offenbar die ganze Zeit, die nicht mit der Schule verbracht wurde, frei zum Spielen. Das aber war eine ganz große Ausnahme. Viel häufiger wartete die Bäuerin, wenn die Kinder überhaupt zur Schule gehen konnten, ungeduldig auf sie, um sie an diese oder jene Arbeit zu setzen. Und das gleiche gilt für die Kinder, die in der Heimindustrie tätig waren. Da blieben, wenn überhaupt, häufig nur die Dämmerung (wenn man beim hauptberuflichen Spinnen und Weben oder gar auf dem Hofe wie dem Felde nicht mehr arbeiten konnte und im Haus nicht noch Arbeit wartete) und der Sonntag zum Spielen.

Und den Lehrlingen blieb wahrlich auch nicht viel Zeit. Möller meint: „Sofern mit dem Abendessen der Arbeitstag zu Ende ging, bot das Gespräch im häuslichen oder nachbarlichen Kreis, im oder vor dem Hause, eine vor allem in kleineren Städten noch verbreitete Möglichkeit der Entspannung. Bei einer Arbeitszeit von zwölf, dreizehn und mehr Stunden war sie aber für Gesellen und Lehrlinge nur bedingt gegeben. Die Ordnung der Seidenwebergesellen zu Nürnberg verlangte sogar noch 1760, es solle 'jeder gesell obligirt seyn, des tags 15 stunden zu arbeiten, mithin in wochentagen ohne ehehafte rasch ursach vorbewußt seines meisters nicht auszugehen'; sie steckten also, wie es ein halbes Jahrhundert später der Leinewebergeselle Riedel aus eigener Erfahrung bestätigte, tatsächlich 'die ganze Woche im Futteral wie die Gesangbücher, und guckten nur an Sonntagen heraus'[90].'[91]

Andere Kinder, insbesondere wenn sie Zwangsarbeiter waren, guckten nicht einmal an Sonntagen „aus dem Futteral heraus".

[88] *G. Chr. Lichtenberg,* Aphorismen. Hsg. v. Leitzmann. Deutsche Literaturdenkmale des 18. und 19. Jahrhunderts 140. Berlin 1908, S. 166.

[89] Möller, S. 54 f.

[90] *B. Riedel,* Gut Gesell', und du mußt wandern. Aus dem Reisetagebuch des wandernden Leinewebergesellen – –, 1803–1816. Hsg. von F. Zollhoefer. Goslar 1938.

[91] Möller, S. 156.

Kapitel 7

Die Arbeit der Frau – die Familie

Die Arbeit der Frau hat sich im Hauptwirtschaftszweig unserer Zeit, in der Landwirtschaft, wohl nur dadurch verändert, daß sie mit der Verschlechterung der Lebenshaltung gegenüber dem 15. und 16. Jahrhundert und der Ausdehnung und Verschärfung des Gesindedienstes schwerer wurde.

Für den Osten, für die Gutsherrschaft kann man feststellen: mit der Zunahme der Fronarbeit nahm die Arbeit der Frau auf dem Bauernhof zu. Jetzt, wo der Bauer weniger und weniger Zeit für den eigenen Hof hatte, mußten gar nicht selten die Frau und die Kinder die Mannesarbeit zum Teil übernehmen. Die uralte Arbeitsteilung zwischen Mann und Frau mußte zum Teil durchbrochen werden.

Und wie war es im Westen mit der wachsenden Bedeutung der Geldrente und der „industriellen Nebenarbeit", zumeist in der Textilindustrie? Hier beobachten wir eine entgegengesetzte Tendenz. Hier sind die Fälle nicht selten, in denen sich der Mann an der bisher praktisch ausschließlich weiblichen Arbeit des Spinnens und Webens beteiligt.

Beides, die Tendenzen im Osten wie im Westen, sind auf den Bauernhöfen jedoch nur in relativ bescheidenem Ausmaß spürbar.

Ganz anders schon in dem sich in unserer Zeit beachtlich ausbreitenden ländlichen (nicht-textilen) Handwerk. Hier übernehmen, insbesondere wenn es sich um Gartenwirtschaft mit etwas Vieh im Nebenbetrieb handelt, die Frau und die Kinder den bei weitem größeren Teil, wenn nicht, abgesehen von gelegentlichen Hilfsleistungen, die gesamte Arbeit in der „Landwirtschaft".

Wie aber ist die Lage in den „neuen Gewerben", wie in der Heimindustrie, sei sie verlegt oder nicht, und in der dezentralisierten Manufaktur? Medick ist dieser Meinung:

„Die Geschichte der proto-industriellen Familienwirtschaft ist in die lange Nachgeschichte der bäuerlichen Gesellschaft ebenso einbezogen wie in die Vorgeschichte des industriellen Kapitalismus. ... Als strukturelle Arbeitseinheit jedoch erwies sich die Familie während der Proto-Industrialisierung in hohem Maße als resistent. Sie war in dieser Hinsicht keineswegs einem Zerfallsprozeß unterworfen. Im Gegenteil: Die Notwendigkeiten gemeinsamer Arbeit unter widrigen Bedingungen bewirkten ein höheres Maß an funktionaler Integration – und damit auch an strukturellem Zusammenhalt – als dies bei Bauernfamilien notwendig war: 'Von 2–3 Bauernfamilien kann im Falle der Noth eine einen Mann zum Schutz des Vaterlandes stellen, ohne daß der Ackerbau liegen darf. Dieses kann schwerlich von Familien geschehen, die Zeuge (i. e. Wollstoffe) weben. Die Fabriken sind eine aus vielen Rädern bestehende Maschine, die man nicht rühren darf' (J. P. Süßmilch)[1]

---

[1] *J. P. Süßmilch*, Die göttliche Ordnung in den Veränderungen des menschlichen Geschlechts, aus der Geburt, dem Tode und der Fortpflanzung desselben erwiesen. 2 Bde. Berlin 1765 2. S. 67.

Selbst wenn die innere Arbeitsorganisation der Familie im Verlauf der Proto-Industrialisierung erheblichen Veränderungen unterworfen war und von dieser Existenzbasis der Arbeit her auch die Rollenkonfiguration und das Rollenverhalten der Familienmitglieder außerhalb des unmittelbaren Arbeitsprozesses erfaßt wurden, so verblieben die Veränderungen doch stets im Rahmen des 'ganzen Hauses'. ... Der hauswirtschaftliche Produktionsprozeß im ländlichen Gewerbe war deshalb durch eine flexiblere Praxis der Rollenverantwortlichkeiten der Familienmitglieder charakterisiert als dies für bäuerliche, aber auch klein- und unterbäuerliche Schichten üblich war. Insbesondere fehlte diejenige Trennung von Männerarbeit und Frauenarbeit, die im bäuerlichen Haushalt – ohne rigide Abschottung der einzelnen Sphären – dem Manne in der Regel die außerhäusliche Arbeit in Feld und Flur, der Frau aber die Arbeit in der 'Haushaltung' zugewiesen hatte, einschließlich Hausgewerbe für den persönlichen Bedarf, Gartenbau, Milchwirtschaft, Kleinviehhaltung und Vermarktung der hauswirtschaftlichen Überschüsse. Auch wenn sich diese geschlechtsspezifische Arbeitsteilung bei denjenigen klein- und unterbäuerlichen Schichten, die noch überwiegend in der Agrarproduktion tätig waren, verwischte, verblieb der Mann auch hier, ob als Tagelöhner, Wanderarbeiter oder Kötter, im allgemeinen außerhalb der Sphäre der Hausarbeit. Der Bereich der Frauenarbeit dagegen weitete sich bei dieser Schicht aus und wurde von zunehmender Bedeutung. Ob die Frau als Spinnerin in der gewerblichen Warenproduktion für den Markt aktiv wurde oder die Grenzerträge der agrarischen Eigenwirtschaft durch Intensivkultur oder Viehhaltung auf der Gemeindeweide erhöhte, oft war nur durch ihre Tätigkeit die lebenswichtige Marge familienwirtschaftlicher Subsistenz garantiert. ...

Im proto-industriellen Haushalt wurde diese unterbäuerliche Konstellation fortgesetzt und zugleich dadurch verändert, daß der Mann gewissermaßen ins Haus zurückkehrte. Zumindest im Textilgewerbe rückte er in eine Arbeitssituation ein, die traditionell von der Frau präformiert war, ohne daß er jedoch gleichzeitig – wenigstens beim Weiterbestehen der partiellen agrarischen Basis – seine außerhäusliche Tätigkeit ganz aufgab. ... Generell aber war die hausindustrielle Situation durch eine starke Angleichung der Produktionsfunktionen von Mann und Frau bestimmt. Die Frau als Messer- und Nagelschmied sowie als Organisatorin des außerhäuslichen Vertriebs der gewerblichen Produkte[2] kam ebenso vor wie der Mann als Spitzenklöppler[3] oder Handspinner[4]. – Zumindest im Grenzfall führte die Anpassung der familiären Arbeitsorganisation an die Überlebensbedingungen noch über das Verschwinden der traditionellen Arbeitsteilung. der Geschlechter hinaus, zu ihrer Umkehr, zu ihrer Austauschbarkeit: falls die Produktionsbedingungen die 'Vernachlässigung' der hauswirtschaftlichen Tätigkeit durch die Frau erzwangen, konnte dieser 'Funktionsverlust' vom Mann durch die Übernahme der traditionell weiblichen Rolle kompensiert werden. Das, was zeitgenössischen Beobachtern der Mittel- und Oberschicht allzu schnell als Umkehrung der 'natürlichen' Verhältnisse erschien, bedeutete für Weber-, und mehr noch für spezialisierte Spinnerhaushalte,

---

[2] *S. Chr. L. Ziegler,* Nachricht von der Verfertigung der Spitzen im Erzgebirge, in: *J. Beckmann,* Beyträge zur Ökonomie, Technologie, Polizey und Cameralwissenschaft 1. Göttingen 1779, S. 108 bis 114, hier S. 110 f.; *J. Scott* und *L. Tilly,* Women's Work and the Family in Nineteenth-Century Europe, in: Comparative Studies in Society and History 17. 1975, S. 36–64, hier S. 47; *A. Thun,* Die Industrie am Niederrhein und ihre Arbeiter. 2 Bde. Leipzig 1879, 2. S. 154 (Bergische Kleineisenindustrie).

[3] *S. Chr. L. Ziegler,* a. a. O., bes. S. 108 f., S. 114.

[4] *J. P. Süssmilch,* a. a. O., S. 47 (Baumwollspinner).

keineswegs ein 'Rollenproblem': daß die 'Männer . . . kochen, fegen und melken, um das gute fleißige Weib in seiner Arbeit ja nicht zu stören' (J. N. v. Schwerz)[5]."[6]

Dazu gibt Medick noch einen Bericht aus dem Jahre 1853, der aber auch für die hier betrachtete Zeit zutreffen kann: „Wenn man in die Wohnungen der Landbewohner tritt, welche nicht dem größeren Grundbesitz angehören, und welche sich eben durch Spinnen ihre dürftige Subsistenz erwerben, so findet man oft die ganze Familie am Spinnrade. Nicht selten sieht man Großmutter, Mutter und Enkelin mit Spinnen beschäftigt, während der Vater und der erwachsene Sohn auf dem Felde arbeiten oder andere häusliche Arbeit verrichten, die Mahlzeit vorbereiten, Rüben putzen oder Kartoffeln schälen, wenn und solange sie deren haben. In den Weberwohnungen ist der Vater mit der Bereitung des Garns beschäftigt, wenn er nicht ausgezogen ist, um Garn zu kaufen oder fertige Leinewand zu verkaufen, oder wenn er nicht mit dem erwachsenen Sohne den Acker bestellt. Die Mutter ist am Herde beschäftigt oder wartet des Viehes. Die größern Töchter sitzen auf dem Webestuhle und die kleinen noch schulpflichtigen Kinder müssen in den freien Stunden das Garn auf Spulen winden."[7]

Ich habe diese Ausführungen zitiert, um unseren Blick für gewisse Veränderungen in der Arbeitsteilung zwischen Frau und Mann zu weiten. Es wäre jedoch ganz falsch, ihnen größere Bedeutung im Leben des deutschen Volkes beizumessen. Die betroffenen Bevölkerungsschichten sind sehr klein.

Wenn man aber bedenkt, daß ein beachtlicher Teil der Gewerbetreibenden Gartenbau mit Kleinvieh und vielleicht Ziege, Schwein und Kuh betrieben und daß das genau die Teile der Landwirtschaft waren, die bei der Arbeitsteilung auf dem Hofe der Frau stets unterstanden haben, so muß man doch zusammenfassend sagen: Die Bedeutung des landwirtschaftlichen Nebenbetriebs und der Frau dort für die Lebenshaltung, für die gesamte Ökonomie von Heimarbeit, Verlag und dezentralisierter Manufaktur können gar nicht hoch genug eingeschätzt werden. Ja, wie wir gleich sehen werden, hat diese Kombination von Produktionszweigen sogar noch seine Bedeutung für kapitalistische Verhältnisse in der zweiten Hälfte des 19. Jahrhunderts.

Um den Gang der städtischen Kaufleute auf das Land zu erklären, schreibt Kriedte: „Nicht zuletzt sprachen Kostengesichtspunkte für die Nutzung des Produktionsstandortes Land. Rohmaterialien waren auf dem Land oft billiger zu beschaffen als in der Stadt. Auf dem Land war der Steuerdruck, der auf dem Handwerk lastete, oft nicht so stark wie innerhalb der Stadtmauern. Ferner waren die Lebenshaltungskosten auf dem Lande niedriger. Vor allem aber ist folgendes zu bedenken. Wenn die ländlichen Gewerbetreibenden ein Stück Land besaßen und damit über eine landwirtschaftliche Subsistenzbasis verfügten, konnten sie auf einen Teil ihres Arbeitsentgelts verzichten, d. h. unter Bedingungen arbeiten, wo der Erlös nicht ausreichte, um die Reproduktionskosten der Arbeit und die Kosten für die Erneuerung der Produktionsmittel zu decken. Kaufleute und Verleger machten sich ihrerseits die desolate Lage der auf einen gewerblichen Zuerwerb angewiesenen ländlichen Unterschichten zunutze, zumal diese des Rückhalts an

---

[5] *J. N. v. Schwerz*, Beschreibung der Landwirtschaft in Westfalen und Rheinpreußen (1816) 1. Stuttgart 1836, S. 111.

[6] Protoindustrialisierung S. 131–135.

[7] *C. H. Bitter*, Bericht über den Notstand in der Senne zwischen Bielefeld und Paderborn, Regierungsbezirk Minden, und Vorschläge zur Beseitigung derselben, aufgrund örtlicher Untersuchungen dargestellt (1853), in: Jahresbericht des historischen Vereins für die Grafschaft Ravensberg 64. 1965, S. 1–108, hier S. 22.

einer Zunft entbehrten, und drückten deren Arbeitsentgelte noch weiter, so daß sie weit unter das Niveau fielen, wie sie unter den Bedingungen der Zunftproduktion in den Städten gegeben waren. Ein Kaufmann oder Verleger, der auf das ländliche Arbeitskräftepotential zurückgriff, konnte auf diese Weise einen spezifischen Differentialgewinn erwirtschaften, einen Differentialgewinn, der freilich mit der Verallgemeinerung des neuen Produktionssystems zum Verschwinden kam. Gerade in Zeiten, in denen wie im späten Mittelalter und im 17. Jahrhundert die Preise für Gewerbeprodukte sanken, die Löhne aber zumindest tendenziell stiegen, mußte folglich beim Handelskapital die Neigung zunehmen, sinkende Erlöse mit der Nutzung des ländlichen Arbeitskräftepotentials zu beantworten."

Und Schlumbohm erklärt: „Es muß in Rechnung gestellt werden, daß einer Familie, die landwirtschaftliche mit gewerblicher Arbeit verband, für ihre gewerbliche Tätigkeit weniger Zeit zur Verfügung stand als einer ausschließlich im Gewerbe tätigen Familie, wenn alle übrigen Bedingungen gleich waren. Deshalb konnte die Tatsache der Verbindung von landwirtschaftlicher und gewerblicher Tätigkeit bei den Arbeitskräften an der Peripherie nur in dem Maße zu – im Vergleich zu den vollzeitlich im Gewerbe beschäftigten in den Zentren – niedrigeren Lohnsätzen an der Peripherie führen wie 1. die Hinnahme so niedriger Entgelte erzwungen wurde dadurch, daß an der Peripherie ein Überangebot von Arbeitskräften bestand (etwa in der Weise, daß die Landwirtschaft den Bewohnern zwar einen Teil des Lebensunterhalts, aber eben keinen ausreichenden lieferte) und wie 2. die Hinnahme so niedriger Entgelte ermöglicht wurde dadurch, daß bei den Produzenten an der Peripherie das Realeinkommen je Zeiteinheit aus der Landwirtschaft entsprechend höher war als das aus dem Gewerbe. (Abgesehen von Krisensituationen waren nur unter dieser Bedingung gewerbliche Einkommen der unmittelbaren Produzenten je Zeiteinheit denkbar, die 'unterhalb des Subsistenzniveaus' gelegen hätten, wenn sie die einzige Einkommensquelle gewesen wären; denn im Durchschnitt mußte das Gesamteinkommen doch so hoch sein, daß es ausreichte, um das Überleben zu sichern; sonst wäre das Arbeitskräftepotential physisch vernichtet worden.) Daß das Realeinkommen je Zeiteinheit aus der Landwirtschaft höher war als das aus dem Gewerbe, ist durchweg anzunehmen, wo sie freie Eigentümer ihres Landstücks waren, vielfach aber auch im Fall der Pacht; für feudal gebundene Kleinbauern bedarf es besonderer Prüfung; für landwirtschaftliche Lohnarbeiter galt es in einigen Regionen, in anderen dagegen offenbar nicht, so daß hier die nicht Landbesitzenden ausschließlich ihrer gewerblichen Arbeit nachgingen. Je kleiner das Landstück wurde, das die gewerblichen Produzenten besaßen, je höher der Pachtzins für kleine Landstücke infolge des mit der Bevölkerung wachsenden Andrangs stieg oder je mehr die Löhne für saisonale Landarbeiter aus dem gleichen Grunde sanken, desto mehr mußte sich diese Wirkung der Verbindung von Landwirtschaft und Gewerbe reduzieren, eben bis hin zu dem Punkt, wo die Gewerbetreibenden – sofern sie nicht durch eine feudale Agrarverfassung in ihrer Freiheit beschränkt waren – kein Land mehr pachteten und nicht mehr saisonal als Landarbeiter tätig waren."[8]

Engels entwickelt diese ökonomische Grundidee im Vorwort zur 2. Auflage der „Wohnungsfrage" noch für die Zeit des Kapitalismus: „Was die Familie auf ihrem eignen Gärtchen und Feldchen erarbeitet, das erlaubt die Konkurrenz dem Kapitalisten vom Preis der Arbeitskraft abzuziehen; die Arbeiter müssen eben jeden Akkordlohn

---

[8] Protoindustrialisierung, S. 60 f. und 218 f.

nehmen, weil sie sonst gar nichts erhalten und vom Produkt ihres Landbaus allein nicht leben können; und weil andrerseits eben dieser Landbau und Grundbesitz sie an den Ort fesselt, sie hindert, sich nach andrer Beschäftigung umzusehn. Und hierin liegt der Grund, der Deutschland in einer ganzen Reihe von kleinen Artikeln auf dem Weltmarkt konkurrenzfähig erhält. *Man schlägt den ganzen Kapitalprofit heraus aus einem Abzug vom normalen Arbeitslohn und kann den ganzen Mehrwert dem Käufer schenken.* Das ist das Geheimnis der erstaunlichen Wohlfeilheit der meisten deutschen Ausfuhrartikel."[9]

Genau wie in unserer hier behandelten Zeit wird auch später noch der gewerblich Beschäftigte weit unter seinem Lohn bezahlt, da er ja zur „Ergänzung" noch eine Landwirtschaft bzw. einen Gartenbau hat. Dieser aber wird, soweit er Nebenbetrieb ist, mehr von Frau und Kindern als vom Mann betrieben.

Man sieht, daß unter solchen Umständen die Frau eine neue Funktion übernimmt. Sie (und die Kinder) sichert (worauf auch Medick hinweist) in solchen Fällen den „Grenzwert" der Existenz. Die gewerbliche Arbeit wird unter den Reproduktionskosten bezahlt, der Kaufmann bzw. der Verleger bzw. der Unternehmer der dezentralisierten Manufaktur stecken nicht nur das Mehrprodukt ein, sondern eignen sich auch einen erheblichen Teil des Konsumtionsfonds der gewerblichen Arbeitenden an, der durch die Arbeit vor allem der Frau im Nebenbetrieb notdürftig ergänzt wird.

Natürlich bleibt für den übergroßen Teil der Bevölkerung die Arbeit in der Landwirtschaft, sei es als Bauernfamilien, sei es als Kossäten, Insassen oder andere Landarme, die als Tagelöhner arbeiten, die Hauptbeschäftigung. Und insofern ist die Arbeit der Frau die gleiche wie zuvor geblieben. Wir haben sie im ersten Band beschrieben. Sie teilt in jeder Beziehung das Leben ihres Mannes. Sie hat zwar im allgemeinen, wenn Fron oder Geldrente nicht allzustark drücken, ihren eigenen Arbeitsbereich, der jedoch, wenn wir von dem Aufbringen der Kinder bis zu ihrer Arbeitsfähigkeit absehen, völlig mit dem des Mannes integriert ist.

Ein Bilderbuch „Deutliche Vorstellungen der Nürnbergischen Trachten" (Nürnberg 1766) schildert schönfärberisch die Tätigkeit einer Bäuerin: „Sie sieht in ihrem stumpfigten Rocke und ihrer Pelzhaube, die sie Sommers und Winters trägt, ganz artig aus, und die Vornehmen masquiren sich gerne in ihre Tracht. Bald geht sie mit ihrem Milch= und Eyerkorbe in die Stadt; bald sitzt sie am Markte und verkauft; bald melkt sie; bald buttert sie aus; bald zerläßt sie die Butter zum Schmalze; bald kocht sie dem Bauern Caffee, und den Kindern, Knechten und Mägden Glöse und Schinken. Manchmal kutschiret sie selbst die gejochten Ochsen, die ihrer Stimme so gut gehorchen, als den Befehlen des Bauern. Hinter ihm geht sie Sonntags zur Kirche, und an der Kirchweyh mit ihm zum Tanze. Ihr rothes starkes Gesicht verräth die Gesundheit, und sie ist doppelt gesund, weil sie nicht zärtlich ist." Kennzeichnend vielleicht, daß sie die „gejochten Ochsen kutschiret", was sie in früheren Zeiten wohl kaum hat, als der Druck auf den Bauern noch nicht so groß und eine schärfere Arbeitsteilung möglich war.

Die Bäuerin ist es auch, die vor allem die Produkte des Hofes in die Stadt zum Verkauf trägt. Wir kennen sie aus der Erzählung von Grimmelshausen im ersten Band dieses Werkes.[10] Das Nürnberger Trachtenbuch schildert die „Milchbäuerin" so: „Sie kommt täglich vom Lande in die Stadt, oder sie hält die Woche durch etliche Tage, an welchen

---

[9] *Marx/Engels,* Werke, Bd. 21, Berlin 1962, S. 331 f.
[10] Vgl. Bd. 1 dieses Werkes, S. 230 f.

sie mit dem Nutzen ihres Viehes und ihrer Arbeit hausieren geht. Sie gehört unter die ausrufenden Personen, deren sich gar mancherley in Nürnberg zeigen und hören lassen, so daß man eine ganze Sammlung davon im Kupferstiche gemacht hat. Ihr Ausruf ist dieser: gute Milch ihr Weiber, Eyer und Schmalz, guten Kern, gute Buttermilch. Ein eigner bäuerisch=Nürnbergischer Dialekt, und ein gewisser Ton, den man sogleich kennt, wenn man ihn einmal gehöret hat, sind mit diesem Ausruf verbunden. Manchmal ruft sie noch: sauers Kraut, kleines Kraut, weisses Kraut, Milchram, und anders mit aus. Einige ihres gleichen rufen gar nicht, sondern gehen stille die Strassen durch, und haben ihre eigene Häuser, wo sie sich nach und nach ihrer Lasten entladen, und wo man ihrer sehnlich wartet, wenigstens ihrer Milch und des Kerns zum Morgencaffee. Die Milchbäuerin hat um so viel mehr Kunden und Käufer, je reinlicher sie ist. Es weiß aber auch manche sich und ihren Korb, und die Tücher, und die küpfernen Krüge so appetitlich herzurichten, daß sie billig mit ihrer Waare Beyfall findet."[11]

Ein realistischeres Bild vom Leben der Bäuerin, der ganzen Bauernfamilie in dieser Zeit zeichnet Johann Michael von Loen (1771): "Heut zu Tage ist der Landmann die armseligste unter allen Kreaturen: die Bauern sind Sklaven und ihre Knechte sind von dem Vieh, das sie hüten, kaum noch zu unterscheiden. Man kommt auf Dörfer, wo die Kinder halb nackend laufen und die Durchreisenden um ein Almosen anschreien. Die Eltern haben kaum noch einige Lumpen auf dem Leib, ihre Blöße zu decken. Ein paar magere Kühe müssen ihnen das Feld bauen und auch Milch geben. Ihre Scheuern sind leer, und ihre Hütten drohen alle Augenblicke über einen Haufen zu fallen. Sie selbst sehen verkahmt und elend aus. Man würde noch mehr Mitleiden mit ihnen haben, wenn nicht ein wildes und viehisches Ansehen ein so hartes Schicksal an ihnen zu rechtfertigen schiene: Der Bauer wird wie das dumme Vieh in aller Unwissenheit erzogen. Er wird unaufhörlich mit Frondiensten, Botenlaufen, Treibjagen, Schanzen, Graben und dergleichen geängstigt. Er muß vom Morgen bis zum Abend die Äcker durchwühlen, es mag ihn die Hitze brennen oder die Kälte starr machen. Des Nachts liegt er im Felde und wird schier zum Wild, um das Wild zu scheuen, daß es nicht die Saat plündere. Was dem Wildzahn entrissen wird, nimmt hernach ein rauher Beamter auf Abtrag der noch rückständigen Schoß- und Steuergelder hinweg. Wenn nun hier der nicht minder boshafte als gequälte Bauersmann seinem Herrn etwas unterschlagen und mit List entwenden kann, so tut er solches mit dem besten Herzen von der Welt und bildet sich ein, die Gerechtigkeit sei nur ein ausgedachter Vorteil der Großen, damit sie alles sich zueignen könnten."[12]

Aus Oberschlesien, wo die Zustände nach ihm besonders schlimm sind, berichtet Knapp, zunächst aus einer zeitgenössischen Schrift zitierend:

„'Ja, einige Weiber, junge und alte, gehen noch im Oktober, wie ich 1782 gesehen, ganz ohne Hemd und haben blos einen schlechten Weiberrock und eine Jupe auf ihrem Leibe, und auch diese nicht etwa zugemacht, folglich kann man die ganze bloße Brust und den Leib bis auf die Hüften sehen.' Die meisten, wenn sie gestorben sind, werden in eine von Mistbrettern zusammengenagelte Kiste gelegt und alsdann begraben[13]."[14]

---

[11] Das Bild vom Bauern, a. a. O., S. 52 f.

[12] Zitiert in der Neuhochverdeutschung, ebendort, S. 49.

[13] Der gegenwärtige Zustand Oberschlesiens, juristisch, oeconomisch, pädagogisch und statistisch betrachtet. Dresden 1786, S. 38 – Knapp bemerkt zu dieser Quelle: Zu der Art des Begräbnisses macht ein „Beurtheiler", S. 38 der Schrift, die Anmerkung: „Dies kann ich bezeugen".

[14] G. Fr. Knapp, Die Bauernbefreiung, a. a. O., S. 79.

Über das Gesinde, zumeist Bauern- oder Kossäten- usw. -kinder, insbesondere auch über die Mägde, meldet Knapp:

„Beim Zwangsgesindedienst ist zwar ein Lohn üblich; aber dieser Lohn ist so gering, daß er für eine Magd oft fürs ganze Jahr nur 3 Th. und 8 Gr. beträgt; davon muß sich die Magd zunächst ihre Schuhe anschaffen, deren sie mindestens zwei Paare verbraucht; das Paar kostet einen Thaler; woher das Geld für die übrigen Bedürfnisse nehmen? Sie ist zur Untreue und Unzucht genöthigt[15].

Zu gewissen Jahreszeiten läßt die Herrschaft alle dienstfähigen Unterthanenkinder zusammenkommen und wählt die Tauglichsten für sich aus; mit Thränen in den Augen treten die Gewählten ihren Dienst an, den sie freilich mitunter auch nur mit Thränen wieder verlassen; kommt es doch vor, daß das Gesinde nach abgelaufener Zeit freiwillig weiter dient, besonders in der Mark[16].

Anders in dem polnischen Oberschlesien, wo der Unterthan wie ein Sklave behandelt wird. Denn die Herrschaft muß zwar das Vieh mit großen Kosten aufziehen oder anschaffen; aber Unterthanenkinder, die von ihren Eltern herangezogen werden, braucht man ja nur aufs Vorwerk zu fordern. Ein taugliches Pferd kostet zehn, zwölf und mehr Dukaten; ein Hofknecht oder eine Magd aber weiter nichts als die Worte: 'Du mußt auf den Hof.' Das Unverantwortlichste dabei ist, daß einiges Gesinde 6 bis 8 Jahre, wohl auch 10 Jahre hinter einander auf einem Vorwerk dienen muß und immer nur denselben Lohn erhält, wofür man nicht einmal die Kleider anschaffen kann. Die Kost ist folgende: 5 bis 8 Mal im Jahre Fleisch, oft von krankem oder halb krepirtem Vieh; sonst Graupen, Hirse, Erbsen; nicht immer satt zu essen. Wenn die Herrschaft den Widerspenstigen mit Zuchthaus droht, wird ihr wohl frei ins Gesicht gesagt: lieber zehn Jahre im Zuchthaus arbeiten, als zwei Jahre Ew. Gnaden Unterthan sein[17]."[18]

Natürlich sind die Arbeits- und Lebensverhältnisse allgemein der Bäuerin, allgemein der Frau in der Landwirtschaft sehr differenziert. Die reiche Bäuerin lebt wahrlich wohl und arbeitet bisweilen nicht viel. Auch unter der großen Masse der Bäuerinnen, der Frauen von Kossäten und anderen Landarmen sind Unterschiede in der Härte des Lebens zu beobachten. Aber die meisten von ihnen, bei weitem die meisten, hatten ein schweres Leben.

Weniger differenziert war die Lage der Frauen bei der gewerblichen Tätigkeit.

Im Handwerk sank ihr Lebensstandard mit dessen Niedergang. Die Zahl der aktiv als Handwerkerinnen tätigen Frauen ist in unserer Zeit minimal. Das heißt nicht, daß sie nicht wie eh und je, ja mehr noch wegen der zunehmenden Armut im Handwerk, irgendwie bei der Arbeit mithalfen und wie stets den handwerklichen Haushalt, einschließlich Gesellen und Lehrlingen, versorgten.

Wieder ganz anders ist das Leben von Hunderttausenden von Frauen, deren Heim die Landstraße, deren Beruf Vagabundage und Betteln, Gelegenheitsarbeit und ständige Prostitution. Parias einer Gesellschaft, die sie zuvor nicht brauchen konnte und diese unseligen, arbeitsungewohnten, vielfach von Diebstahl und Betrug lebenden Geschöpfe

---

[15] Verlieren oder gewinnen die Gutsbesitzer des Preußischen Staats durch die Edicte vom 14. Sept. 1811? Eine bescheidene Untersuchung. Berlin 1812, S. 78.

[16] *J. D. Nicolai*, Ueber Hofedienste der Unterthanen auf dem Lande und deren Abschaffung. Hauptsächlich in Beziehung auf die preußischen Staaten. (Ohne Ort und Jahr.) 46 Seiten. Am Schluß unterzeichnet: Berlin 30. Decb. 1799, S. 29.

[17] Der gegenwärtige Zustand Oberschlesiens, 1786, S. 30–32.

[18] *G. Fr. Knapp*, a. a. O., S. 67 f.

jetzt, zu Ende des 17. und während des 18. Jahrhunderts, für neue Arbeitsmöglichkeiten einfangen und sie mit brutalstem Terror an die Arbeit gewöhnen will.

Hören wir Forberger über die Geschichte der Dresdner Wollmanufaktur:

„Die Manufaktur begann 1679 in dem Seußischen Garten am Jüdenteiche vor dem Pirnaischen Tore unter der Leitung von Spitzner und mit holländischen Werkmeistern ihre Tätigkeit. Wie die Krafftsche, so hatte auch dieser Betrieb mit großen Schwierigkeiten zu kämpfen und erforderte beträchtliche Zuschüsse, so daß ihn die Stadt Dresden 1683 bereitwillig an den Kaufmann Streubel verpachtete, der auch die vorhandenen Waren und Geräte kaufte, die Manufaktur aber ebenfalls nicht zur Blüte bringen konnte. 1684 wurde über sein Vermögen das Konkursverfahren eröffnet.

Eine neue Ära brach für die Manufaktur an, als sie 1685 ein aus Pirna stammender Seiden- und Kunstfärber namens Johann Jacob Grätzel pachtete. Dieser erhielt vom Rat der Stadt Dresden die Genehmigung, bettelnde Jungen und Mädchen im Alter von 12 Jahren und darüber von der Straße wegzufangen und in seiner Manufaktur zur Arbeit zu verwenden. Er verfügte bald über 10 Knaben und 3 Mädchen, die teilweise auch freiwillig eingeliefert worden waren, und erhielt 1686 die Erlaubnis der Stadt, deren Zahl bis auf 50, meistens Waisenkinder, zu erhöhen. Die Mittel dafür wurden anfangs zumeist durch Sammlungen in den Kirchen aufgebracht. Später gewährte auch der Rat Zuschüsse, und die ‚Landschaft‘ gab Darlehen, durch die Grätzel aber immer mehr verschuldete und 1699, nachdem er sein eigenes Vermögen zugesetzt hatte, den Konkurs anmelden mußte.

Mit dem Übergang der von Grätzel so ins Leben gerufenen Waisenversorgungsanstalt auf die Stadt Dresden am 1. Januar 1687 trat eine scharfe Abgrenzung zwischen der anfangs nur von Waisen und sonstigen unversorgten Kindern, später aber auch mit Hilfe von ‚liederlichen und arbeitsscheuen Manns- und Weibspersonen aus der Stadt und dem Amte als Züchtlingen‘[19] betriebenen Manufaktur und dem eigentlichen Waisenhause ein, das zu seinem Unterhalt allerdings noch lange auf die Manufakturarbeit seiner Insassen angewiesen war. Hatte Grätzel gleichzeitig noch die Funktion des ‚Waisenvaters‘ ausgeübt, so beschränkte sich die Tätigkeit seiner Nachfolger rein geschäftlich auf ihre Stellung als Pächter der Manufaktur, die sie nach kapitalistischen Grundsätzen betrieben. . . .

Die um 1700 in der Manufaktur herrschende Arbeitsteilung kommt in der Bezeichnung ihrer Räumlichkeiten zum Ausdruck: das Manufakturhaus enthielt zu ebener Erde die Färberei und Walke sowie im ersten Stock die Wollstube und das Warengewölbe. Im Mädchenhaus waren die Strumpfwirkerstube und die Wollkämmerei und im Knabenhaus die Zeugmacher- und Zwirnerstube untergebracht.“[20]

Die Geschichte dieser sächsischen Manufaktur gliedert sich gewissermaßen in drei Phasen:

Erste Phase: Arbeit mit normal angeworbenen Arbeitern, darunter zahlreichen Frauen;

Zweite Phase: Arbeit nicht zum wenigsten mit von der Straße eingefangenen Kindern, darunter zahlreichen Mädchen;

Dritte Phase: Arbeit vor allem auch mit von der Straße eingefangenen Erwachsenen, darunter zahlreichen Frauen.

[19] H. *Butte* und G. *Patzig*, Festschrift zur Vierteljahrtausend-Feier des Stadtwaisenhauses zu Dresden am 31. August/1. September, 1685–1935. Dresden 1935, S. 15.

[20] R. *Forberger*, Die Manufaktur in Sachsen vom Ende des 16. bis zum Anfang des 19. Jahrhunderts. Berlin 1958, S. 157 f.

Viele Manufakturen wurden der Zweckmäßigkeit halber gleich als Strafanstalten, bevölkert vor allem mit arretierten und zu Zwangsarbeit verurteilten Bettlern und Bettlerinnen, aufgebaut.

Zwang und Terror, Terror und Zwang – das ist der Weg der Frau von der Straße in die Manufaktur.

1723 erließ der König von Preußen sein berüchtigtes „Edict, Daß alle Hoecker-Weber und Herrenloses Gesinde Wochentlich ein Pfund Wolle vor die gewöhnliche Bezahlung spinnen, und in den Residentzien dem Lager-Haus, in andern Städten aber den Manufacturiers, so die Magistrate dazu benennen werden, abliefern, Auch die In öffentlichen Buden aufm Marckt oder Gassen feilhabende Handwercks-Frauen und Bürgers-Töchter Die Zeit, da sie feil haben, mit Wolle- oder Flachs-Spinnen, Knütten oder Nähen zubringen und nicht müßig sitzen sollen. Sub dato Berlin, den 14. Junii 1723." Damit wurde praktisch für alle Frauen, die nicht in der Landwirtschaft oder voll ausgelastet im Haushalt beschäftigt waren – es sei denn, sie gehörten zu den herrschenden Klassen – ein Spinnzwangsgesetz eingeführt.

Hier handelt es sich um einen historisch außerordentlich bedeutsamen Vorgang, dessen Charakter nur verstanden werden kann, wenn wir uns überlegen, was gleichzeitig in England vorging.

In meiner Geschichte der Lage der Arbeiter in England lege ich die Verhältnisse dort so dar[21]: „Die Einführung der Werkzeugmaschine in die Textilproduktion ist einer der interessantesten Vorgänge in der Wirtschaftsgeschichte überhaupt. Ihr technischer Ausgangspunkt war die Ungleichmäßigkeit der Entwicklung in der Spinnerei und Weberei, den beiden Hauptzweigen der Industrie. Die Spinnerei war in ihrer Technik, in ihrer Produktionsleistung hinter der Weberei zurückgeblieben. Eine ungewöhnlich große Anzahl von Spinnern mußte beschäftigt werden, um den Webern genügend Garn zu liefern (ein Zustand, den wir ebenso im frühkapitalistischen England wie auf dem feudal wirtschaftenden Kontinent finden, ein Zustand, der auf dem Kontinent z. B. mehr und mehr zu Zwangsverpflichtungen für das Spinnereigewerbe führte). Im Jahre 1733 erfand der englische Ingenieur Kay das sogenannte Schnellschützensystem, durch das die Leistungskraft der Weber etwa verdoppelt wurde. Jetzt war die Disproportionalität zwischen den Spinnereien und den Webereien so stark geworden, daß man 8 bis 12 Spinner auf einen Weber rechnen mußte. Es ist offenbar, daß unter diesen Umständen alle nur möglichen Versuche gemacht wurden, um die Arbeitsleistung unter den Spinnern zu heben, und es ist nur folgerichtig, daß die Royal Society, die vornehmste wissenschaftliche Gesellschaft Englands, einen Preis für eine Erfindung, die zu einer Beschleunigung des Produktionsprozesses in der Spinnerei beitrug, aussetzte. Der erste, der eine brauchbar scheinende Spinnmaschine konstruiert hatte, war Wyatt, zwei Jahre nach Kays Erfindung zur Verbesserung der Handarbeit. Die Wyattsche Konstruktion muß daher als Ausgangspunkt der Industriellen Revolution betrachtet werden. Man kann aber nicht sagen, daß die Konstruktion von Wyatt schon ausreichte, um die Disproportionalität zwischen den Spinnern und Webern zu beseitigen; auch war die Maschine noch nicht von solcher Qualität, daß sie allgemein eingeführt wurde. Im Grunde war das Problem noch nicht gelöst worden, und viele Konstrukteure waren weiter daran tätig. Drei Jahre nach Wyatt brachte Paul eine Spinnmaschine zustande, die aber ebensowenig wie eine verbesserte

[21] Vgl. zum folgenden *J. Kuczynski*, Die Geschichte der Lage der Arbeiter in England von 1640 bis in die Gegenwart. Teil 2, 2. Aufl., Berlin 1954, S. 16 f.

Konstruktion aus dem Jahre 1748 den Bedürfnissen völlig entsprach. Erst im Jahre 1764, also eine Generation, nachdem Kays Erfindung die Sachlage noch stärker zugespitzt hatte, gelang es Hargreaves, mit seiner so erfolgreichen 'Spinning Jenny' herauszukommen, der ersten 'Erfindung, die in der bisherigen Lage der englischen Arbeiter eine durchgreifende Veränderung hervorbrachte'[22]. Fünf Jahre später wandte Arkwright Wasserkraft auf den Betrieb einer verbesserten Spinnmaschine an. Jetzt, oder richtiger zwei Jahre später, 1771, als die erste Maschine von Arkwright in Aktivität trat, können wir von Fabriken im ersten Stadium sprechen – im Gegensatz zu Manufakturen, für die Handarbeit charakteristisch ist. Darum nennt auch Engels die Arkwrightsche Maschine 'die neben der Dampfmaschine wichtigste mechanische Erfindung des 18. Jahrhunderts'[23]. 1775 verbesserte Arkwright seine Maschine wesentlich, und ihm folgte 1778 mit einer weiteren Verbesserung Crompton."

Die Disproportionalität zwischen Spinnen und Weben führte also in England, wo seit dem 16. Jahrhundert kapitalistische Produktionsverhältnisse sich durchsetzten und seit der Mitte des 17. Jahrhunderts der Kapitalismus an der Macht war, zur Erfindung der Maschine. Im feudalen Deutschland aber führte diese Disproportionalität zu einem immer mehr ausgebauten System der Zwangsarbeit.

Das ging so weit, daß man versuchte, Frauen, die durchaus beschäftigt waren, aus ihrem Beruf zwangsweise herauszunehmen und als Spinnerinnen zu verwenden. So wendet sich ein „Bericht der Preußischen Kriegs- und Domänenkammer, Königsberg, über die Vermehrung und das Aufnehmen der Woll-Manufacturen im Königreich Preußen vom 1. Dezember 1731" in folgender Weise gegen das „Höckerunwesen", dagegen, daß die Frauen mit Lebensmitteln handelten:

„Nicht weniger ist nöthig, daß dem Mangel der Woll-Spinnerey bald abgeholffen und die Zahl der Spinner vermehret werden, welches geschehen könnte, wenn das herumtreibende Weibsvolck von der ohnedem schädlichen Auff- und Vorkäufferey der zur Stadt kommenden Denrées und Victualien einmahl mit Ernst und Nachdruck vom Magistrat abgebracht und zum Woll-Spinnen angehalten würde. Es könnten auch diejenigen Weibs-Leuthe aufm Lande sonderlich im Sambländischen District, die sich noch nicht so sehr auff das Flachß-Spinnen gelegt, zum Woll-Spinnen angehalten und dem Befinden nach darinnen unterrichtet werden.

Die Straffe, womit etwa diejenigen, welche sich zum Spinnen nicht bequemen und wider Verboth die Aufkäufferey continuieren beleget werden möchten, könnten der Manufactur-Casse mit zugeeignet werden."[24]

Das preußische Edikt von 1723 berechtigt zu der Frage, ob die arbeitende Frau nicht in mancher Beziehung noch größerem feudalen Zwang unterliegt als der Mann. Wenn in dem Edikt von Frauen der Handwerker und Bürger die Rede ist, dann gilt das zumindest für diese Frauen im Vergleich zu ihren Männern. Das hängt in diesem Fall mit der Strukturkrise der Textilindustrie zusammen, die sogar zu einem guten Ausgang des wohl letzten Hexenprozesses in Berlin führte, über den Frensdorff so berichtet:

„Im Jahre 1728 ward ein Mädchen von 22 Jahren, welches sich selbst zu erhängen versucht hatte, eines Vertrages mit dem Teufel beschuldigt. Sie selbst bekannte, daß er

---

[22] *Fr. Engels,* Die Lage der arbeitenden Klasse in England. Berlin 1947, S. 12.

[23] Ebendort, S. 14.

[24] Zentrales Staatsarchiv, Dienststelle Merseburg, Gen.-Dir., Pommern, Wollsachen, Gen., Nr. 10, Acta wegen Verbohtener Ausfuhr der Wolle aus denen Königlichen Provintzien . . . Vermehrung der Wollarbeiter . . . Bl. 30 v.

ihr zuerst am Wedding in der Gestalt eines Herrn im blauen Rocke mit gestickter Weste erschienen sei, der sie dazu vermocht habe, sich ihm mit ihrem Blute, das er ihr mit einem seiner Nägel aus dem Finger gepreßt, zu verschreiben. Den Teufelsvertrag, der in drei rotgeschriebenen Buchstaben auf einem Papiere bestand, hat sie auch zu den Akten übergeben. Seitdem habe er sie stets verfolgt, ihr gesagt, sie solle jenen Zettel auf dem Leibe tragen, dann wolle er ihr beim Stehlen durchhelfen, das sie aber nie getan sondern nur einen liederlichen Lebenswandel geführt habe. (Die damaligen Prediger Jablonsky, Steinberg und Vogel bemühten sich den Teufel von ihr auszutreiben). In dem Erkenntnisse des Kriminal=Kollegiums heißt es, es habe das Ansehen, als sei die Inquisitin wegen des Bündnisses mit dem Teufel durch das Feuer oder Schwert zu strafen; weil sie aber mit schwerer Not und Melancholie lange behaftet gewesen, so könne das Bündnis mit dem Teufel auch Wirkung der Schwermut sein, zumal die von ihr erzählten Umstände auf Verstandeszerrüttung und wunderliche Einbildung durch ihre Krankheit schließen lassen, und könne die Inquisitin nicht mit dem Tode bestraft werden. Um sie aber vor dem liederlichen Leben und Selbstmorde zu bewahren, worin sie der Teufel verstrickt habe, solle sie in das Spinnhaus nach Spandow gebracht, zu leidlicher, weiblicher Arbeit angehalten, ihr auch leibliche Arznei und geistlicher Zuspruch erteilt werden.

Man hatte also endlich den Sitz des Übels ergründet und die Mittel erkannt, es zu heilen, denn es mußte ein Geistlicher und ein Physikus das Mädchen während der Untersuchung im Gefängnisse besuchen und ihren Zustand erforschen. Ihr Gutachten leitete den erkennenden Richter und macht die Milde des Ausspruchs erklärlich. Dies ist, so viel bekannt, das letzte Beispiel eines Hexenprozesses in Berlin."[25]

Aus der neuen Rolle der Frau in der gewerblichen Tätigkeit, der teilweisen oder gänzlichen Aufhebung der Arbeitsteilung im Familienbetrieb oder gelegentlichen Verkehrung in ihr Gegenteil wollen einige Geschichtsforscher eine neue Stellung der Frau gegenüber dem Mann ableiten. Medick etwa schreibt so:

„Obwohl genauere Untersuchungen fehlen, deutet manches darauf hin, daß das Rollenverhalten der Geschlechter im Konsum bei ländlichen Gewerbetreibenden keineswegs durchgängig einer Form der Arbeitsteilung verhaftet war, in welcher der Mann als privilegierter Konsument fungierte und in 'Symbolisierung der Rolle des Hauptverdieners' (N. J. Smelser) mit der Wahrnehmung des Statuskonsums nach außen betraut war, während die Frau auf die 'Haushaltung', den Erwerb und Verbrauch des Lebensnotwendigen beschränkt blieb[26]. Gerade im Statuskonsum ländlicher Gewerbetreibender scheint sich eine 'gleichberechtigte' Rolle beider Geschlechter zu 'symbolisieren'. Ob dies innerhalb des Hauses oder im außerhäuslichen Siedlungsverband geschah: in der das Haus und die Produktionssphäre einbeziehenden 'plebejischen Öffentlichkeit' des ländlichen Gewerbes realisierten beide Geschlechter häufig gemeinsam ihre in Trinken und Rauchen zum Ausdruck kommenden Bedürfnisse[27]. Ihre Gemeinsamkeit manifestierte

[25] *E. Frensdorff,* Die Berlinerinnen im 18ten Jahrhundert, Berlin 1903, S. 18 f.

[26] So bei *N. J. Smelser,* Social Change and the Industrial Revolution. An Application of Theory to the Lancashire Cotton Industry 1770 bis 1840. London 1959, S. 161 f., S. 342 ff., bes. S. 345.

[27] Vgl. Anon. (*G. W. Chr. Consbruch*), Medicinische Ephemeriden, nebst einer medicinischen Topographie der Grafschaft Ravensberg. Chemnitz 1793 S. 44 f; *I. Pinchbeck,* Women Workers and the Industrial Revolution 1750–1850. London 1962, S. 273; bes. interessant: *H. Strehler,* Beiträge zur Kulturgeschichte der Zürcher Landschaft. Kirche und Schule im 17. und 18. Jahrhundert. Diss. Phil. Zürich 1934, S. 37: „Weibs- und Mannspersonen (rauchen) . . . häufig sogar auf dem Weg zur Kirche und heillose Gesellen selbst während der Predigt."

sich jedoch nicht nur im passiven Konsumieren, sie zeigte sich auch bei der aktiven Verteidigung traditioneller Konsumstandards. Bei Hungerrevolten und Aktionen gegen Preistreiberei scheuten Frauen keineswegs das Licht der Öffentlichkeit[28]. Oft waren sie es, die in 'öffentlichen Tumulten am entschiedensten bei der Anwendung von Gewalt und militanter Praxis sind'.[29]

Auch im unmittelbaren Verhalten der Geschlechter zueinander führten die Produktionsbedingungen im ländlichen Gewerbe zu einem Wandel der sozialen Textur. Die Lockerung der herrschaftlich-politischen Kontrollen, wie sie sich aus der verminderten Bedeutung von Besitz und Erbschaft als den traditionellen Voraussetzungen der Familiengründung ergab, hatte eine vermehrte Freiheit und Individualisierung der Partnerwahl und Familiengründung zur Folge. Diese neuen Bedingungen ermöglichten eine 'Wandlung der erotischen Gefühlswelt'[30], ohne daß jedoch Partnerwahl, Eheeinleitung und Sexualverhalten ihren 'sachlichen' Bezug zum Produktionsprozeß verloren hätten. Im Gegenteil, die Individualisierung und Personalisierung der Beziehungen zwischen Mann und Frau ergaben sich gleichsam aus den Notwendigkeiten des hausindustriellen Produktionsprozesses selbst: mit dem wachsenden Verlust der agrarischen Basis bildete nicht mehr die Transmission von Besitz im Erbgang, sondern in zunehmendem Maße das 'Kapital an Arbeitskraft beider Ehepartner' (M. Segalen) und dessen fortwährende Regeneration im Prozeß generativer Reproduktion die entscheidende Voraussetzung familienwirtschaftlichen Überlebens. 'Erotik' aktualisierte sich für die ländlichen Gewerbetreibenden deshalb auch nicht in einer separaten, 'freien' Sphäre jenseits des Arbeitsprozesses[31]. Sie war in spezifischer Weise an die hausindustrielle Produktion rückgebunden:

'Wo die Leute beiderlei Geschlechts immer beisammen in der Stubenwärme und im Sommer am Schatten eine so wenig Kopf und Herz erheischende Arbeit treiben', da verkürzen sie die Zeit mit Gesprächen, 'die sich insgemein um das Wohlleben, um Geilheit,

---

28 Vgl. *E. P. Thompson*, The Moral Economy of the English Crowd in the Eighteenth Century, in: Past and Present 50. 1971, S. 76–136, hier S. 115 ff.; zur sozialen Rekrutierungsbasis des Protests vgl. ebd. S. 108 und bes. Ders., Rez. zu *J. W. Shelton*, English Hunger and Industrial Disorders: A Study of Regional Conflict during the First Decade of George IIIs Reign. London 1973, in: EconHist Rev. 27, 1974, S. 480–484, hier S. 483.

29 *R. Southey*, Letters from England (1807). London 1814, Bd. II, S. 47.

30 *R. Braun*, Industrialisierung und Volksleben 1. Die Veränderungen der Lebensformen in einem ländlichen Industriegebiet vor 1800 (Zürcher Oberland). Erlenbach 1960, S. 68.

31 Eine der zentralen Schwächen in E. Shorters wiederholten Erklärungsversuchen der Veränderungen im Sexualverhalten und Familienleben der Unterschichten seit der 2. Hälfte des 18. Jahrhunderts, (The Making of the Modern Family, New York 1975, S. 255 ff.; Female Emancipation, Birth Control, and Fertility in European History, in: American Historical Review 78. 1973, S. 605 bis 640, hier S. 614 ff.) ist darin zu erblicken, daß er diese Veränderungen zu abstrakt auf die Wirkungen einer kapitalistischen „Marktmentalität" zurückführt oder aus den „befreienden" Einflüssen zu erklären versucht, welche Lohnarbeitsverhältnisse insbesondere für die Frau durch die Individualisierung der Einkommensgewinnung hatten. Shorter lokalisiert die von ihm festgestellten Wandlungen nicht ausreichend in denjenigen konkreten Bedingungen der „Produktion und Reproduktion des wirklichen Lebens" (Fr. Engels), welche auch in der Formationsperiode des Kapitalismus noch von der familienwirtschaftlichen Produktionsweise bestimmt blieben; in residualer Form beeinflußten diese Bedingungen auch das Verhalten der Industriearbeiterschaft bis weit in das 19. und 20. Jahrhundert; vgl. hierzu die interessanten Bemerkungen bei *J. Scott* und *L. Tilly*, Women's Work and the Family in Nineteenth-Century Europe, in Comparative Studies in Society and History 17. 1975 S. 36–64, hier S. 55 ff.

um Betrug und Diebstahl drehen', und wer die 'schmutzigsten Einfälle auskramt, bedünke sich und den andern ein Held'[32].

Die – nicht nur auf der symbolischen Ebene – vermehrte Bedeutung der Sexualität im Alltagsleben der ländlichen Gewerbetreibenden veränderte die Position der Geschlechter und Altersklassen in doppelter Hinsicht. Sie führte zur Senkung des Adoleszenzalters[33] ebenso wie zur Angleichung der sexuellen Aktivität und Verhaltensweisen von Mann und Frau. Die von Mittelschichtbeobachtern gerade in Abhebung vom bäuerlichen Verhalten oft gerügte 'Sittenlosigkeit' und 'schamlose Unbefangenheit der Geschlechter' im ländlichen Gewerbe[34] war Kritik vor allem auch am geschlechtsspezifischen Rollenverhalten. In der durch eigene Verhaltensstandards der Oberschicht gebrochenen Wahrnehmung mußte die Angleichung der Verhaltensweisen von Mann und Frau freilich als ein ungleichgewichtiges Verhältnis erscheinen:

'unter dieser Classe von Menschen ist das männliche Geschlecht das spröde, und das weibliche geht auf die Freyte ... das gemeine Mädchen versteht die Kunst zu kokettieren in seiner Art vollkommen so gut als die Dame, entblößt ebenso unverschämt den Busen, und gewisse andere Reize so halb und halb, weil es mehr helft als ganz. Bleibt der Jüngling noch spröde, so hilft es seinen Sinnen durch Branntwein nach, und erscheint der Jüngling nicht auf seine Einladung in seinem Bette, so besucht es ihn in dem seinigen. Dies ist gewöhnlich der ganze Roman von hinten gespielt' (J. M. Schwager)[35]."[36]

Medick macht hier einen doppelten Fehler. Einmal spekuliert er bzw. zitiert andere Spekulanten, ohne daß genauere Untersuchungen vorliegen, wie er selbst, echt wissenschaftlich, einleitend bemerkt. Und sodann zitiert er vor allem Untersuchungen über das kapitalistische England oder die Schweiz, in denen die Verhältnisse ganz anders lagen als in Deutschland.

Natürlich sind die Spekulationen nicht unintelligent, und sie mögen auch auf das kapitalistische England zutreffen. Doch scheinen sie mir, was Deutschland betrifft, fehlzugehen, da sie nicht den ungeheuren Druck der Geisteshaltung, des Brauchs, der Tradition der feudalen Gesellschaft, insbesondere auf dem Lande, wo vor allem ja die neue Arbeitsteilung im Gewerbe eine Rolle spielen kann, berücksichtigen. Von irgendeiner Art von Gleichstellung der Frau kann meiner Ansicht nach – leider verfüge ich nicht über mehr konkretes Material als Medick – nicht die Rede sein, denn immer noch ist die Produktionsgemeinschaft der Familie in der Landwirtschaft wie im Gewerbe streng patriarchalisch geregelt. Ich kenne keinen Roman, kein Gedicht, keine Predigt aus jener Zeit, die das in Abrede stellt – abgesehen von der „besonderen Macht" der Frau auf erotischem oder hexerisch-zauberischem Gebiet, die ihr stets in der Feudalzeit und auch schon früher zugeschrieben worden war. (Eine ganz andere Frage ist es, ob innerhalb der herrschenden Klassen der Frauen dieser Zeit weniger geprügelt wurden. Das mag der Fall gewesen sein. Wenn 1715 im „Gelehrter Criticus" ein Aufsatz erscheint, „daß ein Ehemann, vermöge des weltlichen Rechtes, seiner Frau eine Maulschelle geben könne, beweiset Hermann Sude", dann spricht manches dafür, daß das jetzt angezweifelt wurde.

---

[32] *J. Schulthess*, Beherzigung des vor der Züricher Synode gehaltenen Vortrags. Zürich 1818, S. 54.

[33] *R. Braun*, Industrialisierung, a. a. O., S. 68 ff., S. 119 ff., bes. S. 123.

[34] *Hier J. M. Schwager*, Über den Ravensberger Bauern, in: Westfälisches Magazin zur Geographie, Historie und Statistik 2. 1786, Heft V S. 49–74, hier S. 56 f.; vgl. Anon. (Consbruch), Medicinische Ephemeriden, a. a. O., S. 44 f.; *R. Braun*, Industrialisierung, a. a. O., S. 65 ff.

[35] *J. M. Schwager*, Über den Ravensberger Bauern, a. a. O., S. 56 f.

[36] Protoindustrialisierung, S. 135 ff.

Und in der gleichen Richtung tendiert: „Jodocus Andreas Hiltebrandt's vorgelegte Gewissensfrage: Ob es einem Ehemanne, der ein Christ seyn will, erlaubt sey, an sein Eheweib, welches entweder wahrhaftig böse ist, oder, welches er aus ungegründeten Ursachen für böse hält, entweder mit Ohrfeigen, oder mit Prügeln, Karbatschen und andern dergleichen gewaltthätigen Mitteln, Hand anzulegen?" Leipzig 1752).

Wie schon aus dem vorangehenden offenbar, bleibt auch in unserer Zeit die Familie, einschließlich der mithelfenden blutsverwandten oder fremden Mitglieder, die entscheidende Produktionseinheit – wenn auch nicht mehr in dem Ausmaße wie zuvor.

Wenn auch nicht mehr in dem Ausmaße wie zuvor . . . aus zwei Gründen: einmal wegen der mehr und mehr ins Gewicht fallenden Zahl der „selbständigen" Tagelöhner und sodann wegen der „ewigen Gesellen", wozu noch als winzige Fußnote die Arbeiter in der zentralisierten Manufaktur kommen.

Doch bevor wir auf die Familie zu sprechen kommen, ist es nützlich, auf die Familiengründung (Familie im Sinne von Eltern und Kindern, also nicht im sozialen Sinne, einschließlich aller Hausbewohner) einzugehen.

Die Grundlagen für jede Forschung auf diesem Gebiet hat wohl Süßmilch gelegt. Harnisch schreibt über ihn: „Süßmilch hat sich in seinem Werk sehr ausführlich mit der Eheschließungsziffer beschäftigt. Seine langen Reihen aus den einzelnen preußischen Landesteilen setzten am Ende des 17. Jahrhunderts ein und gehen bis in die Zeit des Siebenjährigen Krieges. Er kam dabei zu der Auffassung, daß außer in Pommern und Ostpreußen die Zahl der getrauten Paare und 'die davon abhängende Zahl der Getauften' seit 1715 oder 1720 nur noch wenig angestiegen sei, obwohl die Einwohnerzahl überall durchschnittlich um ein Drittel zugenommen habe. Die Eheschließungsziffer war also relativ zurückgegangen, und zwar innerhalb des preußischen Staates am stärksten im Fürstentum Halberstadt und im Herzogtum Magdeburg. Als Ursache nennt Süßmilch zunächst die Verteuerung des Getreides um die Hälfte in den letzten fünfzig Jahren, was jedoch vorzugsweise nur die Stadtbevölkerung treffe. Der größere Teil der Menschen lebe jedoch auf dem Lande, und hier sei die Ursache 'das angefüllte Maß der Nahrungen in den Dörfern und kleinen Flecken . . . In der That ist es also kein böses, sondern ein gutes Zeichen. Jedes Dorf hat seine abgemessene Flur und eine gewisse Zahl Ackerhöfe, wozu denn noch eine proportionierliche Zahl Tagelöhner und Handwerker gehören. Hat jedes Dorf soviel Menschen und Familien, als es braucht, so erlangt das Heyrathen einen Stillstand. Die ledigen und erwachsenen Leute können daher nicht heyrathen, wenn sie wollen, sondern wenn der Tod Platz macht. Daher in einer hinlänglich besetzen und bevölkerten Provinz nur jährlich eine gewisse Anzahl neuer Ehen entstehen kann. Solange aber noch eine Gelegenheit zur Nahrung vorhanden ist, solange noch unbebaute Ackerhöfe oder nicht genutzte Felder vorhanden sind, solange folgt der Mensch dem natürlichen Triebe, und sucht zu heyrathen.'[37] Für eine Untersuchung der Zusammenhänge zwischen sozialökonomischer Struktur im Feudalismus und demographischer Entwicklung sind diese Bemerkungen von Süßmilch höchst interessant."[38]

---

[37] *J. P. Süßmilch*, Die göttliche Ordnung in den Veränderungen des menschlichen Geschlechts aus der Geburt, dem Tode und der Fortpflanzung erwiesen, Bd. 1, 4. Aufl. Berlin 1775, S. 142 – Harnisch gibt als Quelle versehentlich „Anhang S. 142 f."
[38] *H. Harnisch*, Bevölkerung und Wirtschaft, in: „Jahrbuch für Wirtschaftsgeschichte", Jg. 1975, Teil II, Berlin 1975, S. 70 f.

Auch die neuesten Erforscher der Bevölkerungs- und Eheschließungsbewegung in der hier betrachteten Zeit sind im allgemeinen nicht über Süßmilch hinausgekommen. Harnisch schreibt:

„So gibt es für die Zeit des Übergangs von feudalen zu kapitalistischen Produktionsverhältnissen sehr eindeutig formulierte Vorstellungen von Köllmann. In einem Überblick zur Bevölkerungsgeschichte Deutschlands im 19. und 20. Jahrhundert schreibt er: Vor den kapitalistischen Agrarreformen am Anfang des 19. Jahrhunderts sei 'der Bestand ländlicher Bevölkerung fast ausschließlich durch die bäuerliche Familie erhalten' worden, und die nicht erbenden jüngeren Kinder seien 'mit wenigen Ausnahmen von der Reproduktion ausgeschlossen' gewesen.[39] Noch weiter in der Typisierung, bei gleichzeitigem, nicht näher umgrenzten Rückgriff in die Jahrhunderte des Feudalismus und Ausdehnung dieser Modellvorstellungen auf die städtische Bevölkerung, geht Bog, wenn er schreibt: 'Wir dürfen in diesen unseren demographischen Bezügen die Jahrhunderte, die der industriellen Revolution vorauslaufen, als ein einheitliches Zeitalter ansprechen. Nur die Vollstelle, der Arbeitsplatz, die eine volle Familiennahrung garantiert, berechtigt auch zur Fortpflanzung. Der Bauer auf seinem Hofe und der Meister in seiner Werkstatt genießen eine Nahrung, die ausreicht, um eine Familie zu gründen, Kinder zu zeugen, zu ernähren und standesgemäß auszubilden. Die Arbeitsplätze, die Hofbauer und Meister dem Gesinde, den Knechten und Mägden, den Gesellen zur Verfügung stellen, geben nicht die Berechtigung, Familien zu gründen.'[40] Dieses Modell der bevölkerungsgeschichtlichen Entwicklung der 'vorindustriellen Zeit' geht offensichtlich auf Arbeiten des Soziologen Gunther Ipsen zurück, der erstmalig 1933 in dem profaschistischen 'Handwörterbuch des Grenz- und Auslandsdeutschtums' derartige Auffassungen veröffentlichte[41] und 1953 noch einmal ausdrücklich betonte: 'Der Stand der ländlichen Bevölkerung wurde vor der Bauernbefreiung im wesentlichen von den Bauernstellen getragen.'[42] Selbstverständlich finden wir diese Auffassung auch im 'Bevölkerungs-Ploetz'[43], und mit geringen Modifikationen hatte sie auch Mackenroth in die sich auf Mitteleuropa beziehenden historischen Abschnitte seiner Bevölkerungslehre übernommen, obwohl gerade er, völlig zu Recht, die entscheidende Bedeutung der Wirtschafts- und Sozialstruktur für die konkrete Gestaltung der historischen Bevölkerungsweise betonte.[44]

Wir werden zu zeigen haben, daß dieses Modell der bevölkerungsgeschichtlichen Entwicklung der 'vorindustriellen Zeit' zu eng gefaßt ist. Richtig ist jedoch der Ausgangspunkt, nämlich die Frage nach den familientragenden Vollerwerbsstellen.

Die außerordentliche Differenziertheit spätfeudaler Wirtschafts- und Sozialstrukturen, wie sie sich seit dem ersten Auftreten kapitalistischer Ausbeutungsverhältnisse im Schoße

---

[39] W. *Köllmann*, Grundzüge der Bevölkerungsgeschichte Deutschlands im 19. und 20. Jahrhundert, in: Studium Generale, Bd. 12, 1959, S. 382 f.

[40] I. *Bog*, Wirtschaft und Gesellschaft im Zeitalter der industriellen Revolution, in: Geschichte in Wissenschaft und Unterricht, 19. Jg. 1969, S. 200.

[41] G. *Ipsen*, Bevölkerungslehre, in: Handwörterbuch des Grenz- und Auslandsdeutschtums, Bd. 1, Breslau 1933, S. 433.

[42] *Derselbe*, Die preußische Bauernbefreiung als Landesausbau, in: Zeitschrift für Agrargeschichte und Agrarsoziologie, 1. Jg. 1954, S. 36.

[43] Raum und Bevölkerung in der Weltgeschichte. Bevölkerungs-Ploetz, Bd. 4, 3. Aufl. Würzburg 1965, S. 23.

[44] G. *Mackenroth*, Bevölkerungslehre, Theorie, Soziologie und Statistik der Bevölkerung, Westberlin 1953, S. 122 ff., 421 ff.

des Feudalismus gebildet hatten und die mittelbar auch in solchen Gegenden wirkten, in denen sich noch kaum Keimformen der neuen Produktionsverhältnisse zeigten, wird offenbar von den genannten Autoren in ihren demographischen, also auch bevölkerungsgeschichtlichen Auswirkungen nicht gesehen."[45]

Soweit Harnisch meint, daß diese Autoren die Eheschließungsverhältnisse im Gewerbe nicht untersucht und die Veränderungen, die dessen Ausdehnung brachten, nicht berücksichtigt haben, hat er völlig recht. Wenn er aber im Zusammenhang mit dem Gewerbe von kapitalistischen Ausbeutungsverhältnissen spricht, hat er unrecht und verbaut überhaupt das Verständnis für die Beziehungen zwischen Gewerbe und Bevölkerungsentwicklung in allen Gesellschaftsordnungen. Denn ganz gleich, ob es sich um feudale oder kapitalistische Gewerbeverhältnisse im 17. und 18. Jahrhundert handelt, geht bei ihnen im allgemeinen aus Gründen, auf die wir noch eingehen werden, die Heirats- und Kinderzahl herauf.

Harnisch untersucht nun im einzelnen ganz großartig – eine wahre Pionierleistung – die Beziehungen zwischen sozialökonomischen Verhältnissen, Eheschließungen und Kindern.

Über die feudale Gutsherrschaft bemerkt er: „In ihrer klassischen Form wird diese durch die sogenannte gutsherrliche Teilbetriebswirtschaft gekennzeichnet. Der Typ einer 'reinen' Gutsherrschaft ist gegeben, wenn die gutsherrlichen Eigenwirtschaften praktisch in allen wesentlichen Arbeitsgängen des Ackerbaus (vielfach nur mit Ausnahme des Säens) durch die Arbeitsrenten feudalabhängiger Bauern bestellt werden. Bei einer entsprechenden Ausdehnung des Gutslandes muß von der Bauernstelle faktisch ein Knecht mit Gespann zusätzlich gehalten werden, nur um die Arbeitsrenten ableisten zu können. Das Gut hat bei dieser Betriebsorganisation nur einige wenige ständige Arbeitsplätze, die zum Teil nicht als familientragende Stellen vergeben wurden, sondern durch Zwangsgesinde besetzt waren. Da die Bauernwirtschaft Knecht und Magd in der Regel nur tragen konnte, wenn diese als ledige Fremdarbeitskräfte im Haushalt der Bauernfamilie lebten, und auch von den ständigen Arbeitsplätzen des Gutes nur einige als Familienstelle vergeben waren, mußte im Bereich der 'reinen' Gutsherrschaft die Eheschließungsziffer niedrig liegen, und trotz der in diesen Gebieten hohen durchschnittlichen Kinderzahl pro Eheschließung blieb auch die Geburtenziffer vergleichsweise gering. Voraussetzung für diese Form der sozialökonomischen Struktur mit der entsprechenden natürlichen Bevölkerungsbewegung war die ausreichende Landausstattung der Bauernwirtschaften, die in den meisten ostelbischen deutschen Territorien auch gegeben war. Selbstverständlich gab es in Pommern und in der Neumark auch in diesen Jahrzehnten schon Landhandwerker und landarme Büdner bzw. landlose Einlieger, beide Gruppen in der Regel natürlich mit Familie; die gutsherrschaftliche Struktur war jedoch so dominierend, daß Süßmilch zuzustimmen ist, wenn er in bezug auf das Heiraten schreibt, daß, 'weil die Nahrungen und Bauernhöfe insonderheit hinlänglich besetzt sind, . . . einer auf des anderen Tod warten muß'.[46]"

Über die feudale Grundherrschaft schreibt Harnisch: „Es ist nun sehr interessant, daß ein bestimmter Typ der Grundherrschaft demographisch ganz ähnlich wie die 'reine' Gutsherrschaft in Erscheinung tritt. Dieser Typ ist dort zu finden, wo die Sozialstruktur des Landes durch das Vorherrschen großer Bauern charakteristisch war. Die feudale Ausbeutung, der natürlich auch diese Bauern unterworfen waren, wurde vorzugsweise in Form

[45] H. Harnisch, a. a. O., S. 61 f.
[46] J. P. Süßmilch, a. a. O., Anhang S. 107.

von Geld und Produktenrenten realisiert. Auch diese Bauern sind in der Regel nicht in der Lage oder nicht willens, zur Deckung ihres Bedarfs an Fremdarbeitskräften eine familientragende Stelle einzurichten, sondern nehmen ebenfalls Knecht und Magd in ihren Haushalt auf. Die Folgen sind auch hier niedrige Eheschließungs- und Geburtenziffern bei einem hohen Anteil unverheirateter Erwachsener. Wir finden diesen Typ in den häufig als 'Hofbauerngebiete' bezeichneten Gegenden, also in Oberbayern, wo es später eine umfangreiche Schicht von Großbauern gab, im Münsterland, in einigen Gebieten Niedersachsens und Schleswig-Holsteins."

Und zusammenfassend: „Sofern nicht Katastrophen eintraten, wie Kriege, Seuchen oder Hungersnöte, war auch bei den sozialökonomisch-demographischen Typen der 'reinen' Gutsherrschaft und der hofbäuerlichen Grundherrschaft durchschnittlich ein Geburtenüberschuß vorhanden, aber er war geringer als unter anderen sozialökonomischen Voraussetzungen. Wenn man bedenkt, wie viele Menschen im Spätfeudalismus als Bedienstete und Lakaien, als Söldner und Seeleute im Dienste des eigenen oder fremden Landesherren leben mußten und starben, ohne je eine Familie gründen zu können, wie viele als Auswanderer nach Übersee und nach Rußland gingen oder in den habsburgischen Gebieten Ungarns ihr Glück suchten, dann wird verständlich, daß trotz eines beständigen Geburtenüberschußes in manchen Gebieten die Bevölkerungszahl praktisch stagnierte oder doch nur sehr langsam wuchs."

Dagegen die Gebiete, in denen relativ viele Gewerbe zu finden sind: „Die stärkere gewerbliche Durchdringung hat also überall eine höhere Eheschließungs- und vor allem Geburtenziffer zur Folge gehabt, jedenfalls offensichtlich höher als in den Gebieten der Gutsherrschaft oder der hofbäuerlichen Grundherrschaft. Verlag und Manufaktur, unter anderen Voraussetzungen Bergbau und Hüttenwesen sicher ebenso, hatten einen hohen Arbeitskräftebedarf, der bei günstiger Produktions- und Absatzentwicklung eine steigende Tendenz aufwies. So wurde die Gründung von Familiennahrungen möglich, während die Zahl der Stellen unter den skizzierten sozialökonomischen Verhältnissen ländlicher Gebiete stagnierte. Über die unmittelbar durch die Entwicklung von Manufaktur und Verlag geschaffenen Arbeitsplätze hinaus empfingen natürlich auch andere Handwerks- und Gewerbezweige Wachstumsimpulse, die zur Gründung zusätzlicher Vollerwerbsstellen führten."

Sich noch einmal gegen die zitierten bürgerlichen Autoren wendend, bemerkt er: „Die These von Ipsen, Köllmann und Bog, daß in der 'vorindustriellen Zeit' allein die Bauernstellen demographische Vollwertigkeit besessen hätten, ist also nach dem hier vorgelegten Material zu eng gefaßt und kann keine Allgemeingültigkeit beanspruchen. Schon vor der Mitte des 18. Jahrhunderts waren nach den hier behandelten Beispielen landarme und landlose Produzenten zahlenmäßig die stärksten Schichten im Dorf, und daß es sich um familientragende Stellen gehandelt haben muß, geht aus den Endsummen der Zahlen für alle Schichten und Berufe der Landbewohner in den jährlich aufgestellten sogenannten 'Historischen Tabellen' der mittleren Verwaltungsbezirke Preußens (der Kammerdistrikte) eindeutig hervor, denn hier wird von Feuerstellen gesprochen, und das bedeutet Familiennahrungen."

Doch wenn Harnisch gegen Ende seines Aufsatzes meint: „Ganz offensichtlich waren die Voraussetzungen zur Familiengründung am Ende des 18. Jahrhunderts günstig Süßmilch schrieb dazu schon kurz nach der Jahrhundertmitte zutreffend: 'Wer sich zum Heyrathen entschließet, der übernimmt auch zugleich Pflichten, die ihn zum Unterhalt seiner Familie verbinden. Wenn es an Gelegenheit zum Unterhalt fehlet, so wird der

Entschluß gehemmet. Je schwerer der Unterhalt ist, je mehr Schwierigkeiten findet das Heyrathen und je langsamer geht es damit . . ., wo viel Verdienst und Nahrungsmittel sind, wo täglich neue Quellen zur Nahrung geschaffen werden, da muß die Zahl der Ehen einen stets proportionierlichen Fortgang haben.'[47]"[48], dann sieht er noch nicht tief genug. Es kommt nämlich nicht nur und nicht so sehr auf günstige Voraussetzungen zur Familiengründung, sondern auf die Notwendigkeit von Familiengründungen an. Nie darf man vergessen, daß in der weit überwiegenden Zahl der Berufe nur die Familie bestehen konnte. Wie ungünstig waren oft die Voraussetzungen für eine Familiengründung unter zahlreichen armen, ja ärmsten Heimarbeitern! aber wenn man nicht als zu ewiger Armut verdammtes Anhängsel einer Heimarbeiterfamilie leben wollte, sondern sich Hoffnung auf irgendeine Besserung des Lebens machen wollte, dann mußte man heiraten und eine Familie gründen. Nie darf man vergessen, daß die Produktionseinheit in fast allen Berufen die Familie war.

Hier geht Medick weiter als Harnisch.

„Bei bäuerlichen Bevölkerungen war die notwendige Bindung der Haushaltsgründung an prinzipiell knappe und nur im Erbgang verfügbare Ressourcen die entscheidende strukturelle Determinante, durch welche ein restriktives Heiratsverhalten ebenso erzwungen wurde wie das Zusammenleben der Generationen im 'ganzen Haus'[49]. Die eiserne 'Kette von Reproduktion und Erschaft' (Ch. Tilly und R. Tilly)[50] war hier immer zugleich auch eine von Reproduktion und Herrschaft. Die ältere Generation kontrollierte mit dem Zugang zu Landbesitz als der einzig vollwertigen Subsistenzquelle nicht nur die Voraussetzungen der Familiengründung durch die jüngere Generation, sondern mit der Erbfolge auch den strukturellen Zusammenhang der Familie über den individuellen Familienzyklus hinaus[51].

Für Haushaltsgründung und Familienstruktur der ländlichen Gewerbetreibenden galten hingegen grundlegend andere Voraussetzungen. Ererbter Besitz als die 'sachhafte' Determinante von Haushaltsgründung und Familienstruktur trat hier zurück gegenüber

---

[47] Ebendort, a. a. O., Bd. 1, 2. Aufl. Berlin 1761, S. 124.

[48] *H. Harnisch,* a. a. O., S. 73 ff.

[49] Zum Zusammenhang von Erbgang, bäuerlichen Besitzverhältnisse und Familienstruktur aus der Perspektive einer prozessualen Betrachtungsweise s. die exemplarische Studie von *L. K. Berkner,* The Stem Family and the Developmental Cycle of the Peasant Household: An Eighteenth Century Austrian Example, in: American Historical Review 77. 1972, S. 398–417; *M. Mitterauer,* Zur Familienstruktur in ländlichen Gebieten Österreichs, in: Beiträge zur Bevölkerungs- und Sozialgeschichte Österreichs. Hg. von H. Helczmanovszki. Wien 1973, S. 168 bis 222, hier S. 197 ff.; *M. Mitterauer,* Familiengröße – Familientypen – Familienzyklus. Probleme quantitativer Auswertung von österreichischem Quellenmaterial. Ebd. S. 226–255, hier S. 243 ff.; *M. Mitterauer,* Vorindustrielle Familienformen. Zur Funktionsentlastung des „ganzen Hauses" im 17. und 18. Jahrhundert, in: Fürst, Bürger, Mensch. Untersuchungen zu politischen und sozio-kulturellen Wandlungsprozessen im vorrevolutionären Europa, Wien 1975. S. 123–185, hier S. 134 ff.; s. auch *M. Anderson,* Family Structure in Nineteenth Century Lancashire. Cambridge 1971, S. 79 ff.

[50] *Ch.* und *R. Tilly,* Agenda for European Economic History in the 1970s, in: Journ. EconHist 31. 1971, S. 184–198, hier S. 189.

[51] *L. K. Berkner,* Stem Family and the Developmental Cycle of the Peasant Household: An Eighteenth Century Austrian Example, in: American Historical Review 77. 1972, S. 398–417, hier S. 400 ff.; *M. Anderson,* Family Structure in Nineteenth Century Lancashire. Cambridge 1971, S. 81 ff.; *M. Segalen,* Nuptialité et alliance. Le choix de conjoint dans une commune de l'Eure. Paris 1972, S. 99 ff.

der Bedeutung des familialen Arbeitszusammenhangs. Die Begründung und dauerhafte Existenz einer familialen Produktions- und Konsumtionseinheit war nicht mehr notwendig an die Transmission von Eigentum im Erbgang gebunden. An ihre Stelle trat die Möglichkeit der Familiengründung primär als einer Arbeitseinheit. Dies relativierte nicht nur die elterliche Kontrolle über das Heiratsverhalten der Jüngeren, sondern lockerte auch den strukturellen Zusammenhang der Generationen, soweit er durch Besitz und Herrschaft vermittelt war. Die Eltern waren zwar verstärkt auf die kindliche Arbeitskraft angewiesen, doch verfügten sie in der Adoleszenzphase der Kinder über kein Sanktionsmittel gegen deren Ausscheiden aus dem Haus und die Gründung einer neuen kernfamilialen Einheit. Heirat und Familiengründung entglitten somit dem Kontext patriarchalischer Herrschaft; sie verloren ihre 'sachhafte' Bestimmung durch die Besitzverhältnisse, nicht jedoch ihre 'sachliche' Fundierung im Produktionsprozeß[52].

Die von Zeitgenossen häufig kritisierten 'Bettelhochzeiten' zwischen Ehepartnern ohne größeren Heiratsfonds und Erbteil, 'Leuten, die zwar zwey Spinnräder, aber kein Bett zusammenbringen'[53], verweisen auf die neuen Konstitutionsbedingungen von Haushalt und Familie. Diese gründeten auf der Notwendigkeit einer gesteigerten Verwertung der gesamten familialen Arbeitskraft. Wie die von Martine Segalen festgestellte außerordentlich hohe Rate professioneller Endogamie unter Webern in entwickelten proto-industriellen Regionen zeigt, war für die Haushaltsgründung ländlicher Gewerbetreibender eine möglichst hohe Arbeitskapazität beider Ehepartner ausschlaggebend. Die bereits vor der Ehe praktizierte gewerbliche Tätigkeit der Frau bestimmte ihre Eignung zur Ehepartnerin mehr als ihre Herkunft, wie sie z. B. am Beruf, Besitz oder sozialen Status ihres Vaters ablesbar war. 'Je besser . . . die Webermädchen weben, desto eher kommen sie unter die Haube' (J. N. v. Schwerz)[54]. Die neuen Verwertungsbedingungen der familialen Arbeitskraft im ländlichen Gewerbe bestimmten nicht nur den zugleich individuellen und sachlich-arbeitstechnisch ausgerichteten Charakter der Partnerwahl, sondern auch das relativ niedrige Heiratsalter der ländlichen Gewerbetreibenden. Sie erforderten die Etablierung einer familienwirtschaftlichen Einheit zu einem möglichst frühen Zeitpunkt im Lebenszyklus des heranwachsenden Jugendlichen. Denn maximale Einkommenschancen basierten auf der maximalen Arbeitskapazität beider Ehepartner, und diese erreichte ihren Kulminationspunkt in relativ jungem Alter.

Hiermit fielen nicht nur die restriktiven Bedingungen fort, die im vollbäuerlichen Familien- und Generationszyklus die Gründung neuer Haushalte beschränkt hatten. Die

---

[52] Den Übergangscharakter des Heiratsverhaltens der ländlichen Gewerbetreibenden, das zwischen dem durch die Besitzverhältnisse determinierten „sachhaften" Verhalten der Bauern und dem der modernen individuellen „Paarehe" steht, betont M. Segalen, Nuptialité et alliance. Le choix de conjoint dans une commune de l'Eure. Paris 1972, S. 106; R. Braun, a. a. O., S. 64 ff. geht m. E. zu einseitig von der „Entsachlichung" und „Intimisierung" der „Eheeinleitung" und „Eheschließung" der ländlichen Gewerbetreibenden aus; noch einseitiger, aus der Perspektive eines unilinearen Konzepts von „Modernisierung" und „Emanzipation", ist die Interpretation von E. Shorter, Female Emancipation, Birth Control, and Fertility in European History, in: American Historical Review 78. 1973, S. 605–640, hier S. 614 ff.; E. Shorter, The Making of the Modern Family. New York 1975, S. 255–268.

[53] J. Hirzel, Rede über den physischen, ökonomischen und sittlich religiösen Zustand der östlichen Berggemeinden des Kanton Zürich, Synodalrede 1816, Zürich 1816, S. 16.

[54] J. N. v. Schwerz, Beschreibung der Landwirtschaft in Westfalen und Rheinpreußen (1816) 1. Stuttgart 1836, S. 111.

gewerblich-familienwirtschaftliche Produktionsweise und ihre spezifischen, durch die Markt- und Absatzverhältnisse einerseits, durch die Armut der ländlichen Produzenten andererseits bestimmten Realisierungsbedingungen schufen neue Voraussetzungen. Diese prägten nicht nur den Prozeß der Familiengründung der ländlichen Gewerbetreibenden, sondern, als Determinanten des gesamten Lebenszyklus der Familie, auch die generative Reproduktion und die Familienstruktur."[55]

Das heißt, wir müssen auch Süßmilch korrigieren: Geheiratet wurde unter den Massen der Werktätigen nicht in erster Linie dort, wo die Verhältnisse für Heiraten günstig waren, sondern dort, wo Heiraten für die Produktion notwendig waren, auch wenn die ökonomischen Verhältnisse der Ehepartner noch so ungünstige waren. Und nicht geheiratet wurde dort, wo die Berufstätigkeit keine Heirat erlaubte, wie vor allem bei einem großen Teil des Gesindes oder bei landlosen Tagelöhnern auf Grundbesitz.

Und ähnlich steht es auch mit den Kindern, soweit Verhütung geübt werden konnte. Wo Erblichkeit (durch Brauch oder anderswie) vorliegt, ist die Kinderzahl im allgemeinen kleiner. Außerdem ist folgende Beobachtung von Thun für die gewerblich tätigen Ehepaare wichtig: „Bei schlechten Konjunkturen genügt selbst die längste Arbeitszeit nicht; die Weber mit zwei bis vier unerwachsenen Kindern geraten in Schulden und müssen regelmäßig die Armenpflege in Anspruch nehmen. Erst wenn zwei bis drei Kinder am Webstuhl sitzen, können die Schulden getilgt und Ersparnisse gemacht werden; wenn dann die Familie oder die Geschwister zusammenbleiben und eine ordentliche Wirtschaft führen, so ist das die Periode, wo ein Eigentum erspart werden kann. Es springt in die Augen, wie wichtig es für die Eltern ist, ihre Kinder so früh als möglich zum Verdienst zu bringen, denn lange bleiben sie doch nicht bei ihnen; die Söhne heiraten oft mit 22–23 Jahren, Mädchen von 18–19 Jahren; beide verlassen ihre Eltern und überliefern sie samt ihren jüngeren Geschwistern wiederum der Noth. Mit der Geburt der Kinder werden die Eltern arm, mit ihrem Heranwachsen reich, mit ihrer Verheiratung verfallen sie wieder der Dürftigkeit"[56].

Soweit zur biologischen Familie. Die biologische Familie, die natürlich den Kern der Haushalts- und Produktionsfamilie bildet und vielfach auch die Gesamtproduktionsfamilie ausmacht, stellt jedoch wohl im ganzen noch die Minderheit der Familien. Verbreiteter ist wohl noch die Haushaltsfamilie, bestehend aus der biologischen Familie und Gesinde, zumindest ein Knecht oder eine Magd bei den Bauern, ein Lehrling oder ein Geselle im Handwerk, Verwandte in der Heimarbeit etc.

Medick bemerkt über diese „erweiterten" Familien:

„Über die Kernfamilie hinaus erweiterte komplexe Haushaltsformen kommen in Haushaltungen ländlicher Gewerbetreibender durchaus vor. Je nach Branche, Produktionsstufe und Besitzverhältnissen finden sich häufiger oder weniger häufig Haushalte mit Lehrlingen und Gesinde. Diese sind entweder Haushaltungen hausindustrieller, z. T. zünftig organisierter 'Handwerker'[57] oder grundbesitzender, in gewerblicher Produktion

---

55 Protoindustrialisierung, S. 122 ff.

56 *A. Thun*, Die Industrie am Niederrhein und ihre Arbeiter. 2 Bde. Leipzig 1879, 1, S. 150.

57 Vgl. die Verhältnisse in der bergischen Kleineisenindustrie (Remscheid) bei *A. Thun*, Die Industrie am Niederrhein und ihre Arbeiter. 2 Bde. Leipzig 1879, 2, S. 148 ff., S. 150 f.; *J. N. v. Schwerz*, Beschreibung der Landwirtschaft in Westfalen und Rheinpreußen (1816) 1. Stuttgart 1826, S. 110 f. (Feinleinenweberei in der Grafschaft Ravensberg); eine der Wirkungen „hausindustrieller" Produktion auf zünftige Organisationsformen des Gewerbes auf dem Lande scheint darin bestanden zu haben, daß die eigenen Kinder in zunehmendem Maße als „Lehrling" im Haushalt verblieben

und Vertrieb zugleich engagierter 'Kleinunternehmer', oder aber gewerbetreibender 'Kulaken'[58]. Die Übergänge dieser erweiterten Haushaltsformen zu einem wichtigen Sondertypus des ländlichen Arbeits- und Siedlungsverbands sind fließend: in diesem Sondertypus sind – gewissermaßen als protoindustrieller Puffer einer bäuerlichen Arbeitsverfassung mit ihrem saisonalen Arbeitskräftebedarf – unterbäuerliche, gewerblich produzierende Satellitenhaushalte als Zeitpächter (Heuerlinge) um eine vollbäuerliche Stelle gruppiert[59]. Als spezifische Varianten oder Mutationen der vollbäuerlichen oder Handwerkerfamilie sind diese Haushalts- bzw. Siedlungsformen jedoch vom Haupttypus der 'extended family' zu unterscheiden, wie er sich bei den landlosen oder landarmen gewerblichen Produzenten findet.

Er rekrutiert seine Mitglieder vor allem aus der engeren Verwandtschaft oder aus dem Reservoir nichtverwandter, zahlender oder mitarbeitender Inwohner. Insofern ist formal durchaus eine gewisse Parallelität zu erweiterten Haushaltsformen vollbäuerlicher Schichten gegeben. Doch unterscheiden sich beide Typen der 'erweiterten Familie' grundlegend in ihren ökonomischen und sozialen Konstitutionsbedingungen wie in ihren rechtlich-institutionellen Determinanten. Die 'extended family' bildet sich bei den ländlichen Gewerbetreibenden als eine Folgeerscheinung zunehmender Verelendung, wachsenden Bevölkerungsdrucks, begrenzter und beengter Wohnverhältnisse sowie vor allem auch familienzyklisch bedingter 'sekundärer Armut'. Dagegen entstand die klassische Stammfamilie als notwendige Folge der Konservierung bäuerlichen Familieneigentums."[60]

Es ist schwer zu sagen, in welcher Haushaltsfamilie, der bäuerlichen oder der gewerblichen, die Verwandten eine größere Rolle spielen, in welcher fremde Hilfskräfte. Auch ist nicht bekannt, in welcher mehr Generationen als zwei häufiger zu finden sind. Manche Forscher meinen, daß man die Großelterngeneration auf den Bauernhöfen zahlenmäßig überschätzt hat, andere berichten von aktiven Großeltern in gewerblichen Haushalten. Ich glaube, daß stärkeres Quellenstudium uns in diesen Fragen weiterbringen kann. Wie wir überhaupt, was Deutschland betrifft, in dem Studium solcher Grundfragen des Lebens der Werktätigen weit hinter den Forschungen des Auslands, vor allem Frankreichs, zurückstehen und schnell aufholen müssen.

Wie groß waren die Haushaltsfamilien? Gehen wir zunächst von den biologischen Familien aus. Es gibt einige ganz rohe Berechnungen und natürlich konkrete Daten für

und das traditionelle „handwerkliche" Wanderungsverhalten tendenziell verschwand, vgl. hierzu W. *Troeltsch*, Calwer Zeughandlungskompagnie und ihre Arbeiter: Studien zur Gewerbe- und Sozialgeschichte Altwürttembergs. Jena 1897, S. 208 ff., L. K. *Berkner*, Family, Social Structure and Rural Industry: A. Comparative Study of the Waldviertel and the Pays de Caux in the 18th Century. PhD Harvard University 1973, S. 200; besonders ausgeprägt war die „handwerkliche", erweiterte Haushaltsform mit Lehrlingen und Gesinde von den qualitativen Arbeitserfordernissen her in der Endverarbeitungs- bzw. Veredlungsstufe der Textilgewerbe.

58 Vgl. für die Leinenproduktion die vollbäuerlichen Kolonen- und Meierhaushaltungen Nordwestdeutschlands mit kommerziell webenden und spinnenden Mägden bzw. Knechten, so bei J. N. v. *Schwerz*, Beschreibung der Landwirtschaft 1, a. a. O., S. 128.

59 Zu diesem in den nordwestdeutschen Leinenproduktionsgebieten stark verbreiteten „Heuerlingssystem" s. H. *Riepenhausen*, Die Entwicklung der bäuerlichen Kulturlandschaft in Ravensberg (Diss. mat. nat. Göttingen 1936). Münster 1938, S. 107 ff. H. *Wrasmann*, Das Heuerlingswesen im Fürstentum Osnabrück, in: Mitteilungen des Vereins für Geschichte und Landeskunde von Osnabrück 42, 1919, S. 53–171; 44. 1921 S. 1–154, hier bes. 42. 1919, S. 72 ff.

60 Protoindustrialisierung, S. 128 f.

einzelne Familien. Dabei fällt auf, daß in den Einzelberichten die Familien im allgemeinen größer sind als in den allgemeinen Statistiken. Außerdem werden bei Berechnungen der Geburtenrate in den Statistiken die Geburten eines Jahres den Eheschließungen des gleichen Jahres gegenübergestellt, was aus drei Gründen nicht glücklich ist. Einmal sind die Geburten eines Jahres abhängig von den Eheschließungen der vorangehenden Jahre und nicht des laufenden Jahres. Zweitens werden häufig die Geburten auf Grund von Kirchenbüchern, in denen die Taufen angegeben werden, berechnet – es fallen also nicht nur die Totgeborenen, sondern auch die vor der Taufe Gestorbenen aus. Das ist kein Schade, wenn man die Familiengröße berechnen will, beeinträchtigt aber natürlich die Fruchtbarkeitsziffer pro Familie und gibt kein Bild von den Beschwernissen im Leben der Familie. Schließlich berücksichtigen die Statistiken nicht Zweitheiraten, so daß ein Eheteil zum Beispiel 10, der andere 5 Kinder am Ende haben kann, wenn der eine zweimal, der andere nur einmal geheiratet hat.

Der Unterschied der Berichte über einzelne Familien und der Statistiken für den Durchschnitt eines Dorfes, einer Stadt oder einer noch größeren Einheit wird sehr klar aus der Darstellung von Möller. Er schreibt so:

„Das bis heute aufgearbeitete Quellenmaterial gestattet zwar nur begrenzte Aussagen, reicht aber aus, die Haushaltsgröße zu bestimmen und dabei die gängige These vom Kinderreichtum der älteren Zeit im kleinbürgerlichen Bereich zu prüfen.

Die biographischen Nachrichten bieten durchaus Beispiele kinderreicher Familien. Wenn auch etwa die Familie des Armeelieferanten, späteren 'Viehdoktors' und Pächters Sachse mit 12 Kindern aus zwei Ehen dem kleinbürgerlichen Bereich nur sehr bedingt zugerechnet werden kann – und noch weniger die des Korporals Köhmann, der am Lebensende die Zahl seiner aus mehreren Ehen stammenden Kinder nicht mehr übersehen konnte – wäre doch auf Bernds Bemerkung über den Breslauer Fleischerältesten hinzuweisen, der aus 'herzlicher Liebe' ein Kind nach dem anderen zeugte[61], auf den Flaschnermeister Grübel, der 9, den Sattlermeister Kant, der 8 Kinder hatte, auf Händler, dessen Frau 'nie aus der Litanei' kam und in 14 Jahren 10 Kinder zur Welt brachte[62] oder Harnisch, der von 12 Kindern berichtet, die den beiden Ehen der Mutter entstammten und ebenso von einem Onkel, der 18 Kinder hatte. Die Biographien von Händler und Harnisch machen aber auch die Kehrseite sichtbar. Beim Tode der Frau lebten von Händlers Kindern nur noch 2, Harnisch war das einzige überlebende Kind aus zweiter Ehe und seine Mutter starb schließlich, 'nachdem sie 12 Kinder geboren und 11 davon begraben hatte'[63]. Diesen Beispielen könnten andere entgegengehalten werden, in denen die Kinderzahl kaum von modernen Verhältnissen abweicht, die aber natürlich ebensowenig wie jene anderen Angaben auch nur annähernd repräsentativ sind.“

Nachdem Möller so auf Grund von Lebensbeschreibungen sehr große Familien geschildert hat – und das merkwürdige ist eben, daß vor allem Einzellebensbeschreibungen so häufig von großen Familien berichten – kommt er nun auf die allgemeinen Statistiken zu sprechen:

„Über solche zufälligen Nachrichten hinaus besitzen wir freilich auch eine nicht geringe Zahl demographischer Daten für einzelne Städte oder Territorien, ich erinnere nur an den Versuch des Probstes Süßmilch, 'die göttliche Ordnung in den Veränderungen

---

[61] A. Bernd, Eigene Lebensbeschreibung. Leipzig 1738, S. 96.

[62] J. C. Händler, a. a. O., I, S. 76.

[63] W. Harnisch, Mein Lebensmorgen, Berlin 1865, S. 27.

des menschlichen Geschlechts, aus der Geburt, dem Tode und der Fortpflanzung desselben' zu erweisen.

Nach seinen Berechnungen schwankte die Zahl der Getauften, die durchschnittlich auf 10 Eheschließungen kamen, zwischen 30 und 39. Das ist freilich keine Antwort auf die im Augenblick interessierende Frage nach der Kinderzahl pro Familie, und auch als Maß der Fruchtbarkeit ist diese Verhältniszahl, die ebenso andere zeitgenössische Autoren, der Anlage der Kirchenbücher entsprechend, benutzen, wenig geeignet, da sie recht erheblich von den wechselnden Heirats- und Unehelichkeitsziffern beeinflußt wird. Brauchbarer, wenn auch statistisch ebenfalls unbefriedigend, ist die Geburtenziffer (Zahl der Geborenen in Promille der mittleren Bevölkerung), die um die Jahrundertmitte in Berlin 34,6 %/oo, in 20 kleinen Städten und Marktflecken der Kurmark 40,2 %/oo, in der zweiten Hälfte des Jahrhunderts in Calw und Wildberg 40,1 %/oo bzw. 39,6 %/oo, in Basel nur 22,1 %/oo betragen haben soll.

Die Berechnung der Kinderzahl pro Familie für eine ganze Stadt ist, soweit ich sehe, nur in Rollers Untersuchung von Durlach durchgeführt worden. In dieser Stadt, die mit einer Geburtenziffer von 41,4 %/oo zu den geburtenreicheren Orten gehörte, betrug die Durchschnittszahl der Kinder pro Familie

1701–1725	4,11
1726–1750	5,00
1751–1775	4,38
1776–1800	5,82
1701–1800	4,89.

Diese hohe Geburtenquote muß allerdings vor dem Hintergrund der großen Säuglings- und Kindersterblichkeit jener Zeit gesehen werden. Da ich später noch auf diesen Punkt eingehen werde, merke ich hier nur an, daß in Durlach 33 % der Lebendgeborenen innerhalb des ersten Jahres starben und 52 % nicht älter als 5 Jahre wurden."

Zu der Tabelle für Durlach gibt Möller noch folgende Fußnote: „Die Höchstzahl der gleichzeitig vorhandenen Kinder betrug im Jahrhundertdurchschnitt 3,43. In 101 erfaßten von 130 'Hausständen', Nachkommen der Basler Familie Burckhardt aus dem 16. Jahrhundert, die verschiedenen wirtschaftlichen und sozialen Schichten angehörten, betrug die Kinderzahl in den gleichen Zeitabschnitten des 18. Jahrhunderts 5,1; 4,4; 4,4; 5,0; Burckhardt, A., 'Über Kinderzahl und jugendliche Sterblichkeit in früheren Zeiten'. Z. f. schweizerische Statistik. 43. Jg. II 1907, S. 395–405, 396." Natürlich ist die Zahl der gleichzeitig in einem Haushalt vorhandenen Kinder geringer als die der Geborenen, da nur die am Leben gebliebenen gezählt werden und da die älteren etwa in die Lehre gehen und beim Meister leben oder sich als Gesinde verdingen u. ä., also nicht mehr zum Haushalt der Eltern gehören.

Auch eine zweite Fußnote von Möller sei noch gegeben – mehr aus kulturellem Interesse, als daß ihr Inhalt von größerer Bedeutung für die reale Größe der biologischen Familie ist: „1793 wurde dagegen geklagt, daß 'die schon länger verbreitete Sitte der Landleute, in zween Kindern ihre Nachkommenschaft . . . zu erhalten', auch in Erfurt einzudringen beginne, nach Wähler, M. Die Bevölkerungsbewegung in Erfurt während der letzten Jahrhunderte. Erfurt 1940, S. 25; von Wähler überprüft, aber keine genaueren Angaben. Um die Jahrhundertwende polemisierte auch der Pfarrer W. Butté gegen das 'Zweikindersystem' (sic), Statistisch-Politisch- und Kosmopolitische Blikke in die Hessen-Darmstädtischen Lande. Giesen und Darmstadt 1804, S. 320, Beilage S. 245, 288."

16*

Wenn wir die entsprechenden Angaben von Harnisch in seinem hier zitierten Aufsatz überprüfen, dann ist es wahrscheinlich, daß sich die biologischen Familien in ihrer Größe auf dem Lande und in den Städten nicht wesentlich unterscheiden – unterschiedlich sind sie vielmehr nach der Berufstätigkeit der Werktätigen – ob etwa auf erblichen Höfen oder in der ländlichen Weberei –, worauf wir schon hingewiesen haben.

Wieviel größer waren nun die Haushaltsfamilien? Möller schreibt:

„Um die tatsächliche Größe der kleinbürgerlichen Familie abschätzen zu können, benötigen wir ferner Angaben über die Zahl der Gesellen, Lehrlinge und Mägde, die ja ebenfalls zum Haus gehörten.

'Der wohlhabende Handwerkermeister in seiner Werkstatt, umgeben von drei oder vier Gesellen und einem Lehrlinge ...; den Tisch wie die Werkstätte, den Genuss, wie die Arbeit mit seinen jüngern Gehülfen teilend ...: das ist das schöne Bild gewerblicher Thätigkeit mit anständiger Häuslichkeit verbunden, welches vorschwebt, wenn wir das Handwerk golden, den mittlern Bürgerstand glücklich preisen', schrieb J. G. Hoffmann 1829, aber dieses schöne Bild entspreche nur in Ausnahmefällen der Wirklichkeit[64], und das galt ebenso für das 18. Jahrhundert, wie die folgende Zusammenstellung deutlich macht:

	M	F	Sö	Tö	Ges. Lj. Knechte		Diener	Mgd.	Sa.
Durlach (1766)	611	754	777	945	51			26	3164
Darmstadt (1783)	1183	1433	1282	1364	483			561	6310
Städte d. Herzogt. Magdeburg u. Grafsch. Mansfeld (1780)	19,4	22,7	17,2	18,6 Tausend	2,5	1,7	1,8	5,2	89,1
Kurmärkische Städte (1769/70) ohne Berlin	31,4	39,2	28,2	31,2	4,8	6,4		10,4	151,5
Berlin (1769/70)	20,5	25,0	17,6	20,6	4,3	5,9		10,6	104,5"

Da die „einheimischen Gesellen – wie in Rollers Aufstellung – teils unter den Söhnen aufgeführt werden, während in den preußischen Erhebungen die unverheirateten Söhne, die beruflich selbständig waren, aber im elterlichen Haushalt lebten, als 'Hausväter' gezählt wurden, da Mädchen mit unehelichen Kindern den 'Frauen' zugeschlagen werden sollten", so läßt sich der Unterschied der Größe der biologischen und der Haushaltsfamilie aus der Statistik schwer ersehen. Möller meint aber, zumindest feststellen zu können, „daß eine Kopfzahl von 5 Personen pro Haushalt, mit der zeitgenössische Autoren operierten[65], und die noch in neuerer Zeit in der Fachliteratur begegnet[66], indiskutabel

---

[64] *J. G. Hoffmann*, Nachlaß kleiner Schriften staatswirthschaftlichen Inhalts. Berlin 1847, S. 395.

[65] *J. B. Fischer*, Statistische und topographische Beschreibung des Burggraftums Nürnberg ...; oder des Fürstentums Brandenburg-Anspach. Anspach 1787, I Beilage Nr. 4; *Chr. N. Roller*, Versuch einer Geschichte der Kaiserlichen und Reichsfreyen Stadt Bremen. Bremen 1799, I S. 73. Vergl. auch *J. F. Unger*, Von der Ordnung der Fruchtpreise, und deren Einflusse in die wichtigsten Angelegenheiten des menschlichen Lebens. Göttingen 1752, I S. 220 f., wo eine Normalfamilie von 5 Personen zugrundegelegt wird.

[66] *E. Keyser*. Bevölkerungsgeschichte Deutschlands. 2. A. Leipzig 1941, S. 383. Erst in der 3. Auflage ist diese unbewiesene Behauptung fallengelassen worden.

ist. Süßmilch setzte dagegen 'die Zahl der Personen, so zu einer Familie nach einem Mittel zu rechnen', mit 4,5 an, ohne allerdings diesen Wert für Deutschland belegen zu können." Möller hält auch die Zahl von Süßmilch noch für zu hoch. Jedoch macht er abschließend Ausführungen, die zeigen, wie unergiebig im Grunde solche Durchschnittsberechnungen sind. Er hält es nämlich für wichtig, im Hinblick auf die Einschätzung der Soziologie des Kinderlebens, genauere Angaben über die Größe der Haushaltsfamilie während der Jahre der Kinderaufzucht zu haben. „Leider erlaubt auch hier wieder nur Rollers Durlacher Haushaltungstabelle eine Antwort. In 180 ausgezählten kleinbürgerlichen Familien mit Kindern unter 15 Jahren betrug die Haushaltsgröße 5,5. In Homberg/Efze dürfen wir wahrscheinlich die gleiche Größenordnung unterstellen[67]. Das ist insofern für spätere Überlegungen im Auge zu behalten, als die Kinder nicht nur in größerem Umfang als heute zusammen mit Fremden aufwuchsen, sondern bei einer Haushaltsgröße von 5, auf jeden Fall aber bei 6 und 7 Personen, die ja während dieses Zeitraums, wenn man die kinderlosen Familien bzw. die mit wenigen Kindern abzieht, in zahlreichen Fällen erreicht wurde, ein kritischer Punkt überschritten wird, an dem nach Bossards 'law of family interaction' die zwischenmenschlichen Beziehungsmöglichkeiten derart zunehmen, daß ihnen nicht mehr, wie in der modernen Kernfamilie, emotional ausreichend entsprochen werden kann. Diesen quantitativen Befunden dürfte hinsichtlich des Familien-Leitbildes des 'ganzen Hauses' eine nicht geringe Bedeutung zukommen."[68]

Lassen wir die psychologischen Ausführungen beiseite – entscheidend ist, daß wir plötzlich zu viel größeren Haushaltsfamilien kommen. Wenn wir nämlich überlegen, daß wir mit etwa 15 Jahren, in denen Geburten stattfinden, und 12 Jahren für die Aufzucht rechnen können – 12 Jahre, von denen die Kinder häufig schon 5 Jahre arbeiten –, dann kommen wir immerhin schon auf 27 Jahre, in denen die Haushaltsfamilie nicht im Durchschnitt 5 oder 4,5 oder noch weniger Mitglieder zählt, sondern die Familiengröße eher bei 6 und 7 Personen liegt. Das erscheint mir für die größere Zahl der Haushaltsfamilien eine durchaus wahrscheinliche Größe. –

Die Ehen sind in mannigfacher Weise von den heutigen verschieden. Da es sich, was immer wieder betont werden muß, um Produktionsehen handelt, um Ehen, die sowohl Kinder wie auch das Nationalprodukt herstellen (die Kinder unter den werktätigen Massen vor allem auch, um bei der materiellen Produktion zu helfen), spielen weder Liebe noch das relative Alter der Ehepartner eine so große Rolle.

Ganz ausgezeichnet ist Möller auf die ganze Problematik eingegangen: „Roller, der die Einwohnerschaft der Stadt Durlach im 18. Jahrhundert statistisch aufgearbeitet hat, errechnete für die Zeit von 1701–1720 28,88 % Heiraten, in denen die Braut älter als der Bräutigam war; der Anteil sank 1721–1750 auf 22,56 %, stieg 1751–1780 auf 30,38 %, um bis zum Jahrhundertende wieder 'etwas' herunterzugehen. Die Ehen zwischen Witwen und ledigen Männern machten 6,12 % aus. In Tondern waren 1769 28 %,

---

[67] Homberg 1748. Die Einwohner und ihre Gewerbe. Bearbeitet von Meers. Homberger Hefte 1, 1965, Hsg. v. Zweigverein Homberg an der Efze des Vereins für hessische Geschichte und Landeskunde. Nach diesen Aufstellungen betrug die Kopfzahl in 350 Kleinbürgerfamilien (mit Gesellen und Lehrjungen, aber ohne Knechte und Mägde) 3,9. In 90 Familien mit Kindern, deren Haushaltungsvorstand nicht älter als 40 Jahre war, 4,5. Wenn man das Gesinde anteilmäßig auf diese Familien verteilt und über die sporadischen Hinweise des Hantierungsanschlags hinaus im gleichen Haushalt wohnende Großeltern ansetzt, dürften die Ergebnisse mit denen von Durlach übereinkommen.

[68] *H. Möller*, a. a. O., S. 29–35.

1803 knapp 34 % der Ehefrauen älter als ihre Männer, ca. ein Viertel davon 10 Jahre und mehr. In diesen Zahlen zeichnet sich also eine Sonderform ab, die eine eigene Behandlung rechtfertigt." Dazu gibt er folgende ergänzende Fußnote: „Andresen, L., Bürger- und Einwohnerbuch der Stadt Tondern bis 1869. Kiel 1937, S. 192. In diesen Ehen waren ca. 2,5 % der Frauen 20 Jahre älter. In etwa 50 % der Fälle hatten Handwerker die ältliche Tochter eines Meisters, Kaufmanns oder Wirtes geheiratet, in 'fast allen übrigen Ehen' eine Witwe einen Junggesellen. Vergl. Nolde, A. F., Medicinisch-anthropologische Bemerkungen über Rostock und seine Bewohner. Erfurt 1807, S. 83: 'Unter den Handwerkern heirathen die Wittwen nicht sogar selten, wenn sie schon über gewisse Jahre hinaus sind, ihre weit jüngeren Gesellen, die denn das Handwerk fortsetzen und sogleich festen Fuß haben, sich aber in Rücksicht des Alters ihrer Frauen wohl zu entschädigen wissen'; andererseits Rambachs Hinweis auf die 'späte Verheirathung des weiblichen Geschlechts (der) niedern Stände' in Hamburg. Während die Männer heirateten, sobald sie im Stande waren einen Haushalt zu führen, suchten sich die Mädchen 'erst während ihrer Dienstjahre etwas an Geld und Kleidungsstücken zu sammeln ... Daher ist es etwas sehr gewöhnliches, daß die Männer in unsern niedern Ständen jünger sind, als ihre Frauen'; Rambach, J. J., Versuch einer physisch-medizinischen Beschreibung von Hamburg. Hamburg 1801, S. 257."

Sodann fährt er fort: „Beide Möglichkeiten der ungleichen Partnerschaft schildert der 1770 erschienene Roman Bewunderswürdige Begebenheiten eines Uhrmachers[69]. Der Lehrmeister des Titelhelden hatte eine 14 Jahre ältere Witwe geheiratet, die aber ein 'halbes' Haus und Möbel mit in die Ehe brachte. Nach ihrem Tod heiratete er im Alter von 55 Jahren eine 15jährige Waise, die noch etwas jünger als seine Stieftochter war, jedoch 6000 Taler besaß. Daß sich hier tatsächliche Verhältnisse spiegeln, zeigt die Autobiographie des Barbiers Dietz. Nachdem er den Widerstand der Hallenser Barbiere gegen den neuen Hofbarbier überwunden, notiert er: 'Weil die Leute sahen, daß ich Ruhe hatte und meine Barbierstube gut forttriebe, ... da hatte ich Not mit freien. ... Insonderheit lag mir die Frau Bäckermeister Ließkau, als meine Pathe, sehr an: Ich sollte Frau Watzlauen heiraten. Ob sie wohl drei Kinder, hätte sie doch das schöne Haus, ihre Barbierstube, und wann ihr Vater stürbe, kriegte sie noch wohl zweitausend Thaler.' Er hörte sich das, wie er schreibt, 'mit kalten Ohren an und dachte weit höher hinaus': 'Denn ich wohl Rathsherrn-Töchter bekommen konnte.' Schließlich 'bestrickten' ihn aber die beiden Frauen doch bei einem Glas Wein und er heiratete die zehn Jahre ältere Witwe."

Über die Zuneigungsseite in den Ehen bemerkte er:

„Aus Harnisches Biographie erfahren wir aber auch, daß 'das elterliche Haus kein Friedenssitz' war, was er mit Unterschieden der Temperamente von Vater und Mutter zu erklären sucht. Händlers 'Wahlspruch': 'Glücklich ist der vergißt, das was nicht zu ändern ist', ist ein nur zu deutlicher Kommentar seiner Ehe, auch ohne sein Geständnis, daß er 'weder Neigung noch Affection' zu seiner Frau gehabt habe. Ausführlicher spricht sich Dietz über seine Ehe aus. Am Beginn steht der Stoßseufzer des Vaters: 'Die beste Hoffnung ist zu Gott, vielleicht wird's besser, oder sie stirbt bald.' Da sich aber keiner der beiden Wünsche erfüllte, führt ein fortwährender Streit mit Frau und Verwandt-

---

[69] Bewundernswürdige Begebenheiten eines Uhrmachers, wie auch dessen Reisen, Glück und Unglücksfälle auf dem Meere und unbewohnten Inseln, ingleichen seine glückliche Zurückkunft in Deutschland. Regensburg 1770, S. 229 f.

schaft um das Erbe über häuslichen Zank – 'da war ... keine Liebe und Dank. Und mußte doch bei solcher schlafen' – schließlich zu Tätlichkeiten, bis das Konsistorium eine Trennung von Tisch und Bett ausspricht. Beide halten das aber nur 18 Wochen aus – um das alte Leben mit Zank und Prügelei fortzusetzen. Er hofft auf den Tod der älteren Frau, muß sich aber doch noch eine Reihe von Jahren gedulden, bis sie ihn sterbend um Verzeihung bittet und die Schuld an ihrem Verhalten 'bösen Leuten' zuschiebt. Er läßt sie 'ehrlich mit Kutschen begraben' und zieht das Resümee: 'Ich mag wohl sagen, so sehr übele Zeit ich bei ihr hatte, so nahe ging mir doch ihr Absterben, daß ich viel Thränen über sie vergoß. Und wäre zu wünschen gewesen, wenn ich auch nun ein alter Mann: sie wäre in Friede und Ruhe, wie sie wohl haben konnte, bei mir geblieben. Denn sie war sonst eine geschickte Frau und vortreffliche Köchin.'

Für die Beurteilung dieser Ehe wird man sich vor Augen zu halten haben, daß es sich um eine einseitige Darstellung handelt, deren apologetische Nebenabsicht nicht übersehen werden darf, auch werden manche grobianischen Züge milder beurteilt werden müssen, wenn man ähnliche Schilderungen aus höheren Ständen danebenhält. Aber trotz dieser Abstriche gewinnt man doch aus Dietzens Schilderung von solchen Versorgungsehen ein recht unerfreuliches Bild, das allgemeinere Überlegungen ja auch erwarten lassen; denn einmal fehlt die Synchronisation der Lebensphasen beider Partner in psychischer Hinsicht, und zum andern wird die Lage der alternden Frau bei Nachlassen des sexuellen Interesses einseitig belastet. Wenn nun noch, wie bei Dietz, persönliche Faktoren komplizierend hinzutreten und keine gemeinsamen Kinder – die einzige Tochter starb mit drei Jahren – ausgleichend wirken können, ist jenes Ergebnis nicht verwunderlich. Der Verfasser der Bewunderungswürdigen Reisen eines Uhrmachers läßt den Meister – wie es die Schwankliteratur der Welt prophezeit – sexuelle Freuden außerhalb des Hauses suchen, und es ist immerhin auffallend, daß Dietz, der aus seiner Jugend manches amouröse Abenteuer zu berichten weiß, auch im Alter keinen abgelebten Eindruck macht und noch mit 71 Jahren taufen läßt, dreißig Jahre bei einer Frau ausgehalten haben will, mit der er, nach eigenem Eingeständnis, nur widerwillig schlief. Auf jeden Fall mußte die Tatsache, daß im Kleinbürgertum keine sexuellen Ventile mehr oder weniger institutionalisiert waren – wie in Hofkreisen das Maitressenwesen oder auch im bäuerlichen Bereich, wo die abgearbeitete Frau schon einmal übersah, wenn der Bauer zur Magd ging – diese Problematik erheblich verschärfen. Und dennoch wurden die Ehen dieser drei protestantischen Kleinbürger nicht geschieden."[70]

Natürlich kann man solche Einzelbeispiele nicht ohne weiteres verallgemeinern. Natürlich gibt es auch Ehen, die mit Liebe geschlossen wurden – mit Liebe, aber eben nicht aus Liebe. Die entscheidenden Faktoren waren erstens allgemein die Notwendigkeit der Heirat aus Produktionsgründen und zweitens in jedem Einzelfall oft der spezifische ökonomische Vorteil für beide oder zumindest einen der beiden Ehepartner.

Wenn in der Hausväterliteratur von der Liebe in der Ehe gesprochen wird, dann muß man bedenken, daß der Begriff der Liebe hier ein ganz anderer ist als später. So heißt es in einem Hausvaterbuch:

„Die allgemeine Pflicht, oder eigentlicher der Begriff aller Pflichten, die der Haus-Vatter, so fern er als ein Ehemann betrachtet wird, seinem Weibe schuldig ist, ist die Liebe."[71]

[70] H. Möller, a. a. O., S. 26–29.
[71] Der Kluge und Rechts-verständige Haus-Vatter. Von Franciscus, Philippus Florinus. Nürnberg, Frankfurt und Leipzig 1702, S. 31.

Liebe als Pflicht!

Aber auch die Herrschaften sollen ihr Gesinde lieben, es wird von dem „Band, das die Liebe an dasselbe", an das Gesinde, bindet, gesprochen.[72]

Und umgekehrt, was das Gesinde betrifft: „Aus der Gottesfurcht fleußt die Liebe sammt allen andern übrigen Pflichten, die wiederum aus der Liebe fließen, und alle ihren Namen von der Liebe haben müssen. Also muß ihre Ehre, Gehorsam, ihre Treu und Fleiß, so sie in ihrem Dienst rechtschaffen leisten wollen, eine ungezwungene liebreiche Ehre, liebreicher Gehorsam und so fort heißen."[73]

Wiederum Liebe als Pflicht!

Die Ehe war ein entscheidender Teil der Produktionsverhältnisse. Im Kapitalismus macht es nicht die mindeste Schwierigkeit, sich einen ehelosen Kapitalisten oder auch ehelosen Arbeiter oder Angestellten vorzustellen. Ja, vielleicht halten es junge Kapitalisten oder allgemein Angestellte und Arbeiter für ökonomisch vorteilhaft, spät oder gar nicht zu heiraten. In keinem Fall aber ist die Ehe ein Teil der Produktionsverhältnisse – außer bei Bauern und Handwerksmeistern, die aber nicht mehr tragende Klassen bzw. Schichten dieser Gesellschaftsordnung sind.

Im Feudalismus aber sind die tragenden Klassen bzw. Schichten der Bauern und Handwerker, ebenso wie die der Heimarbeiter und der dezentralisiert beschäftigten Manufakturarbeiter kaum denkbar ohne Ehepartner und Kinder.

Wenn aber die Familie – biologisch wie Haushaltsfamilie – die entscheidende Produktionseinheit ist, dann sieht ihr Alltag eben ganz anders aus, als wenn Haus und Arbeitsstelle getrennt sind. Dann ist das Verhältnis auch der Ehepartner ein ganz anderes. Sie sind viel stärker durch gemeinsame Produktionsinteressen als durch „persönliche" Interessen miteinander verbunden. Sie sind auch den Tag über ganz anders, viel länger und häufiger, zusammen als bei der Trennung von Haus und Arbeitsstelle.

Wenn theoretisch unter diesen Umständen die Reibungsflächen etwa zwischen Mann und Frau oder Eltern und Kindern viel größer sind, so ist doch auf der anderen Seite die tägliche Gemeinsamkeit ihrer Interessen weit größer, schweißt sie der Produktionsprozeß doch viel enger zusammen als etwa unter den Lebensverhältnissen des Kapitalismus. Auch sind die Eheverhältnisse sicherlich in mancher Beziehung etwas andere, wenn Fremde einen Teil des Haushalts bilden.

Man sollte sich auch fragen, ob das Niveau solcher Produktionsehen nicht höher ist als das von Liebesehen – ganz abgesehen davon, daß sie dem Sinn und Inhalt, aus denen heraus sie geschlossen wurden, viel länger treu bleiben. Die aktive, produktive Verbundenheit der Ehepartner ist in einer Produktionsehe in ganz anderer Weise gesichert als in einer Liebesehe. Die Interessengemeinschaft ist viel solider aufgebaut. Auch die Beziehung zwischen Eltern und Kindern ist, so bald diese zu arbeiten begonnen haben, viel enger als in biologischen Familien, die keine Produktionseinheit darstellen. Sie sind viel häufiger in gemeinsamem Bestreben vereint und viel stärker aufeinander angewiesen. Generationsgegensätze, die sich im Kapitalismus entwickelten und die bis heute in den realen Sozialismus hinein andauern, können viel schwerer entstehen, wenn die Kinder mit 6 oder 7 Jahren als Erwachsene empfunden werden.

Auch das Zusammenleben mit Nichtverwandten ist in solchen Produktionsfamilien ein viel engeres, sowohl im Raum wie in der Zusammenarbeit des Produktionsverhält-

---

[72] Ebendort, S. 69.
[73] Ebendort, S. 82.

nisses. Es ist das „ganze Haus", die Einheit in der Produktion, in der Familienproduk-
tion, die sie zusammenhält. Und wenn es objektiv bedingte Unterschiede gibt – ist der
Unterschied zwischen dem ältesten Sohn, der den Hof einmal übernehmen wird, und
seinen jüngeren Brüdern nicht viel größer als der zwischen den jüngeren Söhnen, die ro
oft einmal Knechte werden, und dem Fremden, Nicht-Verwandten, der als Knecht beim
Bauern arbeitet?

Gar nicht leicht ist es, sich das Familienleben von solchen Produktionseinheiten in
einer Gesellschaft, die ganz überwiegend aus solchen Familienproduktionseinheiten besteht, vorzustellen.

Und vor allem muß man sich von dem Gedanken frei machen, daß die Liebesehe
im Kapitalismus eine höhere Form der Ehe darstellt als die Produktionsehe im Feudalismus. Nicht nur ist die letztere dauerhafter, sie sichert auch eine viel engere und zugleich viel breiter gefächerte Gemeinschaft der Interessen und Aktivitäten der Ehepartner.

Abschnitt III

Grundbedürfnisse

Im ersten Abschnitt unserer Betrachtungen hatten wir unter anderem gezeigt, wie merkwürdig sich in den Auffassungen der Menschen der Feudalzeit alles in den verschiedensten Maßstäben wiederholt. Die Kinder sind kleine Erwachsene, die Welt erscheint als eine gewaltig vergrößerte Wiederholung des Ortes, an dem man lebt, jeder Mikrokosmos hat seinen ihm entsprechenden ausgestatteten Makrokosmos, und jeder Makrokosmos gleicht dem ihm entsprechenden Mikrokosmos.

Hat darum Engelsing recht, wenn er in den einleitenden Absätzen seines Aufsatzes „Probleme der Lebenshaltung in Deutschland im 18. und 19. Jahrhundert"[1] bemerkt:

„Maßstab der Haushaltung und Muster der Haushaltungen war der Haushalt des adligen Grundherrn und Hausvaters, dessen Gesinde seinen Unterhalt im Rahmen der hausherrlichen Gewalt hatte. Auf diesen Haushaltstyp konzentrierte sich das öffentliche Interesse. Es galt als vollkommener Haushalt, weil nur in ihm Pflege des Besitzes und des Personals mit einem ansehnlichen Aufwand vereinigt werden konnte. Haushalte, die dieses nur in einem geringen Maß anstreben konnten, galten als weniger vollkommene Abbilder des repräsentativen herrschaftlichen Haushalts. Bürgertum und Arbeiterschaft stellten dieses Ideal und diese Ideologie nicht in Frage. Die bürgerliche Oberschicht, das Patriziat, nahm an der herrschaftlichen Ausgabenwirtschaft teil und rangierte mit den adeligen Hausherren auf etwa gleicher Stufe. Die übrigen Bürger ahmten die herrschaftliche Ökonomik des ganzen Hauses in kleineren Dimensionen mit denselben rechtlichen und wirtschaftlichen Mitteln nach. Soweit die Arbeiter dieses im bescheidensten Maße nicht ebenfalls taten, waren sie großenteils den adeligen und bürgerlichen Haushalten inkorporiert. Sie setzten der herrschaftlichen Verfügungsgewalt, die ihnen eine notdürftige Versorgung sicherte, keinen Anspruch entgegen, der über die notdürftige Versorgung hinausging. Weil diese in der Ökonomik des ganzen Hauses weitgehend automatisch gewährleistet war, blieb die an das physische Existenzminimum gebundene Lebenshaltung unfaßbar. Dem Ideal des vollkommenen herrschaftlichen Haushalts stand nicht ein Typus des elenden Haushalts antithetisch gegenüber, durch den das Ideal in Frage gestellt wurde. Das Bild des Hausvaters hatte nicht das Gegenbild des Proletariers, sondern die wirklichen Erscheinungen näherten sich dem Ideal mehr oder weniger an und ordneten sich ihm im näheren oder weiteren Abstand unter. Die pflegsame und ansehnliche herrschaftliche Lebenshaltung wurde auch von denjenigen, die sie weder hatten noch erreichen konnten, verstanden und ohne Alternative bejaht oder hingenommen ..."

Richtig und seinem Interesse gemäß lebte, wer seinem Stande gemäß lebte. Wer der

---

[1] R. *Engelsing*, in: „Zeitschrift für die gesamte Staatswissenschaft", 126. Band, Tübingen 1970, S. 290–308.

'natürlichen' Tendenz folgte, sich vom Maß seines Standes zu entfernen und über seinesgleichen zu erheben, indem er sich an einem höheren Stand orientierte und dessen Standard zu egalisieren suchte, verfiel einer ordnungswidrigen Maßlosigkeit und untergrub sein gesichertes Auskommen.²"³

Die Ausführungen im letzten Absatz widersprechen der Hauptlinie des ersten. In der Blütezeit des Feudalismus war weder der Haushalt des adligen Grundherrn noch der des bürgerlichen Patriziers irgendein Maßstab oder Ideal für den der niederen Stände, sondern sie waren einfach eine Wiederholung in größerem Maßstab. Darum auch die Berechtigung des letzten Absatzes, daß jeder das Bestreben hatte, innerhalb seines Standes, seines Kosmos, ob Mikro oder Makro, „richtig", so gut wie nur möglich zu leben. Der Kapitalist, der sich vom Bürojungen heraufgearbeitet hat, war selbstverständlich im übertragenen Sinne auch eine sehr seltene Möglichkeit im Feudalismus, wäre aber nie als Ideal hervorgehoben worden, wie es im Kapitalismus geschah.

Natürlich gab es reiche Bauern, die sich prunkvoll kleideten und es im Äußeren den Adligen gleichtun wollten, auch manche sehr erfolgreiche Handwerker tendierten in ihrer äußeren Lebenshaltung in dieser Richtung – aber eben als Bauern oder als Handwerker, nicht etwa mit dem Bedürfnis, in einen anderen Stand zu wechseln, nicht um einem Ideal des Haushalts und der Lebenshaltung nachzustreben, sondern umgekehrt, um zu zeigen, daß es sich hier nicht um ein Ideal handelt, sondern um eine Realität, die sich auch in ihrem Bauern- oder Handwerker-Kosmos wiederholen läßt.

Etwas ganz anderes, und hier läßt sich Engelsing ein wichtiges Problem entgehen, ist die Frage, ob sich diese Haltung während der Niedergangsperiode des Feudalismus im reichen Bürgertum ändert. Wenn Eigentümer großen Kaufmannskapitals sich Landgüter kaufen, um sich in die Gesellschaft der Grundherren einzukaufen, dann liegt hier ganz offenbar eine andere Haltung vor, ein Streben, von einem Stand in den anderen aufzusteigen, aus seinem Kosmos in einen anderen, besseren aufzusteigen. Eine andere Haltung auch, als wenn, was wir im vorigen Band erwähnten, reiche Bauern ein armes adliges Mädchen heirateten, denn selbstverständlich änderte der reiche Bauer nicht seinen Stand.

Bürger auf der Basis ihrer finanziellen Verhältnisse als Grundherren, und zwar im Laufe des 18. Jahrhunderts in merklicher (natürlich nicht größerer) Anzahl, sind wohl eine Auflösungserscheinung des Feudalismus.

Auf der anderen Seite finden wir mit der wachsenden Anzahl von Landarmen eine stärkere Mobilität unter den verschiedenen Schichten auf dem Lande. Bauernsohn, außer wenn er erbberechtigt ist, heiratet nicht mehr „selbstverständlich" Bauerntochter und umgekehrt.

Wenn die Kleidervorschriften, das heißt die Regelungen der äußeren Standeskennzeichnungen allmählich aufhören, dann kann man das vielleicht auch als ein Zeichen größerer Mobilität ansehen, auch wenn, wie stets in den vorangehenden Jahrhunderten, Klagen über den „Kleiderluxus in unteren Ständen" auftraten.

Zugleich aber finden wir auch stärkere Erstarrungserscheinungen, insbesondere natürlich im städtischen Handwerk.

---

² Vom guten Menschen und Künstler behauptet noch Johann Wolfgang von Goethe in einem Brief an Friedrich Müller vom 21. Juni 1781, daß er, „indem er Prätension an einen höheren Stand macht, die Vortheile des, zu dem er gehört, sich verscherzt".

³ R. *Engelsing*, a. a. O., S. 292 f.

Im großen und ganzen aber hält sich die Ständeordnung und die ihr entsprechende Lebenshaltung. Recht hat Engelsing darum, wenn er bemerkt: „Dadurch, daß die Theorie die gegebenen Lebenshaltungen als Ordnung der Lebenshaltung auffaßte und unter der gegebenen Ordnung die richtige Ordnung verstand, war sie statisch und bändigte die Veränderungen, indem sie ihnen das Verständnis verweigerte. Da Übereinkunft bestand, daß die Unterschiede der Lebenshaltung durch die Standesunterschiede gefordert wurden, konnte die ständestaatliche Sozialpolitik nur eine obrigkeitliche Aufwandspolizei sein, die durch Aufrechterhaltung der Unterschiede der Lebenshaltung die Standesunterschiede sicherte."[4]

Und recht hat Engelsing darum auch, wenn er meint, daß die Zeit daher zwei Maßstäbe für die Lebenshaltung hatte:

„Nach dem relativen Maßstab bezeichnete man mit der Unterscheidung von Armut, notdürftigem Auskommen und Reichtum die Abstimmung der individuellen Lebenshaltung auf den gehörigen sozialen Stand und das Einkommen. Danach war in seinem Stande arm, wer in bestimmter Frist mehr ausgab, als er gleichzeitig einnahm, sein notdürftiges Auskommen hatte, wer so viel ausgab, wie er einnahm, reich war, wer weniger ausgab, als er einnahm.[5] Diese Qualifikation bezog sich auf den jeweiligen Stand, es gab keinen gesamtgesellschaftlichen Maßstab des Auskommens, durch den etwa eine meßbare Mindesteinheit gesetzt wurde, die allgemein verbindlich war. So konnte man von einem Tagelöhner, der 50 Taler einnahm, sagen, er habe gut zu leben, und ihn seinem Stande gemäß für reich ansehen, von einem Mann von Stand, der 500 Taler einnahm, er habe kümmerlich zu leben, und ihn seinem Stande gemäß für arm ansehen.[6]

Nach dem absoluten Maßstab orientierte man sich an einem Schema der ökonomischen Ordnungen, die der ständischen Ordnung entsprechend verschiedene Qualitätsstufen der Lebenshaltung bezeichneten, und zwar

      1. den Stand der Armut
      2. den Stand der Dürftigkeit
      3. den Stand der Notdurft
      4. den Stand des Auskommens
      5. den Stand des Vermögens
      6. den Stand des Reichtums.[7][8]

Der absolute Maßstab kennzeichnet gleichzeitig in gewisser Weise den Stand: „Leitmotiv der unteren Lagen war die Not, der mittleren Lagen die Frugalität, der höheren Lagen die Magnifizenz.[9] Ein Bürger, der prunkvoll leben wollte, verfehlte seinen Stand ebenso, wie es ein Edelmann tat, der frugal leben sollte."[10]

---

[4] Ebendort, S. 295.

[5] Der unfehlbare Weg, Vermögen zu erwerben und wohl damit umzugehen oder die allgemeinen Grundsätze einer vernünftigen Oekonomie, Carlsruhe 1766, § 37, S. 55, § 41, S. 60.

[6] Der Hausvather, Hannover 1769, Th. 4, S. 293.

[7] *J. H. G. von Justi*, Staatswirtschaft, 2. Aufl., Leipzig 1758 (Neudruck: Aalen 1963), T. 1, § 432 f., S. 449 f., § 467, S. 481; *J. D. Titius*, Grundsätze der theoretischen Haushaltungskunde zum Unterrichte der Anfänger und zur ferneren Erklärung entworfen, Leipzig 1780, § 25, S. 30 f. Vgl. auch *A. Hartmann*, Versuch einer geordneten Anleitung zur Hauswirtschaft, Stuttgart 1792, § 98 f., S. 49; Der Hausvather, a. a. O., S. 292 ff., 305.

[8] *R. Engelsing*, a. a. O., S. 294.

[9] Vgl. *J. G. Krünitz*, Oeconomische Encyclopädie 2, 1773, S. 789.

[10] *R. Engelsing*, a. a. O., S. 295.

Was den absoluten Lebensstandard der Werktätigen betrifft, so meint Engelsing: „Liest man nun näher nach, was die Autoren des 18. Jahrhunderts über Armut, Dürftigkeit und Notdurft sagen, so zeigt sich, daß das Schicksal, sich zwischen Mangel und Entbehrung einerseits und annähernder Unter- oder Überschreitung des physischen Existenzminimums zu befinden, für eine große Zahl von Arbeitern galt. Krünitz sagte 1776 von der Dürftigkeit, dem Stand zwischen Armut und Notdurft, sie bezeichne 'einen solchen Zustand des zeitlichen Vermögens, darinn einem bey aller sauern Arbeit dennoch nicht nur die Mittel eines bequemen Lebens, sondern auch der Nothdurft von Zeit zu Zeit dergestalt mangeln, daß man nichts von bereitetem Vermögen im Vorrathe hat, sondern sich der Mittel immer äußert, und man so zu sagen nur die höchste Nothdurft aus der Hand in den Mund oder sparsam mit seiner Arbeit verdienen kann. Dieser Zustand ist nun zwar von der völligen Armuth unterschieden, jedoch aber derselben sehr nahe verwandt; und diese entstehet auch leicht daraus.' Hierher rechnete Krünitz ausdrücklich die Handwerker und Fabrikanten, also gelernte und ungelernte Arbeiter.[11] Da nun andererseits die Armen nur oberhalb des definierten Niveaus der Armut zu existieren vermochten, ist deutlich, daß Arme und Arbeiter auf breiter Ebene eine ineinander übergehende ambivalente Schicht bildeten und daß Armut und Dürftigkeit austauschbare Repräsentationen eines Schicksals darstellen konnten. Insbesondere das städtische und ländliche Heimgewerbe verschaffte den Arbeitern keine Existenzsicherung, die sie normalerweise gegen Mangel und Entbehrung schützte und so für die Arbeiter eine Definition ihrer Lebenshaltung zuließ, die diese eindeutig von der Lebenshaltung der Armen trennte. Zu den Armen gehörten potentielle Arbeiter, und die Arbeiter waren großenteils potentielle Arme."[12]

Über den Bauern bemerkt Engelsing nichts. Für ihn läßt sich auch kein absoluter Lebensstandard, sondern nur ein relativer feststellen. Wohl kein Stand war so differenziert wie der des Bauern. Nicht, daß es nicht vereinzelte Kunsthandwerker gab, die reich waren und einen Lebensstandard hatten, der weit entfernt war von dem der ländlichen oder landstädtischen oder auch vieler handelsstädtischer Handwerker. Aber es waren eben nicht vereinzelte Bauern, die reich waren. Die reichen Bauern stellten eine echte Oberschicht dar. Und in einigen Gegenden gab es eine größere Anzahl von wohlhabenden Mittelbauern. Die große Masse der Bauern Deutschlands aber hatte nicht ihr Auskommen, sondern lebte in Armut, Dürftigkeit oder Notdurft. Ihr half es auch nicht, wenn die Getreidepreise stiegen und sie nicht genug Getreide erntete, so daß sie zukaufen mußte. Von steigenden Getreidepreisen, wie wir sie im Verlauf des 18. Jahrhunderts beobachten, profitierten die Groß- und Mittelbauern, während viele Kleinbauern und erst recht Landarme unter ihnen schwer litten. Schwer zu leiden hatten unter ihnen auch alle, die gewerbliche Produkte gegen landwirtschaftliche austauschen mußten, und noch schwerer alle, die Geldlöhne erhielten.

Man darf also nicht glauben, daß, weil die Getreidepreise nach dem Dreißigjährigen Krieg zurückgingen und dann nur langsam und mit Unterbrechungen bis ins erste Viertel des 18. Jahrhunderts stiegen, dann aber während des Restes des 18. Jahrhunderts kräftig heraufgingen, sich die Lage der Bauern entsprechend veränderte. Wegen der so dürftigen Existenzgrundlage so vieler Bauern änderte sich ihre Lebenshaltung oft entgegengesetzt der Preislage.

---

[11] *J. G. Krünitz*, a. a. O., 9, 1776, S. 713.
[12] *R. Engelsing*, a. a. O., S. 295 f.

Untersuchen wir nun im einzelnen die Entwicklung der materiellen Verhältnisse der werktätigen Massen in ihrem Alltag.

Wir werden gleich im einzelnen auf die Hauptposten Ernährung, Kleidung und Wohnung eingehen.

Allgemein aber ist offenbar, daß die materielle Lage der Werktätigen auf der Basis ihrer Ausplünderung durch die herrschenden Klassen in den einzelnen Jahren vor allem durch die Wandlungen im Klima, das heißt durch den Ausfall der Ernten, und sodann durch Epidemien unter Menschen und Vieh bestimmt werden. Durch diese Bestimmungsgründe kann es zu außerordentlichen Schwankungen kommen, die unter Umständen auch mehrere Jahre umfassen. So bedeutungsvoll im Leben der Werktätigen unter dem Kapitalismus die zyklischen Schwankungen mit großer Arbeitslosigkeit und sinkenden Reallöhnen und praktischer Vollbeschäftigung bei steigenden Reallöhnen sind, so sind doch, zumindest nachdem sich die Arbeiterklasse die Sozialversicherung erkämpft hatte, die Schwankungen in der Lebenshaltung der Menschen unter dem Feudalismus wohl weit größer gewesen, insbesondere auch, wenn wir an den mangelhaft ausgebildeten Fernhandel mit Agrarprodukten denken.

Das gilt noch mehr für die Bauern, die feste Ausgaben für feudale Renten, keine Ausgaben für Miete und selten für Kleidung hatten, als für die städtischen Werktätigen oder auch das ländliche Gewerbe. Noch mehr für die Bauern, obgleich auch für die städtischen Werktätigen der Anteil der agrarischen Produkte, der Prozentsatz der Ausgaben für Ernährung so hoch ist, daß deren Schwankungen ihre Lebensweise ganz stark bestimmen. Jedoch spielen für die letzteren auch die gewerbliche Konjunktur – für sie vor allem ausgedrückt in der Zahl der Tage, die sie Arbeit haben (also auch in der Kaufkraft derer, die die Produkte ihrer Arbeit kaufen) und in der Höhe ihres Verdienstes – eine nicht zu übersehende Rolle.

Für die Bauern besitzen wir leider keine Untersuchungen, die uns ihren Lebensstandard im einzelnen mit seinen Schwankungen von Jahr zu Jahr darzustellen erlauben. Nur allgemeinere Schilderungen gibt es, von denen schon die Rede war und auch noch sein wird. Ähnlich steht es mit den Bewohnern des Landes, die neben der Bauernarbeit auch gewerblich tätig sind. Johann Nepomuck von Schwerz schildert ihr Leben im Jahre 1816 so: „Der Einwohner lebt mehr von seinen Händen als von dem Schoße der Erde. Hat er einen Teil seines Tagewerkes auf diesen verwendet, so kehrt er nach Hause, greift zu Spindel und Spuhl. Er zieht, er rödet, er sprödet, er brackt, er strippt, er bocket, er durchstößt, er schwingt, er hechelt, er spinnt, er webt, er bleicht, er kalandert, er geht zu Markte. Es ist eine Arbeit ohne Ende, zwischen welcher nur der Sonntag ihm einen Augenblick der Erholung gestattet; ein Brod, welches nur mit Schweiss und Mühe erkämpft wird. Wollte man alles in Gelde anschlagen, so würde man freilich finden, daß der reine Ertrag unter Zero herabsinkt."[13]

Die gleiche Schwierigkeit der konkreten Quantifizierung des Lebensstandards hatten wir bis vor kurzem auch für die Lohnarbeiter. Denn die Lohnstatistiken, die wir auf Grund der Angaben etwa städtischer Dokumente aufstellen können, enthalten nur oft über viele Jahrzehnte sich ausdehnende starre Tage- oder Wochenlöhne, die vielfach durch auch nur städtisch festgelegte Preise, also nicht echte Marktpreise, in Reallöhne verwandelt werden können – wozu noch kommt, daß man zumeist nicht weiß, ob noch

---

[13] *J. N. v. Schwerz*, Beschreibung der Landwirtschaft in Westfalen und Rheinpreußen, Teil 1, Stuttgart 1836, S. 129 f.

irgendwelche Kost und wieviel während der Arbeit verabreicht wird, oder was Gesellen oder ungelernte Arbeiter ihrem Meister vom Lohn abgeben müssen.

Der außerordentlich genau mit großartigem Quellenmaterial arbeitende Schnapper-Arndt gibt zum Beispiel folgende Tabelle für Frankfurt am Main:

Tagelöhne für Garten- und Weinbergarbeiter nach den Taxordnungen des 17. Jahrhunderts

Ordnung vom	Tagelohn für Männer		Tagelohn für Frauen	
	Sommer-halbjahr	Winter-halbjahr	Sommer-halbjahr	Winter-halbjahr
16. Febr. 1614	12 kr	10 kr	6 kr	5 kr
17. März 1618	12 „	10 „	6 „	5 „
16. Febr. 1622	18 „	16 „	9 „	8 „
8. Okt. 1622	24 „	20 „	12 „	10 „
10. März 1625	20 „	—	10 „	—
1. Febr. 1626	20 „	—	10 „	—
22. April 1628	16 „	—	8 „	—
5. Febr. 1629	20 „	16 „	10 „	8 „
18. Febr. 1630	20 „	18 „	10 „	9 „
7. April 1642	20 „	16 „	12 „	10 „
15. Febr. 1649	20 „	16 „	10 „	8 „
1. Mai 1654	20 „	16 „	10 „	8 „
16. Febr. 1671	20 „	16 „	10 „	8 „
28. Febr. 1688	20 „	16 „	12 „	10 „

Dazu gibt er folgenden Kommentar (meine Unterstreichung):

„Die erste in der Ediktensammlung enthaltene gedruckte Gesindelohntaxe stammt aus dem Jahre 1547 und bezieht sich auf Handwerker und Weingartenarbeiter; sie regelt die Arbeitszeiten, Ruhepausen und Löhne und ist vorbildlich geworden für die im 17. und 18. Jahrhundert erlassenen Ordnungen. *Die häufige Wiederholung der gleichchen Lohnsätze oft in kurzen Zwischenräumen deutet wohl darauf hin, daß die Vorschriften nicht immer strenge eingehalten wurden.* Es ist dies erklärlich, wenn man an die im 17. Jahrhundert üblichen erheblichen Preisschwankungen denkt, welche durch Münzverschlechterungen, Mißernten und dergleichen verusacht wurden. Schon die Ordnung von 1614 steht ganz unter dem Einfluß der beginnenden Kipper- und Wipperzeit, jener Wirtschaftskrisis, welche seit der Mitte des 16. Jahrhunderts vorbereitet war und nach Ausbruch des dreißigjährigen Krieges ihren Höhepunkt erreichte. Durch die gewaltige Geldentwertung kamen die arbeitenden Klassen, wie alle, die auf feste Besoldung angewiesen waren, in eine drückende Notlage, denn die Lebensmittelpreise waren schließlich ins Ungemessene gestiegen. Es ist also kein Wunder, daß die Weinberg- und Feldarbeiter sich weigerten, um den angesetzten Lohn zu arbeiten und von den Dienstherren oft das Doppelte oder Dreifache forderten.

Ohne Rücksicht auf die inzwischen erfolgte Geldwertänderung wurde die Ordnung von 1614 vier Jahre später wiederholt und erst die Bestimmungen vom Februar und Oktober 1622 brachten eine wesentliche Lohnerhöhung. Im Zusammenhang mit der Aufstellung einer allgemeinen Taxe der Löhne und Preise wurden auch die Gesindelöhne festgesetzt und zum ersten Male werden jetzt Löhne für das häusliche Gesinde angegeben. . . .

Gegen Ende der vierziger und Anfang der fünfziger Jahre des 17. Jahrhunderts häufen sich abermals die Klagen wegen ungebührlicher Steigerung der Gesinde- und Tagelöhne. Es ist die Zeit, in welcher die gleichen Mißstände beim Geld- und Münzwesen auftreten, wie im ersten Viertel dieses Jahrhunderts. Eine zweite Kipper- und Wipperzeit brach an, welche in ihren Folgen zwar nicht so verheerend wirkte, wie die erste, aber immerhin schlimm genug war, die Dienstboten und Tagelöhner in äußerst drückende Lage zu bringen. . . .

Betrachtet man nun die in Frankfurt erlassenen Lohnordnungen für das Gesinde im weiteren Sinne genauer, so erhebt sich vor allem die Frage, welcher Charakter den aufgestellten Taxen zukommt. Aus den Strafbestimmungen geht ohne Zweifel hervor, daß es sich um Fixtaxen handelt. Die Festsetzung der Taxen ist nicht etwa so aufzufassen, daß sie die Höchstgrenze dessen, was die Herrschaft geben muß (Minimaltaxe) oder die Mindestgrenze dessen, was das Gesinde fordern darf (Maximaltaxe), bezeichnen, sondern beide Teile sind strenge an die Einhaltung des Lohnsatzes gebunden. Bei Übertretung der Taxe wird die Herrschaft, welche mehr gibt, ebenso wie der Dienstbote, welcher mehr fordert, mit Strafe bis zu 50 fl bedroht. Trotz alledem sind Umgehungen der Taxe sehr zahlreich gewesen, was sich schon aus dem zeitweise erheblichen Mangel an Arbeitskräften erklärt."[14]

Wir sehen, daß auch Schnapper-Arndt nicht an die relative Starrheit der Löhne, das heißt an die Realisierung der Lohntaxen glaubt.

Zugleich ist es von großem Interesse, die außerordentliche Differenz der Löhne von Männern und Frauen zu sehen. Die Frauenlöhne sind im allgemeinen nur halb so hoch wie die der Männer. Was aber den Unterschied zwischen Sommer- und Winterlöhnen betrifft, so ist er zumeist der gleiche für Männer und Frauen, etwa 20 Prozent.

Einen, soweit ich übersehe, ersten Durchbruch zur Realität der Lohngestaltung für von einer Stadt in Lohn beschäftigte Arbeiter und für eine längere zusammenhängende Zeit hat Walter Achilles gemacht.[15] Achilles hat den Verdienst der zwei von der Stadt Hildesheim beschäftigten Zimmerleute für die Zeit von 1770 bis 1802 untersucht.

Die Tabelle des durchschnittlichen Tageslohnes der zwei Zimmerleute ist langweilig und ohne Aussagekraft wie alle solche Tabellen für diese Zeit. Sie zeigt zwischen 1770 und 1802 nur minimale, völlig bedeutungslose Schwankungen.

Aufregend dagegen ist die Tabelle, in der die Zahl der Arbeitstage, der Überstunden, die Höhe der Zulagen und das Jahreseinkommen gegeben werden. Danach
schwankt die Zahl der Arbeitstage zwischen 236 (1801) und 301 (1796),
schwankt die Zahl der Überstunden im Jahre zwischen 0 (1770–1774) und 292 (1802),
schwankt die Zahl der Zulagen im Jahre zwischen 0 (1770, 1772, 1773, 1775, 1777 bis
    1779, 1785, 1791, 1792, 1799, 1802) und 32 (1781) Mariengroschen,
schwankt das Jahreseinkommen zwischen 69,44 (1785) und 90,69 (1795) Talern.

---

[14] *G. Schnapper-Arndt*, hg. v. *K. Bräuer*, Studien zur Geschichte der Lebenshaltung in Frankfurt am Main während des 17. und 18. Jahrhunderts, 1. Teil, Frankfurt a. M. 1915, S. 195–199.

[15] *W. Achilles*, Die Auswirkungen der Getreidepreissteigerungen gegen Ende des 18. Jahrhunderts auf das Realeinkommen von Erzeugern und Verbrauchern, in: „Wirtschaftliche und soziale Strukturen im saekularen Wandel. Festschrift für Wilhelm Abel zum 70. Geburtstag, Bd. I, Hannover 1974, S. 112–130.

Die Schwankungen des Jahreseinkommens sind also schon ohne Berücksichtigung der Lebenshaltungskosten, und zwar vor allem auf Grund der Schwankungen in der Zahl der gearbeiteten Tage und der Überstunden, außerordentlich hoch.

Zu einigen konkreten Ursachen der Schwankungen äußert sich Achilles so:

Die beiden Zimmerleute „werden es begrüßt haben, als sich während der neunziger Jahre ihr Jahreseinkommen langsam erhöhte. Welche Gefühle mögen sie dagegen bewegt haben, als es nach einem sechsjährigen Höchsstand von 1800 bis 1801 abrupt von 89,3 Taler auf 70,8 Taler sank? Das war immerhin ein Abfall um rund 26 v. H. Natürlich gelten diese exakten Angaben nur für die beiden betroffenen Zimmerleute. Bei den übrigen Bauhandwerkern werden die Verhältnisse aber auch nicht viel anders gelegen haben. Wahrscheinlich gilt ähnliches noch für einen viel größeren Kreis von Handwerkern, wie später gezeigt werden soll.

Bei der großen Bedeutung der Beschäftigungslage für Einkommen und Lebensverhältnisse ist nach den Ursachen zu fragen, die sie veränderten. Leicht sind jene exogenen Faktoren zu erkennen, die aus politischen und witterungsbedingten Gründen Einfluß nahmen. So waren die Zimmerleute zeitweilig mit der Reparatur von Schlagbäumen und Schilderhäusern beschäftigt, als man den Einmarsch der Franzosen fürchtete, und in anderen Jahren setzten sie Stege und Brücken an allen sieben Tagen der Woche und bei Ableistung zusätzlicher Feierstunden wieder in Stand, die der Eisgang zerstört hatte. Solche Ereignisse blieben während des gesamten Untersuchungszeitraumes aber verhältnismäßig selten und in ihren Auswirkungen zeitlich beschränkt.

Die weitaus meisten Arbeiten gehörten dagegen zu den gewöhnlichen Tätigkeiten der Zimmerleute. Man sollte meinen, sie seien während eines dreißigjährigen Zeitraumes nahezu gleichförmig angefallen und erledigt worden. Das gilt besonders für den Arbeitsanfall in einer Stadt von der Größe Hildesheims, die damals um 13000 Einwohner zählte. Die Stadt müßte bei dieser Einwohnerzahl im Gegensatz zum einzelnen Bürger wirtschaftlich so unabhängig von kurzfristigen Schwankungen der Finanzlage gewesen sein, daß sie die Aufträge gleichmäßig vergeben konnte."

Doch auch „innerhalb verhältnismäßig kurzer Zeiträume lassen sich unabhängig von zufallsbedingten Schwankungen Unterabschnitte bilden, in denen Handel und Wandel eher stockten, dann wieder flüssiger wurden. Selbst eine Stadt wie Hildesheim konnte sich als Auftraggeber solchen Einflüssen nicht entziehen. Diese Wechsellagen besaßen für die beiden Zimmerleute eine ganz erhebliche Bedeutung. Ihnen mag der Unterabschnitt von 1780 bis 1789, als sie deutlich weniger verdienten, unerträglich lang erschienen sein. In solchen Zeiten werden sie – vorerst gleichbleibende Preise vorausgesetzt – womöglich die Ausgaben für Kleidung und Schuhe eingeschränkt haben. Deshalb werden auch nicht nur die Bauhandwerker unter solchen Schwankungen der Beschäftigungslage gelitten haben, sondern außerdem auch Schneider, Schuster und andere Handwerker, die eher entbehrliche Waren erzeugten. . . .

Arbeitslosigkeit trat besonders im August auf. Sie erreichte 1780, 1782, 1783, 1794 und 1801 vier volle Wochen, ungerechnet jene, in denen die Zimmerleute auch nicht genügend Arbeit fanden. Hinzu kamen in einigen wenigen Jahren krankheitsbedingte Ausfälle, die sich jedoch auf Zeiträume von ein bis zwei Wochen beschränkten. Dazu zwei konkrete Beispiele. 1771 war der Zimmermann Hoppe zehn Tage lang krank, er mußte deshalb auf den Lohn von 100 Mgr. verzichten. Wollte er für sich und seine Familie in diesen anderthalb Wochen nur das nötige Brot kaufen, hätte er bei dem relativ hohen Stand der Getreidepreise allein dafür 70 Mgr. ausgeben und gleichzeitig verdienen müssen.

Ob man damals wirklich von der Hand in den Mund lebte und solchen Wechselfällen ohne Reserven gegenüberstand? Wie hätten dann Wenzel und Hagen im Jahre 1802 ihr Leben fristen sollen, als sie im August nur an zwei Tagen Arbeit fanden und jeder bloß 24 Mgr. erhielt, jedoch allein für Brot bei normalem Verzehr 209 Mgr. hätten ausgeben müssen? Der Fall liegt besonders kraß, weil eine langanhaltende, aber auch ungewöhnliche Unterbeschäftigung in ein Jahr fiel, in dem die Kornpreise weit über dem Durchschnitt standen. Der geschilderte Sachverhalt ist deshalb auch nicht repräsentativ für den gesamten Untersuchungszeitraum. Für Hagen und Wenzel war er jedoch in jenen Wochen bittere Wirklichkeit."[16]

Schließlich hat Achilles eine Tabelle ausgerechnet, die von einer unsinnigen Annahme ausgeht, mit deren Hilfe man aber in äußerst realistischer Weise den Einfluß von Schwankungen der Menge und Preise des Getreides auf die Lebenshaltung berechnen kann. Er nimmt nämlich einen starren Brotverbrauch als Hauptnahrungsquelle an und schreibt:

„Über den Verzehr (von Brot – J. K.) unterrichtet eine hiesige Quelle, deren Angabe mit denen in der Literatur gut übereinstimmt. Für eine erwachsene Person sind 14,5 hildesheimische Himten anzunehmen, für eine Familie dementsprechend um 44 Himten. Die Kornpreise der einzelnen Jahre wurden früher vom Domkapitel festgesetzt. Ihre Verwendbarkeit läßt sich anhand der für Braunschweig überlieferten Marktpreise sichern. Da das Getreide, ehe es als Brot verkauft werden konnte, noch Bearbeitungskosten verursachte, muß der Getreidepreis mit 1,25 multipliziert werden. Aus diesen Größen läßt sich unschwer der jährliche Aufwand für Brot bestimmen, falls man eine völlig preis- und einkommensunelastische Nachfrage unterstellt. Die nachfolgende Tabelle unterrichtet darüber, über wieviel Geld die beiden Zimmerleute anschließend noch verfügen konnten.

Jahreseinkommen zweier hildesheimischer Zimmerleute in Talern
abzüglich der Ausgaben für Brot

1770	29,28	1781	54,66	1792	40,96
1771	6,21	1782	44,17	1793	44,82
1772	24,50	1783	32,53	1794	30,22
1773	52,79	1784	43,53	1795	43,33
1774	44,48	1785	44,23	1796	55,99
1775	48,25	1786	38,11	1797	49,71
1776	49,08	1787	49,33	1798	36,89
1777	49,97	1788	51,03	1799	32,90
1778	53,22	1789	26,70	1800	26,29
1779	57,36	1790	53,29	1801	4,35
1780	36,96	1791	54,91	1802	19,37

Sollten die beiden Zimmerleute Brot tatsächlich absolut starr nachgefragt haben, so müßten sie beim Resteinkommen noch viel größere Schwankungen hingenommen haben, als sie bislang ausgewiesen wurden. Ein solches Verhalten ist aber zumindest in einigen Jahren nicht zu verwirklichen gewesen; denn die Mietausgabe war ebenso unabweisbar wie jene für Brot, und sie hat sicherlich den Betrag von 4 oder 6 Talern überstiegen."[17]

Die Schwankungen sind ganz ungeheuerlich: 1779 war das nach dem Broteinkauf verbliebene Einkommen rund 13 mal so hoch wie 1801. Und wenn sie faktisch geringer

---

[16] Ebendort, S. 118 f., 122.   [17] Ebendort, S. 120 f.

waren, dann, weil man eben nicht genug aß oder gar hungrig blieb – und das war oft genug der Fall, wahrscheinlich in jedem dritten bis vierten Jahr.

Ganz großartig sind diese Berechnungen für 2 Zimmerleute in Hildesheim – repräsentativ für alle die Millionen Werktätigen im Deutschland unserer hier betrachteten Zeit insofern, als sie das ganze Ausmaß der Schwankungen in der materiellen Lage bei aller Starrheit der allgemeinen Verhältnisse aufzeigen.

Abschließend sei noch eine Übersicht von Saalfeld über die Verteilung der Ausgaben gegeben, die zwar zu einem beachtlichen Teil auf Schätzungen beruht, aber doch nicht unwahrscheinlich ist:

„Ausgaben für den Lebensunterhalt einer fünfköpfigen Familie verschiedener Berufe in deutschen Städten am Ende des 18. Jahrhunderts
(in Prozent des Lohneinkommens des Mannes)

Ausgaben	Einkommenslage und Lebensstandard							
	gering		niedrig		mittel		gehoben	
	Textilarbeiter		Maurer- und Zimmergesellen		Büro-diener	Stadt-pfarrer	Textil-färber	1. Stadt schrei-ber
	Berlin	Emden	Leipzig	Straß-burg	Berlin	Leipzig	Berlin	Frank-furt
Brot	44,2	46,3	45,3	41,7	40,0	21,9	17,9	17,1
sonstige Pflan-zenprodukte	11,5	11,2	8,4	9,7	6,9	3,3	2,4	1,3
Getränke	2,1	2,2	1,8	2,9	5,1	6,8	4,7	3,7
Milchprodukte	4,9	4,2	7,0	5,3	12,6	6,4	11,5	10,4
Fleisch	7,1	5,3	8,5	8,1	10,6	9,4	7,3	9,5
sonstige tieri-sche Produkte	2,9	2,3	3,2	4,1	4,8	2,5	4,2	3,5
Nahrungs-verbrauch	72,7	71,5	74,2	71,8	80,0	50,3	48,0	46,2
Miete	14,4	10,6	12,5	11,2	10,8	6,4	9,8	5,4
Heizung, Licht	9,6	7,1	8,4	7,5	7,2	4,3	6,6	3,6
sonstige Lebens-bedürfnisse	3,3	10,8	4,9	10,5	2,0	40,0	35,6	44,8
Jahreslohn Gramm Silber	1737	1894	1594	1782	2321	3903	5094	7794

Anmerkung: Der Stadtschreiber in Frankfurt am Main mußte den jüngsten Lehrling mit unterhalten. Daher wurden hier, abweichend von den anderen Berufsgruppen, beim Nahrungsverbrauch sechs Personen berechnet.

17*

Die Unterschiede in der Einkommenslage und im Lebensstandard innerhalb der berufstätigen Bevölkerung können als typisch für das ausgehende 18. Jahrhundert und allgemein für die vorindustrielle Zeit gelten. Auf niedriger Stufe standen die Lohnarbeiter. Die Mitte nahmen etwa die Angestellten ein – wie beispielsweise die Berliner Büro- und Handlungsgehilfen – und wahrscheinlich auch ein großer Teil der Handwerker. Wesentlich besser konnten einige Spezialarbeiter – wie die Berliner Färber und Presser – und die mittleren und höheren Beamten leben.

Nimmt man die Löhne der Bauhandwerker als Indiz für die Einkommenslage der Arbeiter – in Berlin lagen im Durchschnitt des Jahres die Wochenlöhne der Maurer und Textilarbeiter gleich hoch –, so kann allgemein festgestellt werden, daß die Lohnarbeiter zwar eine Familie von ihrem Geldlohn unterhalten konnten, sie mußten sich dann aber weitgehend auf die preiswertesten Lebensmittel (Brot und andere pflanzliche Erzeugnisse) beschränken und sich im übrigen mit einer kümmerlichen Unterkunft und den notdürftigsten Lebensansprüchen bescheiden. Wenn bei den Haushaltsberechnungen zum Teil auch mit fiktiven Größen gerechnet werden mußte, so verblieben nach den notwendigsten Ausgaben für Ernährung und Wohnung kaum noch Mittel für Kleidung und andere unausbleibliche Anschaffungen und für die Abgaben. Hierfür mußten – um zu einer nur ungefähren Vorstellung zu gelangen – etwa 10 Taler (167 Gramm Silber) oder rund zehn Prozent der Arbeiterlöhne aufgewendet werden. In Berlin und Emden war das Lohneinkommen der Bauhandwerker so niedrig, daß es kaum für den Einkauf der preiswertesten Nahrungsgüter reichte. Es wurde daher für diese Arbeit unterstellt, daß bei ihnen nicht das gewöhnliche Brot auf den Tisch kam, sondern Roggenbrot zweiter Güte, das – etwa wie in Göttingen – 25 Prozent billiger war und im Preise je Kilogramm dem Roggenpreis entsprach. Demnach waren bei den Lohnarbeitern die Geldmittel allgemein stets knapp, und für Notzeiten konnte kaum etwas zurückgelegt werden, wenn keine Nebeneinkünfte der übrigen Familienmitglieder hinzukamen. Bei Ausfall des Ernährers vermehrten diese Familien die Schicht der Armen, die durch Arbeit der Frauen und Kinder, durch Almosen und Bettelei ihren Unterhalt suchten. ...

Aus der Struktur der Ausgabenberechnungen wird wiederum die außerordentliche Bedeutung des Nahrungsbedarfs für die privaten Arbeitnehmerhaushalte ersichtlich: In den unteren Einkommensgruppen (bis zu 2500 Gramm Silber jährlich) beanspruchten die Nahrungsausgaben allein 70 bis 80 Prozent der Lohneinkommen, davon der Brotverbrauch allein die Hälfte in den mittleren und bis zu zwei Dritteln in den untersten Lohngruppen."[18]

„Beim Ausfall des Ernäherers vermehrten diese Familien die Schicht der Armen . . ." schreibt Saalfeld. Aber nur beim Ausfall des Ernährers? Bisweilen auch ohne einen solchen Ausfall, einfach weil der Lohn, weil das Einkommen so niedrig und die Preise so hoch. Abel berichtet:

„Im November 1800 ordnete Friedrich Wilhelm III. für Berlin die Ausgabe von Karten zum verbilligten Bezug von Kommißbrot an 'Bedürftige' an[19]. Die Verbilligung betrug etwa die Hälfte des Marktpreises. Nach einigem Hin und Her, wobei es um die

[18] D. *Saalfeld*, Die Bedeutung des Getreides für die Haushaltsausgaben städtischer Verbraucher in der zweiten Hälfte des 18. Jahrhunderts, in: Landwirtschaft und ländliche Gesellschaft in Geschichte und Gegenwart; Festschrift Wilhelm Abel, Hannover 1964, S. 35 ff.

[19] Acta Borussica, Getreidehandelspolitik, 4. Bd., Darstellung mit Aktenbeilagen und Preisstatistik von A. *Skalweit*, Berlin 1931, S. 605 f.

Abgrenzung des Empfängerkreises ging, wurden als Arme, die sich aus eigener Kraft nicht ernähren konnten, festgestellt.

1. rund 1000 Almosenempfänger, die auch bisher schon vom Amt ganz unentgeltlich aus den Armenhäusern verpflegt worden waren,
2. die 'armen Stuhlarbeiter', d. h. Textilarbeiter, die von den Ministern mit 12 000 angegeben worden waren, vom König aber nur mit 5000 bis 6000 Personen beziffert wurden,
3. die 'ärmeren Professionisten', d. h. die Handwerker, Krämer und anderen Leute, deren Einkommen zur Deckung der dringlichsten Bedürfnisse nicht ausreichte, rund 2000 Personen,
4. die schlechtest bezahlten Unteroffizianten der königlichen und anderen öffentlichen Kollegien, insbesondere Boten und Kopisten, rund 1500 Personen.

Das waren zusammen 10 000 Personen. Rechnet man die Familienangehörigen hinzu, so kommt man auf 30 000 bis 40 000 Personen. Berlin zählte damals ohne Militär rund 150 000 Einwohner. Mithin konnte jeder fünfte oder vierte Berliner um 1800 auch nach den strengen Maßstäben, die der König anlegte, aus eigenem oder Familieneinkommen nicht mehr den dringendsten Lebensbedarf decken.

In die obige Aufstellung gingen auch die Unteroffizianten königlicher Behörden ein. Nach der Besoldungsliste einer preußischen Kriegs- und Domänenkammer erhielt um das Jahr 1800 der Präsident einer solchen Kammer ein Jahresgehalt von 3000 Talern; ein Rat empfing im Durchschnitt 700 Taler, ein Kanzlist 280 und ein Aktenhelfer oder Kopist 50 Taler. Das Spitzengehalt dieser Behörde übertraf das niedrigste mithin um das Sechzigfache. Die Spanne war groß, und das Niedrigstgehalt lag unvorstellbar tief. Denn mit 50 Talern jährlich konnte ein Aktenhelfer auch in den billigsten Kammerorten des Staates höchstens 2000 kg Roggen einkaufen, das waren je Tag rund 5 $\frac{1}{2}$ kg. Auch wenn sich dieser Mann, der im Regelfall wohl noch eine Familie zu versorgen hatte, mit Brotwassersuppen und Kartoffeln begnügte, ist nicht zu erkennen, wie er sich selbst und seine Familie ernähren, kleiden und behausen konnte."[20]

Grundfalsch wäre es nun, zu glauben, daß es auf dem Lande besser war. Das werden wir sofort erkennen, wenn wir nun zur Betrachtung der einzelnen Hauptposten der Lebenshaltung übergehen und etwa hören werden, daß Bauern das Saatgetreide essen müssen, um den Winter zu überstehen.

Die Untersuchungen von Achilles lehren vor allem auch eines, das für alle unsere Forschungen über das Alltagsleben von so großer Wichtigkeit ist: die Notwendigkeit, gesicherte, reale Daten für einen längeren Zeitraum zu besitzen.

Wenn man, wie zum Beispiel Ulf Dirlmeier in seinem gründlichen und um ein ausgewogenes Urteil bemühten Buch über die alltäglichen Verhältnisse im „Spätmittelalter" tut, zahlreiche Daten für einzelne Jahre und einzelne Orte zusammenstellt und dann versucht, zu einem abschließenden Urteil zu kommen, dann muß man oft scheitern. So ist es zum Beispiel ganz falsch, wenn er schreibt: „Die aufgrund der Literaturangaben aus maximal 310, minimal 240 Arbeitstagen zu errechnenden Jahreseinkommen enthalten bei gleichem Tagelohn also einen Unsicherheitsfaktor von etwa 25 % und könnten nur als eingeschränkt verwendungsfähig gelten, wenn die verschiedenen Arbeitsjahrberechnungen gleich gut begründet und zwischen ihnen nur Ermessensentscheidungen

---

[20] W. *Abel*, Agrarkrisen und Agrarkonjunktur, Hamburg und Berlin 1966, S. 228 f.

möglich wären. Davon kann aber offensichtlich nicht die Rede sein, es ist auch nicht davon auszugehen, die unterschiedlichen Zahlen entsprächen eben der Vielfalt der früheren Verhältnisse: Exakt nachgewiesen sind nur die völlig übereinstimmenden Angaben von 265 Arbeitstagen/Jahr durch Beissel und Sachs, die zudem für die Zeit von der Mitte des 14. Jahrhunderts bis zur Reformation keine nennenswerten Verschiebungen erkennen lassen."[21]

Sehen wir uns nun die von Beissel und Sachs durchgeführten Forschungen an, so beziehen sich beide auf Bauarbeiter. Beissel untersucht den Xantener Kirchenbau und ermittelt aus den Bauabrechnungen des Jahres 1356 250 Arbeitstage in 49 Wochen, 1495, also rund 140 Jahre später, 270 $^1/_2$ Tage in 53 Wochen, was, wie Dirlmeier feststellt, in beiden Fällen 5,1 Arbeitstage pro Woche und 265 pro Jahr ergibt. Und dann findet Dirlmeier bei Sachs im Nürnberger Bauwesen aus den städtischen Bauabrechnungen für 1507 bei 48 zusätzlichen Feiertagen ebenfalls 265 Arbeitstage. Dirlmeier bemerkt, nachdem er diese Berechnung mitgeteilt hat, zu den Ergebnissen von Sachs: „Die Gesamtzahl der Arbeitstage und damit auch der wöchentliche Durchschnitt von 5,1 Tagen entsprechen also exakt dem von Beissel ermittelten Zustand."[22] Und so entschließt sich Dirlmeier „265 Arbeitstage als sichere Norm für dauernde Vollbeschäftigung einzusetzen".[23]

Jeder Bauarbeiter wird natürlich über diese quellenmäßig belegte Milchmädchenrechnung lächeln. Was heißt überhaupt Vollbeschäftigung und gar noch „dauernde Vollbeschäftigung" bei Bauarbeitern? Was sollen 48 zum Sonntag zusätzliche Feiertage? Selbstverständlich wurden Feiertage, wenn es vorher länger geregnet oder gefrostet hatte, auch beim Kirchenbau nicht eingehalten, denn die Arbeiter (Handwerker) wurden nur für geleistete Arbeit bezahlt und brauchten ihr Geld ebenso, wie die Kirchenbehörden mit dem Bau vorankommen wollten – darum konnten ja auch oft die Feiertage so leicht offiziell reduziert werden – etwa in Nürnberg von 48 auf 20.

Und weiter: Vielleicht waren die Wetterbedingungen in Xanten ausgerechnet 1356 und 1495 und dazu noch in Nürnberg im Jahre 1507 praktisch die gleichen. Aber daraus, wie es Dirlmeier zu tun scheint, zu schließen, daß Feiertage, Krankheitsverbreitung und Wetter in Xanten sich zwischen 1356 und 1495 nicht verändert hätten, also 140 Jahre hindurch der Begriff der Vollbeschäftigung bei Bauarbeitern der gleiche geblieben wäre, ist doch absurd. Und sehen wir uns die Abrechnung der gearbeiteten Tage bei Sachs an, so ergibt sich als Arbeitszeit:

	27 Wochen à 5 Tage	gleich	135 Tage
	16 Wochen à 6 Tage	gleich	96 Tage
	7 Wochen à 4 Tage	gleich	28 Tage
	3 Wochen à 3 Tage	gleich	9 Tage
	53 Wochen	gleich	268 Tage
Dazu	53 Sonntage	gleich	53 Tage
Dazu	48 Feiertage	gleich	48 Tage
	Insgesamt		**369 Tage**

[21] *U. Dirlmeier*, Untersuchungen zu Einkommensverhältnissen und Lebenshaltungskosten in oberdeutschen Städten des Spätmittelalters, Heidelberg 1975, S. 132.

[22] Ebendort, S. 131.

[23] Ebendort, S. 132.

Nach der Wiedergabe von Dirlmeier arbeiteten die Bauhandwerker in 53 Wochen 268 Tage von 270 möglichen Tagen (53 Wochen gleich 371 Tage minus 101 Sonn- und Feiertage), hatten also nur 2 Tage unter Krankheit oder schlechtem Wetter zu leiden. Da aber das Jahr zu 53 Wochen gerechnet auch noch zweimal 31. Dezember bzw. 1. Januar umschloß, also mindestens einen Feiertag mehr, so ergibt sich wohl, daß die Bauhandwerker höchstens einen Tag krank waren oder unter schlechtem Wetter litten.[24]

Zu der Abschaffung der 28 Feiertage in Nürnberg im Jahre 1525 bemerkt Dirlmeier dann, daß damit sich die Zahl der Arbeitstage bei Vollbeschäftigung auf 293, einer Zunahme von 10,56 % mit einer entsprechenden Lohnerhöhung, gesteigert hätte. Er bleibt aber für seine Berechnungen, da sich ja seine Untersuchungen zumeist auf frühere Zeiten beziehen, bei 265 Tagen als Vollbeschäftigung im Jahr für alle Berufe überall in oberdeutschen Städten auf Grund der Untersuchungen von Beissel und Sachs für Bauarbeiter in den Jahren 1356 und 1495 beim Xantener Kirchenbau und für Städtische Bauarbeiter in Nürnberg im Jahre 1507.

Warum bin ich so ausführlich auf Dirlmeiers Studien, die noch dazu in eine viel frühere Zeit als die hier behandelte fallen, eingegangen?

Einmal, um die ganze Bedeutung der längerfristigen Untersuchungen von Achilles hervorzuheben. Und sodann, um an dem Beispiel Dirlmeier, der unermüdlich Material zusammengetragen hat und zumeist sehr besonnen und vorsichtig in seinem Urteil ist, zu zeigen, zu welch eigenartigen Schlüssen (und irrealen Begriffen: Vollbeschäftigung für Bauarbeiter) der außerordentliche Mangel an Daten auch überaus tüchtige Forscher führen kann.

---

[24] Vgl. zu den Berechnungen *Dirlmeier*, a. a. O., S. 131.

Kapitel 8

Die Ernährungssituation

„Wie will der Landmann Zeit, Mittel und Mut haben, etwas Wichtiges zur Verbesserung seiner Grundstücke zu unternehmen, wenn er auf die elendeste und kümmerlichste Art leben und bei aller sauren Arbeit und dürftigen Lebensart kaum die Abgaben entrichten kann, welche ihm die Regierung auferlegt . . ."[1] fragt Justi um die Mitte des 18. Jahrhunderts. Und umgekehrt kann man fragen: Wie soll der Landmann sich ordentlich nähren, wenn die feudale Gesellschaft ihm oft nicht nur sein Mehrprodukt raubt, sondern auch in seinen Konsumtionsfonds eingreift? Und weiter: wie soll eine Bevölkerung besser genährt werden, wenn unter solchen Verhältnissen ihr Aufstieg oft zur Bebauung immer magereren Bodens zwingt?

Ich glaube, man kann sagen – und wir werden noch ausführlicher darauf eingehen – alle Schichten der Werktätigen nährten sich um 1750 oder 1800, auch um 1700 und 1650 schlechter als um 1450, 1500 und 1550.

Und doch – alles war in gewisser Weise wie ehedem. Wie 200 oder 500 Jahre zuvor war Brei die Hauptnahrung. Auf Grund einer Untersuchung der Fronverzeichnisse im Vogtland beschreibt Ingeborg Müller die Ernährung der Bauern während der Fronarbeit (meine Unterstreichungen):

„Die Anzahl der täglichen Mahlzeiten wird durchweg mit drei angegeben: die Morgenmahlzeit vor Arbeitsbeginn, auch Morgensuppe oder Morgenbrot genannt, das Mittagessen und die Abendmahlzeit. Zwischen Mittag- und Abendessen schob sich zunächst nur an den langen Arbeitstagen im Sommer eine auf dem Felde gehaltene Brotmahlzeit. Sie ist in den ersten Erwähnungen als Abendbrot bezeichnet im Gegensatz zur letzten Tagesmahlzeit, die nach Arbeitsschluß zu Hause 'zur Nacht' eingenommen wurde, und entwickelte sich allmählich zu einer durchgängig durch das ganze Jahr gehaltenen Gewohnheit, so daß die Mahlzeitenfolge Morgenbrot, Mittagessen, Vesper und Abendessen um 1700 als üblich anzusehen ist. Hauptmahlzeit war das Mittagessen, aber auch zu den übrigen nicht auf dem Felde eingenommenen Mahlzeiten wurden vorwiegend warme Speisen verzehrt. Die Art der Nahrung bestimmte immer noch der seit alters übliche 'Brei- und Mus-Standard', d. h. Grundbestandteil aller Mahlzeiten waren brei- und musartig zubereitete Speisen, Eintöpfe. Dabei stellte der Brei eine feinere Spielart dar, da er im Gegensatz zum mit Wasser gekochten Mus ursprünglich mit Milch zubereitet wurde. Alte Breifrüchte waren die Cerealien, im Vogtland vornehmlich Hafer und Gerste (als Grütze oder Graupen); allgemein beliebt auch für festliche Mahlzeiten war der Hirsebrei.

---

[1] *J. H. G. v. Justi,* Abhandlung von den Hindernissen einer blühenden Landwirtschaft, zitiert bei *W. Abel,* Die Lage in der deutschen Land- und Ernährungswirtschaft um 1800, in: „Jahrbücher für Nationalökonomie und Statistik", Bd. 175, Stuttgart 1963, S. 322.

Neben den Getreideprodukten machten die Gemüse einen weiteren wichtigen Bestandteil der täglichen Nahrung aus. Ihre Auswahl war freilich erstaunlich gering. An erster Stelle stehen in allen Quellen die Hülsenfrüchte, unter ihnen die Erbsen. Linsengerichte tauchen seltener auf, Bohnen dagegen sind nie erwähnt – das rauhe Klima des Landes sagte vermutlich der empfindlichen Pflanze nicht zu, ein Grund übrigens auch für das gänzliche Fehlen des Buchweizens. Von den übrigen Gemüsesorten scheint nur noch dem Weißkohl wirkliche Bedeutung zugekommen zu sein, und zwar vornehmlich in Form von Sauerkraut; selbst Rüben (Kohlrüben), ein sonst weitverbreitetes und in allen Speiseregistern aufgeführtes Gemüse, finden sich in den ländlichen vogtländischen Quellen für diese Zeit noch nicht erwähnt. Getreide- und Gemüsebreie verschiedenster Provenienz, die sogenannten Zugemüse, bildeten also das Hauptgericht jeder Mahlzeit, außerdem noch die schon damals beliebten Klöße, die bis zur Einführung der Kartoffel aus Mehl, vornehmlich Gerstenmehl, zubereitet wurden.

Als Eigentümlichkeit des ländlichen Nahrungsstandards der Zeit fällt die Vielzahl von Speisen innerhalb der einzelnen Mahlzeiten auf. Vor dem Hauptessen jeder Mahlzeit wurde stets eine warme Vorsuppe genossen, die entweder aus Magermilch, bzw. Molken, zumeist aber aus Kofent bestand, einem billigen, aus dem zweiten Aufguß gebrauten Schwachbier. Das dritte Gericht bildete wiederum eine Kofentmährde oder ein Lauteres, suppenähnliche Speisen, in die Brot gebrockt oder getunkt wurde.

Für das Hauptgericht galt im Ablauf der Woche die gebundene Speisenfolge, d. h. jeder Wochentag hatte das Jahr hindurch 'sein' Gericht etwa im Wechsel von Sauerkraut, Graupen, Erbsen, Klößen, Grütze, Linsen. Der Donnerstag war durchgängig Kloßtag und damit zugleich Fleischtag; Klöße bildeten die übliche Zukost zum Fleisch. Als besonders begehrte Speise wurden sie unter Umgehung der gebundenen Speisenfolge auch in Zeiten erhöhter Arbeitsanforderungen, während der Ernte oder als Dreschermahlzeiten, gereicht; sie waren zugleich Sonn- und Festtagsspeise.

Setzte sich die Morgenmahlzeit durchweg aus Suppe, Brei und Brot zusammen, so glich die letzte Tagesmahlzeit dem Mittagessen nach Aufbau und Anzahl der Gerichte. Vermutlich gab es vielfach das Aufgewärmte vom Mittag, nie jedoch Fleisch.

Zahl, Grundelemente und Aufbau der Mahlzeiten blieben nach Ausweis der Fronregister jahrhundertelang im wesentlichen konstant, insgesamt dagegen ist eine Einengung des Nahrungsspielraumes zu konstatieren, die sich quantitativ wie qualitativ auswirkte. Die in den frühesten Registern für das 16./17. Jahrhundert belegte Zahl von zwei Hauptessen (= Zugemüsen) zumindest in der Mittagsmahlzeit wurde allmählich auf eine reduziert; dazu ging die Zahl der Fleischtage sowie die Fleischmenge innerhalb der Mahlzeiten erheblich zurück oder verschwand ganz. Die Verlagerung des Schwergewichts von dem Verbrauch an tierischen Nahrungsmitteln, der bis zum Ausgang des Mittelalters höher gewesen war, auf die Ackerbauprodukte entspricht einer allgemeinen Tendenz im Nahrungswesen dieser Zeit, begründet u. a. in einem allgemeinen starken Bevölkerungswachstum und damit einem erhöhten Nahrungsbedarf besonders in den frühindustriellen Zentren, womit die Vermehrung des Getreidebaus auf Kosten der Viehzucht zusammenhängt.

Im Gegensatz zur Fleischknappheit stieg der Brotverbrauch zumindest in der Fronkost an und war noch bis zum Ende des 18. Jahrhunderts bemerkenswert hoch. Fronbrötgen, Fronsemmeln waren in genau aufgeführten und nach heutigen Maßstäben überaus reichlichen Rationen (bis zu zwei bis drei Pfund pro Tag) fester Bestandteil jeder Fronkost, nicht nur in den Zwischen-, den eigentlichen Brotmahlzeiten, sondern auch in den Hauptmahlzeiten als Ergänzung der warmen Gerichte. Die überaus genaue Differenzierung der Brotrationen nach Art und Dauer der Arbeit läßt die hohe Wertschätzung erkennen, die das Brot in dem an Getreide knappen Land hatte. Offenbar wurde der Rückgang des Fleischanteils jedenfalls in den Fronmahlzeiten durch erhöhte Brotrationen kompensiert. Tägliches Getränk war neben dem durchaus allgemein üblichen Wasser Molken bzw. Buttermilch und der schon erwähnte Kofent. Bier, d. h. Starkbier, war das Getränk festlicher Gelegenheiten. Warme Getränke sind nie erwähnt, waren bei der vorwiegend flüssigen Nahrung wohl auch entbehrlich.

Die Kost dieser Zeit, wie sie aus den Fronregistern zu erschließen ist, basiert also vornehmlich auf den billigen vegetabilischen Nahrungsmitteln und war infolgedessen kohlehydratreich, voluminös, derb, reich an Ballaststoffen und für unsere Begriffe eintönig. Soweit sie ausreichend Brot enthielt, kann sie bei aller Einfachheit doch als leidlich ausreichend bezeichnet werden, da Brot auf Grund seines verhältnismäßig hohen Eiweißgehaltes und seiner leichteren Verdaulichkeit wegen ein hochwertiges Nahrungsmittel ist. In ihrer Grundstruktur darf sie als allgemeingültig für die ländliche Kost des Vogtlandes gelten."[2]

Nicht nur kann diese Schilderung im großen und ganzen auch für das gesamte Deutschland, sondern auch für frühere Jahrhunderte gelten. Das betrifft sowohl den gewissermaßen konstanten Inhalt der Nahrung, wie auch die beiden wichtigen genannten Veränderungen: die „Einengung des Nahrungsspielraums" oder, weniger gelehrt ausgedrückt, die quantitative Verschlechterung der Ernährung und den Rückgang des Fleischverbrauchs.

Zu dem Phänomen des Rückgangs des Fleischverbrauchs – bis um 80 Prozent und mehr – zitieren wir Abel, der sich mehr als irgendein anderer Wirtschaftshistoriker der Gegenwart mit der Frage des Fleischkonsums in Deutschland beschäftigt hat:

„Auf der Grundlage schon recht sauberer Ernte-, Viehbestands- und Schlachtungstabellen schätzte Leopold Krug, daß vom Geldwert der landwirtschaftlichen Nettoerzeugung im preußischen Staat um 1800 rund 53 Prozent auf die vier Getreidearten (Roggen, Hafer, Gerste, Weizen) 23 Prozent auf Obst, Gemüse, Hackfrüchte (für menschlichen Verzehr), Hülsenfrüchte, Wein, Tabak, Hopfen, Flachs, Hanf, und wenig mehr, nämlich 24 Prozent auf die animalischen Erzeugnisse entfielen. ...

Dem entsprach der geringe Fleischverzehr um 1800. So unsicher die Verbrauchsschätzungen auch sind, darf doch gesagt werden, daß in Deutschland um das Jahr 1800 kaum 14 kg Fleisch je Kopf und Jahr verbraucht wurden; heute sind es nahezu 60 kg in der Bundesrepublik.

Der Boden war noch zu knapp, um seine Produkte durch den Tiermagen zu veredeln. 'Ein Getreidefeld von mäßiger Fruchtbarkeit bringt eine weit größere Menge von Nahrungsmitteln für die Menschen hervor als der beste Weideplatz von gleicher Ausdehnung', so urteilte schon Adam Smith. Spätere Ökonomen bauten diesen Gedanken aus und formulierten eine Lehre, die als die Drei-Stufen-Theorie der Tierhaltung und des Fleischverbrauches in die Literatur einging. Auf einer ersten Stufe erlaube die noch geringe Bevölkerung eine extensive Bodennutzung, für die als das gefälligste Mittel sich das Tier anbiete. Das Tier nutze große Räume mit geringem Arbeitsaufwand und wenigen sächlichen Hilfsmitteln. Es liefere den Menschen noch den Großteil der Nahrung. In Deutschland, so darf gesagt werden, reichte diese Stufe, wenn auch nur mit

---

[2] *I. Müller*, Kartoffelnahrung im Vogtland, Plauen 1976, S. 12 ff.

einem Ausläufer, bis in das Spätmittelalter hinein. Der Fleischverzehr je Kopf und Jahr lag damals (15. und 16. Jahrhundert – J. K.) in Deutschland vielleicht bei 100 kg, vielleicht auch noch höher.

Auf der zweiten Stufe übernimmt der Ackerbau die Deckung des Nahrungsmittelbedarfes. Das Tier tritt in den Dienst dieses Ackerbaues. 'Wenn man imstande gewesen wäre, sich dem Zwange zu entziehen, der von dem Mistbedarf des Ackerbaues ausging, so hätte man sicher im größten Teil von Deutschland die Viehzucht ganz aufgegeben, und so, wenn auch auf anderer Grundlage, das Beispiel der Landwirte von China und Japan nachgeahmt', so erklärte im Rückblick auf diese Periode ein führender Agrarökonom des 19. Jahrhunderts. Das ist die Stufe des Viehabbaues oder der 'Depekoration', wie Wilhelm Roscher sie nannte. Sie wurde bei uns und im ganzen Abendland, aber nicht in den alten Kulturen am Tigris, Euphrat und Nil und auch nicht bis heute in den übervölkerten Entwicklungsländern von einer dritten Stufe abgelöst, auf der auch die Erzeugnisse des Ackerbaues noch der Tierhaltung dienen.

Diese dritte Stufe fiel mit der Industrialisierung Europas und dem Anstieg der Massenkaufkraft zusammen; auf der zweiten Stufe, die zu geringerem Fleischverzehr führte, finden wir Deutschland um 1800.

Es ist nun recht bezeichnend, daß das Fleisch, obwohl es rein mengenmäßig gesehen so knapp war, nur einen geringen Tauschwert hatte. Nach Ausweis der Berliner Intelligenzblätter galt in Berlin um das Jahr 1800 1 kg Rind-, Hammel- oder Schweinefleisch soviel wie 5 kg Roggen (heute mindestens das Doppelte). Draußen auf dem Lande war das Verhältnis noch schlechter. Eben darum lohnte es auch nicht, Fleisch, abgesehen von Sonderbedingungen, für den Markt zu erzeugen. Statt viele Einzelbelege, die an anderer Stelle zusammengetragen wurden[3], nochmals vorzuführen, mag es genügen, ein zusammenfassendes Urteil zu zitieren, das von Friedrich Benedict Weber stammt, dem Verfasser eines 'Theoretisch-Practischen Handbuches der größeren Viehzucht' vom Jahre 1810. Weber schrieb, daß 'nur in den keiner Ackerkultur fähigen bloßen fruchtbaren Weidegegenden . . . das Vieh stets einen wahren reinen Ertrag gewähren kann, nicht aber in der Regel in den gewöhnlichen Ackerwirtschaften, wo dasselbe nur seiner unentbehrlichen Notwendigkeit im allgemeinen halber gehalten wird und gehalten werden muß'.

Warum nun aber war das Fleisch so billig? Die schlichte Antwort lautet: Weil den vielen, die auch gern häufiger ein Stück Braten auf dem Tisch gehabt hätten, das Geld fehlte, das Fleisch zu kaufen. Sie mußten sich die verfügbaren Mittel auf den Ankauf der voluminösen, kohlehydratreichen und trotz der relativen Verteuerung doch noch je Nährwerteinheit billiger bleibenden Produkte des Pflanzenreiches konzentrieren, das waren Getreide und Hülsenfrüchte, Kraut, Rüben und auch schon die Kartoffeln."[4]

---

[3] W. Abel, Wandlungen des Fleischverbrauchs und der Fleischerzeugung in Deutschland seit dem ausgehenden Mittelalter, in: Berichte über Landwirtschaft, NF 21, 1936; derselbe, Geschichte der deutschen Landwirtschaft, 1962, S. 220 f.; 290 f.

[4] W. Abel, Die Lage in der deutschen Land- und Ernährungswirtschaft um 1800, in: „Jahrbücher für Nationalökonomie und Statistik", Bd. 175, Stuttgart 1963, S. 326 ff. – Neuerdings hat Dirlmeier die Zahl von Abel, die auch von älteren Forschern angenommen und von neueren bestätigt worden ist, angezweifelt. Er meint, manche Forscher setzten pro Kopf und pro Erwachsenen gleich. Dirlmeier möchte als Gesamtdurchschnittsverbrauch in den Städten (!) eher um „50 kg. als wesentlich darüber vermuten" (a. a. O., S. 362 f.). Und wie war es auf dem Lande? In jedem Fall war der Fleischverbrauch im 15. und 16. Jahrhundert ganz wesentlich höher als um 1800.

Der letzte Satz ist besonders kennzeichnend für die Niedergangsperiode, die scheinbar alle ökonomischen Gesetze aufhebt; je knapper eine Ware wird, desto billiger wird sie – weil die Kaufkraft noch knapper wird, weil sie noch stärker sinkt als die Quantität der Ware. Ein schlagenderer Beweis für die Massenverelendung als alle Lohn- und anderen Einkommensberechnungen auf Grund bestenfalls gerade noch einigermaßen realistischer Statistiken.

Wir waren bei der Betrachtung der Ernährung von den Mahlzeiten der Fronbauern ausgegangen. Aber diese waren natürlich nicht identisch mit der Ernährung der Bauernfamilien. Darum schreibt auch Müller sehr richtig: „Quantitativ kann die häusliche Nahrung der Fronbauern bescheidener gewesen sein als die Frönerkost, da diese als einziges Entgelt für Fronleistungen ein zentrales Objekt bäuerlicher Ansprüche darstellte. Allgemein aber wird die Nahrungsweise in großen bäuerlichen, auf Gesinde angewiesenen Wirtschaften in allem recht genau der Fronkost der Rittergüter entsprochen haben. Eine genauere Differenzierung nach dem unterschiedlichen Sozialstatus der ländlichen Bevölkerung ist quellenmäßig kaum belegbar. Da ein großer Teil der Landbevölkerung im wesentlichen von dem leben mußte, was er selbst erzeugte, werden sich die sozialen Unterschiede hauptsächlich graduell, nicht generell ausgewirkt haben. Bei der nichtbäuerlichen Bevölkerung, aber auch bei den ländlichen Kleinbesitzern, die auf Nebenverdienst angewiesen waren und bei denen infolgedessen der Frau ein großer Teil auch der Ackerarbeit zufiel, ist sicherlich die Vielzahl der Gerichte innerhalb der Mahlzeiten zusammengeschmolzen. Ebenso sind auch die hohen Brotzuteilungen der Fronregister durchaus nicht als Standard zu setzen und für die gesamte Landbevölkerung zu verallgemeinern. Brotgetreide mußte nicht nur in den Städten, sondern auch von den zahlreichen Dorfbewohnern ohne landwirtschaftliche Nutzfläche gekauft werden, im Waldrevier selbst von Kleinbauern ohne ausreichendes Getreide. Bei dem allgemeinen Preisanstieg besonders für Brotgetreide und den besonders hohen Brotpreisen des Vogtlandes war das Brot oft knapp, und vielfach wurde das Korn, d. h. der Roggen, als das eigentliche Brotgetreide des Landes mit Gerste und vor allem Hafer gestreckt."

Und dann kommt auch sie noch einmal auf den Fleischverbrauch zurück:

„Wertmaßstab für die Güte einer Kost auch auf der Grundlage des Brei- und Mus-Standards war der Anteil an den nährwertreicheren und hochwertigeren animalischen Produkten, an Fett und Fleisch, die eine wichtige Ergänzung zu der kohlehydratreichen pflanzlichen Nahrung darstellen. 'Nahrlose' Zeiten wirkten sich immer zuerst in einem Rückgang des Fleischverbrauchs aus, aber auch in normalen Zeiten war der Fleischanteil gering. Bei der überwiegenden Rindviehhaltung sind auf den Rittergütern wie von Dorffleischern auch Rinder geschlachtet worden; gekochtes Rindfleisch in Brühe ist bis heute ein Lieblings- und Festessen des Vogtlandes geblieben. Bevorzugter Fleischlieferant war jedoch das Schwein, das auf Waldweiden und mit Küchenabfällen auch in nichtbäuerlichen Haushaltungen aufgezogen werden konnte. Begehrt war möglichst fettes Fleisch, da es auch den Fettbedarf mit decken helfen mußte. Butter war – wie Milch und Eier – vornehmlich Handelsobjekt und spielte bei der überwiegend kleinbäuerlichen Struktur als ländliches Nahrungsmittel kaum eine Rolle; selbst verzehrt wurden vor allem die Abfall- und Nebenprodukte der Milchverarbeitung: Käse, Quark, Buttermilch und Molken. Wurde doch einmal Butter verwendet, dann nur zum Schmälzen der Speisen, kaum als Brotaufstrich. Zukost zum Brot war seit alters her Käse, jedoch wohl nur für ländliche Selbsterzeuger; Haushaltungen ohne eigene Kuh bzw. Ziege mußten auch auf diesen wichtigen Eiweißspender verzichten.

Wie die Abfolge der Mahlzeiten den Rhythmus des ländlichen Arbeitstages bestimmte, so gliederte in gewisser Weise der Fleischgenuß das Jahr. Der Fleischverbrauch war nicht konstant, wie wir es heute gewohnt sind. Zeiten erhöhten Fleischverzehrs wie die Tage besonders schwerer Arbeit, Jahres- oder Familienfeste, besonders aber der Winter mit seinen Schlachtfesten, wechselten ab mit mageren Zeiten. Die Regel war ein Fleischtag in der Woche neben dem Sonntag. Frischfleisch vor allem war mit Ausnahme festlicher Gelegenheiten allgemein nur zur Schlachtzeit im Winter üblich; der Rest des Schlachtfleisches wurde geräuchert oder gedörrt und das Jahr hindurch in den Brei- und Gemüseeintöpfen mitgekocht. Der Ausnutzungsgrad eines Schlachttieres war weitaus höher als heute; gerade beim Schwein wurde vom Kopf über die Innereien bis zu den Klauen alles verwertet. Die auch auf dem Lande ständig anwachsenden besitzlosen Schichten, denen keine eigene Viehhaltung möglich war, mußten für gewöhnlich auf Fleisch ganz verzichten; wenn überhaupt einmal Fleisch genossen wurde, dann vor allem im Rückgriff auf die Teile, die wir heute weitgehend als ungenießbar ablehnen: Geschlinge, Milz, Kaldaunen usw. Ein beliebtes Festessen waren die Sauren Flecke, kleingeschnittener Rindsmagen in einer Essigbrühe zubereitet."[5]

Zum Verbrauch von Butter und Eiern sei auch Abel zitiert: „Auch der Verzehr von Eiern, Butter, Geflügel, Wildbret und Wein (der vom billigeren Bier und als Rauschmittel vom billigeren Schnaps zurückgedrängt wurde) lag im Ausgang des 18. und zu Beginn des 19. Jahrhunderts weit unter dem Stand des späten Mittelalters. In einer deutschen Städtechronik des 15. Jahrhunderts wurde anläßlich einer Belagerung der Stadt berichtet, daß die reichen Leute sich gut versorgt hätten, aber das 'arme Volk an mancherlei und besonders an Butter Mangel litt'[6]. Um die Wende zum 19. Jahrhundert wäre es keinem Schriftsteller eingefallen, unter den Gütern, die dem 'armen Volk' besonders fehlten, die Butter herauszustellen. Der Begriff des Mangels hatte sich verschoben. Er wurde auf Getreide, die groben Gemüse, Hülsenfrüchte und – im weiteren Verlauf des 19. Jahrhunderts – auf die billigsten aller Nahrungsmittel, die Kartoffeln, bezogen."[7]

Ein weiterer Beweis für die Verschlechterung der Ernährung der Werktätigen in der Niedergangsperiode des Feudalismus.

Was die städtische Ernährung betrifft, so bemerkt Müller:

„Auch die bürgerlich-städtische Kost hielt sich vor Einführung der Kartoffel in ihrer Grundgestaltung im Rahmen dieser zeitüblichen Nahrungsweise. Die meisten Städte des Vogtlandes waren noch im 18. Jahrhundert kleine Ackerbürgerstädte mit 800 bis 2000 Einwohnern, in denen auch die Handwerker mehr oder minder Ackerbau betrieben und immer auch einiges Vieh hielten. Hausschlachtungen waren auch in den größeren Städten wie Plauen und Reichenbach bei 'Reichen und Mittelbürgern' die Regel. Brotgetreide wurde dagegen auf den Wochenmärkten oder den großen Getreidemärkten von Bauern aus der Umgebung und Händlern vor allem aus dem sächsischen Niederland und Böhmen gekauft. ...

Von den besseren und variableren Gestaltungsmöglichkeiten der Nahrung durch teure Marktware blieben jedoch die plebejisch-vorproletarischen Schichten der Städte aus-

---

[5] I. Müller, a. a. O., S. 15 f.

[6] Hier zit. nach M. Heyne, Das deutsche Nahrungswesen von den ältesten geschichtlichen Zeiten bis zum 16. Jahrhundert, Leipzig 1901, S. 310.

[7] W. Abel, Agrarkrisen und Agrarkonjunktur. Hamburg und Berlin 1966, S. 237.

geschlossen. Weitgehend versperrt war ihnen, die weder Grund- noch Hausbesitz hatten, auch die Möglichkeit zur Eigenproduktion irgendwelcher Nahrungsmittel, so daß ihre Lebenshaltung denkbar dürftig war. Die Ernährung basierte auf Einfachstem und Billigstem; Brot war häufig unerschwinglich. Wenn Fleisch überhaupt gekauft werden konnte, dann nur das bereits erwähnte Abfall- und Kleinfleisch, das von städtischen Kuttelhöfen und Fleischern als billigste Ware abgegeben wurde. Für 1731 ist aus Schöneck berichtet, daß viele Familien im ganzen Jahr kein Fleisch zu sehen bekamen, 'wenn sie nicht zufälliger Weise von andern was empfingen, oder aber Ausrichtungen (d. h. Gäste anläßlich eines Familienfestes) hätten'. Bettelei war üblich; private und öffentliche Armenpflege, z. B. die Einrichtung von Garküchen 'der Armut halber' konnte vorübergehend und in Einzelfällen Not lindern helfen, nicht jedoch der wachsenden Verelendung grundsätzlich steuern, die immer weiter um sich griff und allmählich auch Teile der von Verlegern und 'Manufakturisten' in Abhängigkeit geratenden selbständigen Handwerkerschaft erfaßte. Bei wachsender Bevölkerungszahl, sinkender Kaufkraft des Geldes und stetigem Ansteigen der Brotpreise und bei dem Verharren der Landwirtschaft auf der alten extensiven Anbaumethode der Dreifelderwirtschaft war der Nahrungsspielraum allgemein zu eng geworden. Da das Verkehrs- und Transsportwesen noch unentwickelt war und keinen schnellen und weiträumigen Ausgleich im überregionalen Rahmen gestattete, entstanden bei Mißwachs und Teuerung Hungersnöte, besonders spürbar in einem so stark gewerblich strukturierten Gebiet wie dem Vogtland, das die wachsende Zahl seiner Einwohner ohnehin nicht ernähren konnte."[8] In den Städten und Industriedörfern war die Situation also wohl besonders schlecht.

Natürlich muß man die Ernährung sehr differenziert sehen. Differenziert zunächst nach dem Wohlstand bzw. nach der Armut – nicht etwa des Einzelnen, sondern des Hauses. Denn noch ist man vielfach zusammen, Bauern und Gesinde, Handwerker wie Gesellen und Lehrlinge, was nicht eine Weiterführung der schon um 1600 zu beobachtenden Trennung der Tische bzw. der Mahlzeiten bzw. der Verteilung der Speisen bei der gemeinsamen Mahlzeit am gleichen Tische ausschließt.

So wird 1807 aus Hadeln (Hannover) berichtet: „Für die Wirtschaft (eines Hofes in der Marsch bei Otterndorf) werden jährlich 2000 Pfund Schweinefleisch eingeschlachtet. Es gibt aber auch wohl nirgends stärkere Fleischesser, als in diesem Lande; der Landwirth darf seinen Leuten unter 5 Mahlzeiten kaum einmal Gemüße geben."[9] Es handelt sich um den Hof eines Großbauern, der 6 Knechte, 2 Jungen, 3 Mägde und 4 Tagelöhner beschäftigt. Und weiter handelt es sich um eine Gegend, in der viel Viehzucht getrieben und viel Fleisch gegessen wird – also zugleich um eine soziale und geographische Differenzierung.

Ähnlich ein Bericht aus dem Saterland (Oldenburg): „Ihre Speisen sind nicht ausgesucht, sie genießen sie aber in großen Quantitäten ... Schinken, geräuchertes Fleisch, schwarzes Brod, Karoffeln, mehrere Arten braunen Kohl, Butter und Käse sind die gewöhnlichen Nahrungsmittel."[10] Wohl etwas übertrieben, aber auch wohl nicht ganz falsch.

[8] *I. Müller,* a. a. O., S. 18 ff.

[9] *H. Chr. Ph. Kiesewetter,* Praktisch ökonomische Bemerkungen auf einer Reise durch Hollstein, Schleßwig, Dithmarsen und einen Teil des Bremer und Hannöverschen Landes an der Elbe, Hof 1807, S. 216.

[10] *J. G. Hoche,* Reise durch Osnabrück und Niedermünster in das Saterland, Ostfriesland und Gröningen, Bremen 1800, S. 195.

Auf der anderen Seite berichtet Hennrich aus Schlesien: „Es gab ... Güter, deren Gesinde im ganzen Jahr überhaupt kein Fleisch erhielt."[11]

Ebenso meint Wiegelmann, dem wir die ausführlichste Darstellung der Ernährungsweise des deutschen Volkes seit 1500 verdanken, über Süddeutschland: „Unter der Woche gab es praktisch kein Fleisch, und auch bei der für Mehrarbeit gebotenen besseren Kost der Ernte- und Dreschzeit kannte man nur fettere und käsereichere Speisen, kein Fleisch. Es blieb den Sonntagen und Festen vorbehalten."[12]

Ebenfalls aus Bayern berichtet ein Zeitgenosse: „Die Kost des Landmanns ist sehr schlecht. Erdäpfel und schlecht zubereitete Speisen von Rockenmehl, Sauerkraut, sauere Milchsuppen und sehr schwarzes Brod, nicht selten mit Habermehl vermischt, ist die gewöhnliche Nahrung."[13]

Die Differenzierung nach sozialen Schichten innerhalb des Bauernstandes und auch innerhalb des Handwerks darf man ebensowenig wie die geographische Differenzierung vernachlässigen. Doch viel gefährlicher wäre es, die Eintönigkeit und Ärmlichkeit der Mahlzeiten der großen Masse der Bevölkerung, der Kleinbauern, der meisten Handwerker, der Heimarbeiter und der übrigen plebeischen Schichten zu übersehen.

In all dieser Zeit gehörte, wie wir schon anfangs bemerkt hatten, zum Alltag der Werktätigen der Krieg, der stets außerordentliche Belastungen auch für ihre Lebenshaltung brachte. Genau wie Baden zwischen 1670 und 1750 die Hälfte der Zeit in Kriege verwickelt war, so können wir das gleiche für Preußen etwa in den Jahren 1690 bis 1810 feststellen. Zu den Kriegen kamen die Epidemien, die aber nicht mehr so furchtbar waren wie bisweilen in den vorangehenden Jahrhunderten.

Am schlimmsten aber wirkten sich in der hier betrachteten Zeit die Mißernten und Katastrophen-Ernten auf den Lebensstandard, insbesondere auf die Ernährung aus.

Hungerperioden in Deutschland nach dem Dreißigjährigen Krieg[14]

1660–1663	1760–1762
1691–1693	1766–1768
1698–1699	1770–1772 Hungerkatastrophe
1709–1712	1780–1784
1724–1725	1787–1790
1739–1741 Hungerkatastrophe	1793–1795
1755–1757	1799–1800
	1805–1807

Rund jedes vierte Jahr ist ein Hungerjahr![15] Hungerjahr für Millionen Menschen, die wohl jedes zweite Jahr, oft auch in ihrem ganzen Leben, ungenügend ernährt sind. Sind die Menschen wirklich schon sehr fern von den Zuständen der vorangehenden zehntausend Jahre, was die Stillung des Hungers betrifft?

[11] K. Hennrich, Schlesische Gesindekost im 18. Jahrhundert, in: „Schlesische Blätter für Volkskunde', 3. Jg., Breslau, 1941, S. 111.

[12] G. Wiegelmann, Alltags- und Festspeisen, Marburg 1967, S. 55.

[13] J. v. Hazzi, Statistische Aufschlüsse über das Herzogthum Baiern, IV. 1. Nürnberg 1805, S. 112.

[14] Vgl. dazu vor allem W. Abel, Massenarmut und Hungerkrisen im vorindustriellen Europa, Hamburg und Berlin 1974.

[15] Auch für England stellt W. G. Hoskins in verschiedenen Studien für die Zeit von 1418 bis 1759 fest, daß etwa jedes vierte Jahr eine Mißernte mit Hunger brachte.

Selbst was die so genau präzisierten Abmachungen über Fronbeköstigung angeht, die wir in so vielen Dokumenten jener Zeit verzeichnet und in den Büchern unserer Tage nach mühseliger Forschung wiederholt finden und die in so vielem unser Bild von der Ernährung damals bestimmten ... werden sie wirklich in Hungerjahren eingehalten? natürlich nicht und gar nicht selten aus objektivem Mangel an Getreide.

Und weiter und noch unendlich viel wichtiger: sieht der Leser hinter dieser Tabelle die hungrigen Kinder, die abgehärmten Frauen, die erschöpften Männer, deren Arbeit gleich schwer bleibt, auch wenn die Nahrung immer leichter wiegt?

Schlimm sind die Hungerjahre, doch weit, weit schlimmer noch die der Hungerkatastrophen, in denen auch die Sterblichkeit steil ansteigt ebenso wie die „Kriminalität".

Und immer wieder muß der Berichterstatter von heute darüber klagen, wie unfähig der Mensch ist, Zahlen mit Gefühl zu erfassen, zu begreifen, was hinter den Statistiken steht.

Wilhelm Abel zitiert zunächst Zahlen aus einer Arbeit von H. Blaschke[16], die den Einfluß der Hungerkatastrophen von 1770/72 auf die Bevölkerungsentwicklung in Sachsen anzeigen:

„Blaschke verglich die Geburtenzahlen von 1772 und 1773 und die Totenzahlen von 1771 und 1772 mit den jeweiligen Durchschnittswerten der Jahre 1767 bis 1770 und stellte fest, daß infolge der Hungersnot etwa 36 000 Kinder weniger geboren wurden und etwa 60 000 Menschen mehr starben, so daß bei einer Einwohnerzahl Kursachsens im Jahre 1772 in Höhe von 1 632 000 mit einem Verlust von rund 100 000 Menschen oder 6 Prozent der Bevölkerung zu rechnen sei.

Blaschke gliederte die Bevölkerungsverluste Kursachsens auch noch nach räumlichen Gesichtspunkten auf. Dabei zeigte sich, daß im Hungerjahr 1772 die größten Verluste im Erzgebirge und im Vogtland entstanden. Sie lagen bei 9,3 v. H. im erzgebirgischen Kreis und bei 8,3 v. H. im vogtländischen Kreis, bezogen auf die gesamte Bevölkerung dieser Kreise. Zum Vergleich sei hinzugefügt, daß die entsprechenden Zahlen im Leipziger Kreis 4,5 v. H., im Stift Merseburg 3,9 v. H. und in der Niederlausitz mit den günstigsten Ackerbaubedingungen des damaligen Kursachsens nur 2,5 v. H. lauteten.

Eine weitere Aufgliederung der Sterbefälle nach Besitzstand, Vermögen oder anderen wirtschaftlich-sozialen Merkmalen der Verstorbenen ist noch kaum versucht worden, wäre auch nur an Hand von Kirchenbüchern möglich, deren Auswertung schwierig ist. Immerhin zeigte sich bereits bei einer Auswertung einiger Bücher von Orten des Erzgebirges, daß die Sterbefälle sich in denjenigen Orten häufen, in denen die Masse der Bevölkerung aus Bergarbeitern, Köhlern, Hammerschmieden und Heimarbeitern bestand, während in den Bauerndörfern die Zahl der Todesfälle kaum diejenige von normalen Jahren übertraf.[17] Noch größer sind die Unterschiede, wenn Bauernlandschaften im nordwestlichen Deutschland mit den armen Weberdörfern in den Randzonen der mitteldeutschen Gebirge verglichen werden, etwa den Dörfern des Oberen Eichsfeldes (westlich von Göttingen). In Ostfriesland stiegen die Sterbefälle auf 24,7 je 1000 Einwohner im Durchschnitt der Jahre 1768/1770 auf 33,5, also um rund ein

---

[16] H. Blaschke, Bevölkerungsgeschichte von Sachsen bis zur industriellen Revolution, 1967, S. 126 f. (Eine „Generaltabelle" der im Kurfürstentum Sachsen in den Jahren 1764–1787 Geborenen und Gestorbenen findet sich bei F. G. Leonhardi, Erdbeschreibung der Churfürstlich- und Herzoglich-Sächsischen Lande, I, 3. Aufl. Leipzig 1802, S. 48.)

[17] C. Langer, Die Hungerjahre 1771/1772 nach zeitgenössischen Quellen, in: Sächs. Heimatblätter, 9, 1963, S. 366.

Drittel, im Jahre 1771, dem schlimmsten Jahr in dieser Zone.[18] Dagegen erhöhten sich die Sterbefälle in sechs Pfarreien des Oberen Eichsfeldes von 121 im Durchschnitt der Jahre 1769/1770 auf 520 im Jahre 1772, also auf mehr als das Vierfache.[19]"

Und dann hat Abel das gleiche Gefühl, wie ich es nach der vorangehenden Tabelle zum Ausdruck gebracht habe, und geht von der statistischen Masse zum Einzelbild über, rettet sich und uns vor der konstruktivistischen, abstrakten, kalten Betrachtung der Statistik durch den herzergreifenden Realismus der Schilderung in Erlebnis-Worten von Zeitgenossen. Er schreibt:

„Damit seien die statistischen Nachrichten abgeschlossen. Zahlen sind zu blaß, zu nüchtern, als daß sie die volle Wirklichkeit erkennen lassen könnten. Man liest über sie hinweg, ohne eine Vorstellung zu gewinnen, was hinter ihnen stand. Darum seien zum Abschluß dieses Berichtes über die Hungerjahre noch einige Zeitgenossen zitiert, die in Worten beschrieben, was sie miterlebten oder auch miterlitten, je aus verschiedener Position heraus und jeweils auch für eine andere Landschaft, aber im Grundzug doch einig über die – für uns heute – kaum vorstellbare Größe der Not.

Mein erster Gewährsmann ist ein Mediziner, Doktor der Arzneikunde und 'beigesetzter Physikus des Kurfürstlich-Mainzischen Rates für das Ober-Eichsfeld und die Stadt Heiligenstadt', also ein Amtsartz, der für sein Territorium (im heutigen Niedersachsen) die ärztliche Verantwortung trug.[20] . . .

'Ich werde nie anders als mit Schauer an das Elend unserer Lande, an den kummervollen, kläglichen, grausamen Zustand unserer Einwohner denken können', so schrieb Arand. 'Die Patienten lagen ohne Hoffnung; Heu, Grummet, Gartenfrüchte, Gemüse, Obst waren verdorben; jämmerlich sah der Landmann seinen sauren Schweiß bei der Ernte vereitelt; Ströme des Unglücks und das schrecklichste unter ihnen, der Hunger, wüteten über Unglücklichen. Man sah die Früchte auf dem Halme auswachsen: Unzeitig und bei dem Ofenfeuer halb getrocknet mußten sie schon der verhungerten Armut zur stillenden Nahrung dienen. Der andere wenige Vorrat wurde naß in die Scheune gebracht, das Geströtze konnte fast zu keinem Futter gebrauchet und die ausgedroschenen Körner von der Vermoderung nicht gerettet werden. Ersteres war dem Vieh und letzteres dem Menschen gefährlich ... Aus einem solchen drei Jahr dauernden gänzlichen Mißwachs folgte eine auch den ältesten Leuten undenkbare, ja selbst den Nachkommen unglaubliche Teuerung, die fürchterlichste Not, kurz der äußerste Hunger drückte die Armut. Alle Kommerzien erlagen; das Land war ohne Verdienst; die geldlosen Zeiten versagten den Genuß des Brotes, und das etwa um 4 gute Groschen gekauft war nicht für eine Person, geschweige für eine ganze Familie zur Ersättigung hinreichend; denn es war keine Nahrung in dem lieben Brot. Kein Wunder also, daß diese Elenden, um das armselige Leben zu erhalten, auf viehische und naturwidrige Speisen, ich verstehe darunter den Gebrauch des Grases, der Disteln, schädlicher Köhlen, Kleienbrei, geröstete Haferspreu, Wicken und andere heiße Früchte verfallen mußten. Ja die Not zwang

---

[18] *K. Kiskalt*, Die Sterblichkeit im 18. Jahrhundert, in: Zeitschr. f. Hygiene und Infektionskrankheiten, 93, 1921, S. 460.

[19] *F. J. Arand*, Abhandlungen von drei Krankheiten unter dem Volke im Jahre 1771 und 1772 . . ., Göttingen 1773, Anhang.

[20] Aus seiner Abhandlung wurde bereits zitiert. Der vollständige Titel lautet: *F. J. Arand*, Abhandlung von drei Krankheiten unter dem Volke im Jahre 1771 und 1772 nebst den mit denselben eingedrungenen Vorurteilen und den dabey angewendeten Heilungsarten, Göttingen im Verlage der Wittwe Vandenhoek, 1773.

sie endlich selbst sogar auf jene den Füchsen zur Fütterung dienende Kost. Dieses nun
waren ungewohnte, ganz außerordentliche Nahrungsmittel, und sie hatten einen wesentlichen Einfluß in das, so wir Fieber nennen.'

Soweit der Arzt. . . .

Mein zweiter Gewährsmann ist ein Pfarrer. Er war beamtet in Annaberg im Erzgebirge und beschrieb die Zustände, die er dort vor Augen hatte, mit Worten, die er der
Schutzpatronin Annabergs, der Mutter Anna, in den Mund legte[21]: 'O, ihr armen
Kinder! Seit der Erbauung eurer Stadt, welche von mir den Namen führt, habe ich
kein so großes und schreckliches Elend gesehen, als das gegenwärtige. Ich weiß die
traurigen Schicksale, welche eure Väter erlebt haben. Die fürchterlichen Feuersbrünste,
die Brandschatzungen, welche in den alten und neuen Zeiten von Feinden erlegt worden
sind, die Teuerung, der Mangel an Nahrung, die ansteckenden Seuchen, und daß ich
es kurz zusammenfasse, alle Drangsale, die von jeher eure Väter und euch betroffen
haben, sind mir bekannt. Allein noch nie habe ich meinen heiligen Berg in einer solchen
bejammerungswürdigen Verlegenheit als in den gegenwärtigen Tagen gesehen. Die Got-
teshäuser sind leer, weil die meisten aus Ermangelung der höchst nötigen Bedeckung
des Leibes dieselben zu besuchen sich scheuen. Die Schulen stehen wüste und die Lehrer
müssen darben und hungern. Sehr viele Einwohner schmachten in der äußersten Dürftigkeit; das Hausgeräte, die Kleidung, die Betten und Decken sind dahin. Die Häuser
und Hütten sind verpfändet und verkauft. Man sieht ganze Scharen von Bettlern, die
an den Beinen geschwollen sind und im Gesichte verdorrt. Sie ziehen durch die Gassen
und bitten fußfällig und flehentlich um einen Bissen Brot, und an wieviele Häuser
kamen sie nicht, ehe sie eins finden, aus welchem ihnen eine Gabe gereicht werden kann.
Von dem nagenden Hunger gequält, stellen sie Hunden und Katzen nach. Das gefallene,
unreine Vieh machen sie zu ihrer Kost. Was kann aus solchen widernatürlichen Nahrungsmitteln entstehen? Nur Krankheit und Tod. Viele Familien liegen am faulen
Fieber, und es vergeht kein Tag, an welchem nicht aus Not und Mangel Verschmachtete
begraben werden. Meine ganze Stadt stirbt aus . . .'

Fast noch schlimmer – falls möglich – als in der Stadt Annaberg sah es in den
Dörfern des Erzgebirges aus, wo Arbeiter-Bauern auf Klein- und Kleinststellen hausten.
Über sie unterrichtet ein Brief eines 'sicheren Mannes', der, wie C. Langer mitteilte, im
Herbst 1771 die Gegend von Johann-Georgenstadt und Oberwiesental bereiste. Er
schrieb: 'Ich habe das Elend in Breitenbrunn, Rittersgrün, Wiesenthal, Crottendorf,
Pöhla, Wildenthal, Eibenstock und Neudorf gesehen. Nie wünsche ich mir und keinem
anderen einen so traurigen Anblick wieder zu erleben . . . Das innere Elend der
Orte wage ich mich gar nicht zu schildern. Traurig war es von vielen sogenannten Halb-
und Viertelgutsbesitzern zu hören, daß sie nicht eine Handvoll Samen ausgesät hätten,
daß ihr Rindvieh größtenteils verstoßen (?) und die wenigen Pferde aus Mangel des
Futters gefallen wären; noch viel trauriger, die meisten Einwohner nicht so notdürftig
bekleidet, daß sie ihre Blöße bedecken konnten, ihre Wohnungen von allem Hausgeräte,
ihr Lager von Betten leer zu sehen. Kleider, Wäsche, Betten, Haus- und Handwerksge-
räte hatten die meisten, ... um ein geringes verkaufen müssen . . . Viele Häuser,
die ausgestorben waren, sind von ihren Nachbarn eingerissen, und das Holze verbrannt
worden, um ihr und ihrer Kinder Leben auf einige Tage zu fristen. Handwerker und
Professionisten hatten keinen Verdienst. Zu der schweren Arbeit in Eisenhämmern und

---

[21] Hier zitiert nach *C. Langer*, a. a. O., S. 362 ff.

Holzschlägen, welche sonst den Mannspersonen ihren Verdienst schaffen, jedoch itzt auch liegen, sind viele zu entkräftet. Oft müssen sie von der Arbeit wieder abgehen, oft davon hinweggetragen werden: Ja einige sind tot dabei liegengeblieben. Ich habe Männer in ihren besten Jahren gesehen, die nicht imstande waren, das ihnen geschenkte Holz im Walde zu hauen und hereinzuholen. Der Winter setzt die Männer außer allen Verdienst. Der Lohn bei den Fabriken, für welche die Weibspersonen und Kinder arbeiten, reichet nicht zu, das Brot der arbeitenden Person zu bezahlen, geschweige denn ganze Familien zu ernähren, Kranke zu erquicken, Kleider, Betten, Hausgeräte anzuschaffen ... Ich erstaunte über die Gelassenheit der vielen Elenden, die mir allenthalben entgegenkamen: Aber selbst zu Kummer und Klagen schon zu empfindungslos, zum Teil auch schon sorglos für sich und die ihrigen waren, weil sie, wie mir einige selbst sagten, sich auf den bevorstehenden Winter weder zu raten noch zu helfen wußten. Viele haben sich schon des Lebens begeben. Die Krankheiten hatten auch schon sehr überhandgenommen, vornehmlich durch den Genuß unreifer Erdfrüchte, und durch die Erkältung wegen Mangels hinlänglicher Bedeckung am Tage sowohl als besonders des Nachts. Die meisten Genesenden können sich wegen der schlechten Kost nicht wieder erholen ... Viele wissen keine Krankheit und Schmerzen zu klagen; aber geschwollen, keuchend, ganz verschmachtet taumeln sie umher, vermutlich sind ihre Eingeweide zusammengeschrumpft. Nur erst vor 14 Tagen hatte man in der Gegend von Eibenstock zwei Kinder, die in den Wald gegangen waren, um sogenannte Schwarzbeeren zu holen, auf der Straße aus Mattigkeit umgefallen und tot aufgefunden ...'."[22]

Und abschließend sei noch aus dem armen Mann in Tockenburg zitiert:

„Das siebenziger Jahr neigte sich schon im Frühling zum Aufschlagen. Der Schnee lag auf der Saat bis im Maien, so daß gar viel darunter erstickte. Indessen tröstete man sich den ganzen Sommer auf eine leidliche Ernte, dann auf das Ausdreschen, aber alles umsonst. Ich hatte eine gute Portion Erdäpfel im Boden; es wurden mir aber viel gestohlen. Den Sommer über hatte ich zwo Kühe auf fremder Weide und ein paar Geißen, welche mein erstgeborener Junge hütete; im Herbst aber mußt' ich aus Mangel an Geld und Futter alle diese Schwänze verkaufen. Der Handel nahm ab, so wie die Fruchtpreise stiegen, und bei den armen Spinnern und Webern war nichts als Borgen und Borgen. Nun tröstete ich die Meinigen und mich selbst mit meinem: 'Es wird schon besser kommen!' so gut ich konnte; ich mußte aber auch dafür manche bittere Pille verschlucken, die meine Bettgenossin wegen meinem vorigen Verhalten, Sorglosigkeit und Leichtsinn mir auftischte, und die ich nicht allemal geduldig und gleichgültig ertragen mochte. Gleichwohl sagte mir mein Gewissen meist: Sie hat recht. Wenn sie's nur nicht so herb' präpariert hätte.

Nun brach der große Winter ein, der schauervollste, den ich erlebt habe. Ich hatte fünf Kinder und keinen Verdienst, ein bißchen Gespunst ausgenommen. Bei meinem Händelchen büßt' ich von Woche zu Woche mehr ein. Ich hatte viel vorrätig Garn, das ich zu hohem Preis eingekauft und an dem ich verlieren mußte, ich mocht' es wieder roh verkaufen oder zu Tüchern machen. Doch tat ich das letztere und hielt mit dem Losschlagen zurück, mich immer meines Waidspruchs getröstend: 'Es wird schon besser werden!' Aber es ward immer schlimmer, den ganzen Winter durch. Inzwischen dacht' ich: 'Dein klein Gewerb hat dich bisher genährt, wenn du damit gleich nichts beiseite legen konntest. Du magst und kannst's also nicht aufgeben. Tätest du's, müßtest du

---

[22] W. *Abel* ebendort, S. 254 ff.

18*

gleich deine Schulden bezahlen, und das wär' dir jetzt pur unmöglich.' Auch in andern
Punkten ging's mir nicht besser. Mein kleiner Vorrat von Erdäpfeln und anderm Gemüs'
aus meinem Gärtchen, was mir die Diebe übriggelassen, war aufgezehrt, ich mußte mich
also Tag für Tag aus der Mühle verproviantieren; das kostete am End' der Woche
eine hübsche Handvoll Münze, nur für Rotmehl und Rauchbrot."[23]

Aber ist es nur so in den Katastrophenjahren? Hören wir Abel über „ganz gewöhnliche" Jahre der Mißernte: „Getreideabgaben aus den königlichen Magazinen verhalfen
der Berliner Bevölkerung bereits im Jahre 1757 wieder zu (relativ) mäßigen Preisen.
In den Provinzen war die Not größer. Im Ostteil Pommerns, wo Bauern, hochbelastet,
auf ärmlichen Böden saßen, hungerten die Menschen in den Dörfern und in den Städten.
Dort hatte schon das Jahr 1755 zu viel Regen gebracht; im nächsten Jahr folgte eine
totale Mißernte. Die 'Armut' war genötigt, Blüten vom Haselstrauch und Baumknospen
getrocknet mit Mehl zu vermengen, um den Hunger zu stillen, so heißt es in einem
Behördenschreiben vom Januar 1756[24]. Anfang März 1756 erreichte die Berliner Regierung ein Gesuch eines adligen Gutsherrn, worin dieser klagte, daß die Untertanen seines
im Belgardschen Kreise (Hinterpommern) gelegenen Gutes das Sommergetreide, das
sie jetzt aussäen sollten, aufgegessen hätten und sich nur noch von Wurzeln und Rüben
nährten. Da kein Getreide in der Gegend zu finden, auch für Geld nicht zu bekommen
sei, seien sie der Hungersnot und dem größten Elend preisgegeben. Das war nur
eines in einer Reihe 'kläglicher Schreiben', die, wie Friedrich II. bemerkte, tagtäglich
von den 'in Pommern eingesessenen Officiers und anderen von Adel' beim König ein-
liefen. Es wurden die in solchen Fällen üblichen Ge- und Verbote erlassen (Visitatio-
nen der Getreidespeicher, Verbot der Getreideausfuhr und des Branntweinbrennens),
auch einige Unterstützungen gewährt, doch seit dem Mai 1756 hörten alle materiellen
Hilfen auf. Die Versorgung der Armee gewann Vorrang. Im August 1756 überschritten
die Preußen die sächsische Grenze; der siebenjährige Krieg um Schlesien begann."[25]

Bisweilen lassen sich Hungerjahre und Hungerkatastrophenjahre gar nicht unterscheiden, und vielfach sind Hungerjahre für ganz Deutschland Hungerkatastrophenjahre in
einzelnen Gegenden.

In jedem Fall aber zeigen unsere Untersuchungen über die Ernährungssituation
schließlich die fundamentale Situation im Leben der Menschen, die ganze Unsicherheit
im Alltag der Werktätigen.

Genau wie die Löhne der zwei Zimmerleute der Stadt Hildesheim im Mikrokosmos,
so zeigen die Ernten und ihre Folge im Makrokosmos die wahrlich unglaublichen
Schwankungen im Leben der Werktätigen. Ich sage im Leben, denn das Leben wird
doch so grundlegend bestimmt davon, ob man zumindest irgendwie satt wird oder „nicht
richtig satt" wird oder gar hungert.

Und die große Masse der Werktätigen wurde wohl nur einmal in vier Jahren wirklich
satt und mußte jedes vierte Jahr etwa wirklich hungern. Nur ein geringer Prozentsatz der
Werktätigen mußte praktisch das Leben lang hungern, während, mit Ausnahme der
Hungerkatastrophenjahre, auch nur ein geringer Prozentsatz der Werktätigen das Leben
lang ausreichend zu essen hatte.

---

[23] *U. Bräker*, a. a. O., S. 124 f.
[24] Die Hungersnot in Pommern 1755–1757 wurde ausführlich von *A. Skalweit in* Acta Borussica,
Getreidehandelspolitik, III, S. 161 ff., behandelt; daselbst auch die entsprechenden Aktenstücke
aus dem Preußischen Staatsarchiv.
[25] *W. Abel*, a. a. O., S. 196 f.

Doch heißt das nicht, daß es nur in den Hungerjahren für die Werktätigen Angst um das tägliche Brot gab. Denn jedes Jahr mußte man sich um die Ernte sorgen – würde sie gut, würde sie schlecht ausfallen? Und dazu kam die ständige Sorge, ob man gesund bleiben würde, denn Krankheit konnte leicht Wochen gleich denen in einer Hungerkatastrophe bringen; und so auch Arbeitslosigkeit, insbesondere für Außenberufe etwa in einem langandauernden strengen Winter, und so auch das Unglück des Krieges mit den Zerstörungen, Plünderungen und Sonderauflagen, die er bedeutete.

Erschreckend unsicher war das Leben der Menschen in der von uns hier betrachteten Zeit, insbesondere auch, was die Ernährung betrifft.

Zu Beginn unserer Ausführungen zur Nahrung selbst hatten wir gezeigt, wie unverändert sie war gegenüber früheren Zeiten. Dabei hätten wir vielleicht schon gleich darauf hinweisen sollen, daß Brot jetzt zumeist nicht mehr wie in früheren Zeiten identisch mit Brei ist, sondern bereits wirklich Brot, in dem Sinne, wie wir das Wort verstehen, bedeutet.

Das gilt noch nicht so sehr für das 17., wohl aber für das 18. Jahrhundert.

Das 18. Jahrhundert bringt auch ein neues Nahrungsmittel, das im 19. Jahrhundert geradezu fundamentale Bedeutung erlangt, aber auch schon im letzten Viertel des 18. Jahrhunderts, zum Teil schon etwas früher, eine große Rolle zu spielen beginnt: die Kartoffel.

Der feldmäßige Anbau der Kartoffel war in England schon seit der Mitte des 17. Jahrhunderts üblich – zuvor schon in Irland, der so ärmlichen Kolonie Englands. Über die Geschichte der ersten Verbreitung in Deutschland berichtet Müller:

„Über Burgund und Holland breitete sich die Kartoffel auch in Mitteleuropa aus, bis ins 17. Jahrhundert jedoch zunächst als Gartenpflanze. Als botanische Rarität, ihrer 'schönen Blumen' und des 'anmutigen' Geschmackes wegen, den ihre Knollen haben sollten, sandte sie der Landgraf von Hessen 1591 aus seinem Lustgarten an den sächsischen Kurfürsten; 1627 werden auch in den fürstlichen Gärten zu Greiz 'Erdäpfel erwähnt. Ihre früheste Bezeugung für bäuerlichen Anbau datiert ins Jahr 1647, als ein Bauer aus Selb im bayerischen Vogtland die ersten Erdäpfel aus Roßbach in Böhmen mitbrachte und sie in seinen Garten pflanzte. Die ersten Belege für einen feldmäßigen Anbau finden sich in den Gerichtsakten einer adligen Herrschaft im südlichsten Zipfel des Vogtlandes, in denen im Zusammenhang mit Streitfällen, meist jedoch in Kaufbriefen und bäuerlichen Auszugsakten schon um 1680 Kartoffeln erwähnt werden. Um 1700 ist ihr Anbau ebenfalls für bäuerliche Wirtschaften im Norden und Osten des Vogtlandes erwähnt.

Daß die Kartoffel in jener Zeit primär für die menschliche Ernährung, nicht als Viehfutter genutzt wurde, geht aus einem Bericht hervor, nach dem 'der alte Hofmann in Friedersreuth bei Roßbach um 1700 dafür bekannt war, daß er stets die besten Dienstboten hatte, weil sie alle Sonntage Erdäpfel bekamen'. Das erwähnte Roßbach, wo ja schon für 1647 Kartoffelanbau bezeugt ist, liegt im sogenannten Ascher Ländchen, das sich zwischen dem bayerischen Selb und dem Südzipfel des sächsischen Vogtlandes in einem spitzen Keil aus Böhmen in das ehemalige alte Vogtsgebiet vorschiebt. Das Gebiet zwischen Selb, Asch und dem vogtländischen Schönberg am Kapellenberg bildet also offenbar ein zusammenhängendes Innovationszentrum, von dem aus der Kartoffelanbau in das sächsisch-thüringische Gebiet und weiter vordrang. Alle ersten Belege beziehen sich auf bäuerliche Betriebe; die folgenreiche Neuerung ist also in ihren Ur-

sprüngen hier offensichtlich bäuerlicher Eigeninitiative zu verdanken, nicht feudalabso-
lutistischer Administration, die beispielsweise in Preußen ein halbes Jahrhundert später
den Kartoffelanbau durchsetzte.“[26]

Müller vereinfacht die Einbürgerung der Kartoffel, indem sie von der „bäuerlichen
Eigeninitiative“ spricht. Richtiger ist die Darstellung von Wiegelmann, der schreibt:
„Die Personen, die sich um die Ausbreitung der Kartoffel bemühten, gehörten durchweg
der volksnahen Schicht der Gebildeten an. Es waren Pfarrer, Amtsleute und Richter;
einsichtige Männer, die von der Not der Menschen wußten und zu handeln verstanden.
Dagegen wurden die Regierungen erstaunlich selten aktiv und vielfach blieb es zudem
bei matten Verfügungen, deren Schicksal man unschwer voraussehen konnte. Lediglich
die preußische Regierung propagierte die Kartoffel mit Energie. Die Grundherren standen dagegen der neuen Frucht, mit der die Bauern es sehr bald verstanden, ihre Zehnt-
verpflichtungen tunlichst zu umgehen, oder doch gering zu halten, ablehnend und direkt
feindlich gegenüber. Deshalb ist die Haltung der Obrigkeit bei der zunächst als Viehfutter, Armen- und Gesindekost sich ausbreitenden Kartoffel meist nicht förderlich aber
auch nur selten hinderlich gewesen. Die vor allem für die armen Leute interessante
Neuerung pflanzte sich von Dorf zu Dorf, von Gegend zu Gegend fort.“[27] Insbesondere
waren es die Hungerkatastrophenjahre, die der Verbreitung der Kartoffel günstig waren.
Darum ist es umgekehrt auch nicht erstaunlich, daß Kiesewetter noch 1807 vom Kron-
prinzenkoog in Süder-Dithmarschen berichten konnte: „Futtergewächse und Kartoffeln
bauet man garnicht, weil man für Menschen und Vieh Körner genug hat.“[28]

Über die Gründe, warum die Agitation der Pfarrer und anderer aus den unteren
Schichten der Intelligenz so erfolgreich sein konnte, warum die Bauern sich so leicht von
den Vorteilen der Kartoffeln überzeugten, auch die Reaktion der Rittergutsbesitzer differenzierter als Wiegelmann aufzeigend, schreibt Müller:

„Die Anspruchslosigkeit der Kartoffel und die einfache Art ihres Anbaus begünstigten
ihre schnelle Verbreitung. Gemäß ihrer Herkunft aus Gebirgsländern gedieh sie bei
geringen Ansprüchen an den Boden auch noch in Höhenlagen; ihr Anbau war lohnend
auch auf kleinsten Ackerflächen, Triften und selbst Ödland, das durch den Kartoffelanbau auch für die Kultur anderer Feldfrüchte nutzbar gemacht werden konnte. Innerhalb
weniger Jahrzehnte eroberte sie sich weite Strecken, zuerst die gewerblich stark durchsetzten Regionen, die reich an Menschen und arm an Nahrung waren und in denen Mißernten und Teuerungen immer wieder Hungersnöte katastrophalen Ausmaßes zur Folge
gehabt hatten. Im Vogtland war es offenbar zuerst das dichtbesiedelte Auerbacher Waldrevier, denn von hier aus drang sie schon um 1710 entlang des Erzgebirges bis in die
Annaberger Gegend vor. Um 1730 ist eine kontinuierlich-flächenhafte Ausbreitung in
die waldbedeckten und unfruchtbaren Gebiete des oberen Vogtlandes festzustellen. 1730
war hier die Kartoffel in den Kleinstädten und Marktflecken, in denen vorwiegend
Ackerbürger und kleine Gewerbetreibende mit landwirtschaftlicher Nebennahrung an-
sässig waren, voll in die Kost eingegliedert, ebenso auch in den Dörfern. Aus dem
fruchtbaren mittelvogtländischen Hügelland mit seinen größeren Bauernhöfen liegen
so frühe Zeugnisse für den feldmäßigen Kartoffelanbau nicht vor; die breitere Getreide-
basis und die hier übliche Dreifelderwirtschaft verzögerten möglicherweise zunächst ihre
Einführung. Um 1750 war sie aber auch hier allgemein üblich.

[26] I. Müller, a. a. O., S. 20 f.
[27] G. Wiegelmann, a. a. O., S. 77.
[28] H. Chr. Ph. Kiesewetter, a. a. O., S. 203.

Noch vor der Mitte des 13. Jahrhunderts verfügte man im Vogtland bereits über Kenntnisse der Vermehrung der Züchtung, so daß Landwirte anderer sächsischer Landesteile Pflanzkartoffeln zur Aufbesserung ihrer Bestände aus dem Vogtland bezogen.

Die Reaktion der feudalen Gutsherrschaften auf die neue Frucht war offenbar unterschiedlich. Erste Belege für den Kartoffelanbau auch auf Rittergütern gibt es noch aus der ersten Hälfte des 18. Jahrhunderts. Verweigerung von Kartoffelfronen, die zusätzlich zu den in den Erbregistern fixierten Leistungen gefordert wurden, und Erwähnung eines Kartoffelgewölbes für die Aufbewahrung im Winter setzen einen feldmäßigen Anbau größeren Umfangs voraus. Andererseits versuchte die Ritterschaft den Kartoffelanbau durch Bauern und die 'armen Leute', die kleinen Landbesitzer, zu verhindern, weil dadurch Weiden und Brachfelder in Ackerland verwandelt wurden. Darin sah sie eine Beeinträchtigung der feudalen Trift- und Hutungsgerechtigkeiten, die für die großen Schafherden der Güter die Futtergrundlage bildeten."[29]

Vom Lande kam die Kartoffel auch in die Stadt:

„Spätestens um die Mitte des 18. Jahrhunderts haben die Kartoffeln auch in den größeren Städten Eingang gefunden und waren für die 'armen Leut', denen sie 'Fleisch und Gebratenes' ersetzen mußten, bereits unentbehrliches Nahrungsmittel geworden. Als 'Not-, Vieh- und Armennahrung' wurde sie wahrscheinlich auch hier wie im oberen Vogtland zuerst von den ärmeren Bevölkerungsschichten übernommen, hatte sich als 'geringe Speise der Ärmeren' in der bürgerlichen Küche offenbar aber noch nicht durchgesetzt.

Nach ländlichem Beispiel suchten sich die Einwohner größerer Städte durch eigenen Anbau von Kartoffeln ernährungswirtschaftlich unabhängiger zu machen. Auf dem Lande war es üblich, daß – vor allem wohl die gewerblich tätige Bevölkerung, Häusler und Inwohner zumeist, die nicht über ausreichendes Acker- oder Gartenland verfügen – gegen Lieferung von Dünger aus ihrer Kleintierhaltung oder auch gegen Arbeitsleistungen Bauernland, selbst Unland, mit Kartoffeln für den eigenen Bedarf bestellen durfte. Diese Gewohnheit bürgerte sich spätestens ab 1800 auch in den größeren Städten ein: Städtische Kleinviehhalter pflanzten ihre Kartoffeln gegen Düngerabgabe bei den Bauern der benachbarten Dörfer. Die völlig Besitzlosen jedoch waren auch von dieser Möglichkeit zusätzlichen Nahrungserwerbs ausgeschlossen. Spätestens in den ersten Jahrzehnten des 19. Jahrhunderts muß dann auch die Eingliederung der Kartoffel in die städtischbürgerliche Kost vollzogen gewesen sein; nach den Jugenderinnerungen alter Plauener Bürger beherrschte sie schon vor 1850 in vielerlei Zubereitungen auch den bürgerlichen Mittagstisch im Vogtland."[30]

Erst vor 1850 beherrschte sie den bürgerlichen Mittagstisch – im Gegensatz zu dem der „armen Leute" . . . im Vogtland, das neben der Pfalz das Ausgangsgebiet der Verbreitung der Kartoffel war.

An hundert Jahre lang blieb die feldmäßig gewonnene Kartoffel eine Speise nur der Werktätigen. Unter ihnen aber war sie wohl weitest verbreitet, wenn sie einmal Eingang gefunden hatte, sowohl unter den Bauern wie unter den gewerblich Beschäftigten.

I. Müller zitiert aus einem 1791 erschienenen Bericht eines Plauener Baumwollwarenhändlers, nachdem sie einleitend bemerkt hat:

„Die Nahrung der Spinner bestand nahezu ausschließlich aus Kartoffeln; die 'wohl-

---

[29] I. *Müller*, a. a. O., S. 21 f.
[30] Ebendort, S. 22 f.

feile Kost' der Erdäpfel als Ursache der 'wohlfeilen Spinnerei', also der niedrigen
Löhne – dieser Zusammenhang zwischen billiger Kartoffelnahrung und dem Wachsen
und Gedeihen der Manufaktur war den Vertretern der Plauener Manufakturbourgeoisie
durchaus bewußt, wie die folgende Stelle aus dem erwähnten Bericht deutlich macht,
die in ihrer herablassenden Distanz die tiefe soziale Kluft zwischen ihnen und der werktätigen Bevölkerung erkennen läßt:

'Daß in rauhen und weniger fruchtbaren Gegenden die Industrie oder Kunstfleiß der
Menschen erweckt und geschärft werde, bestätigt sich vorzüglich bey den Bauern im
Voigtlande. Da dieser Creiß ... weniger Feldbau als ebene Gegenden enthält, so wenden die Landleute diejenige Zeit, die ihnen von Bestellung ihrer Aecker, Wiesen und
Fütterung ihres Viehes übrig, ... zum Spinnen an. Es ist daher für einen Fremden ein
seltsamer Anblick, wenn er, besonders im Winter, in einer Bauerhütte Kinder und Erwachsene, Knechte und Mägde, und mitten darunter den Haußvater mit nervigten Arm
am Spinn-Rad sitzen, und das aus Noth oder ums Brod thun sieht, was Hercules aus
Galanterie that ... weil sie sich außer ihren wenigen Feldbau größtentheils davon
nähren, ... einen ziemlich guten Verdienst dabey erwerben, – der größte Theil der
Landleute dieses Geschäft gleichsam bey müßigen Stunden und über den Feyer-Abend
beginnt: so ist die Ursache der wohlfeilen Spinnerey, wenigstens in Vergleichung mit der
Spinnerey in der Schweiz, hinwiederum so wohl hierinnen, als in der wohlfeilen Kost,
nehmlich größtentheils ihrer selbst gebauten Erdäpfel zu suchen.

Zufrieden mit seinem Schicksal ißet der Landmann die Frucht seines eigenen Ackers,
... des Morgens in einer Suppe, Mittags frisch gesotten, und des Abends in einem Brey
oder eingeschnitten mit einer Brühe, ohne Uiberdruß, und würde sie, stolz auf eines
der vorzüglichsten und ihm so wohl behagenden Produckts unseres Voigtlandes schwerlich gegen Ananas vertauschen. ...'[31]

Diese teils zynisch offene, teils idyllisierende Darstellung spricht nur beiläufig die
'Noth' an, die tatsächlich als bewegende Ursache für die rasche und massenhafte Aufnahme der Kartoffel durch die Opfer der manufakturkapitalistischen Ausbeutung angesehen werden muß."[32]

Ein wichtiger Grund für die schnelle Einbürgerung der Kartoffel auf den Tisch der
Werktätigen mag auch gewesen sein, daß sie sich leicht zu Mus bzw. Brei verarbeiten
ließ, also in dieser Beziehung an die alten Eßsitten anknüpfte.

Wir sprachen schon davon, daß infolge der zunehmenden Armut und Aneignung von
Mehrprodukt durch die herrschende Klasse eine Tendenz bestand, die Zahl der Mahlzeiten zu verkleinern, sei es im Haushalt des Bauern, erst recht des ländlichen Gewerbetreibenden, aber auch bei der Beköstigung des Gesindes auf dem Gut wie auch bei der
Beköstigung der Fronarbeiter. Ein Spruch wie der folgende:

> „Erdepfelsuppe in der Früh,
> Erdepfel zu Mittag in der Brüh,
> Erdepfel am Abend in der Schal, –
> macht den Tag dreimal."

---

[31] *C. H. Höffer*, Versuch einer Geschichte der Baumwollenen Waaren-Manufactur im Voigtländischen
Creiß von 1550–1790. In: Mitteilungen des Altertumsvereins zu Plauen i. Vogtl., Bd. 9, 1893,
S. 35 f.

[32] *I. Müller*, a. a. O., S. 24 f.

wäre noch im 16. Jahrhundert unmöglich gewesen, nicht allein wegen der damals noch unbekannten Kartoffel, sondern auch wegen der Zahl 3 statt 5 für die Mahlzeiten des Tages im Sommer.

Und zugleich mit der Einschränkung ihrer Zahl werden die Mahlzeiten auch eintöniger. „Die schon vor der Übernahme der Kartoffel wirksame Tendenz der Verminderung der Speisenanzahl innerhalb der Mahlzeiten hatte sich jetzt offensichtlich durchgesetzt, so daß Kartoffelgerichte überwiegend den Haupt- bzw. einzigen Bestandteil der Mahlzeiten bildeten. Kartoffelbreie, -suppen und -eintopfgerichte entsprachen den solange üblichen Kochgewohnheiten; die jetzt auch aus Kartoffeln in vielen Zubereitungsarten hergestellten Klöße blieben nach wie vor Lieblingsspeise auch für besondere Gelegenheiten. Als erste Tagesmahlzeit war zunächst noch überwiegend ein Brei- oder Suppenfrühstück üblich, zum Teil noch mit Brot als Zukost. Im allgemeinen wurde das Brot jedoch jetzt weitgehend aus den warmen Mahlzeiten verdrängt – selbst zu den im oberen Vogtland noch lange üblichen Milchsuppen der Bauern wurden Kartoffeln gegessen. Brotessen schränkte sich immer mehr ein auf die Vespermahlzeit und die Verpflegung bei Außenarbeiten auf dem Felde und im Wald; Brot und Branntwein waren Marschverpflegung auch für die Weber auf den vielfach vielstündigen Wegen zum Abliefern der Waren oder zum Holen neuen Garnes. Selbst aber bei Außenarbeiten wurde Brot nach Berichten aus dem oberen Vogtland mitunter durch Kartoffeln ersetzt: noch bis ca. 1925 brachten hier die Bauersfrauen beim Heumachen Kartoffeln zum Frühstück auf die Wiese. Aus den alltäglichen Mittags- und Abendmahlzeiten waren neben dem Brot auch die übrigen Getreidespeisen weitgehend verschwunden und durch Kartoffelgerichte ersetzt. . . Die Abendgerichte glichen denen des Mittagessens oder wurden aus seinen Resten zubereitet . . . Ganze Kartoffeln waren das häufigste Gericht des wöchentlichen Speisezettels; ihre Zubereitung erforderte wenig Zeit – ein wesentlicher Gesichtspunkt bei der durchgängigen Mitarbeit der Frau in Landwirtschaft wie Heimarbeit und Fabrik. Quark mit Zwiebeln, der sogenannte Mutz, auch Steifmatz, Heringe, verschiedene Brühen oder auch nur in ein wenig Fett gebräuntes Salz, das Brau' Salz oder Brägelsalz, werden immer wieder als Beilagen erwähnt. 'Aan Tog Erdepfel un Salz, 'n annern Tog Salz un Erdepfel'."[33]

Vielleicht kann man auch beobachten, daß mit der allgemeinen Verschlechterung der Lage der Werktätigen, mit der Notwendigkeit, immer mehr zu arbeiten, um nur das Nötigste für den Tisch herbeizuschaffen, die Zubereitung des Essens ebenso wie die Essenseinnahme eiliger wurden. Und da waren die Kartoffel ebenso, wie wir noch sehen werden, der Kaffee willkommene Helfer. Jedenfalls ist die „Hausväterliteratur", die zu Ende des 16. Jahrhunderts aufkam und bis in unsere Zeit blühte, die dem „gemeinen Haushalt", vom niederen bürgerlichen bis zum kleinbäuerlichen, dienen sollte, noch ganz auf die Bedeutung der Essenszubereitung der „gesunden einfachen" Nahrung eingestellt. Sehr richtig schreibt Teuteberg:

„Schon in der Antike lassen sich Beispiele für solche 'Hausväterliteratur' finden, in der die Nahrungszubereitung einen festen Platz hatte. Manches ist durch den Humanismus in Europa davon wiederentdeckt worden. Eines der ältesten deutschen Werke aus dieser Literaturgattung ist das Werk 'Oeconomia ruralis et domestica' (liber IV Wittenberg 1592–93 mit vielen Auflagen) des mecklenburgischen Pastors Johann Colerus. Der dritte Band dieses umfangreichen Werkes ist bezeichnenderweise ausschließlich dem

---

[33] Ebendort, S. 28 f.

Kochen gewidmet und 'dem armen Mann, der einen bösen Teufelskopf oder böses Weib habe, die ihm nichts Rechtes kochen oder zurichten will'. Auch die nachfolgenden anderen Werke der deutschen 'Hausväterliteratur' handeln mehr oder weniger ausführlich von Erzeugung, Aufbewahrung, Zubereitung und Verzehr von Speisen und Getränken. Hier sind als Autoren unter anderem Conrad Heresbach, Wolf Helmhard von Hohberg, Julius Bernhard von Rohr, Christian von Reichhardt, Gottlieb von Eckhardt, Otto von Münchhausen, Johann Beckmann und Chr. W. J. Gatterer zu erwähnen. Manchen Werken ist, wie der 'Georgica Curiosa' Hohbergs, ein Kochbuch erst nachträglich angehängt worden.

Die Hausväterliteratur muß zugleich als eine der Bemühungen angesehen werden, den ganzen Bereich der Nahrungsherstellung und -zubereitung etwas systematischer zu durchdringen. Es war ein Versuch, das vorhandene menschliche Wissen auf diesem Gebiet zu registrieren und auch für den einfacheren Haushalt nutzbar zu machen. Hier ging es nicht mehr um die Beschreibung fürstlicher Gastmähler und höfischer Speisesitten, sondern um Winke für den christlichen einfachen Haushalt. Interessanterweise unterscheiden sich die aus dieser Zeit überlieferten 'compendieusen Haushaltungsbibliotheken' für den 'Hausvater' in Form und Inhalt kaum von den hauswirtschaftlichen Ratschlägen und Kochrezepten für die 'Hausmutter'. Häufig waren diese gemeinnützigen ökonomisch-technologischen wie moralisch-ethischen Belehrungen gleich für beide Familienoberhäupter abgefaßt, wie der folgende charakteristische Titel beweist:

'Der Erdmuthe Hülfreichin Unterricht, für Hausmütter in ihren Geschäften, für welche sie in der Küche, in der Speisekammer, im Garten, im Viehstalle und Geflügelhofe zu besorgen haben, nebst dem, was ihnen vom Spinnen, der Weberey, von Zurichtung der Betten und Wäsche zu wissen nothwendig ist. Ein Gegenstück zu Erdmann Hülfreich' (3. verm. Auflage Wien 1807)."[34]

Zur Einfachheit der Mahlzeit kommt jedoch jetzt die Eile der Zubereitung. Wiegelmann zitiert eine interessante Schilderung aus jener Zeit (1786) im Leben eines Kötters in der Grafschaft Ravensberg, dem es noch relativ gut geht. „Die Frau verrichtet die häuslichen Geschäfte, schafft Futter für die Kuh ... und behält doch noch Zeit übrig, 1 bis 1 ½ Stück Garn zu spinnen ... Zu Hause wacht sie darüber, daß die größern Kinder ihr genanntes Garn spinnen ... Auf Zubereitung der Speisen darf die Kötterfrau nur wenige Zeit verwenden. Des Morgens trinkt sie mit ihren Kindern etwas, das wie Kaffee aussieht, es aber nicht ist. Zichorien und Roggen sind die Hauptingredienzien, und es heißt schon wohl leben, wenn einige wirkliche Kaffeebohnen hinzu kommen, um die Ehre des Namens zu retten. Zucker kommt nicht hinzu, kaum an den vier großen Festen, und barer Pompernickel ohne Butter wird dabei gegessen. Es ist schon ein Beweis einer wohlversehenen Haushaltung, wenn des Mittags Gemüse gespeist wird, und damit die Zubereitung nicht unnötige Zeit wegnehme, so macht man sie des Sonntags, wo für die ganze Woche gekocht wird, und die Hausmutter darf nur des Mittags die Portion aufs Feuer oder den Ofen setzen, wenns Winter ist, und sie aufwärmen; so ist die Mahlzeit bereitet. Im Sommer ist das tägliche Gericht saure Milch, und es gibt Kötterweiber, die von einer kleinen Kuh ihre ganze Haushaltung stehen und doch jährlich noch für 8 bis 10 Rtlr Butter verkaufen. Des Abends wird wieder mit sogenanntem Kaffee und Brot zur Nacht gespeist. Bei noch Ärmeren geschieht dies auch des Mittags,

[34] *H. J. Teuteberg, G. Wiegelmann,* Der Wandel der Nahrungsgewohnheiten unter dem Einfluß der Industrialisierung, Göttingen 1972, S. 31 – künftig zitiert als Teuteberg.

und haben sie keine Milch, so wird die schwarze Jauche ohne Milch genossen. Nahrhaftes hat sie nichts, wenn die Milch fehlt, der Pompernickel muß also das beste tun, und er macht wirklich kernhafte, gesunde und starke Leute."[35]

Zu dem Aufwärmen der Mahlzeiten macht Wiegelmann folgende Bemerkung: „Der Autor erweckt einen falschen Eindruck, wenn er es so schildert, als sei diese Kochsitte speziell den mit Spinnen und Weben beschäftigten Kötterfamilien zugeordnet gewesen; denn das Aufwärmen des Mittagseintopfes ist weder unter diesen Verhältnissen entstanden, noch blieb es auf gewerbliche Kötterfamilien beschränkt. Aufwärmen an mehreren Tagen war in Nordwestdeutschland allgemeine Kochsitte und bei Bauern wie auch in bürgerlichen Kreisen ähnlich üblich. Freilich dürfte zutreffen, daß das Aufwärmen in den Kötterfamilien unter dem Zeitdruck der Arbeiten bis zum Extrem getrieben wurde." Sicherlich hat Wiegelmann recht. Recht aber hat auch der Autor Johann Moritz Schwager, und Wiegelmann widerspricht dem auch nicht, daß der Zeitdruck auf die Zubereitung und Einnahme der Mahlzeit nach 1650 mehr und mehr zugenommen hat ... unter dem Druck der allgemeinen Not. Und diesem Zeitdruck nachzugeben, half neben der Kartoffel der Kaffee.

Der Kaffee kam aus arabischen Ländern nach Europa, wo man ihn in den reicheren Schichten Englands, Hollands und Frankreichs seit der Mitte des 17. Jahrhunderts trank. 1679 wurde von englischen Kaufleuten das erste deutsche Kaffeehaus in Hamburg gegründet. Doch noch bis in die ersten beiden Jahrzehnte des 18. Jahrhunderts blieb Kaffee ein ausgesprochen „vornehmes" Getränk. Dann drang er in die Bürgerhäuser ein, und nach der Mitte des Jahrhunderts begann er ein Volksgetränk zu werden, allerdings in sehr verdünnter Form und zumeist aus Zichorie oder Getreidekörnern bestehend. „Schon früh war man um Ersatzstoffe für die teuren Kaffeebohnen bemüht", bemerkt Wiegelmann. „Bereits 1688 schrieb der holländische Arzt Bontekoe –der damals nur den Tee verherrlichte – von gerösteten Kastanien, Roggen, Weizen und Brot. Außerdem versuchte man es mit Nüssen, Bohnen, Erbsen, Bucheckern und gelben Möhren. Aber all diese Experimente gewannen kein Gewicht. Bis zum Aufkommen des Zichorienkaffees bestand die volkstümliche Variante der neuen Mode vor allem im dünnen Aufguß."[36]

Wie schon vor ihr Wiegelmann weist Ingeborg Müller auf den entgegengesetzten Weg der Verbreitung der Kartoffel und des Kaffees hin: „Das übliche Getränk war jetzt in allen Schichten der Kaffee. Im Gegensatz zur Kartoffel, die als volkstümliche Speise lange in vielen Zubereitungsarten bekannt war, ehe sie ihren Weg in die bürgerliche Küche fand, war die Sitte des Kaffeetrinkens eine feudal-bürgerliche Gewohnheit, die sich aber schnell in allen Volksschichten ausbreitete. Spätestens 1775 hatte sie das Vogtland erreicht; 1776 wird im Greizer Intelligenzblatt gegen den gerade in Mode gekommenen Kaffee gewettert, der die hergebrachte nahrhafte Suppenkost verdränge und das Geld aus dem Lande ziehe. Um 1800 war er zum wenigsten in den Städten allgemein bekannt; eine Kaffeekanne gehörte 1804 neben einem Stuhl, einem Topf und zwei Schüsseln zum einzigen Heiratsgut der jungen Frau eines Marktneukirchener Instrumentenmachers. Billiges Volksgetränk wurde er allerdings nicht als reiner Bohnenkaffee, sondern vermischt mit allerlei selbsthergestellten Ersatzstoffen, gebrannten Hülsenfrüchten oder Wurzelwerk, vielfach auch als reiner Rüben- oder Gerstenkaffee."[37]

[35] Ebendort, S. 316.
[36] G. Wiegelmann, a. a. O., S. 169.
[37] I. Müller, a. a. O., S. 32.

Wenn aber Müller fortfährt: „Mit der Übernahme des Kaffees werden erste Ansätze einer Ablösung alter Nahrungsgewohnheiten bemerkbar. Ursprünglich wohl als Nachmittagskaffee üblich, wirkte sich die neue Sitte des Kaffeetrinkens am folgenreichsten in der ersten Tagesmahlzeit aus, in der sie den Fortfall der solange üblichen Suppen- und Breikost ermöglichte – ein regional wie sozial jedoch sehr differenzierter Vorgang, der sich nicht überall gleichmäßig durchsetzte. In ländlichen Gebieten wurde auch bei gewerblicher Nebenbeschäftigung die althergebrachte Morgensuppe weitgehend beibehalten, vielfach jetzt auch als Kartoffelsuppe. Als bürgerliche Gewohnheit setzte sich zuerst in den Städten das Kaffeefrühstück durch, in dem der Kaffee zusammen mit Brot bzw. mit Röggele, den im Vogtland besonders beliebten, aus Roggenmehl gebackenen Doppelbrötchen, genossen wurde." – so kann das nur für das Vogtland gelten. Wiegelmann berichtet – mit Recht und durch zahlreiche Quellen bestätigt – von einer viel grundlegenderen Wandlung der Mahlzeiten durch den Kaffee:

„In den Jahrzehnten vor und nach 1800 kamen nämlich zwei Tatsachen zusammen, die eine generelle Verlegung der Hauptmahlzeit auf den Abend leicht möglich gemacht hätten: 1. Bei den niederen Schichten, den Tagelöhnern, Arbeitern und Armen kamen die Mahlzeiten damals in Bewegung. In vielen Gegenden wurde nähmlich die Mittagsmahlzeit zu einem Kaffee-Imbiß degradiert. Zumindest gab es durch die eintönigen Kartoffelgerichte eine Angleichung der drei täglichen Mahlzeiten. – 2. Je vornehmer ein Bürger war, umso später am Tage pflegte er seine Hauptmahlzeit einzunehmen. . . .

In den letzten Jahrzehnten des 18. Jahrhunderts waren – nach den mir bekannten Quellen – Tendenzen zum Abwerten des Mittagsmahles lediglich in Nordwestdeutschland vorhanden. . . . Andererseits war bei der Landbevölkerung Nordwestdeutschlands, besonders in armen Gegenden sowie bei den niederen Schichten der Städte, die Mittagsmahlzeit bereits damals – kurz nach der Einführung des Kaffees – teilweise zu einem schlichten Kaffeeimbiß geworden. So zeigte sich ein Reisender 1788 überrascht, im Niederstift Münster eine Familie mittags beim Kaffee anzutreffen: 'Um ein Uhr erreichten wir Molbergen. Müdigkeit und Durst trieb uns in das Wirtshaus. Die Familie saß um das Feuer herum und trank Kaffee. – Ich wunderte mich über dies Mittagsmahl, und fragte: «Ob sie nicht ein ordentliches Essen zum Mittage kochten.» «Heute nicht», antwortete die Frau, «wir trinken Kaffee und essen, wie sie sehen, Brot dazu.» . . . Des Morgens hatte diese Familie Kaffee getrunken, um zehn Uhr einen Buchweizenpfannkuchen gegessen, jetzt trank sie wieder Kaffee und Bonpournickel dazu, um fünf Uhr und beim Schlafengehen wiederholen sie dasselbe'.[38] . . .

Jedoch blieben die überwuchernden Kaffeemahlzeiten nicht auf das Gebiet üblicher Butterbrot-Bier-Kost des Nordwestens beschränkt. Auch aus weiteren Gebieten liegen frühe Berichte vor, besonders aus Bereichen mit Arbeiter- und armer Stadtbevölkerung. Süddeutschland blieb im 18. Jahrhundert etwa ab der Mainlinie noch frei von derartigen Symptomen. Dort war das Kaffeetrinken damals einfach zu jung und zu selten; es konnte daher noch keine solche zentrale Stellung einnehmen. Für das oberfränkische Gebiet um Hof heißt es 1798: 'Kaffee und dessen Surrogate . . . sind bei dem Bürger allgemein, nicht nur zum Frühstück, sondern auch nachmittags eingeführt und werden auch beim Landmann immer gebräuchlicher. In vielen Familien, die sich durch Spinnen ernähren, wird außer den Erdäpfeln, nichts anders genossen als Kaffee und Brot oder

---

[38] *J. G. Hoche*, a. a. O., S. 90.

Semmel'[39]. Und schon 1771 berichtet Behrends ähnliches von den ärmeren Schichten in Frankfurt am Main: 'Die Kaffee-Schwelgerei ist so weit gestiegen, daß der Arme sich zu Mittage und Abend statt des Essens Kaffee macht, Brot einbrockt und so mit seiner Familie soupiert'[40]. Ähnlich häufige Kaffeemahlzeiten scheinen in Teilen von Niederhessen, also in der Gegend um Kassel, bereits in den achtziger Jahren des 18. Jahrhunderts üblich gewesen zu sein.

Aus den Landschaften Ost- und Süddeutschlands fehlen nicht nur derartige Nachrichten, von dort liegen auch Berichte über die 'normale' Mahlzeitenordnung mit der Hauptmahlzeit am Mittag und der zweitwichtigsten am Abend vor, so z. B. aus Thüringen, dem Siegerland, aus Schlesien, Mecklenburg und Ostpreußen, aus Baden, Oberbayern und München. Dabei ist allerdings zu beachten, daß auch in Nordwestdeutschland diese Ordnung – neben den geschilderten neuen Tendenzen – durchaus noch vorhanden war. . . .

Dagegen hatte sich das Kaffee-Butterbrot-Essen in Sachsen und zum Teil auch in Thüringen als universale Mahlzeitenspeise verfestigt. Schon früh war Sachsen für diese Eigenart bekannt. So heißt es schon 1784 von den sächsischen Bauern: 'Unbegreiflich ist ihre Verschwendung im Kaffee, der die einzige Nahrung von vielen zu sein scheint und dessen unmäßiger Gebrauch mit der durchaus herrschenden Kärglichkeit sehr kontrastiert'[41]"[42]

Die Mahlzeiten werden nicht nur kleiner an Zahl, sondern auch magerer. Ja, die herrschenden Klassen gingen dazu über, eine spezielle Armensuppe zu erfinden. Teuteberg berichtet: „Schon in der Hausväterliteratur des ausgehenden 18. Jahrhunderts war mit dem Aufkommen bürgerlich-obrigkeitlicher Armenpflege gelegentlich auf billige Speisen und Lebensmittelsurrogate hingewiesen worden, z. B. auf wildwachsende Gemüse, Salate und Gewürzpflanzen, heimischen Kaffeersatz etc. Während der ersten Agrarkrise nach 1816 und in den 'hungry forties' mehrten sich solche Schriften. Es tauchten nun sogar Vorschläge zur Substitution von Getreidemehl, Zucker, sogar von Brot und Kartoffeln auf, als die schreckliche Kartoffelfäule erstmals in Europa ausbrach. Eine ganz besondere Rolle spielte seit 1800 die Einrichtung öffentlicher Speiseanstalten für Arme und die Verabreichung der 'Rumfordschen Suppe'. Th. Bernard, der Schatzmeister eines Londoner Findelhospitals, verfiel als erster darauf, Gerstenmehl und Kleie als Substanz für eine billige Suppe zu empfehlen und, nachdem er die Unterstützung von Parlament, Regierung und anderen Stiftungen erhalten hatte, eine eigene 'Suppenbrauerei' zu gründen. Für einen Penny konnte man in seiner Suppenanstalt in dem Londoner Armenviertel Spitalsfield bereits etwa einen Liter Suppe erhalten. Die Erschwerung der Getreideeinfuhr während des englisch-französischen Krieges, die daraufhin steigenden Preise verbunden mit Mißernten sind der aktuelle Anlaß für die Errichtung dieser Suppenanstalten zwischen 1796 und 1798 gewesen. Sie breiteten sich schnell vor allem in den Gewerbebezirken und durch Übersetzungen von Beschreibungen über ganz Europa aus: Schon um 1800 gab es solche in Paris, Turin, Riga, Oslo, Kopenhagen, Hamburg und Kiel. Am berühmtesten waren aber die Speiseanstalten des

---

[39] *Jördens,* Versuch einer medizinischen Topographie der Stadt Hof im Bayreuthischen Voigtland. In: Hufelands Journal der praktischen Arzneykunde 6, 1798, S. 835 f.

[40] *J. A. Behrends,* Der Einwohner in Frankfurt am Mayn in Absicht auf seine Fruchtbarkeit, Mortalität und Gesundheit geschildert. Frankfurt a. M. 1771, S. 187.

[41] *J. K. Riesbeck,* Briefe eines reisenden Franzosen über Deutschland. Bd. 2, 2. Aufl. 1784, S. 38.

[42] Teuteberg, S. 276–280.

Benjamin Thompson, seit 1792 Graf von Rumford (1753–1814) in München. Der aus Massachussetts stammende Mechaniker, Anführer der von ihm organisierten 'King's Dragoons' im Unabhängigkeitskrieg, dann ab 1784 bayerischer Staatsrat und Leibadjutant des Prinzen Karl Theodor, in welcher Eigenschaft er die Kartoffel in Bayern einführte und den 'Englischen Garten' in München anlegte, erfand die nach ihm benannte und damals weltberühmte Armensuppe, die bei der Massenverpflegung eine so bedeutende Rolle spielte. Sie bestand aus Wasser, Kartoffeln, Graupen, Erbsen, Salz, Weinessig oder sauer gewordenem Bier. Je 100 Portionen Suppe hatten drei Pfund Fleisch (auf 50 Pfund Kartoffeln, Erbsen und Graupen), 'das fast so klein wie Gerstenkörner geschnitten werden mußte'. Es diente mehr dazu, den 'Gaumen zu kitzeln'. Die Suppe war nach stundenlangem Kochen so gallertartig-dick, daß sie nicht aus dem Löffel fallen konnte. Dazu gab es noch einige Stückchen hartes Brot in den Suppennapf, damit 'das zur besseren Verdauung notwendige Kauen der Speise dadurch gefördert werde'[43]."[44]

Eine Reihe ganz außerordentlich interessanter Berechnungen über den Nähr- und Gesundheitswert der in „Massenverpflegungsanstalten" (Armenanstalten) verabreichten Mahlzeiten hat Teuteberg für 1785 und 1790 gemacht. 1785 war kein Hungerjahr, wohl aber 1790.[45]

Kalorienverbrauch in Armenanstalten
Soll 2940

Wochentag	1785	1790
Sonntag	2684	2223
Montag	2585	1345
Dienstag	2232	1958
Mittwoch	2561	1948
Donnerstag	2107	1756
Freitag	2585	2299
Samstag	2232	1948
Durchschnitt	2427	1925

Immer lag die Zahl der gebotenen Kalorien unter dem Soll – und zwar viel stärker im Hungerjahr 1790, in dem die Werktätigen – eine beachtliche Zahl der Armen waren beschäftigte Werktätige! – noch viel stärker auf öffentliche Speisen angewiesen waren als in dem besseren Jahr 1785.

Für die beiden wichtigsten Vitamine A und C gibt er folgende Zahlen: (s. Tab. S. 287)

Damals hatte man noch keine Ahnung von Vitaminen, und die Zufuhr ist wesentlich zufälliger als die von Kalorien, die bei der relativen Eintönigkeit der Nahrungsstoffe

[43] Das Rezept der Rumfordschen Suppe ist entnommen von Antje Kraus, Einflüsse wirtschaftlicher und sozialer Entwicklung des 19. Jahrhunderts auf die Ernährung (ein Diskussionsbeitrag), in: Proceedings of the 7th International Congress of Nutrition, Hamburg 1966, vol. 4, Braunschweig 1967, S. 74.

[44] Teuteberg, S. 46.

[45] Vgl. zum folgenden Teuteberg, S. 165–177.

Vitaminzufuhr in Armenanstalten

Wochentag	Vitamin A: Soll 1,5		Vitamin C: Soll 75	
	1785	1790	1785	1790
Sonntag	0,6	–	75,0	–
Montag	0,4	0,1	3,0	–
Dienstag	0,4	0,2	183,2	3,0
Mittwoch	0,6	–	1,9	–
Donnerstag	0,1	0,7	22,8	165,0
Freitag	0,4	–	3,0	–
Samstag	0,4	–	183,2	–
Durchschnitt	0,4	0,1	67,4	24,0

viel stärker mit der Quantität der eingenommenen Mahlzeiten verbunden war. Während daher die Zufuhr von Kalorien zwar immer ungenügend war, sank sie nur an einem Wochentag, im Hungerjahr 1790, auf weniger als die Hälfte des Solls, und das am Montag, der dem relativ erträglichen Sonntag folgte –, auch wenn man bedenken muß, daß das Sonntagsessen 1790 an Kalorienmenge nur am Donnerstag im besseren Jahr 1785 unterboten wurde. An Vitaminen aber fehlten 1790 A und C praktisch völlig an sechs von sieben Tagen.

Doch sollte man der Anschaulichkeit wegen noch ein Beispiel der konkreten Mahlzeiten geben[46]:

„Speiseplan der Braunschweigischen Armenanstalten aus dem Jahre 1790 im Original. Quelle: Heinrich Balthasar Wagnitz: Historische Nachricht und Bemerkungen über die merkwürdigsten Zuchthäuser Deutschlands, nebst einem Anhang über die zweckmäßigste Entwicklung der Gefängnisse und Irrenanstalten, Bd. 2, Theil 1, Halle 1794, S. 32–33

Speise-Reglement, wonach die Speisemeisterin im fürstlichen Werkhause zu Braunschweig speisen soll.

Der Tisch No. I.

für jede Person männlichen und weiblichen Geschlechts wöchentlich.

Sonntags.   a)   Mittags.
                   Dicke Gerstengraupensuppe.
                   1/2 Pfund von gutem Rockenmehl
                   und keineswegs von geschrotenem Korn
                   gebackenes Brodt.

             b)   Abends.
                   1/2 Pfund Brodt.
                   1 Quartier tüchtiges Dünnebier.

---

[46] Abgedruckt bei Teuteberg, S. 165.

Montags.   a)   Mittags.
                  Untadelhafte Mehlsuppe von klarem Mehl.
                  Linsen oder Grütze. 1/2 Pfund Brodt.
             b)   Abends.
                  1/2 Pfund Brodt.
                  1 Quartier Dünnebier.

Dienstags.   a)   Mittags.
                  Ein zinnener Napf voll dicke gekochte
                  reine Erbsen.
                  1/2 Pfund Brodt.
             b)   Abends.
                  1/2 Pfund Brodt.
                  1 Quartier Dünnebier.

Mittewochs. a)   Mittags.
                  Gute und hinlängliche Buchweizengrütze.
                  1/2 Pfund Brodt.
             b)   Abends.
                  1/2 Pfund Brodt.
                  1 Quartier Dünnebier.

Donnerstags. a) Mittags
                  Rüben oder Kohl.
                  1/2 Pfund Brodt.
             b)   Abends.
                  1/2 Pfund Brodt.
                  1 Quartier Dünnebier.

Freytags.   a)   Mittags.
                  Mehlbrey, der niemals zu dünne sein muß.
                  1/2 Pfund Brodt.
             b)   Abends.
                  1/2 Pfund Brodt.
                  1 Quartier Dünnebier.

Sonnabends. a)   Mittags.
                  Linsen oder Buchweizengrütze
                  1/2 Pfund Brodt.
             b)   Abends.
                  1/2 Pfund Brodt.
                  1 Quartier Dünnebier.

Wobey tagtäglich recht gutes und stets reinliches Brunnenwasser angeschafft, und auf Verlangen ohnweigerlich verabfolgt werden muß."

Jeden Tag im Jahr gab es zum Abendbrot $1/2$ Pfund Brot und als Getränk Dünnebier, das am Sonntag etwas weniger dünne war. An keinem Tag gab es Fleisch. Auch zum Mittagessen gab es stets $1/2$ Pfund Brot. Dazu eine dicke Suppe oder Brei, am Donnerstag jedoch nur Gemüse – Rüben oder Kohl – und Wasser zum Trinken, offenbar nach Wunsch und in beliebigen Mengen.

Die Mahlzeiten erinnern an die Predigten Christoph Selhamers (1630–1708), in denen er den Bauern von ihrem jämmerlichen Essen spricht:

„Zwey mal im Tag übel gegessen und darbey streng gearbeit."

„Der Hunger ist euer Koch, der Gänßwein (Wasser – J. K.) löscht euch den Durst, euer gantze Kost bestehet in ungeschmaltznen Wasserschnallen (Wassersuppe), in saurem Kraut, in schwartzem häbernem (Hafer-), wohl auch ganz Klewenen (Kleie-)Brod, wo reiche Leuth, wol auch lare Brüder, ungeistliche Geistliche gar sechsfach auf die Schüssel schlagen lassen, und nur im besten Wein herumb baden. Von guten Bißlein wisset ihr sauber nichts."[47] Kümmerlich, wahrlich kümmerlich nähren sich die Werktätigen auf dem Lande wie in der Stadt.

Doch zeigt sich der Niedergang des Feudalismus nicht nur am größeren Hunger der Massen der Werktätigen, die weniger und schlechtere Mahlzeiten zu sich nehmen. Es läßt sich auch eine neue Differenzierung in den Mahlzeiten der Armen und der Reichen beobachten. Waren in der Blütezeit des Feudalismus die Mahlzeiten der Grundherren vielfach nur der Makrokosmos des Mikrokosmos der Bauern, also quantitativ reicher und länger andauernd, so entwickelte sich jetzt für die herrschenden Klassen, vor allem aus Frankreich und Wien kommend, eine wirkliche Kochkultur, die langsam auch in das obere, ja auch ober-mittlere Bürgertum eindringt.

Teuteberg berichtet zunächst aus den obersten Schichten:

„Soweit man erkennen kann, hat die neue Kochkunst in den Hofküchen der italienischen Renaissance, vor allem auch bei den Päpsten, ihren ersten Ausgang genommen. Im 16. Jahrhundert nahm Italien ganz unbestritten die erste Stelle in der Küchenkunst in ganz Europa ein. So ist es auch kein Wunder, wenn manche deutsche Kochrezeptsammlungen aus dieser Zeit bloße Übernahmen italienischer Vorbilder sind. Durch Katharina von Medici kam die italienische Küche nach Frankreich, wo sie dann unter Ludwig XIV. einen neuen Höhepunkt erreichte. ...

Zwar blieben auch im tonangebenden Paris des 17. Jahrhunderts die Mahlzeiten immer noch sehr ausgedehnt, aber die im 15. und 16. Jahrhundert so beliebten Schaustellungen der Tafeleien verschwanden fast vollständig. Die neue Intimität der 'Diners' verbannte Fahrende und Bettler von den Tischen der Großen. Diese kamen nun in die Gesindestuben. ...

Im 17. Jahrhundert entwickelte sich in Frankreich eine neue 'Kunst' vom Essen, die sich selbst 'Gastronomie' oder 'Gastrosophie' nannte. Dem 'Gastronomen' oder 'Feinschmecker' war die Qualität von Speisen und Getränken wichtiger als deren Quantität. Fortwährend wurden neue Speisen erfunden, vor allem 'Saucen' und Zutaten. Durch Gewürze allerlei Art konnten die Gerichte geschmacklich so verändert werden, daß die Nebendinge oftmals zur Hauptsache beim Essen wurden. Der Geschmack des Fleisches, des Fisches, des Gemüses usw. trat manchmal hinter den vielen Tunken und Zutaten zurück. Große Herren vom Stand taten sich nun als Köche hervor. So erfand der Haushofmeister Ludwigs XIV., Béchamel Marquis de Nointel, eine nach ihm benannte berühmte Sahnensoße aus Zwiebeln, Schinken und Kalbfleisch sowie kleine warme Pasteten, die 'Ragoûts à la financière' und das 'Vol-au-vent'. Unter dem Pseudonym Le Bas gab er auch ein Kochbuch in Versen heraus. Die Maitressen des Sonnenkönigs, vor allem Madame de Maintenon, probierten allerhand 'petit soupers' mit exquisiten Überraschun-

---

[47] Das Bauernleben in den Werken bayerischer Barockprediger, Ausgewählt und eingeleitet von K. Böck, München 1953, S. 53 f.

gen für den Gaumen aus. Selbst ein Marschall des Königs, der große Condé (1612–1686),
verstand ebensoviel von der Kochkunst wie vom Kriegführen. Er nahm den wohl berühmtesten Koch des Jahrhunderts namens Vatel in den Dienst, der sich einer immer wieder erzählten Anekdote zufolge in seinen Degen stürzte, weil einmal der Braten bei
Tische nicht langte und eine versprochene Portion Seefische nicht rechtzeitig eingetroffen
war. ...

In Paris soll es am Vorabend der Französischen Revolution 1783 ein Abendessen für
22 Personen gegeben haben, bei dem neun Gänge aus einer Art Fleisch bestanden, das
aber auf 9 verschiedene Arten zubereitet worden war."[48]

An den deutschen Fürstenhöfen folgte man mit einiger Verspätung (und mit einigen
sehr ausgeprägten Ausnahmen wie etwa Preußen), soweit die Mittel reichten, den französischen Menus und ihren Exzessen. Jedoch gab es viele Grundherren, insbesondere
unter den Junkern, die sie nur zum Teil übernahmen und weiter der alten quantitativen
Eßkultur anhingen.

Im Verlauf des 18. Jahrhunderts drang die neue Eßkultur irgendwie auch in das
Bürgertum – bis herunter in das Sonntagsessen des wohlhabenden Kunsthandwerkers,
des ober-mittleren Kaufmanns und Beamten.

Und mit der Verfeinerung der Menus verfeinerten sich die Eßsitten. Teuteberg bemerkt: „Überblickt man die Entwicklung der Eßsitten vom Spätmittelalter bis zum
Beginn der Industrialisierung am Ende des 18. Jahrhunderts, dann kann man deutlich
eine Verfeinerung der Tischkultur bemerken. Sie drückte sich zunächst in dem Aufkommen einer neuen Regelhaftigkeit und Ritualisierung der Verhaltensweisen bei Tisch aus.
Legten die wenigen Gebote und Verbote des ausgehenden 15. und beginnenden 16. Jahrhunderts den Verzehrgewohnheiten noch keine großen Beschränkungen auf, so war an
der Tafel des ausgehenden Rokoko eine minutiös ausgefeilte Speiseetikette zu beobachten. Man kann sagen, daß sich etwa seit der Mitte des 17. Jahrhunderts von Frankreich ausgehend eine Revolutionierung der althergebrachten Eßgebräuche ereignete. Es
bildete sich ein Eßstandard mit einem verbindlichen Normensystem heraus, der für die
ganze zivilisierte Menschheit allmählich verbindlich wurde. Der Gebrauch von Messer,
Löffel und Gabel, die Einführung von Tischtuch und Serviette, neue Sitzordnungen und
Regeln für das Bedienen bei Tische, die Einrichtung eines besonderen Speisezimmers,
die Anordnung der Eßgeräte auf dem Tisch und anderes sind damals zuerst in höfischen
Kreisen festgelegt worden. Welche tiefeinschneidende Zäsur in der Geschichte der europäischen Mahlzeitsitten dies darstellt, läßt sich daran ermessen, daß zur Zeit eines Eras-
mus von Rotterdam um 1500 vom König bis zum letzten Bauern alles noch mit den
Händen aß und nur das Händewaschen als gesellschaftliches Unterscheidungsmerkmal
bei Tisch gelten konnte. Waren im ausgehenden Spätmittelalter Völlerei und Trunken-
heit bei Tische auch bei 'feinen Leuten' nichts Ungewöhnliches, so machte man sich zweihundert Jahre später schon beispielsweise in literarischen Satiren über die Berge von
Fleisch lustig, die der 'Pöbel' bei festlichen Gelegenheiten verzehrte. Das 17. Jahrhundert brachte die Eßkunst, will man es auf einen kurzen Nenner bringen, in neue und
im Grunde bis heute gültige Formen. Seit dem Zeitalter des französischen Barock haben
wir es im Grunde nur noch mit relativ geringfügigen Abwandlungen dieser 'Küchen-
revolution' zu tun. Natürlich erfolgte diese Veränderung zunächst wie gesagt nur in den
kleinsten höfischen Kreisen und breitete sich langsam von dort in die unteren Bevöl-

[48] Teuteberg, S. 37–40.

kerungsschichten aus. Dennoch kann die Bedeutung dieses Einschnitts in der Geschichte der allgemeinen Volksnahrung nicht hoch genug angesetzt werden."[49]

Sehr richtig beobachtet Wiegelmann: „Während mittelalterliche Eßgewohnheiten bis zum 16./17. Jahrhundert gültig blieben, drangen seit dem 16. Jahrhundert Einzelteller (gegenüber dem älteren Essen aus einer Schüssel) und seit dem 17. Jahrhundert Eßgabeln von Italien und Frankreich vor. Seit etwa 1700 war in Mitteleuropa das bis heute gültige Eßbesteck mit Messer, Löffel und Gabel ausgebildet. Allerdings wurde es im 18. Jahrhundert fast nur in höfischen und reichen bürgerlichen Kreisen benutzt. Die Landbevölkerung aß weiterhin aus der gemeinsamen Schüssel und ohne Gabel. Erst in den letzten Jahrzehnten des 18. Jahrhunderts änderte sich die Situation. Seitdem liegen Berichte vor, daß Bauern das feinere bürgerliche Essen von Tellern und das Essen mit Gabeln übernahmen, zunächst in modernen und in relativ wohlhabenden Gebieten Nord- und Westdeutschlands."[50]

Doch schon vom Mittelbauern abwärts und natürlich unter der großen Masse der gewerblich Beschäftigten blieben die alten Menus wie die alten Eßsitten in Brauch.

Man kann von zwei „Eßkulturen" sprechen, der alten feudalen (und wohl noch älteren), die sich bei den werktätigen Massen hielt, und der neuen in den herrschenden Klassen und oberen Mittelschichten.

In gewisser Weise änderten sich aber auch die Funktionen der Mahlzeiten in den unteren Schichten, unter den Werktätigen.

Wenn Teuteberg von den Mahlzeiten der herrschenden Klassen berichtet: „Jahrhundertelang hatte die gemeinsame Mahlzeit zum Teil andere Funktionen im Zusammenleben der Menschen als heute. Dieses läßt sich zunächst an der Länge eines Mahles ermessen. Essen und Trinken standen anders als in der modernen industriellen Gesellschaft nicht unter Zeitdruck, sondern wurden in den Oberschichten prinzipiell gemächlich genossen. Ein Bankett dehnte sich, wie es in industriell wenig entwickelten mittelmeerischen Ländern noch heute der Fall ist, über Stunden aus und umfaßte leicht einen halben Tag. An den häufigen kirchlichen Festtagen und besonders bei Familienfeiern konnten sich die Tafeleien sogar über Tage erstrecken. Das hatte allerdings auch praktische Gründe: Die Zahl und der Umfang der Gerichte machte längere Verdauungspausen notwendig; vieles war auch nicht so gut verdaulich wie heute. Die große Schar der Gäste kam manchmal aus einer weiteren Entfernung und konnte bei der Art des mühseligen Verkehrs nicht gleich wieder nach Hause gehen. Die Pausen zwischen den Mahlzeiten und Gängen wurden mit allerlei musikalischen, pantomimisch-theatralischen oder ähnlich unterhaltsamen Darbietungen überbrückt. Die ganz andere gesellschaftliche Wertschätzung eines Gastmahls geht auch daraus hervor, daß an den Tafeleien die Öffentlichkeit als Zuschauer teilnahm. Zwar war man interessiert, auch einige Reste von der Tafel zu erhalten, daneben übte das Essen aber auch als Veranstaltung eine eigene Anziehungskraft aus. Das Essen wurde meist von einer Empore aus beobachtet, wo auch die Musik saß." –

So trifft das natürlich bis auf zwei Momente für die Werktätigen nicht zu. Auch unter den Bauern waren solche Tafeleien, wenn sie nicht sehr arm waren, etwa bei Hochzeiten üblich. Und ferner standen auch die Mahlzeiten der ärmsten Bauern nicht unter Zeitdruck. Sie waren einmal Ruhepause von schwerer Arbeit, wenn wir an das Mittag-

---

[49] Ebendort, S. 40 f.
[50] Ebendort, S. 237 f.

19*

essen und die Vesper denken. Sie waren aber auch Gelegenheiten, um von den Erlebnissen der Arbeit und Ereignissen im Dorf zu sprechen. Das Frühstück war gleichzeitig ein meeting, um die Arbeit für den Tag zu organisieren, falls das nicht schon am Abend geschehen war.

Das wird jetzt zumindest unter den gewerblich Beschäftigten auf dem Lande anders. Es gibt kaum etwas über die Arbeit zu sprechen. Spinnen, Weben etwa bedürfen keiner täglichen Arbeitsorganisation. Und die Zeit drängt, jede Minute ist wichtig, um genügend zu spinnen und zu weben, denn sonst muß man hungern oder noch mehr hungern. Und auch die, die neben der gewerblichen Arbeit noch einen Garten oder ein kleines Feld bestellen, bedürfen keiner längeren Arbeitsbesprechung. Auch ist das Bedürfnis nach dem Austausch von Arbeitserlebnissen, wenn man auf so engem Raum wie diese Menschen lebt und sich praktisch dauernd während der Arbeit sieht, wahrlich gering. Schneller kochen, schneller essen, ist die Losung.

Die zweite wichtige Funktion der Mahlzeit schildert Teuteberg so: „Die andere gesellschaftliche Funktion der Mahlzeit ging vor allem aus der streng geregelten Sitzordnung hervor. Sie war ein Spiegelbild der ständischen Gesellschaft. Jeder Teilnehmer eines Mahles hatte seinen ihm zukommenden 'Stammplatz', den er nicht ohne allgemeine Zustimmung wechseln konnte. Umgekehrt wurde ein nicht ranggemäßer Sitzplatz als schwere Kränkung empfunden und war oftmals die Ursache von Ehrenhändeln, die blutig ausgefochten wurden. Und dies galt keineswegs nur beim Adel, sondern auch bei der Geistlichkeit, den städtischen Handwerkern und den hörigen Bauern. Wie bei Hofe, so gab es auch in der geringsten Bauernstube eine bestimmte abgestufte Ordnung bei Tische."[51]

Wir wissen nicht, ob eine solche Tischordnung auch unter den neuen ländlichen Gewerbetreibenden, den hauptberuflichen Textilarbeitern etwa, herrschte, aber wir haben auch keine gegenteiligen Meldungen. Es ist überaus wahrscheinlich, daß die Mahlzeiten in der alten Weise eingenommen wurden, Spiegelbild der Hierarchie im Staate (Makrokosmos) und in der Familie im alten Sinne, in der Hausgemeinschaft (Mikrokosmos).

Auch das in gewisser Weise eine bizarre Erscheinung des niedergehenden Feudalismus – wie der verarmte polnische Adlige in zerrissenem Hemd mit einem Pelz darüber herumläuft, so sitzt der Vater als Hausherr und Autorität am Ehrenplatz zur Einnahme der kärglichsten Mahlzeit in der Hütte des Viertelbauern oder des Spinners.

[51] Ebendort, S. 35.

Kapitel 9

Kleidung und Wohnung

Man kann die Kleidung der werktätigen Massen und ihre Wandlungen, die jetzt schneller einsetzen – alle paar Jahrzehnte eine neue Mode –, unter sehr verschiedenen Gesichtspunkten betrachten.

Was die fachliche Darstellung betrifft, so ist noch nach mehr als einem Halbjahrhundert Hottenroths Werk für unsere hier betrachtete Zeit ein Standardwerk geblieben.[1] Es beginnt etwa mit einer Untersuchung der historischen Wandlungen der Hose:

„Die Hosen, wie man sie im Mittelalter trug, bestanden aus zwei langen Strümpfen, die man einzeln anzog und oben mit einem Gürtel oder einer Zugschnur um den Leib befestigte oder auch mit Nesteln an das Wams und selbst an das Hemd schloss. Da bei dieser Anlage jedoch der Unterleib keinen genügenden Schutz fand, so zog man ein paar kürzere Hosen, die unsern heutigen Schwimmhosen glichen, und 'Bruchen' genannt wurden, darunter an; diese Bruchen waren uralt und schon den Franken und Normannen bekannt. Erst gegen Ende des 15. Jahrhunderts verfiel man darauf, die Beinstrümpfe obenher durch Zwickel, die man vorn und hinten zwischen sie einsetzte, zu verbinden. ... Die tagewerkenden Leute konnten keine Hosen von starker Spannung brauchen; namentlich beim Bücken mussten die Hosen hinterwärts genügenden Raum haben. Um diesen zu gewinnen und so keine Spannung aufkommen zu lassen, verbreiterte man mit der Zeit die Hosen obenher an ihrer Aussenseite und wölbte sie zugleich an ihrer nach der hinteren Mitte fallenden Kante dergestalt, dass beim Zusammennähen die Hosen hier eine gewölbte Schale bildeten. Dieser Schnitt machte den hinteren Einsatzzwickel überflüssig.

So beschaffen waren die Bauernhosen am Anfange des 16. Jahrhunderts. Hosenträger gab es auch jetzt noch nicht und man hielt die Hosen wie sonst mit Nesteln oder einem Gurte fest. ...

Die Hosenbeine bedeckten noch immer wie Strümpfe die Füsse zugleich mit; doch fing man um diese Zeit an, den Fussteil abzutrennen und, falls man es nicht vorzog barfuss zu gehen, den unbehosten Teil der Beine mit kurzen Strümpfen oder mit Schuhen und Gamaschen zu schützen. Es sollen die Landsknechte gewesen sein, die zuerst die Unterschenkel mit Strümpfen verwahrten. ...

So trugen Bauern und Fuhrleute allgemein ihre Hosen bis zum Schlusse des 16. Jahrhunderts, ja in manchen Gegenden bis in das 17. Jahrhundert hinein; sie liessen sie damals hoch am Körper hinaufsteigen, fast bis unter die Arme, und nestelten sie oben an das 'wollene Hemd', von dem wir sogleich sprechen werden. Den Schlitz, der vorn vom oberen Rande bis zum Laze über den Bauch hinunterlief, schlossen sie gleichfalls mit Nesteln zusammen.

[1] *Fr. Hottenroth*, Deutsche Volkstrachten vom XVI. bis zum XIX. Jahrhundert. 2. Aufl. Frankfurt am Main 1923.

Schon um die Mitte des 16. Jahrhunderts fand eine Aenderung statt, die gleichfalls von den Landsknechten ausging. Damals kamen die Pluderhosen auf, ungeheure, mit Schlitzen und farbigen Puffen bedeckte Säcke. Das waren keine Hosen für die Bauern; aber die Handwerker nahmen sie an, wenn auch nur in weit bescheidenerem Umfange. ...

Die in der zweiten Hälfte des 16. Jahrhunderts zur Geltung kommende spanische Mode brachte nebst den Oberhosen, die kugelig ausgepolstert waren, noch Kniehosen, die oben weit und ebenfalls gepolstert, nach untenhin aber allmählich auf den Umfang des Beines verjüngt waren. Die Ballonhosen blieben auf die vornehmen Leute beschränkt, die mit der Mode gingen; die Kniehosen aber fanden unter den niederen Ständen willigere Aufnahme. ...

Schon zu Anfang des 17. Jahrhunderts machte sich viel örtliches Belieben im Bauernkostüme geltend; am Oberrheine verblieb man bei zwei einfachen Säcken, die über die engen Strumpfhosen mit der Schamkapsel gezogen und mit dem oberen Rande unter dem Gesäss, mit dem unteren über den Knien befestigt wurden. Die Hosen, wie sie sonst in der ersten Hälfte des 17. Jahrhunderts getragen wurden, unterschieden sich in 'Pumphosen' und 'Schlumperhosen'; die Schlumperhosen waren gleichweit, die Pumphosen unten enger als oben; beide bestanden aus dicken Stoffen, unter den Bauern häufig aus Leder, und machten schwere Falten. Die Pumphosen gewannen den Vorrang und wurden zu den eigentlichen Bauernhosen des 17. Jahrhunderts; wie sie alle Hosen von anderer Form verdrängten, so liessen sie in manchen Gegenden auch keine neuen neben sich aufkommen; an den Mündungen des Rheins und der Elbe kann man sie heute noch sehen, namentlich unter den Schiffsleuten. Im südlichen Deutschland hielten sie weniger Stand; für die gebirgigen Gegenden waren sie nicht so geeignet, wie für die flachen; im baierschen Hochlande fanden sie sogar niemals Eingang; hier behaupteten sich die kurzen, passenden, unten offenen Kniehosen und die Wadenstrümpfe, die nicht einmal zusammengebunden wurden, sondern die Knie völlig nackt zwischen sich hervortreten liessen. Die Pumphosen bestanden aus zwei Säcken, die hinterwärts durch einen eingesetzten Zwickel vereinigt waren und oben durch eine Zugschnur zusammen und um den Leib festgehalten wurden; darüber kam noch ein derber Ledergürtel zu liegen. ...

Nach einigen Schwankungen in den Hosenformen erschienen zu Anfange des 18. Jahrhunderts die engen Kniehosen; diese liessen im allgemeinen die Form des Beines erkennen, verjüngten sich etwas nach untenhin und endigten, den Strumpf überfassend, knapp unter dem Knie; hier fasste man sie mit einem Strumpfbande, das nur so lang als nötig war und mit einem Knopf oder einer Schnalle geschlossen werden konnte, oder umschnürte sie mit einem längeren Bande und verschleifte solches an der Aussenseite des Knies. Mehr und mehr aber liess man die Hosen unten offen stehen, in welchem Falle sie an der äusseren Knieseite geschlitzt und der Schlitz mit einer Nestelschnur oder einigen Knöpfen verschliessbar war. ...

Um die Zeit, da die engen Kniehosen aufkamen, erschienen die Hosenträger im Kostüme der handwerkenden Leute. Die Arbeitshosen sollten locker sitzen und doch nicht herabgleiten; so verfiel man darauf, sie durch zwei Bänder festzuhalten, die man über die Achseln legte. Da nun die Bänder sich weder vorn noch hinten kreuzten, so musste man sie, um sie am Herabgleiten von den Achseln zu hindern, auf Brust und Rücken mit einem Querstege verbinden. Man legte die Hosenträger über das Hemd an, so dass sie ins Auge fielen, und erkannte bald, dass sich ein Zierstück daraus machen liesse.“[2]

[2] Ebendort, S. 4–10.

Man sieht, wie sich schnell, gemessen an den Wandlungen in den vorangehenden Jahrhunderten, sehr langsam aber, gemessen an den Wandlungen im 19. und 20. Jahrhundert, die Kleidung der Werktätigen verändert. Jedoch ist sie, im Gegensatz zur Kleidung der herrschenden Klassen, stets dem Arbeitsprozeß angemessen, möglichst bequem für den Bauern oder Handwerker.

Zugleich können wir schon am Beispiel der Pluderhosen beobachten, wie sich die Kleidung der Werktätigen und der herrschenden Klassen nicht nur durch den größeren Reichtum der letzteren, sondern auch durch die Mode zumindest zum Teil unterscheiden – die Bauern übernehmen sie eben, wenn für die Arbeit ungeeignet, nicht, nur die Handwerker und diese, wie stets üblich, in bescheidenerem Ausmaß.

Auch ahnen wir bereits, daß die Kleidung der Werktätigen, die ja, soweit sie sich verändert, eine vereinfachte Art der Kleidung der Herrschenden der Gegenwart oder jüngeren Vergangenheit ist, sich in den verschiedenen Gegenden verschieden gestaltet ... man denke an Hottenroths Ausführungen zu den Pumphosen. In der Tat sind ja rund 90 Prozent des Buches von Hottenroth den Verschiedenheiten der Kleidung in den einzelnen Gebieten Deutschlands gewidmet.

In ihren Fundamenten hat sich die Alltagskleidung der werktätigen Massen jedoch kaum verändert. Es bleibt bei Oberrock (Mantel, Schnaube), Wams, Hose, gelegentlich Hemden und Schuhe (viel seltener auf dem Lande) bei den Männern, und für die Frauen sind es ebenfalls Oberrock, ein Untergewand und in der Stadt viel häufiger als auf dem Lande Schuhe.

Es ist auch vom spanischen Einfluß auf die Mode die Rede, dem dann der französische folgt. In der Tat hat in der ganzen Niedergangsperiode des Feudalismus (genau wie im ganzen Kapitalismus) ausländischer Einfluß die Mode der herrschenden Klassen und damit die der Werktätigen in Deutschland bestimmt – denn wie die Gedanken der Herrschenden die herrschenden Gedanken, so waren die Moden der Herrschenden die herrschenden Moden.

Jedoch mit einem Unterschied, den wir auch in der Eßkultur beobachten können. Die Eßkultur genau wie die Kleiderkultur war innerhalb der herrschenden Klasse im allgemeinen einheitlich insofern, als Fürsten und Adel und reiche Bürger jeden neuen Leckerbissen, der in Frankreich aufkam, ebenso wie jede neue Kleidungsnuance zumindest an den fürstlichen Höfen und in Residenzstädten so schnell wie möglich aufnahmen, die Werktätigen aber beim Essen durch ihre Armut, beim Kleiden vor allem auch durch den Gang ihrer Arbeit sowie selbstverständlich auch durch ihre Armut an solch einheitlichen Reaktionen gehindert wurden, während gleichzeitig die Naturprodukte ihrer Gegend ihre Speisen in ganz anderem Maße bestimmten als die Mahlzeiten der Reichen und lokale Tradition wie Klima und Naturgestaltung (Gebirge oder Ebenen) ihrer Kleidung regionale Eigenheit verliehen.

So die eine Art der Betrachtung der Kleidung.

Eine ganz andere Art vertritt der Barockprediger Christoph Selhamer, der seinen Bauern sagt: ... „mit der übrigen Kleiderpracht habt ihr auf dem Gej (Land im Gegensatz zur Stadt – J. K.) gar nichts zu schaffen; die meiste Zeit geht ihr gut Capucinerisch barfuß daher, weil man euch oft so vil nit lassen will, dass ihr euch recht kuntet beschuehen."[3]

Unter solchen Umständen ist natürlich eine ausführliche Geschichte des Schuhwerks

---

[3] Das Bauernleben, a. a. O., S. 54.

vom 16. bis zum 19. Jahrhundert nicht allzu aufschlußreich über die Alltagsbekleidung der Bauernfüße.

Wieder eine andere Art der Betrachtung der Kleidung ist die folgende: „Die für die Tugend des teutschen Geschlechts zunächst wichtigsten Dinge wären für das Innerliche und Aeußerliche eine teutsche Sprache und eine teutsche Kleidertracht. Ich sage eine teutsche Sprache, denn die leere Aefferei mit fremden Sprachen, besonders mit der französischen Sprache, und die Versäumung und Hintenansetzung der trefflichen Muttersprache ist bei uns die unwürdigste und größte. Ich sage eine teutsche Kleidertracht; wir hatten einmal eine eigene Tracht, seit zwei Jahrhunderten sind wir die Affen fremder Völker gewesen. Eine stehende Kleidertracht, deren Hauptgestalt fest wäre, würde für die Sitten das Erspießlichste seyn. Es ist eine wundersame Erscheinung, die dem beweglichen und wechselvollen Europäer wenig Ehre macht, daß er in seinen Kleidern kaum scheint erfinden zu können, was für die Bedürfnisse seines Himmels das Zweckmäßigste und für die Gestalt seines Leibes das Schönste ist, da doch dem Orientalen noch heute die Trachten gefallen, die schon vor viertausend Jahren am Euphrat und Indus getragen wurden. Von allen Europäern sind wir Teutsche fast diejenigen, welche auch hier am meisten vom Wechsel und von den Launen und Thorheiten fremder Völker abhangen. Abgeschmackter, lächerlicher, und zweckwidriger kann nichts seyn, als wie ein europäischer Mann, vorzüglich wenn er stattlich und feierlich seyn soll, seit zwei Jahrhunderten auftritt. Wenn man seine verschnittene und verstümmelte Kleidung sieht, sollte man glauben, sie sey Hunden und Affen ausgezogen, die ein Gaukler mit der Peitsche in der Hand dem Pöbel zum Tanze aufführt, und aus Versehen auf seinen Leib gethan: da ist alles für das Lächerliche und Häßliche, für die Gesundheit, die Schönheit, den Wohlstand auch fast nichts. Wir würden vieler kleinen und eitlen Sorgen los, unsre Jugend würde von vieler Geckerei und Gaukelei errettet, wenn wir von der Tracht unserer Vorfahren uns das Natürliche und Männliche wieder nähmen, das sie vor zweihundert und dreihundert Jahren noch hatte."[4] Ernst Moritz Arndt wettert hier gleichzeitig als deutscher Chauvinist – „Europa ist also der Mittelpunkt der Erde . . . In Europa, diesem Herzen der Erde, ist Teutschland das Herz, es ist der Mittelpunkt Europas und des Christentums" heißt es in der gleichen Schrift[5] – und als Mann des Volkes, das, soweit es kann, bis zum unteren Bürgertum und städtischen Gesinde in den Haushalten der Reichen die Moden irgendwie mitzumachen sucht.

Im übrigen hatte Arndt schon mehr als ein Jahrhundert zuvor einen Gesinnungsgenossen, welcher genau so deutlich war. Frensdorff berichtet aus Berlin: „Die Neigung des Hofes zu aller Art äußerlichem Pompe erstreckte sich besonders auch auf die Kleidung, so daß jedermann, der am Hofe sein Glück zu machen suchte, sich dem herrschenden Tone anzubequemen trachtete, und da war es auch hier wiederum der französische Geschmack, dem man allgemein huldigte. Es kam zu einer völligen Gallomanie auch auf diesem Gebiete, trotzdem bereits im Jahre 1689 eine geharnischte Schrift: 'Der Teutsch=französische Moden=Geist, wer es lieset, der verstehts, Gedruckt zu Geyersbergk' in Berlin und in der ganzen Mark Brandenburg verbreitet wurde. Der Verfasser gibt seinem Unwillen über die eingerissene Nachahmungssucht mit scharfen Worten Ausdruck: 'Wenn die Kinder', so sagt er in seiner ungeschminkten Sprache, 'kaum ausgekrochen sind, und nur 4 oder 5 Jahre zurückgelegt, so werden sie gleich dem fran-

---

[4] *E. M. Arndt*, Über Sitte, Mode und Kleidertracht, Frankfurt am Main, 1814, S. 49 ff.
[5] Ebendort, S. 13.

zösischen Moloch aufgeopfert, und zu den französischen Galanterien angeführt.' Kaum habe man erkannt, ob es ein Mägdlein oder ein Knäblein sei, so seien die Eltern schon auf den französischen Sprach= und Tanzmeister bedacht. Und was für ein Geschlecht werde aus derartigen Kindern erzogen! 'Will ein Junggesell heut zu Tage bey einem Frauenzimmer gefallen, so muß er mit französischen Hütigen, Westen, galanten Strümpfen etc. angestochen kommen. Wenn dieses ist, mag er gleich sonst eine krumme Habichts=Nase, Kalbs=Augen, Buckel, Raffzähne, krumme Beine und dergleichen haben, so fragt man nichts darnach; genug, daß er sich nach langen lernen à la mode frans stellen kann. Man hält ihn für einen recht geschickten Kerl, ob er gleich sonst nicht für einen Fledermaus erudition im Kopff, und anstatt des Gehirns Heckerling hat.' – "[6]

Das Zitat zeigt, daß bis in das 18. Jahrhundert hinein, wohl bis zur französischen Revolution, die Männermoden der herrschenden Klassen mindestens so teuer, zumeist unzweckmäßig und albern waren wie die der Frauen und natürlich ebenso oft wechselten.

Während für Arndt vor allem auch die Moral in seinem Wettern a) gegen die Torheit des dauernden Modewechsels b) gegen die Nachäfferei und den Import der französischen Moden eine Rolle spielt, finden wir schon früher bei dem großen Gesellschaftswissenschaftler J. J. Becher, der bereits vor dem soeben zitierten Autor aus dem 17. Jahrhundert schrieb, auch ein ökonomisches Argument in seinem „Politischer Discurs" (1667):

> „Deutschland hat zu seinem Schaden
> O der grossen Raserei
> Fremde Kaufleut eingeladen,
> Dass es ja bald geldarm sei.
> Fremde Waren, welche leider
> Bringen nichts als fremde Kleider
> Dadurch wird die teutsche Welt
> Reich an Hoffart, arm an Geld!"[7]

Und das bringt uns zu noch einem anderen Blickpunkt auf die Kleidung in unserer hier betrachteten Zeit, auf die Kleiderordnungen. Die Kleiderordnungen hatten einen doppelten Zweck, den Schnapper-Arndt (bzw. sein Herausgeber Karl Bräuer) für die Frankfurter (am Main) so formuliert:

„Es unterliegt keinem Zweifel, daß diese ersten Kleiderordnungen (von 1356 und 1373 – J. K.) sich nur gegen den übermäßigen Aufwand richteten und wirkliche Luxusverbote waren. Das ist schon daraus zu schließen, daß sie fast regelmäßig im Zusammenhang mit andern gegen den Luxus gerichteten Bestimmungen erlassen wurden.[8] Die Kreuzzüge hatten das Abendland mit den prächtigen und kostbaren Erzeugnissen des Orients bekannt gemacht, und unter dem Einfluß des reichen Burgund verbreitete sich in der deutschen Mode die Neigung zu Pracht und Luxus in der Kleidung.[9] Insbesondere im 15. Jahrhundert waren die Kostüme mit verschwenderischem Reichtum ausgestattet und der Frankfurter Rat sah sich veranlaßt, durch neue Bestimmungen diesem Luxus entgegenzutreten.

---

[6] *E. Frensdorff*, a. a. O., S. 8 f.

[7] Hier zitiert nach der 4. Aufl. Frankfurt am Main 1721, S. 146.

[8] Auch die späteren Kleiderordnungen waren stets Teile der sog. Polizeiordnungen welche sich gegen den Luxus bei Hochzeiten, Kindertaufen und Beerdigungen wenden.

[9] Vgl. *G. Steinhausen*, Geschichte der deutschen Kultur, 1904, S. 395/96.

In der nun erlassenen Ordnung von 1489 kommt ein neues Moment in diesen Verordnungen zur Geltung, denn zum ersten Male wurde hier, neben allgemeinen Verboten
für die ganze Bevölkerung, auch ein Unterschied zwischen den beruflichen bzw. gesellschaftlichen Schichten gemacht. Einmal wurden die Bürgermeister für die Dauer ihres
Amtsjahres und die Schöffen vom allgemeinen Verbote ausgenommen, und ferner unterschied man einerseits zwischen den vornehmen Kauf- und Handelsleuten, sowie den
Personen, welche von ihren Gülten und Renten leben und andererseits den Handwerkern
und ihresgleichen. Die Bessersituierten und gesellschaftlich Höherstehenden durften sich
von jetzt ab vornehmer kleiden, als die niedrigeren Schichten der Bevölkerung.

Diese Gliederung nach gesellschaftlichen Schichten wurde von jetzt ab immer schärfer
durchgeführt, insbesondere unter dem Einfluß der Reichsgesetzgebung, welche sich seit
dem Ende des 15. Jahrhunderts mit den Kleiderordnungen beschäftigt."[10]

Solche Kleiderordnungen wurden auf allen Ebenen – Reich, Land, Stadt etc. – erlassen und regelten die Kleidung nicht nur für die einzelnen Stände, sondern auch für
einzelne Berufe bis herab zu denen des Abdeckers oder der Dirne. Die Bestimmungen
bezogen sich sowohl auf die eigentliche Kleidung, einschließlich Kopfbedeckung und
Schuhwerk, wie auch auf das Tragen von Schmuck.

Über die juristische Seite der Durchführung der Kleiderordnungen in Frankfurt am
Main, wo es eine besondere Institution zu ihrer Regelung, das Sentenamt, gab, berichtet
Schnapper-Arndt:

„Die Protokolle über die Sitzungen des Sentenamts und des Konsistoriums bilden
eine ungewöhnlich reiche Quelle für die Kultur- und Sittengeschichte jener Zeit … Das
Studium dieser Protokolle hinterläßt den Eindruck, daß speziell bei der Durchführung
der Kleiderordnungen auf der einen Seite eine unverständliche Härte und andererseits
wieder eine auffallende Milde waltete. Die Geldstrafen erreichten zuweilen eine beträchtliche Höhe (Beträge von 30–50 fl sind gar nichts seltenes) und wurden oft scho-
nungslos auch von der ärmsten Dienstmagd eingetrieben, welche von ihrer Herrschaft
alte Kleidungsstücke geschenkt bekam, um sie aufzutragen. Auch die Schneider und
Schuhmacher werden nach der Ordnung von 1621 mit Strafe bedroht, wenn sie Kleider
oder Schuhwerk an Personen liefern, die sie ihrem Stand entsprechend nicht tragen
durften. Teilweise hängt die unnachsichtliche Strenge, mit welcher die Bestimmungen
zuweilen durchgeführt wurden, damit zusammen, daß den 'zur Send verordneten' Rats-
herren ein Teil der Strafgelder zustand.[11] Daraus erklärt sich die unwürdige und für
das Ansehen einer richterlichen Behörde höchst bedenkliche Tatsache, daß die Strafe
auf Bitten des 'Verbrechers' herabgesetzt wurde und zwischen den Sendherren und dem
Übertreter oft ein Feilschen entstand, bis man sich auf die Höhe der Strafe einigen konnte. In den Akten finden sich zahlreiche Fälle, bei welchen der Beschuldigte gegenüber
der festgesetzten Geldstrafe eine lächerlich geringe Summe bot, worauf die Sendherren
mehr verlangten und wenn keine Einigung zustande kam, den Betreffenden an den Rat
verwiesen.

Es versteht sich von selbst, daß die Durchführung der Kleiderordnungen, wie überhaupt der mit Strafbestimmungen versehenen obrigkeitlichen Vorschriften ein häßliches

10 G. Schnapper-Arndt, hg. von K. Bräuer, a. a. O., S. 223 f.
11 Dieses für die öffentliche Verwaltung höchst verderbliche System, wonach die Richter, welche die
    Strafen verhängten, Anspruch auf einen Teil der Strafgelder hatten, bestand in Frankfurt wie
    auch anderwärts Jahrhunderte lang. Gewöhnlich erhielten die Ratsherren und die „Angeber" je
    1/3 (oft auch 1/4), der Rest floß in die städtische Kasse.

Denunziantenwesen im Gefolge hatte. Insbesondere bei festlichen Gelegenheiten (Hochzeiten, Kindtaufen und dergl.) paßte ein ganzes Heer von Spähern auf, ob sich niemand gegen die Bestimmungen der Kleiderordnung verging, und vor böswilligen und fahrlässigen Anschuldigungen war niemand sicher. Die Denunzianten ('Anbringer') hatten ja nichts zu fürchten, weil ihnen die Geheimhaltung ihres Namens ausdrücklich zugesichert war und sie zudem noch $1/4$–$1/3$ der verhängten Geldstrafe erhielten. Jeder, der einem anderen übel gesinnt war, hatte hier die beste Gelegenheit, Rache zu üben; wurde doch noch nicht einmal die falsche Anschuldigung unter Strafe gestellt und der Name des Anbringers bei der Verhandlung nicht genannt. ...

Allerdings konnte diese rigorose Strenge bei dem häufigen Wechsel der Mode nicht lange durchgeführt werden. Die Ordnungen waren rasch veraltet, und nach Verlauf mehrerer Jahre paßten die meisten Bestimmungen, wie die Beschreibung der einzelnen Kleidungsstücke nach Form, Farbe und dergl. nicht mehr. Die Folge davon war, daß die Übertretungen ganz allgemein wurden, und daß sich zur Bestrafung nach dem Wortlaut des Gesetzes kein Anhalt mehr bot. Daraus erklärt sich die zuweilen beobachtete auffallende Milde; die Übeltäter wurden entweder gar nicht mehr 'vor die Sent' geladen, oder man hat ihnen einen Verweis erteilt und die Strafe erlassen, falls sie sich nicht widerspenstig zeigten.

Obgleich die Kleiderordnungen sehr ins Einzelne gingen, entstanden wegen ihrer Auslegung doch häufig Meinungsverschiedenheiten. Die einen behaupteten, einem höheren Stand anzugehören, als dem von den Sendherren angegebenen, andere gaben vor, sie hätten die verbotenen Kleidungsstücke schon vor dem Erlaß der Kleiderordnung besessen, oder hätten sie von Höhergestellten geschenkt bekommen und dergl. Gegen die Entscheidung des Sentenamts bezw. des Konsistoriums stand dem Beschuldigten bei Auslegungsschwierigkeiten der Kleiderordnung das Recht der Berufung an den 'ganzen Rat' zu, und die Akten zeigen, daß von diesem Recht auch häufig Gebrauch gemacht wurde."[12]

Auch diese Seite ist wichtig, wenn man die Kleidung am Alltag der Werktätigen untersuchen will.

Am wichtigsten aber ist die Seite, die der Barockprediger aus Bayern hervorgehoben hat, und die nicht nur die Bauern, sondern auch das Gesinde in Stadt und Land die gewerbetreibenden Arbeiter oder kleinen Selbständigen in Stadt und Land betrifft die Dürftigkeit der Kleidung und, was einzelne Bekleidungsstücke, wie das Schuhwerk, betrifft, ihr gänzlicher Mangel, sowie allgemein auch ihr oft geflickter und zerissener Zustand. Ordentliche, saubere, möglichst nicht geflickte und keineswegs irgendwie zerrissene Kleidung war für den Sonntag reserviert. Und auch davon noch machte die große Schar der Bettler und Landstreicher eine Ausnahme.

Sollte man noch etwas über Trachten sagen? Die Bauern, so schien es der Forschung lange, hatten keine Trachten als Arbeitskleidung, und wenn man die Arbeitskleidung der Handwerker als Tracht betrachtete, dann bedurfte sie keiner von der Arbeitskleidung getrennten Behandlung.

Und doch scheint mir insbesondere seit den Studien von Wolf-Dieter Könenkamp[13]

[12] *G. Schnapper-Arndt*, a. a. O., S. 231 ff.

[13] *W.-D. Könenkamp*, Wirtschaft, Gesellschaft und Kleidungsstil in den Vierlanden während des 18. und 19. Jahrhunderts, Göttingen 1978.

grundlegenden Arbeiten vom Standpunkt des historischen Materialismus, eine ganz neue Behandlung des Problems der Trachten von nicht zu unterschätzender Bedeutung.

Könenkamp weist nämlich nach, daß in dem Gebiet der Vierlande, nahe Hamburg, wohl um die Mitte des 18. Jahrhunderts, eine spezifische Tracht aus folgenden Gründen aufkam:

„Die einigermaßen sichere Festlegung des Zeitraums, in welchem die Vierländer Tracht entstand, ermöglicht die plausible Rückführung dieses Vorgangs auf seine Ursachen. Situationsveränderungen, die der Spezifizierung der Kleidung vorausgingen oder parallel zu ihr verliefen, lassen sich in den sozialen Beziehungen und im Wirtschaftsleben der Vierländer ausfindig machen. Unter Berücksichtigung der Ausführungen über die soziale und wirtschaftliche Entwicklung der Vierlande im fraglichen Zeitraum heißt das im einzelnen: der Gruppenbildungsprozeß und die Gewinnung einer Vierländer Identität während der ersten Hälfte des 18. Jahrhunderts waren die Grundlage, das zahlreiche Auftreten von Vierländer Händlern auf dem Hamburger Markt mit Produkten, die von einer schon etablierten Konkurrenz gleichfalls verkauft wurden, war der Auslöser für die Modifizierung ihrer Kleidung hin zur Unverwechselbarkeit. Zwischen den sozialen und wirtschaftlichen Prozessen sind natürlich Wechselwirkungen anzunehmen.

Da also die ökonomische Situation den Vierländer Händlern die Durchsetzung auf dem Markt gebot, brachte sie in die sozialen Beziehungen zu den anderen Händlern die Konkurrenz und als deren Ausdruck die optische Profilierung der Vierländer. Dieser optische Profilgewinn lag in der Herauskristallisierung typischer Kleidungsformen, deren Übernahme durch die soziale Gruppe die Entstehung des gruppenspezifischen Kleidungsstiles markiert. Durch die Lebensbedingungen dieser Gruppe war der Charakter der Vierländer Kleidung von vornherein grob als in sich wenig homogene Kleidung einer ländlichen Bevölkerung definiert; diesen Charakter teilte sie mit der anderer vergleichbarer Gruppen auf dem Markt – er war die Grundlage, von der aus die Profilierung zu einer gruppenspezifischen Kleidung mit relativ großer innerer Homogenität geschah.

Die Bedeutung der Marktsituation und damit die Richtigkeit dieser Ableitung läßt sich durch weitere Beispiele aus dem Hamburger Marktleben erhärten. So stellte der Kapitän Wohlers, der seine Elbkarte ja wohl fürs Hamburger Publikum zeichnete, die beiden Vierländer sicher nicht ohne Grund in ein Ambiente aus Vierländer Marktprodukten. In diesem Zeitraum nämlich waren die Vierländer dem Hamburger vertraut. Deutlicher noch weist ein anderer, nachprüfbarer Umstand auf die formenbildende Kraft der Marktsituation hin. Wie sich unschwer an vielen Abbildungen von Händlerinnen erkennen läßt, weicht die Zusammenstellung ihrer Kleidung oft vom üblichen ab, besonders bei den Blumenmädchen. Kleidungsstücke, die – zumindest im 19. Jahrhundert – dem Sonntag vorbehalten waren, wie roter Rock und Mieder, oder festlichen Anlässen, wie goldgesticktes Brusttuch und samtbandbesetzte Schürze, dienten auf dem Markt als Profilgewinn. . . .

Rivalität und Wettbewerb als Motoren modischer Veränderung traten in dieser besonderen Situation gleich zweifach auf, da der ökonomische Wettbewerb den modischen zur Folge hatte. . . .

Die Entstehung des gruppenspezifischen Kleidungsstils der Vierlande von ca. 1750 bis 1770 war das Resultat einer Phase von etwa 50 Jahren in der wirtschaftlichen und gesellschaftlichen Entwicklung der vier Kirchspiele. An dieser Entwicklung waren interne (Kleinstellenvermehrung, Integration) und externe (Marktkonkurrenz, soziale Kontakte) Faktoren in vielfältigen Wechselbeziehungen beteiligt. Erst die Summe aller Faktoren und die Berücksichtigung ihres Gewichts geben die Bedingungen an, unter denen dieser Kleidungsstil entstand.“[14]

Die Tracht, direkt abgeleitet aus wirtschaftlichen Verhältnissen bzw. ihren Wandlungen, die Tracht gewissermaßen als besonderes Qualitätszeichen für besondere Waren, die Tracht, geboren aus der Konkurrenz – was für ein neuer Einblick! und wieviel ist noch zu forschen, bis wir in die Geschichte des Alltags so wohldurchdachte, auf neuen Forschungen wohlbegründete Ausführungen einbringen können!

Und wie die Kleidung ärmlicher wurde, so die Häuser. Karl Baumgarten begirnt seine Schilderung der Verhältnisse in Mecklenburg so:

„Die an das 16. Jahrhundert anschließende Bauepoche der niederdeutsch gearteten Hausformenlandschaft Mecklenburgs umfaßt das 17., das 18. und das anhebende 19. Jahrhundert. Diese Formenschicht wurde im wesentlichen durch vier kriegerische Ereignisse jener Zeit: den Dreißigjährigen Krieg, an dessen Ende nach vorsichtiger Schätzung kaum 10 % aller Bauernstellen noch besetzt gewesen sein dürften, den nordischen Krieg, der vornehmlich den früheren vorpommerschen Teil heimsuchte, die Auseinandersetzungen zwischen dem eigenwilligen Herzog Carl Leopold und der Ritterschaft, deren Höhepunkt der Bauernaufstand von 1733 bildete, und den siebenjährigen Krieg, der Mecklenburg-Schwerin auf der Seite der Feinde des Preußenkönigs sah, sowie durch die ihnen parallel sich entwickelnden wirtschaftlich-sozialen Verhältnisse geprägt. Als Marksteine dieser Verhältnisse seien vor allem genannt: die Reversalen des Jahres 1621, in denen dem mecklenburgischen Bauern die ‘hereditas’ (Erbrecht) an seinem Hofe, soweit er sie nicht urkundlich nachweisen konnte, abgesprochen wurde – nach ihnen durfte nunmehr ein jeder mißliebige Bauer ‘gelegt’, d. h. besitzlos gemacht werden –, ferner die 1654 unterfertigte Gesinde-, Tagelöhner-, Bauer-, Schäfer-, Tax- und Victualordnung, die den Streit für und wider die persönliche Freiheit des mecklenburgischen Bauern zu dessen Ungunsten entschieden und ihn zum Leibeigenen seines Grundherren erklärt hatte – eine gleiche Verordnung war bereits 1645 für das frühere Vorpommern erlassen –, sowie schließlich der Landes-Grund-Gesetzliche Erbvergleich von 1755, der den ständischen Aufbau innerhalb des ehemaligen Herzogtums Mecklenburg verewigte und in ihm den endgültigen Sieg der Ritterschaft vollendete. In ihrer Gesamtheit bildeten sie jene verhängnisvollen Abkommen, in denen die mecklenburgischen Landesfürsten, bedrängt durch ihre ständig steigenden finanziellen Nöte, gegen das Versprechen der Schuldentilgung das Bauerntum der Ritterschaft vollkommen preisgaben.

Es ist nur zu verständlich, daß diese Ereignisse und Verordnungen tiefgreifende Wirkungen auf den Stand der bäuerlichen Wirtschaft zeitigten. . . .

Dieses alles fand, wie sowohl am heutigen Bestand als auch anhand verschiedener behördlicher Verfügungen jener Zeit erwiesen werden kann, in der baulichen Formung des bäuerlichen Hofes seinen Niederschlag und läßt darin vor allem das Bauernhaus dieser Epoche zum Dokument der sich ständig verschlechternden Lage des mecklenburgischen Bauerntums werden. Wohl galt der Bauer noch immer als Bauherr seiner Gebäude – eine Verfügung von 1767 spricht noch von ihm als solchem –, de facto aber war der Grundherr infolge der von ihm bereitzustellenden Bauunterstützung immer stärker zu dem das Gesicht des Hauses Bestimmenden geworden. Von besonderer Bedeutung wurde in dieser Hinsicht bei der im Gebiet zwischen Trave und unterer Oder herr-

---

[14] Ebendort, S. 76 ff.

schenden Fachwerkbauweise das zu liefernde Holzmaterial. Dieses durfte vom Beginn des 18. Jahrhunderts ab nicht mehr wie früher in ganzen Stämmen nach erfahrungsgemäßem oder angenommenem Verbrauch, sondern nur noch auf Grund eines vom Zimmermann anzufertigenden 'Holzauszuges' nach Länge und Stärke bearbeitet abgegeben werden. Gegen Ende des Jahrhunderts schließlich, seit besondere staatliche Baubeamte vorhanden waren, wurden auch die für den Holzauszug zu erstellenden Baupläne von diesen selbst maßgeblich bestimmt. Und wenn ein solch amtlich gelenktes Planbauen nicht zum Bruch mit der Tradition führte, so ist das nur dem Umstande zu verdanken, daß die genannten Baubeamten ausnahmslos noch dem traditionsgebundenen Zimmermannshandwerk entstammen. Jedenfalls aber wurde von diesen lediglich das zur Ausführung eines ausdauernden Baues unbedingt Notwendige veranschlagt. Jede zusätzliche Ausgestaltung war vom Bauern selbst zu tragen. Dafür jedoch fehlte es diesem zu jener Zeit nicht nur an Interesse, sondern auch an finanziellen Mitteln."[15]

Allgemein kann man sagen, daß die Neuaufbauperiode nach dem Dreißigjährigen Krieg nicht bessere, sondern bescheidenere Bauernhäuser brachte – und unter Bauernhäusern sind auch die Häuser der Ackerbürger in den Landstädten zu verstehen. Das schließt nicht aus, daß die reichen Bauern, die „Bauernkönige", wie sie in Bayern genannt wurden, ebenso schöne wie reiche Bauten ausführen ließen.

Ausführen ließen – denn die mittleren und Kleinbauern halfen selbst eifrig beim Bau mit. In einer Studie über das Bauernhaus in Sachsen heißt es sehr richtig: „Die Geschichte des dörflichen Hausbaues widerspiegelt auf einzigartige Weise die Entwicklung des Baubedarfs, der Bauformen, der regionalen und allgemeinen Ökonomie, der Arbeitsteilung und der Arbeitsgeräte. An der Errichtung des Bauernhauses war eine Vielzahl von Kräften beteiligt. Neben dem Handwerker wirkten der Bauer und seine Familie selbst mit. Es geschah dies nicht nur bei Zubringerdiensten, sondern auch mit selbständigen Leistungen, so daß es oft schwerfällt, diese Arbeit von jener der anderen zu trennen."[16] Darum legt ja auch die Hausväterliteratur solchen Wert darauf, daß ihre Leser lernen, die wichtigsten Bauarbeiten zumindest soweit zu beherrschen, daß sie beim Bau mithelfen und zugleich die Arbeiten der „Facharbeiter" mit passiver Kenntnis beaufsichtigen können.

Die Häuser auf dem Lande wurden aber mit dem Niedergang des Feudalismus nicht nur ärmer, weil die Bauern ärmer wurden. Mindestens so wichtig ist die Tatsache, daß die Zahl der ärmeren Schichten, insbesondere der landarmen gewerblich Beschäftigten, so viel größer wurde.

Auch nahm wohl – wir haben noch nicht genügend Material, um ganz sicher zu gehen – die Dichte der Belegung der Räume zu, da die Zahl derer, die sich nur einmieteten, wuchs. Dazu dürften auch Maßnahmen wie die von Baumgarten erwähnten beigetragen haben: „Besondere Bedeutung dürfte auch einer Verfügung von 1702 zugekommen sein, nach der die Errichtung von Altenteilerkaten jeweils von einem besonderen fürstlichen Konsens abhängig gemacht wurde. Seitdem wird vielerorts der Rest-Einraum des Bauernhauses durch das nunmehr notwendig gewordene Einfügen von Gelassen für den Altenteiler weiter zerschnitten und die Diele späterhin oft mit einer Doppelherdanlage – einem größeren Herd für die Bäuerin, einem kleineren für die Altenteilerin – ausgestattet."[17]

---

[15] *K. Baumgarten*, Das Bauernhaus in Mecklenburg, Berlin 1963, S. 34–38.

[16] *A. Fiedler, J. Helbig*, Das Bauernhaus in Sachsen, Berlin 1967, S. 76.

[17] *K. Baumgarten*, a. a. O., S. 40.

Sicherlich haben in gar manchen Bauernhäusern obrigkeitliche Anordnungen zu größerem Feuerschutz, neue technische Überlegungen dieser und jener Art zu größerer Festigkeit des Baus, Holzmangel zu häufigerer Verwendung von Lehm und Steinen beigetragen. Aber grundlegende Veränderungen in den Wohn-Stall-Gebäuden haben im allgemeinen nicht stattgefunden.

Das gleiche gilt von der Wohnungseinrichtung, die aber im Durchschnitt wohl mit der zunehmenden Armut der ländlichen Bewohner ärmer wurde. Wahrscheinlich wurden mit der zunehmenden gewerblichen Tätigkeit die Räume auch unhygienischer, teils wegen der Verschmutzung der Luft, teils auch, weil sich mehr Menschen den ganzen Tag über im Raum aufhielten.

Werfen wir zum Abschluß nur einen kurzen Blick in die Bauernstuben mit den Augen eines Stadtkindes aus gutbürgerlichem Hause: Gustav Parthey, ein Enkel Nicolais, erzählt in seinen Erinnerungen, wie er als Kind auf einer Reise von Berlin nach Schöneiche kam: „Die Bauernhäuser stachen gegen das schmucke Pfarrhaus gewaltig ab und erweckten den Eindruck des tiefsten Elends. Wir betraten hier zum erstenmal die niedrigen Stuben, deren dumpfe Luft uns den Atem versetzte, und sahen die dürftigen zerlumpten Gestalten der Bewohner."[18]

Im ganzen kann man wohl sagen, daß um 1800 die Wohnverhältnisse der ländlichen Bevölkerung schlechter waren, als sie um 1600 sich gestaltet hatten.

Stärker als die ländlichen haben sich wohl die städtischen Verhältnisse gewandelt, soweit es sich um größere Städte handelt – was die Landstädte mit ihren vielen Ackerbürgern und kleinen Handwerkern betrifft, so gilt wohl das gleiche wie für das Land.

Die schon bei dem Bau von Bauernhäusern erwähnten Polizeimaßnahmen der Landesherren, die auf dem Lande vielfach nicht beachtet wurden, spielten im Leben der Städte eine viel größere Rolle, bezogen sich auf viel mehr Dinge und wurden im allgemeinen strenger durchgeführt. So veränderte sich das äußere Aussehen der Städte doch in mancher Beziehung zum Besseren. Lahnstein schildert:

„Mehr und mehr begann die 'Policey' über das Ansehen der Städte zu wachen. Pflasterung, Beleuchtung der Straßen bei Dunkelheit und Reinhaltung von Straßen und Plätzen wurden mit der Zeit allgemein. Auch hier dürfte das holländische Vorbild weithin gewirkt haben. Straßenbeleuchtung hatten Hamburg und Berlin schon im 17. Jahrhundert; Leipzig hat sie 1701, Stuttgart 1716, Halle 1728 eingeführt. 'Am jüngst verwischenen Heiligen Christ-Abend seynd hiesige Nacht-Laternen, da eine nach Gelegenheit der Oerter 12, 15, 20 bis 25 Schritte von der anderen stehet, angezündet worden, präsentieren sich sehr wohl, und machen helles Liecht auf dessen Gassen . . .'. So die Nachricht davon aus Leipzig.

In Berlin unter Friedrich Wilhelm I. hatten die Bürger jeden zweiten Tag vor ihren Häusern zu kehren 'bis auf die Mitte des Stein-Dammes zu'; bei trockener Zeit hatten sie 'vorhero mit Wasser zu sprengen'. Die Beseitigung von Kehricht und Unflat war Gegenstand detaillierter polizeilicher Regelungen – und das war nicht unnötig. Der greuliche Brauch, gefüllte Nachttöpfe und Nachtstühle aus dem Fenster auf die Gasse zu entleeren, war allgemein. Man war gegen üble Gerüche unempfindlich, Stallungen und Misthaufen waren in den meisten Städten noch selbstverständlich. In Berlin waren zur 'Ausgiessung der Nacht-Stühle' gewisse Stellen an der Spree bezeichnet, mit dem strengen Bedeuten, die Töpfe müßten 'gantz tieff ins Wasser gebracht und ausgegossen werden,

[18] G. Parthey, Das Haus in der Brüderstraße. Aus dem Leben einer berühmten Berliner Familie. Berlin 1955, S. 51.

damit der Unflat nicht beliegen bleibe, besonders vom Strohm sofort mit fortgeführet werde'."[19]

Da sich jedoch jetzt, insbesondere in wachsenden Städten, zugleich Slums entwickeln, für die die polizeilichen Maßnahmen praktisch nicht gelten, finden wir zugleich eine außerordentliche Verschlechterung der Wohnverhältnisse. So erfreulich die durchaus zutreffenden Schilderungen von Lahnstein sind – Beleuchtung der Straßen (aber natürlich nur in den 'guten Vierteln') oder größere Sauberkeit (aber natürlich nur in den 'guten Vierteln') –, so unerfreulich, ja erschreckend sind andere Schilderungen, die ebenfalls zutreffen. Tuen wir einen Blick in die Wohnung eines Berliner Handwerkers:

„Überhaupt tragen die elenden Wohnungen, welche der gemeine Mann in Berlin hat, zu den Krankheiten dieser arbeitsamen Klasse unserer Mitbürger viel bei, und die vielen Bauten in Berlin sind ein wahres Unglück für sie. Jeder, der ein altfränkisches Haus, worin dergleichen Leute wohnten, niederreißt, erbaut an dessen Stelle ein Prachthaus und richtet es zu großen Wohnungen für wohlhabende Leute ein. Daher sind in Berlin große Wohnungen im Überfluß und verhältnismäßig wohlfeil zu haben; kleine hingegen werden immer seltener und teurer, und der Arme findet kaum ein Obdach für sich und die Seinigen. Er schränkt sich daher immer mehr ein und behilft sich mit einem einzigen Zimmer, worin er nicht allein sein Handwerk treibt, sondern auch mit seiner ganzen Hausgenossenschaft wohnt und schläft. Bei dem hohen Preis des Brennholzes versperrt er nun im Winter der äußeren Luft allen Zugang aufs sorgfältigste, und so leben diese Menschen in einer Atmosphäre, die beim Eintritt in ein solches Zimmer jeden Fremden zu ersticken droht. Es wäre daher wohl zu wünschen, daß bei den häufigen königlichen Bauten auf diese schätzungswerte Klasse unserer Mitbürger mehr Rücksicht genommen und den oft tödlichen Folgen ihrer elenden und kleinen Wohnungen abgeholfen würde. Wenn diese Menschen eine verdorbene Luft nicht beständig einatmeten, so würden sie und ihre Kinder stärker sein und nicht so oft erkranken.

Die Armut dieser Klasse von Menschen hat einen großen Einfluß nicht allein auf die Sterblichkeit, sondern auch auf die Bildung der am Leben gebliebenen Kinder. Die Vernachlässigung der kleinen Kinder, der Mangel an Raum, an gesunder Luft, an Wäsche und die schlechte Nahrung schwächen dieselben und machen sie schief, krumm und auf alle Art verwachsen.

Wenn nun in einer solchen kleinen Haushaltung Pocken, Masern oder andere Krankheiten Kinder oder Erwachsene befallen, so ist nicht allein das Elend unbeschreiblich, sondern der Tod meistenteils unvermeidlich."[20] [21]

Die furchtbaren Wohnungsverhältnisse der Werktätigen in der industriellen Revolution schließen sich denen in der zweiten Hälfte des 18. Jahrhunderts nahtlos an – aber natürlich wäre es Unsinn, diese grausame Situation als „eine Vorbereitung des Kapitalismus" zu betrachten; sie ist ein reines Produkt des niedergehenden Feudalismus.

Zu Beginn der hier betrachteten Zeit waren die Verhältnisse im allgemeinen wohl bessere. So schreibt Schnapper-Arndt (bzw. Bräuer) über die Wohnverhältnisse in Frankfurt am Main in der zweiten Hälfte des 17. Jahrhunderts:

„Auch für die Kennzeichnung der Wohnungsverhältnisse bestehen die Hauptschwierig-

[19] *P. Lahnstein,* a. a. O., S. 127 f.

[20] *L. Formey,* Versuch einer medicinischen Topographie von Berlin. Berlin 1796, S. 86 f.

[21] Vgl. dazu auch in dem Kapitel über das Kind die Schilderung solcher Slumverhältnisse in Hamburg.

keiten in dem Mangel an zuverlässigen Quellen. Unsere Archive liefern in dieser Hinsicht eine so spärliche Ausbeute, daß es fast unmöglich scheint, für weiter zurückliegende Zeiten genügenden Aufschluß zu erhalten. Der Mangel an Quellen für die Beurteilung von Mietwohnungen erklärt sich daraus, daß das Vermieten zu manchen früheren Zeiten eine viel seltenere Einrichtung war als heutzutage. Der Besitz eigener Häuser war in früheren Jahrhunderten gerade auch bei den mittleren und niederen Schichten der Bevölkerung eine häufige Erscheinung. Auch der kleine Handwerker war in der Lage, sich ein eigenes Häuschen anzuschaffen,[22] denn der Erwerb des nötigen Grund und Bodens war außerordentlich erleichtert durch die sehr verbreitete Einrichtung der Erbpacht, bei welcher nur ein mäßiger jährlicher Grundzins gezahlt wurde und der Ankauf von Grund und Boden wegfiel. Jedenfalls war bei den Personen, welche sich im Besitz des Bürgerrechts befanden, das Bewohnen eigener Häuser die Regel, und man kann wohl annehmen, daß die vermieteten Wohnungen sich zum größten Teil in Händen der Beisassen und Fremden befanden, denen ja der Kauf von Häusern in der Stadt nicht erlaubt war.

Über die rechtlichen Vorschriften, welche beim Abschluß eines Mietvertrages in Betracht kamen, gibt die erneuerte Reformation, das bürgerliche Gesetzbuch des alten Frankfurt (von 1611 – J. K.), Aufschluß. Für Mietverträge war eine schriftliche Form nicht verlangt, und Orth spricht von einem Unterschied, 'ob der Verleih-Contract in Schriften oder nicht' errichtet sei. Bei dem Abschluß mündlicher Verträge war es üblich, daß jeder der beiden Parteien den sogenannten Gottespfennig gab, d. h. einen kleinen Betrag, welcher zu Gunsten der Armen verwendet wurde und dessen Zahlung gleichzeitig als Sicherung des Beweises diente. Die schriftliche Form der Verträge ist zweifellos in allen Fällen gewählt worden, wo als Vermieter die Stadt, die Stiftungen oder andere Korporationen des öffentlichen Rechts in Betracht kamen.'[23]

Das heißt, wir können genau wie auf dem Lande auch in der Stadt eine Verschlechterung der Wohnungsverhältnisse beobachten und für beide auch eine Zunahme der Einmietungen. Noch überwog auf dem Lande das „Eigenhaus" und in den Städten noch bestimmt unter den Bürgern – ob aber auch noch unter der gesamten Einwohnerschaft, ist am Ende der hier betrachteten Zeit zumindest für einige große Städte zweifelhaft; in anderen Städten, in denen nur Bürger Hauseigentümer sein durften, wohnte natürlich die überwiegende Zahl der Nichtbürger zur Einmiete, obgleich auch Mieten von ganzen Häusern, insbesondere kleinen, nur zum eigenen Gebrauch, in relativ beachtlicher Anzahl vorkamen.

Bei den Eigenhäusern der Handwerker und anderer Bürger darf man nicht übersehen, daß sie oft sehr klein waren, 7 mal 7 Meter, also 49 qm als Fläche, ist durchaus nicht ungewöhnlich klein. Zweigeschossige Häuser hatten oft für das zweite Geschoß Mieter, bisweilen Handwerker, die mit dem Hauseigentümer im ersten Stockwerk den Keller als Werkstatt teilten.

Warnt schon Dirlmeier davor, die Zahl der Mieter sowohl von Einzelhäusern wie auch von Einzelräumen im 15. und 16. Jahrhundert in größeren Städten zu unterschätzen,

---

[22] Auch im alten Berlin wohnt die große Masse der Bevölkerung in eigenen Häusern, war doch im Handwerk die Meisterschaft im allgemeinen an den Besitz eines eigenen Hauses geknüpft. Miet- und Hausleute wurden in den Polizeiordnungen des 16. Jahrhunderts mit dem Gesinde und den Taglöhnern zum untersten Stande gerechnet. Vgl. *P. Voigt*, Grundrente und Wohnungsfrage in Berlin und seinen Vororten, Jena 1901, S. 242.

[23] *G. Schnapper-Arndt*, a. a. O., S. 148 f.

hat schon Maschke[24] Daten zusammengesucht, die für das 16. Jahrhundert in einem Einzelfall (Rostock) die ganz große Zahl von 57 Prozent aller Haushaltungen als Mieter angeben und in Lübeck Kellerwohnungen für fast 13 Prozent der Haushaltung, so darf man das erst recht nicht für das 18. Jahrhundert tun.

Voigt, der eine überaus gründliche Untersuchung über die Entwicklung des Bau- und Wohnungswesens in Berlin gemacht hat, hat folgende Tatsachen zusammengestellt:

„Die Verteilung der Einwohner und Häuser über die einzelnen Stadtteile gestaltete sich nach einer Aufnahme von 1709 und 1711 folgendermaßen:

	Häuser (1711)	Einwohner (1709)	Auf ein Haus entfielen Einwohner
Berlin	1017	16836	16,6
Köln	642	10652	16,6
Friedrichswerder	269	5566	20,7
Dorotheenstadt	235	3983	17,0
Friedrichstadt	615	7831	12,7
Innere Stadt	2778	44868	16,2
Berlinische Vorstädte	959	6888	7,2
Kölnische Vorstädte	370	3440	9,3
Vorstädte	1329	10328	7,8
Gesamtsumme	4107	55196	13,4[25]
Davon Civilbevölkerung		49855	12,1
Garnison		5145	1,3

In den 24 Jahren von 1685–1709 hatte sich also die Bevölkerung mehr als verdreifacht, die Zahl der Wohnhäuser um mehr als 150 Proz. erhöht; in jedem Jahre mußten durchschnittlich mindestens 1600 Personen neu untergebracht, mehr als 100 Wohnhäuser neu errichtet werden; etwa 1/10 der Einwohner=, 1/15 der Häuserzahl von 1685 kamen in jedem Jahre neu hinzu. Und sicherlich hat es in dieser Zeit Jahre gegeben, in denen für 2–3000 Einwanderer oder für noch mehr Raum geschafft, 2–300 Häuser errichtet werden mußten.

Mißt man diese Entwicklung an der damaligen Größe der Stadt, dem geringen Kapitalreichtum und der bescheidenen Entfaltung des Baugewerbes, so sieht man, daß die Zunahme der Bevölkerung und die Steigerung der Bauthätigkeit in Berlin verhältnismäßig in keiner Weise hinter den Jahren des glänzendsten Aufschwungs im 19. Jahrhundert zurücksteht; und dann lernt man erst die Leistung der damaligen Verwaltung vollauf würdigen, die durch eine planmäßige und umsichtige Baupolitik einen so bedeutenden Bevölkerungszuwachs zum großen Teil in eigenen Häusern unterbrachte und jeder Wohnungsnot und jedem Mietwucher vorzubeugen verstand.

---

[24] *E. Maschke, J. Sydow* (Hg.), Gesellschaftliche Unterschichten in den südwestdeutschen Städten, Stuttgart 1967, S. 21 f.

[25] Thatsächlich etwa 14 Personen, da die Bevölkerung 1711 etwas größer als 1709 war.

Auch die Anlage der Stadt im Ganzen ware eine durchaus rationelle: um eine enger bebaute und mit größeren, mehrstöckigen Häusern besetzte Innenstadt schlang sich ein Kranz von Vorstädten, die weiträumig bebaut waren und meist kleine Häuser erthielten. Die Tabelle spiegelt diese Thatsachen deutlich wieder; sie zeigt auch, daß im Ganzen wohl mindestens noch die Hälfte der Civilbevölkerung in eigenen Häusern wohnte[26]; in den Vorstädten machte die Mietbevölkerung nur einen geringen Bruchteil aus, während sie in der Innenstadt wohl schon auf annähernd 3/5 der gesamten Einwohnerschaft gestiegen war."[27]

Bis in die achtziger Jahre veränderten sich die Verhältnisse schnell weiter. Voigt berichtet:

„Ueber die Verteilung der Civilbevölkerung und der bebauten Grundstücke über die einzelnen Stadtviertel, über ihren Wert und ihre durchschnittliche Bewohnerzahl unterrichtet die Tabelle, die auf Aufnahmen von 1784 und 1785 basirt.

Name des Stadtteils	Bebaute Grundstücke (1785)	Civilbevölkerung Einwohner (1784)	Auf ein bebautes Grundstück kommen Civileinwohner
Berlin	1121	20705	18,5
Köln	716	13602	19,0
Friedrichswerder	302	5649	18,7
Dorotheenstadt	378	6436	17,0
Friedrichstadt	1669	30409	18,2
Innere Stadt	4186	76801	18,3
Spandauer Vorstadt	1027	15101	14,7
Königs-Vorstadt	438	6625	15,1
Stralauer Vorstadt	451	4289	9,5
Kölnische Vorstadt	542	8819	16,3
Vorstädte	2458	34834	14,2
Berlin insgesamt (einschließlich Militärbevölkerung 33386)	6644	111635	16,8
		(145021)	(21,8)

Vergleicht man die vorstehenden Zahlen mit den Angaben für 1709, so sieht man, daß sich die bedeutenden Differenzen in der Größe der Häuser zwischen der Innenstadt und den Vorstädten ziemlich ausgeglichen hatten. Allerdings gab es in den Vorstädten noch zahlreiche Fachwerkhäuser, aber nur in der Stralauer Vorstadt dominirte, wie die niedrige Behausungsziffer zeigt, das niedrige einstöckige Haus, während in allen übrigen Stadtteilen die zwei=, drei= und vierstöckigen Häuser[28] bereits überwogen haben müssen. Auch Hinterhäuser gab es 1778 schon 3225. ...

[26] Die Familie eines Hauswirtes (einschließlich Gesellen und Dienstboten) kann im Durchschnitt auf 6 Köpfe veranschlagt werden.
[27] P. *Voigt*, Grundrente und Wohnungsfrage in Berlin und seinen Vororten, Jena 1901, S. 55 f.
[28] Fünfstöckige Häuser scheint es im vorigen Jahrhundert in Berlin noch nicht gegeben zu haben.

20*

Da die Zahl der Hauseigentümer mit der Zahl der Häuser (6644) im Großen und Ganzen übereinstimmen wird, so entfielen von der wohl auf ca. 28 000 zu veranschlagenden Gesamtzahl der Haushaltungen (einschließlich selbstwirtschaftende Einzelpersonen) bereits mehr als 3/4 auf Mietwohnungen. Bedenkt man jedoch, daß die Haushaltungen der Hauseigentümer im Allgemeinen bedeutend mehr Köpfe zählten, als die der Mieter, so kommt man zu dem Ergebnis, daß die Hausbesitzer mit ihren Angehörigen und den in ihrem Haushalt lebenden Gesellen, Lehrlingen und Dienstboten in der Innenstadt wohl immer noch fast 1/3, in den Vorstädten sogar noch beinahe die Hälfte der Civilbevölkerung ausmachten, obwohl einzelne Häuser schon mehr als 10, ja bis zu 16 Familien enthielten und teilweise auch schon die vornehmsten Personen, Minister und Generäle, zur Miete wohnten."[29]

Jetzt sind auch die Vorstädte voller Mieter. Kein Wunder bei dem schnellen Wachstum der Stadt. Und wie oft bringt auch ein Einmieter das, was zur Erreichung des Existenzminimums für die Ernährung notwendig ist!

Kann man in unserer Zeit schon vom Großstadtelend hinsichtlich der Wohnverhältnisse sprechen? ich glaube ja, im Sinne von seinen Anfängen – jedoch nicht so, daß man es etwa den Wohnverhältnissen der Heimarbeiterdörfer auf dem Lande als schlimmer gegenüberstellen darf.

So spiegelt auch die Befriedigung der Grundbedürfnisse, der Nahrung, der Kleidung, der Wohnung die Verhältnisse des niedergehenden Feudalismus wider. Die Ernährung ist schlechter am Ende des 18. Jahrhunderts als zu Ende des 16., die Kleidung ist bestenfalls nicht besser, die Wohnverhältnisse sind entschieden schlechter. Und zwar ist die Hauptursache der Verschlechterung die Tatsache, daß die Zahl der Menschen in den untersten Schichten sich infolge der gestiegenen Ausbeutung so außerordentlich vermehrt hat. Die Hauptursache, aber nicht die einzige, denn dem Durchschnitt der Handwerker, auch unter Ausschluß der „pfuschenden Gesellen", deren Zahl sich in unserer Zeit recht vermehrt hat, geht es ebenfalls schlechter, ebenso dem kleinen Bauern.

[29] *P. Voigt,* a. a. O., S. 87 ff.

Der Alltag des Soldaten

Der Alltag des Soldaten? Lohnt es sich wirklich, dem Alltag dieser Sondergruppe, die weder eine Klasse noch eine sozialökonomische Schicht des Volkes bildet, ein besonderes Kapitel zu widmen? Ja, wahrhaftig es lohnt sich! Denn kein Wirtschaftszweig beschäftigt zum Beispiel in Preußen, dem größten Lande Deutschlands (im in diesem Werk bestimmten Umfang), so viele Menschen wie das Heer – weder das Handwerk noch das Heimgewerbe, noch die Manufaktur ... mit Ausnahme natürlich der Landwirtschaft.

Man kann die Stärke der Armeen in Deutschland etwa so einschätzen[1]:

„Stärke der stehenden Heere deutscher Territorien im letzten Drittel des 18. Jahrhunderts

Land	Heeresstärke (etwa)
Preußen	195 000
Hannover-Lüneburg	26 000
Bayern-Pfalz	35 000
Sachsen	30 000
Hessen-Kassel	9 000
Hessen-Darmstadt	5 000
Württemberg	3 000
Baden	3 000
Ansbach-Bayreuth	3 000
Bistum Würzburg	2 000
Gotha	2 000
Sachsen-Weimar	1 000
Schaumburg-Lippe	1 000“

So zuverlässig diese Tabelle sein mag, ist die folgende, der gleichen Quelle entnommene, unzureichend (S. 310).

Der Abriß kommentiert die Tabelle so: „Das Heer und seine Rüstung verschlangen den größten Teil der finanziellen Potenzen des Landes. Preußen rangierte um die Mitte des 18. Jahrhunderts hinter Rußland, Frankreich und Österreich als die viertstärkste Militärmacht, obwohl es in der Landesgröße an 10. und in der Bevölkerungszahl erst an 13. Stelle unter den europäischen Staaten stand. In keinem anderen Land nahmen das

---

[1] Vgl. Kurzer Abriß der Militärgeschichte von den Anfängen der Geschichte des deutschen Volkes bis 1945, Berlin 1977, S. 78 – im folgenden als „Kurzer Abriß" zitiert.

„Rüstungslasten des brandenburgisch-preußischen Militarismus

	1688	1713	1740	1786
Einwohner (in Mill.)	1,100	1,672	2,381	6,000
Stärke des Heeres	31000	40000	76000	195000
Prozent der Bevölkerung	2,8	2,3	3,4	3,2
Staatseinnahmen (in Mill. Taler)	3,75	4,10	6,90	19,60
Militärische Ausgaben (in Mill. Taler)	2,5	2,2	5,3	12,3
Prozent der Einnahmen	75	55	86	75
Militärische Ausgaben pro Kopf (in Taler)	2,27	1,37	2,86	2,05“

Heer eine solche dominierende und das Offizierskorps eine so exklusive Stellung im Staat ein wie in Preußen.“[2]

Und doch zeigt dieser Text ebensowenig wie die Tabelle die ganze Bedeutung der Armee an. Sie geben nämlich dadurch ein schiefes Bild von der Rolle der Armee, daß sie nur die Männer zählen und diese der Einwohnerzahl gegenüberstellen. Eine beachtliche Zahl der Soldaten aber war verheiratet und hatte Kinder. Soweit ich sehe, hat niemand die Armeebevölkerung in ihrer Größe bisher quellenmäßig erfaßt. Im allgemeinen schätzt man die Zahl der Armeeangehörigen – selbstverständlich unterlagen auch die Frauen in vielfacher Weise der militärischen Disziplin – auf die doppelte Zahl der Männer. Also 1740 für Preußen 6,8 % der Bevölkerung. Mir scheint diese Zahl immer noch zu gering, aber das ist nur eine Vermutung. Eine gründliche Untersuchung wäre dringend erwünscht. (Eine Einzelmeldung in einem Parolebuch des „Infanterie-Regiments des General-Majors von Thüna“ besagt zum Beispiel, daß dieses Regiment „an Soldatenkindern, die das 6te Jahr noch nicht passiert haben“ am 25. Oktober 1781 hatte:

„192 Söhne
176 Töchter

368 Kinder unter sechs Jahren“.

Waren das viele oder wenige? Ein Hauptmann von Witzleben kommentiert 70 Jahre später diese Zahlen: „woraus man, auch eine genügende Fruchtbarkeit angenommen, doch auf einen ziemlichen Weiberstand rechnen kann“. In jedem Fall kann man wohl mit reichlichen Kindermorden an Mädchen rechnen, oder wie anders will man die so viel größere Anzahl von Söhnen erklären?[3]

Im folgenden werden wir uns fast ausschließlich mit der preußischen Armee beschäftigen, die unter Friedrich dem Großen zur klassischen stehenden Armee des feudalen Absolutismus in Frieden und Krieg, in Sieg und Niederlage, in militärischer Taktik und Strategie entwickelt wurde.

Ich meine, wir sollten endlich unsere militärische Vergangenheit, nachdem wir sie in der Agitation so großartig bewältigt haben, nun auch militärwissenschaftlich bewältigen und zu den Urteilen zurückkehren, wie sie die Klassiker in ihren wissenschaftlichen Werken stets abgegeben haben.

[2] Ebendort, S. 81 f.
[3] Vgl. *A. v. Witzleben*, Aus alten Parolebüchern der Berliner Garnision zur Zeit Friedrich des Großen. Berlin 1851, S. 56.

Hören wir Engels über die Armee Friedrichs des Großen:

Das höchste Lob, das er der preußischen Armee zollen konnte, ist wohl das folgende: „Nachdem Napoleon die französische Armee einmal in Marsch gesetzt hatte, vermochten die Franzosen 15 Jahre lang alles auf ihrem Wege niederzuwerfen, bis Rückschläge sie niederzwangen; doch ein siebenjähriger Krieg, wie ihn Friedrich der Große durchgestanden hat, ein Krieg, in dem er oft genug dem Ruin nahe, oft geschlagen und schließlich doch siegreich war – ein solcher Krieg hätte niemals mit französischen Truppen gewonnen werden können."[4]

Zur Organisation der Armee: „Trotz all dieser Nachteile war jedoch die militärische Organisation Friedrichs des Großen bei weitem die beste jener Zeit und wurde eifrig von allen anderen europäischen Staaten übernommen."

Zur Infanterie: „Die preußische Infanterie ist die klassische Infanterie des 18. Jahrhunderts."

Zur Artillerie: „Friedrich der Große führte eine neue Waffengattung ein, indem er die Kanoniere einiger seiner Batterien beritten machte und so die reitende Artillerie schuf, dazu bestimmt, der Kavallerie die gleiche Unterstützung zu bieten, die die Fußartillerie der Infanterie bot. Die neue Waffengattung erwies sich als außerordentlich wirksam und wurde sehr bald von den meisten Armeen übernommen."

Besondere Bewunderung hatte Engels für die unter Friedrich dem Großen geschaffene Kavallerie:

„Erst Friedrich dem Großen und seinem großen Kavalleriegeneral Seydlitz war es vorbehalten, die berittene Truppe völlig umzugestalten und sie zum Gipfel des Ruhms zu führen. Die preußische Kavallerie, schwere Soldaten auf plumpen Pferden, nur im Schießen ausgebildet, so wie sie Friedrichs Vater seinem Sohn hinterlassen hatte, wurde bei Mollwitz (1741) im Handumdrehen geschlagen. Doch kaum war der erste Schlesische Krieg zu Ende, als Friedrich seine Kavallerie völlig reorganisierte. Schießen und Fußdienst wurden in den Hintergrund gedrängt und dem Reiten mehr Beachtung geschenkt."

„Der Reitkunst, der man bisher geringe Bedeutung beigemessen hatte, schenkte man nunmehr größte Aufmerksamkeit. Alle Bewegungen der Kavallerie mußten in vollem Galopp und dichten Reihen durchgeführt werden. Durch die Maßnahmen von Seydlitz gewann Friedrichs des Großen Kavallerie eine Überlegenheit gegenüber jeder anderen zu jener Zeit oder je vorher existierenden, und ihr kühnes Reiten, ihre feste Ordnung, ihr stürmischer Angriff und ihr schnelles Sammeln sind noch von keiner Kavallerie später erreicht worden."

Und schließlich zum militärischen Genie Friedrichs des Großen: „So sahen Armee und Taktik aus, die Friedrich II. von Preußen bei seinem Regierungsantritt zur Verfügung standen. Es schienen nur sehr geringe Möglichkeiten für ein Genie zu bestehen, solch ein System zu verbessern, ohne es zu durchbrechen, und das konnte Friedrich in seiner Position und mit dem Menschenmaterial, das ihm zur Verfügung stand, nicht. Trotzdem brachte er es fertig, seinen Angriffsmodus und seine Armee so zu organisieren, daß er mit den Mitteln eines Königreiches, das kleiner war, als Sardinien jetzt ist, und mit der kärglichen finanziellen Unterstützung Englands einen Krieg gegen fast ganz Europa führen konnte."[5]

[4] *Fr. Engels,* Ausgewählte militärische Schriften, Bd. 1, Berlin 1958, S. 412.
[5] Ebendort, S. 544, 579, 597 f., 627, 543, 580.

Was ist das Geheimnis dieser Armee?

Erste Voraussetzung war natürlich ein Fürst, der sich für das Militär interessierte. Und davon hatte Preußen drei:

Den Kurfürsten Friedrich Wilhelm, genannt der Große Kurfürst (1640–1688);

König Friedrich Wilhelm I (1713–1740) – ein so begeisterter Soldat, daß er, der Oberbefehlshaber, sich gleichzeitig zum Obersten machte, damit er so oft wie nur möglich auch „Diensttun" konnte;

König Friedrich II, Friedrich der Große (1740–1786).

Dazu kommen drei ungewöhnliche Feldherren:

Generalfeldmarschall Georg Derfflinger, aus ärmsten kleinbürgerlichen Schichten, eine Art Räuberhauptmann während des Dreißigjährigen Krieges, unter dem Kurfürsten Friedrich Wilhelm.

Feldmarschall Leopold, Fürst von Anhalt-Dessau, Hauptschöpfer der preußischen Infanterie unter König Friedrich Wilhelm I.

General Friedrich Wilhelm von Seydlitz, Schöpfer der „leichten" Kavallerie unter Friedrich dem Großen.

Welche Rolle spielte das Offizierskorps?

Nach Hoven entfielen auf eine Armee von 40 000 Mann 1740 rund 3100 Offiziere und 1786 auf 195 000 Mann 5500 Offiziere. Die Zahl der Offiziere hatte sich also relativ stark vermindert. Das wurde in den nächsten 20 Jahren anders, als das Heer sich auf 235 000 Mann erhöhte, die Zahl der Offiziere aber auf 7000 bis 8000 stieg.[6]

Im „Kurzen Abriß" lesen wir über die gesellschaftliche Rolle des Offizierskorps: „Der Offizier galt als der 'erste Stand' im Staat, seine Uniform machte ihn 'hoffähig' und allen bürgerlichen Beamten überlegen. Das obrigkeitsstaatliche Denkschema 'Ordre parieren, nicht räsonieren' paarte sich mit der Verachtung der bürgerlichen Kultur und humanistischen Bildung durch die Hohenzollern und die Masse des preußischen Feudaladels und des Offizierskorps. Nicht zuletzt widerspiegelten sich diese politischen Maxime in der Militärseelsorge und in der Militärmusik, die Mittel zur reaktionären Beeinflussung der Soldaten waren."[7]

In seiner 1906 erschienenen Schrift „Jena und Tilsit" bemerkt Mehring ebenfalls scharf kritisch: „Das Bild der schauerlichen Landplage, die dieses Offizierskorps darstellte, würde unvollständig sein, wenn nicht noch erwähnt würde, daß es seine Mißhandlungen auf die bürgerliche Bevölkerung nicht minder erstreckte als auf die militärische. Darüber sagt Lehmann: 'Höhere wie niedere Offiziere schimpften, prügelten und sperrten die Bürger ein, die ihnen unbequem wurden; der Gouverneur von Breslau bedrohte Geheime Räte mit dem Stock und titulierte sie Schlingel und Esel; in den mit dem Zivil schwebenden Streitigkeiten maßte sich das Militär an, selbst sein Recht zu sprechen.' Und dabei waren diese Offiziere das roheste und ungebildetste Pack von der Welt; sie brüsteten sich mit ihrem Mangel an Bildung, mit ihrer Unfähigkeit, richtig Deutsch zu sprechen; fand sich ein weißer Rabe unter ihnen, der einiges Interesse für die aufkeimende bürgerliche Kultur zeigte, wie der Major Ewald von Kleist, der Freund Lessings, so war er die Zielscheibe ihres banausischen Spottes."[8]

---

[6] Vgl. dazu *J. Hoven*, Der preußische Offizier des 18. Jahrhunderts. Diss. Leipzig 1936, S. 58 und *O. Büsch*, Militärsystem und Sozialleben im alten Preußen 1713–1807, Berlin 1962, S. 83.

[7] „Kurzer Abriß", S. 81.

[8] *Fr. Mehring*, Gesammelte Schriften, Bd. 6, Berlin 1965, S. 20.

Fast ein Jahrzehnt später aber kommt Mehring zu einem ganz anderen Urteil, vor allem dadurch, daß er zwischen dem hohen und dem übrigen Offizierskorps unterscheidet:

„Dem damaligen preußischen Offizierskorps war es zu danken, daß der König den Siebenjährigen Krieg militärisch durchhalten konnte. Man ist fast versucht, es eine Art Mönchsorden zu nennen, woran äußerlich auch schon die Tatsache erinnert, daß der König, soweit seine Macht irgend reichte, die Offiziere zur Ehelosigkeit zwang. Ohne eine karge und lange Novizenzeit gelangte keiner zu den höheren Stellen, die unter solcher Voraussetzung für jeden erreichbar waren; es spricht doch für dieses frugale und harte Geschlecht, daß ein Mann wie Gotthold Ephraim Lessing gern in seinen Kreisen verkehrt, ja die frischeste und froheste Zeit seines Lebens darin verbracht hat. Arme Teufel zum großen Teil, die nichts als ihre Ehre, ihren Degen und ihr Leben besaßen, die ihr Leben täglich in die Schanze schlugen und manchesmal auch gegenüber den despotischen Launen des Königs lieber ihren Degen zerbrachen als ihre Ehre befleckten.

Aber der Siebenjährige Krieg ist nicht nur ihr Ruhm, sondern auch ihr Verhängnis gewesen. Ihrer viertausend waren auf dem Schlachtfelde geblieben, und nach dem Frieden gelang es nicht, die Lücken auszufüllen, zumal das Heer beständig anwuchs. ...

Von allen Mißgriffen des Königs war der meist getadelte freilich in gewissem Sinne der erklärlichste. Auch von seinen bürgerlichen Bewunderern ist der 'Philosoph von Sanssouci' ziemlich grob angehaucht worden, weil er nach dem Siebenjährigen Kriege alle bürgerlichen Offiziere aus dem Heere vertrieb, die in den Nöten des Krieges dahinein gelangt waren, und sie, soweit der Bedarf an Offizieren durch den einheimischen Adel nicht gedeckt wurde, durch adlige Abenteurer aus der Fremde ersetzte. Es mag nur nebenbei bemerkt werden, daß die bürgerlichen Offiziere gemeiniglich auch nicht die besten Brüder waren. Wenn junkerliche Offiziere dem König lieber ihre Degen vor die Füße warfen, ehe sie seinen Befehl ausführten, ein kursächsisches Jagdschloß zu plündern, ein bürgerlicher Offizier diesen Befehl aber mit Wonne ausführte und dabei die eigenen Taschen bis obenauf füllte, während der königliche Anteil an dem Raube wenigstens den Lazaretten verschrieben wurde, so mußte Friedrich in seiner Auffassung bestärkt werden, daß nur der Adel Ehre im Leib habe. Indessen man kann davon ganz absehen; bei der starren ständischen Gliederung des friderizianischen Staates konnte dem bürgerlichen Stande gar nicht der Offiziersberuf geöffnet werden, ohne den Staat von Grund auf umzuwälzen. Das hat zwar die Schlacht von Jena vollbringen können, aber nicht der König Friedrich, selbst wenn er gewollt hätte.

Es ist das Pech der liberalen Geschichtsschreibung, daß sie immer auf die unrichtige Fährte gerät, wenn sie einmal einen König zu tadeln wagt. Die persönliche Vorliebe des Königs für den Adel war nur der Reflex der altpreußischen Staatsräson."

Auch so bemerkt Mehring an der gleichen Stelle: „Innerhalb des so rekrutierten Offizierskorps herrschte gewissermaßen eine demokratische Organisation. Wer eintrat, mußte eine frugale und harte Lehrzeit von etwa zwanzig Jahren durchmachen, bei einem Monatssolde von zehn bis vierzehn Talern; dann winkte die Kompanie, die ihrem Inhaber gestattete, innerhalb eines Jahrzehnts ein kleines Vermögen zu sparen, mit dem er ruhig an der Majorsecke scheitern konnte. Bis zum Major war Aufrücken nach dem Dienstalter unbedingter Grundsatz, an dem der König nicht rütteln konnte, doch blieb die Ancienität auch für die höheren Befehlsstellen eine nicht leicht zu überschreitende Regel. In den Nöten des Siebenjährigen Krieges hat der König wohl einmal bei der

Parole erklären lassen, bei den Ernennungen vom Obersten ab werde er sich nicht mehr an das Dienstalter binden; wenn er einen Fähnrich in seinem Heere wüßte, der die Qualität des Prinzen Eugen von Savoyen besäße, würde er ihn sofort zum Generalfeldmarschall ernennen. Aber in der Praxis fiel [es] ihm doch sehr schwer, diesen Grundsatz durchzuführen. Als er gleich nach dessen Verkündung einem General, dem er besonders vertraute, den Befehl über andere Generale anvertrauen wollte, die in der Anciennität voran standen, half er sich damit, ihn zu dem zu ernennen, 'was ein Diktator bei der Römer Zeiten vorstellte'. Ob sich dieser Ausweg als probat erwiesen hätte, läßt sich nicht sagen, da der neue 'Diktator' innerhalb weniger Tage von den Russen aufs Haupt geschlagen wurde.9"10

In der Tat kann man nur mit einem Offizierskorps, das zumindest in den unteren Chargen dem von Mehring hier in seiner späteren Beurteilung charakterisierten gleicht, einen Krieg wie den Siebenjährigen führen.

Daher urteilt auch sehr abgewogen Schnitter:

„Mit dem Dienst im Heer nahm ein beträchtlicher Teil der herrschenden Klasse jetzt unmittelbar an der militärpolitischen und militärischen Machtausübung teil. Dieser Faktor gewann für das militärische Instrument des preußischen Militarismus besondere Bedeutung. Das preußische Offizierskorps unterschied sich in seinen politisch-sozialen Grundlagen nicht prinzipiell vom Offizierkorps in den anderen stehenden Söldnerarmeen. Aber der Offizier im preußischen Heer war nicht nur militärischer Würdenträger oder formaler Inhaber einer Kompanie oder eines Regimentes, wie es in vielen anderen Heeren der Fall war. Er war zugleich täglicher Drill- und Exerziermeister der Soldaten, eingespannt in den Kasernen- und Felddienst, eingegliedert in eine feste Rangordnung und der militärischen Subordination unterworfen. Das Infanteriereglement von 1726 legte z. B. fest, 'daß die Subordination unter denen Oficiers bey einem Regiment vom General bis zum jüngsten Fähnrich auf das allergenaueste beobachtet werden soll'11. Die Ausübung des Dienstes erfaßte einen großen Teil der Lebensphäre des Offiziers.

Zusammengehalten durch den feudalaristokratischen Ehrenkodex und ein bereits in den Kadettenanstalten herangezüchtetes exklusives Standesbewußtsein, entwickelte sich das preußische Offizierkorps im 18. Jahrhundert zu einer vom Volk und von den Soldaten scharf getrennten Kaste, die politisch-ideologisch eine feste Machtstütze der Krone war. Durch den langjährigen praktischen Dienst erlangte das Offizierskorps eine militärfachliche Perfektion, die sich mit Verachtung und Abneigung gegenüber der 'Gelehrsamkeit' und dem 'Federfuchser' paarte. So wuchsen im Offizierkorps Normen und Formen eines Kastengeistes heran, die solche 'soldatischen Tugenden' wie Befehl und Gehorsam, Treue, Dienen u. a. zu grundlegenden Maßstäben für das Verhalten in allen Lebensbereichen bestimmten. Die militärischen Erfolge des preußischen Heeres in den Kriegen zwischen 1740 und 1763 trugen dazu bei, dieses Gedankengut weiter zu profilieren."12

---

9 Gemeint ist der preußische General Wedel, der im Sommer 1759 mit besonderen Vollmachten (deswegen Diktator) als Kommandierender General einer Heeresabteilung über dienstältere Generäle eingesetzt worden war. Am 23. Juli 1759 wurde er von den russischen Truppen bei Kay in der Nähe von Züllichau in Niederschlesien geschlagen.

10 *Fr. Mehring*, a. a. O., Bd. 8, Berlin 1967, S. 346 f. und S. 343 f.

11 Reglement vor die Königliche Preußische Infanterie von 1726. Faksimiledruck der Ausgabe von 1726 mit einer Einleitung von *H. Bleckwann*, Osnabrück 1968, S. 526.

12 Ztschr. f. Militärgesch. Berlin 1971, H. 3, S. 309 f.

Schnitter hat völlig recht, daß sich das preußische Offizierskorps „in seinen politisch-sozialen Grundlagen nicht prinzipiell vom Offizierkorps in den anderen stehenden Söldnerarmeen unterschied". Der Unterschied lag vielmehr im folgenden:

Erstens: Das preußische Offizierskorps arbeitete gründlich und angestrengt und interessiert an seinen Aufgaben.

Zweitens: Das preußische Offizierskorps hatte drei höchst interessierte und sachverständige und für es einsatzbereite Chefs im Kurfürsten Friedrich Wilhelm, im Friedrich Wilhelm I. und in Friedrich II.

Drittens: Das Offizierskorps – und hier liegt einer der Züge des preußischen Militarismus offen – galt als eine gesellschaftliche Elite.

Der erste Zug wird auch dadurch betont, daß die Offiziere nicht selten mitbestraft werden, wenn sich Soldaten Unregelmäßigkeiten zuschulden kommen lassen. So heißt es auch noch 1781, als die Bestrafung von Offizieren seltener geworden war, in einem Parolebuch: „Wenn künftig ein Kerl im Zuge nicht ordentlich marschiert, so kommt der Commandeur der Compagnie in Arrest, dieweilen solche sorgen müssen, daß ihre Leute dressiret seien."[13]

Die beiden letzteren Züge werden besonders unter dem König Friedrich Wilhelm I. herausgearbeitet, über den Kathe schreibt: „Friedrich Wilhelm I. sah in der Festigung seines persönlichen Verhältnisses zu den Offizieren eine wesentliche Aufgabe. Zugleich ließ er durch die Regimentskommandeure Konduitenlisten anlegen, die über deren dienstliches und privates Leben Auskunft gaben. Er suchte den Offizieren Reputation zu verschaffen. Befehle an diese unterschrieb er persönlich, und ein Offizier war am Berliner Hofe eine Persona gratissima. Als Ratgeber und täglichen Umgang zog der König Offiziere entschieden vor. Mit Verwunderung hatte er bei einem Aufenthalt in Hannover wahrgenommen: 'Wofern ein Offizier nicht bei Hofe eine Charge hat, so ist er nicht angesehen, er mag Generalmajor oder Oberst sein.' In Dresden fiel ihm bei einem Besuch auf, daß die Sachsen 'viele ordentliche Offiziere' haben, sie aber nicht 'estimiert' werden."[14]

Wenn gesagt wird, daß das adlige Offizierskorps völlig getrennt von den Soldaten sei, so trifft das auch dann zu, wenn nicht wenige Junker als Unteroffiziere begannen, ja, wer nicht Kadett gewesen war, mußte auf Grund einer königlichen Anordnung von 1715 drei Monate als Gemeiner (allerdings in der Uniform des Unteroffiziers) dienen.

Gleichzeitig hatte der Adel die Pflicht, Söhne in die Armee zu schicken, und Friedrich Wilhelm I. ebenso wie Friedrich II. holten sich für das Kadettenkorps zwangsweise durch Landreiter oder durch ökonomischen Druck auf die Eltern (Einquartierung) adlige Jungen, so daß manche Eltern nachzuweisen suchten, daß sie nicht zum preußischen Adel gehörten, um ihr Kind zu Hause zu behalten. Friedrich Wilhelm I. brachte von seiner Krönungsfahrt nach Königsberg gleich drei Wagen voll Kadetten mit. Von ihm stammt auch die Äußerung über die zivilen jungen Adligen: „Denn was lernen die meisten jungen Schüfte anders auf dem Lande als eine Lerche zu fangen, zu saufen, die Gläser aus dem Fenster zu werfen und die Weingranaten einander um die Nase herumfliegen zu lassen; sie werden zärtlich erzogen, sind gut Leben gewohnt, haben alle Nacht ein warmes Bette und alle Morgen ihr Warmbier, reiten auf der Wurst herum, daher sie Krippenreiter genannt werden."[15] Die Jungen gewöhnten sich schnell an das Leben als

---

[13] *A. v. Witzleben*, a. a. O., S. 13.

[14] *H. Kathe*, a. a. O., S. 51 f.

[15] Zitiert in *G. Liebe*, Der Soldat in der deutschen Vergangenheit, Leipzig 1899, S. 126.

„Bevorzugte der Gesellschaft", auch wenn ihr Leben spartanisch und ihr Gehalt als niedrige Offiziere sehr gering war und Friedrich II. es anfangs ungern sah, wenn sie einen Zuschuß von zu Hause erhielten. Später wurde es etwas leicher, sich Geld von zu Hause kommen zu lassen. Auch gab es noch andere Mittel, sich Geld zu beschaffen. Von der Trenck berichtet (ich geben die Fußnoten des Herausgebers ebenfalls): Er ist Offizier der Ehrenwache einer Prinzessin, wobei ihm die Uhr gestohlen wird.

„Dieses verursachte ein scherzendes Gespött mit dem gestutzten wachthabenden Offizier. Und eine große Dame[16] sagte mir bei vorteilhafter Gelegenheit: sie würde mich über meinen Verlust beruhigen ... Der Ausdruck war mit einem Blick begleitet, den ich gern verstand, und innerhalb wenigen Tagen war ich der glücklichste Mann in Berlin. Es war unsre beiderseitige erste Liebe, und da sie meinerseits mit der tiefsten Ehrfurcht verbunden war ... so reut mich ewig kein Unglück, welches aus so edler Quelle sich in mein ganzes Schicksal verbreitete – das Geheimnis folgt mir sicher zum Grabe.

Nun war ich in Berlin auf allen Seiten glücklich. Ich war geachtet. Mein König zeigte mir Gnade bei allen Gelegenheiten. Meine Freundin gab mir mehr Geld[17], als ich brauchte, und bald war meine Equipage die prächtigste bei der Garde. Mein Aufwand fiel in die Augen; denn von meinem Vater hatte ich nur das Stammgut Großscharlack ererbt, welches etwa 1000 Taler eintrug. Ich brauchte aber manchen Monat mehr ..."[18] Natürlich hatten nicht viele Offiziere das Glück, mit der Schwester des Königs im Bett zu liegen und dafür noch hoch bezahlt zu werden.

Darum heißt es noch im Reglement von 1788: „Übrigens muß ein jeder Offizier sich so einzurichten und einzuschränken wissen, daß, wenn er nicht Mittel von Hause hat, er von seinem Tractament leben könne. Keineswegs muß er dagegen seine Ehre darin setzen, größeren Aufwand zu machen, als es seine Vermögensumstände zulassen, sondern vielmehr glauben, daß es ihm mehr Ehre bringe, mit seinem Einkommen, ohne Schulden zu machen, fertig zu werden."[19]

Erst mit dem Rang des Kompaniechefs änderte sich die Position der Offiziere. Schon die Gehaltsskala deutet das an. Während der oberste Rang unter dem Kompaniechef (Kapitän, d. h. Hauptmann), der Premierleutnant, unter Friedrich Wilhelm I. nur 9 Taler und 5 Pfennige erhielt, weniger als dreimal so viel wie der oberste „einfache Soldat", der Sergeant, der 3 1/2 Taler erhielt, bekam der Kompaniechef 46 Taler, 23 Groschen und 8 Pfennig, wovon er aber, wie es heißt, die besonderen Ausgaben der Kompanie zu bestreiten hatte. Faktisch jedoch war jeder Rang vom Kompaniechef bis zum Garnisonschef eine außerordentliche Einnahmequelle.

Mehring äußert sich mehrfach über die sogenannte Kompaniewirtschaft:

„Die bäuerliche und bürgerliche Bevölkerung wurde bis aufs Blut ausgepreßt, um die Mittel für den Unterhalt des stehenden Heeres zu schaffen; diese Mittel flossen in die Taschen der Offiziere, um Soldaten zu werben und zu besolden, aber sie flossen zur

---

[16] Es war Friedrichs Schwester Amalie, geb. 1723, seit 1744 Äbtissin von Quedlinburg, gest. 1787.

[17] Hier ein Beispiel für die unserm Empfinden so zuwiderlaufende Tatsache, daß die Kavaliere des Rokoko ohne Bedenken von den Damen ihres Herzens Geld empfingen. Unzählige Beispiele dafür finden sich in den Moderomanen jener Zeit, wie z. B. in Celanders „Verliebtem Studenten" von 1709 (hrsg. Semerau, Leipzig 1906) und in dem „Im Irrgarten der Liebe umhertumelnden Cavalier" Johann Gottfried Schnabels von 1738 (hrsg. Paul Ernst, München 1907).

[18] *Fr. von der Trencks* Lebensgeschichte, Leipzig 1787, Bd. I, hier zitiert nach *R. Steinert* (Hg.), Preußisches Soldatenleben in der Fridericianischen Zeit, Leipzig o. J., S. 83 f.

[19] Reglement für die Königlich Preußische Infanterie, Berlin 1788, S. 628.

guten Hälfte nicht wieder heraus, sondern blieben hübsch drinnen, indem die Offiziere die Hörigen, über die sie als Junker freie Verfügung hatten, zu Soldaten preßten, was ihnen erstens das Werbegeld sparte und zweitens auch ermöglichte, die Soldzahlung auf ein Minimum zu beschränken. Denn diese Rekruten brauchten nur drei Monate unter der Fahne zu dienen und wurden dann zwanzig Jahre lang jedes Jahr nur einen Monat zur Übung eingezogen. Dabei fiel für die Junker noch der besondere Vorteil ab, daß ihnen das Scharwerk dieser Hörigen, auf deren Kosten sie die Staatskassen bemogelten, möglichst kurze Zeit entzogen wurde."

„Die Regierung streckte den Kapitänen bestimmte Summen vor, um Rekruten zu werben und zu besolden; die Kapitäne aber benutzten das Herrenrecht, das sie als Adel über die bäuerliche Bevölkerung besaßen, um die erbuntertänige Jugend zum Heeresdienst zu pressen und nach notdürftiger Ausbildung dem Ackerwerk wieder zuzustellen.

Dadurch war den Kapitänen die Möglichkeit gegeben, einen großen Teil der von der Regierung vorgeschossenen Summen in die eigene Tasche zu stecken, wobei sie sich obendrein mit gefälschten Listen in den Überlieferungen der Kondottierezeit hielten. Dieses 'Kantonsystem' ist der schlagendste Beweis nicht für sondern gegen den preußischen Absolutismus; die Krone hat es nicht erfunden, sondern sich ihm erst nach langem Widerstreben anbequemt, weil der Adel mächtiger war als sie."

„Die Kompaniewirtschaft aber blieb eine nie versiegende Quelle der infamsten Erpressungen und Fälschungen, Gaunereien und Schurkereien. In den ihnen zugewiesenen Kantonbezirken herrschten die Kompaniechefs wie die Paschas; mit barem Gelde mußten sich die Kantonisten, auch wenn sie gar nicht zum Kriegsdienst herangezogen werden durften, die Erlaubnis zur bürgerlichen Niederlassung und Verehelichung erkaufen. Die Präsenzlisten wurden, wie es in einer Kabinettsorder heißt, 'um schnöden Gewinnes willen' gefälscht, die Beurlaubung auch auf die Ausländer ausgedehnt, die sogenannten 'Freiwächter', die innerhalb der Garnison vom Wachtdienst befreit wurden und selbst für ihren Unterhalt sorgen mußten, während die Kompaniechefs ihren Sold in die Tasche steckten. ...

Die junkerlichen Helden fürchteten nichts sosehr wie den Krieg, der ihnen eine so ergiebige Grube schmutzigen Gewinnes verschütten mußte. Es ist anzuerkennen, daß die preußischen Könige gegen dies System nichtswürdiger Ausbeutung angekämpft haben; sie mußten es schon tun aus dem einfachsten Triebe der Selbsterhaltung. Aber trotz unzähliger Kabinettsorders haben sie nicht viel erreicht. Am schärfsten und treffendsten ist die Kompaniewirtschaft von den späteren Reformatoren des Heeres beurteilt worden; Boyen meinte, sie habe aus Offizieren 'wuchernde Krämer' gemacht, und ähnlich sprach sich Scharnhorst aus, dem Gneisenau beipflichtete, sie habe die Armee um die Achtung der Bürger und des Auslandes gebracht, den Offizieren die Liebe der Soldaten geraubt und die Moralität vieler sonst braver Männer verdorben."[20]

H. Schnitter schreibt: „Charakteristisch für das stehende Heer des preußischen Militarismus war die große Machtstellung der Kompanie-, Regiments- und Garnisonchefs. Nicht nur die Kompaniewirtschaft stellte eine ihrer wichtigsten materiellen Einnahmequellen dar. Durch Einsparungen sowie das Einbehalten des Soldes der Beurlaubten und Freiwächter konnte ein Kompaniechef jährlich über 2000 Taler in seine Tasche stecken. In gleichem Maße eröffnete die exklusive politische, juristische und soziale Stellung dem Offizier im Garnisonsbereich zusätzliche Bereicherungsmöglichkeiten. Er

[20] *Fr. Mehring*, a. a. O., Bd. 8, S. 227 f. und 342, Bd. 6, S. 17 f.

ließ sich Befreiungen von der Kantonpflicht, Trauscheine sowie Verabschiedungen bezahlen, zog Rekruten zu Arbeitszwecken ein und nutzte auf verschiedene Weise seine Position gegenüber der zivilen Verwaltung und in der Justiz aus, den städtischen Fiskus zu schröpfen und Bestechungsgelder anzunehmen."[21]

Otto Büsch hat sehr detaillierte Berechnungen des Einkommens eines Kompaniechefs gemacht:

„Die Einkünfte eines Kompaniechefs bei der Infanterie beziehungsweise eines Schwadronschefs bei der Kavallerie, des Kapitäns bei der Artillerie oder bei anderen. speziellen Waffengattungen hingen von verschiedenen Umständen ab und waren also nicht generell bestimmbar. Zum Jahrhundertende betrug das 'Traktament', das monatliche Gehalt, eines Rittmeisters 92 Taler; dazu kamen 15 Taler Pferdeverpflegungsgeld, 22 Taler Reparaturgeld, 19 Taler Gewehrgeld, 7 Taler Pferdearzneigeld und 36 Taler Werbegeld. Vom Reparaturgeld, Gewehrgeld, Arzneigeld und Werbegeld, zusammen 84 Taler, soll der Schwadronchef etwa 40 Taler haben ersparen können. ...

Zu den Einsparungen des Kompanie- oder Schwadronschefs in diesem Punkt kamen die Einnahmen aus der dem Chef zugewilligten Zahl von Freiwächtern; sie betrugen pro Freiwächter etwa 2 Taler, also bei 15 Freiwächtern, die gegen Ende des Jahrhunderts bewilligt waren, rund 30 Taler. ...

Rechnete man diese Positionen zusammen: die Ersparnisse aus 15 Freiwächtern = 30 Taler, die schon errechneten 40 Taler aus Reparaturgeld, Gewehrgeld, Arzneigeld und Werbegeld, und die 107 Taler aus dem Traktament und den Pferderationen – so ergab sich eine Einahme von 177 Talern monatlich oder 2132 Talern jährlich. Hierzu kam der Gewinn aus den sogenannten 'kleinen Mundierungsgeldern' – eigentlich 'Montierungsgeldern' (zur kleinen Montierung gehörten: Vorschuhe, Sohlen, Stiefelklappen, Oberhemden, Unterhemden, Haarzopfbänder, Halsbinden etc.) –, für die der König dem Kompanie-, beziehungsweise Schwadronschef pro Mann und Jahr 2 Taler 22 Groschen gab. Aus diesen Angaben ließ sich bei einer 144 Mann starken Eskadron unter Berücksichtigung der nicht allzu ängstlichen Rechnungsführung der Chefs ein weiterer Gewinn von 150 Talern jährlich berechnen, so daß sich die Einkünfte des Schwadronschefs zum Ausgang des 18. Jahrhunderts auf 2282 Taler beliefen. ...

Die errechneten Summen betreffen nur die Bezüge des Kapitäns beziehungsweise Rittmeisters als Kompanie- beziehungsweise Schwadronschef; sie erhöhten sich mit steigendem Rang des Chefs. Kompanie- und Eskadronschef waren auch alle höheren Chargen in den Regimentern bis hinauf zum General. Sie bezogen zusätzlich zu dem Grundeinkommen des Kapitäns oder Rittmeisters noch das Traktament als Stabsoffizier sowie höhere Rationssätze und vom Regimentschef aufwärts feste sogenannte Douceursätze, eine besondere Aufwandsentschädigung. So belief sich das Einkommen des Majors als Schwadronschef auf 2282 Taler plus 275 Taler jährliches Stabstraktament plus 180 Taler für 10 Rationen, zusammen 2737 Taler. Ebenso war das Einkommen des Obristleutnants zu veranschlagen. Die nächste bedeutende Stufe war die Stelle eines Regimentschefs. Zu den 2282 Talern Eskadronchefeinkommen kamen in dieser Position ein Stabstraktament von 836 Taler jährlich, 396 Taler für 16 Rationen Pferdeverpflegung und ein Douceur von jährlich 1540 Talern, zusammen 5054 Taler jährlich. Bei den Dragonerregimentern zu 10 Schwadronen war das Douceur um 1433 Taler jährlich höher, steigerte das Einkommen also auf 6487 Taler."

---

[21] *H. Schnitter*, a. a. O., S. 312 f.

All diese großen Einnahmen wurden nur zum Teil auf Kosten der Soldaten gemacht. Der größere Teil der Einnahmen kam durch Betrug der Staatskasse und Erpressung des Rekrutierungsmaterials, das nicht in der Armee diente. Der „Ehrbegriff" des Offizierskorps schloß also jede Geldeinnahmequelle aus. Sie waren bereit, wenn sie das Verhalten des Königs „ehrenrührig" fanden, ihm den Säbel vor die Füße zu werfen und jede Karriere zu gefährden, sie waren bereit, im Felde zu fallen, aber wenn es um Geld ging, war man ab Hauptmannsrang bereit, auf jede Ehre zu verzichten.

Erwähnt sollte auch werden, daß Mehring unrecht hat, wenn er meint, daß im Krieg alle zusätzlichen Einnahmequellen versiegten. Erstens gab es natürlich Gelegenheit zu Raubzügen. Zweitens gab es die Gnadengeschenke des Königs für besondere Leistungen in der Schlacht. Drittens aber gab es im Krieg eine besondere Einnahmequelle für alle Offiziere: „An die Stelle derjenigen Einnahmen in Friedenszeiten, die – wie etwa die Urlaubergelder – im Kriege fortfielen, traten in Kriegszeiten dann die Winterdouceurgelder. Diese Douceurs erreichten eine Höhe von 1800 Talern für den Kapitän, 2000 Talern für den Rittmeister, 5000 Talern für den Generalmajor, 7000 Talern für den Generalleutnant, 10 000 Talern für den General und 15 000 Talern für den Feldmarschall. Von diesen Summen, die als Entschädigung für ausgefallene Einnahmen und erlittene Strapazen galten, hatten die Chefs der Einheiten verschiedene Kosten zu bestreiten und überhaupt dem Zustand ihrer Kompanien aufzuhelfen. Dergleichen Douceurs wurden übrigens auch an Subalternoffiziere in Höhe bis zu 300 Talern gezahlt."

Sehr richtig bemerkt Büsch auch über das gesamtwirtschaftliche Gehabe eines Kompaniechefs: „er verlor den Charakter eines lediglich rechnungsführenden Verwalters der ihm anvertrauten Kriegsgelder und wurde gleichzeitig zu einem Unternehmer auf Gewinn und Verlust."[22]

Doch einen so erträglichen Posten erreichte man im allgemeinen erst nach einem Vierteljahrhundert harten Dienstes. Die Kapitäne waren zumeist in den vierziger Jahren.

So sah das effektivste Militärkorps jener Zeit aus. Effektiv sowohl im persönlichen Dienst wie auch in der Erziehung und Leitung der besten Armee des Spätfeudalismus in seiner schlimmsten Niedergangsperiode. Denn nie dürfen wir bei irgendeiner Wertung seiner Eigenschaften vergessen, daß sein einziger Zweck war, einer zum Untergang verurteilten, völlig feudalen Gesellschaftsordnung zu dienen. Daß dieser Dienst in seiner Art effektiver war als der irgendeines anderen Offizierskorps, ist interessant und bedeutsam vom „technokratischen" Gesichtspunkt, kann aber auch nicht einen Hauch von Positivem seiner gesellschaftlichen Bedeutung geben. So erstaunlich die Effektivität von Mephistopheles, ist er doch am Ende zum Scheitern verurteilt und kann nie ein Engel werden.

Und die Mannschaften? Doch bevor wir auf sie, unser Hauptthema, zu sprechen kommen, gilt es zunächst noch, das „politökonomische System", das sie erhält und die Armeeverfassung, in der sie dienen, kurz zu charakterisieren.

So wie Marx die Produktionsverhältnisse der feudalen Zeit als konservativ, stagnant, traditionsgebunden, starr kennzeichnet, so bemerkt Engels über das Militärwesen:

„Das ganze Mittelalter ist eine ebenso unfruchtbare Periode für die Entwicklung der Taktik wie für jede andere Wissenschaft. Das Feudalsystem war im wesentlichen ein Gegner der Disziplin, obgleich es in seinen ersten Anfängen eine militärische Organi-

[22] O. Büsch, Militärsystem und Sozialleben im alten Preußen 1713–1807, Berlin 1962, S. 118 ff., 122, 115.

sation war. Rebellionen und Abspaltungen großer Vasallen mit ihren Kontingenten fanden ständig statt. Die Befehlserteilung an die Anführer wurde gewöhnlich zu einem lärmenden Kriegsrat, wodurch alle ausgedehnten Operationen unmöglich gemacht wurden. Kriege waren daher selten auf entscheidende Punkte gerichtet; Kämpfe um den Besitz einer einzigen Ortschaft füllten ganze Feldzüge aus. Die einzigen größeren Operationen dieser Periode (wenn man die verworrene Zeit vom 6. bis 12. Jahrhundert außer acht läßt) sind die Kriegszüge der deutschen Kaiser nach Italien und die Kreuzzüge – die einen so ergebnislos wie die anderen.

Die Infanterie des Mittelalters, die sich aus den feudalen Lehnsmännern und einem Teil der Bauernschaft zusammensetzte, bestand hauptsächlich aus Pikenieren und war meist erbärmlich. Für die Ritter, völlig eisengepanzert, war es spielend einfach, in diesen ungeschützen Haufen zu reiten und willkürlich dreinzuschlagen."[23]

Aber das Militärwesen, die Militärtechnik, die Militärwissenschaft haben ihre Besonderheiten. Nachdem sie einmal einen Sprung nach vorn getan, wie in der Renaissance, gibt es kein Zurück mehr für sie, keine Refeudalisierung, keine zweite Leibeigenschaft insofern, als sie sich international entwickeln und sich bemühen, den „Weltstandard", ganz gleich von welchem Land und welcher Gesellschaftsordnung vertreten, zu erreichen. Seit dem 15. Jahrhundert besteht der Unterschied zwischen den Ländern West- und Mitteleuropas, ja man muß wohl auch Rußland mit einbeziehen, nur noch darin, wie schnell und wie gut sie die neuesten Erkenntnisse sich aneignen bzw. welche Pionierleistungen, die schnell von anderen aufgenommen werden, sie erbringen.

Ein ganz entscheidender Unterschied besteht hier zwischen den Produktions- und den Destruktionsinstrumenten. Während die Dampfmaschine im ersten Viertel des 18. Jahrhunderts in England zum Auspumpen des Wassers in den Bergwerken benutzt wurde, kam die erste und längere Zeit einzige Dampfmaschine nach Deutschland, damit ein feudaler Fürst die Fontänen in seinem Park höher springen lassen konnte. Das Bajonett aber oder das Steinschloßgewehr fanden in allen Armeen Europas zum gleichen Verwendungszweck Eingang. Die „Kriegskunst" war genau wie die Wissenschaft international, jeder lernte vom anderen.

Ähnlich steht es mit der Einrichtung des stehenden Heeres (für England vor allem der stehenden Flotte, für Holland Heer wie Flotte).

Mit dem Ende des Dreißigjährigen Krieges, aus dem in Deutschland die Fürsten als Sieger gegenüber dem Reich und gegenüber allen Klassen und Schichten hervorgingen, wandelte sich auch das Militärwesen. Der absolute Fürst stützte sich auf eine stehende Armee, die seinem Befehl folgte, auf einen gezähmten Adel, dem übelste Ausbeutung seiner „Untertanen" gesichert war, gesichert durch das dem Fürsten unterstehende Heer sowohl gegen inländische und ausländische Konkurrenzfehden wie auch gegen Volkswiderstand – wobei, was die Ausbeutung betrifft, natürlich die Steuer an den Fürsten allem voranging.

Schon damals stand die Frage: Kanonen (für die Armee) oder Butter (für die Fürsten)? Das läßt sich geradezu klassisch realisiert in Preußen beobachten.

Der Kurfürst Friedrich Wilhelm I. hatte 1688 seinem Nachfolger eine Armee von 31 000 Mann hinterlassen, die wirklich eine Staatsarmee war und die nicht, wie stehende Heere anderer deutscher Feudalfürsten, um deren Finanzen für Butterverbrauch aufzubessern, an andere europäische Fürsten für kriegerische Zwecke ausgeliehen wurde. (Aber

---

[23] *Fr. Engels,* a. a. O., S. 532 f.

noch mußten kurfürstliche Soldaten unter fremdem Oberkommando auf den verschiedensten Kriegsschauplätzen auf Grund von Bündnisverpflichtungen dienen.)

Sein Nachfolger, der spätere König Friedrich I. war ganz anderer Art, den üblichen absolutistischen Fürsten ähnlich – prachtliebend, verschwenderisch, auf physische Vergnügungen aus, wenig um das Heer bekümmert, von dem zum Beispiel 1709 rund 8000 Mann im Dienste des Kaisers und 23 000 im Dienste Hollands und Englands standen, im Lande selbst aber gab es nur eine kleine Gardetruppe. Von 1688 bis 1697 hatte Friedrich I. 6,5 Millionen Taler Subsidien ausländischer Mächte eingenommen, ein Drittel der gesamten Militärausgaben.[24]

1701 wurde der Kurfürst zum König gekrönt.

„Der neugebackene König schuf sich eine Hofhaltung, als sei sein Land eine Großmacht. 6 Millionen Taler gab er für die Rangerhöhung und die monatelangen Feierlichkeiten bei einer Jahreseinnahme von knapp 4 Millionen Taler aus. Er wollte ein großer König sein, und Größe manifestierte sich für ihn in Repräsentation. Er suchte 'die Majestät in dem äußerlichen Pomp und in einem langen Schweif buntfarbiger, mit Gold und Silber beschlagener Kreaturen', schrieb mit Bitterkeit Johann Michael von Loen, ein weltkundiger Zeitgenosse, der Großoheim Goethes.

Hinter anspruchsvollen Formen fürstlichen Daseins verbarg sich historische Nichtigkeit. Hinter der kostspieligen Fassade blickten die Symptome des Niedergangs der Feudalklasse unverkennbar hervor. 'Der Hof Friedrichs war, wie alle damaligen deutschen Höfe, unbeschreiblich widerlich, er war roh und frivol zugleich. Es gibt keine ekelhaftere Frivolität als die bei unsern Vorfahren in der letzten Hälfte des siebzehnten Jahrhunderts. Dieser Vorwurf trifft den Hof Friedrichs in vollem Maße' (B. G. Niebuhr). Und Friedrich Engels fällte über die deutschen Fürsten jener Zeit das Urteil: 'Doch ihre größte Schandtat war ihre bloße Existenz.'

Da Friedrich den Königen von Frankreich und England in der Entfaltung äußeren Glanzes nacheiferte, erwuchsen den ohnehin von den Junkern gedrückten Massen neue Lasten. Selbst sein Enkel Friedrich II. zollte ihm nur ein gedämpftes Lob und fügte hinzu: 'er war groß im Kleinen und klein im Großen' – eine Kritik, die in der preußischen Staatsräson wurzelte.

Ein Regime, das Prunk und Pracht auf solche Höhen trieb, gefährdete durch die Aussaugung der Provinzen und die Verschleuderung der Staatseinnahmen die Grundlagen des Militärstaates."[25]

Bei seinem Tode hinterließ der König ein Heer, das kaum größer war als das ihm von seinem Vater überkommene. Seine Effektivität hatte gelitten. Von Militarismus konnte nicht die Rede sein. Sein Sohn urteilte über die Situation, in der er das Land bei der Regierungsübernahme vorfand: „Da mein seliger Vater gestorben war, fand ich, daß das Land Preußen von der menschlichen Pest und Viehpest fast ausgestorben ist, alle Domänen im ganzen Lande oder die meisten verpfändet und in Erbpacht waren, die ich alle wieder ausgelöst habe, und die Finance in solchen schlechten Stande waren, daß ein bankerott nahe war. Die Armee in solchem schlechten Zustand und kleine Zahl war, da ich alle gewesene Unrichtigkeit nicht genug kann beschreiben."

Es war unmöglich, einen Militärstaat aufzubauen und gleichzeitig sich, wie so viele andere absolute Herrscher und kleine Fürsten dieser Zeit, im sybaritischen Schlamm einer untergehenden Gesellschaft zu wälzen. Entweder Butter oder Kanonen.

---

[24] *H. Delbrück*, Geschichte der Kriegskunst, 4. Teil, Berlin 1920, S. 282.   [25] *H. Kathe*, a. a. O., S. 15 f.

König Friedrich Wilhelm I., der „Soldatenkönig", wählte eindeutig die Kanonen.

„Der König war sich seiner Unterschiedlichkeit zum Vater bewußt. Der holländische Gesandte Lintelo berichtete aus der Ansprache Friedrich Wilhelms I. an die Minister: 'Mein Vater fand Freude an prächtigen Gebäuden, großen Mengen Juwelen, Silber, Gold und äußerlicher Magnifizenz – erlauben Sie, daß ich auch mein Vergnügen habe, das hauptsächlich in einer Menge guter Truppen besteht.' ...

Noch 1713 verstärkte er die Infanterie um 8 073, die Kavallerie um 1 067 Mann. Die zur Repräsentation dienenden Garden wurden zum größten Teil in Feldregimenter umgewandelt, die Schweizer Garde verfiel der Auflösung. ...

Friedrich Wilhelm wollte nicht wie seine Vorgänger von den Subsidien fremder Mächte abhängig sein, ein 'roi mercenaire', ein König, der seine Truppen verschachert. Als erster Hohenzollernherrscher seit der Errichtung des stehenden Heeres verwirklichte er die finanzielle Souveränität, indem er sein Land von ausländischer Finanzhilfe unabhängig machte. Das war von außerordentlicher Bedeutung für die Erweiterung des Handlungsspielraums der preußischen Außenpolitik. Neue Quellen mußten für die Staatskasse erschlossen werden, die nicht nur die bisherigen Subsidien ausglichen, sondern die Erweiterung des Heeres ermöglichten. Der millionenverschlingende Hofstaat und die kostspieligen Hoffeste – mit Ausnahme der Hochzeiten und Fürstenbesuche – wurden abgeschafft. Bis zur Beisetzung Friedrich I. blieben noch alle Hofbedienstete, dann wanderten Pagen unter die Kadetten, Lakaien wurden Soldaten.

Die Streichungen im Etat für Küche und Keller erbrachten jährlich 400 000 Taler. Alle Gehälter wurden gekürzt. ...

Der Erzgießer Johann Jacobi, der Schlüters Reiterstandbild des Kurfürsten Friedrich Wilhelm gegossen hatte, stellte jetzt fast nur noch Kanonen her. ...

Der König ließ sich das letzte Rangreglement vom 16. November 1708 vorlegen und gestaltete die Hierarchie der Hof- und Staatsbeamten gründlich um. Chargen wie Oberkämmerer, Oberheroldsmeister, Hofmarschall und Oberzeremonienmeister verschwanden. Den ersten Rang nahm an Stelle des Oberkämmerers der Generalfeldmarschall ein. Die Wirklichen Geheimen Räte als die Spitzen der Zivilverwaltung, früher vor den Generälen genannt, rangierten jetzt hinter den Generalleutnants. Der Hauptmann wurde von der 96. auf die 42. Stufe gehoben. Hatten bis 1713 die Hohenzollernherrscher von 'Unseren sowohl Zivil- als Militär-Bedienten' gesprochen, so kehrte sich die Reihenfolge um. Aber auch die Offiziere mußten Gehaltskürzungen hinnehmen. Die klare Herausstellung der militärischen Prioritäten war der Tenor der Neueinstufung durch den König. Der sächsische Gesandte schickte das Rangreglement nach Dresden mit den Worten: 'Ich lege hier das neue Reglement bei, das ganz neu in jeder Hinsicht ist.'"[26]

Preußen war jetzt wirklich zu einem Militärstaat geworden. Die Entscheidung war eindeutig für Kanonen und gegen Butter gefallen. Wie der König zu sagen pflegte: „Ich verpflege meine Gardegrenadiere von meinen Menus plaisirs" – von der Butter, auf die er verzichtete. Seine Tochter Wilhelmine hatte völlig recht, die Mahlzeiten am königlichen Hofe schlecht und karg zu nennen – gemessen an den Mahlzeiten an anderen Höfen –, aber es gab eben doch noch regelmäßig acht Gänge (drei Fisch- und fünf Fleischgerichte), für jeden eine Flasche Rheinwein und für die Frauen noch etwas Süßes. So schwer es uns fällt (unrechterweise!), hier etwas Spartanisches zu entdecken, fällt uns das leichter auf anderen Gebieten: „Friedrich Wilhelm zeichnete ein außer-

[26] Ebendort, S. 32–36.

ordentliches Reinlichkeitsbedürfnis aus, wie es bei den gepuderten und parfümierten Kavalieren kaum anzutreffen war. Er verschmähte die damals modischen Seidenröcke, Kniehosen, bebänderten Schuhe, Jabots und Silberstickereien. Seit 1725 zeigte er sich nur in der blauen Oberstenuniform seines Potsdamer Regiments. Während der alljährlichen Jagdsaison vertauschte er sie mit dem grünen Jägerrock. Leinene Ärmel und Schürze schonten die Uniform bei der Arbeit am Schreibtisch. Als des Königs Rock sollte im Heer die Uniform gelten, während anderswo die spanische oder französische Mode galt. Schon als Kronprinz hatte Friedrich Wilhelm mit Vorliebe die Uniform getragen."[27]

Man mag sich wundern, daß ich die Formulierung „Kanonen oder Butter" nur auf den König und seinen Hof anwende. Aber ich glaube, sie trifft auch nur auf ihn (und das schon behandelte jüngere Offizierskorps) zu. Ich glaube nicht, daß der materielle Lebensstandard der Werktätigen höher gewesen wäre, wenn die preußischen Könige weniger für ihr Militär und mehr für Lüste und Lustschlösser wie andere Fürsten im niedergehenden Feudalismus ausgegeben hätten. Man kann auch keineswegs sagen, daß die Haltung eines übergroßen Heeres zu mehr und längeren Kriegen geführt hat als in anderen feudalabsolutistischen Ländern. Ganz im Gegenteil wurde der sogenannte Soldatenkönig im Laufe der Zeit direkt verspottet für seine Fähigkeit, sich aus Kriegen herauszuhalten und gleichzeitig seine Armee zu verstärken. Kathe gibt (nach C. Jany, Geschichte der Königlich Preußischen Armee bis zum Jahre 1807) folgende Entwicklung der Stärke der Armee:

Truppenarten	Februar 1713	Juni 1715	Juni 1731	Juni 1739
Infanterie	21746	35134	48967	52391
Kavallerie	7737	9914	15876	17842
Artillerie	527	505	1208	1208
Ingenieurs	—	—	41	41
Garnisonen	4841	—	3650	4720
In holländischen Diensten	5096	—	—	—
Neue Garnisonen	—	—	6804	4832
insgesamt:	39947	45553	76546	81034[28]

Wenn Engels meint, daß mit dem Deutsch-Französischen Krieg 1870/71 ein Wendepunkt eingetreten ist: „Die Armee ist Hauptzweck des Staates, ist Selbstzweck geworden; die Völker sind nur noch dazu da, die Soldaten zu liefern und zu ernähren. Der Militarismus beherrscht und verschlingt Europa. Aber dieser Militarismus trägt auch den Keim seines eignen Untergangs in sich. Die Konkurrenz der einzelnen Staaten untereinander zwingt sie einerseits, jedes Jahr mehr Geld auf Armee, Flotte, Geschütze etc. zu verwenden, also den finanziellen Zusammenbruch mehr und mehr zu beschleunigen."[29] – so muß man feststellen, daß die für seine Zeit ganz große Leistung des „Soldatenkönigs" darin bestand, bereits 150 Jahre vorher einen Militärstaat zu schaffen, ohne den

[27] Ebendort, S. 117.
[28] Ebendort, S. 68.
[29] *Marx/Engels*, Werke, Bd. 20, S. 158.

21*

Staat – im Gegensatz zu so vielen anderen absoluten Feudalstaaten – finanziell zu ruinieren. Es gelang ihm, bei einer Gesamteinnahme des Staates von durchschnittlich 7 ½ Millionen Talern etwa 6 Millionen Taler auf das Heer zu verwenden und von dem Rest noch jährlich 0,3 Millionen zurückzulegen und so einen „Staats- und Kriegsschatz" von fast 9 Millionen Talern zu hinterlassen.

Diese Leistung gegenüber anderen absoluten Herrschern war nur möglich einerseits natürlich durch ebensolche Ausplünderung der Untertanen, wie wir sie in anderen Ländern finden, andererseits durch Sparsamkeit auf allen nicht-militärischen Gebieten, und wahrlich nicht zuletzt durch eine außerordentlich geschickte Verzahnung von militärischer und staatlicher Verwaltung unter sorgfältiger Berücksichtigung militärischer und wirtschaftlicher Interessen.

Mit diesem dritten Faktor gilt es, sich noch ein wenig ausführlicher zu beschäftigen. Huber schildert die Hauptreformen unter Friedrich Wilhelm I. so: „Neben der eigentlich militärischen Führung stand die Heeresverwaltung, die seit der Zeit des Großen Kurfürsten selbständig organisiert wurde. An ihre Spitze wurde das Generalkriegskommissariat gestellt, dem die Finanzverwaltung und die Heeresverpflegung oblag; die regionale Verwaltung wurde in die Hand der Kriegskammern gelegt; auf dem Lande übernahm der Landrat, in den Städten der Commissarius die örtlichen Aufgaben der Verwaltung. Konflikte zwischen der Militärverwaltung und der Zivilverwaltung veranlaßten König Friedrich Wilhelm I. zu der tiefgreifenden Neuordnung von 1723; das Generalkriegskommissariat wurde mit dem Generalfinanzdirektorium verschmolzen; die Leitung des neuen Generaldirektoriums übernahm der König selbst. Entsprechend wurden in der regionalen Verwaltung die Kriegskammern und die Domänenkammern zu einer einheitlichen Behörde zusammengezogen. Durch diese Behördenorganisation wurde die gesamte Staatsverwaltung auf das eine Ziel ausgerichtet, die Finanzkraft des Staates für die Armee einzusetzen. L. v. Ranke hat festgestellt, 'daß die gesamte Administration den Zweck hatte, die Armee zu erhalten und zu vermehren'[30]. Die Bedürfnisse des Militärwesens entwickelten die geordnete Finanz= und Wirtschaftsverwaltung des absoluten Staates. Um das stehende Heer aufstellen und unterhalten zu können, wurden für das Land die Kontributionen, für die Städte die Akzise eingeführt. 'Die Einheit des Heeres zog auch die Einheit der Steuerverwaltung nach sich'[31]. Darüber hinaus wurde die gesamte Wirtschaft, insbesondere die Manufaktur, in den Dienst der wirtschaftlichen Versorgung des Heeres gestellt[32] und aus diesem Antrieb das System der Staatswirtschaft, der sogenannte Merkantilismus, entwickelt. Das Beamtentum, das Finanzwesen, die Wirtschaft dienten der einen großen Aufgabe: die wirtschaftliche Leistungskraft des Staates für die Entwicklung militärischer Macht einzusetzen. Verwaltung und Wirtschaft als Mittel zur militärischen Entfaltung: das war der eigentliche Sinn des brandenburgisch=preußischen Soldatenstaates."[33]

Delbrück bemerkt zu dieser Reform (meine Unterstreichung):

„Das Fundament der preußischen Verwaltung ist die Einteilung des Landes in die Kreise mit dem Landrat an der Spitze. Der Landrat ist ein von den Großgrundbesitzern des Kreises in ihrer Kreisversammlung präsentierter, vom Fürsten ernannter angesessener Edelmann, der die Beziehungen der Einwohner zu eingelagerten oder durchmar-

---

[30] Vgl. *L. v. Ranke*, Zwölf Bücher preußischer Geschichte. Bd. 2, S. 145.

[31] *Vgl. O. Hintze*, Die Hohenzollern. S. 218.

[32] Vgl. *L. v. Ranke*, a. a. O., S. 148.

[33] *E. R. Huber*, Heer und Staat in der deutschen Geschichte, Hamburg 1938, S. 88 f.

schierenden Truppen regelt, die Lieferungen zu ihrer Verpflegung umlegt, die Einquartierung verteilt, die Fuhren ausschreibt, die Steuern einzieht, die Truppen zu besolden oder ihre Brandschatzung abzukaufen.

Ueber den Landräten steht die Kriegskammer, die, hervorgegangen aus dem Ober Kriegs Kommissariat, die dauernd gewordenen Steuern und Lieferungen ausschrieb und verwaltete, die militärischen Bauten an Gebäuden, Magazinen und Festungen ausführen ließ, die Gelder an die Truppen auszahlte, Wege und Brücken unterhielt. Indem Friedrich Wilhelm I. diese Kriegskammern mit den Kammern vereinigte, die die königlichen Domänen verwalteten (1723), schuf er die noch heute bestehenden Bezirks= Regierungen.

Die oberste Spitze des ganzen Heerwesens, Kommando und Verwaltung in sich vereinigend, hatte ursprünglich der Feldmarschall gebildet. Dann war die Verwaltung abgetrennt, zuerst einem Einzelnen, dann (1712) einem Kollegium anvertraut worden, dem General=Kommissariat. Indem Friedrich Wilhelm I. dieses mit der Domänen=Verwaltung, ebenso wie in der mittleren Instanz, vereinigte, schuf er (1723) das General= Direktorium.

Aus ihm sind nicht bloß das Kriegsministerium, sondern die meisten der heute bestehenden Ministerien hervorgegangen, besonders das Finanz=Ministerium und das Ministerium des Innern. *Die Mutter der preußischen Zentral=Verwaltung ist also historisch die Intendantur der Armee.*"[34]

Und Schnitter sagt kurz und bündig: „Die aus der Militärverwaltung erwachsende staatliche Zentralverwaltung hatte den Hauptzweck, den Unterhalt und die Vergrößerung des Heeres finanziell abzusichern."[35]

Delbrück hat mit Recht auf die besondere Bedeutung des Landrats in dem, was man den Militär-Beamten-Komplex nennen könnte, hingewiesen. Dazu schreibt ausführlicher Büsch:

„Eine besondere Rolle als Durchgangsstelle für Offiziere zu höheren Positionen in der Zivilbürokratie nahm das Landratsamt ein, das diejenige Zivilstellung darstellte, die in erster Linie Offizieren zugesprochen wurde. Von den Rittergutsbesitzern des Kreises aus ihren eigenen Reihen gewählt, bildete der Landrat – gleichzeitig durch staatliche Bestätigung unterstes Organ der staatlichen Verwaltung auf dem Lande – an der Spitze der Kreisverfassung das Bindeglied zwischen ständischer Verwaltung und staatlicher Bürokratie. Der halbmilitärische Charakter des Amtes rief bei den Königen den Wunsch hervor, es mit ausgebildeten Offizieren besetzt zu sehen. Andere Kandidaten als Offiziere wurden vom König abgelehnt, Bewerber mit Offiziersvergangenheit den Ständen notfalls aufgezwungen; und die Stände schlugen mitunter nur noch Offiziere vor, da Klagen gegen die vorzugsweise Besetzung der Stelle mit Offizieren erfahrungsgemäß ohnehin keinen Erfolg hatten. Durch das mit Offizieren aus den eigenen Reihen besetzte Landratsamt war dem Junkertum Einfluß auf das Geschehen im Kreis gegeben. Darüber hinaus sollten sich die Landräte auf Wunsch des Königs 'in Kameralsachen geschickt' machen, 'auf daß man unter ihnen Leute' fände, 'so man zu Präsidenten in denen Kammern gebrauchen' könne; und es sollten stets einige von ihnen in der Kriegs- und Domänenkammer Sitz und Stimme haben, um sich 'sowohl in oeconomicis als in anderen vorkommenden Sachen dergestalt zu habilitieren', daß 'dieselben bei Gelegenheit zu im-

---

[34] *H. Delbrück,* a. a. O., S. 281.
[35] *H. Schnitter,* a. a. O., S. 310.

portanteren Chargen' befördert werden können.[36] Auf diesem Wege bot sich also dem Junker kraft seiner Offizierseigenschaft auch die Möglichkeit zu weiterem Aufstieg und größter Einflußnahme im Staat.

Die ständische Wirksamkeit des altpreußischen Junkertums in der Ortsverwaltung und im Rahmen der Kreisverfassung ebenso wie sein Einfluß auf die Politik der Regierungen wurde also durch die Machtgrundlage im Militärsystem nachhaltig gestützt. Sie ist im Laufe des 18. Jahrhunderts noch ausgebaut worden."

Zum Militär-Beamten-Komplex gehört auch die Beobachtung der folgenden von Büsch zusammengestellten Tatsachen:

„Die Machtposition des Junkertums im altpreußischen Staat wurde in dem Maße gestärkt, wie es auf Grund seiner militärischen Funktionen an Bedeutung für die Monarchie gewann. Schließlich wuchs sich der Vorrang des Militärischen vor dem Zivilen im alten Preußen zu einer Maxime des Staates aus; der Vorzug des Offiziers vor dem Zivilisten war infolgedessen eine soziale, rechtliche und politische Tatsache, höhere Offiziere wurden Untersuchungsführer bei Verfehlungen von Beamten und Unterschleifen bei den Regierungen. Offiziere regelten die Taxpreise für Nahrungsmittel in den Garnisonstädten. In gemischten Gerichten von Zivil- und Militärpersonen war der Vorsitz stets einem Offizier einzuräumen, im Auditoriat militärgerichtlicher Verfahren zwischen Zivil- und Militärpersonen waren die abstimmenden Mitglieder Offiziere. Als Mitglied einer Provinzialregierung war ein General automatisch Vorsitzender der Regierung. Offiziere konnten – ausgenommen in ihrer Eigenschaft als Besitzer von Gütern – nur im Rahmen des 'forum privilegatum der Militärpersonen' belangt werden. Während des Krieges waren sie nach allgemeinem Gebrauch von allen Prozessen suspendiert.

Friedrich Wilhelm I. und Friedrich II. hatten eine Neigung, ausgediente Offiziere im höheren Zivildienst zu verwenden, weil 'Offiziere verstehen zu gehorchen und sich Gehorsam zu verschaffen, und wenn man ihnen irgend etwas zur Prüfung übergibt, so führen sie es selber aus und mit größerer Zuverlässigkeit als die anderen'.[37] Gediente Offiziere in Beamtenstellungen teilten diese Auffassung durchaus: Wenn man jahrzehntelang 'mit Beifall als Offizier gedient' habe, so wurde geäußert, dann wisse man, 'was Ordnung sagen' wolle und 'was die Pflichten des Dienstes verlangten'. Man fand Offiziere als Forstmeister, Postmeister, Inspektoren, Rendanten, als Kommissare, als Kriegsräte, als Kriegs- und Steuerräte, als Kriegs- und Domänenräte, als Kammerdirektoren, als Kammerpräsidenten, als Vizepräsidenten, als Oberpräsidenten, als Regierungsräte, als Mitglieder von Provinzialregierungen, als Mitglieder des Generaldirektoriums, als Minister.[38] Und waren auch Offiziere im höheren Beamtentum quantitativ vergleichsweise nur in geringer Zahl vertreten, so gab es doch eine enge Beziehung zum Offizierskorps fast in jedem Falle durch verwandtschaftliche Bindungen; war doch etwa unter den Ministern und Präsidenten kaum einer, der nicht auch Rittergutsbesitzer gewesen wäre und über die Rittergutsbesitzerschicht Verbindung zu Offizierskreisen gehabt hätte."[39]

Es wurden also nicht nur Militär- und **allgemeine politische Verwaltung** sachlich verbunden. Ebenso wurde eine Personalunion in dem Sinne herbeigeführt, daß man, ein Wort

[36] Vgl. *J. D. Preuß*, Friedrich der Große, Bd. I (1832) Anhang, S. 451 ff.

[37] So formulierte es Friedrich d. Gr. in seinem „Politischen Testament" von 1752, in: Klassiker der Politik, 5. Bd., S. 13.

[38] Man denke nur an die Minister v. Grumbkow, v. Massow, v. Wedell, v. Werder, v. Gaudi, v. Schulenburg-Kehnert.

[39] *O. Büsch*, a. a. O., S. 140 f. und 138 ff.

Lenins abwandelnd, feststellen kann: Heute Offizier, morgen wichtiger Zivilbeamter.

Die allgemeinen gesellschaftlichen Auswirkungen dieses Militarismus in seinem Anfangsstadium unter Friedrich Wilhelm I. schildert Archenholz:

„Was Philipp von Mazedonien dem Alexander war, war Friedrich Wilhelm seinem erhabenen Sohn. Bei dem Tode Friedrichs I. (1713) war Berlin eine glänzende Königsstadt, die Pflanzschule emporkeimender Künste. In wenig Jahren aber war aller Glanz verschwunden. Dagegen sah man jetzt hier ein Nachbild von Sparta, so wie man noch keins auf Erden gesehen hatte. Die Residenz glich einem Lager; nur der Soldatenstand wurde geehrt, der höhere Zivilstand herabgewürdigt, die Wissenschaften verspottet, die schönen Künste, deren hohe Blüte ein Volk mehr als alles verewigt, krochen nach Brot und fanden keins, die mechanischen Künste aber waren armseligen Arbeitern überlassen, die nur durch einen unansehlichen Körperbau vor dem Soldatenstande gesichert wurden. Diese Geschöpfe waren die Heloten der deutschen Spartaner. Täglich sah man Waffenübungen, und der Soldat schien nur für die Parade zu existieren. Reiche Leute flohen nun Berlin, diese dem Mars geweihte Stadt, wo der Despotismus in der gräßlichsten Gestalt seine Zähne wies, wo die Menschen nur nach ihrer Länge geschätzt wurden, wo die Armut und Sparsamkeit herrschten, wo die Ersten des Volkes sowie in Sparta frugal lebten, und wo man in allen Winkeln das Geklirr der Waffen hörte.

In den Provinzen war es nicht anders. Jede Stadt war einem Lager ähnlich. Besonders stellte Potsdam ein erstaunungswürdiges Bild dar. . . .

Alles in der preußischen Monarchie wurde damals aus einem militärischen Gesichtspunkt betrachtet; ja alle Zweige und Gegenstände, sowohl der Administration als der Landeskultur, schienen in den Augen des Königs mehr oder weniger wichtig nach dem Maß ihrer Verbindung mit dem Soldatenwesen."[40]

Natürlich handelt es sich hier um einen Militarismus bizarrster Art – fast möchte man von einem friedlichen Militarismus sprechen. Und weiter: Es handelt sich – auch als unter Friedrich II. dieser Militarismus nicht mehr friedlich ist – um eine Erscheinung, die nur die herrschende Klasse einbezieht. Alle anderen Klassen und Schichten, einschließlich des Bürgertums, sind ausgesprochen antimilitaristisch. Nicht zum wenigsten die Bürger Berlins, die sich schon 1610 gegen Schießübungen aussprachen, weil durch diese schwangere Frauen erschreckt werden könnten.

Liebe bemerkt über die Zeiten Friedrich Wilhelm I. ganz offen: „Das Auge der Mitlebenden sah nicht die Saat der Zukunft, es haftete mit Abneigung an den Härten der Gegenwart. Die preußische Kriegszucht, bestrebt alle feinere, beinahe alle menschliche Empfindung zu ersticken, flößte den Deutschen ein Grauen ein, auch dem eignen Volke trat sie zuerst fremd und feindlich gegenüber. Schaaren suchten sich dem verhaßten Zwange durch Auswanderung zu entziehen, nach Ansicht des erbitterten Königs 'teils aus unverständiger Zaghaftigkeit, teils aus Bosheit und Ungehorsam gegen ihren Souverän und Landesherren, welchem sie doch nach ihrer natürlichen Geburt und des höchsten Gottes eigner Ordnung und Befehl mit Gut und Blut zu dienen schuldig und verpflichtet'."[41]

Das deutsche und speziell das preußische Bürgertum war in der Tat bis in die siebziger Jahre des 19. Jahrhunderts stets antimilitaristisch gesinnt. Zunächst vor allem auch,

[40] *J. W. v. Archenholz*, Kleine historische Schriften, Bd. 1, Wien 1791, S. 6 ff. 10. – hier zitiert nach R. Steinert (Hg.), Preußisches Soldatenleben in der Fridericianischen Zeit, a. a. O., S. 15 f.

[41] *G. Liebe*, a. a. O., S. 124.

weil es dem Militär gegenüber zurückgesetzt wurde, an Position verlor, sodann wegen der Behandlung durch das Militär und später, nach 1815, weil das Militär viel kostete, bevorzugt wurde und auf Grund einer friedlich-feigen-reaktionären Außenpolitik und verkommenem Schlendrian nichts leistete.

Einige Parolen aus der Zeit Friedrich II. machen es verständlich, warum die Offiziere im Umgang mit den friedlichen Bürgern der Stadt nicht geschätzt wurden.

1. März 1752: „Es soll von jetzt an kein Bürger, der wirklich angesehen ist, in Arrest kommen, und soll kein Offizier, wenn er mit einem Bürger etwas zu thun hat, denselben arretiren lassen, er habe auch gleich das höchste Recht dazu, sondern er soll den Bürger gehörigen Orts anklagen und gewärtig sein, daß ihm Justice wiederfahren wird."

12. Oktober 1754: „Das Gouvernement läßt bitten, daß die Regimenter ihren Offiziers, Unteroffiziers und Gemeine (! – J. K.) anbefehlen, daß sie keinen Bürger schlagen, widrigenfalls es an den König gemeldet, und sie davor bestraft werden."[42]

Ganz offenbar bestand zumindest darin kein Rangunterschied in der Armee, daß man vom General herunter bis zum Gemeinen sich das Recht nahm, die Bürger zu prügeln.

Nein! so ganz außerordentlich das System des Militarismus, das heißt, des politischen und bürokratischen Primats des Militärs, unter Friedrich Wilhelm I. und Friedrich II. ausgebildet war, kann nicht die Rede davon sein, daß auch nur ein Hauch von Militarismus in Bürgertum (Bourgeoisie) und Kleinbürgertum, auf dem Lande oder in der Stadt, herrschte.

Natürlich gibt es eine Reihe Ähnlichkeiten zwischen dem Militarismus von 1713 bis 1806 und dem, der nach 1870/71 sich in Deutschland verbreitete – vor allem das Primat des Militärs vor den Zivilisten und die Rolle des Adels im Offizierskorps. Aber viel wichtiger ist der entscheidende Unterschied: daß 1713 bis 1806 das Volk, vom Bürgertum bis zum Kleinstbauern und Handwerksgesellen, gegen das Militär eingestellt war, nach 1870/71 aber Bourgeoisie wie Kleinbürgertum militaristisch verseucht wurden und nach 1933 auch ein Großteil der Arbeiterklasse. Dabei konnte jedoch auf keinerlei Tradition, keinerlei schlimmes Erbe zurückgegriffen werden.

Wo aber bleibt die Ökonomie? Das Interesse der herrschenden Klasse der feudalen Junker kann doch nicht darin bestehen, eine Armee zu unterhalten, die überdies noch kaum Kriege führt, und die, wenn sie Kriege führt, wie etwa den Siebenjährigen, die größten Opfer an Leben vom Adel fordert.

Erinnern wir uns daran, daß man ab Kompaniechef im allgemeinen mindestens 2000 Taler durch schon genannte Methoden in die eigene Tasche wirtschaften kann. Das sind fast ebensoviel, wie ein mittleres Junkergut jährlich netto einbringt. Der älteste Sohn würde also bei Nachfolge des Vaters sein jährliches Einkommen verdoppeln, der zweite Sohn ebenso gut dastehen wie der ältere Bruder, der nicht dient. Die Armee ist also eine großartige Versorgungsanstalt für den preußischen Adel.

Doch spielt die Ökonomie noch auf eine andere Weise eine Rolle, gewissermaßen die umgekehrte: Befreit vom Militärdienst waren: „die höheren Klassen und gewisse Volksschichten, die für das Wirtschaftsleben besonders nützlich schienen ..., die Söhne von Beamten, die Söhne von Bürgern, die über 10 000 Taler im Vermögen hatten, von Kaufleuten, Fabrikanten, die Wirtschaftsbeamten, die mit Haus und Hof angesessenen Bauern und ihre einzigen Söhne, die Söhne von Predigern, die wieder Theologie studierten, die Arbeiter in den von dem merkantilistischen König geförderten Industrien, alle

---

[42] *A. v. Witzleben,* a. a. O., S. 48 f.

diese wurden von der Kantonspflicht 'eximiert'. Diese Eximierungen wurden mit der Zeit noch sehr erweitert. Die Grenzen, die sie setzten, waren aber doch vielfach nur unbestimmt oder weiter als man vermuten sollte, z. B. daß die Söhne von Predigern nur frei waren, wenn sie wieder Theologie studierten, also weder die Theologen überhaupt, noch die Söhne von Predigern überhaupt. Die Stadt Berlin bildete keinen 'Enrollierungsbezirk', trotzdem aber war es den Offizieren erlaubt, 'hier und da ledig lose Leute von geringer Extraktion, z. B. Schuster, Schneider und dergleichen gemeiner Leute Kinder zu enrollieren'. Es blieb also immer noch Willkür genug und diese Willkür wäre ganz unerträglich gewesen, wenn nicht ein äußerliches Moment sehr bestimmte Schranken gezogen hätte, das ist die Vorliebe der Zeit und besonders Friedrich Wilhelms I. für 'lange Kerle'. Kein Soldat sollte unter fünf Fuß sechs Zoll messen. Dadurch war die große Mehrzahl der jungen Leute von vornherein vor den Werbern gesichert. Wiederum Leute von 10, 11 Zoll und mehr konnten sich den Werbern, auch wenn sie zu den Eximierten gehörten, nur schwer entziehen. 'Wachse nicht, sonst fangen dich die Werber', sollen die Mütter zu ihren hochaufschießenden Söhnen gesagt haben."[43] Und in dem schon zitierten Reglement von 1788 werden ausgenommen: „angesessene Bürger", darunter das Handwerk, „Bauern, Kossäten oder einzelne Söhne, welche beym Absterben des Vaters die Wirtschaft antreten, und also doch bald wieder zu verabschieden sind".[44] Die Armee darf unter keinen Umständen die Schaffung des gesellschaftlichen Mehrprodukts in einem Maße stören, das ihr den finanziellen Boden entziehen könnte. Wie sollte sonst die Armee unterhalten werden?

Und schließlich darf man umgekehrt nicht vergessen, daß das Heer ein großer Abnehmer war, also in gewisser Weise, dialektisch rückwirkend, gewisse Wirtschaftszweige belebte: sowohl die Waffenproduktion wie die Wolltuchherstellung und die Wirtschaft der kleinen Handwerker und Krämer in Garnisonsstädten. Wenn bürgerliche Schiftsteller behaupten, daß die Städte sich darum rissen, Garnisonsstädte zu werden, so ist das übertrieben, aber nicht ganz ohne Wahrheit. Was das Wollgewerbe betrifft, so bemerkt Kathe ganz richtig:

„Das Wollgewerbe hatte einen zentralen Platz in der preußischen Wirtschaft. Es nahm auf der Grundlage des Verbots der Wollausfuhr, der Errichtung staatlicher Wollmagazine und des Berliner Lagerhauses, der Verbesserung der Schafhaltung und der wachsenden Nachfrage von Heer, Bevölkerung und Ausland einen echten Aufschwung. Im Jahr seiner Thronbesteigung wies Friedrich Wilhelm I. die Regimenter an, 'zur Protegierung und Beförderung der inländischen Manufaktur' den gesamten Montierungsbedarf mit einheimischen Erzeugnissen der Wollmanufakturen zu decken. Schwierigkeiten sollten ihm mitgeteilt werden. Mit diesen Maßnahmen verband sich eine Nebenabsicht, die öffentliche Meinung zu seinen Gunsten zu beeinflussen, da des Königs erste Regierungshandlungen allerorts Schrecken und Schock auslösten.

Das Lagerhaus, 1713 gegründet, sollte vor allem die einheimische Wolle zu Uniformtuchen verarbeiten und zugleich Arbeitsplätze für die Frauen und Kinder der Soldaten schaffen. . . .

Die Bezeichnung Lagerhaus kündet von der ursprünglichen Absicht des Königs, ein Warenlager zu schaffen, das zugleich Handwerker als Produzenten band, die im Verlagssystem zu arbeiten hatten. Die Mannschaftstuche wurden auf diese Weise gefertigt,

[43] H. *Delbrück,* a. a. O., S. 286 f.
[44] Reglement, a. a. O., S. 585.

die Offizierstuche wegen der höheren technischen Anforderungen im Lagerhaus hergestellt. . . .

In den dreißiger Jahren beschäftigte es 5 000 Personen, ein gewaltiger Betrieb nach den Maßstäben der Zeit. 1739 stand es auf dem Höhepunkt seiner vom Staat kräftig geförderten Entwicklung."[45]

Sicherlich wäre die Wolltuchproduktion im niedergehenden preußischen Feudalismus ohne die Armee nicht so kräftig entwickelt worden. Kein Wunder, daß Büsch – natürlich dialektisch schief zugespitzt – bemerkt: „für Friedrich Wilhelm I. aber wurde das Heer vor allem das große Schwungrad, mit dem er die ganze Wirtschaft auf neue Grundlagen stellen und die ständische Sozialordnung in seinem Sinne ausrichten konnte".[46]

Außerdem beschäftigte jede Armee eine große Anzahl von Handwerkern, die zwar zur Armee gehörten, aber keinen Dienst zu leisten brauchten und kräftig zum Sold zusätzlich verdienten. Archenholz berichtet: „Diese Menschenökonomie erstreckte sich bei den Preußen über alles; sie verringerte den Troß und die Bedürfnisse, beförderte die Ordnung und erfüllte bei allen Operationen den Zweck desto vollkommener. Jede Kompagnie hatte ihren Schuster, ihren Schneider, die von dem gewöhnlichen Dienst frei waren und in Kriegsquartieren sowohl als in Lagern und auf Postierungen für ihre Kameraden arbeiteten. Viele Kompagnien hatten ihren eigenen Fleischer, der Vieh einkaufte, schlachtete und für einen billigen Preis verkaufte; andere Soldaten waren Marketender. Die Infanterie hatte ihre Zimmerleute und Büchsenmacher, die Kavallerie ihre Schmiede und Sattler, die Artillerie ihre Wagenmacher. Alle waren Soldaten. Jeder Offizier hatte einen Bedienten, der ein Soldat war, königliche Montierung trug und keine andern Felddienste als mit seinem Herrn tat. Bei jeder Kompagnie befand sich ein Unteroffizier, der den Title Capitaine d'armes führte und sowohl für Gewehr als Montierungsstücke sorgen mußte; desgleichen ein Fourier, der für Proviant und Fourage sorgte und das Lager absteckte. Der Fourier hatte bei dieser letztern Arbeit zwei Gehilfen, die Fourierschützen genannt wurden und auch Soldaten waren. Man rief sie auf dem Marsch vor, wenn der Lagerplatz gewählt war; oft auch machten sie eine Art von Avantgarde. Als Soldaten brauchten sie keine Bedeckung, sondern sie gingen vielmehr selbst auf den Feind los, wenn er ihr Lagerabmessen hindern wollte."[47]

Meiner Ansicht nach kann kein Zweifel darüber bestehen, daß gewisse Teile der Wirtschaft von der Existenz der Armee eine Förderung erfuhren – und zwar eine gesundere Förderung, als wenn die Gelder, wie von anderen Fürsten, für Luxusbauten oder Luxusgenüsse ausgegeben worden wären. Auch die Ausplünderung der Bauern und Handwerker war wohl nicht größer als in Frankreich oder Rußland oder Spanien.

Und nun müssen wir endlich, nachdem wir vom Offizierskorps aus auf die Staatswirtschaft als Ganze gekommen waren, auf die Mannschaft des Heeres, auf die Soldaten zu sprechen kommen.

Die Soldaten waren jetzt Mitglieder stehender Heere. Huber bemerkt:

„Die politische Lehre des Dreißigjährigen Krieges war: nur das Gemeinwesen, das eine zuverlässige, gebundene Heeresmacht besitzt, ist fähig, sich selbst durchzusetzen und zu behaupten – ist wirklich ein Staat . . .

---

[45] H. Kathe, a. a. O., S. 92 f.
[46] O. Büsch, a. a. O., S. 31.
[47] R. Steinert, a. a. O., S. 34 f.

Während der Versuch, auf ständischer Grundlage eine Reichsarmee zu schaffen, fehlschlug, vollzog sich in den einzelnen Territorien die Bildung eines neuen Heerestypus: des stehenden Heeres. Der Vorzug des Söldnerheeres hatte in der Ausbildung eines berufsmäßigen, disziplinierten, taktisch verwendungsfähigen Heerkörpers bestanden. Sein Nachteil war, daß es keine dauernde Einrichtung war, sondern nur im Kriegsfall angeworben wurde, und daß es nicht an den Staat und den Fürsten, sondern allein an seinen militärischen Führer gebunden war. Das stehende Heer, der miles perpetuus, suchte die Vorteile des Söldnerheeres in einer ständigen und staatlich gebundenen Heeresordnung fortzuführen. Das stehende Heer war eine auf Werbung beruhende Berufsarmee, die als dauernde Einrichtung gebildet und unmittelbar und unlöslich auf König und Staat verpflichtet war. In der Türkei, in Spanien, in den Niederlanden, in Frankreich und in Österreich hatte man solche stehenden Formationen zuerst geschaffen; schließlich entstand auch in Brandenburg=Preußen das stehende Heer als Grundlage einer neuen, gefestigten Staatlichkeit. Der wesentliche Unterschied zwischen dem stehenden Heer und dem alten Söldnerheer lag in der festen Einordnung des Heeres als einer ständigen Institution in die staatliche Verfassung. Als dauernde gebundene Wehrordnung wurde das stehende Heer die entscheidende Voraussetzung für den absoluten Staat.

Die Erscheinung des stehenden Heeres ist das eigentliche Wesensmerkmal des modernen Staates, das ihn von den frühgermanischen Stammesbildungen, dem fränkischen Staat, dem mittelalterlichen Reich und den ständestaatlichen Territorien unterscheidet. Der Schnitt zwischen Mittelalter und Neuzeit fällt mit dem Aufkommen der stehenden Heere zusammen. Im Kampf um das stehende Heer vollzog sich vor allem die geschichtliche Scheidung zwischen dem Ständestaat und dem absoluten Fürstenstaat. War der Ständestaat durch den Dualismus von Landschaft und Herrschaft, durch den Widerstreit ständischer und fürstlicher Interessen gekennzeichnet, so bildete sich auf der Grundlage des stehenden Heeres die überragende Machtstellung des Fürsten aus, die die Voraussetzung einer werdenden politischen Einheit und einer neuen geschichtlichen Größe war. ...

Mit der Aufstellung des miles perpetuus war der Grund des modernen Staates gelegt. Das stehende Heer war ein reines Staatsheer. In ihm war die dem Söldnerwesen eigentümliche vertragliche Beziehung zwischen dem Kriegsherrn und dem Obersten durch eine dauernde befehlsmäßige Einordnung des Heeres in den Staat ersetzt. Der Kriegsherr selber war der Träger der umfassenden und unbeschränkten Kommandogewalt über das ganze Heer und über jeden einzelnen Mann. Deshalb wurde nun auch das ganze Heer auf den obersten Kriegsherrn und nicht mehr wie früher auf den Obersten vereidigt. In diesem Staatsheer waren auch die ständischen und genossenschaftlichen Elemente, die sich im alten Söldnerheer noch fanden, vernichtet und durch staatliche Einrichtungen verdrängt. Die Heeresgesetzgebung war keine Eigengesetzgebung einer autonomen Ordnung mehr, wie sie es in den alten Artikelbriefen gewesen war, sondern staatliche Militärgesetze regelten nun den Aufbau, die Organisation, die Ausbildung und die Disziplin des Heeres. Die Kriegsartikel wurden vom König festgesetzt. Die Heeresverwaltung stellte keine Selbstverwaltung der Truppe mehr dar, sondern lag in der Hand staatlicher Behörden, die auch die Soldzahlung sowie die Beschaffung von Waffen, Uniformen, Proviant übernahmen. Nur in der Kompanie erhielt sich ein Rest von Selbstverwaltung, die dem Kapitän überlassen war. Vor allem ging die Ernennung von Offizieren ganz an den Kriegsherrn über. Während das alte Söldnerheer eine vom Staat geschiedene eigene Ordnung war, die nach eigenem nichtstaatlichem Recht lebte und handelte, wurde das stehende Heer zu einer unmittelbaren Einrichtung des Staates, für die ausschließlich staatliches Recht maßgebend war. Das alte Söldnerheer war eine vom Staat unterschiedene Ordnung, das stehende Heer war selbst der Staat."[48]

Der bürgerliche nationalistische Militärhistoriker arbeitet natürlich vor allem die Verbindung stehendes Heer-Staat und Befehlsgewalt-Fürst heraus, was nicht so falsch ist, wenn man daran denkt, daß es sich hier um eine Erscheinung des Absolutismus handelt.

Helmut Schnitter behandelt die Problematik des stehenden Heeres auch auf Probleme der Destruktivkräfte, das heißt der Militärtechnik, eingehend:

„Das freie Söldnertum des Hochmittelalters widerspiegelte das 'Kriegsgeschäft' der feudalen Machthaber und des Handels- und Wucherkapitals in den Städten; für die Stabilisierung der fürstlichen Souveränität konnten solche Heere zwar benutzt werden, mit ihnen aber war auf die Dauer eine solche Herrschaft nicht zu sichern. Hinzu kam noch, daß die militärische Organisation des freien Söldnertums relativ unabhängig von der jeweiligen staatlichen Gewalt war und Fürst und Söldnerführer sich als Partner gegenübertraten, die ihre Dienste und Rechte vereinbarten.[49] Unter diesen Umständen zielte die Politik der Territorialfürsten und Monarchen darauf, einen 'miles perpetuus' zu besitzen, der uneingeschränkt zur Verfügung stand und immer einsatzbereit war, um antifeudale Bewegungen niederzuschlagen und günstige Möglichkeiten für Eroberungen schnell auszunutzen.

Herausbildung und Aufbau der stehenden Heere hingen zugleich eng mit der Entwicklung der Waffentechnik zusammen. Ökonomisch-technische Grundlagen dieser Armeen waren vornehmlich die Fortschritte im eisenverarbeitenden Gewerbe und die darauf basierenden technischen Verbesserungen der Handfeuerwaffen und Geschütze. Mitte des 17. Jahrhunderts wurde in Frankreich das Steinschloßgewehr entwickelt, das in der Folgezeit das Luntenschloßgewehr verdrängte. Die erstrebte schnelle Handhabung der immer noch schwerfälligen und komplizierten Feuerwaffen erforderte eine lange und intensive Ausbildung. Hinzu kamen die aus den waffentechischen Fortschritten resultierenden Wandlungen in der Taktik im Laufe des 16./17. Jahrhunderts. Der Aufmarsch in mehreren Treffen, die Bewegungen auf dem Schlachtfeld, das Salvenfeuer sowie das Zusammenwirken mit der Kavallerie konnten nur durch langes Exerzieren erreicht werden. Dadurch gewann die permanente Ausbildung schon in Friedenszeiten an Bedeutung. All dies ließ sich aber nur mit einem langdienenden Söldner erreichen. Unter diesem Aspekt beschäftigte sich auch die anschwellende militärische Literatur mit dem 'Exercitium' des Soldaten. . . .

Den entscheidenden Einschnitt in der Genesis des neuen Militärsystems in Deutschland bildete das Ende des Dreißigjährigen Krieges. Erstmals wurden jetzt in größerem Umfang die geworbenen Söldner nicht mehr – wie zuvor üblich – entlassen, sondern ein Teil von ihnen leistete als geschlossene Einheit weiter Dienst. Von 1648 bis zum Beginn des 18. Jahrhunderts reichte die *erste Entwicklungsetappe,* in der in nahezu allen Territorialstaaten des Heiligen Römischen Reiches Deutscher Nation zahlenmäßig kleine Söldnerheere und erste Institutionen eines ständigen militärischen Verwaltungsapparates entstanden. So blieben in Österreich nach 1648 aus den Resten der Armee Wallensteins 9 Regimenter zu Fuß und 10 Regimenter zu Pferde als Kern des stehenden Heeres, das

---

[48] *E. R. Huber,* a. a. O., S. 77 bis 86.

[49] Siehe dazu *E. v. Frauenholz,* Das Heerwesen in der Zeit des freien Söldnertums, T. 2: Das Heerwesen des Reiches in der Landsknechtzeit, München 1937.

1657 bereits rund 30 000 Mann zählte. In Brandenburg behielt Kurfürst Friedrich Wilhelm nach dem Frieden von Oliva (1660) einen Teil der geworbenen Truppen gemäß dem vorangegangenen Landtagsrezeß von 1653 zurück; 1688 war die brandenburgische Armee bereits 31 000 Mann stark. Das stehende Heer Kursachsens wurde 1681 aufgestellt. Auf ähnlichem Wege vollzog sich die Errichtung stehender Söldnerheere auch in den anderen Ländern, wobei die finanziellen Ressourcen und namentlich die Subsidienzahlungen fremder Potentaten weitgehend die zahlenmäßige Stärke der Streitmacht bestimmten.[50]

In seinen politischen und militärpolitischen Konsequenzen unterschied sich dieser Prozeß in Deutschland von der Entwicklung in West- und Nordeuropa sowie in Rußland. Während in Frankreich, Spanien, Schweden, Rußland und anderen Staaten das stehende Söldnerheer in der Hand des Monarchen die Zentralgewalt festigte und die Einheit des feudalabsolutistischen Staates umklammern half, stärkte in den deutschen Territorialstaaten die Söldnerarmee die Partikulargewalt und begünstigte damit die Zersplitterung und wachsende politisch-militärische Ohnmacht der Zentralgewalt. Die landesfürstlichen Heere vergrößerten sich, die militärische Macht des Reiches verfiel hingegen immer weiter.

Dies zeigte sich besonders in der *zweiten Etappe der Entwicklung der stehenden Söldnerheere*, die bis Ende des 18. Jahrhunderts reicht. Sie war durch den verstärkten Ausbau der Streitkräfte und eines Militärapparats mit spezifizierten Aufgaben gekennzeichnet.

Jetzt bildete sich voll der feudalabsolutistische Militarismus heraus, der in Preußen unter Friedrich Wilhelm I. und Friedrich II. dominierte. Im System dieses Militarismus spätfeudaler Prägung besaß das militärische Machtinstrument einen zentralen Platz. Das stehende Heer und seine Bedürfnisse beeinflußten und lenkten in graduell unterschiedlicher Weise in allen deutschen Territorialstaaten und in den anderen feudalabsolutistischen Ländern die weitere gesellschaftliche Entwicklung.“[51]

Was waren das für Menschen, die in diesen stehenden Heeren dienten? Die Urteile über die Masse der Soldaten scheinen einmütig. Engels bemerkt etwa im „Anti-Dühring“: „Erst anfangs des 18. Jahrhunderts verdrängte das Steinschloßgewehr mit Bajonett die Pike endgültig aus der Bewaffnung des Fußvolks. Das damalige Fußvolk bestand aus den stramm exerzierenden, aber ganz unzuverlässigen, nur mit dem Stock zusammengehaltnen, aus den verkommensten Elementen der Gesellschaft, oft aus gepreßten, feindlichen Kriegsgefangenen sich zusammensetzenden fürstlichen Werbesoldaten, und die einzige Kampfform, in der diese Soldaten das neue Gewehr zur Verwendung bringen konnten, war die Lineartaktik, die unter Friedrich II. ihre höchste Vollendung erreichte.“[52] Also „aus den verkommensten Elementen der Gesellschaft“ bestand das Fußvolk.

Friedrich dem Großen schien eine solche Zusammensetzung der Armee selbstverständlich. Oft hat er sie genau wie Engels charakterisiert. Zum ersten Mal wohl noch als Kronprinz im „Antimachiavell“: „Die Soldateska besteht aus der Hefe des Volkes, aus

[50] Zu den Einzelheiten der Entwicklung der stehenden Heere siehe auch Deutsche Heeresgeschichte. hrsg. von K. Linnebach, Hamburg 1935; H. Meier-Welcker, Deutsches Heerwesen im Wandel der Zeit, Frankfurt a. M. 1956, S. 9 ff.

[51] H. *Schnitter*, Zu einigen Problemen der Herausbildung der stehenden Söldnerheere im Entwicklungsprozeß des Militärwesens in Deutschland im 17./18. Jahrhundert, in: „Zeitschrift für Militärgeschichte“, Heft 1, Berlin 1970, S. 79 f.

[52] *Marx/Engels*, Werke, Bd. 20, a. a. O., S. 155 f.

Taugenichtsen, die die Müßigkeit der Arbeit vorziehen, aus Wüstlingen, die unter den Fahnen ein freies Leben und ungestraftes Treiben suchen, aus ungeratenen Söhnen, wilden Gesellen, die aus Lust an der Ungebundenheit Handgeld nehmen, und die, da sie einzig aus Leichtsinn dienen, zu ihrem Kriegsherrn ebensowenig ein innerliches Verhältnis haben wie Ausländer."[53]

Ein kritischer Beobachter aus dem Jahre 1781 fragt, ob die Armee wirklich etwas anderes sei als „ein großer Teil des Abschaums der Erde, Raubgesindel, eine Rotte von Frevlern, die sich alles erlaubt hält, bloß weil sie mit dem ehrenvollen Namen von Soldaten prangt, die in Feindesland Plünderungen, Brand und Grausamkeit verübt, und in Freundesland Ungerechtigkeiten und Ausschweifungen begeht; die die Furcht vor dem Stock oder der Knute, oder die Begierde nach Raub ins Feuer jagt, und die nicht minder Krieg mit den Bewehrten als dem unschuldigen Landmann oder Bürger führt. Ists übertrieben?"[54]

Also, das ganze Heer ein Gesindel? Nein, so geht es nicht – auch wenn Engels und Friedrich der Große einer Meinung sind.

Mehring urteilt differenzierter, wenn er davon spricht, daß die Armee „halb aus gewaltsam gepreßten Hörigen und halb aus zusammengelaufenden Strolchen und Verbrechern bestand".

Die befriedigendste Analyse, in einem Satz zusammengefaßt, scheint mir aus den neuesten Forschungen unserer Militärhistoriker erwachsen zu sein. Schnitter formuliert: „Die Zwangsrekrutierungen hatten zur Folge, daß sich die soziale Zusammensetzung der Heere wandelte. Arme Bauern, Knechte, Tagelöhner, Gesellen, von den Werbern ergriffene oder durch List und Versprechungen angelockte fremde Reisende sowie in den Soldatenrock gepreßte Insassen der fürstlichen oder städtischen Armenhäuser und Gefängnisse bildeten die Masse der Söldner."[55]

Die preußische Armee bestand also aus sehr verschiedenen Elementen. Zum Teil, zumeist zum größeren Teil, aus geworbenen Ausländern, wobei unter Ausländern natürlich auch, ja wohl vor allem, nicht-preußische Deutsche zu verstehen sind, und aus ausgehobenen preußischen Untertanen, für die seit 1733 das Kantonierungssystem eine entscheidende Rolle spielt.

Das Kantonierungssystem regelte die Werbung im Inland, insofern, als nun die verschiedenen Kompanie- und Regimentschefs sich nicht mehr gegenseitig Konkurrenz machen konnten, sondern auf Grund einer schon zuvor theoretisch festgestellten „Dienstpflicht" aller Untertanen jedem Regiment ein Kanton als Werbungsgebiet zugewiesen wurde. Auf 1 Infanterieregiment kamen im allgemeinen 5000 bis 8000 Feuerstellen, auf 1 Kavallerieregiment 1800 bis 3800.

In enger Verbindung damit, dem Kantonierungssystem schon vorangehend, stand das sogenannte „Enrollierungssystem", über das Höhn bemerkt:

„Das Enrollierungssystem bedeutet im einzelnen folgendes:

Die Regimenter trugen junge Burschen im Bereich ihrer Standquartiere bis herunter zum Alter von 14 oder 15 Jahren, ja manchmal bis in das früheste Kindesalter hinein, in Listen ein. Dadurch wurden die Burschen keineswegs Soldaten. Sie erhielten 'Lauf-

[53] Die Werke Friedrichs des Großen, 7. Bd. Berlin 1913, S. 48.
[54] Die Kriegszensoren, ein Traum der Nachwelt: in „Bellona", 3. Stück, 1781, S. 83.
[55] *H. Schnitter*, Desertion im 18. Jahrhundert, in: „Militärgeschichte", 13. Jg., Heft 1, Berlin 1974, S. 55.

pässe', mit denen sie nach Hause gehen konnten. Nur ein einzelnes Uniformstück, eine rote Halsbinde oder auch ein Hutbüschel in der Farbe des Regimentes, zeigten an, daß sie in erste Berührung mit dem Militärdienste gekommen waren. Die rechtliche Folge der Enrollierung war, daß die Burschen dem Regiment 'obligat' wurden. Sobald sie das wehrfähige Alter erlangt hatten, konnte die Truppe jederzeit auf sie zurückgreifen. Das Regiment besaß so einen Stamm von 'Überkompletten', aus denen der Nachwuchs genommen werden konnte und in denen insbesondere auch das Material zur Verstärkung der Truppe für den Bedarfsfall zur Verfügung stand. Früher hatten die Regimenter sich auf die Enrollierungsfähigen begierig gestürzt. Die Furcht vor der Konkurrenz anderer Regimenter hatte sie dabei zu den gröbsten Exzessen verleitet. Diese Auswüchse wurden durch die Einführung des Kantonreglements von 1733 abgestellt, das bis in die Zeit der Freiheitskriege die Form der preußischen Heeresergänzung bestimmte. Das ganze Land wird jetzt in Kantone eingeteilt, die einzelnen Kantone werden den Regimentern als ausschließliche Rekrutierungsgebiete überwiesen. Damit ist der Wettlauf der Regimenter nach Enrollierungsfähigen ausgeschaltet. Die Aushebung selbst vollzieht sich in der Weise, daß man aus den Enrollierungslisten diejenigen, die in das wehrfähige Alter eintreten und vom Regiment gebraucht werden, aushebt. Mit dieser Regelung war das Werbesystem entscheidend zurückgedrängt. ...

Dieses auf der Enrollierung beruhende Kantonssystem hat nichts mit der allgemeinen Wehrpflicht zu tun, wie wir sie später etwa zur Zeit der Freiheitskriege finden. Bei der allgemeinen Wehrpflicht kommt es auf die Dienstpflicht des einzelnen Untertanen an. Daß er dient, ist wichtig. Bei der Kantonspflicht interessiert der einzelne als solcher überhaupt nicht. Von Interesse ist nur, daß genügend Menschenmaterial zur Ergänzung des Heeres aufgebracht wird, und zwar in einer Weise, die den Staat möglichst wenig schädigt. Folgerichtig werden deshalb diejenigen Schichten, die für andere, insbesondere wirtschaftspolitische Ziele des absoluten Herrschers wichtig sind, von der Kantonspflicht ausgenommen und bleiben dadurch vom Heeresdienst verschont. Man mußte, wie dies Boyen später treffend formulierte, bei der Beschränktheit der preußischen Ersatzquellen 'Gott danken, Menschenfiguren aufzutreiben, ohne auf ihren moralischen Wert zu sehen'[56]. Bei der Kantonspflicht ist der Heeresdienst eine Last, die auf die Masse der Untertanen umgelegt wird, genau so, wie es mit der Steuer geschieht[57]. Bei der allgemeinen Wehrpflicht, wie sie später die Reformer durchsetzten, wird der Einsatz des einzelnen für den Staat gefordert und ethisch gerechtfertigt."[58]

Schnitter stellt fest: „Schließlich beseitigten die 1733 erlassenen Edikte – zusammengefaßt als Kantonreglement bezeichnet – die individuelle Willkür der verschiedenen Werbekommandos im Inland zugunsten territorial aufgeteilter und den Regimentern zugewiesener Aushebungsgebiete. Dabei änderte sich zwar die Form, jedoch nicht das Wesen der Zwangsrekrutierung. Das Kantonsystem mit den 'Exemtionen', d. h. Befreiungen bestimmter Gewerbezweige, Berufe und Städte von der Rekrutierung, war keine allgemeine Wehrpflicht, sondern das von den Gutsherren und der Krone geschaffene Instrument, im Rahmen der begrenzten ökonomischen Mittel und Möglichkeiten einen Teil des Menschenpotentials maximal für militärische Zwecke zu nutzen."[59]

[56] H. v. Boyen, Denkwürdigkeiten und Erinnerungen, 3. Aufl., Bd. 1, S. 157.
[57] Dazu auch die Schilderung bei Boyen, ebenda, S. 156 f.
[58] R. Höhn, a. a. O., S. 17 f.
[59] H. Schnitter, a. a. O., in: „Zeitschrift für Militärgeschichte", Heft 3, 1971, S. 311.

Alle Soldaten der Armee waren also geworben und zwar fast durchgängig, insbesondere im Inland durch das Kantonierungssystem, zwangsgeworben. Darüber muß absolute Klarheit herrschen: wenn es überhaupt als Freiwillige Geworbene in der preußischen Armee gab, dann waren es zumeist Ausländer.

Über das Verhältnis von Ausländern und Preußen in der Armee gibt es nur wenige ungefähre Angaben, die verschiedene Zeiten betreffen. Huber schreibt: „Nur zu einem Teile konnte das Heer gemäß dem Kantonsystem gebildet werden, daneben blieb die freie Werbung, auch die Auslandswerbung, bestehen. Friedrich Wilhelm I. hatte etwa ein Drittel Ausländer in der Armee, und Friedrich der Große hatte sich 1742 das Ziel gestellt, die Zahl der Ausländer auf zwei Drittel zu steigern; wenn ihm das auch nur teilweise gelungen ist, so bestand sein Heer doch sicher zur Hälfte aus Nichtpreußen. Im Testament von 1752 erhob er die Forderung: 'Die Kompagnie Infanterie soll nicht über 60 Mann aus dem Kanton haben. Der Rest muß aus dem Ausland angeworben werden. Die Kompagnie Kavallerie darf in Friedenszeiten nur 30 Mann aus dem Kanton bekommen'. Nach dem Testament von 1768 standen damals 90 000 Ausländer und 70 000 Inländer im Heer. Die Generallisten von 1776 verzeichnen rund 78 000 Ausländer und ebensoviel Inländer. Da aber die Inländer in Friedenszeiten fast sämtlich während zehn oder mehr Monate im Jahr beurlaubt waren, setzte sich das eigentliche 'stehende' Heer weit überwiegend aus Landesfremden zusammen. Seit 1763 befanden sich nur ungefähr 15 v. H., seit 1768 nur mehr 5,6 v. H. Inländer dauernd im Dienst. Das Heer war somit im Grunde aus zwei sehr verschiedenen Bestandteilen gebildet. Sein Kern waren die durch Werbung gewonnenen, in dauerndem Dienst stehenden, weit überwiegend aus dem Ausland stammenden Berufssoldaten. Um diesen Kern schichteten sich die gemäß der Untertanenpflicht eingestellten Kantonisten, die Jahr für Jahr nur kurzfristig dienten und im übrigen ihrem bürgerlichen Beruf nachgingen. Das stehende Heer war in seinem Kerne ein auf ausländischer Werbung beruhendes Söldnerheer, das sich durch kurzdienende Wehrpflichtige – eine Art von 'Miliz' – ergänzte."[60]

Die Werbung im Ausland geschah durch speziell ausgesuchte Werbeoffiziere. Kathe schildert:

„Seit Beginn der zwanziger Jahre lag der Schwerpunkt in der ausländischen Werbung. Da nach dem Ende des Spanischen Erbfolgekrieges überall mit Ausnahme Preußens die Streitkräfte reduziert wurden, bestanden günstige Bedingungen für die Anwerbung abgedankter Söldner aus aller Herren Länder. Auf diese Weise schonte man das einheimische Arbeitskräftepotential. Die Gemeinden konnten Geld statt Rekruten geben. Es diente zur Werbung in den Reichsstädten, denn als Kurfürst hatte der König das Recht, in ihnen zu werben.

Zeitweise waren 800 bis 1 000 Werbeoffiziere im Ausland tätig, vor allem 'im Reich', d. h. im Süden und Westen Deutschlands, aber auch in Holland, Italien, Polen, Ungarn, der Schweiz und Ukraine. Die wichtigsten Rekrutierungsgebiete waren Mecklenburg, Anhalt, Thüringen, Ansbach, Bayreuth, Nürnberg, Köln, Frankfurt am Main und Danzig. . . .

Die Werbemethoden im Ausland waren gleichfalls brutal. Insbesondere das benachbarte Mecklenburg litt unter regelrechten preußischen Kommandounternehmen. 1725 berichtete die Schweriner Justiz-Kanzlei: Die Werber brechen nachts in 'Häuser und Güter feindlich ein, stoßen, prügeln, binden, knebeln und führen anständige Menschen räuberi-

---

[60] *E. R. Huber*, a. a. O., S. 92.

scherweise fort, so daß es kein Wunder wäre, wenn das ganze Land sich wider sie armierte und ein jeder diese Bösewichte, als allgemeine Menschenfeinde und Verächter Gottes und der Obrigkeit, wo er sie finden möchte, niederschlüge'.

Den Kommandos gingen als Bettler oder Musikanten verkleidete Spione voraus, die die Leute ausfindig machten und deren Häuser rekognoszierten. Die Gebäude wurden dann von den im Menschenraub perfektionierten Werbern umstellt und die Ausgänge gesperrt. Darauf drangen in die vorgesehenen Häuser mehrere 'Experten' ein, die zugleich jeden Alarmierungsversuch der Bewohner unterdrückten. Die überrumpelten Opfer wurden geknebelt abgeführt. Um ein Sturmläuten von vornherein zu verhindern, hatte man gleich nach dem Betreten des Ortes die Seile der Kirchenglocken abgeschnitten.

In den zwanziger Jahren zogen preußische Werbekommandos, zuweilen 50 Mann stark, bis in die Nähe Güstrows. Zwischen ihnen und den mecklenburgischen Bauern kam es zu erbitterten Auseinandersetzungen; kein Wunder, daß niemand im Mecklenburgischen verhaßter war als die Werber aus dem Hohenzollernstaat. Von der erbitterten Menge wurden zum Beispiel die Scheiben eines Rostocker Wirtshauses, wo sich die preußischen Werber einzuquartieren pflegten, es hieß daher im Volksmund das 'Königlich preußische Werbehaus', eingeworfen. In drastischen Worten drückten die empörten Rostocker ihren Zorn auf die Brandenburger aus. Der Preußenkönig faßte dies als Majestätsbeleidigung auf und richtete an den Magistrat von Rostock das Ansinnen, die 'Rädelsführer' so lange in Haft zu halten, bis eine Kommission aus Berlin zur Untersuchung erschienen wäre. Noch im 19. Jahrhundert war bei den Mecklenburgern die Erinnerung über die Gewalttaten preußischer Werber lebendig.

In Süddeutschland predigte man gegen die Menschenräuber von den Kirchenkanzeln. Bei Donauwörth wurde gegen einen preußischen Werbeoffizier und seine Begleiter eine Kompagnie Musketiere eingesetzt."[61]

Auch Gustav Freytag schreibt in seinen „Bilder aus der deutschen Vergangenheit" ganz ähnlich, sowohl die Werbung im Ausland wie im Inland schildernd:

„Zu roh und gewalthätig war das Verhalten der Offiziere, welche die junge Mannschaft auszuheben hatten, zu heftig Widerstand und Abneigung des Volkes. Die jungen Leute wanderten massenhaft aus, keine Drohung mit Galgen, Ohrabschneiden und Beschlagnahme ihrer Habe konnte die Flucht aufhalten, mehr als einmal sah sich der fanatische Soldateneifer Friedrich Wilhelm's I. von Preußen gekreuzt durch die Nothwendigkeit seine Landschaften zu schonen, die sich zu leeren drohten. Niemals konnte mehr als etwa die Hälfte des Ersatzes durch die gezwungene Rekrutierung gedeckt, die andere Hälfte des Abhanges mußte durch Werbung aufgebracht werden.

Auch die Werbung wurde in der ersten Hälfte des 18. Jahrhunderts roher als sie sonst gewesen war; die Landesherren waren weit gefährlichere Werber als die Hauptleute der alten Landsknechte. Und obgleich die Uebelstände dieses Verfahren offenkundig zu Tage lagen, man wußte sich durchaus nicht dagegen zu helfen. Zwar die große Unsittlichkeit, welche dabei stattfand, beunruhigte die Regierenden durchgängig viel zu wenig, wol aber die Unsicherheit, die Kostspieligkeit, die Beschwerden und Rückforderungen fremder Regierungen und die unaufhörlichen Händel und Schreibereien, welche damit verbunden waren. Die Werbeoffiziere selbst waren oft unsichere, ja schlechte Menschen, deren Thätigkeit und Ausgaben nur ungenügend überwacht werden konnten. Nicht wenige lebten Jahre lang mit ihren Helfershelfern in der Fremde auf Kosten der Monarchen

[61] H. Kathe, a. a. O., S. 61 f.

in Völlerei, berechneten theures Handgeld und fingen zuletzt doch nur wenige, oder konnten ihren Fang nicht unverkürzt in das Land schaffen. Dazu ergab sich bald, daß nicht die Hälfte der so Geworbenen dem Heere zum Nutzen gereichte. Zunächst war die Mehrzahl davon das schlechteste Gesindel, in welches nicht immer militärische Eigenschaften hineingeprügelt werden konnten; ihre zerrütteten Körper und lasterhaften Gewohnheiten füllten die Spitäler und Gefängnisse, sie liefen davon, sobald sie konnten.

Schon die Werbungen im Inland wurden mit jeder Art von Gewaltthat geübt. Die Obersten und Werbeoffiziere raubten und entführten einzige Söhne, welche frei sein sollten, Studenten von der Universität, ja ganze Dorfschaften von unterthänigen Leuten, die sie auf ihren eigenen Gütern ansiedelten. Wer sich frei machen wollte, mußte bestechen, und er war selbst dann noch nicht sicher. Die Offiziere wurden so sehr bei ihren gewaltthätigen Erpressungen geschützt, daß sie die gesetzlichen Beschränkungen offen verhöhnten. Trat vollends in Kriegszeiten Mangel an Mannschaft ein, dann hörte jede Rücksicht auf das Gesetz auf. Dann wurde eine förmliche Jagd angestellt, die Stadtthore mit Wachen besetzt, und jeder Aus= und Eingehende einer furchtbaren Untersuchung unterworfen, wer groß und stark war festgenommen, selbst in die Häuser wurde gebrochen, vom Keller bis zum Bodenraum nach Rekruten gesucht, auch bei Familien, welche befreit sein sollten. Im siebenjährigen Kriege wurde von den Preußen in Schlesien sogar auf die Knaben der oberen Gymnasialklassen gefahndet. Noch lebt in vielen Familien die Erinnerung an Schreck und Gefahr, welche das Werbesystem den Großeltern bereitet hat. Es war damals für den Sohn eines Geistlichen oder Beamten ein großes Unglück, hoch aufzuschießen, und eine gewöhnliche Warnung der bekümmerten Eltern: 'Wachse nicht, dich fangen die Werber.'

Fast noch schlimmer waren die Ungesetzlichkeiten, wenn die Werber im Ausland nach Leuten suchten. Durch Annahme des Handgeldes wurde der Rekrut verpflichtet. Der bekannte Kunstgriff war, arglose Burschen in lustiger Gesellschaft trunken zu machen, den Berauschten das Geld aufzudrängen, sie in feste Verwahrung zu nehmen, und, wenn sie ernüchtert widersprachen, durch Fesseln und jedes Zwangsmittel festzuhalten. Unter Bedeckung und Drohungen wurden die Gefangenen zur Fahne geschleppt und durch barbarische Strafmittel zum Eide gezwungen. Nächst dem Trunk wurde jede andere Verführung angewendet: Spiel, Dirnen, Lüge und Betrug. Die einzelnen begehrungswerthen Burschen wurden Tage lang durch Spione beobachtet. Von den Werbeoffizieren, welche für solchen Dienst angestellt waren, wurde verlangt, daß sie besondere Gewandtheit im Ueberlisten hatten; Beförderung und Geldgeschenke hingen daran, ob sie viele Leute einzufangen wußten. Häufig vermieden sie, auch wo ihr Werbegeschäft erlaubt war, sich in Uniform zu zeigen, und suchten in jeder Art von Verkleidung ihr Opfer zu fassen. Greulich sind einzelne Schändlichkeiten, welche bei solcher Menschenjagd geübt und von den Regierungen nachgesehen wurden. Eine Sklavenjagd aber war es in der That, denn der geworbene Soldat konnte erst dann seine Dienste in der großen Maschine des Heeres verrichten, wenn er mit allen Hoffnungen und Neigungen seines früheren Lebens abgeschlossen hatte. Es ist eine trostlose Sache, sich die Gefühle zu vergegenwärtigen, welche in Tausenden der gepreßten Opfer gearbeitet haben, vernichtete Hoffnung, ohnmächtige Wuth gegen die Gewalthätigen, herzzerreißender Schmerz über ein zerstörtes Leben.«[62]

Werbung wurde zur „Sklavenjagd"!

[62] *G. Freytag*, Gesammelte Werke, 21. Bd., Leipzig 1888, S. 182–185.

So also wurde die preußische Armee, die klassische Armee der Zeit des feuda.en Absolutismus zusammengebracht, so setzte sie sich zusammen.

Kein Wunder, daß die Werktätigen, daß das ganze Volk nur Verachtung für eine solche Armee hatte. Es galt als Unglück und Schande, Soldat in dieser Armee zu sein.

Der ganze Abscheu der Bevölkerung vor diesen Menschen kommt in dem Soldatenlied „Ein Soldat muß leiden viel" zum Ausdruck. Der Soldat wird bei einem Bauern einquartiert:

> „Kommt man ins Bauernquartier hinein.
> Da wird schon alles verschlossen sein.
> Sie wollen uns ja gar nichts geben,
> Als könnten wir vom Winde leben.
> Da heißt es gleich: geschwind und lauf!
> Für unser Geld müssen warten auf.
>
> Macht uns die Tochter ein freundlich G'sicht.
> So heißt's: 'Trau' keinem Soldaten nicht!'
> Da heißt es gleich: 'Was tust du denken?
> Willst dich an ein Soldaten henken!'
> Als wenn man's gar nicht würdig wär',
> Ein solches Mädchen anzusehn."[63]

Gustav Freytag schildert so: „Mit Mißtrauen und Abneigung sah der Bürger au: ihn, Ehrlichkeit und Sitten des Soldaten standen in so schlechtem Ruf, daß der Civilist jede Berührung vermied; kehrte der Soldat in ein Wirthshaus ein, so entfernte sich augenblicklich der Bürgersmann und der Handwerksgesell, jeder, der auf sich selbst hielt, und dem Wirthe galt es für ein Unglück, von Soldaten besucht zu werden. So war der Mann auch in seinen Freistunden auf den Verkehr mit Schicksalsgenossen und mit entwürdigten Weibern angewiesen."[64]

Wie gestaltete sich nun der Alltag dieser Soldaten? Mehring schildert ihn in einem Satz: „es war nicht mehr wie in den Tagen Frundsbergs oder auch noch Wallensteins, wo, wer dem Kalbfell folgte, auf Beute oder Ehre oder wenigstens ein ungebundenes Abenteurerleben rechnen konnte; was jetzt den Rekruten erwartete, nach dem kurzen Rausche, worin er sein Werbegeld vergeudet hatte, war ein lebenslängliches Einerlei von kärglichem Sold, knapper Nahrung und grausamer Mißhandlung."[65]

Beginnen wir mit dem letztgenannten, der grausamen Mißhandlung. In diesem Zusammenhang sei daran erinnert, daß die industrielle Arbeiterklasse in ihrer Vorform zunächst nicht sehr viel anders zusammengesetzt war wie die Soldaten der stehenden Heere. Hören wir Marx: „Die durch Auflösung der feudalen Gefolgschaften und durch stoßweise, gewaltsame Expropriation von Grund und Boden Verjagten, dies vogelfreie Proletariat konnte unmöglich ebenso rasch von der aufkommenden Manufaktur absor-

---

[63] *W. Steinitz,* Deutsche Volkslieder demokratischen Charakters aus sechs Jahrhunderten, Bd. I, Berlin 1954, S. 350.

[64] *G. Freytag,* a. a. O., S. 188 f.

[65] *Fr. Mehring,* a. a. O., Bd. 8, S. 337.

biert werden, als es auf die Welt gesetzt ward. Andrerseits konnten die plötzlich aus ihrer gewohnten Lebensbahn Herausgeschleuderten sich nicht ebenso plötzlich in die Disziplin des neuen Zustandes finden. Sie verwandelten sich massenhaft in Bettler, Räuber, Vagabunden, zum Teil aus Neigung, in den meisten Fällen durch den Zwang der Umstände. Endes des 15. und während des ganzen 16. Jahrhunderts daher in ganz Westeuropa eine Blutgesetzgebung wider Vagabundage. Die Väter der jetzigen Arbeiterklasse wurden zunächst gezüchtigt für die ihnen angetane Verwandlung in Vagabunden und Paupers. Die Gesetzgebung behandelte sie als 'freiwillige' Verbrecher und unterstellte, daß es von ihrem guten Willen abhänge, in den nicht mehr existierenden alten Verhältnissen fortzuarbeiten."

Marx schildert dann diese „Blutgesetzgebung". Das letzte Gesetz, das er erwähnt, wurde unter Jakob I. erlassen:

„Eine herumwandernde und bettelnde Person wird für einen Landstreicher und Vagabunden erklärt. Die Friedensrichter in den Petty Sessions sind bevollmächtigt, sie öffentlich auspeitschen zu lassen und bei erster Ertappung 6 Monate, bei zweiter 2 Jahre ins Gefängnis zu sperren. Während des Gefängnisses soll sie sooft und soviel gepeitscht werden, als die Friedensrichter für gut halten ... Die unverbesserlichen und gefährlichen Landstreicher sollen auf der linken Schulter mit R gebrandmarkt und an die Zwangsarbeit gesetzt, und wenn man sie wieder auf dem Bettel ertappt, ohne Gnade hingerichtet werden. Diese Anordnungen, gesetzlich bis in die erste Zeit des 18. Jahrhunderts. ...

Ähnliche Gesetze in Frankreich, wo sich Mitte des 17. Jahrhunderts ein Vagabundenkönigreich (royaume des truands) zu Paris etabliert hatte. Noch in der ersten Zeit Ludwigs XVI. (Ordonnanz vom 13. Juli 1777) sollte jeder gesund gebaute Mensch vom 16. bis 60. Jahr, wenn ohne Existenzmittel und Ausübung einer Profession, auf die Galeeren geschickt werden. Ähnlich das Statut Karls V. für die Niederlande vom Oktober 1537, das erste Edikt der Staaten und Städte von Holland vom 19. März 1614, das Plakat der Vereinigten Provinzen vom 25. Juni 1649 usw.

So wurde das von Grund und Boden gewaltsam expropriierte, verjagte und zum Vagabunden gemachte Landvolk durch grotesk-terroristische Gesetze in eine dem System der Lohnarbeit notwendige Disziplin hineingepeitscht, -gebrandmarkt, -gefoltert."[66]

Für die „vogelfreien Proletarier" war es natürlich kein Trost im Alltag, daß sie zu fortschrittlichen Zwecken, für den Aufbau einer neuen Gesellschaftsordnung „in eine dem System der Lohnarbeit notwendige Disziplin hineingepeitscht, -gebrandmarkt, -gefoltert" wurden.

Ebenso stellte es keine zusätzliche ideologische Belastung im Alltag für die preußischen Soldaten dar, daß sie im Dienste eines reaktionären, niedergehenden Systems in die für die Armee notwendige Disziplin hineingepeitscht wurden.

Gemeinsam ist beiden, daß die notwendige Disziplin unter den bestehenden gesellschaftlichen Verhältnissen nur durch Terror und Gewalt, durch außerökonomischen Zwang erreicht werden konnte.

Disziplin ist das entscheidende Stichwort in beiden Fällen. Für uns hier Disziplin als Voraussetzung für den Drill in der preußischen Armee.

Ein nationalistischer Militärschriftsteller, der schon zitierte Huber, bemerkt:

„In seinem militärischen Wert war dieses Heer durch innere Haltlosigkeit und durch den Trieb zur Fahnenflucht stark gemindert. Allein die Unterworfenheit unter die un-

---

[66] *Marx/Engels,* Werke, Bd. 23, a. a. O., S. 761 f. und 764 f.

bedingte militärische Befehlsgewalt konnte aus dem vielgestaltigen, zumeist minderwertigen Material eine einheitliche Ordnung bilden. Durch eine barbarische Zucht gedrillt, durch blinden Gehorsam gebunden, durch schimpfliche Strafen bedroht – mit einem Wort: durch die Disziplin wurde die preußische Armee geschaffen. Friedrich der Große hat das mit besonderer Klarheit im Testament von 1752 ausgesprochen: 'Die Mannszucht führt im Heer blinden Gehorsam ein ... Mit solcher strengen Subordination erreicht man, daß eine ganze Armee von der Führung eines Einzigen abhängt.' Der Gleichschritt, die Gewehrgriffe, der Parademarsch, der Wachdienst, das Salvenschießen, die Grußvorschriften waren Mittel, die Mannschaft dem Willen des Vorgesetzten völlig unterzuordnen. Unwillige oder Unfähige wurden mit Prügelstrafe, Widersetzliche mit Schlimmerem belegt. 'Überhaupt muß der gemeine Soldat vor dem Offizier mehr Furcht als vor dem Feinde haben' – sagte die Instruktion für die Kavallerie vom 11. Mai 1763."[67]

Im Testament von 1768 heißt es dazu ausführlicher: „Da die Officiere sie (die Soldaten) unter Umständen in die größten Gefahren führen müssen, so sollen sie (da der Ehrgeiz auf sie nicht wirken kann) ihre Officiere mehr fürchten als alle Gefahren, denen sie ausgesetzt werden. Sonst wird niemand imstande sein, sie gegen dreihundert Geschütze, die ihnen entgegen donnern, zum Angriff zu führen. Guter Wille wird den gemeinen Mann nie solchen Gefahren Trotz bieten lassen. So muß es denn die Furcht tun."[68]

Mehring sagt kurz und treffend: „Soweit es auf die Mannschaften ankam, war das preußische Söldnerheer insofern ein klassisches Muster, als in ihm die Disziplin der Entnervung bis in die äußersten Konsequenzen durchgeführt wurde."[69]

Die Disziplin wurde mit den schärfsten Strafmitteln erzwungen. Schnitter bemerkt: „Um sie an die Fahne zu fesseln und zu gehorsamen, willenlosen Werkzeugen zu machen, wurden die Rekruten härtester Disziplin, barbarischem Drill und grausamen Strafen unterworfen. Im Dienst und in der wenigen freien Zeit herrschten die Fuchtel des adligen Offiziers und der Stock des Unteroffiziers. Schon kleinste Delikte wurden äußerst streng bestraft; auf Widersetzlichkeit und Desertion stand fast ausnahmslos die Todesstrafe. Der Terror gegen die völlig rechtlosen Soldaten fand oftmals nur darin seine individuelle Schranke, daß der Ersatz für einen totgeprügelten Söldner schwer und kostspielig war und daher der Soldat auch nach der Strafe dienstfähig bleiben sollte."[70]

Mehring schildert ausführlicher:

„Je mehr es aber nur der verächtlichste Auswurf der Gesellschaft war, der – und selbst er oft nur mit Lug und Trug – sich für den preußischen Waffendienst einfangen ließ, um so notwendiger wurde eine eiserne Disziplin. . .

Hören wir, wie Max Lehmann das Gassenlaufen schildert, die gebräuchlichste Militärstrafe. Er schreibt: 'Sie wurde von 200 Mann vollstreckt. In die von ihnen gebildete Gasse ging erst der Profoß des Regiments und verteilte die langen, in Salz getauchten Hasel- und Birkenruten. Dann wurde der Sträfling vorgeführt. Der Regimentsauditeur verlas das über ihn verhängte kriegsgerichtliche Urteil, die Tamboure des linken Flügels begannen die Trommeln zu rühren, dem Verurteilten wurde der Mantel abgenommen, der seine Blöße verhüllt hatte; mit nackter Brust und nacktem Rücken trat er seinen

[67] *E. R. Huber*, a. a. O., S. 97 f.

[68] Zitiert nach *R. Höhn*, a. a. O., S. 44.

[69] *Fr. Mehring*, a. a. O., Bd. 8, S. 347.

[70] *H. Schnitter*, Desertion im 18. Jahrhundert, in: „Militärgeschichte", Heft 1, Berlin 1974, S. 55.

Schmerzensgang an. Er war an den Händen gefesselt, damit er niemandem, weder sich
noch anderen, ein Leid antäte, an den Füßen gefesselt, damit er nur langsam vorwärts
käme und ja kein Schlag fehlginge; in den Mund war ihm eine bleierne Kugel gesteckt,
um an ihr, nicht an der Zunge, den Schmerz zu verbeißen. Vor und hinter ihm schritten
mit erhobenem Kurzgewehr Unteroffiziere, welche verhindern sollten, daß er zu schnell
gehe oder etwa umwende; auf den Außenseiten der Gasse gingen hier der Major, dort
der Adjutant auf und nieder, indem sie die eifrig Zuschlagenden belobten, die Säumigen
durch heftigen, das Jammergeschrei des Gepeitschten und den Wirbel der Trommel über-
tönenden Zuruf bedrohten. Welch ein Anblick, wenn dann das Blut die Kleider über-
strömte und die Ruten beim Zurückziehen Fleischstücke losrissen; wenn der Gemißhan-
delte zusammenbrach, sich aufraffte, wieder zu Boden stürzte; wenn er, zum Gehen
unfähig, wohl gar an einen Pfahl gebunden wurde und die Kameraden zum Schlagen an
ihn herantreten mußten; nicht selten geschah, daß, wenn das höchste Maß, die dreißigste
Exekution, erreicht war, der Delinquent in den Sarg gelegt wurde. Sehr begreiflich, daß
der umstehende Bürger und Bauer regelmäßig für das Opfer dieser Scheußlichkeiten
Partei ergriff, das ja seine Strafe oft genug für den Bruch eines Kontraktes erlitt, der
durch List und Betrug zustande gekommen war. Und gar sehr würde man mit der Annahme irregehen, daß die Spießruten etwas Seltenes gewesen wären; noch im Jahre 1786
hörte ein französischer Offizier aus dem Munde eines Sachkenners die Versicherung, dass
zwei Drittel von den Ausländern der Berliner Garnison die Strafe erduldet hätten.' Und
eine solche Exekution hat selbst einst ein Mann wie Scharnhorst kommandieren müssen.

Dabei aber war das Gassenlaufen wenigstens noch an ein vorhergehendes, mit rechtlichen Formen umkleidetes Verfahren geknüpft, wieviel oder wie wenig dies Verfahren
im übrigen wert sein mochte. Allein solche Schutzwehr fehlte beim einfachen Prügeln.
Selbst ein so großer Liebhaber und Verehrer des Stockes, wie der König Friedrich war,
rief einmal unwillkürlich aus: 'Was führen diese armen Soldaten für ein Leben; auf
dem Exerzierplatze bekommen sie mehr Schläge als Bissen Brot.' Nach Friedrichs Tode
wurde die Mißhandlung der Soldaten etwas einzuschränken gesucht: Den Kompaniechefs wurde verboten, ohne standrechtliches Erkenntnis mehr als dreißig Schläge zu
geben. Jedoch diese schüchterne Abwandlung von 'Humanität' blieb ohne jede Wirkung; nach wie vor durfte nach Scharnhorsts Zeugnis jeder sechzehnjährige Fähnrich
und jeder rohe Unteroffizier jeden alten Soldaten wegen eines unbedeutenden, unschuldigen Exerzier- oder Putzfehlers fast zu Tode prügeln. Und nach der Schlacht bei Jena
sagte derselbe Scharnhorst: 'Kein Soldat ist so erbärmlich gepeitscht worden wie der
preußische, und keine Armee hat weniger geleistet'."[71]

Selten hat ein König den Arbeitstag eines Soldaten, seinen Exerziertag, treffender und
kürzer geschildert als Friedrich: „die Soldaten bekommen mehr Schläge als Bissen Brot".

Wenn Büsch schreibt: „In diesem Zusammenhang ist die Bedeutung der Tatsache ins
Auge zu fassen, daß der Gutsbesitzer fast immer Offizier im Heer gewesen war oder
noch im Offiziersdienst stand; wurden doch die Methoden seiner Menschenbehandlung
von der Schule der Armee bestimmt. Der Bauer war den Disziplinarstrafen des Gutsherrn in Form von Prügeln, 'in den Stock spannen', Tragen des 'spanischen Mantels',
'Reiten' auf dem 'scharfen Esel', 'Krummschließen' und Arrest unterworfen; das Landrecht erlaubte der Herrschaft auch im normalen Umgang mit den Untertanen die Benutzung der Peitsche. Diese Formen der Bestrafung glichen völlig den beim Militär geübten

---

[71] *Fr. Mehring*, a. a. O., Bd. 6, S. 18 ff.

Strafmethoden. Auf dem Exerzierfeld konnte sich der Junker an den hemmungsfreien Gebrauch des Strafvollzugs gewöhnen, dessen Objekt der ländliche Untertan auf dem Rittergut wurde."[72] – so muß man die Sache doch wohl auch umgekehrt sehen: die Art, wie der Junker schon vor der Einrichtung stehender Heere mit „seinen Bauern" umsprang, entsprach in vielem dem, was er später im Heere mit den Soldaten tat. Es handelt sich offenbar um einen „dialektischen Prügelprozeß", in dem sowohl die Bauern und Tagelöhner wie die Soldaten das Opfer waren.

Aus etwas späterer Zeit, in der sich auch die Kritik stärker rührt, fragt einer beim Anblick von Soldaten: „Wer sind jene Elende, auf deren Mine der blasse Tot sitzt, und deren Leib von Lumpen bedeckt, uns an Adams Baumkleider erinnert, die man dreyssig bis funfzig, vielleicht hundert Meilen, wie wandelnde Mumien, herumgeschleppt, und mit Wächtern mit Argusaugen umgiebt, als wenn es zur Galeerenstrafe verdammte Übelthäter wären? Es sind ausländische Rekruten".[73]

Ein Zeitgenosse, Ulrich Bräker, schildert das „Strafleben" der Soldaten so: „Da mußten wir zusehen, wie man sie (die Deserteure – J. K.) durch zweihundert Mann achtmal die lange Gasse auf und ab Spießruten laufen ließ, bis sie atemlos hinsanken – wie sie des folgenden Tags aufs neue dran mußten, die Kleider vom zerhackten Rücken heruntergerissen, und wie wieder frisch drauflosgehauen wurde, bis Fetzen geronnenen Bluts ihnen über die Hosen hinabhingen. Dann sahen Schärer und ich uns zitternd und todblaß an und flüsterten einander in die Ohren: 'Die verdammten Barbaren!' Was hiernächst auch auf dem Exerzierplatz vorging, gab uns zu ähnlichen Betrachtungen Anlaß. Auch da war des Fluchens und Karbatschens von prügelsüchtigen Jünkerleins und hinwieder des Lamentierens der Geprügelten kein Ende. Wir selber zwar waren immer von den ersten auf der Stelle und tummelten uns wacker. Aber es tat uns nicht minder in der Seele weh, andre um jeder Kleinigkeit willen so unbarmherzig behandelt und selber jahrein, jahraus so kujoniert zu sehn: oft ganzer fünf Stunden lang, in unsrer Montur eingeschnürt, wie geschraubt stehn, in die Kreuz und Quer pfahlgerad marschieren und ununterbrochen blitzschnelle Handgriffe machen zu müssen, und das alles auf Geheiß eines Offiziers, der mit furiosem Gesicht und aufgehobnem Stock vor uns stund und alle Augenblicke wie unter Kabisköpfe dreinzuhauen drohte. Bei einem solchen Traktement mußte auch der starknervigste Kerl halb lahm und der geduldigste rasend werden. Kamen wir dann todmüde ins Quartier, so ging's schon wieder über Hals und Kopf, unsere Wäsche zurechtmachen und jedes Fleckchen auszumustern, denn bis auf den blauen Rock war unsre ganze Uniform weiß. Gewehr, Patronentasche, Kuppel, jeder Knopf an der Montur, alles mußte spiegelblank geputzt sein. Zeigt sich an einem dieser Stücke die geringste Untat oder stand ein Haar in der Frisur nicht recht, so war, wenn man auf den Platz kam, die erste Begrüßung eine derbe Tracht Prügel."[74]

Das Spießrutenlaufen war die eigentliche Strafe. Höhn bemerkt:

„Die Kompaniechefs hatten daher ein Interesse daran, Strafen zur Anwendung zu bringen, die den Soldaten im Dienst beließen, die andererseits aber auch dem militärischen Vergehen auf dem Fuße folgen konnten. Dazu war das Prügelsystem besonders geeignet. Da man dem Soldaten keine Ehre zusprach, konnte er ohne Bedenken geprügelt

[72] O. Büsch, a. a. O., S. 42 f.

[73] „Die Kiegszensoren, ein Traum der Nachwelt", in: „Bellona", 3. Stück, 1781, S. 84.

[74] U. Bräker, Das Leben und die Abenteuer des armen Mannes in Tockenburg, Leipzig 1950, S. 86 f.

werden. Damit wurde die Verhängung von leichten Arreststrafen umgangen. Prügeln galt
so im Grunde nicht als Strafe, sondern als das normale Zwangsmittel.

Nun war das Prügeln zwar in der Zeit gang und gäbe, auch der Gutsherr prügelte
seine Knechte. Das Entscheidende war aber, daß im Heer das Prügeln zum System erhoben und mit der rational funktionierenden Maschine auf das engste verbunden wurde.
Da Prügel nicht als Strafe galten, wurde das Spießrutenlaufen, die dem Prügeln folgende
Stufe, zur eigentlichen Strafe erhoben. Sie hatte, ebenso wie das Krummschließen, die
Dienstentziehung zur Folge und wurde für relativ geringfügige Vergehen bereits angedroht. Die Kriegsartikel, die der Soldat nach wie vor beschwor, entwickelten sich immer
mehr zu reinen Strafgesetzbüchern. Furcht vor Strafe sollte den Soldaten in Zwang halten, Furcht vor Strafe ihn dazu bringen, gegen die feindlichen Kanonen vorzugehen.‟[75]

Absolut grotesk ist folgendes Geschehnis mit folgendem, 70 Jahre später geschriebenen
Kommentar:

„Wenn diese und viele andere Befehle bezeugen, wie sehr man für die Aufrechterhaltung eines nach allen Richtungen hin strengen Dienstes thätig war, so finden wir doch
auch in dem folgenden Befehle vom 31. Januar 1781 eine strenge, aber väterliche Fürsorge für das körperliche Wohl des einzelnen Mannes: 'Morgen ist Exekution über den
Grenadier Muska des Kapitain von Zenge Compagnie, weil er sich hat den Hals ab-
schneiden wollen. Er läuft 16mal spießruthen in 2 Tagen' wodurch dem Lebensmüden die
Hoffnung blieb auf weniger schuldbeladene Weise das Zeitliche zu segnen.‟[76]

Aber weder die Disziplin noch die Strafen sind um ihrer selbst willen da. Denn so
wie die „Blutdisziplin‟ der freien Arbeiter in England dem „geordneten Dienst in der
Manufaktur‟ dienen soll, so soll die „Blutdisziplin‟ im preußischen Heere seiner Ausbildung als „mechanisierter, durchgedrillter Kriegswaffe‟ dienen.

Mit dem Drill gilt es nun sich näher zu beschäftigen: er stellt gewissermaßen das „Produktionsverhältnis zur Maschine‟ dar.

Wie richtig diese Formulierung „Produktionsverhältnis zur Maschine‟ ist, zeigen verschiedene Formulierungen aus alter und neuerer Zeit. So formuliert Thiel in „Preussische
Soldaten‟ (meine Unterstreichungen):

„In tiefbedauerter Ermangelung eines Krieges verbrachte nun der Dessauer die nächste
Zeit mit Exerzieren. Dabei gelang ihm eine militärische Erfindung, die ihm ewiges Gedächtnis sichern müßte, hätte er auch niemals eine Schlacht gewonnen: er lehrte die Soldaten gleichen Schritt zu halten beim Marschieren!

So lächerlich geringfügig, so unglaublich simpel – und doch ein Wendepunkt der
Kriegsgeschichte! Denn mit diesem Gleichschritt wurde die moderne Infanterie geboren,
die über die persönliche Bravour hinaus als Ganzes eine früher unbekannte Wucht und
Festigkeit gewann und womit der Feldherr rechnen kann wie mit einer sicheren, unab-
änderlichen Größe.

Leopold hat das auch bewußt erstrebt. Der Gleichschritt ist nur die bekannteste von
seinen Neuerungen. In Wirklichkeit hat er die ganze militärische Ausbildung umgestellt
auf *eine Art Mechanik, eine Mechanik aus Menschenleibern*, die mit unentrinnbarer Genauigkeit ihr todbringendes Werk vollführen sollte.‟[77]

„Eine Mechanik aus Menschenleibern‟ – was für eine treffende Formulierung! Und

---

[75] *R. Höhn*, a. a. O., S. 20.

[76] *A. v. Witzleben*, a. a. O., S. 10.

[77] *R. Thiel*, Preussische Soldaten, Berlin 1942, S. 47.

wie bestätigt dieser 1942 veröffentlichende Militärschriftsteller die Formulierung von Mehring: „Disziplin der Entnervung bis in die äußersten Konsequenzen durchgeführt", denn eine „Mechanik aus Menschenleibern" darf natürlich keine Nerven haben – ebensowenig wie der Arbeiter an der Maschine. 1794 bemerkte Knesebeck, das Heer erscheine als die „große Kriegsmaschine, (deren) mehrste Glieder verdammt sind, wie die Puppen auf dem Schachbrett gebraucht zu werden."[78] Auch Friedrich der Große spricht von der Armee als einer Maschine:

„Nicht weniger Sorgfalt erfordert die Erhaltung der Disziplin. Man wird vielleicht sagen: dafür werden schon die Obersten sorgen! Aber das genügt nicht. Bei einer Armee muß alles bis zur Vollkommenheit getrieben werden, und man muß erkennen, daß alles was geschieht, das Werk eines Einzigen ist. Der größte Teil einer Armee besteht aus nachlässigen Leuten. Sitzt der Heerführer ihnen nicht beständig auf den Hacken, so gerät die ganze kunstvolle und vollkommene Maschine sehr bald in Unordnung, und er verfügt nur noch in der Idee über eine wohldisziplinierte Armee. Man muß sich also daran gewöhnen, unaufhörlich zu arbeiten. Wer das tut, den wird die Erfahrung lehren, daß dies notwendig ist und daß alle Tage Mißbräuche abzustellen sind. Sie entgehen nur denen, die sich nicht die Mühe geben, darauf zu achten.

Diese beständige, mühsame Arbeit scheint zwar hart, aber ein Heerführer, der sie leistet, sieht sich dafür reichlich belohnt. Welche Erfolge kann er doch mit so beweglichen, tapferen, gut disziplinierten Truppen über den Feind erringen! Ein Heerführer, der bei andern Völkern für verwegen gälte, tut bei uns nur, was den Regeln entspricht. Er kann alles wagen und unternehmen, was Menschen zu vollbringen vermögen.

Was läßt sich nicht mit so gut disziplinierten Truppen unternehmen! Die Ordnung ist der ganzen Armee zur Gewohnheit geworden. Die Pünktlichkeit ist bei Offizieren und Mannschaften so weit getrieben, daß jeder schon eine halbe Stunde vor der bestimmten Zeit fertig ist. Vom Offizier bis auf den letzten Gemeinen redet keiner, aber alle handeln, und der Befehl des Heerführer wird prompt befolgt. Versteht er also nur richtig zu kommandieren, so kann er der Ausführung seiner Befehle sicher sein. Unsre Truppen sind so behend und beweglich, daß sie im Handumdrehen sich in Schlachtordnung aufstellen. Bei der Schnelligkeit ihrer Bewegungen können sie fast niemals vom Feind überfallen werden. Wollt Ihr ein Feuergefecht führen: welche Truppen feuern so schnell wie die preußischen? Die Feinde sagen, man stände vor dem Rachen der Hölle, wenn man unserer Infanterie gegenüberstände. Gilt es, nur mit dem Bajonett anzugreifen: welche Infanterie rückt besser als sie, mit festerem Schritt und ohne Schwanken dem Feinde zu Leibe? Wo findet man mehr Haltung in den größten Gefahren? Muß man schwenken, um den Feind in die Flanke zu fallen, es ist im Augenblick geschehen und ohne die geringste Mühe zustande gebracht."[79]

Hier haben wir die „perfekte Armee" des Absolutismus, eine mit Hilfe von Strafen disziplinierte, durch unermüdlichen Drill zu höchster Leistung befähigte Maschine.

Delbrück zeigt die ganze Dialektik, die die preußische Armee in ihrer Wirksamkeit bestimmt, so auf: „In die durch Disziplin und Exerzierübungen fest zusammengeschmiedeten taktischen Körper konnte man auch Mannschaften von wenig gutem eignen Willen einstellen; sie mußten dem Kommandowort des Offiziers gehorchen und mittun.

[78] *K. F. v. Knesebeck*, Betrachtung über den jetzigen Krieg und die Ursachen seiner falschen Beurteilung, Berlin 1794, S. 17.

[79] Die Werke Friedrichs des Großen, Die Generalprinzipien des Krieges, Bd. 6, Berlin 1913, S. 6 f.

Je besser die Disziplin wurde, und je mehr man sich auf sie verlassen konnte, desto weniger Wert legte man auf den guten Willen und die sonstigen moralischen Qualitäten des Rekruten. So schraubten sich die verschiedenen Eigenschaften des stehenden Heeres sozusagen gegenseitig in die Höhe: die Masse brachte Elemente, die an sich unkriegerisch und widerwillig waren, die Disziplin machte sie brauchbar und ermöglichte die Einstellung immer größerer Massen dieser Art; je schlechter das Material wurde, desto nötiger war wieder die feste Form, die Disziplin, die den Einzelnen in dem taktischen Körper fast verschwinden ließ. Wiederum das Exerzieren erzeugte die Disziplin und die Disziplin ermöglichte eine Exaktheit und Feinheit des Exerzierens, die immer weiter getrieben wurde und den Einzelnen als ein fast beliebig auswechselbares Stück der Maschine ansah und behandelte. Auch diejenigen, die ursprünglich ganz gegen ihren Willen, selbst durch offnen Betrug oder brutale Gewalt eingereiht worden waren, gewöhnten sich vielfach an dieses Dasein und nahmen mehr oder weniger den Geist und den Ehrgeiz ihres Truppenteils in sich auf."[80] Selbst in dem letzten Satz steckt ein Körnchen Wahrheit. Denn man darf nie die Mehringsche Formulierung vergessen: „Disziplin der Entnervung".

Exerzieren, von der ersten Minute des Dienstes bis zum letzten Tag. Ja, schon bevor der Dienst beginnt. Als Laukhard Soldat wird und beim Unteroffizier Zutzel in Quartier kommt, fängt er sofort an, zu exerzieren: „Ich fing gleich, wie es sich von selbst versteht, an zu exerzieren, und zwar in Zutzels Stube. Freilich lernte ich nicht schnell, teils war ich des Dings nicht gewohnt, teils dachte ich, Zeit genug zu haben, diese große Kunst, welche hauptsächlich in der gleichmäßigen Fertigkeit und Akkuratesse besteht und vom dümmsten Bauernjungen begriffen wird, zu erlernen. Daß ich nun nicht flugs lernte, ärgerte meinen Zutzel, und er klagte mich beim Hauptmann als einen Menschen an, der viel zu dumm und zu tückisch zum Exerzieren sei. Herr von Müffling verschwieg mir das nicht, und ich konnte mich nicht besser rechtfertigen, als wenn ich fleißiger und aufmerksamer ward. Das ward ich, und Zutzels Klagen von dieser Seite fielen weg."[81]

Auch Ulrich Bräker beginnt, noch bevor er recht im Dienst ist, in der „Einheit" zu exerzieren: „Die erste Woche hatt' ich noch Vakanz. Ich ging in der Stadt herum, auf alle Exerzierplätze, sah, wie die Offiziere ihre Soldaten musterten und prügelten, daß mir schon zum voraus der Angstschweiß von der Stirne troff. Ich bat daher Zittemann, mir zu Hause die Handgriffe zu zeigen. 'Die wirst du wohl lernen', sagte er, 'aber auf die Geschwindigkeit kömmt's an. Da geht's dir wie e'n Blitz!' Indessen war er so gut, mir wirklich alles zu weisen: wie ich das Gewehr rein halten, die Montur anpressen, mich auf Soldatenmanier frisieren sollte."[82]

Dabei kommt alles darauf an, daß der Soldat in der „Einheit" wirkt. Alles muß aufeinander eingerichtet sein. Ja, so bedeutungslos ist der Soldat als einzelner, daß er nicht etwa darauf gedrillt wird, ein Ziel zu treffen, da man sicher ist, daß das Schießen der „Einheit" für die Vernichtung der feindlichen Truppe sorgt. Der einzelne Soldat ist nur ein Glied der Maschinerie, aber dieses Glied kann nur funktionieren, wenn es genau und präzise und gleichmäßig mit den anderen Gliedern zusammenwirkt. Der Drill soll nicht den einzelnen Soldaten, sondern die Einheit ausbilden. So wird eine „Einheitendisziplin" durch „Einheitendrill" erreicht, die in keiner Armee der Zeit übertroffen

[80] *H. Delbrück,* a. a. O., S. 292 f.
[81] *Fr. Chr. Laukhard,* Leben und Schicksale von ihm selbst beschrieben, Leipzig 1955, S. 148.
[82] *U. Bräker,* a. a. O., S. 81.

wird. Das ganze Exerzieren ist darauf ausgerichtet, den einzelnen zum perfekt passenden Element der Einheit zu drillen.

Unerhört anstrengend und genau ist dieser Drill, und jede kleinste Abweichung wird mit Prügel bestraft. Wie genau und präzise, schildert der Fähndrich Ernst Gottlob v. Scheelen in seinem Tagebuch:

„Den 29. (April 1755) um 9 Uhr exerzirte das 1te Bataillon ganz allein bataillonsweise im Garten, der König war dabei.

Wenn ein Peloton blind chargirt, so muß es von der Zeit, da Feuer! kommandirt wird, 3 Sekunden haben, bis Hahn in Ruh ist, 1 Sekunde zur Ladung zu werfen, 2 zum Ladstock heraus, 2 in Lauf, 4 an seinem Ort und hoch zu nehmen, 12 Sekunden in allem. Die meisten von uns kommen mit 9 bis 10 hoch.

Wenn es aber Patronen hat, so gehen: 6 Sekunden bis Pulver aufgeschüttet ist, 2 bis 3 zur Ladung schwenken und Patrone in Lauf, 2 der Ladstock heraus, 4 in Lauf, 5 zum Ort und schultern, also in allem 20 Sekunden. Die meisten von uns haben, wenn man 9 zählt, den Ladstock heraus und bei 18 schon hoch, die andern bei 20 und einige bei 22, dies sind die schlechtesten. Zur Ladung schwenkt ein jeder, wenn er fertig ist mit Pulver aufschütten, beim Schultern wird im Bataillon ein klein wenig angehalten. Der Unterschied also zwischen blind laden und mit Patronen ist 8, höchstens 10 Sekunden. In 1 Minute kann also ein Peloton ohne die Kommandos dreimal feuern.

Die Kommandos auf der Stelle nehmen 5 Sekunden, das Anschlagen auch 5, also 10 Sekunden in allem Zeit weg.

Im Avanciren die Kommandos und ausrücken 8 Sekunden, Anschlagen 5, in allem 13 Sekunden.

Im Retriren die Kommandos 7 Sekunden, das Anschlagen 5, in allem 12 Sekunden.

Ein Peloton kann also auf der Stelle zweimal in 1 Minute, im Avanciren in 66 Sekunden, im Retriren in 64 Sekunden 2 mal feuern.

N. B. Man kann aber, wenn man eilen will, vom Sitzenlassen[83] und Anschlagen 2 bis 3 Sekunden abnehmen und statt 10, 13 und 12 Sekunden 7, 8 bis 9 und 10 Sekunden in allem zu jeder Art nehmen. In 1 Minute kann man allezeit zweimal feuern, ohne zu eilen."[84]

Wie dieses Denken in Exerzier-Sekunden den Menschen erfaßt, zeigt eine Eintragung des gleichen Scheelen vom 19. Juni 1756, in der er über eine Reise des Königs berichtet: „Den 19. reiste der König des Morgens um 3 Uhr mit General Kyau von Zigesar, so 7 starke Meilen von Potsdam liegt, ab, hatte 8 Relais von eigenen Pferden und kam um halb 8 Uhr des Morgens in Sanssouci an, daselbst er heute blieb und draußen alleine schlief. Er fährt also mit eigenen Pferden alle halbe Stunde 1/2 Meile, das ist alle Minuten 200 Schritt, die Meile zu 12 000 Schritt gerechnet."[85] Sofort wird alles in Drill-Einheiten umgerechnet.

Wie alles auf Sekunden ankommen muß, zeigt folgende Entwicklung der Taktik des Schießens: „Die technisch immer mehr verbesserte Waffe konnte vermöge der besseren Ausbildung der Soldaten in der stehenden Armee auch noch immer intensiver ausgenutzt werden. In der sechsgliedrigen Aufstellung konnten die Musketen nur vermöge der

---

[83] Das erste Glied fiel bekanntlich beim Fertigmachen aufs Knie.

[84] Potsdamer Tagebücher 1740 bis 1756, in: Urkundliche Beiträge und Forschungen zur Geschichte des Preußischen Heeres, hg. vom Großen Generalstabe, zehntes Heft, Berlin 1904, S. 42 f.

[85] Ebendort, S. 90.

leicht in Verwirrung geratenden Caracole alle in Anwendung gebracht werden. Nun
verdünnte man die sechsgliedrige Aufstellung auf vier und endlich bei den Preußen auf
drei Glieder, sodaß, indem das erste Glied niederkniete, alle vorhandenen Feuergewehre
gleichzeitig zur Wirkung gelangen konnten. Friedrich der Große suchte auch die Aufstellung noch zu verengen, so daß auf vier Mann nicht mehr vier Schritt, sondern nur
drei Schritt Rottenbreite kamen. Durch unausgesetzte Uebung wurde dabei die Geschwindigkeit des Feuers aufs äußerste gesteigert. Bei der großen Unsicherheit des einzelnen Schusses verzichtete man von vornherein auf das Zielen und sogar auf jede Ausbildung im Zielen, und suchte die Wirkung in dem möglichst schnell hintereinander
abgegebenen Massenfeuer, der auf Kommando abgegebenen Salve. Wenn Friedrich noch
vorschrieb, daß man das Feuern nicht übereilen solle, 'weil ein Kerl zuforderst sehen
muß, wo er hinschießet', so ist später das Zielen sogar direkt verboten worden. Dagegen
wurde der höchste Wert darauf gelegt, daß die Salve gut zusammenbrenne und klinge
wie ein Schuß. Man nahm an, daß durch das gleichzeitige Einschlagen so vieler Geschosse,
die demoralisierende Wirkung verstärkt werde."[86]

Nach dem Tode Friedrich des Großen übersteigert sich diese Linie. Schon für die
vorangehende Zeit bemerkt Engels: „Als seine Armee das Vorbild für Europa wurde,
begann Friedrich, zur Täuschung der Militärfachleute anderer Nationen, das System der
taktischen Evolutionen, die alle für einen wirklichen Krieg ungeeignet waren, in einem
verblüffenden Maße zu komplizieren, und beabsichtigte damit nur, die Einfachheit der
Mittel zu vertuschen, die ihm zum Siege verholfen hatten. Er war darin so erfolgreich,
daß niemand mehr getäuscht wurde als seine eigenen Untergebenen, die tatsächlich
glaubten, daß diese komplizierten Methoden der Linienaufstellung der wirkliche Inhalt
seiner Taktik seien."[87]

Höhn stellt den wohl am intensivsten getäuschten preußischen General und Militärtheoretiker so vor: „Die in Preußen nach dem Tode Friedrichs des Großen herrschende
Richtung sah ihre Aufgabe darin, das Drillsystem des stehenden Heeres immer systematischer zu gestalten, und, soweit es die Truppenausbildung betraf, zur artistischen Vollendung zu steigern. Den Höhepunkt bildete die 'Anweisung zu militärischen Evolutionen', die der General von Saldern in seinen 'Taktischen Grundsätzen' entwickelt hatte[88].
Er bietet ein System von Marschfiguren, deren Ablauf er in ihrem Mechanismus eingehend beschreibt und in denen er als erfahrener Exerziermeister die Technik der Durchführung vermittelt. Dabei geht es weniger um die militärische Zweckmäßigkeit der Bewegungen als vielmehr darum, beliebig angenommene Schlachtaufstellungen schnell in
möglichst reibungsloser Form vorzunehmen. Der Wechsel der Positionen, der seinen Sinn
allein in der Erlangung einer günstigeren Stellung für die Schlacht besitzen konnte, wird
immer mehr zum Selbstzweck. Die Neigung Friedrichs des Großen zu einer überlegenen
Exerzierkunst als Voraussetzung für eine entsprechende Schlachtenführung, führt zu einer
sinnentleerten Künstelei. Die Saldernsche Taktik übt die unbedingte Herrschaft in der
preußischen Armee aus. Bezeichnend für seine Kunst ist der ihm zugeschriebene Satz:
'Zwar ist es vorgeschrieben, 76 Schritt in einer Minute zu marschieren, aber durch reif-

[86] H. Delbrück, a. a. O., S. 307 f.
[87] Fr. Engels, Ausgewählte militärische Schriften, a. a. O., S. 581.
[88] Vgl. im einzelnen F. Ch. Saldern, Taktische Grundsätze und Anweisung zu militärischen Evolutio-
    nen, 1781, sowie „Instruktion nach welcher die Regimenter der Saldernschen Inspektion exerziert
    wurden", Acta, Heeresarchiv Potsdam, Altes Kriegsarchiv, Kap. 32, Nr. 17.

liches Nachdenken und vielfaches Beobachten bin ich dahin gekommen, anzunehmen, daß 75 Schritt in der Minute noch besser sei'."[89]

Natürlich lachhaft – aber nur wenig übertrieben.

Lachhaft? man stelle sich nun aber Soldaten vor, die annähernd so durch Jahrzehnte gedrillt werden und bei Sekunden- oder Schritt-Abweichungen sofort geprügelt werden.

Soldaten, über deren Alter Delbrück bemerkt: „Wir können uns heute schwer von der Vorstellung lösen, daß der Soldat ein junger Mann sei. In der altpreußischen Armee war etwa die Hälfte der Armee über 30 Jahre und nicht ganz wenige über 50, einige sogar über 60. Das Durchschnittsalter der Unteroffiziere ist auf etwa 44 Jahre zu berechnen."[90]

Wurde das ganze Jahr über exerziert? Unter Friedrich II. dauerte die offizielle Exerzierzeit gewöhnlich 6 Wochen. Sie schloß mit einer zumeist im Februar für das Frühjahr anberaumten Revue vor dem König ab. Die Revue selbst zerfiel in zwei Teile, die Spezial-Revue, bei der Einzelexerzieren, die Kleidung, Waffen usw. überprüft wurden, und die General-Revue, bei der Gefechtsexerzieren und Manöver in größeren Verbänden geübt wurden. Eine besondere Rolle spielten plötzliche Alarmierungen, wobei es darauf ankam, in kürzester Zeit gefechtsbereit zur Stelle zu sein, wobei wiederum genau festgelegt war, wieviel Minuten die Soldaten als Maximum dazu brauchen dürften. Jede eingesparte Minute wurde lobend erwähnt.

Neben dem Exerzieren spielte der Wachdienst eine außerordentliche Rolle. Er war vor allem auch dazu bestimmt, die Disziplin der Soldaten zu sichern und Desertionen zu verhindern. So intensiv war der Wachdienst, insbesondere nachts, daß das Reglement von 1788 ausdrücklich festlegte, daß der Soldat „seine 3 Nächte von der Wacht frey behalten solle".[91]

In den schon öfter zitierten Parolebüchern der Berliner Garnison heißt es über den Wachtdienst zur Verhinderung von Desertionen:

4. Januar 1751: „Bei diesem trüben Wetter soll gute Wacht gehalten werden, damit sich keiner zum Thor hinausschleiche."

Und zwei Tage später: „Die Wachen an den Landwehren (Thore) geben wohl Acht, auf denen Bauerwagens, daß sich auf selbigen kein Soldat herausschleicht, der keinen Paß hat."[92]

Es ist einer der erstaunlichsten dialektischen Widersprüche, daß die bestdisziplinierte Armee des Absolutismus zugleich auch zu den undiszipliniertesten hinsichtlich der Desertionen gehörte.

> „Ihr Herren, nehmt's nicht Wunder,
> Wann einer desertiert,
> Wir werden wie die Hunde
> Mit Schlägen strapleziert;
> Und bringen sie uns wieder,
> Sie henken uns nicht auf,
> Das Kriegsrecht wird gesprochen:
> Der Kerl muß Gassen lauf!"[93]

heißt es in dem Volkslied „O König von Preußen, du großer Potentat".[93]

---

[89] R. Höhn, a. a. O., S. 45 f.   [90] H. Delbrück, a. a. O., S. 294.
[91] Reglement, a. a. O., S. 422.   [92] A. v. Witzleben, a. a. O., S. 18.
[93] W. Steinitz, a. a. O., S. 317.

Kathe schreibt über das Ausmaß der Desertionen unter dem „Soldatenkönig":

„Während der Regierungszeit Friedrich Wilhelms I. desertierten 30 216 Mann. Das bedeutete nicht nur einen empfindlichen Verlust an militärischer Schlagkraft, sondern auch an Werbegeldern. Zur Minderung der Desertionen wählte der Borussenkönig nicht den humanen Weg: die progressive Reform von Militärwesen und Gesellschaft; im Gegenteil, bei Fahnenflucht befahl er drakonische Strafen, ohne die eigentlichen Ursachen dafür zu ermitteln.

Die Instruktion für das Generaldirektorium vom 20. Dezember 1722 enthält einen besonderen Abschnitt über die 'Anhaltung des Deserteurs': 'Wann ein Soldat desertiert von einem Regiment oder Kompanie, und es auf dem Lande und in den Städten von dem Offizier kundgemacht wird, sollen Bürger und Bauern sofort aufsitzen, die Sturmglocken läuten, die Pässe besetzen und den Deserteur weiter aufsuchen.' 'Wer aber einem Deserteur durchhilft, der hat den Galgen verwirkt.' Aufgegriffene Deserteure wurden gehängt, zuweilen vom König zum Gassenlaufen 'begnadigt'."[94] Später war das Gassenlaufen die übliche Strafe.

Schnitter, der sich besonders mit dem Problem der Desertionen befaßt hat und dessen Artikel zu dieser Frage wir schon zitiert haben, bemerkt in größerem Zusammenhang zu ihnen:

„Unter diesen Verhältnissen wuchs die Desertion zu einem Krebsschaden der stehenden Söldnerheere an. Desertionen hatte es auch schon in den Landsknechtshaufen gegeben, jedoch in größerem Umfange nur bei ausbleibenden Soldzahlungen. Jetzt, im 18. Jahrhundert, suchten sich viele der gepreßten und 'geworbenen' Soldaten bei günstiger Gelegenheit dem unmenschlichen Zwangssystem zu entziehen. Und wohl nirgends waren Brutalität, Menschenverachtung und folglich Desertion stärker verbreitet als in der preußischen Armee. Allein 1714 wurden hier über 3400 Fälle bekannt.[95] Je rücksichtsloser in der Folgezeit die Rekrutierung für die Armee betrieben wurde, desto höher stieg auch die Desertionszahl.

Gegen die zunehmenden Desertionen erließ die Krone zahlreiche Dekrete. Darin drohte sie nicht nur dem Deserteur selbst, sondern auch denjenigen, die ihm bei der Flucht halfen oder sich als 'pflichtvergessen' gegenüber entflohenen Soldaten zeigten, schwere Leibes- und Vermögensstrafen und sogar die Todesstrafe an. Gleichzeitig suchte man mit dem Erlaß von 'Generalpardons', Deserteure gegen Zusicherung einer begrenzten Straffreiheit zur Rückkehr zu veranlassen. Ein ganzes System von Sicherungsmaßnahmen wurde geschaffen, um die Flucht von Soldaten zu verhindern. Dazu gehörte auch die neue staatsbürgerliche Pflicht – die abgedruckten Dokumente machen das deutlich –, Deserteure zu verfolgen, die Ausweise von außerhalb der Garnison angetroffenen Soldaten zu kontrollieren und der Desertion verdächtige Personen zu melden. War einem verzweifelten Soldaten doch einmal die Flucht gelungen, so wurde die Alarmkanone abgefeuert und die Sturmglocke geläutet. Bürger und Bauern mußten im Umkreis des Fluchtortes alle Wege, Pässe und Furten besetzen und die Suche nach dem Deserteur aufnehmen.

Die Desertionsgefahr prägte auch die Bewegungen im Felde und legte der Taktik bestimmte Fesseln an. Prinzip war, daß der Offizier stets seine Truppe fest in der Hand und im Auge haben mußte. Gerade der Zwang, die Rekruten zusammenzuhalten, trug

---

[94] *H. Kathe*, a. a. O., S. 65.

[95] *E. v. Frauenholz*, Das Heerwesen in der Zeit des Absolutismus, München 1940, S. 19.

wesentlich zur Herausbildung der Lineartaktik bei, die eine scharfe Überwachung der Soldaten gewährleistete. Nicht zufällig beginnen im übrigen die bekannten 'General-Principia vom Kriege' Friedrich II. mit einer Aufzählung der Mittel und Möglichkeiten, um die Desertion zu verhindern.

Die Desertion darf nicht allein als der individuelle Ausweg dieses oder jenes zwangsrekrutierten Söldners aus seiner menschenunwürdigen Lage beurteilt werden. Man muß in ihr vielmehr eine Form des antimilitaristischen Widerstandes der Volksmassen sehen. Zu diesen Formen des sich im 18. Jahrhundert entwickelnden Widerstandes gegen das militaristische Zwangssystem gehören auch die Fluchtbegünstigung und das Verstecken von Deserteuren, deren Unterstützung mit Geld und Bekleidung, die zahlreichen Beschwerden über die Willkür der Werber, der Widerstand gegen Rekrutierungskommandos, die Landflucht bedrohter Einwohner sowie die nachlässige Ausführung von Arbeiten und Diensten für militärische Zwecke."[96]

Wichtig ist hier vor allem der Absatz, der die Kriegstaktik in Verbindung mit den Desertionen bringt – eine Beobachtung, die selbstverständlich alt ist, die aber die ganze Bedeutung der Desertionen aufzeigt.

Falsch aber erscheint es mir, wenn Schnitter die Hilfe für die Deserteure als „antimilitaristischen Widerstand der Volksmassen" betrachtet. Selbstverständlich waren Bürger und Bauern gegen das Militär eingestellt. In den Deserteuren aber sahen sie bestenfalls arme Kerle, denen man aus Mitleid helfen sollte, keine „Widerstandskämpfer", und zumeist versuchten sie den Deserteur miteinfangen zu helfen, da er ihnen als ein gefährlicher Räuber und Abenteurer erschien. Richtiger schildert meiner Ansicht nach wohl Gustav Freytag: „Ein Schuß aus der Lärmkanone! Scheu tritt der Bürger vom Fenster zurück, und blickt prüfend in die dunkeln Winkel seines Hauses, ob sich eine fremde Menschengestalt darin verborgen. Der Bauer auf dem Felde hält seine Pferde an und überlegt, ob er wünschen darf mit dem flüchtigen Manne zusammenzutreffen und das Fangegeld zu verdienen, oder ob er einen Verzweifelten fürchten und schonen soll, trotz der harten Strafe, welche jedem droht, der einen Deserteur entschlüpfen ließ. Wahrscheinlich wird er den Flüchtling entrinnen lassen, auch wenn er seiner Herr werden kann, denn in geheimer Seele regt sich ihm ein Mitgefühl, ja etwas wie Bewunderung des Verwegenen."[97]

Die übergroße Mehrzahl der Deserteure sind natürlich Ausländer, und von ihnen wieder vor allem nur solche, die tatsächlich hauptberuflich Soldaten sind. Was soll das heißen „hauptberuflich Soldaten"? Untersuchen wir die Dienstzeit.

An sich dauerte die Dienstzeit gegen Ende des 18. Jahrhunderts 20 Jahre, von denen jeder Soldat nach dem Gesetz zunächst ununterbrochen ein Jahr dienen sollte. Aber schon während des ersten Jahres wurden viele aus den Kantonen Stammende nach kürzerer Zeit ununterbrochenen Exerzierens beurlaubt und nur jährlich oder alle zwei Jahre wieder für zwei, drei Monate zum Exerzieren eingezogen. Auch unter den Ausländern wurden nach einiger Zeit die sogenannten „Freiwächter", zumeist, soweit sie preußische Frauen geheiratet hatten und sich auf ein Handwerk verstanden, innerhalb der Garnisonsstadt beurlaubt. Sie mußten nur zur Kirchenparade am Sonntag und selbstverständlich zur üblichen mehrmonatlichen Exerzierzeit erscheinen. Die Kompaniechefs hatten ein Interesse an möglichst viel Beurlaubten unter den Ausländern, da sie deren Sold

---

[96] *H. Schnitter,* a. a. O., S. 55 f.

[97] *G. Freytag,* a. a. O., S. 173.

23*

einstecken konnten. Auf der anderen Seite wurden die Offiziere rücksichtslos mitbestraft, wenn das Exerzieren nicht exakt war.

Doch auch der Staat hatte ein Interesse an Beurlaubungen aller Art. Delbrück bemerkt: „Das Wachsen der stehenden Armee im Frieden legte den Gedanken nahe, durch
Beurlaubung einen Teil der Kosten zu sparen; unter Friedrich Wilhelm I. wurde das
systematisch ausgebildet und allmählich immer mehr erweitert. Nicht nur die Inländer
wurden nach Hause geschickt, sondern auch die Ausländer wurden als 'Freiwächter' vom
Dienst dispensiert und suchten sich irgend eine bürgerliche Beschäftigung, so daß Friedrich Wilhelm I. in seinen Reglements Fürsorge treffen will, 'damit sie das Handwerk
nicht verlernen, Soldaten bleiben und nicht zu Bauern oder Bürgern wieder werden'.
Nur in der Exerzierzeit, April bis Juni, war das Heer wirklich versammelt. Der Rest,
der bei der Fahne blieb, wurde wesentlich mit Wachdienst beschäftigt."[98]

Die Beurlaubten gehörten auch dem Äußeren nach vielfach noch direkt zur Armee.
Büsch schreibt: „Da der Soldat jedes Jahr seine abgelegte Uniform verkaufen durfte,
kam es dazu, daß die Landbevölkerung sich mit den billigen alten Montierungsröcken
ihrer Kantonisten kleidete. Zum Erscheinungsbild des preußischen Soldaten gehörte
eine Uniform, die sich erst unter Friedrich Wilhelm I. vom bequemen Schnitt des 17.
Jahrhunderts zu der Straffheit und Knappheit umformte, die schon äußerlich ein Symbol
von Strenge und Disziplin war. Die Übertragung dieses äußeren Bildes in das ländliche
Leben des Kantonisten durch seine teilweise Uniformierung auch im zivilen Dasein war
vom König nicht als Spielerei gedacht. Sie war vielmehr eine Abwehrmaßnahme des
Systems gegen die Möglichkeit, die Friedrich Wilhelm I. fürchtete, daß die Soldaten,
zu denen er seine Bauern mit Mühe gemacht hatte, 'zu Bauern wieder werden' könnten.
Friedrich d. Gr. brauchte das schon nicht mehr zu fürchten. Er konnte 1743 die jährliche
Übungszeit von 3 Monaten auf 2 Monate herabsetzen. Jeder Stand hatte da schon seine
militärische Zuordnung: Wie der untertänige Bauer Soldat wurde, so wurde der Sohn
des freien köllmischen Bauern mit Vorliebe zum Unteroffizier gemacht, und der Gutsherr wurde Offizier. Die Dienstpflicht und ein militärisch diszipliniertes Leben waren
zur Selbstverständlichkeit geworden. Es handelte sich nicht mehr um das Ob, sondern
um das Wie und das Wieviel."[99]

Die meisten aus den Kantonen Eingezogenen verkauften ihre jährliche Uniform erst,
wenn sie im folgenden Jahr eine neue erhielten, und trugen zumindest entweder die
Hose oder die Jacke und auch die Unterkleidung während der Arbeit auf dem Lande.

Was machten die beurlaubten Soldaten? Nun, auf dem Lande gingen die Bauernsöhne
ihrer gewohnten Arbeit nach und fluchten, wenn sie wieder zeitweise eingezogen wurden,
insbesondere da die königlichen Revuen und ihre Vorbereitungen − vor allem erneutes
Exerzieren − gerade in die Zeiten fielen, zu denen viel auf dem Lande zu tun war. In der
Stadt arbeiteten die Soldaten in jeder Art von Tätigkeit, die ihnen zugänglich war. Oft
mußten sie auch während der Dienstzeit spinnen. In der Freizeit zwischen seiner Ein-
reihung in die Armee und dem Beginn des Dienstes bummelt der arme Mann von Tok-
kenburg durch die Straßen Berlins: „Dann spaziert' ich etwa an die Spree und sah da
hundert Soldatenhände sich mit Aus- und Einladen der Kaufmannswaren beschäftigen,
oder auf die Zimmerplätze, da steckte wieder alles voll arbeitender Kriegsmänner. Ein
andermal in die Kasernen, da fand ich überall auch dergleichen, die hunderterlei Han-

---

[98] *H. Delbrück,* a. a. O., S. 294 f.
[99] *O. Büsch,* a. a. O., S. 29 f.

tierungen trieben, von Kunstwerken an bis zum Spinnrocken. Kam ich auf die Haupt-
wache, so gab's deren, die spielten, soffen und haselierten; andere, welche ruhig ihr
Pfeifchen schmauchten und diskutierten; etwa auch einen, der in einem erbaulichen
Buch las und's den andern erklärte. In den Garküchen und Bierbrauereien ging's ebenso
her. Kurz, in Berlin hat's unter dem Militär, wie, denk' ich freilich, in großen Staaten
überall, Leute aus allen vier Weltteilen, von allen Nationen und Religionen, von allen
Charakteren und von jedem Berufe, womit einer noch nebenzu sein Stücklein Brot gewinnen kann. Das dachte auch ich zu verdienen, wenn ich nur erst recht exerzieren
könnte, etwa an der Spree? Doch nein! Da lärmt's zu stark, aber z. E. auf einem Zim-
merplatz, da ich mich so ziemlich auf die Axt verstund. So war ich wieder fix und fertig, neue Pläne zu machen, ungeachtet ich mit meinem erstern so schändlich gescheitert.
Gibt's doch hier, damit schläfere ich mich immer ein, selbst unter den gemeinen Soldaten
ganze Leute, die ihre hübschen Kapitalien haben, Wirtschaft, Kaufmannschaft treiben
und anders. Aber dann erwog ich nicht, daß man vorzeiten ganz andere Handgelder
gekriegt als heutzutag oder dergleichen Bursche bisweilen ein Namhaftes mochten er-
heiratet haben, besonders aber, daß sie ganz gewiß mit dem Schilling gut hausgehalten
und nur darum den Gulden gewinnen konnten, ich hingegen weder mit dem Schilling
noch mit dem Gulden umzugehen wisse."[100]
Hier handelt es sich offenbar zumindest zum Teil nicht um Beurlaubte, sondern um
hauptberufliche Soldaten, die das ganze Jahr dienen, aber Freizeit finden – sicher gegen
Ablieferung eines Teiles ihres Lohns an den Kompaniechef –, andere Arbeit zu machen.

Vielfach protestierten die Zünfte gegen die Arbeit von Soldaten an sich oder gegen
deren Benehmen. In einem Parolebefehl der Berliner Garnison heißt es:

10. Oktober 1753: „Die Kompagnien, so Freiwächter unter den Maurers haben sollen ihnen sagen, daß sie sich gegen ihre Meisters, wobei sie arbeiten, nicht übel aufführen
und sich gegen Ihnen vergehen, auch übrigens keinen Lärm unter sich anfangen; sonst
wird man sie hart bestrafen."

Erstaunlich auch der Parolebefehl vom 11. März 1754: „Die Soldaten, so Spinnereien
haben, sollen die Leute nicht so sklavisch halten und sie des Nachts anschließen, wofür
die Capitains derer Komp. respondieren sollen, und müssen sie des Nachts darauf visi-
tieren lassen. Sonst die Spinnereien aufgehoben werden sollen."[101]

Die Soldaten wohnten im allgemeinen in Bürgerquartieren, wo sie sich entsprechend
aufführten. Welche Rolle die Einquartierungen in den Garnisonsstädten gespielt haben
müssen, kann man auch daraus ersehen, daß sich in Berlin Zivil- und Militärbevölkerung
etwa so verhielten:

	Militär-bevölkerung*	Zivil-bevölkerung
1721	7 645	53 355
1740	18 000	72 000

* Einschl. Frauen und Kinder.

[100] *U. Bräker,* a. a. O., S. 81 f.
[101] *A. v. Witzleben,* a. a. O., S. 52.

1740 gehörte ein Fünftel der Bevölkerung der Hauptstadt zum Heer. Dieses Fünftel lebte im allgemeinen als Teil der Zivilbevölkerung. Kasernen in größerem Umfang wurden erst im Laufe der Zeit üblich. Kathe bemerkt zur Situation unter dem „Soldatenkönig": „Die Berliner Garnison mit ihren 18 000 Mann war in Bürgerquartieren über die gesamte Stadt verteilt. Dadurch wirkte diese wie ein Militärlager. Der sächsische Feldmarschall Flemming notierte: 'Berlin gleicht nicht einer Residenz, sondern einem Heerlager an der Grenze, wo die Stärke der Bewohner in der Garnison besteht und wo der Rest der Ansiedler, Männer wie Weiber, nur dazu da ist, die Soldaten zu bedienen.'"[102]

Die wirkliche „Soldatenstadt" aber wurde Potsdam.

„Nach dem Willen Friedrich Wilhelms I. sollte in Potsdam das Herz der Militärmonarchie schlagen. Er machte die Stadt, die über kein entwickeltes Bürgertum verfügte, zum Hort des preußischen Militarismus. . . .

Der Bau von meist zweigeschossigen Häusern schuf lange Straßenzüge voller Monotonie. In den Giebelstuben der Mansarden waren die Soldaten einquartiert. Den Architekten verwehrte der Monarch die Verwirklichung eigener Gestaltungsprinzipien. Ein späterer Potsdamer Baumeister meinte über diese Motive des Herrschers: 'Das Auge des Königs war durch die beständige Beschäftigung mit seinem Garderegimente, welches aus den schönsten und größten Menschen aller Erdteile bestand, dermaßen verwöhnt, daß ihm auch die neu angelegten Straßen nicht anders gefielen, als wenn deren Häuser eine in Reihe stehende Anzahl Soldaten vorstellten.' Ein Tor, das Friedrich Wilhelm I. in Potsdam auf der Straße nach Nauen errichten ließ, trug die bezeichnende Inschrift: 'Es lebe der König in Preußen Friedrich Wilhelm und alle braven Soldaten. 1722 den 25. Febr.'"[103]

Liebe schildert solch Einquartiertenleben inmitten der Bürger bzw. die Reaktion der Bürger auf die Einquartierten: „Damit nicht genug, mußte der Bürger bei dem fast durchgängigen Mangel an Kasernen noch die Last der Einquartierung tragen und in seine Häuser eine Soldateska aufnehmen, die großen Teils aus der Hefe der Gesellschaft sich zusammensetzte. Wie ungeheuerlich mußte es der bürgerlichen Ehrbarkeit erscheinen, wenn der König von Preußen 1722 dekretierte: 'Was des Scharfrichters Sohn ist, sofern er nichts gehänget und ihm die Fahne über Kopf geschwenket wird und er verspricht vor Gott, daß er sein Tag nicht mit solche Schelme umgehen will, sondern ein rechtschaffener, ehrlicher, braver Soldate verbleiben, alsdann kann er Soldat werden.' Und selbstbewußt genug war ihr Auftreten! Zwar die Leistungen des Quartierwirts waren mit dem Aufhören der Naturalverpflegung genau vorgeschrieben, aber nahe genug lag die Versuchung, durch Erpressungen mehr herauszuschlagen, besonders da gestattet war, die lästigen Gäste gegen eine Geldentschädigung auszuquartieren. Die Soldaten, zumal die mit Familie behafteten, traten als Herren im Hause auf, ihre Gefährtinnen – keineswegs immer im Besitz eines ordnungsmäßigen Trauscheins – benutzten das Hausgerät, kochten und wuschen für andere, und ein Hallischer Bürger beklagte sich, daß er das Kind seines Soldaten wiegen mußte und Schläge bekam, wenn es schrie."[104]

Thiel schildert ähnlich:

[102] H. *Kathe*, a. a. O., S. 46.
[103] Ebendort, S. 46 f.
[104] G. *Liebe*, a. a. O., S. 128.

„Man macht sich nur schwer ein rechtes Bild davon, wie sehr das Volksleben unter Friedrich Wilhelm an das Heer gebunden war, wie unbedingt das blaue Tuch in seinem Reiche dominierte. Man muß solche Einzelheiten wissen wie die, daß in Berlin ein Viertel der Bevölkerung aus Soldaten und Soldatenanhang bestanden hat! Man muß wissen, daß es keine Kasernen gab und die ganze Garnison in Bürgerhäusern im Quartier lag. Die Hälfte der Soldaten war verheiratet, wenigstens beweibt, und mit Nachwuchs stattlich ausgerüstet. Diese Familien beköstigten sich selbst. Die Frauen standen unter Militärgerichtsbarkeit, betätigten sich als Spinnerinnen, Weberinnen, Hökerinnen usw. und machten den zünftigen Handwerkern oft unliebsame Konkurrenz. Auch ihre Männer behielten Zeit genug vom Exerzieren übrig, um sich als Gesellen verdingen zu können, manch einer aber lebte als regelrechter Meister im eigenen Haus.

Natürlich gab es bei dieser engen Vermischung von Militär und Zivil viele Unzuträglichkeiten. Der geworbene Berufssoldat war immer noch ein Stück von einem Räuber, oft ein Ausländer, vielleicht ein ehemaliger Sträfling, jedenfalls kein erfreulicher Hausgenosse für den Bürger, der ihm gerne aus dem Wege ging. Und die Grenadiersweiber waren auch nicht auf den Mund gefallen. So waren Schlägereien, Diebstähle, selbst Einbrüche und Greueltaten an der Tagesordnung."[105]

Speziell zum Problem der verheirateten Frauen schreibt Gustav Freytag allgemein:

„Es wurde allerdings von keiner Regierung gern gesehen, wenn ihre Soldaten sich in der Garnison mit einer Frau belasteten, aber die so rücksichtslose Gewalt der Kriegsherren war in dieser Hinsicht doch ohnmächtig. Denn es gab eigentlich kein besseres Mittel, den geworbenen Mann wenigstens für einige Zeit zu fesseln, als durch die Heirat. Wurde sie verweigert, so war bei Standquartieren unweit der Grenze sicher, daß der Soldat mit seinem Mädchen zum nächsten Wirtshaus fremder Werber fliehen werde. Und ebenso sicher war, daß er dort auf der Stelle getraut wurde, denn jedes Werbegeschäft hielt für solche Fälle einen Geistlichen bei der Hand.

Diese Gefahr hatte zur Folge, daß ein unverhältnißmäßig großer Theil der Soldaten verheiratet war, zumal in den kleineren Staaten, wo man eine Grenze leicht erreichen konnte. So zählte das sächsische Heer von etwa 30 000 Mann noch im Jahre 1790 an 20 000 Soldatenkinder, auch bei dem Regiment von Thadden in Halle war fast die Hälfte der Soldaten mit Frauen versehen. Es ist belehrend, daß die barbarische Soldatenzucht jener Zeit das alte Leiden der Söldnerheere nicht zu bannen vermochte. So durchaus hängen die einzelnen nothwendigsten Verbesserungen von einer höhern Entwicklung des gesammten Volkslebens ab. Die Soldaten=Frauen und Kinder zogen nicht mehr, wie zur Landsknechtzeit, unter ihrem Waibel ins Feld, aber sie waren eine schwere Last der Garnisonsstädte. Die Frauen nährten sich kümmerlich durch Waschen und andere Handarbeiten, die Kinder wuchsen in wilder Umgebung ohne Unterricht auf. Fast überall waren ihnen die städtischen Schulen verschlossen, sie wurden von dem Bürger wie Zigeuner verachtet. Selbst in dem wohlhabenden Kursachsen war beim Beginn der französischen Revolution nur in Annaberg eine Knabenschule für Soldatenknaben, diese allerdings vortrefflich eingerichtet, aber sie reichte nirgend aus. Für die Mädchen geschah gar nichts, bei den Regimentern waren weder Prediger noch Schulen. Nur in Preußen wurde für den Unterricht der Kinder und die Zucht der Erwachsenen durch Prediger, Schulen und Waisenhäuser ernste Sorge getragen."[106]

[105] R. *Thiel,* a. a. O., S. 78.
[106] G. *Freytag,* a. a. O., S. 187 f.

Wenn die Soldaten nicht verheiratet waren und nicht Wache standen oder eine besondere zivile Arbeit für den Feierabend hatten – wie verbrachten sie die Zeit nach Abschluß des Tagesdienstes? Laukhard, der einst auch studiert hatte, gibt eine recht lebendige Schilderung:

„Meine Leser kennen mich schon so viel, daß sie mir ohne Mühe glauben werden, wenn ich ihnen sage, daß ich die Soldatenkneipen fleißig besucht habe, namentlich die 'Preußische Krone', die 'Kutsche', die Frau Buchin, ja auch manches Mal die 'Knochenkammer' und Meister Philipp Schauffert. Wo soll der Soldat auch sonst hingehen? Was soll er machen? Soll er zu Hause sitzen und sich mit Grillen herumschlagen? Vornehme Gesellschaften sind für ihn ja verschlossen. Also, da der Soldat meist rasch und ohne Umstände ist, so sucht er Gesellschaften seinesgleichen und findet sie in den Bier- und Schnapskneipen. ...

In Rücksicht der Liebschaften ahmen unsre Soldaten den Jenischen Studenten nach. Denn gleich wie diese fast alle ihre Scharmanten haben, so haben unsre Leute, die Ledigen, auch fast alle ihre Liebchen. Was das aber auch immer für welche sind, läßt sich leicht denken. Herr von Müffling moralisierte einst über diese Kreaturen und schloß seine Rede mit den Worten: 'So geht's aber! Wenn die Beester das halbe Land ausgehurt haben, dünken sie sich doch noch für einen Soldaten gut genug und mehr als zu gut zu sein. Einen Achtgroschenmann, denken sie, kriegen wir noch immer!' Dieses Urteil, welches sich auf Erfahrung gründet, ist sehr wahr. Die Mädchen, welche von den Soldaten karessiert werden, sind größtenteils aus der niedrigsten Klasse und von der schlechtesten Lebensart, Soldatentöchter gemeiniglich, die da denken, sie müßten in der Freundschaft bleiben. Ihre Liebschaften spinnen sie meistens auf der Straße oder in den Kneipen an. In den Soldatenkneipen nämlich wird fast täglich musiziert. Freilich höchst elend, aber es kann doch dabei getanzt werden oder mit anderen Worten, man kann doch nach dem Takt Bocksprünge machen, und das ist für den Geschmack der besagten Nymphen genug. Wer nun Lust hat, eine Liebschaft von der Art anzufangen, der darf nur diese Örter besuchen, und da wird er schon ankommen. Freilich sind die Gegenstände, wenigstens in moralischer Rücksicht – denn im Gesicht und Schnitt sehen einige noch so halbwege aus – von sehr trauriger Art und unterscheiden sich von den Bordellnymphen beinahe bloß durch Konzentration, wie Freund Yorik sagt. Was für Folgen von daher auf die Gesundheit der Soldaten entstehen, kann man daraus abnehmen, daß die Herren Feldscherer zuweilen eine gewisse Besichtigung vornehmen müssen, die von den Soldaten Schw...visitation genannt wird."[107]

Und wenn sie verheiratet waren? Ihr Leben verlief sicher geregelter, aber wohl auch ärmlicher, selbst wenn die Frauen zuverdienten. Doch das Leben ihrer Kinder war wohl in mancher Beziehung besser als das anderer, da sie nicht in so frühem Alter in die Arbeit einbezogen wurden und mehr herumspielen konnten. Das heißt, ging es schon bei den unverheirateten Soldaten knapp zu, so erst recht bei den verheirateten – auch wenn sie schließlich den Rang des Unteroffiziers erreichten. Aus dem Leben einer Unteroffiziersfamilie – die Mutter kam aus gutem kleinbürgerlichen Hause, war Tochter eines Kompaniechirurgen, der Vater stammte aus dem Adel, hatte aber den Titel abgelegt und war Soldat geworden, – berichtet ausführlicher K. F. v. Klöden. Zunächst über das Leben des Soldatenkindes:

„Mein Vater war, während ich geboren wurde, in Parade auf dem damaligen Exer-

---

[107] *Fr. Chr. Laukhard,* a. a. O., S. 150 f.

zierplatze im Tiergarten. Der Ort, an dem ich zuerst das Licht der Welt erblickte, war die Kaserne Holzmarktstraße 21, im östlichen Flügel, zwei Treppen hoch, etwa das dritte oder vierte Fenster von der Straßenecke. Meine Eltern zogen aber bald nachher nach der sogenannten Baumgasse, der jetzigen Elisabethstraße. ...

Ich muß jene dunkle Periode des unbewußten kindlichen Lebens übergehen bis zum Jahre 1790, als meine Eltern nach der Kaserne in der Großen Friedrichstraße Nr. 102, vornheraus, zwei Treppen hoch, eine Wohnung bezogen. Hier entwickelte sich mein Bewußtsein, und mannigfache Bilder aus jener Zeit treten in lebendigster Frische vor meine Seele.

Noch heute sehe ich die durch das ganze Gebäude entlang ziehenden Korridore, zu deren beiden Seiten die Stuben lagen. ...

Unten auf dem Hausflur standen zwei Kanonen. Diese dienten uns Jungen zu Turnübungen, von denen, als solchen, man damals noch nichts wußte. Waren wir müde, so setzten wir uns reitend auf Rohr und Lafette und sangen mit heller Kehle: 'Auf, auf, ihr Brüder, und seid stark!' oder andere Soldatenlieder, die wir aufgeschnappt hatten und die einer den andern lehrte. Sie gehörten oft nicht zur besten Sorte dieser Lieder, aber wir verstanden sie meistens nicht und hatten kein Arg dabei.

Des Abends wurde zum Zapfenstreich nach der Wache am Oranienburger Tore gelaufen. Den Tambour begleitete der helle Haufen auf seinem Gange, und so wie er fertig war, wurde mit einem gellenden Gejauchze die Mütze hoch in die Höhe geworfen und dann fortgelaufen. Dies war herkömmliche Sitte, und bekanntlich werden alte Gewohnheiten von niemandem so festgehalten wie von den Kindern. Ihre Spiele beweisen das: Murmel, Ball, Drachenspiel, die stets in jedem Jahre zu derselben Zeit anfangen. Ich hätte auch gern meine Mütze in die Höhe geworfen, aber ich hatte keine und konnte nur die Hände in die Höhe heben. Bis zum zehnten Jahre ist keine Bedeckung auf meinen Kopf gekommen; Regen und Sonnenschein, Kälte und Hitze konnten ungehindert darauf einwirken, und ich schreibe es diesem Umstande zu, daß ich lebenslang frei von Kopfschmerzen geblieben bin. Übrigens hatte ich lange hellblonde Haare, die mir zu meinem großen Verdrusse den Namen Flachskopf erwarben.

Am Tage wurde auf den Straßen, auf dem Kasernenhofe, auf dem Flure oder Korridore oder in der Stube gespielt und getobt, je nachdem die Jahreszeit und die Witterung es mit sich brachten und gestatteten, denn darauf wurde strenger gehalten als auf geschriebene Gesetze. Man weiß, daß Kühler nur im ersten Frühlinge, Ball nur um die Osterzeit, Drachenziehen nur im Herbste gespielt werden, Zeck aber zu allen Zeiten. Die Musterung der Soldaten auf dem Kasernenhofe, die dabei sehr häufig vorfallenden Stockprügel bei den Kanonieren und Fuchtel bei den Bombardieren, das Spießrutenlaufen ebendaselbst, das 'In der Fiddel stehen' der Weiber in den Korridoren gaben der Schaulust viel Nahrung und Gelegenheit, die Zeit totzuschlagen. Bei alledem entwickelte ich ziemliche Anlagen zum Straßenjungen. ...

Meiner Mutter ging oft das Herz über, wenn sie daran dachte, daß auch ich Soldat werden müsse; denn diesem Lose war ich nach damaligen Gesetzen unvermeidlich verfallen. Die Menschen, welche sie ringsum erblickte, waren allerdings nicht geeignet, sie mit jenem Gedanken auszusöhnen, und sie war zweifelhaft bei der Frage, was sie mehr betrüben würde, meine Einkleidung als Soldat oder mein Tod."

Die Eltern arbeiteten beide:

„Meine Mutter war eine der geschicktesten Strickerinnen ihrer Zeit, eine Kunst, die damals viel seltener und unbekannter war als jetzt. Besonders waren gestrickte curchlöcherte und gemusterte grünseidene Geldbörsen mit übergeschobenen Metallringen an beiden Enden allgemein beliebt, welche zu arbeiten sie eine große Fertigkeit besaß. Damit erhielt sie im ersten Jahre die ganze Wirtschaft; allein im zweiten wurde sie von einer Tochter entbunden, die schon früh starb. . . .

Der Vater hatte inzwischen versucht, sich außer seiner Dienstzeit ebenfalls eine Nebenbeschäftigung zu verschaffen. Es war damals Mode geworden, an Spiegelrahmen, Sofas und anderen Möbeln Schnitzarbeiten anzubringen und diese letzteren durch Auftragen eines polierten Kreidegrundes und Firnisses unecht zu vergolden. Mein Vater hatte Gelegenheit gesucht, diese Vergoldung zu erlernen, und begann, sich für Geld damit zu beschäftigen. Sie gelang ihm recht wohl, und er machte die Arbeiten in seinem Zimmer in der Kaserne. Leider wurden sie aber schlecht bezahlt, und es gab oft lange Pausen, ehe sich wieder etwas zu tun fand, da ihn nur wenige Meister beschäftigten."

Am unangenehmsten für die Eltern war folgende Einrichtung: „Jeder verheiratete Unteroffizier erhielt zur Wohnung in der Kaserne eine Stube und eine Kammer. In die letztere wurden ihm zwei der schlimmsten Ausländer, denen man am wenigsten trauen durfte, unter dem Namen von Schlafburschen gelegt, die er überwachen mußte und für die er verantwortlich war. Desertierte ein solcher Kerl, so hatte der Unteroffizier tausend Sorgen und Ängste auszustehen, und hatte er sich im geringsten nachlässig gezeigt, so wurde er hart bestraft. Er hatte dafür zu sorgen, daß sie des Morgens pünktlich aufstanden und des Abends pünktlich um 9 Uhr im Bette waren, aus dem sie dann nicht herauskonnten, weil sie durch sein Zimmer gehen mußten. Ertönte des Abends die Lärmkanone, was im hohen Sommer, wenn das Getreide Ähren hatte, jeden Abend mehrmals geschah, so war dies ein Zeichen, daß ein Soldat desertiert sei. Dann mußte jeder Unteroffizier seine Mannschaft genau revidieren; in der Umgegend der Stadt aber mußten die Bauern sich mit Hunden auf den Weg machen, Felder und Wälder durchstreifen, um den Flüchtling einzufangen. Auch am Tage durfte kein Soldat zum Tore hinausgehen, wenn er nicht einen Erlaubnisschein vorweisen konnte, der nur den zuverlässigsten Leuten und möglichst selten erteilt wurde. War es ein Wunder, wenn sich das unschuldige Herz meiner Mutter vorkam, als wäre es in ein Zuchthaus geraten, schlimmer als irgendeines der jetzigen Zuchthäuser, wenn es sich empörte bei den unmenschlichen Strafen, die, bald in der Form von Spießruten, bald von Stockprügeln, bald von Fuchteln, bald von Krummschließen, nicht selten Menschen bis zum Rande des Grabes führten? Und welch eine Menge der schlechtesten Streiche wurden täglich von Leuten verübt, von denen viele schon zehnmal den Galgen verdient hatten und ihm nur mit Mühe entgangen waren, und die sich nicht selten solcher Streiche rühmten."[108]

Die Soldatenfrauen erhielten, wenn der Mann ins Feld zog, keinen Pfennig und oft, auch bei den Klödens, herrschte schlimmster Hunger bei den Frauen und Kindern.

Aber auch sonst war das Essen, wenn man nicht gut zuverdiente, ungenügend oder zumindest nicht gut. „Kommißbrot, Kommißtuch, Kommißarbeit bezeichnete durchgängig das Schlechteste" schreibt Klöden.[109] Die Ursache? Der Kompaniechef wurde für so vieles nach einer festgelegten Taxe verantwortlich gemacht, und was er einsparte, floß in seine Tasche.

Dabei spielte besonders auch die Kleidung eine Rolle. Alle Soldaten wurden jedes Jahr neu eingekleidet. Vier Artikel des Reglements von 1788 lauten:

---

[108] *C. Fr. v. Klöden,* Jugenderinnerungen, Berlin 1922, S. 13 ff., 19, 8, 12, 9 f.
[109] Ebendort, S. 21.

„Art. 1.

Weil die Regimenter alle Jahre neu mondirt werden, und die Leute auch zureichende kleine Mondirungsstücke bekommen; so befehlen Seine Königliche Majestät allen Officieren, vom ersten bis zum letzten, ernstlich darauf zu halten, daß die Unter= Officiere, Spielleute und Soldaten, sowohl außer, als im Dienst, allemal ganz als Soldat, propre angezogen, daher gehen.

Art. 2.

Ueberhaupt muß ein jeder Soldat beständig Zopf und Haarband tragen.

Art. 3.

Die Haare müssen nach Vorschrift des Chefs verschnitten seyn, und nur im Nothfall Peruquen erlaubt werden.
NB. Die Peruquen, welche der Unter=Officier, Tambour oder Gemeiner zu tragen genöthigt ist, muß der Capitaine geben, und solches gehört zu den Compagnie= Unkosten.

Art. 4.

Die Leute müssen zu allen Paraden sich die Bärte gut aufsetzen und barbirt seyn."[110]
Freytag, hier ganz begeistert von dem Anblick der Truppen auf einer Parade, schildert ihr Aussehen so: „Und nicht weniger auffallend war das schmucke Aussehen der Mannschaft; wie Herren standen sie da, mit reiner guter Leibwäsche, den Kopf säuberlich gepudert mit einem Zopf, alle im blauen Rock, zu den hellen Kniehosen Stiefeletten von ungebleichter Leinwand, die Regimenter durch Farbe der Westen, Aufschläge, Litzen und Schnüre unterschieden. Trug ein Regiment Bärte, wie z. B. das des alten Dessauers in Halle, so war der Bart sorgfältig gewichst, jedem Mann wurde alljährlich vor der Heerschau eine neue Montur bis auf Hemde und Strümpfe geliefert, auch in das Feld nahm er zwei Anzüge mit. Noch stattlicher sahen die Offiziere aus, mit gestickter Weste, um den Leib die Schärpe, am Degen 'das Feldzeichen', alles von Gold und Silber, und am Halse den vergoldeten Ringkragen, in dessen Mitte auf weißem Feld der preußische Adler zu sehen war. In der Hand trugen Hauptmann wie Lieutenant die Partisane, die man schon damals ein wenig verkleinert hatte und Sponton nannte, die Unteroffiziere noch die kurze Pike. Es galt damals für schön, daß die Kleidung enge und gepreßt saß, und ebenso waren die Bewegungen der Leute kurz, geradlinig, die Haltung eine gerade, straffe, der Kopf stand hoch in der Luft."[111]
Nein, es galt damals ganz und gar nicht für schön, wenn „die Kleidung enge und gepreßt saß". Nicht Schönheit war der Grund dafür, sondern die Gewinnsucht des Kompaniechefs. Da sieht Liebe schon klarer: „Das Äußere der Mannschaft, für das Friedrich Wilhelm I. den uniformen Charakter durchgesetzt hatte, war Gegenstand der peinlichsten Aufmerksamkeit. Leider war aus Sparsamkeitsrücksichten ein übermäßig enger Schnitt angenommen, auch der Mantel abgeschafft worden, was von schlechtem hygienischen Einfluß besonders in den Feldzügen gewesen ist. Ein Grund vielen Kummers für Leute und Vorgesetzte war die umständliche vorschriftsmäßige Frisur. Wird doch zu

110 Reglement, a. a. O., S. 666 f.
111 G. Freytag, a. a. O., S. 193.

einer Revue jeder Kompagnie befohlen, einen halben Zentner Puder und Kreide mit-
zunehmen, und ein andermal heißt es: 'Die Kommandeurs der Kompagnien sollen
besser darnach sehen, daß, wenn ein Kerl ist, der einen Bart tragen kann, besonders
wenn er ein gutes Grenadier-Gesicht hat, solchen stehen lassen soll."[112] Und Kathe
formuliert noch knapper: „Die vom Monarchen befohlene jährliche Neueinkleidung der
Armee diente nicht nur dem Absatz des Woll- und Tuchgewerbes, sondern entsprach
besonders seinem Wunsch, seine 'lieben blauen Kinder' stets in ordentlichen Uniformen
zu sehen. Diese blaue Uniform erhielt aus Sparsamkeitsgründen im Verlauf der Zeit
einen immer knapperen Zuschnitt, bis sie förmlich in den Nähten krachte."[113]

Im übrigen wird aber auf die Kleidung ganz außerordentlich geachtet, einschließlich
der Haartracht und des Bartes. Es sei wieder aus den Berliner Parolebüchern zitiert:

„20. Juli 1751: „Morgen geht ein Commando nach Potsdam, dazu giebt das Regiment
1 Offizier, 1 Unteroffizier, 1 Tambour, 7 Gemeine, müssen halb 3 Uhr morgen früh am
Königs-Thor stehen und sollen Leute von 8–10 Zoll sein, gut aussehend und alle ihre
neue Montierungsstücke anhabend, auch den besten Hut auf, und der soll gut troussiret
sein, auch soll das Lederzeug gut angestrichen und die Haare sehr weiß gepudert sein,
müssen auch Puder mitnehmen, damit sie sich vor Potsdam von neuem pudern können."

23. Dezember 1751: „Morgen kommt die Wacht-Parade um 11 Uhr sehr propre und
wohl ajustirt auf den Glacis. Die Bärte seien wohl aufgestutzt und die Hose und Cam-
maschen gut aufgezogen."

11. März 1752: „Der Herr General haben wahrgenommen, daß die Bärte bei denen
Kompagnien nichts nutze sitzen, als sollen die Kompagnien danach sehen, daß die
Leute solche aufstutzen."

29. Juli 1753: „Wenn Commandos abgehen, sollen sie ihre Haare nicht in Papilotten
sondern ausgekämmt und gepudert haben."[114]

Wie es mit dem Essen steht, schildert Bräker, nachdem er sich dreingefunden hatte,
Soldat zu sein: „Des Nachmittags brachte mir der Feldwebel mein Kommißbrot nebst
Unter- und Übergewehr und fragte, ob ich mich nun eines Besseren bedacht. 'Warum
nicht?' antwortete Zittemann für mich, 'er ist der beste Bursch' von der Welt.' . . . Hier-
auf ging ich in eine Garküche und ließ mir ein Mittagessen nebst einem Krug Bier geben.
Dafür mußt' ich zwei Groschen zahlen. Nun blieben mir von jenen sechsen noch viere
übrig; mit diesen sollt' ich vier Tage wirtschaften, und sie reichten doch bloß für zwei
hin. Bei dieser Überrechnung fing ich gegen meine Kameraden schrecklich zu lamen-
tieren an. Allein Cran, einer derselben, sagte mir mit Lachen: 'Es wird dich schon
lehren. Jetzt tut es nichts, hast ja noch allerlei zu verkaufen! Per Exempel deine ganze
Dienermontur. Dann bist du gar doppelt armiert, das läßt sich alles versilbern. Auch
kriegen solche junge Bursche oft noch eine Traktementszulage, und kannst dich deswegen beim Obrist melden.' 'O! o! Da geh' ich mein' Tage nicht mehr hin', sagt' ich.
'Potz Velten!' antwortete Cran, 'du mußt mal des Donners gewohnt werden, sei's ein
wenig früher oder später. Und dann der Menage wegen nur fein aufmerksam zugesehn,
wie' die andern machen. Da heben's drei, vier bis fünf miteinander an, kaufen Dinkel,
Erbsen, Erdbirnen (Kartoffeln – J. K.) und kochen selbst. Des Morgens um e'n Dreier
Fusel und e'n Stück Kommißbrot. Mittags holen sie in der Garküche um e'n andern

[112] G. Liebe, a. a. O., S. 136.
[113] H. Kathe, a. a. O., S. 94 f.
[114] A. von Witzleben, a. a. O., S. 20 f.

Dreier Suppe und nehmen wieder e'n Stück Kommißbrot. Des abends um zwei Pfennig
Konvent oder Dünnbier und abermals Kommiß.' 'Aber das ist, beim Strehl, ein verdammtes Leben', versetzt' ich, und er: 'Ja! So kommt man aus und anders nicht. Ein
Soldat muß das lernen, denn es braucht noch viel andre Ware: Kreide, Puder, Schuh-
wachs, Öl, Schmirgel, Seife und was der hundert Siebensachen mehr sind.' Ich: 'Und
das muß einer alles von den sechs Groschen bezahlen?' Er: 'Ja! und noch viel mehr,
wie zum Beispiel den Lohn für die Wäsche, für das Gewehrputzen und so fort, wenn
Er solche Dinge nicht selber kann.'"[115]

Was den materiellen Lebensstandard des Soldaten betrifft, so ist er wohl höher als
der der Heimarbeiter, der Arbeiter in der zentralisierten und dezentralisierten Manufaktur und der armen Bauern. Die Soldaten brauchen im allgemeinen nicht zu hungern,
und sie sind stets besser gekleidet als die zuvor genannten. Auch wohnen sie vielfach
besser. Ob die Arbeit (Exerzieren und Wachestehen vor allem) schwerer ist als die Arbeit der Bauern und anderer Werktätiger ist mir auch zweifelhaft. In einer Beziehung
aber verläuft ihr Alltag grundanders als der der zivilen Werktätigen: sie stehen den
ganzen Tag irgendwie unter Aufsicht und sind jederzeit von körperlichen Strafen bedroht.
Der außerökonomische Zwang und die außerökonomischen Strafen, die für die ganze
Welt der Werktätigen in der Feudalzeit so typisch sind, erreichen hier einen Höhepunkt,
sie durchdringen jede Minute des Lebens der Soldaten und bringen einen Teil der
hauptberuflichen Soldaten Jahrzehnte, den anderen mehrere Monate im Jahr unter einen
Druck, der den Menschen auf das schlimmste erniedrigt und entwürdigt.

Nur in Kriegszeiten ist das etwas anders. Da gibt es Tage des Hungerns und Frierens
und zugleich auch Möglichkeiten zu rauben und zu plündern, sich übersatt zu essen –
wenn man nicht den Tod findet oder erkrankt.

Laukhard berichtet von dem Einfall der Truppen in Frankreich 1792:

„Der 19. August war der Tag, an welchem wir in Frankreich einrückten, und diesen
Tag werde ich nicht vergessen, solange mir die Augen aufstehen. Als wir früh aus
unserm Lager aufbrachen, war das Wetter gelinde und gut, aber nach einem Marsche
von zwei Meilen mußten wir haltmachen, um die Kavallerie und Artillerie vorzulassen,
und während dieses Halts fing es an, jämmerlich zu regnen. Der Regen war kalt und
durchdringend, so daß wir alle rack und steif wurden. Endlich brachen wir wieder
auf und postierten uns nächst einem Dorfe, das Brehain-la-Ville hieß, eine gute Meile
von der deutschen Grenze.

Der Regen währte ununterbrochen fort, und weil die Packpferde weit zurückgeblieben waren, indem sie wegen des gewaltig schlimmen Weges nicht voran konnten, so
mußten wir unter freiem Himmel aushalten und uns bis auf die Haut durchnässen
lassen. Da hätte man das Fluchen der Offiziere und Soldaten hören sollen!

Endlich wurde befohlen, daß man einstweilen für die Pferde furagieren und aus den
nächsten Dörfern Holz und Stroh holen sollte.

Das Getreide stand noch meistens im Felde, weil dieses Jahr wegen des anhaltenden
Regens die Ernte später als gewöhnlich gefallen war. Das Furagieren ging so recht
nach Feindesart: man schnitt ab, riß aus und zertrat alles Getreide weit und breit und
machte eine Gegend, worauf acht bis zehn Dörfer ihre Nahrung auf ein ganzes Jahr
ziehen sollten, in weniger als einer Stunde zur Wüstenei.

In den Dörfern ging es noch abscheulicher her. Das unserm Regiment zunächst lie-

---

[115] *U. Bräker*, a. a. O., S. 80 f.

gende war das genannte Brehain-la-Ville, ein schönes großes Dorf, worin ehedem ein sogenannter Bailli du roi seine Residenz gehabt hatte. Um durch Laufen mich in Wärme zu setzen, lief ich mit vielen andern auch nach diesem Dorfe, wo wir Stroh und Holz holen sollten. Ehe aber diese Dinge genommen wurden, durchsuchten die meisten erst die Häuser, und was sie da Anständiges vorfanden, nahmen sie mit, als Leinwand, Kleider, Lebensmittel und andere Sachen, welche der Soldat entweder selbst brauchen oder doch an die Marketender verkaufen kann. So habe ich selbst gesehen, daß Soldaten vom Regimente Woldeck in eben diesem Dorfe ganze Service von Porzellan im Pfarrhofe und anderwärts zerschmissen; alles Töpferzeug hatte dasselbe Schicksal. Aufgebracht über diese Barbarei, stellte ich einen dieser Leute zur Rede, warum er einer armen Frau trotz ihres bittern Weinens und Händeringens das Geschirr zerschmissen und ihre Fenster eingeschlagen habe, aber der unbesonnene, wüste Kerl gab mir zur Antwort: 'Was Sakerment soll man denn hier schonen? Sind's nicht verfluchte Patrioten? Die Kerls sind ja eigentlich schuld, daß wir so viel ausstehen müssen!' Und damit ging's mit dem Ruinieren immer vorwärts. Ich schwieg und dachte so mein eignes über das Wort 'Patriot' in dem Munde eines Soldaten.

Die Männer aus diesen Dörfern hatten sich alle wegbegeben und bloß ihre Weiber zurückgelassen, vielleicht, weil sie glaubten, daß diese den eindringenden Feind eher besänftigen könnten. Aber der rohe Soldat hat eben nicht viel Achtung für das schöne Geschlecht überhaupt, zumal bei Feindseligkeiten, und es gibt wüste Teufel unter diesen Leuten, welche einem Frauenzimmer allen Drang antun können, die aber vor jedem Mannsgesicht aus Feigheit gleich zum Kreuze kriechen.

Unsere Leute hatten auf den Dörfern die Schafhürden und Schweineställe geöffnet, und so sah man auf den Feldern viele Schafe und Schweine herumlaufen. Diese wurden, wie leicht zu denken steht, haufenweise aufgefangen und nach dem Lager geschleppt. Ich muß gestehen, daß ich mich auch unter den Haufen der Räuber mischte und ein Schaf nach meinem Zelte brachte. Ich dachte, wenn du's nicht nimmst, so nimmt es ein anderer oder es verläuft sich, und dieser Grund bestimmte mich, an der allgemeinen Plünderei teilzunehmen. Der rechte Eigentümer, dachte ich ferner, gewinnt doch nichts, wenn auch ich sein Eigentum nicht berühre, ja, ich werde alsdann noch obendrein für einen Pinsel gehalten, der seinen Vorteil nicht zu nutzen wisse. Kurz, alle Imputabilität des Plünderns gehörte, wie mich dünkt, für die Aufseher über die Disziplin und den Lebensunterhalt. Diese haben zunächst alles zu verantworten.

Das Hammel- und Schweinefleisch wurde gekocht oder an den Säbel gesteckt und so in der Flamme gebraten und hernach ohne Brot und ohne Salz verzehrt; denn das Brot war uns auch ausgegangen, und hier zum ersten Mal fühlten wir Brotmangel, der uns nach dieser Zeit noch oft betroffen und bitter gequält hat, wie die Folge dieser Erzählung ausweisen wird.

Das Dorf Brehain-la-Ville und alle anderen in dessen Nähe sahen bald aus wie Räuberhöhlen, selbst das Dorf nicht ausgenommen, worin unser König logierte.

Endlich, als es bald dunkel war, kamen die Zelter an, worin wir uns durchnaß und überaus besudelt niederlegten und auf dem nassen Boden und Stroh eine garstige Nacht hinbrachten. Die Burschen, welche auf der Wache waren, gingen des Nachts von ihrem Posten in die Dörfer auf Beute.

Das abscheuliche, kältende Wetter und das schlechte, nasse Lager hatten die Folge, daß schon am anderen Tage gar viele Soldaten zurück in die Spitäler gebracht werden mußten, weil sie das Fieber hatten und nicht mehr mitmarschieren konnten.

Ob unsre Vorgesetzten das Rauben und Plündern nicht verboten und diesem Unwesen nicht Einhalt getan haben? Allerdings haben das viele getan, aber nicht alle, und die, welche es noch taten – je nun, die sahen nicht alles, oder sie wollten nicht alles sehen. Es hieß: wir sind ja einmal in Feindeslanden. Wer etwas erwischen kann, dem ist's nicht groß zu verargen, zumal beim Mangel. Überdies ist's ja ein Wetter zum Krepieren. Wer kann da über den Soldaten zürnen, wenn er böser Laune wird!

Die armen Leute in den Dörfern, welche sich nun ihres Auskommens auf lange Zeit beraubt sahen, schlugen die Hände zusammen und jammerten erbärmlich, aber unsere Leute ließen sich von dem Angstschrei der Elenden nicht rühren und lachten ihnen ins Gesicht oder schalten sie Patrioten und Spitzbuben."[116]

Man versteht, daß es im 18. Jahrhundert keine ernstere Verfolgung nach einer siegreichen Schlacht geben konnte. Die Soldaten wollten plündern, und die Offiziere hatten alles zu tun, um Desertionen in größerem Maße zu verhindern.

Und die verwundeten Soldaten? viele starben auf dem Felde, und sie hatten dort oft ein besseres Sterbelager als in den Lazaretten. Laukhard besucht ein Lazarett in Frankreich und eines in Deutschland:

„Ich hörte, daß mein Freund, der Unteroffizier Koggel, zu Longwy im Lazarett krank läge. Ich wollte ihn also besuchen und ging hin und hinein, ohne von der Schildwache angehalten oder nur über etwas befragt zu werden. Dieses ließ mich gleich anfangs nicht viel Ordnung im Lazarette selbst erwarten. Aber wie entsetzte ich mich, als ich gleich beim Eingange alles von Exkrementen blank sah und nicht einmal ein Fleckchen finden konnte, um unbesudelt hinzutreten. Der gemeine Abtritt reichte für so viele ruhrhafte Kranke unmöglich zu, auch fehlte es den meisten an Kräften, ihn zu erreichen, und Nachtstühle sah ich beinahe gar nicht. Die Unglücklichen schlichen also nur bis vor die Stube und machten dann alles hin, wo und wie sie konnten. Es ist abscheulich, daß ich sagen muß, daß ich sogar tote Körper in diesem Unflate liegen sah.

Ich schlüpfte schnell durch ins erste beste Zimmer, aber da drängte sich mir auch sogleich ein solch abscheulicher mephistischer Gestank entgegen, daß ich hätte mögen in Ohnmacht sinken. Es war der Duft viel ärger, als wenn man ein Privet ausräumt oder über einen vollen Schindanger des Sommers geht. An Räuchern dachte man gar nicht, auch wurden die Fenster niemals geöffnet, und wo hie und da eine Scheibe fehlte, da stopfte man die Öffnung mit Stroh und Lumpen zu.

Das Lager der Kranken war dem vorigen ganz angemessen: die meisten lagen auf bloßem Stroh, wenige auf Strohsäcken, und viele lagen gar auf dem harten Boden. An Decken und andere zur Reinlichkeit dienliche Dinge war vollends nicht zu denken. Die armen Leuten mußten sich mit ihren elenden kurzen Lumpen zudecken, und da diese ganz voll Ungeziefer waren, so wurden sie von diesem beinahe lebendig gefressen.

Ich stund da und wußte nicht, was ich vor Mitleid und Ärger sagen sollte. Ich fragte endlich nach der Krankenpflege, erfuhr aber, daß hier außer einem bissel Kommißbrot nichts vorfalle. An Arznei fehlte es beinahe ganz! ...

Aber bald bedachte ich, daß dort in Longwy vielleicht die Not selbst eine solche elende Lage der armen Leute nötig machte. Ich wußte, daß der König Befehl gegeben hatte, die Kranken gut zu behandeln und für ihre Wiederherstellung, und wenn es des Monats 1000 Taler mehr kosten sollte, gehörig zu sorgen. Ich beschloß daher, mehrere Feldlazarette zu untersuchen, um ein richtiges Urteil darüber fällen zu können.

[116] *Fr. Chr. Laukhard*, a. a. O., S. 224 ff.

Ich tat dies schon in Trier, aber da sah ich noch mehr Greuel. Die Lazarette waren ebenso schmutzig, die Pflege ebenso elend und die Lagerstätten ebenso abscheulich als in Longwy. Außerdem mußten noch vom 30. bis zum 31. Oktober mehr als 280 Kranke in Trier unter freiem Himmel auf der Gasse liegenbleiben; in den Hospitälern war für sie kein Platz mehr, und niemand wollte sie in die Häuser aufnehmen, weil es allgemein hieß, die Preußen hätten die Pest. Es krepierten, ja, es krepierten diese Nacht mehr als 30 auf der Gasse. Seht, Menschen, soviel gelten euresgleichen im Kriege!

Die andern Lazarette, die ich weiter sah, waren alle von dieser Art. Woher kömmt aber dieses schreckliche Übel, wodurch der König oder vielmehr der Staat so viel Leute verliert? Denn in diesem Feldzuge sind sehr wenig Preußen vor dem Feinde geblieben, aber mehrere Tausend sind in den Hospitälern verreckt, deren meiste man gewiß hätte retten können, wenn man ihnen gehörige Pflege hätte können oder wollen angedeihen lassen.

Der Hauptfehler der preußischen Lazarette ist, wie mich dünkt, in der Anlage selbst zu suchen. Die Aufseher sind lauter Leute vom Militär, ohne angemeßne Erfahrung und Kenntnisse, und meist lauter solche, die sich da bereichern wollen. Ihre Besoldung ist schlecht, und doch kommen sie, wenn sie auch nicht lange darin sind und blutarm hineinkamen, allemal mit vollem Beutel heraus. Es muß also an der Subsistenz der Kranken defraudiert und die ganze Einrichtung so konfus und unordentlich gemacht oder geführt werden, daß man die Defraudation nicht so leicht entdecken kann."[117]

Nie darf man vergessen, daß im 18. Jahrhundert der Krieg zum Alltag gehörte, insbesondere zum Alltag der Soldaten.

So rundet sich das Bild des niedergehenden Feudalismus im Alltag mit verwundeten Soldaten, die im Gestank der eigenen Exkremente oder auf der Gasse liegend sterben.

Brief von Helmut Schnitter

Lieber Genosse Kuczynski!

Der Alltag des Soldaten als Teil des Volkslebens im 18. Jahrhundert umfaßt eine Seite bzw. einen Bereich der Militärgeschichte, wo ohne Zweifel ein Nachholebedarf in der Erforschung und Darstellung besteht. Der Soldat, genauer gesagt der Söldner, war einem bestimmten militärischen Lebens- und Dienstrythmus unterworfen, aber er war – trotz aller Abkapselung vom Volk – doch mit vielen Fäden am „bürgerlichen" Leben festgebunden. Die überlieferten zeitgeschichtlichen Quellen, so z. B. die bekannten Erinnerungen des Schweizers Ulrich Bräker oder des Hallenser Magisters Friedrich Christian Laukhart, machten bereits auf den eigenartigen Doppelcharakter des Soldatenalltags im 18. Jahrhundert aufmerksam: der Söldner war ein Zwangsrekrutierter, der viele Jahrzehnte dienen mußte, aber dieser Söldner bestimmte gleichzeitig außerhalb des militärischen Dienstes entscheidend mit das zivile Leben in den Garnisonen.

Der Soldatenalltag, den Du ökonomisch-sozial, politisch und militärisch durchleuchtest, wirft eine Reihe von interessanten Fragen auf, die ihrerseits die Militärgeschichte

[117] Ebendort, S. 271 ff.

des brandenburgisch-preußischen Staates berühren und daher vom Militärhistoriker zu Recht Aufmerksamkeit erheischen. An welche Probleme denke ich dabei, wobei ausdrücklich auf die begrenzte Auswahl verwiesen sei?

1. Das Poblem des altpreußischen Militarismus. Der Soldatenalltag in Preußen vor 1806 ist nicht zu klären, ohne den spätfeudalen Militarismus in diesem Land zu berücksichtigen. Dieser Militarismus entwickelte sich aus Ansätzen im 17. Jahrhundert schließlich im 18. Jahrhundert zu einem umfassenden Herrschaftssystem, das Staat und Gesellschaft den Stempel aufdrückte. Die zahlenmäßig starke Armee mit ihrem adlig-exklusivem Offizierkorps, dem Kantonsystem und der Kompaniewirtschaft sowie der Gloriole zahlreicher Schlachtensiege unter Friedrich II. war das Kernstück des feudal-absolutistischen Militarismus, der die Bauern und Bürger einem drückenden Zwang unterwarf und die wirtschaftlich-soziale und politische Entwicklung Preußens vorrangig den Bedürfnissen der Militärmacht unterordnete.

Zum Klassencharakter und zu den Erscheinungsformen dieses Militarismus liegen bereits erste Forschungen vor, die sich auf die systematische Auswertung der Aussagen besonders von Friedrich Engels und Franz Mehring über Preußen stützen.[1] In Bezug auf die Entwicklung des Militärwesens fällte Engels in seinen Artikeln „Die Armeen Europas" (1855), für „The New American Cyclopaedia" (1858/60) und im „Anti-Dühring" (1878) wesentliche Urteile. Mehring schrieb zum preußischen Heer akzentuiert in der „Lessing-Legende" (1893) sowie in den „Kriegsgeschichtlichen Streifzügen" (1914/18) und „Kriegsgeschichtlichen Problemen" (1915). Während Mehring sich in erster Linie mit dem politischen Charakter der preußischen Armee vom 17. bis 19. Jahrhundert auseinandersetzte und den Lobpreisungen bürgerlicher Ideologen entgegentrat, analysierte Engels scharfsinnig militärische Züge des preußischen Heeres. Für das 18. Jahrhundert wies er vor allem auf die hohe Kampfkraft und Kriegsbereitschaft des Heeres unter Friedrich II., auf das militärische Können dieses König-Feldherrn sowie auf die erreichten Fortschritte in der Kriegskunst und im militärtheoretischen Denken hin. Ich stimme mit Dir, Genosse Kuczynski, überein, daß diese Wertungen noch mehr zu berücksichtigen und für die Analyse der *Stärken und Schwächen des preußischen Heeres* – und darüber hinaus des *Militarismus* – heranzuziehen sind. Überhaupt ist doch methodisch zu beachten, daß die Geschichte des brandenburgisch-preußischen Heeres verglichen werden sollte 1. mit den allgemeinen weltgeschichtlichen Entwicklungstendenzen des Militärwesens im 17./18. Jahrhundert, 2. mit dem Zustand des Militärwesens in den anderen Territorien des römisch-deutschen Kaiserreiches und 3. mit den militärischen Verhältnissen in Brandenburg-Preußen von 1648 resp. 1700. Bei einem solchen Rundblick ergeben sich u. a. Fragen nach allgemeinen und besonderen Zügen der Armee in Preußen. Natürlich kann diese umfassende Problematik nicht in einigen Sätzen dargelegt werden, zumal auch noch Forschungen notwendig sind, aber es sei an eine bemerkenswerte Aussage von Mehring erinnert, der für die Zeit Friedrich Wilhelm I. „pünktliche Buchführung" und „genaues Exerzieren" betonte.[2] Betrachtet man den Soldatenalltag mit unter diesem Aspekt, so werden einige Seiten des Lebens

---

[1] Siehe dazu den Literaturbericht von *H. Schnitter,* Zur Darstellung des brandenburgisch-preußischen Militärwesens im 17./18. Jahrhundert in der marxistisch-leninistischen Geschichts- und Militärgeschichtsliteratur der DDR, in: Militärgeschichte, 3/1979, S. 358 ff.

[2] *F. Mehring,* Der rote Faden der preußischen Geschichte, in: Gesammelte Schriften, Bd. 5, Berlin 1975, S. 413.

der Söldner deutlicher. Um nur einen Gedanken zu nennen. In der preußischen Armee jener Zeit wurde z. B. der knappe Sold im allgemeinen pünktlich und regelmäßig ausgezahlt, das galt auch für die festgesetzten Naturalgaben an Brot, Fleisch und Getränken sowie für die Uniformierung. Jährlich erhielt der Soldat eine Reihe von neuen Bekleidungsstücken.[3] Die Kompaniewirtschaft bot dem Kompaniechef zweifelsohne viele Möglichkeiten der Bereicherung auf Kosten der Söldner, aber durch die festgesetzten Normen waren grenzenlose Unterschleife schwer auf die Dauer zu decken. Eine gewisse geordnete Versorgung der Söldner war gewährleistet, zumindest in Friedenszeiten. Sichtbar wird das bei einem Vergleich mit den Zuständen in anderen Ländern, wo häufig, wie z. B. in vielen Mittel- und Kleinstaaten des Reiches oder auch in Frankreich, die Versorgung und Bekleidung der Soldaten schlechter und ungeordneter waren. Hier dürften wohl weiterführende Forschungen zum Soldatenleben in anderen Heeren fundiertere Einschätzungen erlauben.

2. Die preußische Armee – und damit den Alltag der Soldaten – kennzeichneten der harte Drill sowie die Kantonpflicht. Mit der Herausbildung stehender Heere im 17. Jahrhundert entwickelte sich auch der Drill als Form der militärischen Ausbildung. In seiner historischen Wurzel reicht er allerdings in das antike Militärwesen zurück. Die Milizen der griechischen Sklavenhalterstaaten und vor allem die Legionäre Roms wurden einem harten Drill unterworfen, dem sie auch u. a. ihre hohe Kampfkraft und die Siege in zahlreichen Kriegen verdankten. Römische Historiker und Militärtheoretiker haben in ihren Werken die Notwendigkeit und Bedeutung der straffen Ausbildung überliefert.

Dieser Drill wurde im 16. Jahrhundert unter dem Einfluß der Renaissance wieder bekannt, nachdem er im Mittelalter weitgehend vergessen worden war. Feldherren wie Lazarus von Schwendi (1522–1584) und die Militärtheoretiker Leonhart Fronsperger (gest. 1575) und Johann Jacobi von Wallhausen (gest. nach 1623) verlangten im 16./beginnenden 17. Jahrhundert den „gedrillten" Söldner, und zwar aus folgenden Gründen:

1. Die Waffentechnik war kompliziert geworden. Um das Luntengewehr oder die lange Pike schnell und sicher zu handhaben, bedurfte es einer längeren Übung. Eine individuelle Ausbildung begann sich durchzusetzen.

2. Gleichzeitig kam es jetzt in höherem Maße darauf an, die geordnete Ausbildung einer ganzen Truppe zu leiten. Die Masse der Pikeniere mußte ja einheitlich handeln und zugleich mit den Schützen zusammenwirken. Die Aufstellung zur Schlachtordnung und die Bewegungen auf dem Schlachtfelde verlangten eine lange und gründliche Ausbildung der Söldner.

3. Durch den Drill sollte der Söldner gleichzeitig diszipliniert und fest der Befehls- und Kommandogewalt der Offiziere unterworfen werden.

Gerade dieser 3. Faktor erlangte mit dem Übergang von den zeitweilig formierten zu den stehenden Söldnerheeren eine erstrangige Bedeutung. Der Söldner „auf Zeit" unterwarf sich für die vereinbarte Dienstzeit mehr oder weniger bereitwillig der Ausbildung, er erhielt einen relativ hohen Sold sowie einen Anteil an der Kriegsbeute, er führte ein freieres, ungebundeneres Leben als der hart arbeitende Bauer und Bürger. Der zwangsrekrutierte Söldner „auf Lebenszeit" war dagegen wesentlich schlechter dran. Im stehenden Heer erwartete ihn ein eintönig-grauer Alltag mit niedrigerem

---

[3] Siehe hierzu *G. Krause*, Altpreußische Uniformfertigung als Vorstufe der Bekleidungsindustrie, Hamburg 1965.

Sold, ein Leben in der Kaserne oder in scharf bewachten Bürgerquartieren und der Einsatz in Kriegen. Nun gewann der Drill eine veränderte Funktion. Nach wie vor kam es darauf an, die Waffen zu beherrschen (vor allem das Schießen in Peletons) und taktische Bewegungen auf dem Schlachtfeld sicher durchzuführen, aber viel stärker als zuvor wurde der Drill ein Mittel, den Söldner zu disziplinieren, seinen Willen – und noch vorhandene Desertionsabsichten – gewealtsam zu brechen und ihn in ein Rädchen der großen Militärmaschinerie zu verwandeln. Drill wurde jetzt mehr als harte Ausbildung, als Zweck für den Kampf: er erhielt eine politisch-soziale Funktion und wurde ein Mittel zum Brechen der gesamten Persönlichkeit des Soldaten, seiner Würde und Haltung, seiner geheimen und offenen Wünsche. Drill und harte Strafe standen nun unmittelbar nebeneinander. Bei einem Vergleich der Artikelsbriefe des 16. Jahrhundert mit den scharfen Kriegsartikeln der Zeit nach 1648 wird die ganze veränderte Stellung des Söldners sichtbar.

In organisierter Form wurde das „Drillen" der Söldner erstmals im Heer der Prinzen von Oranien während des Unabhängigkeitskrieges der Niederlande gegen Spanien (1566–1609) geprobt. Die Militärreform der Oranier nutzte zielstrebig den Drill – und den Justus Lipsius in seinen Schriften aufmerksam gemacht hatte –, um ein schlagkräftiges Heer zu schaffen, das dem zahlenmäßig wesentlich größeren, aber weniger ausgebildeten spanischen Heer die Klinge bieten konnte.[4] Der Drill war also hier ein militärisches Mittel für den gerechten Befreiungskampf, holländische „Drillmeister" wurden bald begehrt in anderen europäischen Heeren. „Für das Einexerzieren der Soldaten wurde ein ungleich größeres Maß von Arbeitsamkeit und für die Befehlsführung in der Schlacht ein ungleich größeres Maß von Bildung erheischt .... Diese militärischen Reformen machten die Niederlande um die Wende des sechzehnten und siebzehnten Jahrhunderts zur hohen Schule der Kriegskunst."[5]

Die mit dem Unabhängigkeitskrieg der Niederlande und den Reformen im Söldnerwesen verbundene militärische Entwicklung nutzten die feudalabsolutistischen Mächte für die Stärkung ihrer Heere. Man darf in diesem Zusammenhang nicht vergessen: der Exerzierplatz- bzw. Manöverdrill war die eigentliche Gefechtsausbildung der Truppen, denn die „rangierten" Schlachten des 18. Jahrhunderts waren praktisch eine Übertragung der Truppenbewegungen vom Exerzierplatz auf das Schlachtfeld. Hierbei kam dem Drill eben eine große militärische wie auch politisch-soziale Bedeutung zu. Gerade in der preußischen Armee, die einen hohen Prozentsatz gewaltsam Geworbener besaß, die an Desertion dachten, nahm der Drill besonders scharfe Formen an und wurde schließlich zum militaristischen Selbstzweck, der das Maß des militärisch Notwendigen weit überschritt. „Das System (d. h. Drill, Strafe, Disziplin – H. S.) wurde in Preußen rationeller durchdacht als anderwärts. „Es war die ausgesprochene Tendenz der preußischen Drillmeister", so betonte der sozialdemokratische Geschichtsschreiber Hugo Schulz, „das Mechanisieren, zumal des taktischen Betriebes, so weit zu treiben, daß selbst der nackte Lebenstrieb unter der Furcht vor dem Stock verlösche ... Seine (Friedrichs II. – H. S.) Konsequenz gab dem preußischen Militarismus eine Pointe vor gegenüber allen Armeen gleicher Struktur und gleichen inneren Prinzips."[6]

---

[4] Siehe *W. Hahlweg*, Die Heeresreform der Oranier und die Antike. Studien zur Geschichte des Kriegswesens der Niederlande, Deutschlands, Frankreichs, Englands, Italiens, Spaniens und der Schweiz vom Jahre 1589 bis zum Dreißigjährigen Kriege, Berlin 1941.

[5] *F. Mehring*, Kriegsgeschichtliche Streifzüge, in: Gesammelte Schriften, Bd. 8, Berlin 1967, S. 327.

[6] *H. Schulz*, Blut und Eisen, 2. Bd., Berlin o. J. (um 1910), S. 635.

Dieser Drill wurde auch nicht durch das Kantonsystem negiert, obgleich der Gedanke naheliegt, daß die Einstellung einheimischer Rekruten die inneren Verhältnisse
der Armee doch berührt haben muß. Die Kantonpflicht war eine drückende Last, die
vor allem auf den ärmeren Schichten des Landes ruhte. Für das Heer spielte die Kantonpflicht eine wichtige Rolle namentlich in Hinsicht auf die Ergänzung in Kriegszeiten. Den Regimentern war es möglich, Verluste kurzfristig und ohne zeit- und geldauf-
wendige Werbungen in anderen Ländern zu ersetzen, auch neigte der Kantonist, der in
der Regel durch seine Familie im Lande gebunden war, weniger zur Dersertion als
der aus dem Ausland stammende Söldner. Die Kantonpflicht wirkte sich besonders im
Siebenjährigen Krieg aus. Der Kern des preußischen Heeres bestand nach 1757/58 –
viele „Ausländer" dürften nach den Niederlagen bei Kolin und Hochkirch desertiert
sein – wohl vorwiegend aus einheimischen Soldaten. Mit ihnen schlug Friedrich II. die
Schlacht bei Leuthen, und sie bildeten auch den Stamm des Heeres in der zweiten Hälfte
des Krieges, als ein Teil der Kantone von Pommern, der Mark Brandenburg und Schlesiens sich in den Händen der Österreicher und Russen befand. Aber auch hier hatte
der preußische König angeordnet, dienstfähige Männer rechtzeitig in sog. Provinzial-
milizen zu erfassen und sie dem Heer zuzuführen.[7] Das Kantonsystem war also neben
den Subsidien der englischen Krone eines der Mittel, mit dem Friedrich II. trotz Ver-
lusten und Niederlagen immer wieder eine relativ starke Armee formieren konnte.

3. Das Kantonsystem führt bereits zu einem nächsten Problem, das in diesem Kapitel
eine tragende Rolle spielt: die Kriegskunst der preußischen Armee und die Qualitäten
König Friedrich II. als Feldherr. Bürgerliche Historiker und Militärhistoriker haben
vor fast einem Jahrhundert einen Streit entfacht, ob Friedrich II. ein Ermattungs- oder
Vernichtungsstratege gewesen sei, anders gesagt: hat der preußische König bereits die
Strategie eines Napoleon I. genial vorwegpraktiziert oder blieb er in den Grenzen der
Kordonstrategie und Lineartaktik verhaftet. Franz Mehring hat sich in verschiedenen
seiner Schriften polemisch mit diesen Thesen auseinandergesetzt und herausgearbeitet,
daß eine neue Kriegskunst nicht a priori den Köpfen fähiger Feldherrn entspringt, sondern daß sie das Ergebnis von gesellschaftlichen Wandlungen, von Veränderungen in
der Ökonomie und Technik sowie der Struktur der Heere ist. Unter diesem Gesichtspunkt sollten auch die militärischen Qualitäten eines Friedrich II. betrachtet werden.

Der preußische König, der sich mit militärischen Fragen seiner Zeit befaßte, die
zeitgenössische Militärliteratur zu einem guten Teil kannte und selbst militärische Schriften (zur Unterrichtung der Generäle) verfaßte, war an die Grundlagen des feudalabsolutistischen Heeres und der Kriegskunst gebunden. Jedoch konnte er als „roi-
connetable" anders über sein Heer verfügen als österreichische, französische oder russische Feldherrn, die an Weisungen ihrer Monarchen bzw. der Hofkriegsräte gebunden
waren und daher vorsichtiger das teure, schwer ersetzbare Söldnerheer in einer Schlacht
einsetzten. „Die Feldherren, welche Friedrich dem Großen gegenüberstanden", schrieb
Carl von Clausewitz, „waren Männer, die im Auftrag handelten, und eben deswegen
Männer, in welchen die Behutsamkeit ein vorherrschender Charakterzug war; der Gegner ... war ... der Kriegsgott selbst."[8] Zu Unrecht kam deshalb auch der langjährige
Oberbefehlshaber des österreichischen Heeres, Graf Leopold von Daun (1705–1766)

---

[7] Siehe *F. Schwartz*, Organisation und Verpflegung der preußischen Landmilizen im Siebenjährigen
    Krieg. Ein Beitrag zur preußischen Militär- und Steuergeschichte, Leipzig 1888.
[8] *C. von Clausewitz*, Vom Kriege, Berlin 1957, S. 700.

in den Ruf eines „Zauderers", weil er vorsichtig handelte und häufig mit Wien korrespondierte. Von den Führungsqualitäten Dauns und seines Stabes zeugen jedoch die österreichischen Siege bei Kolin 1757 und bei Hochkirch 1758.[9]

Friedrich II. und einige seiner Generäle wie Hans Joachim von Ziethen (1699–1786) verstanden es, bei der Führung der Truppen die Möglichkeiten der Lineartaktik weitgehend auszuschöpfen, so in den Schlachten bei Leuthen 1757 und bei Torgau 1760. Aber eine wirkliche Umwälzung der Heeresorganisation und Kriegskunst war natürlich nicht möglich, deshalb ist – ganz abgesehen von der dominierenden politischen Rolle Friedrichs II. – das Attribut „der Große" für den preußischen König-Feldherrn nicht angebracht. Das schließt keineswegs aus, daß Friedrich II. einen bedeutenden Anteil an der Entwicklung des spätfeudalen Heeres, der Kriegskunst und des militärischen Denkens hatte. Der schon zitierte H. Schulz schrieb weiter, daß der preußische König als Taktiker „ein Genie" war, aber „... als Heeresorganisator hat er außerordentlich wenig Weisheit bekundet und auf diesem Gebiete geradezu die Vorbedingungen für Jena geschaffen; als Schlachtenlenker aber steht er, was Kühnheit der Konzeption und psychologische Einschätzung des Gegners betrifft, auf imponierender Höhe."[10] Eine umfassende Beurteilung setzte einerseits eine differenzierte Betrachtung der verschiedenen Bereiche des Militärwesens sowie vergleichende Untersuchungen zum Stand der Kriegskunst und Militärtheorie im 18. Jahrhundert in Europa voraus.

4. Ein sehr wesentlicher Punkt ist die weitere Erforschung und Wertung des Antimilitarismus im 18. Jahrhundert. Die Desertion von zwangsrekrutierten Soldaten und die Unterstützung von Deserteuren durch die Bevölkerung waren zweifelsohne eine Form antimilitaristischen Widerstandes der Bevölkerung in Preußen wie in anderen Ländern. Nicht zuletzt richteten sich die zahlreichen Edikte der Krone gegen die Deserteure auch gegen die Bevölkerung, der harte Strafen angedroht wurden, falls sie Deserteuren half.

Zugleich aber sollten wir den Blick stärker auf antimilitaristische Akzente und Erscheinungen in den Bereichen der Literatur und der bürgerlichen Aufklärung wie auch in der militärischen Reformbewegung im letzten Drittel des 18. Jahrhunderts lenken. Nicht allein die Werke der bedeutendsten Dichter des 18./19. Jahrhunderts haben die Gedanken- und Gefühlswelt des altpreußischen Militarismus attackiert, sondern auch die philosophische Aufklärung griff kräftig die feudalabsolutistischen Heere an. Einer ihrer namhaften Vertreter war Claude Adrien Helvetius (1715–1771), der das geistigwissenschaftliche Leben stark beeinflußte und dessen Schriften auch dem späteren Heeresreformer Gerhard Scharnhorst bekannt waren. Helvetius sprach von der Leidenschaft des Patriotismus und erweckte damit bei vielen deutschen Gelehrten und Dichtern das Bewußtsein von der Rückständigkeit, die es im „Reich" zu überwinden galt. Immanuel Kant, der zeitlebens in Preußen wirkte, verurteilte aus seinem Humanitätsideal heraus das System der Söldnerheere und die menschenunwürdige Behandlung der Soldaten, dagegen verteidigte er den freiwilligen Heeresdienst der Staatsbürger zum

---

[9] Siehe hierzu *F. L. Thadden*, Feldmarschall Daun. Maria Theresias größter Feldherr, Wien/München 1967. Zur Kriegführung 1756/63 siehe auch die kritischen Urteile des bürgerlichen Historikers Johannes Kunisch über Friedrich II. in: *J. Kunisch*, Das Mirakel des Hauses Brandenburg. Studien zum Verhältnis von Kabinettspolitik und Kriegführung im Zeitalter des Siebenjährigen Krieges, München/Wien 1978.

[10] *H. Schulz*, a. a. O., S. 652

Schutz des Vaterlandes gegen feindliche Angriffe. Thomas Abbt, dessen Haltung gegenüber Preußen und Friedrich II. zwiespältig war und nicht leicht zu beurteilen ist, verlangte in seiner Schrift „Vom Tode für das Vaterland" ein Heer, in dem jeder Bürger Soldat, aber auch jeder Soldat zugleich Bürger ist. Der Soldat aber müsse für seinen Dienst ein echtes Motiv besitzen, und – so Abbt – in der Liebe zum Vaterland, die aus der Glückseligkeit des Lebens in diesem Lande geboren sei, könne ein solches Motiv entstehen. Dann werde auch der Stand der Waffen ein Ehrenstand sein, so daß man ihn „aus Ehrbegierde erwählt und nicht, von Seiten des Adels, als den Zufluchtsort für die Armen, von Seiten des Bürgers, als das Zuchthaus für einen ungerathenen Sohn, von Seiten des Bauers als den Dienst der Sklaverey ersiehet."[11]

Die antimilitaristischen Züge und Tendenzen in der bürgerlichen Aufklärung und Dichtung boten kein einheitliches Bild, sie waren auch weit davon entfernt, ein geistiges Kampfprogramm des Bürgertums gegen den feudalabsolutistischen Militarismus zu sein. Die Verurteilung der Söldnerheere ging oftmals von allgemein-humanistischen Urteilen und einer pauschalen Kritik am Heer überhaupt aus, diese Ablehnung der Armee war in der Regel stark pazifistisch und kosmopolitisch orientiert, die militärische Sachkritik fehlte noch.

Diese kam von Seiten einer militärischen Reformbewegung, der man antimilitaristische Züge nicht absprechen darf. Die von einzelnen Offizieren und Militärschriftstellern getragene Kritik setzte nicht am stehenden Söldnerheer als Institution an, sondern ging zunächst von gewissen „Auswüchsen" aus, die durch eine verbesserte Erziehung der Offiziere und Soldaten beseitigt werden sollten. Es waren Gedanken der Aufklärung, die hier fruchtbaren Boden fanden. In der preußischen Armee wandte sich Oberst von Scholten, Chef des Grenadierbataillons Nr. 1 in Treuenbrietzen, gegen die eingefressene Behauptung, daß der Soldat nur eine Maschine sein dürfe, die vor dem Offizier mehr Angst als vor dem Feind habe.[12] Die Vertreter der „Reformpartei" hatten sich selbst das Ziel gestellt, durch eine vorsichtig formulierte Kritik eine Reihe sichtbarer Mängel in den stehenden Heeren zu beseitigen und auf diese Weise die Kampfkraft und innere Festigkeit der Fürstenheere zu stärken. Aber die Folgen und Konsequenzen ihrer theoretischen und praktischen Wirksamkeit gingen über die ursprüngliche Absicht und das klassenpolitische Ziel hinaus und trugen mit dazu bei, dem militärischen Fortschritt in Richtung auf das bürgerliche Militärwesen den Weg zu bahnen. Die partielle Kritik an Zügen des altpreußischen Militarismus spielte eine wichtige Rolle in den Diskussionen um die Heeresverfassung, die Ausbildung und Erziehung der Offiziere und Mannschaften und das Soldatenleben im ausgehenden 18. Jahrhundert, sie fand ihren Niederschlag in der Militärpresse und -literatur, aber auch in einigen Reformen, die in stehenden Heeren deutscher Länder vor 1806 bereits vorgenommen wurden.[13]

In diesem Sinne umfaßt der Antimilitarismus im 18. Jahrhundert ein weites Feld, das aber noch einer eingehenderen Erforschung unter differenzierten Fragestellungen

[11] *T. Abbt,* Vom Tode für das Vaterland, Berlin/Stettin 1780, S. 88. Zu dieser Problematik siehe auch *H. Herbell,* Staatsbürger in Uniform 1789 bis 1961, S. 29 ff.

[12] *v. Scholten,* Was muß ein Offizier wissen, wenn er die Pflichten seines Standes erfüllen und mit Recht Beförderung erlangen will? Treuenbrietzen 1782.

[13] Siehe hierzu *H. Schnitter,* Militärwesen und Militärpublizistik, Berlin 1967, S. 29 ff. (Militärhistorische Studien, Neue Folge 9).

bedarf. Nicht zuletzt sind auch hier historisch progressive Elemente aufzuspüren und die Dialektik der militärgeschichtlichen Entwicklung sichtbar zu machen.

Mit besten Grüßen

Helmut Schnitter

Antwort von Jürgen Kuczynski (2. Juli 1979)

Lieber Genosse Schnitter:

Zuerst noch einmal sehr vielen Dank für wichtige Literaturangaben für mein Kapitel, und nun für Deinen ausführlichen Brief.

Vor allem bin ich froh, daß Du mit mir übereinstimmst, daß wir die Einschätzungen der Klassiker stärker berücksichtigen müssen. Ich habe niemals Stalins Urteil über Clausewitz angenommen und bin stets bei der Einschätzung Lenins geblieben. Und ich lasse mir auch nicht Friedrich den Großen (auch von Engels übernommene Kennzeichnung!) rauben. Das ist auch der einzige Punkt, in dem ich Dir in Deinem Brief klar widersprechen möchte. Engels nennt Friedrich II., meiner Ansicht nach mit vollem Recht, ein Genie, und wenn man ein Genie ist – welch anderer deutsche oder welcher französische und englische Herrscher außer Napoleon ist von den Klassikern je ein Genie genannt worden?! –, dann darf man als Herrscher auch den Beinamen der „Große" tragen.

Sehr froh bin ich über all die Hinweise von Dir, wo wir noch ausführlich und viel gründlicher als bisher in der ferneren Vergangenheit, sagen wir ab 1870 rückwärts, forschen müssen. Es geht einfach nicht, daß wir für die Feudalzeit eine einzige militärisch-gesellschaftswissenschaftliche Autorität, nämlich Dich, haben.

Gut finde ich, daß Du mir gegenüber auch die „Vorteile" der Kompaniewirtschaft herausgearbeitet hast – eine wichtige Ergänzung!

Was Du über den Antimilitarismus in der gesellschaftswissenschaftlichen Literatur schreibst, erscheint mir sehr wichtig. Aber die ganze Problematik ist doch sehr kompliziert – insbesondere wenn Du der militärischen Reformbewegung „antimilitaristische Züge nicht absprechen" möchtest. Man muß die ganze Problematik noch sehr gründlich durchdenken, und Du hast wahrhaftig wichtige Denkanstöße dazu gegeben. Mehr wolltest Du ja auch gar nicht.

Schließlich, und bestimmt auch im Namen künftiger Leser meines Kapitels, sehr vielen Dank für Deine Bemerkungen. Ich wünsche Dir viel Zeit für historische Studien; sie sind so wichtig für uns.

Beste Grüße

Jürgen Kuczynski

Personenverzeichnis*

von Erika Behm

---

* Darin aufgenommen wurden auch Namen von Autoren aus *Literatur-Anmerkungen* (gekennzeichnet durch ein „n" hinter der Seitenzahlangabe), wenn sie im Text *nicht* genannt worden sind.